第三届海峡两岸"宋代社会文化"学术研讨会论文集

杭州市社会科学院
浙江大学历史系　主编

浙江大学出版社
ZHEJIANG UNIVERSITY PRESS

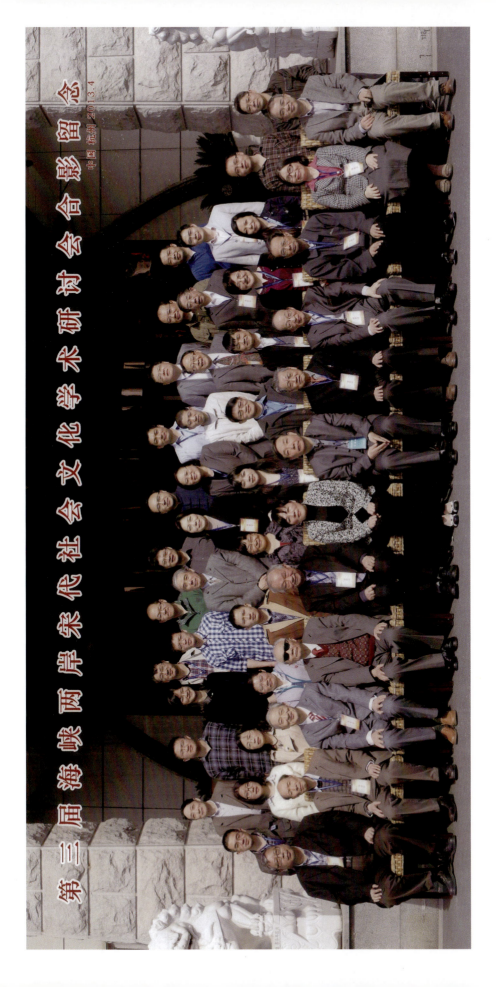

第三届海峡两岸荣代社会文化学术研讨会合影留念
中国 杭州 2013.4

届海峡两岸宋代社会文化

序　言

2013年4月，正是春暖花开的季节，来自海峡两岸的四十余名研究宋史的学者，在美丽的西子湖畔，举办了第三届"海峡两岸宋代社会文化学术研讨会"，虽然只有短短的三天时间，但经过两岸学者的共同努力，这此研讨会取得了圆满成功，不仅有力地推动了中国宋代史研究的深入开展，同时也进一步增进了海峡两岸学者共同开展学术研究的氛围和深厚的友谊。

第一届"海峡两岸宋代社会文化学术研讨会"是由浙江大学历史系承办；第二届"海峡两岸宋代社会文化学术研讨会"是由台湾"中国文化大学"历史系承办。这次第三届"海峡两岸宋代社会文化学术研讨会"由杭州市社会科学院和浙江大学历史系共同承办，既有两校间的渊源，更有杭州市社会科学院的一份责任。为什么这么说呢？

众所周知，张其昀先生是我国著名的史地学家、教育家，他曾经多年担任老浙江大学史地系的系主任和文学院院长，他在职时聘请了张荫麟、陈乐素、方豪等著名宋史专家到浙江大学任教，从而奠定了尔后杭州大学和浙江大学宋史研究的基础，培养出了一大批以徐规、倪士毅等教授为代表的宋史学者以及他们的弟子。仅就在我们杭州市社会科学院南宋史研究中心的7位研究人员中，就有何忠礼、方建新、徐吉军、范立舟教授等6位毕业于浙江大学或杭州大学。

张其昀先生赴台后，又在台北创办了"中国文化大学"，有以宋晞、陈光裕先生等为代表的许多原浙江大学的教师跟随任教，同样培养出了一大批著名的宋史专家，并有力地推动了整个台湾地区宋史研究的蓬勃发展。由此可知，两岸宋史研究和学者之间，渊源很深，关系密切，可谓同根同源，而杭州市社会科学院南宋史研究中心是近年成长起来的南宋史研究的新兴力量，虽然在南宋史研究方面取得了一些研究成果，但还只能说是刚刚起步，需要认可，更需要积累，为此，就有了由我们与浙江大学历史系共同承办的第三届"海峡两岸宋代社会文化学术研讨会"。两岸学者定期举办宋史研讨会，实在是一件很有意义的事。

海峡两岸的学术研究，在不同的时空背景下，经历过不同的路径。自改革开放以来，大陆学术理念、方法和语味都变得更加求真、求实，这种变化，使得加深两岸各类学术交流成为可能。特别需要指出的是，30多年来，海峡两岸史学界在广泛吸纳社会科学研究方法的同时，都还精心守护着基于史实梳理与考辨，然后作出正确分析的观念和方法。犹如台湾"中国文化大学"校歌中所说的那样，"博学，审问，慎思，明辨，必有真知，方能力行"。即使有观点的出入、理念的歧义、看法的差异，都不能否认交流的益处和价值。

这次研讨会，共收到论文36篇，内容非常丰富，包括了宋代的政治、经济、军事、文化、思想、典籍、人物等各个方面。其特点主要有三个方面：一是论文内容扎实，不尚空谈；二是许多论文视角新颖，发前人所未发；三是各位学者的研究方法大同小异，明显表现出学术流派同宗同源的特点。今天，在杭州市社会科学院与浙江大学历史系的共同努力下，经过有关作者的认真修改，现在将它们结集出版，为推动宋代史研究的深入发展，略尽我们的一点微薄之力。是为序。

杭州市社会科学院院长、研究员　辛　薇

2013 年 8 月

目　　录

过不在宋的宋朝积弱原因

王吉林

一 前 言

中国是一个历史悠久、疆域广大的国家。由于历史悠久,在不同的时期,有不同的朝代。朝代虽接续不断,而时间也长短不同,但后代读史者,往往会品评何以有的朝代绵延多年,有的朝代不数年而亡。有的朝代国势强大,称一代盛世。有的朝代相对弱小,甚至被称为衰世。若细作比较,就明显可见其差异。原因为何,本文试以唐宋做一比较。

除了历史久远以外,中国是以土地广大著称于世的。中国的领土,大致确定于秦、汉时代,虽历代迭有不同,大致南北界限在长城以南,南至越南为界。东至于海,西至今日之新疆。长城以外,叛服不常,多数时间,未能置郡县如中原。至于越南,时而郡县,时而藩属,其情形亦异于中原。新疆地区,古谓之西域,中国强盛,则控此通道,设州置县而移民于此之时间较少,以武力控制之时间较多。清末至今,始省县之,使其同于内地。

从整个中国历史上看,有统一,也有分裂。我们确认是分裂时代的有魏晋南北朝、五代十国、金与南宋。分裂时代,未亡于外族,可见分裂政权,尚有相当国力。然而有的朝代,名虽为统一,实则未曾统一,仍是分裂。此一朝代,即赵匡胤篡后周所建立的北宋是也。

北宋所称之统一,是灭与五代并存的十国,而未恢复盛唐疆域。至于唐末、五代时期,外族在中原土地上所建立之国家,如辽与西夏,以及河西、陇右之地,终两宋之世而未收复,多少炎黄子孙,化为夷狄,为外族尽力,已忘其为汉唐遗黎。北宋处此困境,徒呼奈何!何以至此?赵宋建国以前,五代领土,已不完整,北宋所承继者,是唐末、五代残破下的一部分中国,而非整个汉唐盛世之疆域。北宋之积弱不振,人的因素以外,此一形势问题,应是一重大原因。人的因素,亦即立国政策,虽有关系,但与国土缩小相比,可能只是部分原因。

如宋太祖赵匡胤不采重文轻武之国策,重用禁军将领,使其操废立之权,则宋代难能长久,积弱不振的宋代,亦未必能久存。

重文轻武,以和平换取生存,未必不是宋代国策的优势。评论历史,当究史实,非全凭言论。

从另一个角度来说,宋太祖虽出身禁军将领,但宋太祖、太宗时代受制于辽,亦无力讨伐西夏。何况辽、夏二国联合对付赵宋。宋所能者,唯求与辽、夏交好,至于收复盛唐疆土,则从无此梦想!

若从历史事实而论,宋接于五代十国之后,仍是分裂时代。在此分裂时代,宋与辽、夏战争少而和平多,此其在历史上的特点,而后人不视此一时代为分裂时代者,也因其上承五代,下接元明,而认其为统一王朝。

后人不视辽、西夏,与北宋为分裂时代者,可能以辽为契丹人所建之国,而西夏为党项人所建之国。殊不知辽与西夏之国土,本为唐地,而契丹与党项人,在辽与西夏国内,皆为少数民族,所统治之人民,多为汉人,而契丹与羌仅为少数统治者而已。建国于中国土地上之辽与西夏,其所统治之臣民,多为中国人,仅统治者为少数契丹人与党项人而已。此非分裂中国之国土与人民,而又为何?此种事实乃唐代安史乱后逐渐形成,而非赵宋之所能改变者也。此一事实,实为造成宋代积弱不可改变之原因。若宋建国之后,崇尚武力,能灭辽与西夏而收复唐之土地,情形或不至此。恢复盛唐之国势,首先要有盛唐之疆域,此宋之不敢梦想。宋太祖代周,先出禁军将领于外,再削节度使兵权。释兵权之后,崇奖文人,造成积弱而无法自保。

宋代因先天不足,国土少于盛唐远甚。由于国土缩小,人口自然因而减少,土地小而人口少,其弱乃自然之势,扭转此一形势,自非易事,何况尚有强敌环伺。故宋代之弱,非出诸宋代之人不材,盖由于资源有限,欲强而不能。更何况政策上之重文轻武,只求巩固赵宋帝室,外求和平,此自然造成积弱不振之国势。为赵宋谋,此外似无良策。

二 盛唐的国势

在唐朝二百九十年(618—907)的历史中,可以安史之乱划分为两个截然不同的时代。从唐高祖武德元年(618)起,唐之国势蒸蒸日上。到唐玄宗时代,达到顶点,即所谓开元、天宝之治(是从公元713年到755年)。这四十多年,是唐朝鼎盛的时代,就是所谓的开元天宝盛世。土地、人口、国势都是盛唐的标志,其前后时代都无法与此一时期相比。

代表国力的户口,在玄宗时代究有多少?新旧《唐书·地理志》卷一均有开元二十八年(740)的统计数字,新旧《唐书》统计数字相同。《旧志》云:

> 开元二十八年,户部计账,凡郡府三百二十有八,县千五百七十有三。羁縻州郡,不在此数。户八百四十一万二千八百七十一,口四千八百一十四万三千六百九。应受田一千四百四十万三千八百六十二顷一十三亩。[1]

然十余年后,户、口俱有增加。可见太平盛世年乐人丰。《通鉴》于玄宗天宝十三载(754)记云:

> 是岁,户部奏:天下郡三百二十一,县千五百三十八,乡万六千八百二十九,户九百六万九千一百五十四,口五千二百八十八万四百八十八。[2]

《通鉴》正文叙郡、县、乡之数,又叙户、口之数。正文下胡三省注曰:"有唐户口之盛,极

---

[1] 刘昫:《旧唐书》卷三八《地理一》,中华书局1975年版,第1393页。

[2] 司马光:《资治通鉴》卷二一七《唐纪三十三》,第6929页。

于此。"

天宝十四载(755)即有安史之乱,唐之国势一落千丈。

在中国史上,州郡并合无常,大小不一,但县之大小,从秦汉至明清,似无变化。至民国时代,因东北及新疆、青海置省,省下设县。全国之县,约在两千左右。唐玄宗时代,有县一千五百多,颇合历史实情。

宋之疆域不逮汉、唐远甚,而户口之数逊于汉、唐,自是实情。宋太祖得国之初,统一十国之前,其疆域户口,据《宋史·地理志》云:

> 唐室既衰,五季迭兴,五十余年,更易八姓。寓县分裂,莫之能一。宋太祖受周禅,初有州百一十一,县六百三十八,户九十六万七千三百五十三。①

宋代得国之初,其县数约为盛唐时三分之一强,户数约为盛唐时户数的十分之一强。或有人问,以唐全盛之时,与宋得国之初户数相比,相差如此悬殊,其原因何在?此无他,当时宋尚未统一,所谓十国,各自独立,县数户口,实不计在宋祖得国之初县户之内。户口相差悬殊,可以理解,若用二朝全盛之时,做一比较,或可得其真相。今以北宋盛时户口,与唐盛时户口相较,即可明其真相。宋徽宗大观四年(1110),《宋史·地理志》云:

> 当是时,天下有户二千八十八万二千二百五十八,口四千六百七十三万四千七百八十四,视西汉盛时盖有加焉。隋、唐疆理虽广,而户口皆有所不及。②

《宋史·地理志》所言,是不明历史真相的说法,以不精确的统计,用数字游戏,自我满足,实际宋代将户等分而为九,上五等户,赋役繁重,至有因而破家者。故宋代之人,往往析一户而为数户,如此则可从上五等户,降为下八、九等户,造成宋代在户口统计上,户多而口少,不符一家五口之粗略估计。如以大观四年(1110)之统计,则每户仅有两人有余,不逮三人,为不合历史事实之统计,而夸言户数超越汉唐,而口数少于汉唐,徒有户数而口数甚少,而以户数相夸,岂不可笑。

以唐开元全盛之时,户口充实,犹不敢夸户口超越汉之盛时,而言唐之建国以来,治日少而乱日多,然宋自代周以后,其乱日实比唐多,而户口数逊于盛唐,亦为实情。《宋志》之言户口超越汉唐,其谁能信此谰言!

唐代初年,战乱尚多,百姓在战乱之后,生活不够富实。及至玄宗开元(713—741)年间,开国已有百年之久,国强民富,天下太平,户口增加,自是常理,《通鉴》于开元二十八年(740)记云:

> 是岁,天下县千五百七十三,户八百四十一万二千八百七十一,口四千八百一十四万三千六百九。西京、东都米斛直钱不满二百,绢匹亦如之。海内富安,行者虽万里不持寸兵。③

---

① 脱脱:《宋史》卷八九五《地理一》,中华书局1975年版,第2093页。
② 《宋史》卷八九五《地理一》,第2093页。
③ 《资治通鉴》卷二一四《唐纪三〇》,第6843页。

正文下胡三省注曰:"以开元之承平,而户口犹不及汉之盛时,唐兴以来,治日少而乱日多也。"以唐开元盛时之户口尚不及汉之盛时,《宋史·地理志》凭何而言宋之户口,"视西汉盛时盖有加焉"？宋代大观四年(1110)所统计之口数,逊于唐玄宗之开元二十八年(740)及天宝十三载(754),而户数又远逊于开元、天宝之统计,故《宋史》户口统计,大有问题。《通鉴》县、户、口之统计,全采两唐《志》,海内太平,反映开元、天宝之盛世。

唐代国势,表现在四至方面,东为海,无可发展。北为大漠,多为游牧民族,唐太宗在贞观四年(630)败东突厥后,被尊为天可汗。既为大唐天子,又下行可汗事。天可汗者,天下之共主也。声威遍及塞外,册立四夷君长,皆以天可汗之名行之。安南之地,今越南是也,皆置州县而同内地。

唐之向西发展,不止国势西向,东西交通得未曾有之畅通,文化传播,经济互通,尤赖此丝绸之路。丝绸之路得以无阻,自然赖唐之国力。

北入大漠,南极南洋,交通风险较大,而贸易之利似不如丝绸之路,使欧亚二洲可以连接,而贸易之人以奇珍异货获得厚利。故唐之西向发展,除了发扬国威之外,控制东西交通命脉,以掌控经济利益,实为国大计。故与吐蕃、大食之长期争战,其目的为控有丝绸之路,以获得更大之经济利益。

玄宗晚年,以安禄山经营东北,对付奚、契丹等外族,而以哥舒翰掌控西北,威制吐蕃、大食,故西北武力,胜于东北。虽玄宗对安禄山有所偏爱,然西北兵威之盛,为前所未有。故《通鉴》天宝十二载(753)言哥舒翰之军功,为前所未有,不止击败吐蕃,而且收复失地,使吐蕃无法以青海为根据地,骚扰陇右、河西。关于哥舒翰之军功,《通鉴》叙云:

> 陇右节度使哥舒翰击吐蕃,拔洪济、大漠门等城,悉收九曲部落。①

黄河九曲,即汉大小榆谷之地,睿宗景云元年(710),吐蕃赂鄯州都督杨矩,请割黄河九曲之地,以为金城公主汤沐邑,矩奏与之。从此唐失黄河之险,吐蕃以此而纵横陇右,唐与吐蕃在青海之苦战,皆因此起。时经四十余年,哥舒翰收服黄河九曲之地,唐朝之喜,可想而知。哥舒翰之军功,恐无人可以相比,其威风可想而知。唐控河曲之地后,丝绸之路畅通无阻,乃可断言之事。故《通鉴》天宝十二载(753)又记云:

> 是时中国强盛,自安远门西尽唐境万二千里(长安城西面北来第一门曰安远门,本隋之开远门也。西尽唐境万二千里,并西域诸国言之)。闾阎相望,桑麻翳野,天下称富庶者无如陇右。翰每遣使入奏,常乘白橐驼,日驰五百里。②

唐之国势,向西扩展,前所未有。由长安西向万二千里,尽唐控制。天下称富庶者,无如陇右。读史至此,掩卷思之,陇右乃今青海之地,何以成为天下富庶之地？此可能由于唐与吐蕃长期战争,青海地区因军事所需,形成战时繁荣,物资、人力均集于此所造成。但不二三年间,安禄山反叛,造成唐之国势大变,所首先丧失者,厥为西部地区。

---

① 《资治通鉴》卷二一六《唐纪三十二》,第6918页。

② 《资治通鉴》卷二一六《唐纪三十二》,第6919页。

三　安史乱后唐之国势骤衰

天有不测风云,人有旦夕祸福,国家亦如此。唐在开元、天宝年间,国势鼎盛,西向发展,前所未有,哥舒翰兼领河西、陇右,兵威之盛,不知作者但流传千古之《哥舒歌》曰:"北斗七星高,哥舒夜带刀。至今窥牧马,不敢过临洮。"然哥舒非铁汉,安史乱前以病废归长安。西疆无守土之臣,安史乱起,迅失西陲,未必与此无关!

安禄山反于天宝十四载(755),先陷河北,后占河南。唐于此时,尽调河西、陇右军队,东下平乱,河、陇空虚,吐蕃、南诏趁机蚕食唐之西疆。唐以强寇在东,无暇东西兼顾,尽失西疆!

盛唐对外战争,以与吐蕃在陇右之战争,最有决定影响。然安禄山反于天宝十四载(755),而吐蕃之赞普墀德祖赞亦死于是年。墀德祖赞之子墀松德赞继为赞普,唐与吐蕃因而相互遣使,吊祭死者。然而,是年安禄山反叛,河、陇之兵被调东守潼关,西陲空虚,吐蕃不顾内有国殇,反而趁机东侵。《新唐书》略书其事,言唐遣至吐蕃之吊祭使者始还,值安禄山反叛,吐蕃趁机寇略西疆。《新唐书》略而言曰:

> 还而安禄山乱,哥舒翰悉河、陇兵东守潼关,而诸将各以所镇兵讨难,始号行营,边候空虚,故吐蕃得乘隙暴掠。[①]

《新唐书》所言过于简略,至于吐蕃如何乘机侵夺唐之疆土,《旧唐书》所记,较为翔实。《旧唐书》云:

> 陇右鄯州为节度,河西凉州为节度,安西、北庭亦置节度,关内则于灵州置朔方节度使,又有受降城、单于都护府为之藩卫。及潼关失守,河洛阻兵,于是尽征河陇、朔方之将镇兵入靖国难,谓之行营。襄时军营边州无备预矣。乾元之后,吐蕃乘我间隙,日蹙边城,或为虏掠杀伤,或转死沟壑。数年之后,凤翔之西,邠州之北,尽蕃戎之境,湮没者数十州。[②]

此段所述,唐于西北地区,设河西、陇右、安西、北庭等节度使,其在关内,又设朔方节度使。

《旧唐书》所述,有几个关键问题,潼关失守,始征河陇、朔方之兵入靖国难。潼关失守,时在天宝十五载(756)六月,时肃宗尚未即位,玄宗依然君临天下。乾元为肃宗第二个年号,其元年为公元758年。此年之后,吐蕃始侵唐境,凤翔以西,邠州之北,尽成蕃戎之境,湮没者数十州。关中地区,陷于戎狄之区,国防尽失,京师不保,然此皆由安史之乱而来。

读史者往往以天宝十四载(755)安禄山反叛为唐朝盛衰之转折点,实则天宝末年,唐之衰象已现,只是尚未出现大问题而已。

天宝十载(751)四月,剑南节度使鲜于仲通讨南诏,败于泸南。南诏王阁罗凤遣使请谢罪,仲通不许,南诏遂投吐蕃,唐遂失云南地。

---

① 欧阳修、宋祁:《新唐书》卷二一六上《吐蕃上》,中华书局1975年版,第6087页。

② 《旧唐书》卷一九六上《吐蕃上》,第5236页。

　　同年,高仙芝将蕃、汉三万余众击大食,深入七百余里,至怛罗斯城与大食相遇,仙芝大败,士卒死亡略尽。此一战后,西域已非唐有。因唐战败,工技西传,对东西两方影响甚大。

　　由此二大战后,唐尽失云南与西域地,吐蕃势盛,乃必然之理。安禄山之敢于反叛,未必与此无关。

　　唐在南疆与西域兵败如此,唐之朝廷似不之知,宰相杨国忠力排安禄山,促成其反。玄宗晏然以为无事,以为托付得人,国家万安。《通鉴》天宝十三载(754)六月记曰:

> 　　侍御史、剑南留后李宓将兵七万击南诏。阁罗凤诱之深入,至大和城,闭壁不战。宓粮尽,士卒雁瘴疫及饥死什七八,乃引还,蛮追击之,宓被擒,全军皆没。杨国忠隐其败,更以捷闻,益发中国兵讨之,前后死者几二十万人,无敢言者。①

　　安史乱前一年,唐败于云南,死亡已近二十万人,竟无人敢言,但能保无人得知?安禄山不以此时反,更待何时?《通鉴》下述玄宗之昏瞶,似无人可以相比。真如燕巢幕上,自以为安,不知危如累卵。《通鉴》记其曰:

> 　　上尝谓高力士曰:"朕今老矣,朝事付之宰相,边事付之诸将,夫复何忧?"力士对曰:"臣闻云南数丧师,又边将拥兵太盛,陛下将何以制之!臣恐一旦祸发,不可复救,何得谓无忧也!"上曰:"卿勿言,朕徐思之。"②

　　李林甫、杨国忠为可托付朝事之宰相?成事不足,败事有余,朝政败坏,皆出此二人。

　　唐初置十节度使,不兼统、不遥领,兵权不集中于一人。但至玄宗晚年哥舒翰、安禄山皆兼领数道,"一旦祸发",岂是小事!高力士之言,说中时病,玄宗无言以对,无法可想。次年,安禄山即反叛,其应验何其速也!

　　朝政不理,边境丧师,唐之虚弱完全暴露,安禄山此时不反,更待何时!

四　唐代国土之丧失

　　天宝十四载(755)安禄山反叛,唐调河、陇、安西、朔方军队平乱。尤以河、陇军队东调,河西、陇右空虚,吐蕃趁此机会,迅速攻占唐在陇右新设军城,且占领陇右之地。此仅一年之间,形势变化,如此之大。《通鉴》于肃宗至德元载(756)记曰:

> 　　吐蕃陷威戎、神威、定戎、宣威、制胜、金天、天成等军,石堡城、百谷城、雕窠城。③

此等军、城,皆在陇右,今青海之地,皆天宝十三载(754)哥舒翰所置。然不二年,哥舒翰病废长安,就在此年,吐蕃夺回唐在陇右新设军、城,此后唐即未收复此一区域。

　　唐之丧失西疆,而其丧失时间,始于肃宗之时,是后即未复原。《旧唐书·地理志》云:

> 　　上元年后,河西、陇右州郡,悉陷吐蕃,大中、咸通之间,陇右遗黎,始以地图,又析置

---

① 《资治通鉴》卷二一七《唐纪三十三》,第6926—6927页。
② 《资治通鉴》卷二一七《唐纪三十三》,第6927页。
③ 《资治通鉴》卷二一九《唐纪三十五》,第7011页。

节度。①

上元为肃宗年号,为760至761年,已在安禄山反叛五六年之后,此时河西、陇右悉陷吐蕃,唐之国势,限于长安以东,西向国势,从根而断。吐蕃占领此一地区,人民迅即吐蕃化。今敦煌吐蕃文书数据,可为佐证。

唐武宗会昌二年(842),吐蕃赞普达磨死,吐蕃分裂,无力统治河、陇,张义潮举河陇之地归顺唐朝,唐以为归义军节度使,唐衰又后独立,不归于唐。

《旧唐书·地理志》对安史乱后,所失国土,均有记载。且地方不受制于中央,即属于外邦,唐之中央无管辖之权。《旧志》又云:

> 永泰之后,河朔、陇西,沦于寇盗。元和掌计之臣,尝为版簿,二方不进户口,莫可详知。②

永泰乃代宗第二年年号,为公元765年。代宗第一个年号是广德。广德元年(763)冬十月,吐蕃入长安,立广武王承宏为帝,代宗逃至陕州,经十五日,郭子仪收复长安,代宗方还京。

吐蕃可占长安,河、陇不守,自属事实。元和郡县簿之无法计河、陇户口,自属平常。

由此观之,安史乱后,不数年间,唐尽失西北。唐所盛夸之西北,永久沦没,青海、西北地区厩牧,亦不得为中国用。宋之衰在唐之后,国土、马牧不有,遂无法成为强国。其所以弱,盖有远因!

安史乱后唐失西疆领土,亦即吐蕃侵占唐之国土,而唐无法收复之,造成晚唐之弱,笔者另有专文《安史乱后唐与吐蕃关系的研讨》③,此处不再论述。论安史乱后西北,有《安史乱后的北庭》一文④,两者合读,当知安史乱后唐代失土之多,造成国势衰弱。终唐之世,未能收复西北国土,宋之积弱,此为主因。

石晋之割卢龙一道与雁门关以北之地与契丹,已为五代之事,宋更无法收复十六州之地,此亦积弱之一重大原因。

(作者单位:台湾"中国文化大学"史学系)

---

① 《旧唐书》卷三八《地理一》,第1392页。

② 《旧唐书》卷三八《地理一》,第1393页。

③ 《史学汇刊》2003年第18期,台北"中国文化大学"出版,第114页。

④ 《安史乱后的北庭》,台北"蒙藏委员会"编印《蒙藏专题研究丛书》之一一九。

南宋及金朝的"中国"观

王明荪

一　前　言

宋钦宗靖康二年(1127)三月底,金兵掳徽、钦二帝等北返,北宋遂告结束,但赵宋并未亡国。金兵北返前即册立张邦昌为皇帝,建立作为金朝藩臣的楚国,驻在首都汴京,企图替代宋朝的政权。徽宗之子、钦宗之弟康王赵构此时在山东济州地区,受到部分将臣的保护与拥立,于五月份在南京应天府(河南商丘)即帝位为宋高宗,延续并再建宋朝的政权,即为南宋。楚国政权月余即告结束,但三年后,金朝又立了刘豫的齐政权。

南宋王朝在建立初期一则极力抵抗南下的金兵以及金所扶立的齐国,一则又屡次遣使与金朝求和。其间虽然有金朝的废除齐国政权以及"划地归宋"和议的达成,但旋即因金朝政局的变化而毁弃和议,金兵再度南下攻宋①。直到绍兴十二年(1142)二月,宋金议和正式达成,双方以淮水至大散关为国界,加上宋对金称臣及贡岁币等。宋、金两国成为中国的南、北朝(国),若加上西夏又如三国鼎立的形势,像是此前的宋、辽、夏三国。不过,北宋时辽国所据的汉地仅有燕云十六州地区,而南宋时的金朝则尽有华北中原地区,也就是传统政治观念里"逐鹿中原"的地区已为金朝所有。如此,则过去以中原朝廷为正统的代表将在于金朝,而偏安淮南的宋朝岂非正朔所在? 南、北双方对彼此政权国家的观念与中国统一时期当有所不同,亦即在中国分裂时期里,存在诸多的彼此关系,国家政权的观念是为其中之一。同时在各国政权之间,"中国"词称也是值得注意的观念。

大体上在中国分裂的时期里,各政权所建立之国(朝)都会以本国为正统之国,或者有其合法、合理的根据,或者有其一套说辞。总之,其政权国家的建立与发展等,都有其可说之理。若放在"中国"的观念上来看,则分裂的各国、各政权则未必一致,不像在统一的时期里,一个朝代就是正统所在,即是代表"中国";朝代不过是当时中国的名称(号)而已。"中国"观念并非止于词语的运用与思考,它往往与正统、国家、华夏等观念有所关联,可用以考察对政权国家的看法及态度。

在近古的分裂时期里,笔者曾对三国、五代、北宋时的"中国"观有所探讨,关于金朝,早

---

① 参见拙作《金初的功臣集团及其对金宋关系的影响》,收入拙作《辽金元史论文稿》,台北槐下书肆花木兰文化工作坊 2005 年版,第 93—119 页。

年也略有言及其正统自居与夷夏观等①,故而接续对南宋时期及相关于金朝的"中国"观应有所交代。由五代分裂,到两宋的南、北分裂,透过"中国"观念的探讨,俾可了解近古时期以来当时各国对国家与政权的看法。由于"中国"词称在文献中难以尽举,似亦不需尽举,故就大体可作讨论者举而列论之。研究近古时期的中国观念,有赵永春的辽、金人中国观研究,与论题关涉者,有陶晋生、陈学霖、宋德金、刘浦江、刘扬忠等论正统国家时,有可参考之处。②

二 南宋中国与夷夏

北宋与辽、夏鼎立的时期里,宋人始终以中国自居,而辽、夏两国也以宋为中国,其时天下观念是以三国各据分居的天下,中国的宋朝仅有其一,这是政治中国观。其他在三国周边的政权或国家各以外国或藩臣的关系而与三国往来,即以不同形式的政治、外交来维持彼此的关系,但形式与实质上却未必如一。北宋的中国观是以五代十国的政权范围为核心,即继承五代及唐的观念,故如燕云十六州虽为石晋割让给辽,当时应不属于中国领土,但宋人心理与观念上仍视为中国之地,因而宋初太祖、太宗皆有意收复"故土";对西夏与交趾,也都以为是中国的地方节镇,为中国之地。北宋以军事武力与外交折冲而不能得志,发展的结果是燕云未能收回,西夏与交趾仅在形式上为藩臣,实质上这两国却是"内帝外臣",根本是独立的政权与国家③。此种形势的发展是自晚唐以来积渐而成,经五代的分裂至宋的建国时,宋人似已无法达成概念上的传统中国,只有接受实际上宋朝所领治的中国。"中国"词称为北宋所占有,也为当时各国(政权)所承认。

南宋的情形如同北宋,实际上仅领治淮河以南之地,中国北部半壁江山已沦为金朝所有,形式上与实质上是分裂的中国,但心理与观念上一如北宋时期,一则以中国自居,一则以华北中原之地为中国之地,但不幸沦入夷狄的金人之手。南宋承袭传统的中国观,坚持以中国自居的心态对于强敌的金朝始终未曾退让,亦即是以正统自居从未松口。有利的因素是

---

① 关于五代十国的中国观念,参见拙作《五代时期的"中国观"》,载《史学集刊》第 138 期,吉林大学出版社 2012 年版,第 47—53 页。北宋时的中国观念,参见拙作《北宋的中国观——以"中国"词称为主的讨论》,收入《宋学研究集刊》第 2 辑,浙江大学出版社 2010 年版,第 1—38 页。金代参见《元代的士人与政治》,台北学生书局 1992 年版。三国时期有《三国时代的国家与"中国"观》,《史学集刊》(刊印中),第 19—26 页。

② 赵永春:《试论辽人的"中国"观》,载《文史哲》2010 年第 318 期,第 78—90 页;赵永春:《试论金人的"中国"观》,载《中国边疆史地研究》2009 年第 19 卷第 4 期,第 1—12 页;陶晋生:《女真史论》第六章,台北食货月刊社 1981 年版;陈学霖:见 Hok-lam Chan, *"Legitimation in Imperial China"*,载台北弘文馆出版社 1986 年版;陈学霖:《大宋国号与德运论辩述义》,收入《宋史论集》,台北东大图书公司 1993 年版,第 1—57 页;宋德金:《正统观与金代文化》,收入《辽金论稿》,湖北教育出版社 2005 年版,第 178—191 页;宋德金:《辽朝正统观念的形成与发展》,第 169—177 页;刘浦江:《德运之争与辽金王朝的正统性问题》,收入《松漠之间——辽金契丹女真史研究》,中华书局 2008 年版,第 1—26 页;刘扬忠:《论金代文学中所表现的"中国"意识和华夏正统观念》,载《社会科学报》2005 年第 5 期,第 80—90 页。

③ 参见前揭拙作《北宋的中国观——以"中国"词称为主的讨论》。

宋朝虽遭靖康之难,但宋朝并未亡国,高宗继统于乱世,为徽宗之子、钦宗之弟,自有其合法的正统地位,因而只是遭逢国难的皇位继承,并非新建立之国,南宋的自居中国尚未受到挑战与质疑。当然自北宋开始已不能以中国来代表天下,天下已不是一个中国,而有对立的其他国家来共有天下。南宋的情形更是如此,原来北宋中国已丧失其半,是中国分裂为二,北方为金朝,南方为宋朝,周边尚有其他政权国家,如西夏、南越、大理等国。

宋高宗在建炎元年(靖康二年,1127)改元诏书中说:"朕惟火德中微,天命未改。考光武纪元之制,绍建隆开国之基,用赫丕图,益光前烈。"①是宣称其仍本宋初创国之基,并继续沿用宋的火德而为正统本朝,高宗与光武是相同的情况,改元"建炎"即是重建火德本朝的正统②。虽说西汉已为王莽篡建新朝,光武中兴汉朝情况未必与宋朝相同,宋朝并未亡国而改朝换代,南宋也非推翻前朝再建,但比照相近的历史,且同为火德,仍说得过去。这是南宋正统观的建立,及其国家政权的法理基础。

南宋沿北宋以为正统,奋力抗金,以保其国不至为金所灭,至绍兴议和,宋虽受册封而称臣,但南、北两朝(国)也得到确立。这种天下分裂为南、北之势,在议和前南宋初期,已为宋人所认定,如陈渊在绍兴二年(1132)的札子所说:"臣尝谓僭窃未平,则二圣之归无期,夷狄之祸不解,南北分裂,生灵涂炭。"③提出先平盗贼,然后北向以定中原之计,并以三国时诸葛孔明平孟获为例。他所指僭窃为金人所立刘豫的齐国,又以蜀汉为例,认定当时天下的情势如三国时的分裂局面,南北分裂之局正是南宋朝与夷狄的金朝及僭位的齐国。当孝宗时期,陈亮致书丞相王淮书,书文中明白指出:"南北分裂,于今六十年,此天数之当复也。阿骨打之兴,于今近八十年,正胡运之当衰也。"④南北分裂自高宗继统以来已成定局,金立国是"胡运"之数,固然所言当复、当衰并无其道理,却也指出天下的分裂各有所据其国。陈渊喻南宋有如蜀汉于分裂时处于南方的形势,理宗时程公许也有相似的比喻,他以为:"我国家自建炎南渡,事体适与吴、蜀、东晋同……天下大势之易而合之艰,抑亦有数存焉!"⑤类似的看法尚有陆游、叶适、刘克庄等,他们或指出汉末以来的分裂,如三国、南北朝,至当时的金与南宋,都明白指出"南北分裂",不止是历史上的事实状况,也是当时的现状。程公许将南宋比于分裂时立国于江南的东晋、吴、蜀汉,其自况甚明,离易合艰也说明宋、金之间南北立国的定局。

前引陈渊所言,指金人为夷狄,应是汉人或中原朝代对北族传统的称呼,不待赘言。当绍兴十年(1140)正月,南宋与金初次和议即将定案时,陈渊上书论说和战情势,由于金朝有废刘豫齐国,将河南、陕西之地还归宋朝之举,陈渊以为南宋有如三国时吴、蜀的根本,再可

---

① 徐松辑:《宋会要辑稿·礼》五四之一四,中华书局1987年影印本。

② 参见陈学霖前揭文《大宋国号与德运论辩述义》。

③ 陈渊:《默堂集》卷一三《壬子八月十八日上殿札子》,影印文渊阁《四库全书》本。

④ 陈亮:《陈亮集》卷二七《与王季海丞相》,中华书局1987年增订本,第309页。

⑤ 程公许:《沧州尘缶编》卷一四《试阁职策》,影印文渊阁《四库全书》本;陆游:《陆放翁全集》卷二五《书贾充传后》,中国书店1991年版,第149页;叶适:《叶适集·水心别集》卷一五《应诏条奏六事》,中华书局1961年点校本,第837页;刘克庄:《后村先生大全集》卷五一《备对札子二》,四川大学出版社2008年点校本,第1330页。

得河南、陕西地，是"三国时所难合者"，他赞成和议达成可造就必胜之势，说："今金人去中国，限以北虏，水粟陆聋，不知经几聚落，然后能复至燕云也。"①他所说的中国是地理上的华北中原之地。但金人并不如他所想要尽出中国，不过是将刘豫的地盘河南、陕西之地放弃而已。后来和议破裂，金兵再度南下，直至绍兴十二年议和为止。陈亮也常言及中国，他四次上书孝宗，在第一书中说到中国如契丹与北宋时，"然夷狄遂得以猖狂恣睢，与中国抗衡，俨然为南北两朝……夷狄之所以卒胜中国者，其积有渐也"②。所指的中国为宋朝对于北狄的契丹而言，也是指南方的中原朝廷。在书中又屡言及"中国"，但指涉不同，有指华北中原之地，如"东晋自元帝息心于一隅，而胡、羯、鲜卑、氐、羌迭于中国，中国无岁不寻干戈，而江左卒亦不得一日宁"，"堂堂中国，而蠢尔丑虏安坐而据之"，是指金朝据中原之地。"况望其愤中国之腥膻"，"岂以堂堂中国，而五十年之间，无一豪杰之能自奋哉"？同指华北中原之地。"况南北角力之时，而废兵以惰人心，使之安于忘君父大仇，而置中国于度外"，"荆襄之地……便足以接关洛之气，则可以争衡于中国矣"，"天岂使南方自限于一江之表，而不使与中国而为一哉！江傍极目千里，固将使谋夫勇士得以展布四体，以与中国争衡者也"③，仍指中国为华北中原之地，亦即是金朝已据有"中国"之地。但陈亮于文中开宗明义地说："臣窃惟中国，天地之正气也，天命之所钟也，人心之所会也，衣冠礼乐之所萃也，百代帝王之所以相承也，岂天地之外夷狄邪气之所可奸哉……至于挈中国衣冠礼乐而寓之偏方……一切置中国于度外。"这些"中国"所指应是传统概念的中国及文化的中国，为传统中原汉文化的代表意义。又说东晋时桓温，"盖犹未尽置中国于度外也"，指中原地区。北魏孝文帝"以修中国之衣冠礼乐"，至金朝"今也城郭宫室，政教号令一切不异于中国"。这些说法都倾向于文化中国的观念。陈亮又设问答论中国、夷狄之辨，他所说的"中国"，含有地理上华夏之域，又含有文化上中华礼乐之制，说"有中国必有夷狄"④，分别使不相参等。将夷狄与中国对举，如论春秋时事说，"与夷狄共中国者，必不能与夷狄争中国"，"要夷狄之好，以见中国之无霸"，"圣人不与夷狄共中国，故中国不与夷狄共礼义"⑤。也是地理与文化中国并用，而加以区别。说魏文帝时，"吴、蜀争帝，中国庶几乎息肩矣"。五代时，"天下分裂，钱氏据两浙自王，然犹倚中国以为重"。至于说金朝，"及金虏剪中国如枯槁"，都以华北中原之国为中国。他言及五胡十六国时前秦苻坚攻东晋时说："晋虽弱，中国也；秦虽强，夷狄也。自古夷狄之人岂有能尽吞中国者哉？"⑥东晋南渡建国继西晋，故说东晋仍为中国，晋之未亡，如南宋立国，宋并未亡国，东晋与南宋相似。但在其他地方却未见他直称南宋为中国，反而多指华北中原之地域金朝为中国，这里似可见到模糊之处。

许公曾言及三国时蜀汉以鼎峙于一隅，然后可"逞志争中国"，指北方中原之地为中国，

---

① 《默堂集》卷一三《正月十七日上殿札子》，影印文渊阁《四库全书》本。

② 《陈亮集》卷一《上孝宗皇帝第一书》，第5页。其四次上书，载于第1—20页。

③ 《陈亮集》卷一《再上孝宗皇帝书》。

④ 《陈亮集》卷四《问答下》，第48—49页。

⑤ 《陈亮集·补遗·春秋属辞》。

⑥ 《陈亮集》卷一六《三国纪年》，第178页。钱氏倚中国为重，见卷一六《重建紫霄观记》，第281页。金虏剪中国，见卷二五《书赵永丰训之行录后》，第285页。苻坚见卷七《酌古论》二，第71页。

所承袭的观念是古来"内中国而外夷狄",但"自小雅尽废,中国始困于四夷之交侵",所说的即是"外吴楚而内中国,小雅尽废,则吴楚交侵而中国微"的情形,类似的情况转到南宋时,北方中原之地已尽入金人之手,则说:"以堂堂之中国而甘心为雠人役。"[①]他与前述陈渊、陈亮都有称华北中原为中国的一致性,指称为地理上的中国。

上述陈渊、陈亮、陈公许三人都指出南宋时天下南、北分裂,华北中原之地为中国,文化上的中国及传统夷夏与中国等。南宋的"中国"观,大体上多在此三者,今再约略分类论证如下:

(一)夷夏中国

绍兴十年(1140)宋金尚未达成正式和议,朝廷对李纲的谥议中有:"呜乎!当是之时,所谓谋国者,岂有他道哉?避走而乞和,誉北虏而卑中国尔!以避走乞和,誉虏贼卑中国之人。而议公之得失……"[②]分别夷夏而称"中国",当时所说中国即传统夷夏观的中国。传统夷夏观源自先秦,有族群、文化上而以文化为主流的分别,而夷夏之别主要在于礼义、制度之有无与差异,此种夷夏观念即四夷与中华(中国)的区别,成为古代以来的传统看法[③]。两宋之间的理学家胡安国作《春秋传》,论夷夏中国极为奋力,在序文中说其所作在于尊君讨贼、辟邪说、正人心,用夏变夷。如说韩愈以《春秋》谨严,"所谓谨严者何?谨乎莫谨于华夷之辨矣,中国而夷狄,则狄之,夷狄猾夏则膺之,此《春秋》之旨也"。论鲁桓公与郑伯盟于越,"是肆人欲灭天理,变中国为夷狄,化人类为禽兽"。论邢迁于夷狄,"中国衰微,夷狄猾夏"。论诸侯盟于首止,"中国之为中国,以有父子君臣之大伦也,一失则为夷狄矣"!论杞子卒,"《春秋》固天子之事也,尤谨于华夷之辨,中国之所以为中国,以礼义也,一失则为夷狄,再失则为禽兽,人类灭矣"!论晋人灭赤狄,"《春秋》于夷狄攘斥之,不使乱中夏则止矣"!论郑僖公之卒,"不使夷狄之民加乎中国之君"。论晋伐鲜虞,"人之所以为人,中国之所以为中国,信义而已矣,一失则为夷狄,再失则为禽兽"[④]。由上述可清楚看出胡安国重春秋夷夏中国,其所申重点以文化中国相对于夷狄,信义、礼义为夷夏之辨的具体内容,亦即是"中国"的元素。安国之子胡宏,侄子胡寅,承家学而有相似的夷夏中国观。

胡宏论人道为天地之全,不得全则为夷狄禽兽,其贬斥夷狄可知。他借贾谊与汉高祖的谈论,以高祖不及用贾谊,否则"可以正中国四夷之分,不至畏匈奴,与之和亲而手足倒置",是中国(汉)与夷狄(匈奴)的夷夏观。至于蛮夷猾夏,是因"中原无中原之道,然后夷狄入中原也;中原复行中原之道,则夷狄归其地矣"!中原即是中国之意,中原不固守其道,致夷狄

---

① 《沧州尘缶编》卷一《北定堂赋并序》,卷一四《试合职策》、《试上舍生策题》。

② 徐梦莘:《三朝北盟会编》(以下简称《会编》)卷二〇〇,绍兴十年五月条,上海古籍出版社1987年据清许涵度刻本影印本,第1440页。

③ 参见拙作《论上古的夷夏观》,收入《边政研究所年报》第14期,台北政治大学1983年版,第1—30页。

④ 胡安国:《胡氏春秋传》卷一《春秋序》,鲁隐公元年秋八月;卷四,桓公元年夏四月;卷一一,僖公元年夏六月、僖公五年秋八月;卷一二,僖公二十三年夏五月;卷一八,宣公十六年正月;卷二一,襄公七年;卷二四,昭公十二年秋七月。《四部丛刊》本。

得入中国。对于金朝灭北宋,是"蕞尔女真深入诸华,劫迁天子",北宋朝的华夏之域遭劫,正可反应"中原无中原之道"的情景。他在致书指责高闶阿谀"柄臣"(指秦桧、秦熺父子)时,引《春秋》之义,说:"不许荆蛮之人制中国之命也。太母,天下之母,其纵释乃惟金人之命,此中华之所大辱。"说高宗母韦太后放归之事,是中国(中华)为夷狄金人所制。在论佛教时,又以"其泥不可行,施于四夷八蛮皆然,何独中国"?将中国视为传统华夏之地的统称①。胡宏所称的中国、中华、中原都是传统概念的华夏领域,也是相对于夷狄的夷夏观念。胡安国侄子胡寅,说明天生之人的华夷之分,要在于仁义,若夷狄所为是中国(文化),则可以为中国,但夷狄所秉五行之气不同,故其不仁不义,贪得嗜杀,是粹驳偏正不齐而有分殊,中国、夷狄的分殊即在于此②。胡安国父子两代论夷夏中国都倾向于文化中国的观念,对高宗时的敌国金朝,明显地是以夷狄视之,无疑地是以宋朝代表中华或中国。

　　南宋初,将夷狄与中国相对的数据颇多,而夷狄在当时除传统夷夏观中的用词外,也多指金朝为夷狄,如邓肃说"外夷之巧在文书简,简故速;中国之患在文书烦,烦故迟"③,所说即指金、宋文书差异。陈规说"大臣以为中国势弱,夷狄方强……何术以壮中国之势,遏夷狄之强"?④喻宋与金为中国、夷狄。布衣吴伸于绍兴二年(1132)上万言书,书中期望高宗复祖宗之业,以刘豫为金人所立,说"自古夷狄不能有中原,此金人以中原攻中原者……夷狄之患,患在手足,中国之患,患在心腹"⑤,所指夷狄为金人,中原、中国指华夏之地的政权国家。理宗时方大琮于谏院奏议中说:"古今有不可亡之天下,其不可亡之理在于纲常,夷狄畏服中国即在于此纲常,并说先儒已指出夷狄为患,系由于中国先无纲常之故,纲常为弭乱之本,是决定国家存亡,夷狄向背之机。"⑥以夷狄与中国对称,中国存亡在于纲常文化,强调中国的礼教文化,目的在对理宗说教;实则夷狄是否畏服中国的纲常之教,恐怕难说。夷夏观表现在中国、外国之分,以宁宗时度正所言可为说明,他以天下之大分来定为不移之理,一家之分在父子,一国之分在于君臣,普天下之分则在于中国、外国之分;故而是父尊子卑,君上臣下,中国贵外国贱。此种大分是天地常经,古今通义,说到若失去中国外国之分,成为以大事小,以贱凌贵,即以靖康之变为例⑦。这种中国外国之分,仍不出夷夏的贵中国贱夷狄的观念。夷夏的存在与分别为自然之理,方外术士莎衣道人也能说明。孝宗曾梦莎衣道人来哭吊,应验皇后、太子之死,孝宗念恢复北伐大计,遣人问于道人,道人说:"有中国即有外夷;有日即有月,不须问。"⑧道人所说中国当指宋朝,而外夷即指金朝,中国与外夷古来即存在,如日、月的并存,似说明日、月消长如中国与外夷,不得也不须强求。中、外之别尤其在对周边的外

---

① 胡宏:《胡宏集》,《知言·往来篇》,第13页;《知言·复义篇》,第34页;《知言·中原篇》,第44页;《与高抑崇书》,第112页;《与原仲兄书二首》,第120页,中华书局1987年点校本。
② 胡寅:《致堂读史管见》卷七,《续修四库全书》本,上海古籍出版社1997年版。
③ 脱脱:《宋史》卷三七五《邓肃传》,中华书局1985年点校本,第11605页。
④ 《会编》卷一三九,建炎四年六月十一日条,第1012页。
⑤ 《会编》卷一五四,绍兴二年十二月一日,第1111页。
⑥ 方大琮:《铁庵集》卷一《端平三年七月份第一札》,影印文渊阁《四库全书》本。
⑦ 度正:《性善堂稿》卷一〇《送张森晦甫序》,影印文渊阁《四库全书》本。
⑧ 《宋史》卷四六二《方技下·莎衣道人》,第13532页。

国更为明显,如孝宗时安南进贡象,所过之地毁屋修道,骚动数十州,刘珙上奏以为经典中不以象为郊祀之物,驱而远之始合周公之典,"且使吾中国之疲民,困于远夷之野兽,岂仁圣之所忍为也哉"![①] 夷夏相对而言,此中国对安南即指为南宋。类似的情形在理宗时,因安南国王陈日煚传位于子,请求宋朝册封为"太上国王",朝廷付于省官议论,时秘书正学欧阳守道表达不便如安南所请封,意见中有"自蛮夷言之,自中国言之"[②]的不同。外国安南为蛮夷,宋朝则是中国的立场。这种视外国为夷狄的观念,虽说是中、外之分,也是因传统夷夏观所致。

南宋理学两大派系的朱、陆,也有夷夏中国的说法。朱熹在论宋徽宗朝时,屡以"中国"对应称契丹、女真为"虏",说徽宗朝应对失策,"夷狄(金)犹能守信义,而我之所以败盟失信,取怒于夷狄"[③]。其他称金人为虏、夷狄等,多处可见,而且在论"夷狄"时,除指西夏为夷狄外,还指高丽"也终带蛮夷之风"。又对金世宗被中原人称之为"小尧舜",朱熹说:"他岂变夷狄之风,恐只是天资高,偶合仁政耳。"[④]言下明显有轻视世宗之意,始终视金朝为夷狄。在夷夏观念之下,所说的"中国",既指称传统中国的朝代如汉朝、宋朝,也指地理上的中原之地,但对于南宋似未见他指称为"中国"。陆九渊同样有强烈的夷夏观,他在《白鹿书洞讲义》中,论"楚人灭舒蓼"说:"圣人贵中国贱夷狄,非私中国也,中国得天地中和之气,固礼义之所在,贵中国者非贵中国也,贵礼义也。"指出中国之可贵在于礼义文化,是文化中国的含意。亦即"中国"的性质在于礼义文化,有这样的主要元素为文化整体的代表,即可为"中国"。他又说中国虽有衰乱但典刑仍在,流风遗俗未失,而夷狄强盛,以气力凌华夏,则礼义将丧失,圣人有所忧,故而对视为夷狄的楚国势盛并灭诸夏小国都不漏记载,表示殷切寄望于中国之意。同样在"晋人宋人卫人曹人伐郑"中,说贵晋贱楚,是晋为中国,而中国之可贵,在于有礼义之故。论"楚师伐陈",以狄夷之楚国强盛,但中国之君臣不能警惕,故不能遏楚国的发展,将诸夏中国与夷狄楚国的加以分别。陆九渊论及楚国往中原的发展,都以夷夏观来做夷狄与中国的论述方式,阐发《春秋》夷夏之别。对南宋与金的讲和,他以为若不用兵能全得生灵固然是好,但《春秋》之义在中外、上下之辨,靖康之仇岂可不复? 而今无事优游,"是怀安非怀义也"[⑤]。强调金宋之间是中外之别,不得忘《春秋》之义涵,南宋代表如北宋时的中国,金则是外国。引论《春秋》言夷夏中国还有南宋初的范浚,他潜心于圣贤之心学,居家教学如乡先生,又引《诗》论夷夏中国,颇合理学家正夷夏的中国观[⑥]。文化中国的概念是夷夏的分野,陆游说:"虏非中国比,无君臣之礼,无骨肉之恩。"就是没有伦常礼法为夷狄,而中国特质即在于此。真德秀说:"小雅之诗……纲常之义略备,中国之所以为中国者赖此而已,至于尽

---

① 朱熹:《朱熹集》卷九七《刘公(珙)行状》,四川教育出版社1996年点校本,第4962页。《宋史》卷三八六《刘珙传》,据《行状》亦载此事,第11852页。

② 《宋史》卷四一一《欧阳守道传》,第12365页。

③ 黎靖德编:《朱子语类》卷一二七《本朝一·徽宗朝》,中华书局1986年点校本,第3050页。

④ 《朱子语类》卷一三三《本朝·夷狄》,第3196页。

⑤ 陆九渊:《陆象山全集》卷二三,中国书店出版社1992年断句本,第175页;同卷,第178页;同卷,第176页;卷三五《语录》,第298页。

⑥ 范浚:《香溪集》卷七《诗论》、《春秋论》,影印文渊阁《四库全书》本。

废焉,是自为夷也。"纲常伦理是"中国"的主要元素①。这与上述强调礼义的看法一致,可以说礼义纲常是"中国"性与夷狄性的主要分别所在。

(二)传统中国

传统中国是以"中国"为概念符号,泛指先秦以来华夏之国,以及汉唐等各朝代的中国代表,则宋朝(北宋)也往往成为中国的意涵,此与前文所言的夷夏中国近似。绍兴十一年(1140)金宋间正式和议前不久,宋高宗言于大臣说:"外国不可责以中国之礼,朕观三代以后,惟汉文帝待匈奴最为得体……谨守吾中国之礼而不以责外国,此最为得体也。"②此处的"中国",即是传统的中国概念,也喻宋与汉朝一样都是中国。绍兴十二年,高宗对大臣说:"征战之事,各有地利,北敌骑兵,虽中国所不能及。"并举曹魏、苻坚、北魏等北兵不能并南方之事说:"今但修政事,严武备,北兵虽强,不足畏也。"这里说的"中国",仍是传统的中国,但含意是指南方之国,相对于金朝的北兵,则又喻为南宋代表中国③。前此,建炎元年,靖康之难时,秦桧上议状于金,文中所指称的"中国",即是传统中国的概念,如说石敬瑭以"中国藩离之地"贿赂契丹,"宋之于中国,号令一统",为北宋统一的中国,"大金兵威,无敌天下,中国之民,可指挥而定","大金来旨问罪中国","中国承平百年"等等④。两宋之际,高宗、秦桧相续为北宋末至南宋初之人,以中国指称宋多本于统一的北宋而来,自然是种传统的中国观,南宋实即为宋朝延续,难免也径直将中国意涵延续为南宋。又如李纲说,"谓中国之御四裔","今日之事……使刑政修而中国强"⑤。岳飞说金人立刘豫是欲"荼毒中原,以中国攻中国"。说金人归河南、陕西地,"欲长虑而尊中国,岂其然乎"?⑥ 其他引称不再赘述。

南宋初的传统中国观,意涵在于一个完整的政治实体的国家,如布衣吴伸在绍兴二年上万言书中说宋太祖"是欲天下一家,中国一人也",指太祖欲统一天下,成为一个中国,其他分裂的政治实体各国,若并合为一个中国,也就代表一统天下了。说刘豫"以中国之人而据中原之位乎"? 刘豫原为宋臣,自然是中国之人⑦。右迪功郎刘嵘上万言书,文中说:"堂堂中华,戎马驰之","本初嗣复,既不为二帝之策,因循远狩,又不为中国之谋","金贼熏污中原"⑧。中华、中国所指当同,而将华北称为中原,在他之意,"中国"指传统概念的中国(中华),中原只是华北之地。绍兴四年都省札子论张浚罪状,文中有"议者谓陕右之民,无一日

---

① 陆游:《陆放翁全集》卷四《上殿札子》,《陆游全集校注》第9册,浙江教育出版社2011年版,第102页。真德秀:《西山先生真文忠公文集》卷四《召除礼侍上殿奏札》一,影印文渊阁《四库全书》本。

② 李心传:《建炎以来系年要录》(以下省称《要录》)卷一四○,绍兴十一年六月辛未条,中华书局1988年据《国学基本丛书》本影印本,第2255页。

③ 《要录》卷一四四,绍兴十二年二月己巳条,第2309页。

④ 《要录》卷二,建炎元年二月癸酉条,第50页。

⑤ 《宋史》卷三五八《李纲传》上,第11251、11257页。

⑥ 《宋史》卷三六五《岳飞传》,第11386页;卷四七三《奸臣三·秦桧传》,第13756页。

⑦ 《会编》卷一五四,绍兴二年十二月一日条,第1111页。

⑧ 《会编》卷一五二,绍兴二年十月六日,第1098页。

不怀归中国"①。虽是传统中国概念,当时实指南宋为代表。吴玠、吴璘兄弟为北宋末、南宋初抗金名将,吴玠复书给金将撒离喝(宗翰)指出华夷之分为天下大义,古今常理,"夷狄乱中华",必为天地不容,金朝即是以夷乱华,而宋朝是天不弃赵氏,"此中国之福"。以往契丹与中国结为兄弟,如今可纠集族类并渤海等以"借援中国"②。吴玠有传统华夷观,中国即指宋朝以及延续的南宋。吴璘指称的"中国",与其兄相似,意指为宋朝或南宋,他说:"盖金人之弓矢不若中国之劲利,而中国之士卒不若金人之坚忍。"③中国与金人对称,可知所指涵盖了北、南宋之意,也是传统概念的中国。

南宋初炎兴年间,南宋人屡称的"中国"是传统中国的概念,由北宋代表的中国延续至南宋。再举些文集资料来看:苏辙后人苏籀言论中提到"欲治夷狄,先辑中国","敌暴骨以逞,祸中国十余年矣","夫英豪不必在中国","使金割据如石勒、魏太武,当且以中国委之,今金人无居于中国之理"④。这些是夷夏中国与传统中国观的运用。依附秦桧的郑刚中,其子良嗣编刚中文集,其中有上疏奏章,文中也用了传统中国观,说:"执权应变,因时制宜,此圣人抚中国御远人之道也。"⑤虽附和高宗与秦桧和议以为是权变制宜,但传统中国各朝倒确也有和夷御远的策略。靖康之难,曾扈从徽宗北狩的曹勋,南归后,上书宰相吕颐浩,开章明义地说:"某窃以中国所患,独苦金人。"以传统中国所指即宋朝之意。他又对刘豫存有幻想,劝其归顺南宋共同抗金,书信中言及五愿,第一即说:"中国冠带之域,稷下礼义之聚,俗义甚高,人济其美。"⑥指刘齐国之地,原为中国华夏之所。前文提及胡寅的夷夏中国观,他除去严正夷夏之防外,也用传统中国的概念来辟佛,说:"今中国之教,无父无君,则圣贤辟之,万世不以为过;中国之治,弑父与君,则王法诛之,人心不以为虐。"所谓中国之教、中国之治,所说都是传统中国、中华的意涵。对于遣使议和事,引述北宋富弼使辽归国,赏进官职时,"(富)弼方以中国未能用兵,徒赖使人口舌下敌,为莫大之耻,终不肯受",所指的中国,自是传统中国的宋朝对辽朝而言。其实富弼增币交涉后,屡辞朝廷所进增的官职,应不是"以中国未能用兵"等理由。胡寅论宋金外交引富弼事在于讥讽当时奉使者"祈求恩泽"为先,说他们"所虑卑近,与市井之人无异"。⑦

南宋中、晚期时,宁宗、理宗朝论说传统中国概称实不乏其例。如陈元晋代上奏札引宋仁宗时范镇宽天下之民建议,说"是时中国之势全安而无隙",概称中国为宋朝⑧。理宗朝右正言方大琮进讲故事,以西汉武帝时攻伐四夷,他用"中国多事,公家用少",以传统中国的代

---

① 《会编》卷一五七,绍兴四年三月十五日,第1139页。

② 《会编》卷一九六,绍兴九年六月二十一日条,第1412—1413页。

③ 《会编》卷一九五,绍兴九年六月二十一日,第1407页。

④ 苏籀:《双溪集》卷八《上赵枢密都督书》、卷一九《上秦丞相第一书》、卷一〇《进取》,影印文渊阁《四库全书》本。

⑤ 郑刚中:《北山集》卷一《定谋斋力疏》,影印文渊阁《四库全书》本。

⑥ 曹勋:《松隐集》卷二四《上吕丞相书》、《与刘豫书》,影印文渊阁《四库全书》本。

⑦ 胡寅:《斐然集》卷一九《崇正辨序》,中华书局1993年点校本,第391页;卷一一《再论遣使札子》,第231页。

⑧ 陈元晋:《渔墅类稿》卷一《代奏札》,《四库全书珍本初集》本。

称称指汉朝①。同在理宗朝的吴泳,他于《蜀师与夏人夹攻金人策问》中,提到汉朝是"援四夷之兵为中国之用",也是以传统中国来指称汉朝。在论互市交易时,他说互市博买之权宜操之在"中国",不当使专于"四夷"。以"中国者,夷狄之主也,使蕃夷仰我之心常重,而汉人藉彼之力常轻"。但这个互市原则金朝却并不取法而行,置榷场于临洮地,"则是中国所操之柄,彼盖得而执之",是可堪忧虑之事②。吴泳有夷夏中国观,又以汉人对蕃夷表示中国与夷狄之分,所说中国是传统中国概念。

就《宋史》中所载也可看到些相关的说法,元人修《宋史》,所据为宋人之材料,宜可反映出当时人的看法。南宋初建,建炎元年(1127)朱胜非为试中书舍人兼权直学士院,他上疏说:"仁义者,天下之大柄,中国持之,则外夷服而尊诸夏。苟失其柄,则不免四夷交侵之患。"原来宋与契丹结好百余年,契丹衰危时,宋朝远交金人而夹攻之,"是中国失其柄,而外侮所由拓也"③。此说法与胡安国父子所论文化中国相同,但是否中国持有仁义大柄,必可免除四夷交侵?同样是缺乏根据的,而金人侵宋果然是因中国失其柄乎?以宋朝代表中国,如同传统汉族朝代一样。类似的传统中国概称又意指宋朝的有吕好问,他当北宋末靖康年间时,说过"金人得志,益轻中国",又于金人初立张邦昌时,他解说时局,劝邦昌还政,不宜即真为帝,说:"相公知中国人情所向乎?特畏女真兵威耳。"④吕好问处艰难之际,而后仍受到肯定。绍兴二年(1132)张九成的进士对策中指出:"金人有必亡之势,中国有必兴之理。"他的观察是金人必亡在于好战、失其故俗、人心不服三者。当金人议和之际,他对宰相赵鼎说:"金实厌兵,而张虚声以撼中国。"⑤实际是指传统中国的宋朝。绍兴年间以敢言反议和而著名的胡铨,当孝宗初即位时,因金海陵帝南侵而亡,遗下金、宋间的和战问题。有金朝三大将来降,胡铨提出谨慎处理的意见,他举北宋末辽将郭药师来降,但"未几为中国患"。又当辩论和议时,于隆兴二年(1164)上书,论说大意在于反对和议,以和议成有可吊者十项,若和议不成,则有可贺者十事。在说可吊者事项中,以为加重财政负担,生民疲于奔命,"瘠中国以肥虏,陛下何惮而为之"⑥。胡铨传统中国概念所指为北宋与南宋,同时他在论说各处中也有着夷夏中国观。郭允蹈在理宗时著有《蜀鉴》一书,较未为人所注重,全书十卷叙述蜀地的历史,在述及周世宗伐蜀时,记载"世宗常愤中国日蹙,有削平天下之志",记载晚唐僖宗时南诏请和,说南诏为边患,"中国为之虚耗"。史论中评语再度强调南诏因唐朝经略失败,至于"遂有轻中国之心,三入蜀境,而乱事之患,与西戎北狄等"⑦。这些都是传统中国论述的用法。

传统中国的概念,在陆游看来指为中原政权的宋朝,他论宋初立国后,先取得蜀、南粤、江南、吴、越、太原等各分裂政权,最后谋取幽燕之地,但其时兵已疲惫,虽取得各分裂之国,

① 方大琮:《铁庵集》卷四《十一月上进》,影印文渊阁《四库全书》本。
② 吴泳:《鹤林集》卷三三、卷三七《互市》,《四库全书珍本初集》本。
③ 脱脱:《宋史》卷三六二《朱胜非传》,中华书局1977年点校本,第11315页。
④ 《宋史》卷三六二《吕好问传》,第11330、11331页。
⑤ 《宋史》卷三七四《张九成传》,第11577、11578页。
⑥ 《宋史》卷三七四《胡铨传》,第11585、11587页。
⑦ 郭允蹈:《蜀鉴》卷八,《国学基本丛书》本。

但"中国"已势弱①,这里的中国实以其时的北宋为所指。叶适在《上光宗皇帝札子》中通论治国要领,先提出"当分裂之时则必思混并"、"当中国全盛之时,则必思维持保守",这是通论的说法。言及绍兴十年之后,"中国实无溃叛之形也",但终不免分裂议和,金朝完颜亮时南侵,"是中国虽名属彼",仍未溃叛于宋。以宋朝的中国相对于金朝,所指是北宋的华北地方。在《外论》的首篇中说:"为国以义、以名、以权,中国不治夷狄,义也;中国为中国,夷狄为夷狄,名也;二者为我用……权也……深思今日致患,复修先王三者之道,则中国之待夷狄固无难矣。"这些都是以夷夏观为基础,分别夷夏,以全称的中国为说,固不限于指哪一朝代都应如此理解中国待夷狄之道,则南宋时也应依此原则而行。他在《取燕一》说,北宋末,"竭中国事力以馈常胜军",而完颜亮侵南宋,宋军抗战,"州县相次而复,中国之威庶几振矣",是与辽、金相对的中国,即宋朝之意。地理上,他在《取燕三》中说,燕蓟之地是"中国之郭郭也",河北、河东是"中国之阃阈也"。在《终论四》中,说西晋时"刘石、鲜卑氏、羌皆尝生长中国",都为传统的、地理的中国。至于说到金朝,"以中国为法",则是一种文化中国的看法,即金朝效行汉法典章制度之意。对于南宋而言,他在《终论七》中,有简要的提法,即"中原者我之地,中华者我之名,报复仇耻者我之义"②。叶适的"中国",包含有夷夏、传统、地理、文化上的各种含意。

传统指称的中国,在刘克庄是以春秋时楚国"常与中国争衡"来说,又说楚国上下数百年间,名人、贤士议论相接,文献不坠,是其时"北学于中国"③,指称中又带有楚国初为蛮夷,而与中原相对的看法。真德秀《故事》说唐朝安史之乱后,"中国多故,戎狄每岁犯边",唐朝时代表的中国,北宋末时"女真知中国无人而异志兴矣"。这是在《江东论奏边事状》中指宋朝为中国。其实唐、宋都是传统概念的中国。在乙未年《故事》中,他又以春秋吴、越之争计"以中国言之,如韩、魏之并智伯,以夷狄言之,如冒顿之灭东胡,皆用骄之之术……女真崛起穷发,其吞辽人,陵中国,大抵假和之一字,以为误敌之资"。《奏札》中说,女真是"戎狄豺狼变诈百出,又非可以中国常理待之"。在这些所言说到的中国仍是传统的指称。此外,他对永平知县江淑文治理边区说的警惕话语中,有"以中国之士大夫为天子之命吏,而其所为亡异于狄,是亦何怪其民之狄哉"? 中国士大夫即应行以夏变夷,否则不异于夷狄,应同是传统中国概念。④

(三)南宋中国

以南宋的立场而言,南宋是继北宋延续未亡国仍存在的正统,基上与北宋完全一致,不过是遭靖康之难,二帝北狩,京师沦陷。及后抗金议和,与金划淮水为两国国界,宋称臣纳币之外,华北中原之地成为金朝疆土。南北分裂的说法已如前述,虽然宋孝宗时北伐未竟,与

---

① 《陆放翁全集》卷二五《书通鉴后》,第149页。

② 《叶适集·水心别集》卷一五《上光宗皇帝札子》,第837页;卷四《外论一》,第684页;卷一〇《取燕一》,第762页;卷一〇《取燕三》,第764页;卷一五《终论四》,第824页;卷一五《终论七》,第829页。

③ 《后村先生大全集》卷八九《澧州重建州学记》,影印文渊阁《四库全书》本。

④ 《西山先生真文忠公文集》卷五《故事》、《江东论奏边事状》;卷一四《故事》;卷二《奏札》。对永平知县所言,见于魏了翁《鹤山大全文集》卷八三《知南平军朝请江君墓志铭》,影印文渊阁《四库全书》本。

金朝改为对(平)等国家关系,以叔侄替代称臣,虽然提高了"国格",但在外交礼仪如受书礼上仍地位稍逊①。当北南宋之际,宋人以本朝称中国的情形颇为常见,其时是自觉地以宋朝为中国,虽然领土日蹙,国势已衰,但仍是退处于南方的宋朝。在上文中已有些例子可看到南宋人指"中国"为本朝之意,又如绍兴八年(1138)时,因金朝遣使来议和用诏谕江南的名义,尹焞上札子谏议和,说:"本朝戎狄之祸,亘古未闻,中国无人,致其猖乱……今若和于金人,彼日益强,我日益削弱,中国号令皆从金出,国事废置,皆从金命。"②所说中国指宋朝而言。同样在绍兴年间,郑樵分析对抗金兵的算计时,提出"况以夷狄之五,不当中国之一"③,所说的中国仍是指宋朝而言。胡寅在绍兴年间的札子中说:"女真者知中国所重在二帝,知中国所恨在劫质,知中国所畏在用兵……以中国万乘之君而称臣于雠敌。"又于《上皇帝万言书》中,屡言中国、中华④。这里所称的中国,多在于称宋朝代表的中国,有些地方则是指汉、唐代表的传统说法。

南宋中朝时,王迈于宁宗的廷对里,说到所忧心之事,"有以巍巍之中国,常若过于有所畏,以悠悠之岁月常若安于不敢为……今敌势就衰,假息于汴,中原豪杰并起,而亡之人孰不以此为中国贺……一旦事机之至,则明中国之大义,定天下之大计,指日可待矣"⑤。以南宋为中国所指,后面的"中国大义",指中华夷夏观的大义。理宗时李曾伯在《谢除端明殿学士》文中,上表赞理宗能"德运乾纲,化成常久,遣戍役卫中国,修自治以规恢体",以南宋中国况喻。在《贺襄樊告捷》文中,说"庆关中国,威震外方"⑥,也是以南宋中国指陈。宁宗时有北伐声势,卫泾上《札子》论其不妥,文中说:"中国举措尤贵严密,若朝得一报而为之营营不宁,夕得一奏而遽谓晏然无事。"⑦此处说中国实指本朝的南宋,举措不得轻忽。理宗朝因端平入洛失策,中书舍人袁甫激励理宗"卧薪尝胆,夙夜磨厉,嗜欲不作,天君清明,中国义安,外敌自服"⑧。指南宋的中国宜求固本安民,使敌人不能逞其志。真德秀在宁宗朝上奏,论说金朝必亡之势,但同时提出"可为中国忧者二",其一是忧不在敌而在我,其二是忧能否保固淮江以闭境自守;后来在理宗初,他再提出此说为"中国当图者二"。而后又提出警惕以为边臣迎合金朝抗抵蒙古,是"置世仇而不念",使忠臣义士气沮,造成"夷狄盗贼亦将有轻中国心"⑨。真德秀三处说及的中国,就是指南宋而言。理宗端平二年(1235),金朝初亡的次年,蒙古遣王檝使宋,杜范任军器监丞,他的轮对札子中说王檝滞留期间收购南货辎重甚多,指其为嗜利的商贩,非正式通和的使节,"疲弊中国,取笑四夷,莫此为甚,犹为可和,岂不误

① 《辽宋金元史论》第三编《宋金关于交聘礼仪的斗争》,第220—235页。
② 尹焞:《尹和靖集》卷一《谏讲和札子》,影印文渊阁《四库全书》本。
③ 郑樵:《郑樵文集》卷三《与景韦兄投江给事书》,书目文献出版社1992年点校本,第52—53页。
④ 《斐然集》卷一一《论遣使札子》,第229页;卷一六《上皇帝万言书》,第336页。
⑤ 王迈:《臞轩集》卷一《丁丑廷对策》,影印文渊阁《四库全书》本。
⑥ 李曾伯:《可斋杂稿·续稿》卷一,影印文渊阁《四库全书》本。
⑦ 卫泾:《后乐集》卷一一《应诏论北伐札子》,影印文渊阁《四库全书》本。
⑧ 袁甫:《蒙斋集》卷下《中书舍人内引第二札子》,影印文渊阁《四库全书》本。
⑨ 《西山先生真文忠公文集》卷二《辛未十二月上殿奏札二》。理宗时所提,见卷一三《甲午二月应诏上封事》。所提警语,见卷四《陈江东漕十一月二十二日朝辞奏事札子》。

哉"！后来王檝再度使宋，杜范任职吏部侍郎，上书说蒙古言和不可靠，王檝再来，是蒙古"蔑视中国，而以朝廷为无人"，谏朝廷要以边区不受侵扰，再谈议和，"毋再堕奸计，以重中国之羞"。此外，杜范在经筵的奏札中讽劝理宗立皇子以定国本，他说"皇天付中国于陛下，祖宗传丕基于陛下"①。杜范前两次所说的中国是南宋，而后所指的中国可以延伸到北宋建国以来至于南宋。

在《宋史》中言及南宋中国的记载尚属不少，今简便列之如下以为参看。南宋初勾涛上书论时事说，"河南故地复归中国"，宜精选新附之民。孝宗时李焘言日食之象，说"非小人害政，即敌人窥中国"。宁宗时刘光祖上奏说："陛下为中国衣冠之主"激励皇帝。孝宗时汪大犹知泉州，当地蕃商与人争斗，多依旧俗，大犹以"安有中国用岛夷俗者"，是传统中国，也指南宋。又反对铸铜瓦说："法，铜不下海，中国方禁销铜，奈何为其所役？"同是指南宋为中国。宁宗时边情稍紧，丘崈说："金人未必有意败盟，中国当示大体，宜申警军实，使吾常有胜势。"宁宗时陈宓钱丁焴出使金朝，钱诗中感叹"百年中国岂无人"之句，指世雠未复之意。宁宗时乔行简论局势，言"金有必亡之形，中国宜静观以变"，因而上备边四事。孝宗时以"治道不进"问程大昌，大昌说："陛下勤俭过古帝王，自女真通和，知尊中国，不可谓无效。"励孝宗求贤纳谏。孝宗时杨万里，以地震应诏上书，文中说："或谓金主北归，可为中国之贺。臣以中国之忧，正在乎此。"孝宗时，李椿任枢密院详检，有南丹州酋长市马之事，他以为不当允其市马地点的要求，说南丹酋莫氏横行边境"奈何道之以中国地理之近"？以当时南宋地境为中国地理可知。以地理中国而言，孝宗时，琼管帅韩廷玉兴学琼州，请朱熹作学记，因说"吾州在中国西南万里炎天涨海之外"②，是传统中国的整体概念，可以参考。除去上述就《宋史》所载列举之外，他处仍可看到相似的说法，不再尽举。可再提及的是绍兴三十一年，金海陵帝南侵时，宋朝三省枢密院奉旨措置招谕事件，对象是在金朝统治下的渤海、奚、契丹族群，榜文中说"女真与我中国虽为不共戴天之雠，然念国人刿于兵威，各为其主"③，对北方各族以宋朝为"我中国"，南宋即延续北宋为如一的宋朝，故代表中国之对于女真金朝。另外，在《高丽史》中，南宋建炎二年(1128)，高宗即位遣使刑部尚书杨应诚至高丽，高丽仁宗的附表称宋朝为"上朝"，并以"中国富盛"、"中国虚实"指称，又于上表中说"世事中华"，金朝是"猾夏之威"④等。可知南宋初时，高丽仍视南宋为宋朝正统，代表中国；对于金朝，似未见高丽明称之为"中国"。

南宋人对"中国"的指称有时却是指在华北中原地的金朝。当金海陵帝南侵时，宋行营宿卫使杨存中檄书昭示金朝官兵，除指责完颜亮不德无道外，又指出葛王(金世宗)已叛海陵

---

① 杜范：《清献集》卷五《军器监丞轮对第一札》。吏部侍郎时上书，见卷一一《上已见三事》。经筵札见卷一二《经筵已见奏札》，辛丑一月，贴黄，影印文渊阁《四库全书》本。

② 在《宋史》中的有关列传，勾涛见卷三八二，第11773页；李焘见卷三八八，第11919页。刘光祖见卷三九七，第12101页；汪大犹见卷四〇〇，第12145页；丘崈见卷三九八，第12111页；陈宓见卷四〇八，第12312页；乔行简见卷四一七，第12489页；程大昌见卷四三三，第12859页；杨万里见卷四三三，第12864页；李椿见卷三八九，第11938页。韩廷玉见《朱熹集》卷七九《琼州学记》，第4097页。

③ 《会编》卷二三四，绍兴三十一年十月九日条，第1680页。

④ 郑麟趾：《高丽史》卷一五《仁宗一》，首尔亚细亚文化社1990年版，第33上—36下页。

帝自立,说:"况葛王既立于尔邦,而大兵已兴于中国,路途夐隔,军马何归?"①是指华北金朝之地已兴兵,将有战乱。次年,金世宗遣使至南宋议和,洪迈作《充通金人使副书》,书中言及接待金使的问题,说道:"惟界首一事,旧以淮为境,至中国取接,令于泗州临淮虹县之北,迤逦迎候,及随宜排办宿顿矣。"②是指绍兴十二年宋金和议时所定的旧规则,宋人须到"中国"取接迎候,则此"中国"是指金朝所有之领地。光宗绍熙四年(1193)权吏部侍郎倪思为金朝贺正使,行前见光宗时说:"阶下屡衍问安之期,中国犹知有疾也,脱虏酋以为问,臣将何辞?"光宗有所警悟,说"且夕使过宫"。倪思所言是指光宗未省视孝宗之事。前此,有光宗"乘舆过重华宫(孝宗所居),已驾复辍"③之举,未能探省太上皇孝宗。倪思指责光宗未尽孝道的行为甚明,似说连华北的金朝都有所闻,万一金帝问及,将何词回答?若照此解读,则所说的"中国"似应指金朝了。南宋人指称金朝为中国,资料甚少,上述的例子主要倾向于地理上的中国,以金朝据有华北"中国"之地的缘故,若依华北、中原之地为传统中国的观念而言,以之称金朝为中国似无不可。

三　中国与金朝

　　女真族建立的金朝,先灭辽国而尽有其地,随后南下攻宋,历十余年争战,虽攻取宋都汴京,俘徽、钦二帝,但终未能灭宋。高宗绍兴和议,与金朝划淮为界,中国南、北分裂,华北中原之地为金朝领土,传统所有的概念性中国遂形成代表性的分歧。过去统一的朝代如汉、唐不论自称或他称,它们就是代表着中国,宋朝建立完成统一时也就是中国无疑。当南北分裂为宋、金两国时,"中国"概念就无法理所当然地仅归之于一方。因此,"中国"的词称与所指要以其语境来理解其意含。

　　金朝的"中国"观与正统、夷夏观有相涉的关系,这些方面已有些学者论及,如前言中所述。笔者以为正统观是先指涉政权、国家的法理性,在金初太宗时已甚为明确,太祖立国粗具有政权合法性的意识,如众所知的曾向辽国寻求册封承认其政权之事。太宗灭辽遂自居于正统,国家的正统性更有法理的基础,但并不与也不须和"中国"相关。到进兵中原灭北宋后,"中国"意识始萌芽发生,乃至于以中国自居,再结合正统观,成为中国正统皇朝。其领有中原华夏,又行汉法,用中国之礼,反视南宋为南蛮岛夷之国,夷夏观也在此消融,正合乎中国传统所说"诸侯用夷礼则夷之,(夷)而进于中国则中国之"。这种文化中国是以夷夏之礼来认定,即便是中国地区内各诸侯不用华夏文化之礼,则为夷狄,"进于中国"并非指进入中国之地,而是指"进用"中国之礼,与诸侯进用中国之礼是一致的。

　　关于金朝的中国观念、意识等,刘扬忠由文学上论证三个阶段的演进,赵永春较有详尽

---

① 《会编》卷二四七,绍兴三十一年十二月十五日条,第1776页。
② 《会编》卷二五〇,绍兴三十二年闰二月条,第1790页。
③ 《鹤山先生大全文集》卷八四《显谟阁学士特赠光碌大夫倪公墓志铭》。

的论述与举证①。笔者所集数据与刘、赵二文绝多类同,故不拟重复赘述。金朝与南宋相对峙为国,但南宋无疑秉承中华文化传统,而金朝为"胡汉"复合皇朝,汉族士人仍为中原华夏文化涵养,女真族研习汉文化则可"进于中国",二者分别不大,以中国自居并不勉强②。金朝对于"中国"的指称,及其意涵也应与宋人类似,如指为本朝(国)外,也指历代以来的中原朝代。论者多着重于此,自有其见地,但对称引"中国"时间语境,有时未加着意,忽略了概念性传统的"中国",以及地理、文化上的中国,故往往偏重于政治上的中国。今略举以见其间的差异。

金朝晚期的刘祖谦,在作《终南山重阳祖师仙迹记》开头即说:"孔老之教,并行乎中国,根源乎至道。"③而后述说全真教的创立与发展。这里所称的"中国",并不是政治性中国,既不是指历代中原政权,也不是指其时的金朝,所指的应是概念中的传统中国。晚金名儒李俊民,作《郡侯段正卿祭孤魂碑》文,述说春秋时多战乱,民死不得其所,又说及金末元初之际的战乱,是"自中国雅废以来,天道在北,日寻干戈,无异于春秋之时"④。当时蒙古兵兴,金遂以亡,故言"天道在北",而"中国雅废"可以指称金朝,更有华夏文化中国的意涵,是二者共指中国文化之意。金朝中晚期的刘忠,作《绥德州重修儒学碑》,述绥德州(陕西绥德)历汉、唐、五代以来皆在边区,且入于蕃胡领地,其地"盖其民不沐中国涵养之德,为日且永",为"彝(夷)夏错居"之地⑤。这里的"中国"即是概念中的传统中国,即不受中国文化的涵养之意。金章宗时,安泰作《汾州平遥县慈相寺修造记》,叙述佛教来传大要,言心法是摩诃迦叶。

萧梁"达磨方来东土",言教法是"鸠摩罗什译梵为华教,始行于中国",言像法是汉明帝遣使天竺,图像入洛阳,"像乃传于中国"⑥。这里说佛教三法传来的"东土"、"中国"等,应都指传统的概念中国,而以地理中国为对象,且将南朝的萧梁也并入佛教东传的中国之地来说。

晚金名士李纯甫,于调和儒佛立场,评宋儒攻佛,常引东、西之学,称引"中国"之学。如评张载"遁词者无情"说,说"中国公孙龙、惠施、邓析"与"西方未黎"等皆是所谓遁词,是以中国与西方对称,指概念的传统中国。评谢良佐"目视耳听,见于作用者心也",此自家宝藏为佛氏窥见,便敢妄自尊大,"轻视中国学士大夫"。良佐也用概念传统中国的指称。纯甫评论时顺其所指说"中国等士大夫,不谈此事者,千五百年矣"! 意指更为明白。评吕祖谦言"一

---

① 前揭注文中所举。赵永春将《金史》并元好问、赵秉文、王若虚、李俊民、刘祁、杨奂等人著述计出"中国"词称出现次数,数据搜阅颇详,惜不见其文本与语境分析,故所得结语"除指历史上中原政权外,全部指金朝",或有稍作补充之地。

② 金朝的汉化参见前言及附注中所列外,另参见姚从吾:《女真汉化的分析》,收入《姚从吾先生全集》第5册,台北正中书局1981年版,第163—203页。陶晋生:《金代初期女真的汉化》,载《文化哲学报》第17期,台湾大学文学院1968年版,第31—68页。拙作:《含英咀华:辽金元时代北族的汉学》第四、五篇,新北市花木兰文化出版社2012年版,第89—214页。

③ 阎凤梧主编:《全辽金文》下册,山西古籍出版社2002年版,第2654—2656页。

④ 《全辽金文》下册,第2553页。

⑤ 《全辽金文》中册,第2069页。

⑥ 《全辽金文》中册,第1990页。

与万",说四种法界观的观点,"亦中国书",是指佛教观念与传统中国书中所言并无差异,仅说法不同而已。在《杂说》中引王通言佛为圣人,但说《其教中国则泥》,言佛为天师,但说"以之治世则乱",纯甫则以两人所言是不见其大,佛法是可以"治中国"的,所指即传统中国,或地理中国之意。如他在其著作《鸣道集说》序文中说:"浮屠氏之书从西方来,盖距中国数千万里。"①李明白指出是地理的中国。纯甫的"中国"指称与意涵,在金末名儒元好问处也可见及,在《博州重修学记》中,好问说:"有天地、有中国,其人尧、舜、禹、汤、文、武、周、孔,其书则《诗》、《书》、《易》、《春秋》、《论语》、《孟子》,其民则士、农、工、贾,其教则君令、臣行、父慈、子孝、兄友、弟恭……"中国的泛称即概念中的传统中国,偏于文化中国的说法,并不指称哪一朝代。在《南宫庙学大成殿上梁文》中说圣人之道亘万世而无敝,"中国有《诗》《书》之教,风以动之",指中国传统《诗》《书》教化。言及佛教的传入。在《威德院功德记》中说:"浮屠氏之人中国千百年,其间才废而旋兴,稍微而更炽。"又在《竹林禅院记》中说:"佛法之入中国,至梁而后大,至唐而后固。"②如此等等,都是指传统中国的概念,或说地理的中国。佛教东传入中国,在史书、文章中,多与李纯甫、元好问所称引"中国"的用法及所指相似,并不固定指南方或北方的朝代。即如刘祁说李纯甫号其学术为"中国心学,西方文教",也是就传统中国的概念来说,未必是指其金朝而言。纯甫又作有《重修面壁庵记》,简述其学术与心志,文中有"西方有中国之书,中国无西方之书也",以中国与西方对称,是以传统的中国概念来说。③

就上面的论述并配合其他学者的观察来看,金代指称的"中国",大体上是以华北中原之地及在中原政权朝代称之为中国,而金朝即据有中原立国,当然就以为代表中国而自居并自称中国。女族及汉族都以金朝是进用中国之礼,更加强调不异于历史上的中国朝代,华夏、区夏又是金朝立国之地,是有其法理上的正统性。传统夷夏观在金代的语境中就此已消融,而金初由本身政权的建立与国家的兴起,萌芽出国家的正统观,进而用中国之礼乐制度的汉法,强化其中国性质,故中国意识得以促成其欲为中国的正统,而其高潮以章、宣宗时的正统论最足以代表。

在金代的文献中,金人用"中国"词称有些未为学者所分疏出来,即上文所论的传统概念中国,兼及于文化中国、地理中国,在不同的语境中有其所指,并非仅及于政治中国而已。对于同时的南宋,有一般性的称呼,如宋(朝、国、人)、南(朝、国、人)等,也有轻视、敌意的称呼,如淮夷、岛夷、伪孽等。轻蔑敌意是分裂对立时常见的语文用法,可说是传统的"本事",读史者当熟知;同样的,南宋也未放过对金的夷狄用语。在文献中可见南宋有称金朝为中国的用语,但笔者尚未见到金人称南宋为中国的资料,似乎金人在政治中国的语境里是独占本朝为

① 李纯甫:《鸣道集说》卷二,日本京都中文出版社景印享保四年刊本,第50页。评谢良佐,见卷四,第108页。评吕祖谦,见卷五,第146页。评王通、苏轼见卷五,第173、174页。序文见第8、9页。

② 元好问:《遗山先生集》卷三二;上梁文见卷四○;言佛教二文,见卷三五,影印文渊阁《四库全书》本。

③ 刘祁:《归潜志》卷一,中华书局1983年点校本,第7页。此也为《金史》所引用,见卷一二六《李纯甫传》,第2735页,并参见《校勘记》,第2744页,第4条。《重修面壁庵记》,为刘祁所收,附于卷一,第7—9页。

中国的意图相当强烈,不假中国名号予其他,自居中国正统而视南宋为残余之国。客观的形势是南、北分裂的天下,而海陵帝说得更为清楚,他以为当时"天下有四主,南有宋,东有高丽,西有夏",加上金朝共为天下的局势,故而又说:"天下一家,然后可以为正统。"①海陵帝虽雄才强暴,但也不忽略客观存在的现实,即四个政治实体的国家共居于天下之中;他的理想正统观是统一天下才能名正言顺地成为正统。

四 结 语

北宋继五代建国于华北中原之地,而后并收各国,完成统一的局面,虽有辽、夏的鼎立,但基本上代表完成统一;宋朝如汉、唐时的中华帝国,其时所称指的中国自当为宋朝。及女真兴起,灭辽与北宋,其实宋朝并未亡国,仍奋力抗金,到宋金绍兴议和,南宋称臣,立国于淮河以南,中国天下分裂,南北为宋、金两国外,西夏仍与之鼎立。分裂时期"中国"的指称是南或北? 与历史上其他分裂时期同样有所歧异,不再如汉、唐、北宋时期的单纯而划一。

南宋虽偏安于淮南,在宋人看来,"中国"的指称有用于夷夏观的说法,即以文化中国的观念分别夷夏,"中国"为礼义、信义、仁义、人伦的意涵,概括为中国性质在于礼,不能有礼则不能是"中国",礼的元素包括典章制度、伦理规范等等,这些才是具有中国的性质。除去以历史上中原政权为中国代表外,也泛称如汉、唐时的中国,是为传统中国的概念,有时并不特指哪一朝代时期,只是一个笼统的中国概念。南宋人以本朝为正统,不过局面国势稍弱,但以承北宋正统而来,自称本朝为中国并未松口,言论及于金朝,每以夷狄猾夏视之,即使知道金朝也用了中国之礼,但仍不愿放弃南宋中国自居。宋人用"中国"指称地理位置所在,这种地理中国出现于称金朝为中国的少数情形外,往往是用在全称的中国概念时。

金朝初即有其政权的正统观,在北、南宋之际,称宋为中国,女真当时并未自称中国,及灭北宋于太宗、熙宗时萌生中国正统的说法,渐有"中国"的意识以及认同的倾向。金朝领有华北中原之地,又行中国之礼的汉法,对于取得"中国"的号称及名分是有利的因素,"进于中国则中国之"是传统夷夏观,也难以推辞不认,故金人不论胡汉都自居为中国,在金朝夷夏语境已消融,甚至视南宋为淮夷、岛夷之国了。对"中国"的指称与意涵,用之于历史上中原朝代外,多以自称金朝本朝,这种政治中国观所见颇多,但金人同于南宋,有指称为文化中国、地理中国、概念的传统中国这些观念与用法,也是论者较少及或忽略之处。唯尚未见及金人称南宋为中国的,或许是传统以中原政权代表中国观念的根深蒂固之故;而金、宋两国也都自称为中国,似可说明"中国"一词的魅力所在。

(作者单位:台湾"中国文化大学"史学系)

---

① 前引文见《金史》卷一二九《佞幸·张仲轲传》,第 2782 页。后引文见同卷《李通传》,第 2783 页。

宋代的《春秋》学及其对史学的影响

王德毅

一　前　言

自汉朝以来,我国传统的学术,以经、史二学为最,此二学皆创自孔子,至西汉武帝崇尚儒术,司马迁创修《史记》,此二学乃开始发扬光大。孔子删《诗》、《书》,定《礼》、《乐》,赞周《易》,修《春秋》,此为六经,乃经学之祖。班固曾称赞说:

> 六艺之文,《乐》以和神,仁之表也;《诗》以正言,义之用也;《礼》以明体,明者著见,故无训也;《书》以广听,知之术也;《春秋》以断事,信之符也。五者盖五常之道,相须而备,而《易》为之原。故曰:"《易》不可见,则乾坤或几乎息矣!"言与天地为终始也。①

这是说《乐》与《春秋》等五经合乎五常之道,皆本之《易经》所依存之天道,天道本是人心所同者,则仁、义、礼、智、信五常相须相成,确为全民所信奉的。六艺中之《春秋》一经,乃孔子晚年所修者,孔子极为重视,曾说:"后世知丘者以《春秋》,而罪丘者亦以《春秋》。"其自信如此!究其所以故,司马迁曾有如下的说明:

> 子曰:"弗乎弗乎,君子病没世而名不称焉!吾道不行矣,吾何以自见于后世哉?"乃因史记作《春秋》,上至(自)隐公,下讫于哀公十四年,十二公。据鲁,亲周,故殷,运之三代。约其文辞而指博。故吴、楚之君自称王,而《春秋》贬之曰"子",践土之会实召周天子,而《春秋》讳之曰"天王狩于河阳",推此类以绳当世,贬损之义,后有王者举而开之。《春秋》之义行,则天下乱臣贼子惧焉!②

可见《春秋》是一部有主义有理想的经典,反映了春秋末年的东周政局。当时东周积弱,王纲不振,五大诸侯先后称霸,南方的楚国之君自称王,与周天子相同,有欺君之罪。即使诸侯之国,亦有大夫专政,如晋国的六卿、鲁国的三家,孔子皆贬斥之。这一种强烈的是非观念,是其他五经所没有的。孔子利用鲁国史官的记事而修《春秋》,起于鲁隐公元年(前 722),讫于鲁哀公十四年(前 481),历十二公,前后合计二百四十二年。孔子用编年史体,以事系月日,以月系四季,以季系年,每一公即位,必大书"元年春王正月",据宋儒叶梦得所撰《春秋公羊

---

① 班固:《汉书》卷三〇《艺文志》,中华书局 1962 年点校本。
② 司马迁:《史记》卷四七七《孔子世家》,中华书局 1982 年点校本。

传谶》载：

> 元年何者？君之始也。春者何？岁之始也。王者孰谓？谓文王也。曷为先言王而
> 后言正月？王正月也。何言乎王正月？大一统也。①

《春秋》虽为鲁史，每年皆周正，以示尊周。其中称周天子为天王，为全天下的共主，列国的国君最高只能称公，如果妄自称"王"，如南方的吴、越及楚三国，孔子皆贬之称"吴子"、"越子"、"楚子"。以示"内中国外四夷"之义。这些微言大义，深深影响了宋朝的士大夫，治《春秋》者皆详著之，而史学家修史，亦念念《春秋》之教，这是宋代以后中国史学新发展的原动力。

二　宋代的《春秋》学

宋太祖鉴于唐末五代近百年的战乱，武将专横，稍建功勋，即生禅代之心，在五十三年间，换了五个朝代。太祖欲开百年太平之基，乃确定重文轻武的国策。宋代以儒术治国，故特振兴教育，并开科举取士，中举后即出任亲民之官，有政声者即被召入朝，或任言职，或任六部郎官，而宰相、参政、枢密使亦由此累迁至之。所谓士大夫政治，乃由此造成。士大夫要重气节，加强忠君爱国观念，而太祖亦有不杀大臣及言事官之誓约，如是则天子待群臣以礼，群臣事君主以忠。是以《春秋》早已为士大夫所必读之经籍，即武将亦应勤习，当仁宗宝元、庆历间，范仲淹任陕西经略安抚副使时，极赏识部将狄青的勇敢善战，特奉赠一部《左氏春秋》给青，并告之云："熟此可以断大事，将不知古今，匹夫之勇，不足为也。"于是青"晚节益喜书史，既明见时事成败，尤好节义"②。这是熟读了《左氏春秋》后便尤好节义了。

宋代治《春秋》的儒者很多，理宗时陈振孙编《直斋书录解题》，在卷三中收编四十四家专著，宋末大儒马端临《文献通考》，于《经籍考》中则有增加。其传于今者，多收入清乾隆年间汇纂的《四库全书》中，亦达二十七家，他们著述不同，背景各异，难以一一陈述，兹举较有名的学者及其著作论述之。吾人须知：宋儒研究《春秋》，多以其所处的时代为背景，是以宋为正统，而以北方异族所建的政权为夷，当外攘之，以求大一统。

（一）孙复《春秋尊王发微》

孙复（992—1057）字明复，晋州平阳人。早年举进士不中，乃退居于泰山之阳，苦读经史，当时尚有胡瑗及石介亦共同读书，常终夜不寝。而孙复贫甚，上有老母待养，缺少钱用，乃赶往应天府学谒见范仲淹求济一千钱，及仲淹了解孙复身世后，乃用复担任学职，月给三千钱，足以养母。仲淹并赠以《春秋》一部，命其努力研读。复极笃学，言行甚修谨，一年后，仲淹被召出任秘阁校理，复遂辞去，仍回到泰山之下继续苦读，后遂以《春秋》教授学者，人称泰山先生，有名于时③。仲淹又上奏举荐："孙复元是开封府进士，曾到御前，素负词业、经

---

① 叶梦得：《春秋公羊谶》卷一《隐公》，影印文渊阁《四库全书》本。
② 余靖：《武溪集》一九《宋故狄令公（青）墓铭》，影印文渊阁《四库全书》本。
③ 朱熹：《五朝名臣言行录》一〇《泰山孙先生》，《四部丛刊》本。

术,今退隐泰山,著书不仕。心通圣奥,迹在穷谷。伏望朝廷……特加甄奖。"①乃召试除国子监直讲,又迁迩英殿说书。其在朝之日甚短,并未能行其志。据欧阳修所撰墓志铭载:

> 先生治《春秋》不惑传注,不为曲说以乱经,其言简易,明于诸侯、大夫功罪,以考时之盛衰,而推见王道之治乱,得于经之本义为多。召为直讲,将以为侍讲,而嫉之者言其说异先儒,罢之。及病,枢密使韩公言于朝,选书吏、给纸笔,命其门人祖无择就其家得其书十五卷录之,藏于秘阁。②

这就是《春秋尊王发微》十五卷,然《四库全书》所收编者为十二卷。孙复之《发微》完全废传从经,谓圣人只有贬没有褒,有些过苛,如同商鞅之法,只有刑诛。但复推尊齐桓公、晋文公之称霸,谓两公能够尊王攘夷。其论有:

> 黄池之会,晋、鲁在焉,后此不可言者。诸侯泯泯,制命在吴,无复天子会盟征伐之事也。是故《春秋》尊天子,褒齐、晋。褒齐、晋所以贬吴、楚也,尊天子所以黜诸侯,始于隐公是也;褒齐、晋,贬吴、楚,终于获麟是也。其旨微哉! 其旨微哉!③

这正是孙复纂《春秋尊王发微》之微旨,其尊王即是尊宋,攘夷便是抗御辽和西夏,则上下一心,国家便可以长治久安了。

(二)刘敞《春秋权衡》、《春秋传》、《春秋意林》

刘敞(1019—1068)字原父,临江新喻人。庆历六年(1046)进士甲科,通判蔡州,召试直集贤院,历右正言、知制诰,出知扬州,官至翰林侍读学士。敞学问渊博,尤其于《春秋》经最有研究。其弟敛撰其《行状》有云:"至说《春秋》,其所发明尤多……公以为文王之事,亦当内治其国家,外信于诸侯,何尝不治不信而强争之。能争而轻弃己民,其犹足谓之仁且智乎?凡公之言,大约反其本,正己而物正者也。书公子季卒,三传皆以为贤。公谓季友之贤,因其有事而著之。今卒而书季者,盖自是世季氏也。公之论《春秋》如此,自前世巨儒宿学,皆所不至。"④其重要著作有《春秋权衡》十七卷、《春秋传》十五卷、《春秋意林》五卷、《春秋说例》二卷。其《权衡》乃是论述三传的得失,并对经、传所述有不一致者,即加以折衷,相互发明。当时儒者多有未明,难以阅读,敞特撰序文一篇以启发之。其序云:

> 权、准也,衡、平也;物虽重必准于权,权虽移必平于衡。故权衡者,天下之公器也……不准则无以知轻重,不平则轻重虽出不信,故权衡,天下之至信也。凡议《春秋》,亦若此矣!《春秋》一也,而传之者三家,其善恶相反,其褒贬相庪,则是何也? 非以其无准失轻重耶? 且昔者董仲舒、江公、刘歆之徒,盖常相与争此三家矣。上道尧、舜,下据周、孔,是非之议,不可胜陈,至于今未决,则是何也? 非以其低昂不平耶? 故利臆说者害公议,便私学者妨大道,此儒者之大禁也。诚准之以其权,则童子不欺,平之以其衡,则市

---

① 范仲淹:《范文正公文集》卷一八《举张问孙复状》,《四部丛刊》本。
② 欧阳修:《欧阳文忠公集》卷二七《孙明复墓志铭》,《四部丛刊》本。
③ 孙复:《春秋尊王发微》卷一二,影印文渊阁《四库全书》本。
④ 刘敛:《彭城集》卷三五《权判南京留司御史台刘公行状》,《丛书集成初编》本。

人不惑。今此新书之谓也。虽然,非达学通人,则亦必不能观之矣!①

刘敞始撰此书,以平三家之得失,但以经为根据。其解《春秋》经则有《春秋传》十五卷,集诸家之说,断以己意,以折衷之,极为叶梦得所称扬。《意林》叙述解经之旨,亦有卓见。《说例》虽只一卷,共列二十五例,皆《春秋》述事之大法。如"灾例",只记水灾不记火灾,因为水灾是天为的,火灾是人为的。

(三)程颐《春秋传》

程颐(1033—1107)字正叔,河南府人。与兄颢同为理学家,世称二程子。据朱熹所言,宋代理学是由范仲淹开创的,他不仅赠《左氏春秋》给孙复,还赠《中庸》给张载,二人都是一代大儒。朱熹说:"自范文正以来已有好议论,如山东有孙明复,徂徕有石守道,湖州有胡安定,到后来遂有周子、程子、张子出,故程子平生不敢忘此数公。"②此言周、张、二程四大理学家皆上承范、孙、石、胡四贤者对于经学的研究,则《春秋》经应是理学家所习读的,如张载亦尝为门人杂说《春秋》,惜未成书。二程是周敦颐的门人,程颐之学,"于《易》则因理以明象,而知体用之一源。于《春秋》则见诸行事,而知圣人之大用。于诸经、《语》、《孟》则发其微旨,而知求仁之方,入德之序"③。程颐治《春秋》,所著有《春秋传》二卷,自为序,特指出《春秋》为经世之大法。序云:

> 夫子当周之末,以圣人不复作也,顺天应时之治,不复有也,于是作《春秋》,为百王不易之大法。所以考诸三王而不谬,建诸天地而不悖,质诸鬼神而无疑,百世以俟圣人而不惑也……后世以史视《春秋》,谓褒善贬恶而已,至于经世之大法,则不知也。《春秋》大义数十,其义虽大,炳如日星,乃易见也。惟其微辞隐义,时措从宜者,为难知也……夫观百物然后识化工之神,聚众材然后知作室之用,于一事一义而欲窥圣人之用心,非上智不能也。故学《春秋》者,必优游涵泳、默识心通,然后能造其微也……自秦而下,其学不传,予悼夫圣人之志不明于后世也,故作传以明之,俾后之人通其文而求其义,得其义而法其用,则三代可复也。是传也,虽未能极圣人之蕴奥,庶几学者得其门而入矣!④

程颐认为:"夫子之道既不行于天下,于是因鲁史而修《春秋》,立百王不易之大法。"周平王东迁,在位五十一年,并未能复兴先王之业,孔子感叹王道已绝了。平王四十九年正是鲁隐公元年(前722),所以孔子修《春秋》自隐公始。何以首言"元年春王正月",而不书"即位"呢?程颐的解释是:

> 元年,隐公之始年。春,天时。正月,王正。书"春,王正月",示人君当上奉天时,下承王正。明此义,则知王与天同大,人道立矣!周正月,非春也,假天时以立义尔!平王

---

① 刘敞:《公是集》卷三四《春秋权衡序》,《丛书集成初编》本。
② 黎靖德辑:《朱子语录》卷一二九《自国初至熙宁人物》,中文出版社影印宋刻本。
③ 朱熹:《伊洛渊源录》卷四《伊川先生》,《宋史资料萃编》第二辑,台北文海出版社。
④ 见程颐、程颢《二程全书·河南程氏经说》卷四《春秋传》,《四部备要》本。

之时,王道绝矣!《春秋》假周以正王法。隐不书即位,明大法于始也。诸侯之立,必由王命,隐公自立,故不书即位,不与其为君也。①

其所述者无一不是微言大义,重在尊周室,以立王道。又强调内中国,外攘夷,如《桓公二年》载"滕子来朝",颐申述之说:"滕本侯爵,后服属于楚,故降称子,夷狄之也。"也是微言大义。

(四)孙觉《春秋解经》

孙觉(1028—1090)字莘老,高邮人。师事胡瑗,承瑗治《春秋》经,与同门友共组经社,乃纂《春秋经社要义》六卷,据陈振孙《直斋书录解题》记载:"觉从胡安定游,门弟子以千数,别其老成者为经社,觉年最少,俨然居其间,众皆推服。"②觉撰此书时似尚未举进士。至皇祐元年(1049)成进士,走入仕途,嘉祐、治平间,任馆阁校勘。神宗即位后,除直集贤院。王安石早年与觉友,及参大政,为宰相,欲援引之为助手,而觉之主张与安石不合,特别指青苗法不合先生之法,终为安石所逐。觉的贡献乃是撰《春秋解经》十三卷,其宗旨在尊王抑霸。自序云:

> 《春秋》者,鲁国之史,孔子老而后成之书也……孔子之益老,而天下之乱不止,至于臣弑其君,子弑其父,而天子不加诛,方伯不致讨,三纲五常扫地俱尽。孔子于是因鲁之史以载天子之事,二帝三王之法于是乎在。《春秋》之所善,王法之所褒也;《春秋》之所恶,王法之所弃也。至于修身、正家、理国、治天下之道,君臣、父子、兄弟、夫妇之法,莫不大备。故前史云:"为人臣而不知《春秋》,必蒙首恶之名;为人子而不知《春秋》,必陷大逆之罪。"故学者不可以不务也。《春秋》之作,盖以天下无正,而孔子以王法正之。诛罚褒赏者,天子之事也,故孔子曰:知我者其惟《春秋》乎?罪我者其惟《春秋》乎?作传者既不解孔子所以作《春秋》之意……三传之说既未可质其后先,但左氏多说事迹,而公羊亦存梗概……皆不如穀梁之精。今以三家之说,校其当否,而穀梁最为精深。且以穀梁为本,其说是非褒贬,则杂取三传及历代诸儒唐啖、赵、陆氏之说,长者从之,其所未闻,则以所闻安定(胡瑗)先生之说解之。③

觉重视《穀梁传》之论述,参用唐代啖助、赵匡及陆淳之说,取长补短,并引用其师胡瑗的高见,至为周详。当熙宁之初,觉曾传《春秋》之学与周麟之父(其名不可考),麟之得闻其父告以王安石废《春秋》之原因,竟然是由于嫉妒觉的《春秋经解》之精善。据麟之所撰《跋先君讲春秋序后》云:

> 先君潜心《春秋》二十年,得成说于邮上孙先生莘老……先君为予言:"初,王荆公欲释《春秋》,而行于天下,而莘老之书已出,一见而有恚心,自知不复能出其右,遂诋圣经而废之。曰:'此断烂朝报也。'不列于学官,不用于贡举。"④

---

① 见程颐、程颢《二程全书·河南程氏经说》卷四《春秋传》,《四部备要》本。
② 陈振孙:《直斋书录解题》卷三《春秋类》,影印文渊阁《四库全书》本。
③ 孙觉:《春秋经解》卷首《春秋经解自序》,影印文渊阁《四库全书》本。
④ 周麟之:《海陵集》卷二二《跋先君讲春秋序后》,影印文渊阁《四库全书》本。

可见王安石嫉心甚重,须知人各有长,是压不住的。到南宋初年,杨时特撰序文,谓觉"尽发圣人之蕴,著为成书,以传后学,其微辞妙旨多先儒之所未言者。启其关键,使学者得以稽其门、叩其户,以窥堂奥,岂曰小补哉"!① 可谓推崇备至。绍兴中,胡安国撰《春秋传》,诏进呈,以备御览,稍后周麟之得而读之,"尝反复其义,与莘老之说合者十常六七,然莘老发明圣人之奥,举三传以断得失,反复折衷,著为通论,其旨详而明,深而当,异说不得而破"。这些精义,是他人所不及的。

(五)苏辙《春秋集解》

苏辙(1039—1112)字子由,眉山人,轼弟,与其父洵号称三苏,为北宋的大文学家。嘉祐二年(1057)兄弟同举进士,四年后又同举贤良方正科。历官至门下侍郎。早年仕宦并不顺遂,屡被迁谪,乃阅览诸儒之说,而裁之以义,撰《春秋集解》(亦名《春秋集传》)十二卷,积之十多年,不断增订删修,到元符二年(1099)告成。其自撰引文说:

> 予少而治《春秋》,时人多师孙复,谓孔子作《春秋》,略尽一时之事,不复信史,故尽弃三传,无所复取。予以为左丘明鲁史也,故孔子本所据依以作《春秋》,故事必以丘明为本……至于孔子之所予夺,则丘明容不尽明,故当参以公、穀、啖、赵诸人,然昔之儒者各信其学,自是而非人,是以多窒而不通……近岁王介甫以宰相解经,行之于世,至《春秋》,漫不能通,则诋以断烂朝报,使天下士不得复学。呜呼! 孔子之遗言而凌灭至此,非独介甫之妄,亦诸儒讲解不明之过也。②

所以苏辙发愤修撰《春秋集解》,史实据《左传》,有所申述则引公羊、穀梁二家之说。于终篇"哀公十四年春,西狩获麟"下总论说:"《春秋》起于五伯之始,而止于战国之初,隐、哀适其时耳……盖自隐以来,诸侯始专,而五伯之形成。获麟之岁,齐田常弑简公,自是以专齐。其后二十八年,韩、赵、魏自是以分晋,而战国之形成。"但齐桓、晋文尚知秉大义以尊周,诸侯皆知以王命为首。及至吴、越兴起,齐、晋皆有大夫专政,王命不行,篡位弑君者时有之,已进入战国时代,《左传》记事至韩、赵、魏三家分晋,是苏辙所论乃本之左氏。陈振孙便说:"其书专本左氏,不得已而取二传、啖、赵,盖以一时谈经者不复信史,或失事实故也。"③正是如此。

(六)胡安国《春秋传》

胡安国(1074—1138)字康侯,建宁崇安人。绍圣四年(1097)进士,擢太学博士,无意仕途,专力治《春秋》。当崇宁间,蔡京专政,承王安石之教,废《春秋》,不列于学官,安国深深不以为然,尝责斥之说:"先圣亲手笔削之书,乃使人主不得闻讲说,学士不得相传习,乱伦灭理,用夷变夏,殆由此乎?"④安国更潜心治《春秋》,后获读程颐的《春秋传》,其间所载大义,深得于心。乃喟然而叹,说:"此传心要典也。"于是研索穷究二十余年,遍览诸家之遗书,附

---

① 杨时:《龟山集》卷二五《孙先生春秋传序》,影印文渊阁《四库全书》本。
② 苏辙:《春秋集解》卷首《春秋集解引》,《丛书集成初编》本。
③ 陈振孙:《直斋书录解题》卷三《春秋类》,影印文渊阁《四库全书》本。
④ 胡寅:《斐然集》卷二五《先公行状》,影印文渊阁《四库全书》本。

以己意,至高宗绍兴初年,撰成《春秋传》三十卷。其自序说:

> 周道衰微,乾纲解组,乱臣贼子接迹当世,人欲肆而天理灭矣!仲尼天理之所在,不以为己任而谁可……知孔子者谓此书遏人欲于横流,存天理于既灭,为后世虑至深远也……是故《春秋》见诸行事,非空言比也。公好恶则发乎《诗》之情,酌古今则贯乎《书》之事,兴常典则体乎《礼》之经,本忠恕则导乎《乐》之和,着权制则尽乎《易》之变,百王之法度、万世之绳准,皆在此书。故君子以谓:五经之有《春秋》,犹法律之有断例也。学是经者,信穷理之要矣!不学是经,而处大事,次大疑,能不惑者鲜矣……近世推隆王氏新说,按为国是,独于《春秋》,贡举不以取士,庠序不以设官,经筵不以进读,断国事者为无所折衷,天下不知所适,人欲日长,天理日消,其效使夷狄乱华,莫之过也。①

安国在朝任官的时间很短,靖康之难以后,深感攘夷复仇之迫切,特在《春秋传》中阐发之。绍兴初年,因张浚的推荐,除中书舍人兼侍讲。高宗命安国将《左传》断句以进,安国面奏道:"《春秋》乃仲尼亲笔,实经世大典,见诸行事,非空言比也。陛下必欲削平僭叛,克复宝图,使乱臣贼子惧而不作,未若储心仲尼之经,则南面之术尽在是矣。"②仍念念不忘攘夷及收复旧疆。即以《春秋》进讲。但不久即落职。至五年四月,有诏:"徽猷阁待制胡安国经筵旧臣,令以所著《春秋传》纂述成书进入。"次年十二月投进。本书首载:"孟氏而下七家发明纲领之词,事按左氏,义采公、谷之精者。大纲本孟子,而微词多以程氏之说为证。"③至于所云末附学徒问答二百余章,今本则不载,或许早佚。当本书进呈后,高宗常加展读。据李心传《建炎以来系年要录》载:

> (绍兴七年十月)丁酉,徽猷阁待制、新知永州胡安国提举江州太平观,从所请也。赵鼎进呈,因言:"安国昨进《春秋解(传)》必尝圣览。"上曰:"安国所解,朕置之座右。虽兼用传注,颇能明经旨。朕喜《春秋》之学,率二十四日读一过……"④

高宗喜欢读《春秋》,于退朝后就阅览胡安国的《春秋传》,二十四日便读一过,然后再读。但高宗并未本《春秋》大义攘夷复仇,光复旧疆,还接纳奸臣秦桧的献策,与金议和,甚至对金称臣纳币,实不知高宗读《春秋传》有什么意义?竟然丝毫没有影响他。这时胡安国已逝世六年,宰相赵鼎也早已被贬谪,朝政完全被秦桧专断,高宗已不再读《春秋》了。然在民间,胡氏传仍受尊崇,且以此书相互讨论。如集理学大成的朱熹便曾批评秦桧与金议和,遂使《春秋》大义不明。他说:

> 《春秋》是尊诸夏,外夷狄,然圣人当初作经,岂是要率天下诸侯而尊齐、晋!自秦相和戎之后,士大夫讳言内外,而《春秋》大义晦矣!⑤

---

① 胡安国:《春秋传》卷首《春秋传序》,台北新文丰出版公司影印宋刊本。
② 李幼武:《皇朝道学名臣外录》卷一〇《武夷先生胡文定公》,台北文海出版社影印本。
③ 王应麟:《玉海》卷四〇《绍兴春秋传》,台北大化书局影印含壁本。
④ 李心传:《建炎以来系年要录》卷一一五,台北文海出版社影印本。
⑤ 见《朱子语类》卷八三《春秋》。

自秦桧与金议和后,士大夫便讳言内诸夏、外夷狄,则复仇之念被压制,南宋只有偏安了。熹自称:"某生平不敢说《春秋》,若说时,只是将胡文定(安国)说扶持说去。毕竟去圣人千百年后,如何知得圣人之心。"这是朱熹对胡氏《春秋传》的认同。但熹也批评:"胡文定《春秋传》非不好,却不合这件事圣人意是如何下字,那件事圣人意又如何下字。要之,圣人只是直笔,据见在而书,岂有许多切怛?"认为胡安国太多想象,其实未必是孔子的意思,所以过当了。但总的来说,朱熹对胡安国《春秋传》的总评是:"有牵强处,然议论有开合精神。"①这可说是当时人的公评。

除上述六位大家外,尚有南宋初年的叶梦得(1077—1148),撰有《春秋传》二十卷,《春秋考》十六卷,及《春秋谳》二十二卷。梦得字少蕴,号石林,吴县人。哲宗绍圣四年(1097)进士,大观中官翰林学士,屡上书言时政得失,并劝蔡京不要用宦官掌兵权,而京不听。高宗南迁后,曾任江东安抚大使兼知建康府,既力阻刘豫入寇,又振兴学校,使江东得安。他的《春秋传》重在综述左、公、谷三家之说,相互辩明,以评其得失。其《春秋传》序言云:

> ……夫《春秋》者,史也,所以作《春秋》者,经也。故可与通天下日事,不可与通天下日义。左氏传事不传义,是以详于史而事未必实,以不知经故也。公羊、谷梁传义不传事,是以详于经而义未必当,以不知史故也……惟知《春秋》之所以作,为天下也,为后世也……不得于事,则考于义,不得于义,则考于事,事义更相发明……则其为与、为夺、为是、为非、为生、为杀者,庶几得而窥之矣!②

《春秋》三传,《左传》记史事,而《公羊传》及《谷梁传》则重经义,所以将此三传作综合研究。叶氏的《春秋谳》分开为《春秋左传谳》十卷,《公羊传谳》六卷,《谷梁传谳》六卷,对前人之说多有指正。盖其始终坚持《春秋》大义,既批评王安石之废《春秋》,不设学官,不列入科举取士必考之经书,亦反对朝廷与金议和,乃著书以明志。在当时的影响虽比不上胡安国,然理学家仍称道之。如真德秀所言:

> 自熙宁用事之臣倡为新经之说,既天下学士大夫以谈《春秋》为讳有年矣。是书作于绝学之余,所以辟邪说、异端,章明天理,遏止人欲,其有补于世教为不浅也。③

是其功在有补世教,可以端正人心,影响及于宋末。继之而治《春秋》学者有十数家,兹不一一细述。

三　对史学的影响

孔子删修的六经,本是经史合一的。清代著名的史学家章学诚有言:"六经皆史也。古人不著书,古人未尝离事而言理,六经皆先王之政典也。"④史是记事的,事有先后,凡记一

---

① 见《朱子语类》卷八三《春秋》。
② 叶梦得:《春秋传》卷首《自序》,影印文渊阁《四库全书》本。
③ 叶德辉辑:《石林遗事》卷中,《丛书集成续编》本。
④ 章学诚:《文史通义·内篇》卷一《易教》上,国史研究室 1972 年汇印本。

事,必先写定年、时、月、日,然后依时间顺序编定成册,所以说古史皆编年。《春秋》因鲁史旧文修成,是今存最早的编年体史书。汉武帝时,司马迁创修《史记》,起自五帝,终于汉武。修朝代史及帝王一生用《本纪》,历代大臣及古今各阶层重要人物分别立传,述列国诸侯则创《世家》,是为纪传体。东汉初年,班固继承司马迁《史记》而修《汉书》,断自高祖创汉,终于孝平帝及新莽之诛,创为断代史,以后纪传体大行。但司马迁所修《本纪》,全效《春秋》,乃得其证。如章氏所言:"惟是《本纪》,止宜取法《春秋》,若兼载诏令,是《尚书》与《春秋》合为一,于例不纯,不如散著志、传为合。"并指出《秦本纪》类似世家,《项羽本纪》类似列传,颇不合编年体①。所评甚善。

十多年前,李颖科撰《孔子与中国史学》,特就中国史学思想与历史编纂学二方面加以论述,说明孔子是我国第一位伟大的历史学家,对两千四百多年的史学发展影响是很深远的②。本文仅就对宋代史学发展而言,兹就三项而言之。

(一)编年史体特盛

《春秋》是编年史的第一部史书,《左传》继之,所记史事更加详细。唯以司马迁修《史记》,创纪传体。班固修成国史,名《汉书》,并非续《史记》,而是上溯至高祖,将新莽之史归入西汉史中叙述,名《王莽传》,此为纪传体之断代史,以朝代命名。以后历朝,所修前朝的史书,皆以朝代命名,因而纪传体大行。而编年史不仅所修较晚,而卷帙既少,叙事又简,难以与纪传媲美。如荀悦修的《汉纪》三十卷,虽号称恢复《春秋》编年之体,但仍难与纪传相比。直到北宋司马光奉诏修成《资治通鉴》二百九十四卷,起自周威烈王二十三年(前403),讫于五代后周世宗显德六年(959),前后一千三百六十二年。这是一部通史,为前代所无之编年史,不仅叙述体例师法《春秋》,而史论也本之孔子之道。往年张须撰《通鉴学》,特指《通鉴》史学之特点是:本《春秋》之意,师《左传》之法,用儒家的宗旨。《春秋》大义就是善恶是非分明,邪正忠奸必辨清楚。光《进通鉴表》云:"专取关国家盛衰,系生民休戚,善可为法,恶可为戒者,为编年一书。"乃是有所为而作,如同孔子修《春秋》。他用"臣光曰"发表史论,如在《通鉴》之始年即有如下之高论:

> 臣闻天子之职莫大于礼,礼莫大于分,分莫大于名。何谓礼?纲纪是也。何谓分?君臣是也。何谓名?公侯卿大夫是也。夫以四海之广,兆民之众,受制于一人,虽有绝伦之力,高世之智,莫不奔走而服役者,岂非以礼为纲纪哉!是故天子统三公,三公统诸侯,诸侯制卿大夫,卿大夫制庶人。贵以临贱,贱以承贵;上之使下,犹心腹之运手足,根本之制枝叶。下之事上,犹手足之卫心腹,枝叶之庇根本。然后能上下相保,而国家治安。故曰:天子之职莫大于礼也……夫礼,辨贵贱,序亲疏,裁群物,制庶事,非名不著,非器不形,名以命之,器以别之,然后上下灿然有伦,此礼之大经也。名器既亡,则礼安得独在哉!③

① 章学诚:《文史通义·内篇》卷一《史学例议》上。
② 李颖科:《孔子与中国史学·导论》,台北新文丰出版公司1994年版。
③ 司马光:《资治通鉴》卷一,《四部丛刊》本。

礼是孔子最重视的,其平生亦好礼,礼可以维持国家、社会的根本秩序,若礼坏,天下就大乱了。但一切根源皆来自在上者,光认为因西周幽王、厉王失德,造成周之衰亡;春秋时,天子、诸侯尚知守名分,天下仍可安。到战国时,三家分晋,而天子不能讨,是天子自坏礼,社稷便不保了。此一观点,是合乎《春秋》之教的。

《春秋》是孔子时代的现代史,司马光本想继《通鉴》之后撰写宋朝,但只完成《皇朝百官公卿表》六卷而已。到南宋孝宗时,李焘用力四十年完成《续资治通鉴长编》九百八十卷,起自宋太祖建隆元年(960),终于钦宗靖康二年(1127),为北宋九朝的编年史,其详赡无比,名儒叶适极称誉之,谓:"春秋之后,才有此书。"①至宁宗时,李心传撰《建炎以来系年要录》二百卷,仅高宗一朝。心传本有意续撰孝宗、光宗两朝史,惜乎未成。二李的书皆是继《通鉴》的。理宗时,刘时举撰《续宋编年资治通鉴》十五卷,起建炎元年(1127),终嘉定十七年(1224),为高宗至宁宗的四朝史,记事极简略,类似《通鉴》。宋亡后,又有某位遗民(其姓名不可考)撰《宋季三朝政要》六卷,自理宗至少帝,末附广、益二王。更有不著撰人的《宋史全文续资治通鉴》三十六卷,前载目录自太祖至少帝、广、益二王,而原书则缺度宗以后之纪事,幸有《宋季三朝政要》以补之,可以说有关宋代历史的编年体史书最称齐备了。何况尚有用纲目体及纪事本末体纪事的多种史籍。

(二)创纲目体

孔子所修《春秋》,叙史事极简要。其后左氏为作传,增详史事,朱熹乃因之,以《春秋》为纲,用大书,以《左传》为目,用细书,视同注文,特创纲目体。熹见司马光《资治通鉴》二百九十四卷叙事稍繁,而光所编之目录又太简,比较适中的是《通鉴举要历》八十卷,只是未能完成。南宋初,胡安国乃为之补遗,使成完书。熹遂参取上述四书,确定四原则:(一)表岁以首年,即先书本年之干支,再书帝王年号年数。(二)因年以著统,即是正统之年用大书,非正统者用细书以两行分注于下。(三)大书以举要,凡关国家大政、征伐号令、灾祥、刑事、大臣除拜、善可为法或恶可为戒者,皆归之。(四)分注以备言,以小字两行书之,以说明纲中所言之事。必使"岁年之久近,国统之离合,辞事之详略,议论之同异,通贯晓析,如指诸掌"②。总成五十九卷,只有通鉴的五分之一,比较简明易览。他撰序时间是在乾道八年(1172),而修成的时间则较后,多半由门人代为编写,熹只是做最后总校订,所以难免有误。李心传曾指出:"朱文公《通鉴纲目》,条贯至善,今草本行于世者,于唐肃宗朝直脱二年之事,亦门人缀辑,前后不相顾也。又自唐武德八年以后,至于天佑之季,甲子并差;考求其故,盖《通鉴》以岁名书之,而文公门人大抵多忽史学,不熟岁名,故有此误。"③吾人研读此书时,务必留意。

自朱熹纂成《通鉴纲目》,理宗曾命在经筵进读,当时民间亦有刻本流传,学士大夫购而读之,乃思仿效,宋朝的编年史书已应有尽有,改编成纲目体以便省览。莆田陈均,字平甫,号纯斋,为太学生,家贫力学,著《皇朝编年纲目备要》三十卷,起太祖建隆元年(960),终钦宗

---

① 叶适:《水心先生文集》卷一二,《四部丛刊》本。

② 朱熹:《朱文公全集》卷七五《资治通鉴纲目序》,《四部丛刊》本。

③ 李心传:《建炎以来朝野杂记》乙集卷一二《昔人著书多或差误》,台北文海出版社影印本。

靖康二年(1127),他在卷首详列了二十一种引用书目,有官修实录、国史、会要及私修的编年史、杂史、传记等,还有未列入书目中者。书前列有正例、杂例共十五条,十分详备。虽云用朱熹《纲目》参订,但熹并未自订条例。前有自序及真德秀、郑性之、林岊三人序,真德秀推尊为"真我宋千万年之龟鉴也"。又称道:"四方之士可与权者不惮千百里囊其书……此其用志岂世俗所可量哉!"并非过誉。他另撰《中兴两朝编年纲目》十八卷,为述高、孝宗两朝史事。至理宗时,又有不著撰人的《续编两朝纲目备要》十六卷,起光宗绍熙元年(1190),终于宁宗嘉定十七年(1224),乃是接续陈均之《中兴两朝编年纲目》而作,故云续编。①

(三)义理史学大行

孔子修《春秋》,其主旨是:尊周室,贬列强,诛乱臣,讨贼子,内中国,外夷狄,皆是永垂后世的大义。宋儒研究《春秋》念念不忘这些大义,史学受其影响,在撰述前代史时,很注意诛讨当时的乱臣贼子。前代有篡位的奸臣、外戚,也有专政或篡位的皇后,皆当着其罪而严责之。如唐武后篡唐,废中宗改国号曰周,其罪至著。然五代后晋时刘昫修《唐书》,立《则天皇后本纪》,盖本之《史记》作《吕后本纪》。但宋仁宗时命欧阳修、宋祁重修,后称为《新唐书》,竟然也立《则天皇后本纪》,他们的解释是"不没其实,所以罪之"。其在卷末有赞云:

> 昔者孔子作《春秋》而乱臣惧,其于弑君篡国之主,皆不黜绝之,岂以其盗而有之者,莫大之罪也。不没其实,所以着其大恶而不隐欤?自司迁、班固皆作《高后纪》,吕非篡汉,而盗执其国政,遂不敢没其实,岂其得圣人之意欤?抑亦偶合于《春秋》之法也。唐之旧史因之,列武后于《本纪》,盖其所从来远矣……武后之恶,不及于大戮,所谓幸免者也。②

武后篡位改国号,已是罪恶滔天,《新唐书》为武后修《则天本纪》,正是彰明其罪恶,也是偶合《春秋》之法。此说是否正确?尚待详究。但回观西晋的贾后,其专横弄权不下于吕后,然唐官修的《晋书》,并没有为贾后立《本纪》,其生平事迹则在《后妃传》,贾后的大罪也一一记载了。

在哲宗时,范祖禹修《唐鉴》十二卷,曾奏进。奏中论唐代治乱,有云:"其治未尝不由君子,其乱未尝不由小人,皆布在方策,显不可掩。然则今所宜鉴,莫近于唐。"因为神宗用王安石变法,引发新旧党争,皆自以为君子,而指对方为小人,要在人君明智分辨,亲君子,远小人。有关武后篡唐之事,他用中宗的年号,完全删除伪周的纪元。其论云:

> 昔季氏出其君,鲁无君者八年。《春秋》每岁必书公之所在。及其居干侯也,正月必书曰:"公在干侯。"不与季氏之专国也。自司马迁作《吕后本纪》,后世为史者因之,故唐史亦列武后于《本纪》,其于纪事之体则实矣。《春秋》之法则未用也……武后实有天下,不得不列于《本纪》,不没其实所以著其恶也。臣以为不然,中宗之有天下,受之于高宗

---

① 本书收入《四库全书》,名曰《两朝纲目备要》,今存影抄宋刻本则上有"续编"二字,见中华书局1995点校本。

② 欧阳修、宋祁:《新唐书》卷四《则天皇后纪·赞》,台北鼎文书局影印新校本。

也,武后以无罪而废其子,是绝先君之世也。况其革命乎……《春秋》吴楚之君不称王,所以存周室也。天下者唐之天下也,武后岂得而间之！故臣复系嗣圣之年,黜武氏之号,以为母后祸乱之戒。窃取《春秋》之义,虽获罪于君子而不辞也。①

祖禹只用中宗嗣圣年号,从嗣圣二年(685)以后皆书帝所在,直到武后病危,中宗复位,改元神龙元年(705),始用此年号记事。祖禹佐司马光修《通鉴》,专任搜集唐代史料,先成长编,至于笔削则全由光完成。其于武后窃国,建号改元,光皆采用,虽名为《唐纪》,但标目则称为"则天顺圣皇后"。祖禹之史观与光不同,所以他说:"虽获罪于君子而不辞也。"南宋时,朱熹所纂修的《通鉴纲目》,于卷四十一与四十二中,也是用中宗嗣圣系年,正是承袭范祖禹的。

国史上有大一统时期,也有大分裂时代,大一统之朝代当然是正统,而分裂时期就有不同看法了。如三国时期,司马光《通鉴》为了编年的方便,以曹魏承东汉,下接西晋,视为正统。但朱熹认为昭烈帝承汉献帝,汉并未亡。他对门人问此事时回答说:

问《纲目》主意。曰:"主在正统。"问:"何以主在正统?"曰:"三国当以蜀汉为正统,而温公乃云:某年某月'诸葛亮入寇',是冠履倒置,何以示训？缘此,遂欲起意成书。"②

熹在《纲目》中,便以昭烈继献帝,下接后主,不称蜀而称汉。其下为晋武帝,曹氏父子乃成为汉贼了。这是发挥《春秋》诛乱臣、讨贼子大义的。其后,庐陵人萧常撰《续后汉书》,乃是续范晔的《后汉书》,范氏只修到献帝,昭烈与后主之史事,仅见于陈寿《三国志》之《蜀志》,视为偏安政权,称为伪政权,萧常的《续后汉书》完全改正过来。③

四 结 论

宋代重文轻武,广设学校,传授儒学,且用科举取士,儒家的经典是必考的。士大夫深受儒家影响,其言行举止必有规有矩,深合乎道。士大夫的人品端庄,影响及于家庭、宗族及乡里,造成宋代社会的温柔敦厚。孔子《春秋》重人伦,讲忠义,士大夫熟读而深思之,忠孝的观念提升了。士大夫皆能忠君爱国,确实巩固了宋朝政权,孙复的《春秋尊王发微》,正是顺应大时代而撰述的。北宋国势不强,辽有燕云之地,对宋构成压力,宋朝唯有加强文治,自太祖至真宗三朝,已享国六十三年,且超过五代了,下至仁宗之末,共一百零四年,为前古所未之盛。这时,宋代文化已放异彩,是足以傲视东亚的。不幸金朝兴起,宋又联金灭辽,引来新的外患,而有靖康之难。高宗南渡后,先巩固国防,再图北伐收复旧疆,所谓《春秋》大义尊王攘夷,乃当时的全民思潮。胡安国的《春秋传》乃顺应此潮流而作。虽然宋金议和,但此一思潮仍永久存在。

《春秋》学的兴盛,对史书的编修与创新影响深远,而在思想上则为经世致用。上文所述

---

① 范祖禹:《唐鉴》卷四《中宗复位、复国号曰唐》,上海古籍出版社1981年影印宋刻本后之史论。

② 《朱子语类》卷一〇五《通鉴纲目》。

③ 见拙著《萧常续后汉及其影响》,载《东吴历史学报》2007年第17期。

三项,仅其大者,又不仅宋代而已,下至元、明、清三朝皆承之。宋代以后,史家治史重视考证,也留心地方文献的整理,编修地方志便开始于宋朝,历元、明、清,地方志之编修已遍及全国各省、县。

(作者单位:台湾大学史学系)

叶梦得与元祐党人及其亲属子弟的交往

方建新

一 前 言

叶梦得(1077—1148),字少蕴。自号石林居士、石林山人、石林老人。时人及后人又称叶梦得为叶石林,门人、后裔称其为石林先生。[①]

叶梦得是著名的文学家,工诗词,善属文,其诗文集《石林总集》达一百卷[②],惜已散佚,今存其晚年两镇建康(今南京市)时的诗文集《石林建康集》八卷。此外,尚有《石林词》一卷、《石林诗话》二卷。四库馆臣称其诗文"实南北宋间之巨擘"[③]。叶梦得还精于经学和诸子之学,撰有多种专著[④],所治六经之学,深得时人推崇。叶梦得一生历经神宗、哲宗、徽宗、钦宗、高宗五朝,熟习朝廷人事、典章制度,撰有《石林燕语》、《避暑录话》、《玉涧杂书》、《岩下放言》等多种笔记。叶梦得还是宋代为数不多的藏书逾十万卷的著名藏书家和金石收藏家,著有《金石类考》五十卷。就政治地位与政绩而言,叶梦得曾两入翰林,官至户部尚书、尚书左丞,敢于抗言议,抨击时政。"平生所历州镇,皆有能声。"[⑤]晚年两帅建康府,措置江防,积极备战,迎击伪齐金兵,其功不可没。但是,这样一位在历史上有影响的人物,在20世纪90年代前,除了从文学角度对他的诗词及诗学思想(《石林诗话》)有为数不多的几篇研究文章外,却鲜为人留意研究。[⑥]

笔者自上世纪八十年代中期起,根据先师徐絜民(规)从事历史研究,可选择某项制度、某一事件、某一本书、某一个人物着手的教导,在对宋代历史的学习探索中,对叶梦得这一人

---

① 宋代还有另一个名叫叶梦得的人,系信州贵溪(江西贵溪县)人,曾从傅琴山(子云)学,嘉泰二年(1202)进士。此人字肖翁,又字石林,号是斋,一说亦号石林。曾在其家乡创建石林书院,故时人亦称其为叶石林、石林先生。后世因此有把两人混淆的情况,这是首先需要辨正的。

② 见陈振孙:《直斋书录解题》卷一八,上海古籍出版社1987年点校本,第525页。又见《文献通考》卷二三八《经籍考六十五》,中华书局1986年影印《万有文库》十通本,第1894页。脱脱:《宋史》卷二○八《艺文七》,中华书局1977年点校本,第5373页。

③ 《四库全书总目》卷一九五《石林诗话》,中华书局1965年影印本,第1783页。

④ 据《直斋书录解题》、《文献通考·经籍考》、《宋史·艺文志》等著录。

⑤ 《直斋书录解题》卷一八,第535页。

⑥ 详潘殊闲《20世纪以来叶梦得研究综述》,《乐山师范学院学报》2004年第9期。

物发生了浓厚兴趣。于是又遵照徐师从事人物研究一定要知世论人,整体把握,先要编撰年谱的指导,在广泛收集资料的基础上,加以梳理订正,为叶梦得编撰了年谱,对他的生平事迹及著作进行了较全面的研究,并撰写了多篇论文。

在对叶梦得的研究中,笔者发现,时人对于叶梦得在经学、子学、史学、文学及在藏书、文献目录学方面的成就一致肯定,且评价甚高。但叶梦得作为官至户部尚书、尚书左丞进入最高统治阶层的政治人物,又颇受争议乃至非议。争议与非议之一是《皇朝编年纲目备要》及《宋史》记载说,叶梦得与强渊明兄弟缔蔡京为死交,立元祐党籍、定元符末上书人等第,直接参加对元祐党人的迫害①。对此,笔者经过深入研究,发现建中靖国元年(1101)九月,蔡京打击迫害元祐大臣,"诏中书籍元符三年臣僚章疏姓名,分正邪,各为三等",即籍元符上书人等第与崇宁元年(1102)立元祐党人碑时,叶梦得还在婺州教授任上,不可能参预蔡京立元祐党人碑;而通过进一步考证,叶梦得于崇宁二年入朝后,叶梦得并没有加入蔡京一伙对元祐党人和元符末上书人的迫害、打击,相反还对蔡京迫害打击元祐党人进行了规劝甚至批评。②

笔者以上考证,在学界引起了较大反响,得到了包括王兆鹏教授与潘殊闲博士等叶梦得研究专家的重视与赞同,特别是潘殊闲博士,他在其博士论文《叶梦得研究》中,还补充了多条论据,证明叶梦得不可能参预蔡京定元祐党籍及元符上书人等第。其中,潘博士所提供的补充论据之一,是在叶梦得交往中,有不少是元祐党人或元祐党人子孙亲族,惜未进行深入论证。王兆鹏先生在《叶梦得年谱》③中,引用了笔者包括叶梦得籍贯家世与对参预定元祐党籍的否定等研究成果后,又称叶梦得是否参与定元祐党籍仍有待进一步研究。其实,早在上个世纪,笔者考察叶梦得在北宋末党争中的表现时,已注意到叶梦得与元祐党人的关系与交往,并收集了不少资料,在本世纪初,指导当时的博士研究生王晴撰写了《叶梦得阴抑元祐考辨》及《叶梦得交游考》。在后文基础上,又撰写了《叶梦得与元祐党人及其亲属子弟的交往》。今捡拾旧稿,重加修改,特予刊布。以再证叶梦得未参与定元祐党籍和定元符末上书人等第。谨请专家、学者指教。

二 叶梦得与入元祐党籍者的交往

(一)晁补之

晁补之(1053—1110),字无咎,号济北、归来子,济州巨野(今属山东)人。父端友(1029—1075),字君成,年二十五举进士,历新城令,屡官至著作佐郎。晁端友与苏轼交往

---

① 《宋史》卷三五六《强渊明传》,第 11209 页。陈均:《皇朝编年纲目备要》(又名《九朝编年备要》)卷二六,崇宁元年九月纪事,中华书局 2006 年点校本,第 712 页上。

② 参见拙文《叶梦得事迹考辨》,载《文献》1991 年第 1 期。

③ 载王兆鹏《两宋词人年谱》,台北文津出版社 1994 年版。

久,交谊深。其女嫁叶助,即叶梦得父。叶梦得为晁补之二姐之子,是晁补之的外甥。①

晁补之是元丰二年(1079)进士,初授澶州司户参军。历任秘书省正字、校书郎、礼部郎中等,曾两度被贬,后入元祐党籍。晁补之为苏门四学士之一,在文学创作上深受苏轼影响,作品雄俊沉郁。著有《鸡肋集》、《晁氏琴趣外篇》。

在叶梦得的著述中屡次提到其外祖父家及舅父晁补之:

> 外祖晁君诚善诗,苏子瞻为集序,所谓"温厚静深如其为人"者也。黄鲁直(庭坚)常诵其"小雨愔愔人不寐,卧听羸马龁残蔬",爱赏不已。他日得句云:"马龁枯萁喧午梦,误惊风雨浪翻江。"自以为工,以语舅氏无咎曰:"我诗实发于乃翁前联。"余始闻舅氏言此,不解风雨翻江之意。一日,憩于逆旅,闻旁舍有澎湃鏖鞳之声,如风浪之历船者,起视之,乃马食于槽,水与草龃龉于槽间,而为此声,方悟鲁直之好奇。②

在《书高居实集后》中,叶梦得云:"元祐(1086—1094)末余与居实(高茂华)同举进士,试春官(礼部)数往来舅氏晁无咎家。"③又谓晁补之对杜牧作《李戡墓志》载"戡母梦有伟男子持双儿授之,云'予孔丘以是与尔',及生戡,因字之天授"一事时说:"晁无咎每举以为戏曰:'孔夫子乃为人作九子母耶?'此必戡平日自言者,其诡妄不言可知也。"④又云:"顷见晁无咎举鲁直诗:'人家园橘柚,秋色老梧桐。'张文潜云:'斜日两竿眠犊晚,春波一顷去凫寒。'皆自以为莫能及"⑤等语。由此可见,叶梦得从小与外祖家及舅父晁补之来往甚密,故得以知道外祖及舅父很多生活细节,并受到耳濡目染,潜移默化的影响;晁补之作为叶梦得舅父,对叶梦得爱护有加。正如四库馆臣所说:"梦得本晁氏之甥,犹及见张耒诸人,耳濡目染终有典型。"⑥晁氏家族是宋代的仕宦大族,晁氏家族的姻亲与师友之间又十分注意相互提携照顾。晁氏子弟,特别是晁补之对叶梦得的教诲和指引,对叶梦得的一生都产生了重要影响。

(二)张耒

张耒(1054—1114),字文潜,号柯山,楚州淮阴(今属江苏)人。少以文章受知于苏轼兄弟,是"苏门四学士"之一。绍圣初,知润州,坐党籍谪官。徽宗立,召为太常少卿,出知颍、汝二州,复坐党籍落职。崇宁元年入元祐党人碑。

张耒与叶梦得外祖晁家关系密切,尤其是与晁补之,同为苏轼学生,又曾同在馆阁任职,两人之间的关系,就如张耒在《祭晁无咎文》所言:

> 惟我与公(晁补之),交游之义,外虽朋游,情实兄弟。公生癸巳,我长一岁。平生宦

---

① 晁补之:《鸡肋集》卷六五《晁夫人墓志铭》:"前达州司理参军叶君助将葬其夫人晁氏于苏州吴县之灵岩乡宝华山北,元祐八年某月甲子,吉以书属夫人之弟补之为铭。"《四部丛刊初编》本。按:叶助,叶梦得父,详参拙文《叶梦得事迹考辨》。

② 叶梦得:《石林诗话》卷上 载《历代诗话》,中华书局1981年版,第409页。

③ 叶梦得:《建康集》卷三,叶德辉观古堂刻本。

④ 叶梦得:《避暑录话》卷三《杜牧作李戡墓志》,涵芬楼夏敬观校刻本。

⑤ 《石林诗话》卷上,《历代诗话》上册,第414页。

⑥ 《四库全书总目》卷一五六《石林居士建康集》,第1349页。

学,何一非是。念初相遇,盱眙逆旅,一见如旧,绸缪笑语。契阔积年,俱职太学,并试玉堂,同升馆阁。读书饮酒,两各壮年,意气豪盛,自以无前。①

张耒与叶梦得叔祖晁端彦(字美叔)、舅氏晁将之、晁应之等人亦有诗作来往,检索今本中华书局整理点校的《张耒集》中,存有多首与晁端彦等人酬唱的诗作,如《同毅夫贺无斁教授》②、《赴亳州教官次韵和中书钱舍人及亳州守晁美叔见赠》③,而卷一九有与晁应之唱和诗多首,如《和应之盛夏》、《和应之永日》、《和应之细雨》④等。

如上引叶梦得《书高居实集后》载,元祐末叶梦得与高茂华同举进士,试礼部数来往于舅父晁补之家,"时张文潜为右史,二公(引者按:指晁补之与张耒)一时后进所推尊"。据此,正如四库馆臣称"梦得本晁氏之甥,犹及见张耒诸人"。叶梦得与张耒的相识与交往正是缘于张耒与叶梦得外祖晁家特别是与舅父晁补之的亲密关系。在叶梦得的著作中,多次提到张耒,且常是与晁补之同时提及。如《石林燕语》卷五《元祐初用治平故事》条谓:"元祐初,用治平故事,命大臣荐士试馆职,多一时名士,在馆率论资考次迁,未有越次进用者,皆有滞留之叹。张文潜、晁无咎俱在其间。"⑤在《石林诗话》中说:"顷见晁无咎举鲁直诗:'人家寒橘柚,秋色老梧桐。'张文潜云:'斜日两竿眠犊晚,春波一顷去凫寒。'皆自以为莫能及。"⑥

马端临《文献通考·经籍考》节录有叶梦有得为张耒《柯山集》所撰序。序中称"元祐间天下论文多曰晁、张,晁余伯舅无咎,而张则文潜也。"又称:"文潜之文,殆所谓若将为之而不见其为者欤,雍容而不迫,纡裕而有余,初若不甚经意,至于触物遇变,起伏敛纵,姿度百出,意有推之不得不前,鼓之不得不作者而卒。澹然而平,盎然而和,终不得窥其际也。"⑦对张耒诗文赞誉有加。

按:叶梦得此序不见于今本《建康集》,惜迄今为止对张耒诗文及相关资料收集最齐全的中华书局整理出版的《张耒集》,亦未将叶梦得此序收录于附录中。张耒卒于政和四年(1114)。《建康集》收录的是叶梦得两镇建康(今江苏南京)时所著诗文,故此序当作于北宋末。这不但反映了叶梦得与张耒的交往及对其的敬重,也反映了叶梦得并不以张耒入党籍而避嫌。

(三)范纯粹

范纯粹(1046—1117),字德孺,吴县(今江苏苏州)人,范仲淹第四子。以荫入仕,性沉毅,神宗元丰五年(1082),权陕西路转运判官,进副使。八年,为京东路转运使,知庆州。哲宗元祐六年(1091),入为户部侍郎,出知延安府。绍圣初入元祐党籍。徽宗立,起知信州,旋

① 张耒:《祭晁无咎文》,《张耒集》卷五八,中华书局1990年点校本,第871页。
② 《张耒集》卷八,第138页。
③ 《张耒集》卷一二,第209页。
④ 分别见《张耒集》卷一九,第323、323、324页。
⑤ 叶梦得:《石林燕语》卷五,中华书局1984年点校本,第74—75页。
⑥ 《石林诗话》卷上,《历代诗话》上册,第414页。
⑦ 《文献通考》卷二三七《经籍考六十四》,第1885页。

以党禁复起,责常州别驾、鄂州安置。党禁解,复徽猷阁待制致仕。政和七年(1117)卒,年七十二。有集,已佚。事见《范忠宣集补编》范能浚《德孺公传》。

范纯粹是晁仲参的三女婿,晁仲参是晁补之的叔祖①。崇宁元年范纯粹与兄范纯仁、范纯礼同被列入元祐党人碑。范仲淹曾评论诸子说:"纯仁得其忠,纯礼得其静,纯粹得其略。"②而叶梦得在《石林燕语》中也称:"(范文正公)尝为人言:'纯仁得吾之忠,纯礼得吾之正(静),纯粹得吾之材。'"又称:"德孺继公帅西方为名将,卒如其言云。"③

由于叶梦得是晁补之外甥,与范纯粹有亲戚关系,故在现存叶梦得的著作中有不少两人交往的记载。如《避暑录话》卷一记载了叶梦得在蔡州造酒赠送范纯粹一事:"吾在蔡州每岁夏以其法造(酒),寄京师亲旧,陆走七程不少变,又尝以饷范德孺于许昌,德孺爱之,藏一壶,忘饮,明年夏复见,发视如新者。"④叶梦得"政和五年(1115),起知蔡州"⑤,此事约在政和六年。同书还提到了范纯粹喜琵琶的事,称"范德孺喜琵琶,暮年苦夜不得睡,家有琵琶、筝二婢,每就枕,即使杂奏于前,至熟寐乃方得去"。⑥

另外,在《石林燕语》中也有几处提及范纯粹,如卷七云:"范侍郎纯粹元丰末为陕西转运判官,当五路大举后财用匮乏,屡请于朝,吴枢密居厚时为京东都转运使,方以冶铁皷铸有宠,即上羡余三百万缗以佐关辅,神宗遂以赐范。范得报,愀然谓其属曰:'吾部虽窘,岂忍取此膏血之余耶。'力辞讫弗纳。"叶梦得虽然对此事没有作出评论,但对范纯粹的褒扬之意溢于言辞。

(四)邹浩

邹浩(1060—1111),字志完,号道乡居士,常州晋陵(今江苏常州)人。元丰五年(1082)进士,历任府学教授、太学博士,官至吏部侍郎、龙图阁待制,为宋代著名文学家、教育家。元符间邹浩为谏官,敢于直言,以气节著称。有请以王安石三经义发题试士者,浩论其不可,陕西奏边功,中外皆贺,浩独言持胜为难。章惇用事,权势震赫,浩所言屡次触惇忌,仍上章弹劾,数其不忠侵上之罪。后来因反对立刘贤妃为后一事,直谏得罪哲宗而罢官。徽宗立,复召为右正言,又因奸臣蔡京忌恨而两谪岭表。崇宁元年入党入碑。病逝前,杨时省之,浩犹以国事为问,语不及私。高宗即位,谥曰忠。⑦

叶梦得与邹浩的交往始于叶梦得任润州丹徒尉时。《建康集》卷三《书邹氏志完曾祖阴德诗后》云:"某初仕为丹徒尉,获拜忠公(邹浩),齿尚少,辱引与论当世事及立朝行己大方,

---

① 《鸡肋集》卷六二《寿安县太君公孙氏行状》称晁仲参之夫人公孙氏生五女,长适石端,次适杜纯,次适范纯粹,次适胡僧孺,季适田忱。参刘少雄《晁补之年谱》,《中国文哲研究通讯》1996年第2期;易朝志《晁补之年谱简编》,《烟台师院学报》1990年第3期。

② 《宋史》卷三一四《范纯仁传》,第10295页。

③ 《石林燕语》卷一○,第151页。

④ 《避暑录话》卷一。

⑤ 《宋史》卷四四五《叶梦得传》,第13133页。

⑥ 《避暑录话》卷二。

⑦ 《宋史》卷三四五《邹浩传》,第10599—10960页。

谆谆累数百言,如训子弟,至今不敢坠也。"按:叶梦得绍圣四年(1097)调丹徒尉,元符元年(1098)九月邹浩被任命为右正言①。此处称"某初仕为丹徒尉",可知叶梦得拜见邹浩当在绍圣四年到元符元年九月前。

青年叶梦得初仕丹徒尉,就得见当时的名士邹浩,并得到邹浩如训子弟一样的谆谆教导,使他对邹浩留下了不可磨灭的印象,直到晚年还说"至今不敢坠也"。

(五)高茂华

高茂华,字居实,一字秀实,真定府元氏(今属河北)人。徽宗朝宰相曾布(1036—1107)外甥婿。元祐六年(1091)进士,中绍圣元年博学宏词科,吕本中(字居仁,1084—1145)称其"人物高远,有出尘之姿"②。崇宁三年入元祐党籍。

上引叶梦得《书高居实集后》云:"元祐末,余与居实同举进士,试春官数往来舅氏晁无咎家,时张文潜为右史,二公一时后进所推尊,每得居实文皆击节称赏不已。"又云:

> 绍兴己未,余守建康,居实之子绍,持其遗文一编相示,兵火散亡之余,所存盖十一,览之太息,追数往游,俯仰如前日。事居实之志既不得伸于生,以著后世者。惟其文字又不幸不得尽传于后,为可哀已。乃书其后归之且以嘉绍之能不坠其业也。

据此,叶梦得与高茂华交往甚早,交谊颇深。对其文才十分推崇,对其入党籍"卒邑邑不得志以死",十分惋惜、同情。另与高茂华之子高绍亦有往来。

(六)廖正一

廖正一,字明略,号竹林居士,安陆(今属湖北)人,元丰二年(1079)进士。元祐中召试馆职,除秘书省正字,后入元祐党人碑。著有《竹林集》三卷。廖正一与苏轼关系密切,和李格非(李清照父)、李禧、董荣号为"后四学士"。廖正一与晁补之是同榜进士,又同入苏门,互相酬唱,相交甚好。正是有这一层关系,叶梦得与廖正一亦交往密切,叶梦得还为廖正一之文集《竹林集》作序,序中有云:"明略自为举子时,即不沿袭场屋一语,再举而取进士,其所试杰然已若可以名世者,至今为学者推重。盖其用志深苦而思致精悫,渊源所从来者远矣。"又云:"元祐初,天下所推文章黄(庭坚)、张(采)、晁(补之)、秦(观),号四学士,明略同直三馆,轩轾诸公间,无所贬屈,欲自成一家,然其流落不偶,略相似云。"对廖正一文学才能作了高度赞扬,对他与苏门四学士的遭遇表示了极大同情。

(七)龚原

龚原,字深之,一字深父,遂昌(今属浙江)人,时人称为括苍先生。少与陆佃同师王安石,甚得王安石的赏识。"徽宗初,入为秘书监,进给事中,时除郎官五人,皆执政姻戚,悉举

---

① 《续资治通鉴长编》卷五〇二:"(元符元年九月)壬子,宣德郎邹浩为右正言。"中华书局2004年点校本,第4696页。

② 吕本中:《紫薇诗话》,《历代诗话》上册,第360页。

驳之;又论郝随得罪,不得居京师。"龚原与蔡京有隙,"陈瓘击蔡京,原与瓘善,或谓原实使之,夺职居和州"①。崇宁三年,入元祐党籍。

叶梦得与龚原的交往始于元符元年(1098)为润州丹徒尉时。据洪迈《夷坚志》载:"叶少蕴左丞初登第,调润州丹徒尉,郡守器重之,俾稽察征税之出入。"②按:叶梦得绍圣四年(1097)中进士,不久即为丹徒尉,丹徒时属两浙路润州(今江苏镇江)。据《续资治通鉴长编》所载,龚原知润州在元符元年九月③。故洪迈所称叶梦得为丹徒尉时,"郡守器重之"之郡守即为龚原。

关于龚原、叶梦得两人离开润州入朝后,在党争斗争十分激烈时期,两人的交往情况,史载不详。但应该说,龚原对叶梦得有知遇之恩。

(八)曾纡

曾纡(1073—1135),字公衮,一作公卷,晚自称空青老人。南丰(今属江西)人,曾布第四子,伯父曾巩授以韩愈诗,文学益进。曾布父子与蔡京有隙,蔡京当权,父子皆抵罪,终京之世二十五年,而曾氏子孙无一人仕于朝④。有《空青集》十卷,与吕本中、黄庭坚等人多有唱和。

据汪藻《浮溪集》卷二八《右中大夫直宝文阁知衢州曾公墓志铭》所载,曾纡"屏居湖州。建炎三年,苗傅、刘正彦反,吕张二公檄诸州勤王,檄至湖州,守梁端会士大夫谋之,众未及言,公(曾纡)奋然曰:'逆顺明甚,出师无可疑者。'……明年六月,除江南东路转运副使"⑤。

《建炎以来系年要录》卷二一载:

> (建炎三年三月乙巳)是日,勤王所檄至湖州,新除资政殿学士提举中太一宫叶梦得行舟碧澜堂下,召守臣梁端、通判州事张焘及寓客龙图阁直学士许份、徽猷阁直学士曾林、徽猷阁待制致仕贾安宅等谋之,……直秘阁主管南京鸿庆宫曾纡闻之,亦劝端张榜趣用建炎年号,于是梦得引兵次平望,以俟吕颐浩、张浚之至,欲与俱,焘亦从之。⑥

从以上两段材料可知,建炎三年曾纡屏居湖州,并与叶梦得一起谋划请兵勤王。曾纡外孙王明清在《挥麈三录》卷二中亦载此事⑦。建炎三年(1129)三月,叶梦得罢左丞后闲居湖州,曾纡在建炎四年(1130)任江东转运使前,也居湖州。

《夷坚丁志》载有叶梦得为"慈感蚌珠"所作诗一首,同时载有曾纡《和叶少蕴慈感蚌

① 《宋史》卷三五三《龚原传》,第 11153 页。

② 洪迈《夷坚丁志》卷一二《西津亭词》,中华书局 2006 年点校本,第 638 页。

③ 《续资治通鉴长编》卷五〇二,元符元年九月辛亥条:"新知润州龚原特赐五品服。"第 11954 页。按《嘉定镇江志》卷一五载:"龚原,集贤殿修撰元符己卯(二年,1099)守润。"(《宋元方志丛刊》本,中华书局 1990 年版,第 2458 页)误。

④ 《鸿庆居士集》卷三一《曾公卷文集序》,影印文渊阁《四库全书》本。汪藻:《浮溪集》卷二八《右中大夫直宝文阁知衢州曾公墓志铭》,《丛书集成初编》本。

⑤ 《浮溪集》卷二八。

⑥ 《建炎以来系年要录》卷二一,中华书局 1988 年据商务印书馆《国学基本丛书》重印本,第 454 页。

⑦ 王明清:《挥麈三录》卷二,上海书店 2001 年点校本,第 194 页。

珠》诗。

《石林词》另有《临江仙·熙春台与王取道贺方回(铸)曾公衮(纡)会别》一首,《碧梧玩芳集》云:"昔石林叶公以亲见扬雄美其诗,以新样元和评其书,以三风流颂其文。"①可见叶梦得对曾纡的诗文评价极高。

三　叶梦得与元祐党人子孙亲属的交往

(一)文彦博之子文维申

文彦博(1006—1097),字宽夫,号伊叟,汾州介休(今属山西)人。仁宗天圣五年(1027)进士,知翼城县,通判绛州。历官枢密副使、参知政事、平章军国事,拜太师,封潞国公。文彦博是北宋著名政治家,一生历仕仁、英、神、哲四朝五十余年,功勋卓著,世人视为贤相。绍圣初,章惇秉政,言者论文彦博朋附司马光,诋毁先烈,于崇宁元年入元祐党人碑。②

南宋初,兵兴以后,文彦博的文集"藏于家者散亡无余,其少子维申稍讨求追辑,犹得二百八十六篇,以类编次为略集二十卷",请求叶梦得作序③。叶梦得在序文中称文彦博"重德伟度足以镇服四夷;精识远虑足以错综万务;博闻强识足以贯通九流;谠论嘉言足以弼成百度"。对于文彦博之文,叶梦得借用韩愈论于頔之文,谓其"变化若雷霆,浩瀚若江河,正声谐韶濩,劲气沮金石"。④

(二)韩维之子韩宗武、孙韩璹

韩维(1017—1098),字持国,开封雍丘(今河南杞县)人,仁宗朝参知政事韩亿之子。神宗朝,累迁翰林学士,知开封府,为翰林学士承旨。反对王安石新法,疏陈青苗之害。哲宗立,拜门下侍郎,以太子少傅致仕。绍圣中,入元祐党籍,谪均州安置,崇宁元年列入党人碑。

韩宗质,字彬叔,韩维子,韩璹叔父,官承奉郎。重和元年(1118)至宣和二年(1120),叶梦得知颍昌(今河南许昌),与诸多同僚友好成立诗社,时韩宗质为诗社成员之一,与叶梦得多有酬唱。

韩璹(1069—1121),本名璪,字君表,更名璹,字公表,韩维孙。政和七年(1117),叶梦得知许昌时,韩璹为许昌通判,同为许昌诗社成员,多有酬唱。韩璹与叶梦得舅父晁说之亦相交,晁说之《嵩山文集》有《说之方忧韩公表大夫疾遽致仕乃蒙传视送陈州王枢密(襄)诗十首意典辞丽忻喜辄次韵和呈以公若登台辅临危莫爱身为韵》、《病卧闻韩公表雨中出谒》、《哀韩君表无文编》⑤等诗文。在韩璹过世后,晁说之为其撰墓志铭。⑥

---

① 　马廷鸾:《曾空青文集序》,《碧梧玩芳集》卷一二,影印文渊阁《四库全书》本。
② 　《宋史》卷三一三《文彦博传》,第 10258—10263 页。
③ 　《文献通考》卷二三四《经籍考》,第 1867 页。
④ 　《文献通考》卷二三四《经籍考》,第 1867 页。
⑤ 　分别见《嵩山文集》卷五、卷七、卷八。
⑥ 　晁说之:《嵩山文集》卷二〇《宋故韩公表墓志铭》。

元陆友仁《研北杂志》卷上载云：

> 叶梦得少蕴镇许昌日，通判府事韩瑨公表，少师持国（韩维）之孙也，与其季父宗质彬叔，皆清修简远，持国之风烈犹在。其伯父丞相庄敏公玉汝之子宗武文若，年八十余致仕，耆老笃厚，历历能论前朝事。王文恪公乐道之子实仲弓，浮沉久不仕，超然不婴世故，慕嵇叔夜、陶渊明为人。曾鲁公之孙诚存之（曾诚），议论英发，贯串古今。苏翰林两子迨仲豫，过叔党文采皆有家法，过为属邑郾城令。岑穰彦休（岑穰）已病，羸然不胜衣，穷今考古，意气不衰。许亢宗干誉冲澹靖深，无交当世之志，皆会一府。其舅氏晁将之无斁自金乡来过，说之以道居新郑，杜门不出，遥请入社，时相从于西湖（颍昌西湖）之上，辄终日忘归，酒酣赋诗，唱酬迭作，至屡返不已。一时冠盖人物之盛如此。①

宣和二年（1120），叶梦得离开许昌居楚州（今江苏淮安）②，作《醉蓬莱》怀念许昌诗友，序曰："楚州上巳怀许下西湖，寄曾在之（引者按："在"乃"存"之误，曾诚，字存之，与叶梦得交往甚密）、王仲弓（王实）、韩公表。"③

（三）韩维从子韩宗武

韩宗武字文若，开封雍丘（今河南杞县）人。哲宗朝宰相韩缜之子，韩瑨之从伯父。中进士后辟河间令，徽宗即位，为秘书丞，历官淮南转运判官。除都官员外郎，改淮南转运判官，坐贬秩罢，归卒，年八十二。

《避暑录话》卷二《世传王迥芙蓉城鬼仙事》载叶梦得与宗武在许昌之交往轶事云："余在许昌，与韩宗武会坐，客有言宗武年二十余时有所遇如子高，是时年八十余。余质之，宗武笑而不肯言，客诵其人往来诗数十篇，皆五字古风，清婉可爱，如《玉台新咏》。宗武见余爱，乃笑曰：'荆公亦尝甚称，云：非近人，当是齐梁间鬼。'"

另在《避暑录话》、《岩下放言》中，叶梦得还多次记述韩宗武。

韩宗武也是许昌诗社成员，石林词中有《临江仙·席上次韵韩文若》④、《临江仙·晁以道见和答韩文若之句复答之二首》⑤等与韩宗武酬唱词作。

（四）韩维之婿王实

王实，字仲弓，王陶（1020—1080）子，许昌人，韩维之婿。王实也是许昌诗社成员。《研北杂志》对其学术渊源与重要社会关系有较详细介绍，谓：

> 未冠，从司马光学，温公不以膏粱蓄之，教以名节，授《礼》、《易》二经。仲弓亦超然，不以仕宦进取为意。韩少师持国归以女，仲弓又为受诗，祖陶、谢、韦、杜，故其文典雅温

---

① 《研北杂志》卷上，《丛书集成初编》本。
② 叶梦得自述："宣和庚子（二年，1120），余在楚州……当时余方自许昌得请洞霄。"《避暑录话》卷上。
③ 《石林词》，影印文渊阁《四库全书》本。
④ 《石林词》。
⑤ 《石林词》。

丽,华畅而不靡。诗静而深,婉而丽,有一唱三叹之音。未尝急于人知,人亦不皆知仲弓也。惟范蜀公以耆老退居,忘年接之。元祐初,梁右丞焘首荐于朝,为籍田令。秩满,苏尚书轼镇中山,辟为属,不行。自是浮沉,遂欲远去世故,家与范忠宣公有连,末尤为忠宣所许。崇宁初强起,一守信阳,归即谢事挂冠。里中叶少蕴守许昌,下车亟往过之,视其貌盎然,不为崖异而简远萧散,若初未尝与世交者。口吃不能极语,徐听其言,衮衮皆有远致。①

据此可知,王实从司马光学,是韩维之婿,与范仲淹是忘年交,又深受范纯仁和苏轼的赏识,和司马光、韩维、范仲淹、范纯仁、苏轼等渊源极深。至于和叶梦得的交往,据所言,则是叶梦得知许昌时,拜访居于此地的王实,两人得以相识。之后两人又同入许昌诗社。

在叶梦得的《避暑录话》中,卷四《崔唐臣闽人也》条载有崔唐臣"与苏子容(颂)吕晋叔(夏卿)同学相好",久不相闻,嘉祐中忽然奇遇之事,谓"顷见王仲弓说此"。又《建康集》卷三《书伤寒治要后》称"王仲弓人物高胜,虽贵公子超然不犯世故,居官数自免,博学多闻,尤长于医"。曾"推仲景书作伤寒证治","复取其简直明白,人读而可知者,刊为治要"。叶梦得称"此仁人之用心也",对王实的为人处世褒扬有加。

(五)韩维四世孙韩元吉

韩元吉(1118—1187),字无咎,号南涧,开封(今属河南)人,韩维四世孙。以任子仕,绍兴间历南剑州主簿,建安令,迁知建州,官至吏部尚书、龙图阁学士。有《桐阴旧话》《南涧甲乙稿》等。

叶梦得与韩家可谓世交。韩元吉在《书许昌唱和集后》称:"叶公(梦得)为许昌时,先大父贰府事,相得欢甚。"②

韩元吉少受业于尹焞,四库馆臣称"元吉本文献世家,据其跋尹焞手迹,自称门人,则距程子仅再传。又与朱子最善,尝举以自代,其状今载集中。故其学问渊源,颇为醇正。其他以诗文唱和者,如叶梦得、张浚、曾几、曾丰、陈岩肖、龚颐正、章甫、陈亮、陆游、赵蕃诸人,皆当代胜流"③。韩元吉主张抗金,恢复失地。但不赞成轻举妄动,轻率用兵。《齐东野语》卷二载,符离之役,韩元吉以长书投浚,言和、战、守三事,分析时事,谓:"愚愿朝廷以和为疑之之策,以守为自强之计,以战为后日之图。"④劝张浚审慎而勿轻举,较合当时局势。叶梦得与元吉交好,除了两家是世交,盖亦因两人政治立场与对金斗争态度、主张较为一致。

现存韩元吉与叶梦得的诗文来往有《万象亭赋》、《戊辰二月清明后三日见叶丈于石林承命赋诗作古风一首》、《次韵石林见贻绝句四首》⑤等。叶梦得去世后,韩元吉有《叶少保挽词

---

① 《研北杂志》卷上。
② 韩元吉:《南涧甲乙稿》卷一六,《丛书集成初编》本。
③ 纪昀:《四库全书总目》卷一六〇,《南涧甲乙稿》条,中华书局 1965 年影印本,第 1383 页。
④ 周密:《齐东野语》卷二,中华书局 1983 年点校本,第 28 页。
⑤ 分别见《南涧甲乙稿》卷一、卷六。

六首》、《望卞山怀石林翁》、《祭叶少保文》。①

(六)苏轼子苏迨、苏过

苏轼(1037—1101),字子瞻,号东坡居士,眉州眉山(今属四川)人。嘉祐二年(1057)进士,嘉祐六年,复中制科,授大理评事、签书凤翔府判官。历通判杭州,知密州、徐州、湖州。官至中书舍人、翰林学士知制诰。元丰二年(1079),因作诗讽刺王安石新法入狱。元祐中,又因不满司马光为首旧党尽废新法,为旧党不满被贬。哲宗亲政,新党重新掌权,苏轼再次遭到打击迫害,直至流放至海南儋州。元符三年(1100)大赦,北归,次年卒于常州(今属江苏)。崇宁元年入元祐党人碑。

苏迨,字仲豫,苏轼次子。历官承务郎。许昌诗社成员。

苏过(1072—1123),字叔党,号斜川居士,苏轼季子,迨弟。以荫任右承务郎,历官郾城令,通判中山府,皆有政绩。善书法,能文,时称"小坡"。著有《斜川集》。过性至孝,随侍轼谪英州、惠州、儋州。

苏轼卒后,葬汝州郏城小峨眉山,苏迨、苏过兄弟遂家颍昌(许昌)②。时叶梦得知颍昌,故苏氏兄弟得与叶梦得过往交游,并均加入许昌诗社。

叶梦得著作中,常提到苏轼及与苏迨、苏过的交往,如《避暑录话》卷一云:"苏子瞻在黄州作蜜酒,不甚佳,饮者辄暴下,蜜水腐败者尔。尝一试之,后不复作。在惠州作桂酒,尝问其二子迈、过,云亦一试之而止,大抵气味似屠苏酒。二子语及,亦自抚掌大笑。"卷二谓:"余在许昌,见子瞻诸子,因问其季子过,求其法。过大笑曰:'先人安有法?在儋耳无聊,衡适来见,因使之别室为煤……'"③同卷"子瞻山光寺诗"条也言及与苏过兄弟在许昌之交往,称:"余在许昌时,志(引者按:指苏辙所写苏轼墓志)犹未出,不及见,不然当告迨与过也。"④

邵博的《邵氏闻见后录》卷一四亦云:"苏叔党为叶少蕴言:东坡先生初欲作《志林》百篇,才就十三篇,而先生病,惜哉!先生胸中尚有伟于武王非圣人之论者乎?"⑤

苏过集中载有多首与叶梦得唱和之诗,其中《送叶少蕴归缙云》⑥一首,叶德辉《石林遗事》未载。案:叶梦得建炎四年冬因金兵过江避难缙云,这首诗当作于此时。此外《斜川集》中与叶梦得酬唱之作,尚有《次韵晁无斁与叶少蕴重开西湖唱酬之诗》⑦、《次韵少蕴二首》⑧、《次韵少蕴移竹贾文园二首》⑨、《次韵叶守端午西湖曲水》⑩等。

---

① 分别见《南涧甲乙稿》卷三、卷四。
② 《嵩山文集》卷二〇《宋故通直郎眉山苏叔党墓志铭》。
③ 《避暑录话》卷二。
④ 《避暑录话》卷二。
⑤ 邵博:《邵氏闻见后录》卷一四《韩退之之文》,中华书局1983年点校本,第112页。
⑥ 《斜川集》卷一,《丛书集成初编》本。
⑦ 《斜川集》卷三。
⑧ 《斜川集》卷三。
⑨ 《斜川集》卷一。
⑩ 《斜川集》卷三。

（七）欧阳修子欧阳棐

欧阳修（1007—1072），字永叔，号醉翁，晚年又号六一居士，吉州庐陵（今江西吉安）人。天圣八年（1030）进士，为西京留守推官。官至枢密副使，参知政事。欧阳修直言敢谏，景祐间，为范仲淹被贬申辩，己亦被贬。庆历三年，又因支持"庆历新政"，新政失败，复上疏反对罢范仲淹政事，出知外州。晚年反对王安石变法，坚请致仕。崇宁元年入党籍。欧阳修奖掖后进，改进文风，是北宋诗文革新运动领袖。

欧阳棐，字叔弼，庐陵人，欧阳修第三子。历官朝散郎、尚书职方员外郎，充集贤校理。"为人广览强记，博通经籍史氏诸子百家之言"①，居颍昌。叶梦得曾造访其家，事载《避暑录话》卷一：

> 欧阳氏子孙奉释氏甚众，往往尤严于它士大夫家，余在汝阴（今安徽阜阳）尝访公之子棐于其家。入门闻歌呗镜磬声，自堂而发。棐移时出，手尤持数珠讽佛名，具谢今日适斋日，与家人共为佛事方毕。

案，汝阴即颍州，大观三年（1109），叶梦得免官后，棐随父居于此。

（八）洪炎

洪炎（1067—1133），字玉父（甫），豫章（今江西南昌）人，洪朋弟。与兄朋、弟刍、羽俱以文词名世，号"四洪"，为黄庭坚甥。洪炎元祐末举进士，为谷城令。弟刍、羽崇宁间入党籍，炎坐遭贬窜，后复知颍上谯县。累官著作郎、秘书少监，罢。高宗初，召为中书舍人。跟叶梦得有交往。叶梦得曾对洪炎出示郑先觉《阅骏图》，洪炎为作长诗，诗中有云："叶公好尚有祖风，苦爱真龙似画龙。千金不惜市骏骨，睥睨神物秋毫中。"②

四　结　语

以上是笔者收集到的叶梦得与入元祐党籍者及子孙亲属交往的材料。其中直接入元祐党籍的八人，元祐党人子孙与亲属十人，共十八人。首先需要说明的是，由于资料的缘故，尤其是叶梦得的文集《石林总集》已亡佚，所以，集中叶梦得与入元祐党籍者及子孙亲属交往的材料包括诗文酬唱亦已亡佚而不可知。故可以肯定，与叶梦得交往的元祐党人及子孙亲属人数当远不至此。

分析以上文献记载的与叶梦得交往的十八位元祐党人及其子孙亲属的交往情况，其中晁补之、张耒、邹浩、龚原、高茂华五人与叶梦得相识交往于崇宁元年立元祐党人碑之前，而立党人碑后，只有邹浩、龚原二人未见叶梦得与他们还有联系交往的记载。但是，如上文所述，叶梦得直至晚年，对邹浩的教导"至今不敢坠也"。至于叶梦得与元祐党人子孙的交往，

---

① 毕仲游：《欧阳叔弼传》，《西台集》卷六，《丛书集成初编》本。
② 洪炎：《西渡集》卷下，影印文渊阁《四库全书》本。

则都在立元祐党人碑后。笔者认为,指出这一点十分重要。这是因为,史载崇宁、大观蔡京当政间,不但对列入元祐党籍之人严加打击,贬官流放,禁毁他们的著作,而且其子孙亲属,也受到歧视与迫害。如不得官京师,崇宁二年(1103)"九月辛巳,诏宗室不得与元祐奸党子孙为婚姻"①等。在党禁最严重期间,有不少元祐党人子孙与亲属被贬官罢职,如上述与叶梦得有交往的洪炎,就因弟刍、羽崇宁间入党籍,坐遭贬窜。不但元祐党人子孙亲属遭株连,就是与元祐党人稍有关系或交往者也受到牵连。对此费衮《梁溪漫志》记载说:

> 元祐党祸烈于炽火,小人交扇其焰,傍观之君子深畏其酷,惟恐党人之尘点污之也。而东坡之在儋,儋守张中事之甚至,且日从叔党(苏过)棋以娱东坡。洎张解官北归,坡凡三作诗送之。鲁直(黄庭坚)之在戎,戎守彭知微每遣吏李珍调护其逆旅之事,无不可人意。当是之时,而二守乃能如此,其义气可书。张竟以此坐谪云。②

张中仅因为与当时贬官在儋的苏轼交好,就"以此坐谪",可见当时党争牵连之广,对党人迫害之深。在这种情况下,叶梦得还能和元祐党人及子孙保持密切交往,按照费衮之说,也当属于"其义气可书"之人。以此,笔者认为这当可成为叶梦得并未参预定元祐党籍的佐证。反过来说,如果确实如《皇朝编年纲目备要》与《宋史·强渊明传》所说,叶梦得参预蔡京定元祐党籍,"济成党祸",那么,元祐党人及其子弟又怎会和这样的政敌与仇人交往,共结诗社,诗词唱和呢?甚至如文彦博之子文维申、高茂华之子高绍特地请叶梦得为自己父亲的文集作序。

所以,笔者认为,关于叶梦得参预蔡京定元祐党籍一事,仅见《皇朝编年纲目备要》与《宋史·强渊明传》,未见于据足本《续资治通鉴长编》改编的《续资治通鉴长编纪事本末》及今本《宋会要辑稿》、《文献通考》等基本史籍,亦未见于包括列入元祐党籍碑者及其子孙门人的宋人著作。而考察叶梦得的生平仕履,叶梦得是崇宁二年(1103)入朝的,时,元祐党籍与定元符上书人等第已成。再结合叶梦得入朝后的表现,尤其是他对党争的态度以及不顾冒犯蔡京,多次对蔡京打击迫害元祐党人进行劝谏,再参以他与元祐党人及其子孙亲属的交往,可证明叶梦得并没有参预蔡京定元祐党籍。

(作者单位:浙江大学古籍研究所、杭州市社会科学院)

---

① 《宋史》卷一九《徽宗本纪一》,第368页。
② 费衮:《梁溪漫志》卷四《贬所敬苏黄》,上海古籍出版社1985年点校本,第45页。

南宋理学家林栗研究

——兼论林栗与朱熹的争论

朱瑞熙

　　林栗,是南宋前期的一名纯粹的义理派易学家,其代表作是《春秋经传集解》。由于他过于心高气傲,在治学上意气用事,具有偏执型的人格。他始终反对象数学派的邵雍、周敦颐等人,反对心学派的易学家程颐,又与吸取了象数派的义理派易学家朱熹的观点相左。尤其是随便将学术见解的分歧政治化,动辄危言耸听,攻击张载以"邪说诬民",是"名教之大贼",指责张载和周敦颐等是"异端之学",朱熹是"乱臣之首"等,从而影响了他的学识的传播和在学术史上的地位,逐渐成为中国思想史、易学史中的默默无闻者。

一　林栗的仕宦经历

　　林栗,字宽夫,福州福清(今属福建)人。生卒年不详。约生活在南宋高宗初至光宗初。早年师从眉州布衣师维藩和福清人颜荣。师维藩精通《春秋》学,曾上《中兴十策》,请求高宗亲自"视师"。在福州长溪(今福建霞浦)"聚徒"教学,"闽、浙之士从之者数百人",林栗便是他的"高弟"之一。后以屡次参加科举考试而得授全州文学的官衔,后到临安府(今浙江杭州),任权太学录①。颜荣也是当地著名学者,著有《易、春秋、论语说》,人称"蘽山先生",据说"林栗传其学"②。

　　林栗于绍兴十二年(1142)登进士第,任江西抚州崇仁县(今属江西)尉。晋升左从事郎(从八品)、南安军(治今江西大余)学教授。绍兴二十八年(1158)五月,经宰相陈康伯的推荐,进京任行太学正③。二十九年八月,临时任国子监发解点检试卷官④。绍兴三十一年五月,晋升守太常博士(正八品)。十月,上书宰相,提议乘金国内乱之机进兵,恢复中原。他说:

---

　　① 李心传:《建炎以来系年要录》卷一〇四,中华书局1956年影印《国学基本丛书》本,第1695页,作"帅维藩","帅"系"师"字之误。另见该书卷一四九,第2399页;卷一五一,第2439页;《宋史》卷四三三《高闶传》,中华书局1985年点校本,第12858页。

　　② 朱彝尊:《经义考》卷二六《易二十四》,影印文渊阁《四库全书》本。

　　③ 《建炎以来系年要录》卷一七九,第2967页;周麟之:《海陵集》卷一七《外制·林栗除太学正》,影印文渊阁《四库全书》本。

　　④ 《宋会要辑稿·选举》二〇之一四,中华书局1957年影印本。

> 虏人(按指金兵)于我有不共戴天之仇,祸极凶殚,自取屠裂(按指金人杀帝完颜亮)。乃今按兵江壖,议立新主,从容移檄,令我戢兵。万一其计得行,是一亮死一亮生也。……为今之计,宜敕诸将进军临之,别遣重兵,分出泗、亳、颍、寿,规取汴京,截其归路,勿与之战,使之前不得斗,退无所归,然后开以生还之路,示以丹青之信。诸军但许受纳降款,若只是通和文字,不得收接。若失此时,纵其北归,是(安)禄山毙而(安)庆绪兴,(史)思明弑而(史)朝义立,中原涂炭,不知何时而已,惟庙堂诸公垂听。①

他分析形势,提出了应对金朝内乱的对策,表达了他的爱国情怀。

绍兴三十二年九月,孝宗即位后,林栗晋升屯田员外郎(正七品)②。此时,金世宗遣使"请和,约为叔侄之国,且以归疆为请"③。林栗向孝宗上"封事",提议暂时不与金朝和议,停纳岁币,停派使臣,静观局势再定。他说:

> 前日之和,诚为非计。然徽宗榟宫、慈宁(按即高宗母韦氏,绍兴十二年八月被金朝送回临安,入居慈宁宫)行殿在彼,为是而屈,犹有名焉。今日之和,臣不知其说也。宗庙之仇,而事之以弟侄,其忍使祖宗闻之乎!无唐、邓,则荆、襄有齿寒之忧;无泗、海,则淮东之备达于真、扬,海道之防偏于明、越矣。议者皆言和戎之币少,养兵之费多,不知讲和之后,朝廷能不养兵乎?……与之岁币,是畏之矣。三军之情,安得不懈弛;归正之心,安得不携贰?为今日计,宜停使勿遣,迁延其期。比至来春,别无动息,徐于境上移书,谕以两国誓书。败之自彼,信不由衷,虽盟无益。自今宜守分界,休息生灵,不烦聘书之往来,各保疆场之无事,焉用疲弊州县,以奉犬羊之使乎?④

据记载,宋孝宗后来不仅停派使臣,不与金朝和议,停纳岁币,而且主动派军攻金,最后失败。

同月,林栗兼皇子、恭王(按即宋光宗赵惇)府直讲。此时孝宗吸取高宗后期"权臣之弊"的教训,决定"躬揽权纲,不以责任臣下"。林栗听闻此事后,立即面奏说:

> 人主莅权,大臣审权,争臣议权。王侯、贵戚善挠者也,左右近习善窃权者也。权在大臣,则大臣重;权在迩臣,则迩臣重;权在争臣,则争臣重。是故人主常患权在臣下,必欲收揽而独持之,然未有能独持之者。不使大臣持之,则王侯、贵戚得而持之矣;不使迩臣审、争臣议之,则左右近习得而议之矣。人主顾谓得其权而自执之,岂不误哉。是故明主使人持权而不以权与人,收揽其权而不肯独持之。

建议孝宗集权的同时,不能"独持"朝政。在读到"人主常患权在臣下,必欲收揽而独持之"

---

① 《建炎以来系年要录》卷一九〇,第3171页;《三朝北盟会编》卷二四六,上海古籍出版社1987年影印清许涵度本。

② 《宋中兴百官题名·东宫官》,《藕香零拾》,中华书局1999年版,第5页上。

③ 《宋史》卷三三《孝宗一》第619页载,九月庚子"以金人来索旧礼,诏宰执、侍从、台谏各陈应敌定论以闻"。

④ 杨士奇等:《历代名臣奏议》卷九六《经国》,上海古籍出版社1989年影印明永乐本;《宋史》卷三九四《林栗传》,第12026—12027页。

时,孝宗连连称"善",表示赞赏。不过,林栗奏札中还有"以鹿为马,以鸡为鸢"一段,引起一些执政官的不满,于是在孝宗面前告状说:"林栗谓臣等指鹿为马,臣实不愿与之同朝。"孝宗需要在执政官们和林栗中间进行选择,决定将林栗调出朝廷,出知江州(治今江西九江)。①

在知江州任期,林栗做了两件留下记载的事。一是抵制朝廷裁减屯驻江州军队。"有旨省并江州屯驻一军",林栗根据江州的防御形势,上疏表示反对说:

> 辛巳(按即绍兴三十一年)、甲申(按即隆兴二年),金再犯两淮,赖江州一军分布防托,故舒、蕲、黄三州独不被寇。本州上至鄂渚七百里,下至池阳五百里,平时屯戍,诚若无益,万一有警,鄂渚之戍,上越荆、襄、池阳之师,下流增备,中间千里藩篱,诚为虚阙。无以一夫之议,而废长江千里之防。

提醒朝廷吸取辛巳、甲申金军两次南侵淮南的教训,重视江州的防务,保持当地必不可少的兵力。此奏得到孝宗的赞同,江州遂"军得无动"②。二是乾道二年(1166)二月,根据朱熹的请求,撰写了《江州学濂溪祠记》。该记名义上为纪念北宋理学家周敦颐而作,实际上却极力加以贬低(见后)。

在宋孝宗初年,林栗逐渐受到朝廷一些高官的赏识,先后有张浚、陈俊卿向朝廷推荐可以重用。隆兴元年(1163)十二月,右相兼枢密使张浚上疏推荐林栗与王柘等四人"议论据正,可任台谏","皆一时选也"③。乾道三年(1167)十一月,参知政事、同知枢密院事陈俊卿向朝廷推荐陈良翰、林栗等"名士"五人,说他们"恬退有守,可为侍从、台谏之储"。④

乾道四年(1168)七月,林栗终于又被召到临安,任吏部员外郎,不久又命兼皇子庆王(赵恺)府直讲。孝宗下令庆王和邓王(赵愭)可以随时招延讲读官,"相与议论时政,以期规益",使之增长政治才干即统治经验。林栗立即上疏异议,他说:

> 汉武帝为庆太子开博望苑,卒败太子;唐太宗为魏王泰立文学馆,卒败魏王。古者教世子与吾祖宗之所以辅导太子、诸王,惟以讲经读史为事,他无预焉。若使议论时政,则是对子议父,古人谓之无礼,不可不留圣意。⑤

依照林栗规定的皇子辅导制度,讲读官只能教授传统的经、史知识,不能联系实际政治,否则便是"对子议父"。从此,恐怕再也没有讲读官敢执行孝宗"相与议论时政"的圣旨了。

不过,孝宗仍然重用林栗。同月,林栗以吏部郎官身份上疏,对军队中曾立军功而被精简退役的小使臣、校尉表示同情,认为这些人目前"多是贫乏,搬挈可悯",要求允许继续留任,给予"优恤"⑥。同年九月,晋升右司员外郎,仍兼庆王府直讲。十一月,因参加集议时,

---

① 《历代名臣奏议》卷五一《治道·论以责任臣下疏》;《宋史》卷三九四《林栗传》,第 12027 页。

② 《宋史》卷三九四《林栗传》,第 12028 页。

③ 《朱熹集》卷九六《行状·少师、保信军节度使、魏国公致仕、赠太保张公(浚)行状下》,四川教育出版社 1996 年点校本,第 4890 页。

④ 《朱熹集》卷九五下《行状·少师、观文殿大学士致仕、魏国公、赠太师、谥正献陈公(俊卿)行状》,第 4919 页。

⑤ 《宋史》卷三九四《林栗传》,第 12028 页;《历代名臣奏议》卷七三《储嗣》。

⑥ 《宋会要辑稿·职官》五四之三七,中华书局 1957 年影印本。

与刑部修立"强盗断刑"意见不同而为避嫌,调任枢密院检详诸房文字,仍兼直讲。①

乾道五年(1169)二月,林栗以枢密院官员身份,上疏提议改革武举考试制度。在奏疏中,他说:

> 窃见省试举人考定字号闻奏,准敕差台官拆号放榜。武举绝伦,止委封弥官,轻重不等。欲乞今武举省试,并依避亲举人考校字号,先具闻奏,并付拆号官,下考试院考校,承前并以举人三场,分送三房,各随一场最优处攒类编排。盖欲参取所长,兼防奸弊。

此奏要求朝廷重视武举,参照文士的考试流程,提高其考试规格。接着,他又说:

> 近者被命考校,独武举程文前后两场试卷,并入一房,深虑非宜,遂令互考,理或可行,欲乞详酌。

说明他最近多次担任科举考试官,这次还提出了改进武举考试的建议,最后被朝廷采纳②。

同年四月,林栗晋升太常少卿(从五品),仍兼庆王府直讲③。作为礼官,他多次上疏议论礼仪之事,颇为恪守其职。诸如辨正太庙中的孝宗安恭皇后夏氏灵柩的安放朝向、宰执在朝献行礼前赴尚书省"宿斋"、祭祀明州定海县(今浙江宁波东北镇海区)东海神祠、请求每年四祭于圆丘、提议以北宋末"以身殉国、名节暴著"的文臣李若水配享钦宗庙等④。十二月,金朝使臣完颜毅等来贺正旦,朝廷在紫宸殿设宴招待,左相陈俊卿本因从兄去世而依制告假,但孝宗下令赴宴。不料,宴罢的当晚林栗便写信谴责陈俊卿"失体",以致陈立刻"引疾在告,上奏待罪"⑤。此事在朝廷掀起一阵波澜,右相虞允文十分同情陈俊卿,反而上疏指责林栗"诡正沽名",即假装正经、沽名钓誉,"乞明置典刑,以为不靖之戒"。孝宗也感到林栗此事过分,遂决定将他调出朝廷,以左朝请郎(正七品)、直宝文阁、知湖州(今属浙江)。⑥

林栗于乾道六年二月抵达湖州,十一月"罢"任。何以任期不长,史无记载。离开湖州时,国子司业芮国器赋诗相送,诗中有"今日桐城王刺史,异时遗爱在吾州"句。王十朋也赠题为"林黄中少卿出守吴兴……"诗,诗中有"出处平时正且严,犹于瓜李谨疑嫌。两溪水照新明月,六客堂逢旧紫髯。安定化应孚学校,谢公思已结闾阎。胡山清远使君好,想见邦人慰所瞻"⑦。表示了部分官员对林栗的看法,并希望他在湖州有所作为。

知湖州后,林栗又回到福建,连任知兴化军(治今福建莆田)和知南剑州(治今福建南

---

① 《宋中兴百官题名·东宫官》,《藕香零拾》;《宋会要辑稿·职官》六一之五四。

② 《宋会要辑稿·选举》一七之三一。

③ 《宋中兴百官题名·东宫官》,《藕香零拾》。

④ 《宋会要辑稿·礼》一四之九四、九五,《祀·群祀三》八之二〇;《宋史》卷三九四《林栗传》,第12028页;《历代名臣奏议》卷七三《储嗣》;李幼武:《宋名臣言行录》续集卷三《李若水忠愍公》,影印文渊阁《四库全书》本。

⑤ 李心传:《建炎以来朝野杂记》乙集卷七《叶正则论林黄中袭伪道学之目以废正人》,中华书局2000年点校本,第617页。

⑥ 《建炎以来朝野杂记》乙集卷七《叶正则论林黄中袭伪道学之目以废正人》,第618页。

⑦ 《王十朋全集》卷二九,上海古籍出版社1998年版,第550页。

平）。在南剑州，他注意到当地百姓疲于银坑，上疏反映"不便"之处，获得朝廷准许兑免，以致民间"欢声载道"①。随后，在赴湖州前依例"朝辞"，曾以医病为喻，上疏提出此时国家的形势实际是半身不遂："元气尚存，邪气尚盛，自淮以北皆吾故壤，而号令不能及，正朔不能加，有异于半身不随者乎？"建议按照医师所言"禁其嗜欲，节其思虑，爱其气血，养其精神"等等。②

约淳熙六七年，林栗迁夔州路提点刑狱。八年（1181）七月，改知夔州（治今四川奉节东白帝城），加直敷文阁（从七品）。夔州属郡施州（治今湖北恩施）的豪强、承信郎谭汝翼，与羁縻思州（治今贵州务川）的知州田汝弼（少数族首领）交恶。在林栗到任前的六月，谭汝翼乘田汝弼去世之机，进攻思州，"焚田氏之积，俘其奴客，以自封殖"。田汝弼之子祖周起兵报复，一时施、黔州（治今四川彭水）"大震"。林栗到任后，判断谭汝翼是"召乱"的"元恶"，设计剥夺其兵权，并予搜捕。谭汝翼调集家丁和周围八寨义军反抗，被宋军击溃，谭汝翼逃往临安府，"伏阙"控告林栗收取田祖周的贿金。尚书省颁札夔州，急调案件的档案。林栗担心谭汝翼得计，亲撰奏状辨析，并缴还省札。孝宗得悉此事"大怒"，朝廷以林栗"身为帅臣，擅格上命"，决定罢免林栗③。既而大理寺复查，加上右丞相王淮出面替林栗"救解"，弄清了真相，最后谭汝翼被处以"编管"。④

此次林栗虽然受罚罢官，但也获得朝廷许多官员的同情。如知枢密院事周必大事后曾写信给他，说："向者谭（汝翼）事纷纷，某适预奉行，而畏首畏尾，略不能为言者吐一言。微圣主明见，万里灼知忠忱，则是非曲直未易辨也。"⑤表示因为身份的关系，不能出面替林栗辩护，十分惭愧，幸而孝宗明察，最后辨清事实真相。此时，右丞相王淮也支持林栗，告诉孝宗说林栗"廉介有才学"，孝宗便答应随后就让林栗复职，"除两广监司"。果然，很快下诏说"栗累更事任，清介有闻"，恢复直宝文阁职，任广南西路转运判官。不久，改任提点刑狱。⑥

淳熙十年（1183）六月前，调至湖南，以朝议大夫（正六品）、直宝文阁，任权发遣潭州（治今湖南长沙）军州事兼管内劝农营田事、主管荆湖南路安抚司公事、马步军都总管⑦。此月，奏请将所著《春秋经传集解》命"下所属笔札缮写投进"。十一年十二月，终于誊写完成，将该书三十二卷进献。孝宗命特升转一官，以资奖励，并命其书交给秘书省收藏。十二年三月，

---

① 郑庆元纂：《嘉靖延平府志》卷九《名宦》，《天一阁明代方志选刊本》第29册，第6页下。

② 谈钥：《嘉泰吴兴志》卷一四《郡守题名》，《宋元方志丛刊》本，中华书局1999年版，第4982页上；《宋史》卷三九四《林栗传》，第12029页。

③ 周复俊辑：《全蜀艺文志》卷二七《状·林栗：〈奏破施州谭汝翼状〉》，影印文渊阁《四库全书》本；《宋会要辑稿·职官》七二之三五。

④ 《杨万里集笺校》卷一二〇《宋故少师、大观文、左丞相、鲁国王公神道碑》，中华书局2007年点校本，第4645页。

⑤ 周必大：《文忠集》卷一九五《林黄中少卿（淳熙十年）》之一，影印文渊阁《四库全书》。

⑥ 楼钥：《攻媿集》卷八七《少师、观文殿大学士、鲁国公致仕、赠太师王公（淮）行状》，《四部丛刊》本；《宋史》卷三九四《林栗传》，第12030页。

⑦ 林栗：《进周易经传集解表》（淳熙十二年三月），载《全宋文》卷四八六八《林栗一》，上海辞书出版社2006年版，第301—303页；周必大：《文忠集》卷一九五《林黄中少卿（淳熙十年）》之一，影印文渊阁《四库全书》本。

进献《周易经传集解》三十二卷,共三十六册①。自此约至淳熙十四年(1187)十二月,林栗先是晋升秘阁修撰(从六品),随后又迁集英殿修撰(正六品)、知隆兴府(治今江西南昌)。在湖南、江西期间,他的政绩颇多。如在潭州,从麻潭取石,扩筑城内南街;资助衡州(治今湖南衡阳)重建石鼓书院;遴选飞虎军士兵;申报朝廷处分"纵放"盗窃甲仗库兵器者的知全州(治今广西全县)赵裔;依制考核知全州赵昌裔的成绩为"否"。②

淳熙十五年(1188)正月,林栗再次被召至临安府,升迁权兵部侍郎(从四品)兼详定官。孝宗召对便殿,他奏请"谏诤之官尚有阙员,居其位者,往往分行御史之职,至于箴规阙失,寂无闻焉"。提议仿照唐制,增设左右拾遗、补阙各一员,以三年为任,序班在监察御史之上,由孝宗亲选"端方质直,言行相副"者,并"面加训谕",专掌谏正,不管官员纠劾之事。获得孝宗首肯③。三月,他参与高宗庙号的百官集议,主张用"尧宗"号,但被礼部、太常寺否决④。接着,又参加集议高宗祔庙的配享功臣名单,定为吕颐浩和赵鼎、韩世忠、张俊等四人⑤。四月初,他上疏指出,高宗以后修撰的《一司敕令》"多历年所,不曾颁降",不妨命"令六部各据所隶条件抄录,从本所用印,以凭照用",建议敕令所"结局",以"捐不急之官,省无用之费"。孝宗听从他的意见,六月正式撤销敕令所。⑥

同年六月,理学家朱熹受命任兵部郎官。朱熹以患足疾,申报尚书省请假,"候痊安日供职"。不料有一天晚上,兵部吏人奉林栗之命,将该部四司郎官的官印,直送朱熹住处,催促朱熹到部任职。朱熹无奈拒收。林栗立即上疏说:

> 臣伏见已降指挥,朱熹除兵部郎官,日下供职。而熹乃敢自陈私计非便,只欲回就江西提刑,已受省札,不伏赴部供职;四司郎官厅印记,不肯收受,推出门外,令送长贰厅。缘长贰厅不合管郎官厅印记,且再令送还,仍加镌谕:"既能出入宫门,上殿奏事,并遍诣宰执、台谏,即乘轿入部供职,良不为难;兼官司印记,难以弃掷在外,虑有失去。"其朱熹坚执不从。臣为贰卿,不能率属,致其偃蹇拒违君命,实负惭惧。所有印记无所归著,不免令四司人吏抱守终夕,至于达旦。

诉说朱熹可以行走,却拒收官印、不肯到部供职的经过。接着,在学术上贬低朱熹,认为朱熹徒有虚名,是"乱臣之首",应该禁止其传播。他说:

---

① 《宋会要辑稿·崇儒》五之四〇。

② 洪迈《夷坚支戊》卷八《湘乡祥兆》,中华书局 1982 年版,第 1114 页;《宋会要辑稿·兵》一九之三四;《朱熹集》卷七九《记·衡州石鼓书院记》,四川教育出版社 1996 年点校本,第 4123 页;《建炎以来朝野杂记》甲集卷五《淳熙臧否郡守》,第 132 页;《宋会要辑稿·职官》七二之四〇—四一。

③ 《宋会要辑稿·职官》三之六一、三之五八;《宋史全文续资治通鉴》卷二七下《宋孝宗八》,淳熙十五年正月甲辰条,《宋史资料萃编》本,台北文海出版社;《宋史》卷一六一《职官一》,第 3786 页;《建炎以来朝野杂记》甲集卷一〇《拾遗补阙》,第 205—206 页。

④ 《建炎以来朝野杂记》甲集卷二《郊庙·光尧庙号议》,第 71—72 页。《全宋文》卷四八六八《林栗一》据《中兴礼书续编》卷四九,辑出林栗奏状,拟题《议上大行太上皇帝庙号光宗奏》(第 219 册,第 312 页),此处"光宗"之"光"字误。据此时百官集议高宗的庙号,林栗提议取名"尧宗",并非"光宗"。

⑤ 《宋会要辑稿·仪制》八之二二。

⑥ 《建炎以来朝野杂记》乙集卷五《制作·炎兴以来敕局废罢》,第 592—595 页。

熹本无学术，徒窃张载、程颐之余绪，以为浮诞宗主，谓之道学，妄自推尊。所至辄携门生十数人，习为春秋、战国之态，妄希孔、孟历聘之风。绳以治世之法，则乱臣之首，所宜禁绝也。

最后，提出朱熹不肯就职是试图谋取高位，要求撤销其任命。他说：

今采其虚名，俾之入奏，将置朝列，以次收用。熹闻命之初，迁延道路，邀索高价，妄意要津，门生迭为游说政府，许以风闻，然后入门。既经陛对，得旨除郎，而辄怀不满，傲睨累日，不肯供职。其作伪有不可掩者，是岂张载、程颐之学教之然也？陛下爱惜名器，馆、学、寺、监久次当迁郎官者，只令兼权，其视郎选亦不轻矣，而熹乃轻之。兵部郎官，本系大宗正丞计衡兼权，以熹之故，移计衡于都官，而以兵部处熹，所以待熹亦不薄矣，而熹乃薄之。臣窃惟职制者，朝廷之纪纲。缘熹既除兵部，在臣合有统摄，若不举劾，厥罪惟均。乞将熹新旧任指挥，并且停罢，姑令循省，以为事君无礼者之戒。①

从朱熹此前数月的信函，知道他所患足病（腰腿病）并非虚妄。如正月至三月的《辞免江西提刑札子》之一说，自己"累年以来积负畏惧，精神恍惚，耳重目昏，筋骨支离，腰痛足弱"。四月一日，又在札子之二说：从三月十八日以来，"缘路疾病发作不常"，一路"勉强前进，而病势侵加，腰脚疼痛，俯仰拜跪，极为费力"。当林栗指责他后，在《辞免江西提刑状》之二详细叙述自己的病情，说他到达江西信州（治今江西上饶）时"脚气发作"，抵达临安时"右足复痛"，上殿"奏对之时，左足已痛"；及至除兵部郎官时，"痛楚已甚，宛转呼号，不能履地矣"。在《与宰执札子》中，提到两足"赤肿拘挛"。②

林栗的奏状引起孝宗的反感，孝宗当时表示："林栗言似过。"相周必大作证说："熹上殿之日，足疾未瘳（绸），勉强登对。"孝宗也说："朕亦见其跛曳。"左补阙薛叔似也上疏为朱熹辩护。③

林栗的过分举动，朝廷大臣多因"畏栗之强，莫敢深论"。这时，只有宣教郎、太常博士叶适出面仗义执言说：

臣窃见近日朱熹除兵部郎官，未供职间，而侍郎林栗急劾去之，士论怪骇，莫测其故。熹素有文学行谊，居官所至有绩。因王淮深恶之，遂不敢仕。陛下差熹江西提刑，使之奏事，熹趑趄辞避，终未敢前。淮既罢去，陛下趣熹入对，用为郎官，人知陛下进熹有渐，无不称庆。忽为栗诬奏逐去，众议所以汹汹不平。臣始疑之，以为栗何故至此，得非熹果有罪，外人不能知，而栗独得其实以告陛下也？暨栗劾奏文字传播中外，臣始得以始末参验，然后知其言熹罪，无一实者，特发于私意，而遂忘其欺尔。

接着，叶适依据事实逐条反驳林栗的奏札。其中，说到朱熹的病情和拒绝郎官公章一事如下：

① 《建炎以来朝野杂记》乙集卷七《朝事二·叶正则论林黄中袭伪道学之目以废正人》，第617—619页；李心传：《道命录》卷六《林栗劾晦庵先生奏状》，《丛书集成初编》本，第4—48页。

② 《朱熹集》卷二二《辞免》，第929—934页。

③ 王懋竑：《朱子年谱》卷三，中华书局1998年点校本，第167页。

臣闻熹未对之前,脚疾已作;当对之日,偶然少止。对下之日,后与宰执、台谏相见,脚疾痛复剧……所有郎官印记,熹既未供职,岂可受乎!熹已申省乞假矣,虽欲听栗镌谕而扶曳供职,可乎?郎官未供职以前,印记合是何官收掌,此正长贰之所当知,其可推以委熹乎?是栗谓熹不受印记,偃蹇拒违君命,非其实也。

又涉及"谓之道学"之事,叶适说:

至于其中"谓之道学"一语,则无实最甚。利害所系,不独朱熹,臣不可不力辩。盖自昔小人残害忠良,率有指名,或以为好名,或以为立异,或以为植党。近创为"道学"之目,郑丙倡之,陈贾和之,居要津者密相付授,见士大夫有稍慕洁修,粗能操守,辄以道学之名归之。于是贤士惴慄,中材解体,销声灭影,秽德垢行,以避此名,殆如吃菜事魔影迹犯败之类。①

随后,侍御史胡晋臣也上章挽留朱熹,弹劾林栗,说林栗"执拗不通,狠愎自用。党同伐异之论,乃起于论思献纳之臣,无事而指学者为党,最人之所恶闻,所谓天下本无事,庸人自扰之耳"②。

对于林栗与朱熹之间的纠纷,孝宗当时还发现林栗的这份奏章在批付朝廷处理前,已经在外廷广为传布,所以询问宰执:"林栗章初未降出,何得外廷喧播?"有人回答说:"栗在漏舍宣言章疏,人人知之。"因此对林栗颇为不满,立即下令将林兵部之职罢免,出知泉州(今属福建)。③

林栗始终持与朱熹的不同学术见解,无可厚非。本来学述见解分歧,尽可坚持己见,但不必强加于人;同时,应该以忠恕之道互相切磋,不应全盘否定程朱理学,更不该首先大张挞伐,从政治领域整人。当然,朱熹对待林栗也有欠缺,即在争论时,本应平心静气,不该不留余地,嘲笑对方,导致对方忌恨。

林栗在知泉州后,从淳熙十六年(1189)三月起,以中奉大夫(从五品)、集英殿修撰,改知明州(治今浙江宁波),兼沿海制置使。走马上任后,做的第一件事,是在前任的基础上,主持修筑定海县的新海塘。六月,撰《海塘记》,记述该工程的过程④。在明州时,升迁焕章阁待制(从四品)。至绍熙元年(1190)八月,罢任奉祠,提举江州(治今江西九江)太平兴国宫。不久以此祠禄官致仕,晋升通议大夫(正四品),直至去世。谥"简肃"。⑤

二 林栗的著作

林栗一生著有《春秋经传集解》三十三卷、《周易经传集解》三十六卷、《论语知新》十卷、

---

① 《叶适集·水心文集》卷二《辩兵部郎官朱元晦状》,中华书局1961年点校本,第16—20页。

② 《宋史》卷三九一《胡晋臣传》,第11978页。

③ 《朱子年谱》卷三,第168页。

④ 《全宋文》卷四八六九《林栗二》,上海辞书出版社等,第219册,第324—325页。

⑤ 张津等:《乾道四明图经》卷一二《太守题名记》,《宋元方志丛刊》本,中华书局1999年版;《宋史》卷三九四《林栗传》,第12032页。

《林栗集》三十卷、《奏议》五卷①等。其中仅《周易经传集解》传世。另外，文有《澹庵（胡铨）先生遗事》、《福清图经总叙》、《海塘记》等多篇奏状，散见于明代黄淮、杨士奇等编《历代名臣奏议》、《中兴礼书》卷二九九及《全蜀艺文志》卷二七《状》、《全宋文》卷四八六八、卷四八六九等书；诗有《高宗皇帝挽词》、《石井诗一首并序》等四首。②

三　《周易经传集解》的主要成就

通观林栗的代表作《周易经传集解》（以下简称《集解》）一书，笔者以为林栗的易学其实也属于义理学派。林栗生活在南宋高宗至光宗朝，这时期的易学领域并存着象数学和义理学两大学派。这两派的共同点是都不追求《周易》经传文字训诂方面的解释；不停留在经文的表面文字上，而注重探讨其中的义理。也就是说，都强调研究《周易》经传中的哲理，即通过对《周易》经传的解释，来阐发各自的哲学体系。据林栗在《集解》中自述，他的易学继承了三国曹魏玄学家王弼（226—249）的学风。王弼著有《周易注》和《周易略例》，抛开汉易中烦琐的象数之学，以《易传》的观点解释经文，注重探讨卦爻象和卦爻辞的义理，文字力求简明，创立了易学的义理学派。林栗自称《集解》"因王弼之《（周易略）例》，集经传而解之，又益之以《序卦》、《杂卦》，庶乎不没先圣人之意云尔"。③

《集解》的主要成就在于提出了一些有利社会持续发展的观点，其中包括哲学领域的思辨、政治和社会领域的主张。首先，在哲学领域的思辨方面，提出了较多比较唯物、辩证的观点。他认为由天地产生万物，"太极"是物质。他说：

> 曰：乾为天。天者，物之所资始也。坤为地，地者，物之所资生也。乾不交坤，物何自始？坤不配乾，物何自生？故乾以六阳、坤以六阴，变化生成，备乎终始之义也。

又说：

> 今夫天地未判，有物混成，是为太极。清浊既辨，一尊一卑，是为两仪。东震、西兑、南离、北坎，是谓四象。乾、坤、艮、巽，补其四维，是谓八卦。学者之所知也。④

还说：

> 是故《易》之中有太极焉，则卦之全体是也。有两仪焉，则卦之重像是也。两仪自太极而判，故曰太极生两仪也。有四象焉，则初至三，三至五，四至上是也。四象自两仪而分，故曰两仪生四象也，有八卦焉。……是为八卦，亦太极两仪之所生也。⑤

主张太极是八卦的"全体"。不过，据稍后朱熹与他争论时，朱熹认为他的"太极"是"以六画

---

① 《宋史》卷二〇二《艺文一》，第5063页、5039页、5068页，卷二〇八《艺文七》，第5377页。

② 《全宋词》第37册，北京大学出版社1999年版，第22978—22979页。

③ 林栗：《周易经传集解》卷一《周易上经》，影印文渊阁《四库全书》本。但林栗有时又不完全赞同王弼的观点，见该书卷三三。

④ 《周易经传集解》卷一。

⑤ 《周易经传集解》卷三三。

之卦,中含二体,为两仪",朱熹则主张"太极"是"一画亦未有"。虽然,他和朱熹都使用"太极"这个概念,但含义有根本的区别。可见他的"太极"是指物质,而物质在天地之前就存在了。

他提出天地的自然现象存在于人的认识之前,八卦等都属自然现象,"圣人"也不能改变。在解释"《象》曰:木上有水井,君子以劳民劝相"时说:

> 若夫汲用瓶瓮,可以施予寻丈之间。过此以往,至于九仞,而后及泉者,非复瓶瓮之所能,汲用木器,不待智者而后知也。况天地自然之象,已寓于制器之前乎![1]

又说:

> 伏羲氏始画八卦,后世圣人因而重之以八乘八,斯为六十四矣。五十六卦之可以反取者,自然之象也,圣人因而以类相从也。《乾》《坤》《坎》《离》《颐》《大、小过》《中孚》八卦之不可以反取者,亦自然之象也,圣人因而以类相从也。其自然之象,虽圣人不可易也。[2]

提出八卦、六十四卦都是自然现象,而其中五十六卦允许"反取"及《乾》等八卦不允许"反取"也都是自然现象。

他进一步认为,由阴、阳分后生成天地,再有天地生成万物。天地与《易》、"圣人"则不分先后。他说:

> 万物者,天地之所生成也。天下至广矣,万物至众矣,知足以周之,而道不足以济之,则力有时而穷;道足以周之,而知不足以周之,则用有时而泥。……《易》与天地、圣人,皆不外乎阴阳也。《易》者,圣人之书;圣人者,天地之心也。天地之道授于圣人,而蕴藏于《易》,言其入而为神,则无方,而不可名;言其出而为《易》,则无体,而不可执,然皆不外乎阴阳。阴阳分,而后有天地;天地定,而后有圣人。三才位,而《易》行乎其中,则所谓阴阳者殊方而异体矣。方其未分也,则亦无方之可名;及其既散也,则亦无体之可执,故曰无方而《易》无体。一阴一阳之初,有物混成者也,过即其无方,而名之曰道。[3]

他反对有的学者认为天地在先,《易》和"圣人"在后。他说:

> 既言崇效天、卑法地,又恐学者执泥以天地为先,而《易》与圣人次之,故言天地设位,而《易》固已行乎其中矣。圣人者本其性之固有而成之,不失其存,道义之所由出也,又孰先孰后?或曰:"天地设位,《易》行其中。位之未设,《易》安在哉?"曰:"夫子固言乾坤毁,则无以见《易》;《易》不可见,则乾坤或几乎息矣。谓《易》先天地乎?天地先《易》乎?《易》出于圣人乎?圣人出于《易》乎?虽有至知,莫能言也。"[4]

---

① 《周易经传集解》卷二四。
② 《周易经传集解》卷三六。
③ 《周易经传集解》卷三三。
④ 《周易经传集解》卷三三。

他还认为"物理之常"是客观存在的,不以人的意志为转移的。他在解释"《序卦》曰:泰者,通也。物不可终通,故受之以否"时说:

> 泰者,通也;否者,塞也。泰者,辟也;否者,阖也。一通一塞,一辟一阖,如寒暑之相推,如昏明之相代,物理之常,虽天地、圣人有不能逃也。所贵乎圣人者,为能消息盈虚、知进退存亡,而不失其正,乘其机会有以变而通之,如使天地无时而不交,万物无时而不通,则是有旦而无夜,有春夏而无秋冬也。①

言下之意,是人类要遵照事物的客观规律办事,不可绝对化,从而熟悉进退存亡,及时变通。

对于天与神道的关系、天与圣人的关系,他也提出了独特的见解。他在解释"《序卦》曰:物大,然而可观,故受之以观"时说:

> 中正既释其义,又从而申明之曰:观天下之神道,而四时不忒,圣人以神道设教,而天下服矣。何谓也?

他回答说:

> 天者,人之可观也;君者,民之可观也。是以圣人观于天,而天下观于圣人也。天何言哉?四时行焉,万物生焉。天,神道也。圣人体天,故亦以神道设教,修己以安百姓,笃恭而天下平,盖有不言而信者。神者,何也?一之谓也。一者,何也?诚之谓也。故曰至诚如神。诚者,天之道也。诚则形,形则著,著则明,明则动,动则变,变则化。唯天下之至诚为能化,谓之神道,不亦宜乎!子曰:"知变化之道,其知神之所为乎?"徒见四时之行、万物之育、黎民之变、蛮貊之孚,而不知其所以致此者天,故谓之神也。②

可见他的"神道",其实与宗教无关,"神"指神妙,"道"指事物发展变化的轨迹。依他所说,"神"就是"一",就是"诚",就是"天"的道。"圣人"能够做到观察、体验"天"的变化,从而"修己"以安定百姓,"笃恭"而使天下太平。

其次,林栗提出了一些政治和社会领域的主张。他认为当时的阶级、等级制度符合天地自然。他说:

> 乾坤之义,其在人物无所不为矣。为君臣,为父子,为夫妇,为君子,为小人,为牛马,为盖舆,为衣裳,为赤黑,为清浊,为贵贱,为贫富,为众寡,若曰天地而已矣,则理有所局。③

这种君臣、贵贱、贫富、君子和小人的分野是与乾、坤的意义一样的。

他认为人生而后有欲望是正常的,人们有争斗、争讼也是正常的、不可避免的;因为人们存在争斗和争讼,必须建立起社会制度。他解释"《序卦》曰:需者,饮食之道也。饮食必有讼,故受之以讼"时说:

---

① 《周易经传集解》卷六。
② 《周易经传集解》卷一〇。
③ 《周易经传集解》卷一。

> 讼之成卦,卦之反也。夫乾、坎合,而后饮食之象著矣。坎为酒,离为食,兑为口,乾为人。

又说:

> 饮食在上,人赖其养,是以为之需也;饮食在下,与人相争,是以谓之讼也。夫人生之大欲,饮食为先,欲而不得则争,争而不得则乱,无以正之,则强弱相凌,众寡相暴,至于并吞殄灭,然后异类出而食之,至于尽而后已也。圣人忧之,为之立君臣,建礼义,辨名分,所以有欲而不敢争,有争而不敢复,而皆讼言,以听于其上,上之人为之审其情伪,而断曲直。然后强者不得以凌弱,众者不得以暴寡,老幼有养,茕独有收,然后生民之类日以生息,是故讼者,圣人之所不免也。自生民有欲,因而讼作矣,明君在上,讼至于无讼,刑期于无刑可也。

"圣人"建立了社会制度后,人们遇到争讼,由"在上"的"明君"辨别曲直是非,避免强者欺压弱者、多数人欺压少数人。他进一步分析"讼"的含义说:

> 讼者,言于公而听命于上者也。上有刚明中正之君,然后下有公言退听之事。天下之人有所不平于其心,而皆有所赴愬焉,然后王泽下流而无壅,民志上通而无滞,民志上通而无滞,是故圣人有取于讼也。

"讼"的原意为争执、争讼,他增加了诉讼之义。指出百姓遇到不平之事,向官府提出诉讼,听从官员判决是非曲直,有利于"民志上通",朝廷的恩典畅通"下流",所以即使"圣人"也重视有关"讼"的事宜。

他驳斥有些学者否定"讼"现象的言论说:

> 孔子曰:"听讼,吾犹人也,必也,使无讼乎?"仲尼之意欲使斯民从事于孝弟忠信,则无复侵凌怨阋之事,而何讼之有哉?世之腐儒,遂以讼为衰世之事。夫使民生而无欲,欲而不争,争而不灭,则所为立君臣、设官府、建礼义、辨名分,听民自得如猿狙、麋鹿跳踯于山林,是圣人之罪也。君臣上下,苟不可废,则又何恶为讼哉![①]

他把视"讼"为"衰世之事"的学者称为"腐儒",提出听任百姓像动物一样没有管束,没有欲望和争讼,实际是不可能的;如果真是如此,那么"圣人"应该承担罪责。

他注意到历代百姓起来造反,是因为百姓的穷困和统治者的漠不关心。在解释"《序卦》曰:泰者,通也。物不可终通,故受之以否"时,他说:

> 自昔天下之乱,未尝不起于民穷而主不恤,下怨而上不知。其所以下怨而上不知者,必有奸佞匪人壅蔽于其间也。[②]

受到时代和身份的局限,他不知道百姓的穷困是统治阶级剥削和压迫的结果,而只知道是统治者由于受了奸臣从中的蒙蔽。所以,为了防止百姓起来造反作乱,他提出官府要高度重视

---

① 《周易经传集解》卷三。
② 《周易经传集解》卷六。

民间的"讼"。在解释"《序卦》曰:讼必有众起,故受以师。师者,众也"时说:

> 师、讼之变也,自讼而师,下坎不动,上乾变坤而成卦也。乾自需而讼至于上九,反入于渊,是以变而为坤。夫民有所不得其平,而后至于讼,讼而有以正之,则始乎讼,而卒于无讼,是之谓治世。及其乱也,以讼济讼,相激为深而已。有冤而无所诉,有诉而无所直,疾视其长上,而幸其危亡,其不起而为乱者,未之有也。是以秦之将亡,其民皆欲倳(持)刃其长吏,而后干戈之兴矣。故曰讼必有众起,故受之以师。师者,众也。①

提醒统治者要吸取秦末百姓起来造反的教训,要防患于未然,接受和审理百姓的诉讼,为百姓申冤。

他多次讲到天地之运永远不会停息,万物之生也没有穷尽,"圣人"也"不能无过",至于统治者则更要注意变革。他说:"易者,易也,千变万化而不穷者也。""革者,变化之名也。"在解释"《序卦》曰:井道不可不革,故受之以革"时指出:

> 伏羲、神农氏没,黄帝、尧、舜氏作。通其变,使民不倦。彼皆以圣继圣,而犹曰"通其变"云者,法有所蔽,政有所偏也。天地之运,日月星辰之行,久而不能无差,而况人事之推移,世道之反复,可不观其弊而救之哉!愚恶夫世之助乱者,每以汤、武顺天应人为口实,故不敢不辨。

随后,他又认为并非人们"厌故而喜新",而是因为"治教"、"政刑"随时间推移必然会产生弊病。他说:

> 积日累月,因循苟且,且其治教政刑必有偏而不起之处,刚柔宽猛必有不得其平者也。……以聪明果敢之才,而济之以宽和仁厚之德,其虑之必深,其谋之必广,其斟酌浅深必得其当……②

指出改革是必然的、必需的。

他还提出了矫枉必须过正的思想。他解释"《序卦》曰:有其信者必行之,故受之以小过"时说:

> 世方承平,则常得乎中道。及其矫枉救弊,则不能无过于常,此过之所以为行也。是故有小过,有大过,阳为大,阴为小。大过者,阳过乎阴,四阳而二阴也;小过者,阴过乎阳,四阴而二阳也。……圣人之道,极乎中庸,过与不及,其失均也。然而治教、政刑,每有偏而不起之处,世之君子苟欲起而救之,必待小有所过,然后能反俗之弊,而归之中庸,是则虽谓之过,乃时中也,因世俗耳目之所不常见,而谓之过耳。是故大者过,为大事之过也,亦谓尊者之过也;小过者,谓小事之过也,亦谓卑者之过也。③

社会上教育、政治、法制等领域出现弊病,必须进行改革;改革过程中,难免会有小的过失,只

---

① 《周易经传集解》卷四。
② 《周易经传集解》卷三三、卷二五。
③ 《周易经传集解》卷三一。

要引以为训,即使过一些头,也是在所难免的。

他反对有的学者提出的实行严刑峻法的主张,认为应以教化为先,辅以刑法。他在解释"《杂卦》曰:噬,嗑食也"时说:

> 说者皆以噬肤为柔美之物,则是柔良之民,无罪而刑之也。甚者以为上下诸爻,反复相噬,故其论曰:道德之衰,上下相噬,则教化不用,而刑为先。呜呼,何其悖哉!自黄帝、尧、舜以来,虽天下大乱,未有相噬如禽兽者也,而《易》乃教之,何哉?上下相噬,而吾又言噬治,是生民之类,灭尽而后已也,其能使之合乎?《记》曰:"刑者,侀也;侀者,成也。一成而不可变,故君子尽心焉。"圣人之于噬嗑,其所以教诏后世,明谨用刑,尽心于狱,不吐刚,不茹柔,宽猛相济,期于无刑者,可谓深切著明矣。而学者争以私意汩之,以至于此,故不敢不辨。①

他不赞成对百姓使用酷刑,也反对过于放纵,主张宽严结合,而以教育为主,以达到最后取消用刑的目的。

他提出统治者用人的标准应是官员的才和德。他在解释"《杂卦》曰:鼎,取新也"时说:

> 先王用人,或取诸负贩,或取诸徒隶,用其才德而已,岂复问其族类也哉!②

明确反对依照等级或门第任用官员。

他还告诫官员不可太贪,提倡清廉自处。他解释"《象》曰:天地不交,否。君子以俭德避难,不可荣以禄"时说:

> 天地不交,其卦为否。君子观此象以俭德避难,虽欲高爵厚禄系而维之,有不可得矣。世之君子,当无道之朝,进不得行其志,徒触险难之机。然而莫之避者,非无周力之智,膏粱刍豢必求口体之充,金玉锦绣必饱妻子之欲,利害迫于中,而荣辱眩其外,故贪禄而亡,忘反以及于祸也。俭德避难,不亦可乎?孔子曰:"邦无道,谷,耻也。"又曰:"邦无道,富且贵焉,耻也。"既以为耻矣,又可得而荣之哉?③

他深知贪官污吏们不是不知触犯法制的风险,但为了满足自己和妻、子的锦衣玉食的欲望,肆无忌惮地贪赃枉法,最后面临危难的境地。所以告诫他们,如果要避开险难,就要提倡节俭美德,要知道耻辱,不去追求荣耀,谋取私利。

总之,林栗通过《周易》的总体及各卦的解释,表达了他的宇宙观、历史观、社会观等,他的许多见解自成一格,颇有见地,是有利于当时社会持续发展的,应该给予充分的评价,引起学界的重视。

四 林栗与朱熹之间学术观点的分歧

林栗是一位有自己独立见解的理学家,他的代表作《周易经传集解》一书中的观点,与同

---

① 《周易经传集解》卷一一。
② 《周易经传集解》卷二五。
③ 《周易经传集解》卷六。

时代的学者都有分歧。在该书中,他旗帜鲜明地表示反对邵雍、周敦颐、张载、司马光、程颐的易学,还不时表示与欧阳修、苏轼不同的具体意见。他自认为继承了孔子的易学,依照孔子所说,由观察象、爻来探讨其义理①。所以,他既不是象数学派,也不是唯心学派,又与兼取象数和义理两派的朱熹易学不同,而是单纯的义理学派。应该说,他异军突起,独树一帜,是值得深入研究的一名理学家。

第一,关于易学。

以上事实证明,林栗对于《易经》确有许多独特的研究,成就可观;同时,他对自己的易学充满自信。他认为,自《河图》、《洛书》后,除周公、孔子以外,没有出现过像样的、他看得上的研究者。他说:

> ……《河图》、《洛书》)后之学者,苟能潜心逊志,发挥先圣之所未言者。如仲尼之于文王、周公,斯亦足矣。而乃剽其肤壳,自立门庭,若扬雄之《太玄》、司马光之《潜虚》、邵雍之《先天》,是皆未明《大易》爻象之旨,而不原四圣人相为先后、推衍发明无穷不尽之意,乃欲殊轨方驾以并鹜而争驱,不亦过甚矣哉!

又在《集解》序中说:

> 近世诸儒,湛思未至,烛理未明,乃欲舍(伏)羲、(周)文(王)之画,捐周、孔之辞,至于《系辞》、《说卦》、《序卦》、《杂卦》,一切不取,而自以其意言《易》之义,是犹即鹿而无虞也,其能有得乎哉!②

把"近世"的《周易》研究成果也一概否定,似乎只有自己才掌握了真理。由此,他认为这就是他撰《大衍总会图》的目的。

在另一处,他甚至提出除《河图》、《洛书》以外,其他研究都不值一提。他告诉宋孝宗说:

> 臣窃见古今言《易》者,为之图说者众矣。臣尝考之,唯《河图》、《洛书》本于自然,至理彰灼,不可诬也。其他皆后人旁缘穿凿、无所发明,徒使学者溺心于无用之地,故思有所易之,乃作《河图、洛书九畴八卦大衍总会图》一、《六十四卦立成图》一,附于图书本文之后。

随后他宣称:

> 凡在天地之间,三才、五行之理,皆具于是,外是而为图者,异端之学也,于《易》则无见焉,于《五经》则无闻焉,于孔氏无传焉,学者将焉取? 臣谨图列如左。③

他认为扬雄、司马光、邵雍有关《周易》的著作,只是剽窃"先圣"皮毛的"异端之学",因而"旁缘穿凿、无所发明",误人子弟。

他斥责程颐的主张虚伪。他说:

---

① 《周易经传集解》卷三三。
② 《全宋文》卷四八六九《林栗二》,第219册,上海辞书出版社2006年版,第321—322页。
③ 《周易经传集解》卷三六。

伊川程氏(按即程颐)曰:"先隔则号咷,后遇则笑矣,乃私昵之情,非大同之体也。" 夫人乖离则悲,遇合则喜,悲则号咷,喜则欢笑,此天下之至情也。今使之乖离勿悲,遇 合勿喜,悲勿号,喜勿笑,是率天下为伪而已,岂圣人之意乎?①

依照林栗所说,程颐这里主张遇"乖离勿悲,遇合勿喜,悲勿号,喜勿笑",违法"圣人"的本意, 是提倡天下之人皆要虚伪。程颐是否曾经这样主张呢?《易经》第十三卦《同人卦》说:"九 五,同人,先号咷而后笑,大师克相遇。"据现代学者的解释,"同人卦"是"离下乾上,象征人事 和同,集众之意",是指"九五,和同之中有哭,有笑,有苦有甘。先悲者,是因为中正不得伸 张,当大家归于统一,又不免破涕为笑,当大军出征告捷,各路兵马相遇会合,同庆胜利时,天 下一同。""大师"是"强大的军队"。"克"是"能够"或"取胜"②。程颐则是这样解释的:

九五同于二,而为三、四二阳所隔,五自以义直理胜,故不胜愤抑,至于号咷。然邪 不胜正,虽为所隔,终必得合,故后笑也。大师克相遇,五与二正应,而二阳非理隔夺,必 用大师克胜之,乃得相遇也。大师云"克"者,乃二强之强也。九五君位,而爻不取人君 同人之义者,盖五专以私昵应于二,而失其中正之德。人君当与天下大同,而独私一人, 非君道也。又先隔则号咷,后遇则笑,是私昵之情,非大同之体也。二之在下,尚以同于 宗为吝,况人君乎? 五既于君道无取,故更不言君道,而明二人同心、不可间隔之义。③

通读程颐的前言后语,他的原意大致是针对特定的"人君"即最高统治者说的,由于五被三和 四隔离,无法用"义直理胜",非常"愤抑",因此号咷大哭。但是邪不压正,五虽一时被阻隔, 最后仍然与九相合,不免高兴而笑。《周易》原文写作"先号咷而后笑"。程颐还讲到"人君" 应该坚持"君道",与"天下大同",不可"独私一人"。这里,不是他泛对"天下"所有人的要求, 而是单对君主而言。所以,此处林栗指责程颐主张"率天下为伪",显然歪曲了程颐的原意。

笔者至今尚未发现朱熹曾经在以上问题方面反驳林栗,不过,朱熹和林栗在《易经》方面 确有一次曾经面对面地进行争论。这场争论发生在淳熙十五年(1188)六月一日。据朱熹所 撰《记林黄中辨〈易〉、〈西铭〉》记载:

六月一日,林黄中来访,问:"向时附去《易解》(按即《周易经传集解》),其间恐有未 是处,幸见谕。"予应之曰:"大凡解经,但令纲领是当,即一句一义之间,虽有小失,亦无 甚害。侍郎所著,却是大纲领处有可疑者。"林问:"如何是大纲领处可疑?"予曰:"《系 辞》所谓'易有太极,是生两仪,两仪生四象,四象生八卦。'此是圣人作《易》纲领次第,惟 邵康节(按即邵雍)见得分明。今侍郎乃以六画之卦为太极,中含二体,为两仪;又取二 互体,通为四象;又颠倒看二体及互体,通为八卦。若论太极,则一画亦未有,何处便有 六画底卦来? 如此恐倒说了。兼若如此,即是太极生两仪,两仪包四象,四象包八卦,与 圣人所谓生者意思不同矣。"林曰:"惟其包之,是以能生之;包之与生,实一义尔。"予曰: "包如人之怀子,子在母中。生如人之生子,子在母外,恐不同也。"林曰:"公言太极,一

---

① 《周易经传集解》卷七,卷三三又引程颐"人君当与天下大同"至"非大同之体矣"一段。

② 李楠主编:《周易全书》,黄山书社2011年版,第1册,第15—16页。

③ 程颐:《伊川易传》卷一《周易上经·离下乾上》,上海古籍出版社1989年影印本。

画亦无,即是无极矣。圣人明言易有太极,而公言易无太极,何耶?"予曰:"太极乃两仪、四象、八卦之理,不可谓无,但未有形象之可言尔。故自此而生一阴一阳,乃为两仪,而四象、八卦又是从此生,皆有自然次第,不由人力安排。然自孔子以来,亦无一人见得。至邵康节然后明,其说极有条理,意趣可玩,恐未可忽。更详之。"林云:"著此书,正欲攻康节尔。"予笑语之曰:"康节未易攻,侍郎且更仔细。若此论不改,恐终为所识者所笑也。"林艴然曰:"正要人笑。"①

可见在这次争论前,林栗已主动将《集解》一书送给朱熹过目,而且颇为谦虚地承认自己的著作可能存在"未是处",希望朱熹对此书提出意见。但是见面后,朱熹直截了当地指出:第一,他的这部著作的"大纲领"有误,不符合《系辞》所说"易有太极,是生两仪,两仪生四象,四象生八卦"的"生"成顺序,而这一点正是邵雍第一个提出的。这种顺序是自然生成,不由主观意志决定的。第二,指出他的"互体"将上述顺序弄颠倒了,按照他的逻辑是将"生"的关系,反过来变成"包"的关系。"包"与"生"是不同的。所以,正确的顺序是先有太极,由太极生两仪,刚有两仪时,没有四象;由两仪而后生四象,刚有四象时,没有八卦;由四象而后生八卦。不应该在太极之前,先有八卦,再有四象,再有两仪。第三,"太极"是理②,只是没有形象,不等于是无。这场争论结果是林栗十分恼怒,自然最后不欢而散。

朱熹还曾与林栗通过书信,在信上表达自己的意见。其中,在一封信上朱熹这样说:

邵氏(按即邵雍)先天之说,以鄙见观之,如井蛙之议沧海。而高明直以"不知而作"斥之,则小大之不同量,有不可同年而语者。……示喻邵氏本以发明易道,而于《易》无所发明。熹则以为《易》之与道非有异也:易道既明,则《易》之为书,卦爻、象数皆在其中,不待论说,而自然可睹。若曰道明而书不白,则书所谓道者,恐未得为道之真也。不审高明之意果如何?

随后,朱熹又再次"以邵氏之浅近疏略者",讲述太极、两仪、四象、八卦、六十四卦的"生出次第",指出"其出于天理自然与人为之造作盖不同矣"。最后,又说:

况其(按指邵雍)高深闳阔、精密微妙又有非熹之所能言者。今之不察,而遽以"不知而作"诋之,熹恐后之议今犹今之议昔,是以窃为门下惜之,而不自知其言之僭易也。③

林、朱关于《易经》的争论,谁也没有说服谁,最后不欢而散。

其实,林栗继承了西汉经学家京房(前77—前37)《易传》的八卦"互体"说。何谓互体?朱熹说过:

林黄中以互体为四象、八卦。

<hr />

① 《朱熹集》卷七一《杂著·记林黄中辨易、西铭》,第3690—3692页。

② 朱熹提出"太极即理"的命题,详见史少博:《朱熹易学和理学探赜》第一章第二节《朱熹的"太极即理"》,黑龙江人民出版社2006年版,第8—30页。

③ 《朱熹集》卷三七《书·答林黄中二》,第1649—1650页。

> 互体,自左氏已言,亦有道理。只是今推不合处多。
>
> 王弼破互体,朱子发(按即朱震)用互体。
>
> 朱子发互体,一卦中自二至五,又自有两卦,这两卦又伏两卦。林黄中便倒转成四卦,四卦里又伏四卦,此谓互体。这自那"风于天于土上",有个《艮》之象来。①

朱熹并没有完全否定"互体"说,认为"互体"说有一定的道理,但又指出其缺点是推算时多数不合。不过,他认为林栗主张的"互体"实际是一种倒互体说,他是不赞成的。他还认为林栗主张倒转讲述太极、两仪、四象、八卦、六十四卦的"生出次第",是按六十卦、八卦、四象、两仪、太极逐级相"包",他也是反对的。

朱熹对其门徒评论过朱震"互体"和林栗倒"互体"说:

> ……朱震又多用伏卦互体说阴阳,说阳便及阴,说阴便及阳,《乾》可为《坤》,《坤》可为《乾》,太走作。近来林黄中又撰出一般翻筋斗互体,一卦可变作八卦,也是好笑。据某看得来,圣人作《易》,专为卜筮,后来儒者讳道是卜筮之书,全不要惹他卜筮之意,所以费力。今若要说,且可须用添一重卜筮意,自然通透。②

当年十一月,他在回答陆九渊的信上谈到他六月初与林栗当面争论说:

> 今夏因与人言《易》,其人之论正如此,当时对之不觉失笑,遂之被劾。彼俗儒胶固,随语生解,不足深怪。③

朱熹径称林栗为"俗儒",又不时对其他学者、学生表示林栗的《易学》好笑或可笑,显示对林栗的轻蔑。

当然,朱熹也曾肯定过林栗易学的某些卦对。比如他与学生的一段对话说:

> 《易·上经》始《乾》、《坤》,而终《坎》、《离》;《易·下经》始《艮》、《兑》、《震》、《巽》,而终《坎》、《离》。杨至之(按名至,泉州人)云:"《上经》反对凡十八卦,《下经》反对亦十八卦。"先生云:"林黄中算《上、下经》阴阳爻适相等,某算来诚然。"④

这里算是对林栗《易》学的一点肯定。

南宋稍后,曾有几位学者评论林栗的《易》学。如冯椅(字仪之,一作奇之,号厚斋,宋宁宗时人)认为,《集解》"其说每卦必为互体,约象覆卦,为太泥耳"⑤。丁易东(南宋末年人)也认为"林黄中以一卦包八卦,正取反对,正体互体兼言之,必欲卦卦如此推求,则泥矣。何谓比爻?谓初与二比,二与三比,三与四比,四与五比,五与上比之类是也"⑥。把倒"互体"看作具有普遍性,事事依次推求,不免不完全符合实际,所以不免有过于拘泥的批评。

---

① 黎德靖编:《朱子语类》卷六七《易三·纲领下·卦体卦变》,中华书局 1986 年点校本,第 1668 页。
② 黎德靖编:《朱子语类》卷六七《易三·纲领下·程子易传》,第 1651—1652 页。
③ 《朱熹集》卷三六《书·答陆子静五》,第 1576 页。
④ 《朱子语类》卷六七《易三·纲领下·卦体卦变》,第 1667 页。
⑤ 冯椅:《厚斋易学》附录二《先儒著述下》,影印文渊阁《四库全书》本。
⑥ 丁易东:《周易象义·易统论中》,影印文渊阁《四库全书》本。

第二，关于张载的《西铭》。

北宋理学家张载著有《西铭》篇，清朝康熙五十八年(1719)，朱轼重刻《张子全书》时，将此篇列为第一，编入卷首①。该文篇幅不长，主要说：

> 乾称父，坤称母；予兹藐焉，乃混然中处。天地之塞吾其体，天地之帅吾其性。民吾同胞，物吾与也。大君者，吾父母宗子；其大臣，宗子之家相也。尊年高，所以长其长；慈孤弱，所以幼吾幼。圣其合德，贤其秀也。凡天下疲癃残疾、惸独鳏寡，皆吾兄弟之颠连而无告者也。于时保之，子之翼也；乐且不忧，纯乎孝也。违曰悖德，害仁曰贼；济恶者不才，其践形，唯肖者也。知化则善述其事，穷神则善继其志。不愧屋漏为无忝，存心养性为非懈。……富贵福泽，将厚吾之生也；贫贱忧戚，庸玉女于成也。存，吾顺事；没，吾宁也。②

该文问世后，倍受二程、朱熹等理学家的推重，视同程朱理学的重要经典著作之一。林栗则著有《西铭说》，提出质疑。淳熙十五年(1188)六月一日，担任兵部侍郎的他曾将稿子送给朱熹。据朱熹《记林黄中辨易西铭》一文附载林栗的《西铭说》全文如下：

> 近世士人尊横渠(按即张载)《西铭》，过于六经，予读而疑之，试发难以质焉。《易》曰："乾，健也；坤，顺也。"乾为天，为父；坤为地，为母。是以顺健之至性，而有天地父母之大功。其称名也小，其取类也大，此之谓也。今《西铭》云"乾为父，坤为母"，是以乾坤为天地之号名，则非《易》之本义矣。既曰"乾为父，坤为母"，则所谓予兹藐然，乃混然中处者，于伏羲八卦、文王六十四卦，为何等名称象类乎？方大朴之未散也，老聃(但)谓之混然成列，庄子谓之混沌，是混然无间，不可得而名言者也。既已判为两仪，则轻清者上为天，重浊者下为地，人居其中，与禽兽草木同然而生犹有别也，安得与天地父母"混然中处"乎？又曰"天地之塞吾其体，天地之帅吾其性"，此其语脉出于《孟子》。孟子言："浩然之气养而勿害，则塞乎天地之间。"又言："志，气之帅也，故志至焉，气次焉。"今舍气而言体，则又非孟子之本义矣。其意盖窃取于浮屠所谓佛身充满法家之说。然彼言佛身，谓道体也。道之为体，扩而充之，虽满于法界可也。今言吾体，则七尺之躯尔，谓充塞乎天地，不亦妄乎？至言"天地之帅吾其性"，尤无所依据。孟子以志为帅者，谓气犹三军，听命于志，唯志所之耳。今舍志而言性，则人生而静，未尝感物而动者，焉得以议其所之乎？其所"统帅"何如也？况于父天母地，而以吾为之帅，则惟予言而莫之违矣，不亦妄乎？又曰："民吾同胞，物吾与也。大君者，吾父母宗子也；其大臣，宗子之家相也。"若以其并生乎天地之间，则民物皆吾同胞也，今谓"物吾与者"，其于同胞何所辨乎？"与"之为名，从何而立也？若言"大君者，吾父母宗子也"，其以大君为父母乎？为宗子乎？《(尚)书》曰："惟天地万物父母，惟人万物之灵。亶聪明，作元后，元后作民父母。"兹固《西铭》所本以立其说者也。然一以为父母，一以为宗子，何其亲疏、厚薄、尊卑

---

① 张载撰，朱熹注：《张子全书》卷一，商务印书馆《国学基本丛书》本，第1—19页。近人张岱年编《张载集》编入《正蒙》第一七，称《乾称篇》，中华书局1978年版，第62—66页。

② 原载(南宋)吕祖谦：《宋文鉴》卷七三。今据张岱年编《张载集·乾称篇第十七》，第62—63页。

之不伦也！其亦不思甚矣。父母可降而为宗子乎？宗子可升而为父母乎？是其易位乱伦，名教之大贼也，学者将何取焉？又言"其大臣，宗子之家相也"，则宗子有相，而父母无之；非特无相，亦无父母矣，可不悲哉！孟子曰："杨氏为我，是无君也；墨氏兼爱，是无父也。无父无君，是禽兽也。若邪说诬民，充塞仁义，将有率兽食人之事。"

最后，林栗提醒学者：

> 予于《西铭》亦云。尊《西铭》者，其不可以无辩。①

从表面上看，林栗批驳张载《西铭》颇为振振有词，而且最后还把张载的核心学说贬为"诬民"的"邪说"。但朱熹不同意他的观点，当面告诉他：

> （张载《西铭》）无可疑处。却是侍郎未晓其文义，所以不免致疑。其余未暇悉办。只"大君者，吾父母宗子"一句，全读错了，尤为明白。本文之意，盖曰"人皆天地之子，而大君乃其嫡长子，所谓宗子有君道者也。"故曰大君者，乃吾父母之宗子尔。非如侍郎所说，"既为父母，又降而为子"也。

林栗反问：

> 宗子如何是嫡长子？

朱熹回答说：

> 此正以继弥之宗为喻尔。继弥之宗，兄弟宗之，非父母之嫡长子而何？此事他人容或不晓，侍郎以礼学名家，岂不晓乎？

按照古代的宗法制度，各家族皆以嫡长子为宗子，为族长。秦、汉以前，宗法分为大宗和小宗两种。一名诸侯若有数子，由长子继承其爵位为诸侯，其余数子即为别子，各为一家开宗的祖先，其嫡长子累世相继，是为"大宗"。若别子再有次子，即另立一宗，也由其嫡长子世世继承，称为"继弥"，是为"小宗"。秦、汉以后，尤其是宋代，由于官爵不能世袭，民间只能实行"小宗"法。林栗认为宗子不是嫡长子，这在当时实际属于常识问题，所以朱熹十分不客气地反问林栗你作为礼学专家，却不知此事。据朱熹接着记载，林"栗乃俯首无说而去，然意像殊不平"。结果这次争论不欢而散。

对于这次争论，后来朱熹也后悔自己对林栗过于轻视，用词激烈，招致林栗以后的攻击。明代学者梅鸷说：

> 昔朱子与侍郎林栗谈《西铭》……其后，朱子亦自悔其当时之词气之出，招拳惹踢，初无怨栗之心也。自今观之，栗之谈《西铭》诚谬矣。②

本来有关《西铭》之争，不过是学者之间学术意见的歧义，为的是相互切磋，辨别是非，各有各理，无关人格和生活。但林栗的缺点是首先发难，指责张载的学说是"无父无君，是禽兽也"，

---

① 《朱熹集》卷七一《杂著·记林黄中辨易西铭》，第 3692—3693 页。
② 梅鸷：《尚书考异》卷四《泰誓上》，影印文渊阁《四库全书》本。

是"邪说诬民","将有率兽食人之事"。这自然引起朱熹的反驳。关于朱熹的相关论述,此处不赘。①

第三,关于《春秋》等书的评价。

林栗对于《春秋》等书的评价,由于其著作《春秋经传集解》并未传至后世,后人只能从他人的评论中窥见一二。

南宋目录学家陈振孙撰《直斋书录解题》卷三《春秋类》记载,林栗著有《春秋经传集解》,共三十三卷,还说明"其学专主《左氏》,而黜二传,故为《左氏传解》,表上之"②。元人马端临《文献通考》卷一八三《经籍考十·经·春秋》,照引陈振孙的记录。③

朱熹显然是读过林栗此书的,因为他多次对学生们谈论过此书,并评论此书的优劣。朱熹的主要观点有:一、《春秋》一书难懂。他几次说:"《春秋》难理会。""《春秋》难看,三家(按指《公羊》、《穀梁》、《左传》)皆非亲见孔子。""《春秋》自难理会。"二、林栗此书不可信。他说:"林黄中《春秋(经传集解)》又怪异,云(鲁)隐公篡桓公。"当学生问他:"黄中说:'归仲子之赗(丰)',乃是周王以此为正其分。"他回答说:"要正分,更有多少般,却如此不契勘!""不契勘"就是不好好推敲。三、林栗认为《公羊》、《穀梁》、《左传》出于一人之手,值得怀疑。学生问:"《公》、《穀》传大概皆同?"他回答说:"所以林黄中说只是一人,只是看他文字,疑若非一手者。"有学生进一步问:"疑当时皆有所传授,其后门人弟子始笔之于书尔。"他回答说:"想得皆是齐、鲁间儒,其所著之书,恐有所传授,但皆杂以己意,所以多差舛(川)。其有合道理者,疑是圣人之旧。"四、林栗推崇《左传》,认为《左传》中的"君子曰","是刘歆之辞"。有学生提问:"林黄中亦主张左氏,如何?"朱熹认为:"林黄中却会占便宜。左氏疏脱多在'君子曰',渠却把此殃苦刘歆。"又说:"《左传》'君子曰',最无意思。"他列举"芟夷蕴崇之"一段,认为"是关上文甚事"?他进一步认为:"左氏见识甚卑","左氏乃一个趋利避害之人,要置身于稳地而不识道理,于大伦处皆错。观其议论,往往皆如此。"刘歆(约前53—23)是西汉古文经学家,与其父合著《七略》,是我国第一部图书目录书,将全部图书分为六艺、诸子、诗赋、兵书、术数、方技六大类,再加全书总录《辑略》。如今看来,《左传》等书中的"君子曰",是否出于刘歆之手,实在无法断定,林栗和朱熹的见解都是一家之言。不过,朱熹认为《公羊》、《穀梁》、《左传》并非出于一人之手,似乎更有道理。五、林栗又曾经对"君子曰"有所怀疑。当学生问朱熹:"胡(瑗)《春秋》如何?"他答道:"胡《春秋》大义正,但《春秋》自难理会。如《左氏》尤有浅陋处,如'君主曰'之类,病处甚多。林黄中尝疑之,却见得是。"④可惜林栗如何对"君子曰"表示怀疑,因其专著《春秋经传集解》已经失佚,无从查考。

第四,关于历法的分歧。林栗在历法上也有一定的见解。据朱熹说过:"历不可不常变通。盖天运常差,故历贵常变。"又说:

---

① 《张子全书》卷一。

② 陈振孙:《直斋书录解题》卷三《春秋类》,上海古籍出版社1987年版,第67页。

③ 马端临:《文献通考》卷一六三《经籍考十·经·春秋》,中华书局2011年点校本,第5409页。

④ 黎德靖编:《朱子语类》卷八三《春秋·纲领》,第2150页、2153页、2155页;卷一二三《陈君举》,第2960页。

比因林栗侍郎平生好言历，而不得其要。一日忽悟，曰："我得之矣。"问之，则曰："读《易》至《革卦》，曰：君子以治历明时，革者变革，治历者常变革而已。"自此论一出，扇得后生辈靡然和之。熹常（尝）问之，林答云："当一年一造历，则不差。"熹不觉大笑。①

朱熹之所以大笑，是因为他不太赞成林栗的见解。他说：

"泽中有火。"水能灭火，此只是说阴盛阳衰。……便有那四时改革底意思。君子观这象，便去"治历明时"。林侍郎说因《革卦》得历法，云"历须年年改革，不改革，便差了天度。"此说不然。天度之差，盖缘不曾推得那历原定，却不因不改而然。历岂是年年改革底物？"治历明时"，非谓历当改革。盖四时变革中，便有个"治历明时"底道理。

又说：

"泽中有火，《革》"，盖言阴阳相胜复，故圣人"治历明时"。向林侍郎尝言圣人于《革》著言历者，盖历必有差，须时改革方得。此不然。天度必有差，须在吾术中始得。如度几年当差一分，便就此添一分去，乃是。②

朱熹主张历法是要修订的，但不是每年都要修改。

第五，对周敦颐③的评价。在《周易经传集解》中，林栗尽管不同意周敦颐的理学思想，但并没有直接提及。他贬低周敦颐的文字是在一篇题为《江州学濂溪祠记》的记中。④ 原来，乾道二年（1166），林栗在知江州（治今江西九江）任前，朱熹写信给他，邀请他给当地的濂溪祠撰一篇记文。于是他趁机表达对周敦颐及其理学体系的想法。该记首先讲撰此记的原因：

始予读河南程氏兄弟语录，闻茂叔先生道学之懿。其后，阅苏端明（按即苏轼）、黄太史（按即黄庭坚）所作《濂溪诗》，而想见其为人。及来九江前，武学博士朱熹元晦自建宁之崇安，以书至，曰："濂溪先生，二程之师也，身没而道显，岁久而名尊。今营道、零陵、南安、邵阳皆已俎豆泮宫，江（州）独未举，顾非典欤？"予闻之瞿然。适会先生之曾孙直卿来访，敬请其像与其遗文并《通书》、《拙赋》而读之。

接着，他说：

---

① 朱鉴：《文公易说》卷八《象上传》，影印文渊阁《四库全书》本。

② 《朱子语类》卷七三《易九·革》，第1845—1846页。此处"林侍郎"三字，原作"林艾轩"即林光朝，然据朱熹之孙朱鉴著《文公易说》卷八《象上传》，影印文渊阁《四库全书》本"林栗侍郎"。且主张每年都要改造历，正是林栗的意见。

③ 周敦颐（1017—1073），字茂叔，原名敦（惇）实，北宋嘉祐八年（1063）四月英宗继位后，为避其御名旧讳宗实，改名敦颐。直到其去世前，包括他自己的题词，皆写作"惇颐"，偶尔写作"惇熙"。见康熙四十七年（1708）张伯行编《周濂溪先生全集》，《国学基本丛书》本，第153页。

④ 载康熙初周沈珂编《周元公集》卷六四，影印文渊阁《四库全书》本。另见《永乐大典》卷六七〇〇《江·九江府十二》，系节文，中华书局1984年线装本，第21函第13页下。《永乐大典》精装本第3册（中华书局1986年版）漏收此卷。张伯行编《周濂溪先生全集》（《国学基本丛书》本），可能因朱熹已批评林栗而未收此记。

此之谓立言也,可无传乎?乃椠诸板而绘事于学宫,使此邦之人知所矜式。既成,将揭其号。乃按其文字,考其所谓濂者,其音切、义训,与廉节之廉异矣。廉之训曰清也,俭也,有俭、敛之义。又如堂之有廉、箭之有廉,截然介辨之义也。濂、廉同其音,似廉而不类。又有里参翻者,含鉴翻者,其训曰薄也。又曰大水中绝,小水出也。予异焉,曰:"是安取此?"问其人,曰:"先生之子求诗鲁直(按即黄庭坚),避其从父之讳改焉。"呜呼,有是哉!儒者之学,本于文字、义训,而谨于正名,毫厘之差,千里之谬,不可忽也。东坡先生云:"先生本全德,廉退乃一隅。因抛彭泽米,偶似西山夫。遂即世所知,以为溪之呼。应同柳州柳,聊使愚溪愚。"则固已不足于廉矣。又将转而为濂,则由俭以趋薄,由清以绝物,殆为陈仲子之操乎?地以人重,人以名高。因避讳之讹,以成声画之舛,遂使先生之德,与是溪之名俱蒙薄绝之累,将非后世者咎与?予是以正之。

从音韵训诂、黄庭坚和苏轼的诗、古人陈仲子事迹等旁征博引,来论证周敦颐虽字"濂溪",但与"廉"无关,言下之意周敦颐并不廉洁。陈仲子,字子中,春秋时齐国人,楚王曾遣使持金百镒,聘以为相。仲子与妻逃去,为人灌园。其兄为官,禄粟万钟,仲子拒绝其兄给予的食物和房屋,"避兄离母"。孟子在回答匡章"陈仲子岂不诚廉士哉"时,认为并非廉士。朱熹《孟子集注》在此处引"范氏曰"说:"仲子避兄离母,无亲戚君臣上下,是无人伦也。岂有无人伦而可以为廉哉?"[1]另一位宋代学者郭雍在其《郭氏传家易说》中,也指出"孟子深鄙陈仲子之为廉也"[2]。

随后,林栗又写道:

夫山川风气,民之所禀而生。故家遗俗,民之所薰而习也。先生之道传于二程,其所成就夥矣,而庐山之下,濂溪之上,未有闻焉,或由此也。夫自今而后,吾知九江之士清而不隘,俭而不陋,辨而不争,严而不厉,有检敛之美,而不流于薄绝。既以独善其身,又思兼善天下,见中庸之门户、入诚明之间奥,其必是始矣。

一方面提出周敦颐因为将学问传给二程,学术成就很大,另一方面又说"庐山之下,濂溪之上"没有听说过,实际是否定周敦颐在学术界的影响,由此进一步否定他在理学领域的地位。

周敦颐将"濂溪"两字与自己联系在一起,是因为他晚年寓居江西庐山下,筑书堂名"濂溪","学者宗之,遂号'濂溪先生'"。这一"濂"字其实与清廉的"廉"字无关。濂溪只是他故乡道州营道县营乐里的一条小溪,迁居庐山后,"因溪流以寓故乡之名,筑室其上","示不忘父母之邦之意",遂称"濂溪书堂"。[3]

把"濂溪"与"廉"挂钩始于黄庭坚和苏轼。黄庭坚和苏轼是应周敦颐之子周寿、周焘的请求,为周写了一篇《濂溪词》和"濂溪诗"。黄庭坚在《濂溪词》的《序》中写道:

舂陵周茂叔,人品甚高。胸中洒落,如光风霁月。好读书,雅意林壑。初不为人窘束世,故权舆仕籍,不卑小官。职思其忧,论法常欲与民决讼,得情而不喜。其为小吏,

---

① 朱熹:《孟子集注》卷六《滕文公章句下》,载《四书章句集注》,中华书局 1983 年版,第 273—274 页。

② 郭雍:《郭氏传家易说》卷二《上经·上九》,影印文渊阁《四库全书》本。

③ 度正:周敦颐《年谱》,载《周濂溪先生全集》,《国学基本丛书》本,第 185 页。

在江湖郡县盖十五年，所至辄可传。任司理参军，转运使以权利变具狱，茂叔争之不能得，投告身欲去，使者敛手听之。赵公悦道，号称好贤。人有恶茂叔者，赵公以使者临之甚威，茂叔处之超然。其后乃窥曰："周茂叔，天下士也。"荐之于朝，论之于士大夫，终其身。其为使者，进退官吏，得罪者自以不冤。中岁乞身，老于溢城。有水发源于莲花峰下，洁清绀寒，下合于溢江。茂叔濯缨而乐之，筑屋于其上。用其平身所安乐，媲水而成，名曰"濂溪"。与之游者曰：溪名未足以对茂叔之美。虽然，茂叔短于取名而惠于求志，薄于徼（交）福而厚于得民，菲于奉身而燕及茕（琼）嫠（李），陋于希世而尚友千古。闻茂叔之余风，犹足以律贪，则此溪之水，配茂叔以永久，所得多矣。茂叔……二子寿、焘，皆好学承家，求余作濂溪诗，思咏潜德。茂叔虽仕官三十年，而平生之志，终在丘壑。故余诗词不及世故，犹仿佛其音尘。①

苏轼的"濂溪诗"题为《故周茂叔先生濂溪》或《茂叔先生濂溪诗呈次元先生》，全诗如下：

世俗眩名实，至人疑有无。怒移水中蟹，爱及屋上乌。坐令此溪水，名与先生俱。先生本全德，廉退乃一隅。因抛彭泽米，偶似西山夫。遂即世所知，以为溪之呼。先生岂我辈，造化（一作"物"字）乃其徒。应同柳州柳，聊使愚溪愚。②

题后苏轼自注："溪在庐山下。"次元，是周敦颐的次子周焘的字。由后一诗题，可知此诗是苏轼应周焘的要求而写的。时间在北宋元祐四年（1089）三月至六年二月，苏轼在杭州担任知州③。元祐三年正月，苏轼任知贡举时，周焘恰于此榜进士登第。苏轼知杭州期间，周焘又晋升两浙路转运判官。于是周焘请求苏轼写成此诗，而周焘自为诗云"名廉朝暮箴"④。

由于周寿和周焘的请求和引导，黄庭坚和苏轼在诗词中，不知不觉地把"濂溪"与"廉"联系起来，夸奖周敦颐似同"西山夫"即伯夷、"柳州柳"即柳宗元的"廉退"。究其用意，也情有可原。然而，作为江州一州之长的林栗，尽管从周敦颐的曾孙周直卿处，取得了周敦颐的遗像及其《通书》等遗作，让州学刻版并绘像，使当地百姓"知所矜式"即敬重和效法。尽管朱熹也曾将周敦颐筑室命名为"濂溪书堂"的缘由告诉过他，但林栗不听。朱熹在一篇跋文中比较详细地叙述了这一经过说：

熹旧记（周敦颐）先生行实，采用黄太史（按即黄庭坚）诗序中语，若以"濂"之为字为出于先生自制以庐阜之溪者。其后累年，乃得何君（按名弃仲，字农父）所记，然后知濂溪云者，实先生故里之本号，而非一时媲合之强名也。欲加是正，则其传已久，惧反以异词致惑，故特附何君语于《遗事》中，以著其实。后又得张敬夫（按即张栻）所刻先生墨帖，后记先生《家谱》载濂溪隐居在营道县（按今湖南道县）荣乐乡石塘桥西。而舂陵（按

---

① 《黄庭坚集·山谷内集》卷一《楚词七首》之一《濂溪诗》，载《传世藏书·集库·别集》第5册，海南国际新闻出版中心1996年版，第4页。另载《周濂溪先生全集》，《国学基本丛书》本，第169—170页。

② 《苏轼诗集》卷三一，中华书局1982年版，第1666页。

③ 施宿编，王水照整理：《东坡先生年谱》，载《宋人所撰三苏年谱汇刊》，上海古籍出版社1989年版，第77—80页。

④ 见清人王文诰的按语。载《苏轼诗集》卷三一，中华书局1982年版，第1667页。

营道县的古称）胡良辅为敬夫言，濂实溪之旧名，父老相传，先生晚居庐阜，因名其溪，以示不忘其本之意。近邵武邹旉官舂陵归，为熹言，尝亲访先生之旧庐，所见闻与何、张之记皆合。但云其地在州西南十里许，盖溪之源委自为上、下保，而先生居下保，其地又别自号为"楼田"。至字之为"濂"，则疑其出于唐刺史元结七泉之遗俗也。旉尝有文辩说甚详，其论制之所从，则熹盖尝为九江林使君黄中言之，与旉说合。方将并附其说于书后，以证黄（庭坚）《序》之失，而婺源宰、三山（按即福州）张侯适将镂板焉，因书以遗之，庶几有补于诸本之失。若此书所以发明圣学之传，而学者不可以不读之意，则熹前论之已详矣，因不复重出云。①

朱熹十分重视周敦颐与"濂溪"的关系，是因为他最初对黄庭坚《濂溪词序》所说"濂溪"一词的缘由深信不疑。后来，过了许多年，经过多方了解，尤其读到何弃仲、邹旉②的文章，发现自己搞错了。他相信何弃仲、邹旉所说有充分的理由。其中，邹旉不仅曾在周敦颐的故乡做过官，而且访问过周的故居；加上好友张栻长期在湖南生活，也知道"濂"字的来历。所以，他改变了看法，认为"濂"字与廉洁的"廉"毫不相关。这里必须指出，朱熹曾经把以上想法告诉过林栗，但林栗出于对程、朱理学的反感，置之不理，虽然依照地方官要为本地的学校撰记题词的惯例，勉强写了《濂溪祠记》，在《祠记》中虚与委蛇地说了周敦颐几句好话，但极力将"濂"与"廉"字联系一起，而后对周敦颐冷嘲热讽，尤其是提出周敦颐在当时的学术领域，在"庐山之下，濂溪之上，未有闻焉"，本来完全是没有名气的人，是二程、朱熹硬吹捧起来的。明眼人读了林栗这篇《祠记》，立刻发现林栗的用意。所以，朱熹在收到林栗寄自江州的《祠记》后，写信告诉友人说：

> 近林黄中自九江寄其所撰《祠堂记》文，极论"濂"字偏旁，以为害道，尤为骇叹。③

南宋以后，有些学者对"濂"字继续进行研究，结论基本上与朱熹的观点相同。如宋濂为友人郑濂撰文解释"濂"字的来历及其含义说：

> 此字本无深义，特以濂溪周子而显，以濂名溪，乃道州营道县小涧，去州城之西二十里而近，初亦以小水得名。胡理（成）云：楚、粤之间方言，谓水小者为濂，亦一证也。周子家于是溪之上，晚寓九江莲花峰下，不欲忘其初，遂用故里之号，亦以濂名溪。黄庭坚作《濂溪诗》，则谓"溪名，周子之所自取，而濂为清廉之义"，则其说尤异于所闻也。……或者则曰韵书云："廉，俭也。"《释名》云："敛也。"皆有收缩之意。释字唯四声最近，濂之从廉，其为薄冰④，岂不昭然也哉。此论颇有补于《说文》，复系之。⑤

---

① 《朱熹集》卷八一《跋·书徽州婺源县〈周子通书〉板本后》，第4186页。
② 何弃仲撰：《营道斋诗并序》，邹旉撰：《游濂溪辞并序》，载《周濂溪先生全集》，《国学基本丛书》本，第170—172页。
③ 《朱熹集》卷三〇《书·与汪尚书（己丑）》之六，第1277—1279页。
④ 按北宋真宗朝《宋本广韵》五十、五十一"溓，薄冰也"。但无"濂"字，中国书店1982年影印本，第313、316页。仁宗朝丁度等撰《集韵》平声四之二十五："溓、濂，中绝小水"；上声六之五十一："濂，嫈玷切，濂涞轻薄貌。"上海古籍出版社1985年影印本。
⑤ 宋濂：《宋文宪公全集》卷四四《郑氏名濂解》，中华书局《四部备要》本。

应该说,宋濂很好地总结了从北宋黄庭坚、苏轼以后到林栗有关周敦颐被人尊称为"濂溪"的过程。

五 林栗的评价

《宋史·林栗传》最后总结林栗的一生,也可以说是代表了南宋后期和元代史臣对他的评价。该评价说:

> 栗为人强介有才,而性狷急,欲快其私忿,遂至攻诋名儒,废绝师教,殆与郑丙、陈贾、何澹、刘德秀、刘三杰、胡纮辈党邪害正者同科。虽畴昔论事,雄辩可观,不足以盖晚节之谬也。①

笔者以为,这一评价未免失之偏颇,尽管其中肯定了林栗"强介有才",即"有治才,善论事",指出他在朝廷和地方任官期间能够恪尽职守、独当一面,但显然不够全面。其实,林栗是一名学者型的官员,他的代表作《周易经传集解》在学术领域作出了一定的贡献。尽管朱熹对该书评价不高,但并没有完全否定。当学生提出"林黄中文字可毁"时,他并没有赞同,反而说:"却是杨敬仲文字可毁。"②"杨敬仲"即杨简,是另一名理学家陆九渊的学生,著有《易论》一卷、《杨氏易传》二十卷③。杨简继承了程颐和陆九渊的易学,认为易之理即人之心,并以人心为主,略其象数,解释六十四卦的卦爻象和辞,以及《彖》、《象》、《文言》三传,建立起心学派的易学体系,成为以人心皆《易》的代表人物。由于杨简的易学提出了新的别具一格的见解,明代杨时乔撰《传易考》"竟斥为异端",现在看来也只是学术观点与众不同,还没有达到必须销毁的程度④。至于林栗的易学著作,在他去世后,从南宋后期到清代,一直受到学者的关注。其中有南宋后期冯椅、俞琰、郭雍、丁易东、朱熹之孙朱鉴,元代胡一桂,明代章潢,明末清初黄宗羲等,都曾在自己的《易》学著作引用他的见解,当然也有批评他的。在今天,我们更应该注意到他提出了一些有利社会持续发展的观点,其中包括哲学领域的思辨、政治和社会领域的主张。

至于林栗已佚的《春秋经传集解》一书,我们无法评论,只能从看过该书序言的韩元吉致林栗函中窥见一二。该函写道:

> 宠示《春秋新解》序文,得观妙制,有以见考证之详,恨未尽窥全篇,以发蒙陋也。然左氏丘明之辨,近年惟叶石林(按即叶梦得)之说最备,盖以其下及三晋之时推之尔。愚意犹谓吾兄今既穷经旨之奥,若丘明是非,似不必深究。不然,则是杜元凯(按即西晋杜

---

① 《宋史》卷三九四《林栗传》,第12032页。该卷《论曰》中,又说"林栗之有治才,善论事","以私忿诋名儒",第12044页。

② 黎德靖编:《朱子语类》卷一二四《陆氏》,第2985页。

③ 《宋史》卷二〇二《艺文一》,第5040页,载杨简有《已易》一卷。

④ 李楠主编:《周易全书》第2册,第741—742页,黄山书社2011年版;《四库全书总目》卷三《经部·易类三》,中华书局1983年版,上册,第13页。

预)、苏子由(按即苏辙)之袭也。①

对该书中一些史事的考证作了肯定,当然也提出了一些意见。

朱熹的学生和爱婿黄干在林栗去世后,曾代人撰写祭文,表示哀悼。祭文说:

> 若夫刚正不惧,仕优而学,求之斯世,如公几人?嗟哉!我公受天劲气,为时直臣,玩羲经之文象,究笔削于获麟,忘齿尊而爵贵,常矻矻以谆谆。至其立朝正色,苟怫吾意,虽当世大儒,或见排斥;著书立言,苟异吾趣,虽前贤笃论,亦不乐于因循。观公之过,而公之近仁者,抑可见矣。论者固不可以一眚而掩其大醇也。②

委托黄干撰写祭文的官员,现已无从考证是谁,但从祭文的后半部分可知他曾在林栗知潭州时,做过该州的幕职官,与林栗的关系从"相待如宾"到"既久而益亲"。祭文肯定林栗为人正直,深入探讨《周易》和《春秋》两书,不随声附和,不因循陈见。应该说,这一评价还是比较中肯的。清初四库馆臣在编纂《四库全书》,为《周易经传集解》撰写提要时,指出黄干身"为文公(按即朱熹)高弟,而好恶之公、推许之至若是,然则黄中之《易》,其可不传钞乎!持论颇为平允"③。明代学者朱明镐曾对《宋史》的编辑者将《林栗传》,与孝宗、宁宗时期制造"伪学""党禁"的郑丙、陈贾、何澹、刘德秀、刘三杰、胡纮等"党邪害正者"列入同卷,归为一类,甚为不满。他认为《宋史》编者的"七失"的第三失,就是把君子与小人混杂,是不对的。其中还谈到"林栗抚定夔蛮,议事通达,即显核大儒,尚当在议功之条,终不应与何澹、胡纮同传"④。明显把林栗归为君子、大儒之列。

总之,笔者以为林栗在政治上是一名廉洁奉公和能言善辩的官员,在学术上是一名纯粹的义理派易学家。他的学问的主要特点是自成一家,不同于吸取了象数派的义理派易学家朱熹,也不同于心学派的易学家杨简。这三派从不同角度都对《周易》做了研究,建立了自己的学术体系,在学术上作出了一定的贡献。现在很难评论他们各自易学的优劣。当然,林栗确实也存在不足之处,这就是他过于心高气傲,在治学上始终意气用事,在政治上迫害不同学术见解者,成为属于一种具有偏执人格的学者。

(作者单位:上海师范大学古籍研究所)

---

① 韩元吉:《南涧甲乙稿》卷一三《答林黄中别纸书》,《丛书集成初编》本。
② 黄干:《勉斋集》卷三九《代祭林黄中侍郎文》,影印文渊阁《四库全书》本。
③ 《四库全书总目》卷三,中华书局 1983 年影印本。
④ 朱明镐:《史纠》卷五《宋史·总论》,影印文渊阁《四库全书》本。

嘉定十五年至宝庆三年的宋金战事

李天鸣

一　前　言

笔者撰写完《宋元战史》之后,即再计划写一部宋金战史。十余年来,曾发表有关宋金战史的论文数篇。有关第一次宋金战争的,如《金侵北宋初期战役和宋廷的决策》、《靖康元年夏秋的太原之役》、《靖康之难——宋金第二次汴京之役》[1]等。有关第二次宋金战争的,如《隆兴元年的宋金宿州之役》[2]。有关第四次宋金战争的,如《嘉定十三年宋夏联合进攻金国之役》[3]。本次撰述《嘉定十五年至宝庆三年的宋金战事》一文,也是属于第四次宋金战争的范围,叙述嘉定十五年至宝庆三年至六年间宋金战争的经过。本文以宋金战事为主,因此对宋金战事的论述比较详尽,但对同时的宋蒙、夏金战事也加以简单的叙述。本文又借机修订笔者在《宋元战史》中所述的第四次宋金战争时程的错误。敬请各位学者专家不吝赐教。

二　战前情势

(一)蒙古南侵金国和宋金第四次战争爆发

宋宁宗嘉定元年(金章宗泰和八年,1208),宋金第三次战争结束,双方订定和约,宋朝每年继续向金国缴纳岁币。嘉定四年(金卫绍王大安三年,蒙古太祖六年,1211)以后,蒙古军年年入侵金国。由于蒙古军入侵金国,宋朝没有再缴纳岁币给金国。嘉定七年(金宣宗贞祐二年,1214)七月,金廷为了躲避蒙古的侵逼,从中都(北京)迁都汴京(河南开封)[4]。同年,宋廷正式下令停止给付金国岁币。[5]

---

①　李天鸣:《金侵北宋初期战役和宋廷的决策》,载《宋旭轩教授八十荣寿论文集》,台北2000年版,第183—236页。李天鸣:《靖康元年夏秋的太原之役》,载《"故宫"学术季刊》2004年第22卷1期。李天鸣:《靖康之难——宋金第二次汴京之役》,载《"故宫"学术季刊》第24卷4期。

②　李天鸣:《隆兴元年的宋金宿州之役》,载《宋史研究论文集》,武汉大学出版社2011年版。

③　《吴天墀先生百年诞辰纪念学术研讨会论文集》,四川大学历史文化学院出版中。

④　脱脱等:《金史》卷一四《宣宗上》,台北鼎文书局1976年点校本,第305页。

⑤　脱脱等:《宋史》卷三九《宁宗三》,台北鼎文书局1978年点校本,第760页。

嘉定十年(金宣宗兴定元年,1217)四月,金宣宗因宋朝不再缴纳岁币,以及宋人进入金国境内袭击,而下令讨伐宋朝。宋金第四次战争爆发。从是年开始,金军年年南侵宋国。

嘉定十年至十四年(金兴定五年,蒙古太祖十六年,1221)间,四川方面,金军曾经攻陷过南宋的大散关(陕西宝鸡西南)、武休关(凤县东南)、西和(甘肃西和)、成州(甘肃成县)、凤州(陕西凤县)、兴元(陕西汉中)、大安(陕西宁强西北)、洋州(陕西洋县)等地。淮南方面,金军入侵过濠州(安徽凤阳东北)、庐州(安徽合肥)、和州(安徽和县)、扬州(江苏扬州)、真州(江苏仪征)等地,围攻过光州(河南潢川)、盱眙(江苏盱眙)、安丰(安徽寿县)、滁州(安徽滁州)等城,攻陷过黄州(湖北黄冈)、蕲州(湖北蕲春)等城。京湖方面,金军曾经入侵过信阳(河南信阳)、光化(湖北均县)、均州(湖北均县西北)、襄阳(湖北襄阳)等地,围攻过随州(湖北随州)、枣阳(湖北枣阳)等城。

同时,宋军也时而北上攻击金国。川陕方面,宋军曾经进攻过秦州(甘肃天水)、巩州(陇西)等地。嘉定十三年,南宋又和西夏联合进攻巩州等地。京湖北面,宋军曾经攻打过邓州(河南邓县)、唐州(唐河)。淮北方面,宋军曾经攻打过泗州(江苏泗洪东南),攻掠过颍州(安徽阜阳)、宿州(安徽宿州)等地。

山东方面,嘉定十二年(金兴定三年,蒙古太祖十四年,1219),南宋忠义军攻占山东大部分地区。嘉定十三年,南宋忠义军占领河北的清州(河北青县)、沧州(沧州东南)、大名(大名东北)等地。嘉定十四年,宋朝京东安抚使、兼知青州张林投降蒙古,青(山东益都)、沧、滨(滨州)、棣(惠民)等州又落入蒙古手中。①

嘉定四年以后,蒙古军年年入侵金国。到了嘉定十四年年底,金国北部,蒙古的占领区,已经抵达青州、齐州(山东济南)、东平(山东东平)、开州(河南濮阳)、磁州(河北磁县)、真定(正定)、太原(山西太原)、霍州(霍县)、泽州(晋城)、平阳(临汾)、晋安(新绛)、隰州(隰县)、绥德(陕西绥德)一线。

(二)夏金战争

嘉定二年(金卫绍王大安元年,蒙古太祖四年,1209),蒙古入侵夏国(西夏)。夏国原向金国称臣。这时,夏国向金国求援,金卫绍王不肯派兵救援夏国。夏襄宗因此怨恨金国,于是在嘉定三年(金大安二年,1210),派兵入侵金国。夏金战争开始,以后夏军年年入侵金国。

从嘉定三年至嘉定十四年,夏军入侵过金国的葭州(陕西佳县)、绥德(陕西绥德)、保安(志丹)、环州(甘肃环县)、庆阳(庆阳)、镇戎(宁夏固原)、积石(青海贵德)、河州(甘肃临夏)、平凉(甘肃平凉)、临洮(临洮)等地;攻陷过巩州(陇西)等城;占领了兰州(兰州)、会州(靖远东南)。嘉定九年,夏军又随同蒙古军攻打延安(陕西延安),又随同蒙古军越过潼关(潼关北),打到汴京附近。嘉定十三年,西夏又和南宋联合进攻巩州等地。本期间,金军也曾三度

---

① 关于南宋忠义军进攻山东、河北的经过以及和蒙古的冲突,详见李天鸣《宋元战史》,台北食货出版社 1988 年版,第 8—47 页。

侵入夏国国境。①

金国南侵宋国的目的，是要逼迫宋朝恢复岁币②。夏金战争和蒙金战争，金国则是被迫应战。蒙古南侵金国，使得金国丧失了大片领土，大量军队覆没，国力锐减。而夏金战争和宋金战争，虽然各方互有胜负，也使得金国军队疲惫③，粮食缺乏④，国力更加削弱，并丧失了山东地区。金国又因此动用了部分兵力去对付宋国和夏国，以致不能够全力对抗蒙古。

三　嘉定十五年的宋金战事

（一）春夏的宋金战事

1. 金军入侵淮南

嘉定十五年（金宣宗元光元年，蒙古太祖十七年，1222）二月初前后，宋军渡过淮河北上，进攻蔡州（河南汝南）的平舆（平舆）、褒信（新蔡南）两县。金国守军尽力奋战，击退宋军。⑤

二月三十日，金廷任命左监军完颜讹可为行元帅府事，担任总指挥官，率领金军分三路向淮南进攻。金廷又任命同签枢密院事时全为行院事，担任副指挥官⑥。金宣宗指示将帅说：他们责任重大，不要不和而导致战败丧师。这次南侵金军以夺取粮食为主要目标。金宣宗又说：如果宋人物资、粮食可以夺取，因规划不当而导致未能获得，罪过便在完颜讹可；已经获得，而不能运输回来使用，罪过则在时全。

完颜讹可和时全率领金军经由颍河口、寿州（安徽凤台）等地渡过淮河。左路金军首先在高塘市（霍丘西北六十里）击败一支宋军，接着进攻固始，然后击破了庐州将领焦思忠的宋军。⑦

这时，金军入侵淮西的警报传到淮东制置司，京东、河北节制司干办公事陈韡判断说：金军一定集中兵力指向安丰而分兵牵制其他各州，宋军应当派遣卞整、张惠、范成进等率领所属的军队屯驻庐州待命。不久，金军果然进攻安丰。陈韡前往盱眙犒劳军队⑧。这时，淮东制置使贾涉患病，正在请求辞职，接到金军入侵的警报，只好勉强起来视事，并派遣河北东路

---

① 本期间的夏金战争，可参阅：吴广成《西夏书事》卷四〇，第 2—17 页；卷四一，第 1—11 页，《续修四库全书》本；王天顺等《西夏战史》，宁夏人民出版社 1993 年版，第 246—262 页。

② 元好问：《遗山先生文集》卷一九《冯璧神道碑铭》，《国学基本丛书》本，第 266 页。

③ 《金史》卷一一三《白撒传》，第 2485 页。

④ 《金史》卷一〇八《胥鼎传》，第 2379 页。

⑤ 《金史》卷一六《宣宗纪》，第 361 页。

⑥ 《金史》卷一六《宣宗纪》，第 361 页。

⑦ 《金史》卷一一七《时青传》，第 2567 页。

⑧ 刘克庄：《后村先生大全集》卷一四六《陈韡神道碑》，《四部丛刊初编》本。《宋史》卷四一九《陈韡传》，第 12561 页。

钤辖张惠①、京东路钤辖时青前往淮西救援②。宋人所获得的情报显示，南侵金军当中有细军。细军是金军中最精锐的部队。贾涉认为，金将合连（按：似即完颜讹可）善于作战，因此命张惠去抵挡合连③。同时，宋廷又将陈铧调任为淮西制置司干办公事。陈铧再度前往盱眙去见镇江都统刘琸，调派卞整、张惠、范成进、夏全等军接应淮西。④

2. 撤退金军大败

不久，金将时全从俘虏获知，他的侄子时青奉令前来对抗金军。时全将这个消息隐匿起来。⑤

五月，完颜讹可等率领金军从淮南向国境撤退，抵达距离淮河二十里的地方，金军即将渡越淮河，时全却假装说接到密旨，叫军队暂时留下来割取淮南的麦田。时全下令每名士兵割取麦子三石来供应军队。金兵都感到迷惑。完颜讹可和其余将校劝阻时全。时全不听。结果使金军在淮河南岸多停留了三天。时全是故意使金军暂缓撤退，以便让时青建立战功。完颜讹可又向时全说：现在淮河水浅而狭窄，可以迅速渡过，目前又是夏季雨水季节，如果遇到暴涨，宋军乘机从后面进攻，金军便无法全部回去。时全极力反对。其余的金将从宜达阿、宜失不等稍微表示不满。时全生气地说：完颜讹可只不过是一位元帅，达阿等人却赞同完颜讹可；达阿等人能够有这种地位，都是他的力量，他是院官，对达阿等人怎样都可以。达阿等人才不敢再说话。

是日（五月十四日）夜晚，下大雨。次日（十五日）⑥，淮水暴涨，金军开始架设浮桥向北退却。这时，时青等部宋军已经来到，袭击金军⑦。金军大败⑧，浮桥毁坏。时全搭乘轻型船只首先渡过淮水，所属的军队几乎全军覆没⑨。是役，钤辖张惠率领宋军同金军交战。双方从辰（7—9）时打到酉（17—19）时，金军大败，金将孛术鲁答哥溺死，军队损失了一大半，其中的细军几乎丧失了两千人⑩。是役，淮西制置司小将刘虎担任援军先锋，连续在贾鸡山、陈村（位置皆不详）、漕口（安徽颍上西南五十里）等地战斗，斩获金军首级六百颗，俘获统军二名以及千户等将士十三名。⑪

五月十七日，金宣宗免除了完颜讹可战败的死罪，只降了他两级，但当面加以责备，而勉励他将功赎罪。二十五日，金廷将时全处死⑫。是役，金将御前马步军都总领术甲脱鲁灰率

---

① 《宋史》卷四〇三《贾涉传》，第 12209 页。
② 《金史》卷一一七《时青传》，第 2567 页。
③ 《宋史》卷四〇三《贾涉传》，第 12209 页。
④ 《后村先生大全集》卷一四六《陈铧神道碑》，第 1277 页。《宋史》卷四一九《陈铧传》，第 12561 页。
⑤ 《金史》卷一一七《时青传》，第 2567 页。
⑥ 《金史》卷一六《宣宗纪》，第 362 页；卷一一七《时青传》，第 2567 页。
⑦ 《金史》卷一一七《时青传》，第 2567 页。
⑧ 《金史》卷一六《宣宗纪》，第 362 页。
⑨ 《金史》卷一一七《时青传》，第 2567 页。
⑩ 《宋史》卷四〇三《贾涉传》，第 12209 页。
⑪ 张铉：《至大金陵新志》卷一四《刘虎》，影印文渊阁《四库全书》本。
⑫ 《金史》卷一六《宣宗纪》，第 362 页。

领他的军队屡次击败宋军以及攻破宋人城寨。事后,金廷晋升他为遥领昌武军节度使、右都监、行蔡息等路元帅府事。①

金军入侵淮南时,三月二十日,宋人也进到蔡州确山县(河南确山)的刘村进行掠夺。②

(二)秋冬的宋金战事

1.六月至秋季金国内部的情势

是年(嘉定十五年),金国国内依然有盗贼骚扰和叛军作乱事件。

六月,红袄贼掠夺柳子镇(安徽宿县西八十里),俘掳百姓及驿马后离去。金军进行追击,夺回了被俘掳的人马。同月,金国叛军占据浚州黎阳(河南浚县)县城,金军予以讨伐,收复了县城。

六七月间,金军在曹州(山东荷泽)击破一股红袄贼。

七月,河北群盗进犯封丘(河南封丘西南)、开封县境。十四日,金廷命枢密院加以抵御、剿捕。同月,红袄贼袭击徐州(江苏徐州)的十八里砦,又袭击泗州古城(宿县西)、桃园(泗阳南),被金军击败。③

2.秋冬的宋金战事

九月七日,金国京东便宜总帅纥石烈牙吾塔请求派兵从寿州渡越淮河,直捣宋人的根据地。金廷不答应。初十日,金廷商议经略淮南事宜。但是年后期,金军并没有再入侵宋国。

九月下旬,宋军进到蔡州遂平县(河南遂平)石砦店掠夺;宋军又侵入邓州南阳(南阳)县境,被唐州提控夹谷九住击败。

十月上旬,宋将张惠领兵进攻零子镇(位置不详),被金将斡鲁朵击败。金军俘获二名宋军偏将。④

是年冬天,宋军三千人搭乘船只,暗中越过淮水,经由汴水进到泗州临淮(江苏泗洪东南)的聊林。宋军将汴水河堤附近的柳树全部砍下,放入汴水中堵塞河道,企图切断泗州的补给线。泗州金国守将京东便宜统帅纥石烈牙吾塔派遣穿着铠甲的精兵一千余人前往聊林攻击宋军。结果,金军击败宋军,并掳获宋军七百人以及若干船只,汴水河道得以继续通航。⑤ 十一月十日,纥石烈牙吾塔上奏临淮之捷的奏报抵达金廷。⑥

(三)宋蒙、蒙金及夏金战事

1.宋蒙战事——宋蒙在山东的冲突

宋朝京东安抚使、兼知青州张林投降蒙古以后,蒙古主将国王、都行省木华黎任命他为

---

① 《金史》卷一二四《术甲脱鲁灰传》,第 2698 页。

② 《金史》卷一六《宣宗纪》,第 361 页。

③ 《金史》卷一六《宣宗纪》,第 362—363 页。

④ 《金史》卷一六《宣宗纪》,第 363 页。

⑤ 《金史》卷一一一《纥石烈牙吾塔传》,第 2458 页。

⑥ 《金史》卷一六《宣宗纪》,第 364 页。

行山东东路益都等州都元帅府事①。嘉定十五年,宋朝忠义军都统李全率领他的军队向张林进攻。张林逃走。李全收复青州、济南(齐州)、滨州、棣州等地②。十一月,宋廷下令在京东、河北路实施大赦。十二月,宋廷晋升李全为保宁军节度使、京东路镇抚副使。③

李全收复济南等地以后,蒙古河北西路兵马都元帅史天倪率领军队东下,攻破济南的一座水寨,接着又北上攻掠棣州、沧州。④

同年,宋朝的忠义军统制彭义斌也率领军队北进,占领了蒙古权山东西路行省严实所属的青崖(青厓崮,似今山东长清附近)。⑤

2.蒙金战事

嘉定十五年五月,蒙古军进到隰、吉(山西吉县)等州屯驻;七月,又进到晋安、翼州(翼城)境内屯驻⑥。同月,蒙古国王木华黎派遣一支军队进攻陕西,他亲自率领主力扫荡河东金国的地方残余势力。蒙古军攻克孟州(山西盂县)、太原、霍州、吉州一带若干金人的堡寨⑦。八月,金军收复河间;十月,收复曹州。十月,蒙古军攻占临晋(临晋)⑧。同月,河中(永济)向蒙古军投降⑨。木华黎继续领兵渡过黄河⑩;十一月,攻陷同州(陕西平民)。蒙古军攻打京兆,攻打不下。同月,木华黎率领主力围攻凤翔⑪。是年,木华黎又分兵攻陷泾(甘肃泾川)、原等州。⑫

3.夏金战事

嘉定十五年正月,夏军攻陷大通城(积石州西)。二月,金军克复大通。⑬

三月,夏军入侵陕西。八月,夏军又入侵陕西;九月,攻陷德顺(宁夏隆德)。十月,夏军撤退。

是年冬天,一支夏军随同蒙古军进攻凤翔,另一支夏军则从兰州一带侵入陕西。十二月,夏军在兰州东方被金军击败。⑭

---

① 宋濂等:《元史》卷一一九《木华黎传》,台北鼎文书局 1977 年点校本,第 2933 页。

② 《宋史》卷四〇《宁宗纪》,第 778 页;卷四七六《李全传》,第 13824 页。徐松辑:《宋会要辑稿·兵》一七之三九,台北世界书局 1964 年影印本。

③ 《宋史》卷四〇《宁宗纪》,第 779 页。

④ 《元史》卷一四七《史天倪传》,第 3481 页;卷一九三《耶律忒末传》,第 4383 页。

⑤ 《元史》卷一四八《严实传》,第 3506 页。

⑥ 《金史》卷一六《宣宗纪》,第 362 页。又,原作"冀州",应为翼州。

⑦ 《元史》卷一一九《木华黎传》,第 2934 页。

⑧ 《金史》卷一六《宣宗纪》,第 363—364 页。

⑨ 《元史》卷一《太祖纪》,第 22 页。

⑩ 《元史》卷一一九《木华黎传》,第 2935 页。

⑪ 《金史》卷一六一《宣宗纪》,第 364 页。

⑫ 《元史》卷一《太祖纪》,第 22 页。

⑬ 《金史》卷一一二《完颜合达传》,第 2464 页;卷一一三《完颜白撒传》,第 2486—2487 页。《西夏书事》卷四一,第 11—12 页。

⑭ 《金史》卷一六《宣宗纪》,第 362—364 页。《西夏书事》卷四一,第 12—14 页。

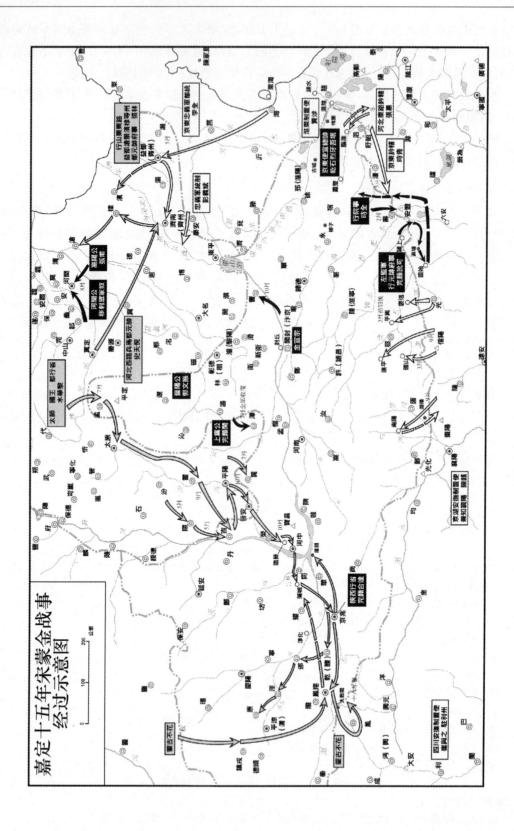

四 嘉定十六年的宋金战事

（一）春夏的宋金战事

1.春夏的宋金战事

嘉定十六年（金宣宗元光二年，蒙古太祖十八年，1223）三月，宋军袭击金国蔡州。①

是年夏季，宋朝忠义军（金人称红袄贼）入侵金国寿州、颍州，剽掠数日后离去。屯驻泗州的京东总帅纥石烈牙吾塔闻报，便率领金军渡过淮河南下。他侦查到朱村、孝义村（位置皆不详）分别有忠义军（红袄贼）数百人，随即分兵加以攻击。金军连续攻破两座忠义军营寨，又焚烧了数十座村庄、坞堡。纥石烈牙吾塔撤退时，遭遇宋军。宋军数百人在淮河南岸列阵，纥石烈牙吾塔展开攻击，杀死了一半的宋军。不久，一千余名宋军从东南方前来追击，纥石烈牙吾塔又将宋军击败②。六月四日，纥石烈牙吾塔上奏的淮南之捷的奏报抵达金廷。③

2.李全逐渐坐大

嘉定十六年，淮东制置使贾涉感到难以控制忠义军都统、京东镇抚副使李全和他的忠义军，于是请求辞职。五月，宋廷召贾涉入朝④。六月，贾涉去世⑤；接着，丘寿迈代理淮东制置使。秋天，李全重新整编忠义军，乘机将制置司帐前忠义军纳入他的指挥之下。⑥

（二）金国情势及秋冬的宋金战事

1.金国砀山叛乱

嘉定十六年三月，金廷下令将邳州经略司隶属于屯驻邳州（江苏邳州南）的右副元帅、山东行省蒙古纲之下。金廷又命蒙古纲招募勇敢人士收复山东。

当初，金国砀山（安徽砀山）首领数人率领部众占据砀山城叛变，并联络红袄贼作为外援。金廷派遣同签枢密院事徒单牙剌哥会合各路金军前往讨伐，又派遣监军王庭玉屯驻归德、宁陵加以防备。不久，砀山贼袭击永州（河南永城），被金军击退。金廷又命右副元帅、山东行省蒙古纲合力讨伐砀山贼。

这时，蒙古纲正派遣降人陈松携带文书前去招降宋朝的京东镇抚副使李全，李全将陈松加以捆绑，想要斩杀他，不久只将他黥面遣送回去。蒙古纲便上奏说：李全有回归金国的意

---

① 《金史》卷一六《宣宗纪》，第 365 页。
② 《金史》卷一一一《纥石烈牙吾塔传》，第 2458 页。
③ 《金史》卷一六《宣宗纪》，第 366 页。
④ 《宋史》卷四七六《李全传》，第 13824 页。
⑤ 佚名：《续编两朝纲目备要》卷一六，中华书局 1995 年点校本，第 301 页。
⑥ 《宋史》卷四七六《李全传》，第 13824 页。

思,严实(蒙古权山东西路行省,驻东平)、张林(蒙古山东东路都元帅府事)也可以招降①。六月十七日,金廷商议派人招降李全、严实、张林②。金廷准备授予严实一品官职,封为国公;授予李全二品官职,任命张林为山东西路宣抚使、兼知益都府事。不久,由于蒙古纲遇害,招降方案终止。③

2.金国邳州兵变和李全进攻邳州

(1)金国邳州兵变

金国屯驻邳州的右副元帅、山东行省蒙古纲统驭下属很严格,赏罚必行。邳州军队不乐意隶属于蒙古纲。是年(嘉定十六年)八月一日早晨,邳州从宜经略使纳合六哥(又名李二措)率同都统金山颜俊带领沂州军士一百余人进入行省公署,杀死蒙古纲和他的僚属,占据邳州城叛变。④

金国枢密院建议,拿出空白任官令,设置重赏招诱叛军。丞相高汝砺说:悬重赏招募死士,一定有人可以擒拿纳合六哥。最后,金宣宗下诏怪罪蒙古纲,以便安抚纳合六哥。纳合六哥派人送回蒙古纲的尸体。金廷又下令将经略司升格为元帅府,加封纳合六哥为泗州防御使、权左监军,副使乌古论老汉加封为邳州刺史、权右监军。但是,纳合六哥始终不肯出城向金军投降。⑤

八月十五日,金廷决定讨伐纳合六哥,下令:能够捕获反贼纳合六哥的,除了规定的职官之外,又授予世袭谋克。⑥

(2)李全进攻邳州失利

接着,纳合六哥和邳州刺史乌古论老汉写信到海州,说要向宋朝投降。忠义军都统、京东路镇抚副使李全很高兴,便派遣统制王喜儿率领两千名忠义军先行前往接应,而亲自率领大军随后跟进。⑦

这时,有邳州兵逃到泗州,向京东总帅纥石烈牙吾塔报告,说纳合六哥已经联络李全前来援助。纥石烈牙吾塔一面派遣总领孛术鲁留住领兵前往邳州⑧,一面向金廷奏报纳合六哥联合李全的情形。九月七日,金廷接获奏报。⑨

不久,总领孛术鲁留住率领金军抵达邳州城外⑩。九月十四日,纳合六哥的部下都统乌古论老汉、夹谷留住等出城跑到金军处投降。⑪

---

① 《金史》卷一〇二《蒙古纲传》,第 2259—2260 页。
② 《金史》卷一六《宣宗纪》,第 366 页。
③ 《金史》卷一〇二《蒙古纲传》,第 2260 页。
④ 《金史》卷一六《宣宗纪》,第 367 页;卷一〇二《蒙古纲传》,第 2260 页。
⑤ 《金史》卷一〇二《蒙古纲传》,第 2260 页。
⑥ 《金史》卷一六《宣宗纪》,第 367 页;卷一〇二《蒙古纲传》,第 2260 页。
⑦ 《宋史》卷四七六《李全传》,第 13825 页。
⑧ 《金史》卷一〇二《蒙古纲传》,第 2260—2261 页。
⑨ 《金史》卷一六《宣宗纪》,第 368 页。
⑩ 《金史》卷一〇二《蒙古纲传》,第 2261 页。
⑪ 《金史》卷一六《宣宗纪》,第 368 页。

孛术鲁留住首先破坏邳州城附近的桥梁,接着攻破附近的承安、青阳两座叛军营寨,并留下金军驻守①。纳合六哥害怕了,便向金军说:他等李全进入邳州后,便诱杀李全,来报效金国。金宣宗却表示:李全岂是无心机的人,纳合六哥哪能加以诱杀,纳合六哥是在欺骗金军。②

接着,李全部将统制王喜儿率领忠义军抵达邳州,纳合六哥让王喜儿领兵进入城内,然后将王喜儿囚禁起来。李全领兵抵达后,想攻打邳州,但城四面都被水阻隔,纳合六哥又准备了强弩,李全无法进攻。李全集结军队向纳合六哥挑战,纳合六哥派兵出城迎战。结果,李全军被纳合六哥军击败。李全想返回楚州,这时滨州、棣州发生变乱;于是,李全便率领他的军队前往山东。③

(3)金军收复邳州

十月,纥石烈牙吾塔亲自率领金军围攻邳州。金军焚烧城上城楼,斩获首级一百余颗。④

二十四日,纥石烈牙吾塔围攻得很紧急⑤,先前随同王喜儿进入邳州城的宋朝忠义军将领钤辖高显、统制侯进、正将陈荣等知道城池早晚守不住,便一起将纳合六哥杀死,带了他的头,缒下城去,向金军投降。纳合六哥虽然被杀,但城内金国叛军仍然继续防守城池。纥石烈牙吾塔正要指挥金军再度进攻,城内忠义军总领刘斌、提控黄温等又将带头作乱的叛将金山颜俊等人加以捆绑,并斩下另一名叛将提控金山八折的首级,派小校马俊、吴珪送去给金军。不久,宋朝忠义军监军徐福、统制王喜儿(又作王喜)也派遣总领孙成、总押徐琦向金军约降。最后,忠义军将领刘斌等率领城内军民出城向金军投降。

纥石烈牙吾塔领兵进入城内,安抚军民。纥石烈牙吾塔前后收降了宋朝忠义军(金人称红袄贼)统制十五人,将官、训练官一百三十九人⑥,士兵三千人。十一月三日,纥石烈牙吾塔上奏邳州之捷的奏报抵达金廷,并将纳合六哥首级装盒呈献⑦。金宣宗大为欢喜,晋升纥石烈牙吾塔一级,赏赐金三百两、重币十端。其余有功将士也获得晋升、赏赐⑧。金廷又授予投降的忠义军将领高显三品官职、世袭谋克,侯进四品官职,陈荣、邢进等五品官职。⑨

3.秋冬宋金其他的战事

是年(嘉定十六年)九月一日,宋军进攻寿州,金国守将女奚烈蒲乃尽力战斗,击退宋军。

---

① 《金史》卷一〇二《蒙古纲传》,第2261页。又,《金史》卷一六《宣宗纪》第367页说:"寅(九月二十七日)扎也胡鲁等拔邳州南城。"

② 《金史》卷一〇二《蒙古纲传》,第2261页。

③ 《宋史》卷四七六《李全传》,第13825页。

④ 《金史》卷一一一《纥石烈牙吾塔传》,第2458页。

⑤ 《金史》卷一〇二《蒙古纲传》,第2261页。

⑥ 《金史》卷一一一《纥石烈牙吾塔传》,第2458—2459页。

⑦ 《金史》卷一六《宣宗本纪》,第368页。

⑧ 《金史》卷一一一《纥石烈牙吾塔传》,第2459页。

⑨ 《金史》卷一〇二《蒙古纲传》,第2261页。

初五日,一支宋军又进攻南阳。①

同年冬天,金国唐邓行元帅府的军队侵入淮南,并击败宋军。十月三十日,唐邓行元帅府上奏淮南之捷的奏报抵达金廷。②

十二月二十二日,金宣宗病逝。二十三日,金哀宗完颜守绪即位。③

(三)嘉定十六年的蒙金及夏金战事

1. 蒙金战事

嘉定十六年春天,木华黎率领蒙古军从关中撤退④,又攻破河西十余座金人堡寨。三月,木华黎班师返抵河东,患病而死。接着,蒙古朝廷命他的儿子孛鲁继承国王、都行省的职位。⑤

四月,金军收复河东汾西。五月,金军收复河中、荣州(山西荣河)、霍州⑥。除了河中之外,荣州、霍州等地金军依然不能固守。是年,金军也放弃了辽州、泽州、潞州等地。⑦

七月,蒙古军攻占曹州。不久,金军收复曹州。⑧

2. 夏金战事

嘉定十六年,夏军骑兵一万人入侵德顺州境,掠夺人民五千余口,牛羊杂畜数万头之后离去⑨。七月,夏军攻击积石州⑩。十月,金军收复了被夏军占据了将近四年的会州。⑪

是年,夏神宗传位给儿子李德旺,即夏献宗。⑫

---

① 《金史》卷一六《宣宗纪》,第367页。
② 《金史》卷一六《宣宗纪》,第368页。
③ 《金史》卷一七《哀宗纪》,第373页。
④ 《金史》卷一六《宣宗纪》,第365页。
⑤ 《元史》卷一一九《木华黎传》,第2936页。
⑥ 《金史》卷一六《宣宗纪》,第365—366页。
⑦ 《金史》卷一六《宣宗纪》,第366、368页;卷一一八《郭文振传》,第2587页。
⑧ 《元史》卷一九三《石珪传》,第4379页。
⑨ 《金史》卷一三四《西夏传》,第2875—2876页。《西夏书事》卷四一,第15—16页。
⑩ 《金史》卷一六《宣宗纪》,第366—367页。
⑪ 《金史》卷一六《宣宗纪》,第369页;卷一二四《郭虾蟆传》,第2709页。
⑫ 《金史》卷一七《哀宗纪》,第374—375页。

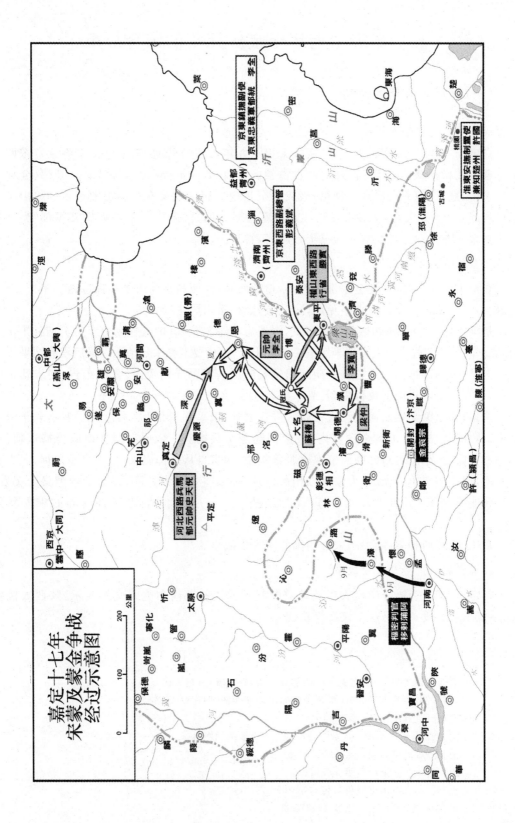

五　嘉定十七年至宝庆元年的宋金战事

（一）嘉定十七年的情势

1.宋将彭义斌进军河北

嘉定十七年(金哀宗正大元年,蒙古太祖十九年,1224)前期,宋朝忠义军将领京东西路副总管彭义斌率领他的军队向河北蒙古占领区进攻,收降濮州(山东鄄城北)、开德(金称开州)、大名、冠氏(河北冠氏),占领恩州(武城东北)①。彭义斌又在冠氏击败蒙古的权山东西路行省严实②。夏天,彭义斌在恩州被蒙古军击败。四月,宋廷下令赏赐忠义军都统、京东路镇抚副使李全和彭义斌两人钱三十万缗,犒赏战士。③

2.金国宣布不再南侵

嘉定十七年三月,一支金军进入四川,迫近西和,知西和州尚震午图谋逃遁。不久,金军撤退。六月,宋廷下令将尚震午免职,降三级,贬往岳州居住。④

是年三月,金廷采纳边区将帅的意见,派遣忠孝军三百人,护送省令史李唐英前往宋国滁州,要求同宋朝和好。宋人宴请李唐英一行人十日,表示要上奏宋廷请示。最后没有结果。⑤

六月,金国派遣枢密判官移剌蒲阿率领军队进入宋朝光州境内,张贴布告,向宋朝军民宣布,金军从此不再南下攻打宋朝。⑥

是年,除了彭义斌向河北蒙古占领区进攻之外,宋军并未北上入侵金国。只有若干宋人由于畜牧而越过边界进入金国境内,被金国巡逻士兵擒获。依照金国法律应当械送朝廷。元帅右都监、行蔡息等路元帅府事术甲脱鲁灰说:国家自从迁都以来,境土日益局促,民力日益疲困,现在庆幸边境无事,大家可以稍微休息;如果将这些人处死,那边境衅隙又会爆发,又会兵连祸结了,不如予以释放,以便杜绝战火。于是,术甲脱鲁灰将越界的宋人释放回去。⑦

是年,除了西和事件之外,宋金两国并未发生战事。

3.宋金国内情势及蒙金战事

嘉定十七年正月,金廷命大臣商议修复河中府。礼部尚书赵秉文等表示:陕西人民疲惫,不能承受力役。于是这个议案终止。⑧

---

① 《宋会要辑稿·兵》一七之三九—一四〇;《元史》卷一五一《赵天锡传》,第3583页。
② 王恽:《秋涧集》卷五二《朱氏世系碑铭》,影印文渊阁《四库全书》本。
③ 《宋史》卷四〇《宁宗纪》,第780页。
④ 《宋史》卷四〇《宁宗纪》,第780—781页。《续编两朝纲目备要》卷一六,第302页。
⑤ 《金史》卷六二《交聘表》,第1486—1487页。
⑥ 《金史》卷一七《哀宗纪》,第375页。
⑦ 《金史》卷一二四《术甲脱鲁灰传》,第2698页。
⑧ 《金史》卷一七《哀宗纪》,第374—375页。

九月，金军从蒙古手中收复了泽州和潞州。①

十月，夏献宗（去年即位）派遣使节抵达金国，表示要同金国修好②。是年开始，夏国停止了对金国的攻击。此后，金夏两国并未发生战事。

宋朝方面，是年闰八月，宋宁宗崩驾，宋理宗即位。③

（二）宝庆元年彭义斌的北伐及宋金战事

1. 楚州兵变

嘉定十六年，李全更加骄横难制，宋廷意图除去李全和他的忠义军。十一月，宋廷命淮东安抚制置使许国秘密图谋李全④。可是，许国缺乏才干。宋理宗宝庆元年（金哀宗正大二年，蒙古太祖二十年，1225）二月，李全派遣部将刘庆福等发动楚州兵变，杀人放火抢劫，楚州官员数十人遇害，许国负伤逃走自杀⑤。事后，右丞相史弥远害怕会激起更大的变故，而主张暂时忍让，并派遣获得李全欢心的徐晞稷担任淮东制置使。以后，宋朝也没有再追究兵变的责任。

当时，李全去函叫忠义军将领京东西路副总管彭义斌接受他的指挥。彭义斌接到文书，大骂李全是逆贼，并表示他一定要替许国报仇。⑥

2. 彭义斌继续扩张和收降金将武仙

宝庆元年四月，忠义军将领京东西路副总管彭义斌率领他的军队围攻蒙古权山东西路行省严实所据守的东平。严实向彭义斌求和，彭义斌便和严实联盟。⑦

李全见彭义斌不肯接受他的指挥，便在是年五月，率领军队攻打彭义斌所属的东平，攻打不下，又转攻恩州。彭义斌出兵迎战，将李全击败。李全战败后，托人请淮东制置使徐晞稷写信给彭义斌，要求同彭义斌和好；于是，双方的战事才停止下来。

彭义斌击败李全后，军声大振⑧。是年二月，蒙古的同知真定府事武仙（前金国大将恒山公），在真定举兵反抗蒙古，宣布投归金国。接着，武仙又控制中山（河北定县）、赵州（沃州，今赵县）一带地区。三月，蒙古军击败武仙，收复中山、赵州、真定⑨。武仙向南撤退，然

---

① 《金史》卷一七《哀宗纪》，第375页。

② 吴广成撰，龚世俊等校证：《西夏书事校证》卷四二，《续修四库全书》本；《金史》卷一七《哀宗纪》，第375页。

③ 《宋史》卷四〇《宁宗纪》，第781页。

④ 《宋史》卷四七六《李全传》，第13824—13825页。

⑤ 周密：《齐东野语》卷九，《笔记续编》本，台北广文书局1969年，第131页。《宋史》卷四七六《李全传》，第13825—13827页。

⑥ 《宋史》卷四七六《李全传》，第13828页。关于楚州第一次兵变的经过，详见《宋元战史》（一），第53—58页。

⑦ 《元史》卷一四八《严实传》，第3506页。

⑧ 《宋史》卷四七六《李全传》，第13830页。

⑨ 《元史》卷一《太祖一》，第23页；卷一二〇《肖乃台传》，第2965页；卷一五五《史天泽传》，第3658页。

后向宋将彭义斌投降。于是,彭义斌兵力增加到数十万人,声势更加浩大。①

3. 彭义斌的北伐和败灭

接着,彭义斌写信向宋朝江东转运副使、时暂兼权沿江制置司职事丘寿迈提议讨伐李全。当时,盱眙的四位忠义军总管(时青、张惠、夏全、范成进)也都向沿江制置司表示,愿意协助官军讨伐李全②。淮东安抚副使、兼知扬州赵范也向丘寿迈建议讨伐李全。但是,丘寿迈都没有回应。③

彭义斌接不到宋廷的命令,便在宝庆元年六月率领他的军队继续北伐,向蒙古占领区进攻④。彭义斌首先占领磁州、洺州和邢州⑤,然后向真定进攻⑥。七月,彭义斌在赞皇(河北赞皇)西山和蒙古军交战⑦。彭义斌军被击败,彭义斌被俘遇害⑧。以后,武仙逃回汴京,重新投归金国⑨。蒙古军则继续南下,占领邢州、大名。⑩

4. 宝庆元年金军依旧南侵

虽然,嘉定十七年,金国公开宣布从此不再南下攻打宋朝;但是,那位进入宋朝光州境内宣布不再南侵的金将移剌蒲阿,依然在宝庆元年十一月,率领金军南下侵入宋朝光州境内,和宋军交战,并杀死宋人一千余名,掳获马若干匹,然后北归。⑪

5. 宝庆元年的蒙金战事及夏金关系

是年,彭义斌败亡,蒙古军南下攻占彭义斌原先所属州郡。冬天,蒙古军又攻占金国彰德。⑫

同年九月,夏国和金国也订定和议,成为兄弟之国,夏称金为兄。⑬ 夏金两国十余年来的战争正式宣告结束。这时,金国黄河以北地区绝大部分已经落入蒙古军手中,金国只剩下黄河以北数个州郡以及河南、陕西地区。

---

① 《宋史》卷四七六《李全传》,第 13830 页。

② 《宋史》卷四七六《李全传》,第 13830 页。《宋元战史》(一),第 59 页及第 73 页注。

③ 《宋史》卷四一七《赵葵传附赵范传》,第 12505—12506 页。

④ 《宋史》卷四七六《李全传》,第 13830 页。《元史》卷一《太祖纪》,第 23 页。

⑤ 《金史》卷五二《白华传》,第 2503 页。

⑥ 《元史》卷一五五《史天泽传》,第 3658 页。

⑦ 《遗山先生文集》卷二六《严实神道碑》,第 341—345 页;卷三〇《孙庆墓碑》,第 397 页。孙克宽:《元代汉文化之活动》,台北"中华书局"1968 年版,第 77 页。《元史》卷一四八《严实传》,第 3506 页。《宋史》卷四七六《李全传》,第 13830 页。

⑧ 《元史》卷一二〇《肖乃台传》,第 2966 页;卷一五五《史天泽传》,第 3658 页。关于彭义斌北伐的经过,详见《宋元战史》(一),第 50—53、58—64 页。

⑨ 《金史》卷一一八《武仙传》,第 2577 页。

⑩ 《元史》卷一二〇《肖乃台传》,第 2966 页;卷一五〇《何实传》,第 3551 页。

⑪ 《金史》卷一七《哀宗纪》,第 376 页。又,原作金军"获马数千",这是夸大之辞。

⑫ 《元史》卷一四八《严实传》,第 3506 页。

⑬ 《金史》卷一七《哀宗纪》,第 377 页;卷一三四《西夏传》,第 2876 页。

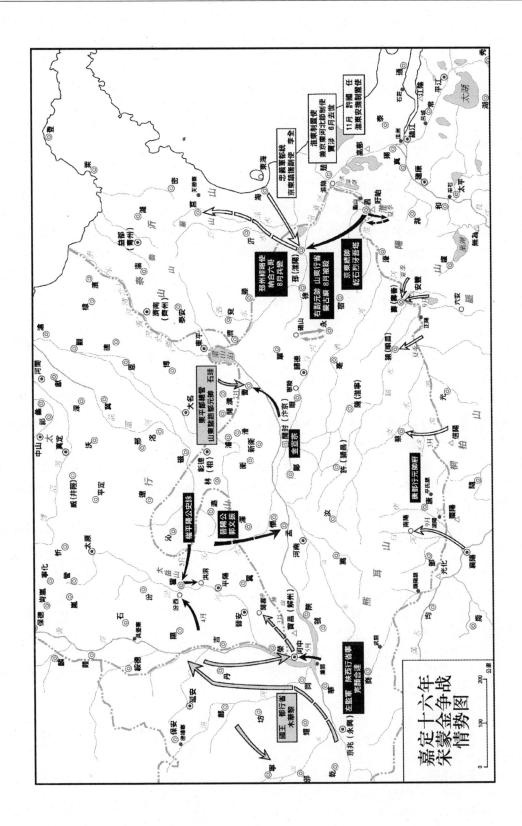

六 宝庆二年至三年的宋金战事

（一）宝庆二年的宋金及蒙金战事

宝庆二年（金哀宗正大三年，蒙古太祖二十一年，1226），蒙古军攻占濮州①、东平②。于是，彭义斌原先所占领的地区，几乎全部落入蒙古军手中。

五月，宋军进入寿州境内劫掠。③

是年三月，蒙古军围攻宋朝忠义军都统、京东镇抚副使李全所驻守的青州。宋廷命知楚州、兼淮东制置使刘琸乘机除去李全在楚州的余党。十一月，李全妻子杨妙真鼓动忠义军总管夏全发动楚州第二次兵变，刘琸逃走，杨妙真占据楚州。接着，杨妙真和夏全决裂。夏全逃往金国④。是月九日，金廷正在商议同宋国重修旧好的事。由于夏全请求投降，十七日，金廷再度商议。最后，金廷接受了夏全的投降。⑤

（二）宝庆三年的宋金战事

青州被包围到宝庆三年（金正大四年，蒙古太祖二十二年，1227）四月，李全向蒙古军投降⑥。接着，蒙古军占领山东⑦。六月，杨妙真和李全部将又发动楚州第三次兵变，淮东制置使姚翀逃走。事后，宋廷不再在楚州设立制置司，并将楚州改为淮安军。

同年（宝庆三年），淮安忠义军将领发生内讧，宋廷命盱眙知军彭忻消灭李全余党。但彭忻庸碌无能。八月，盱眙忠义军总管张惠、范成进劫持彭忻，派人去泗州向金国献城投降。泗州守将纥石烈牙吾塔派遣金军前往盱眙，张惠和范成进打开城门迎接金军，城内宋军都不战而降。金军占领盱眙⑧。接着，李全部下淮安守将王义深也向金国献城投降。金廷也予以接受，并下令将淮安改为平淮府⑨，不久又晋封夏全、张惠、王义深、范成进四人为郡王⑩。金廷正式放弃同宋国和好的方案。

十月，已担任蒙古山东淮南行省的李全返回南方，占领淮安。这时，李全名义上仍然是

---

① 《元史》卷一四八《严实传》，第 3506 页。

② 《元史》卷一二〇《肖乃台传》，第 2966 页。原作"东平"、"金守将"。按东平是在去年被宋朝的彭义斌占领的，是属于宋朝的。

③ 《金史》卷一七《哀宗纪》，第 377 页；卷一一四《白华传》，第 2503 页。

④ 《宋史》卷四七六《李全传》，第 13831—13836 页。关于楚州第二、第三次兵变以及李全之乱的经过，详见《宋元战史》（一），第 64—68、101—128 页。

⑤ 《金史》卷一七《哀宗纪》，第 378 页；卷一一四《白华传》，第 2503 页。

⑥ 《宋史》卷四七七《李全传》，第 13836 页。

⑦ 《元史》卷一一九《木华黎传附字鲁传》，第 2937 页；卷一二五《阔阔不花传》，第 3023 页；卷一五一《杜丰传》，第 3575 页；卷一五二《王珍传》，第 3591 页。

⑧ 《宋史》卷四七七《李全传》，第 13836—13839 页。

⑨ 《金史》卷一七《哀宗纪》，第 378 页。

⑩ 《金史》卷一一四《白华传》，第 2503 页。

宋朝的节度使、京东镇抚副使、京东忠义军都统①。王义深则逃往金国。

盱眙投归金国后，金廷派遣总帅完颜讹可、元帅完颜庆山奴驻守盱眙。是年冬季，完颜讹可、完颜庆山奴领兵进到龟山（盱眙北），和李全军（名义上是宋军）发生战斗，金军被击败②。当时，金廷官员大多认为盱眙不能够固守，但金哀宗不听。十月，金廷还派人用淮南王的爵位招降李全，李全没有接受③。次年（绍定元年），金廷又以完颜庆山奴在龟山战败，而下令将他降为节度使④。

七　宝庆三年之后的宋金情势

宋理宗绍定三年（金哀宗正大七年，1230）十一月，李全正式反叛宋朝，领兵攻打扬州。绍定四年（金正大八年，1231）正月，宋军击败李全，李全被杀，叛军退回淮安。三月，宋军北上讨伐叛军。六月，宋军攻占淮安。同月，淮阴（江苏淮阴）叛军投降金国⑤。

绍定元年至三年，宋金两国未曾发生战事。绍定四年七月，宋军攻打被金国占据将近四年的盱眙⑥。九月后，宋军克复淮阴⑦。是年，金国泗州守将向杨妙真献城投降⑧。绍定五年（金哀宗天兴元年，蒙古太宗四年，1232）八月，宋军收复盱眙⑨；九月，攻占泗州⑩。

绍定三年七月，蒙古窝阔台汗率领大军南下进攻金国，金国陆续丧师失地。绍定五年十二月，金哀宗逃离汴京⑪。绍定六年（金哀宗天兴二年，蒙古太宗五年，1233）六月，金哀宗逃往蔡州⑫。八月，宋军攻陷金国唐州。十月，宋军和蒙古军联合围攻蔡州。宋理宗端平元年（金哀宗天兴三年，蒙古太宗六年，1234）正月，宋蒙联军攻陷蔡州，金国灭亡⑬。

八　结　语

嘉定三年，夏国开始入侵金国。嘉定四年，蒙古军开始入侵金国。嘉定十年，金军为了

---

① 《宋史》卷四七七《李全传》，第 13839—13840 页。

② 《金史》卷一七《哀宗纪》，第 379 页。

③ 《金史》卷一一四《白华传》，第 2503 页。

④ 《金史》卷一七《哀宗纪》，第 380 页；卷一二四《商衡传》，第 2697 页。

⑤ 《宋史》卷四七七《李全传》，第 13843—13851 页。

⑥ 《金史》卷一七《哀宗纪》，第 383 页；卷一一四《白华传》，第 2508—2509 页。

⑦ 《宋史》卷四一三《赵善湘传》，第 12401 页。《宋元战史》（一），第 124 页。《金史》卷一七《哀宗纪》，第 383 页。

⑧ 《金史》卷一一四《白华传》，第 2509 页。

⑨ 《至大金陵新志》卷一四《刘虎》，第 58—59 页。《宋史》卷四一《理宗纪》，第 797 页。

⑩ 周应合：《景定建康志》卷一四《表》十，《宋元方志丛刊》本，中华书局 1990 年版，第 38 页。《宋史》卷四一三《赵善湘传》，第 12401 页。

⑪ 《金史》卷一八《哀宗纪》，第 394—395 页。

⑫ 《金史》卷一八《哀宗纪》，第 398—399 页。

⑬ 《宋史》卷四一《理宗纪》，第 798、800 页；卷四一二《孟珙传》，第 12372—12374 页。

逼迫宋朝恢复岁币,开始南侵宋国,而挑起宋金战争①。夏金战争和蒙金战争,金国被迫应战。蒙古南侵,使得金国丧失了大片领土,大量军队覆没,国力锐减。而夏金战争和宋金战争,虽然各方互有胜负,也使得金国军队更加疲惫,粮食更加缺乏,国力更加削弱,又丧失了山东地区。金国又因此动用部分兵力去对付宋国和夏国,以致不能够全力对抗蒙古。而宋金战争,使得已经两面受敌的金国演成三面受敌的状态。因此,挑起宋金第四次战争,是金国的一个失策。②

宋金战争经过数年之后,金国国内更加疲困。嘉定十四年(含)以后,金军未曾入侵过四川。这是陕西人民疲惫、兵力不足的缘故。嘉定十五年,南侵淮南的金军以夺取粮食为主要目标。显示河南地区缺乏粮食。是年也是金军侵宋的最后一次较大规模的攻势。此后,金军没有再派遣大部队(一万人以上)南侵。显示金国军力更加削弱。

嘉定十七年,金国黄河以北地区绝大部分已经落入蒙古军手中,金国只剩下黄河以北数个州郡以及河南、陕西地区。是年,金廷终于希望结束同宋国的战争,而派人前往宋国要求和好,但没有结果。六月,金军直接进入宋朝光州境内,单方面宣布从此不再攻打宋朝。是年,宋金两国未发生战事。但次年(宝庆元年),金军小部队依然南下侵入光州。宝庆二年,金军并没有南侵。十一月,金廷还在商议同宋国重修旧好的事,但由于接受了宋朝叛将夏全的投降,而使得和好议案遭到搁置。宝庆三年,金廷又接受宋朝盱眙、淮安的投降以及派兵占领盱眙,代表金廷正式放弃了同宋国和好的方案。

盱眙在淮河南岸,宋军势必收复。绍定元年至三年,宋金两国未曾发生战事。这是由于宋朝忙于应付李全的缘故。绍定四年,宋军击败李全和收复淮安之后,便展开收复失地的作战,随即收复淮阴,次年又收复盱眙。虽然,即使同宋国和好,金国仍然无法避免被蒙古灭亡的命运;但就金国而言,放弃同宋国和好的方案,仍然是一个失策。

此外,笔者在二十余年前所出版的《宋元战史》中,说:"到了是年(嘉定十七年)金国正式公布不再南侵以后,两国自嘉定十年开始的第四次战争便正式宣告结束。从此以后,直到绍定四年(1231)以前,两国有七年的时间未曾发生过冲突。"又说:"绍定四年,……从宋军进攻淮阴开始,第五次宋金战争便算开始了。"③经过本文的探讨,证明上述的话是错误的。因为,嘉定十七年的次年(宝庆元年),金军依然南侵。宝庆二年,宋军仍然进攻金国。宝庆三年,金廷又接受盱眙、淮安的投降,并出兵占领盱眙。这三年宋金战争并未中断。绍定四年开始,宋军反攻盱眙一带,仍旧是宋金第四次战争的延续。此后宋金战争持续到宋蒙联合灭金为止。所以,宋金第四次战争可以一直延续到金国灭亡为止,而不必将绍定四年宋军反攻盱眙至宋蒙联合灭金的一段另外划分为宋金第五次战争。

(作者单位:台北"故宫博物院")

---

① 《遗山先生文集》卷一九《冯璧神道碑铭》,第266页。《金史》卷一五《宣宗纪》,第341页;卷六二《交聘表》,第1485—1486页。

② 《金史》卷一六《宣宗纪》,第370页,《赞》说:"(金宣宗)迁汴之后……(蒙古)日益隆盛,智识之士孰不先知。方且狃于余威,牵制群议,南开宋衅,西启夏侮,兵力既分,功不补患。曾未数年,昔也日辟国百里,今也日蹙国百里,其能济乎?"

③ 《宋元战史》(一),第53、198页。

新出土的宋代古文字墓志研究

——贾公直妻蔡氏墓志铭考

李裕民

2013 年第 1 期《中原文物》刊登了一通宋代古文字墓志:贾公直妻蔡氏墓志,志文 426 字①。墓志全部用古文字书写,是罕见的宋代古文字杰作,书法精美,为研究宋代古文字学、书法史及家族史、妇女史提供了极为珍贵的资料。此志是 2010 年经郑州市文物考古研究院科学发掘出土的,其真实性是无可怀疑的。该期的考古报告中发表了墓志拓片并作了释文,信应君、信宇鹏《郑州市黄岗寺北宋贾正之及其妻蔡氏墓志考》(以下简称《信考》)又作了考证。

细审拓本,此墓志之文不是规范的古文字,它大致由几部分组成:一、金文;二、《说文》中的古文;三、秦汉以后的古文字;四、自造的字。又常用通假字,辨认难度甚大。不仅要有古文字的知识,还需要利用秦、汉以后的古文字著作,如汉简、《古文四声韵》等,又必须与宋代历史相对照,结合同时出土的蔡公直墓志,方能较好的解决。《郑文》、《信考》虽作了很大努力,所释仍有欠妥之处,其释读未说明根据所在,标点也有失误,其价值之探讨更显不足,故撰为此文。

一　志文考释

志文凡 22 行,现分行录出(括弧内为通假字),然后逐行考证。

释文:

朝奉郎贾公直元祐四年(1089)秋八月,丁其　1

父朝议大夫公之丧,函哀泣血,扶护还奠(郑),卜以吾(五)年夏　2

四月辛卯,葬于管城县西舟(周)张邉(原)之新阡,又祔其亡妇　3

蔡氏于其或(域)。蔡氏,本东逮(莱)人,赠刑部侍郎元卿之孙,广　4

南东洛(路)提型(刑)、赠朝议大夫交之中(仲)女,姿性婉淑,自其未　5

笄,能孝事父母,友于兄弟,嶷嶷女(如)成人。家有疑事,父母　6

① 郑州市文物考古研究院、河南省南水北调文物保护管理办公室《郑州市黄岗寺北宋纪年壁画墓》(以下简称《郑文》),文中称墓志"共 626 字",当是统计有误,今据拓片改正。

多参订之,所言皆中理。既嫁,则能以其事父母之心移　7

于舅姑,以及其夫。治家事、接族属,率有恩意。公直初仕　8

为卫州汲县主簿,家贫亲远,蔡氏奉馈祀、待宾客,尽其　9

有无,使其夫不以家为念,而得专心公务,且从问学。及　10

提型(刑)公捐夅(馆),闻讣賨(殒)绝,水浆不入口者数日,因以感智,　11

迨疾甚而神识不乱,止以俭于送葬、无广营佛事为言,　12

以熙宁五年(1072)七月卒,享年财(才)二十五,斯可哀也已。生五　13

男,长曰君文,应武举进士。次伟节,用祖朝议夅(阴、荫)补郊社　14

斋郎。弌(一)女,适进士李敏淑。蔡氏母高平郡太君范氏,文　15

正公之长女、于公直母为姊,蔡氏卒十八年乃克徙葬　16

于舅姑之次,雒暘(阳)贾冈志其冬(终)始而系以铭,西水陈恬　17

篆于石,铭曰　18

乌呼蔡氏淑且贤,世本贵胄多蝉联。才(在)家婉约母训专(传),　19

既嫁和柔妇道全。初从薄宦寠且艰,克主馈祀无间然。　20

女(如)何夭阏弗与年,命矣不幸归者(诸)天。卜居兹宅固且安,　21

冉冉丹旐徙新阡。　22

第一行

1. 郎,见《古文四声韵》二引《义云章》。

2. "公"之上部多两点,乃公之异体字。

3. "元祐"二字,元字形似兀,祐之左偏旁为示,右偏旁之"口"写得十分诡异,由其父贾蕃卒于元祐四年推知,此必为元祐。

4. "四"字写法不太规范,与《古文四声韵》四引《云台碑》同。

5. "年"字,古文本作人负禾之形,东周时,人旁讹变为土,此则将土旁移至右边。见《古文四声韵》二引石经。

6. 秋,见《古文四声韵》二引《古尚书》。

7. "丁"字写法特殊,与《汗简》上六的写法基本一致,又与第7行"订"的偏旁相同。

8. "其"字写法,见《古文四声韵》四下。

第二行

1. "父"字写法比较特别,见《古文四声韵》三引《古孝经》。

2. "大"字,并列写了两个大字。

3. "之"字,并列两个之字,写法各异。

4. "血"字,见《古文四声韵》五。

5. "扶"字,右旁同上引之夫,左旁乃手之异写,与《古文四声韵》一略同。

6. "奠"即郑(郑)。古文字中"郑"最早的写法为"奠",东周时增加偏旁"邑",此仍用西周写法。见《古文四声韵》四引《石经》。

7. "吾"字,甲骨文"五"作×,此于其下加口,应释吾,假作五。与《古文四声韵》三引《义云章》同。

8. "夏"字,见《古文四声韵》三引王存义《切韵》。

"卜以吾(五)年夏四月辛卯,葬于管城县西舟张原之新阡",与此相类似的句式,多见于宋人所撰志,如晁说之《宋故朝请大夫管勾舒州灵仙观骑都尉段公墓志铭》:"宏等卜以六月甲申葬公于郑州管城县怀忠乡青店里先茔之次。"①邹浩《夫人严氏墓志铭》:"炳卜以明年某月某日葬于某县某乡某原。"②

第三行

1. "辛"下部似刀,见《古文四声韵》一。

2. 第四字,按其字形,在《汗简》释卯,然同样字形在《古文四声韵》三引《说文》释酉,在此以何释为确?查元祐四年四月干支无"辛卯",而有辛酉,辛酉为四月二十六日。贾公直父蕃墓志曰:"卜以元祐五年夏四月二十六日葬于郑州管城县周张原。"③可见在此应以释酉为是。

3. "县"字写法特别,上为并列两目,下为宣字。假作县。

4. "舟"通周。其下一字,从丝从长,乃张之异体,见《古文四声韵》二引《义云章》。邍为原之繁体,见《古文四声韵》一引《古尚书》。舟张原即贾公直志之周张原。

5. "之"字写法与上一行之字同。

6. "新"字,亦见第22行第6字,下部与上述之辛同,上部为斤,与战国文字同,即新字。古文字之偏旁,左右上下可以互易。书者大概了解此特点,故有意将斤字移至上部。"新阡"指新的墓地,说明夫人乃二次葬。此词常见于宋代墓志,如宋祁《文正王公(曾)墓志铭》:"子融与绎等竭诚信,举公及二夫人之丧,合窆新阡,顺也。"④杨亿《大宋赠侍中追封夔王墓志铭》:"启新阡于毕陌,祔玄寝于桥山。"⑤

7. "亡妇"应指贾公直之妻。如指其母,应称亡母,方可与上述之称亡父相当。

第四行

1. "蔡"字,上从林,中为炎,下作凵,此亦见本铭第12行。写法与《古文四声韵》四引《籀韵》同。

2. "或"假作域。《古文四声韵》五引《义云章》即以或为域。

3. "蔡",见《古文四声韵》四引《林罕集》,与第一字的写法不同,当是写者有意用多种字体表现。

---

① 晁说之:《景迂生集》卷一九,影印文渊阁《四库全书》本。

② 邹浩:《道乡集》卷三七,影印文渊阁《四库全书》本。

③ 毕仲游:《朝议大夫贾公(蕃)墓志铭》,原注:代范忠宣作。见《西台集》卷一三,《山右丛书》本。

④ 宋祁:《景文集》卷五八,影印文渊阁《四库全书》本。

⑤ 杨亿:《武夷新集》卷一一,影印文渊阁《四库全书》本。

4."本"字下部增多品形,与《说文》古文同。

5."逮"假作莱,东逮即东莱,即莱州。具体地点为莱州胶水(今山东平度县)。

6."人"字由上下两"人"字组成,犹"之"字由并列两个之字组成。

7."型"假作刑,《古文四声韵》二引《古尚书》刑字即书作型。

8."元"字由并列两元字组成。"卿"字写法特别,它省去了左右偏旁,保留中部,又在其上增加ウ。见《古文四声韵》二引李商隐《字略》。

9."之"字上部乃装饰,写法类似鸟书体。

10."广"字,见《古文四声韵》三引《古老子》。

第五行

1."南"写作华,当为错别字。

2."洛"假作路。广南东路为宋代路名,约当今天的广东省。

3."提",右作定,乃是之讹。

4."中"字,见《古文四声韵》一引《道德经》。

5."姿"字写法特殊,见《汗简》下之一、《古文四声韵》一引《义云章》。

6."性"字见《古文四声韵》四引《古孝经》。

第六行

1. 第一字上作工,下作丝形,其旁有两笔,乃笄之别体。

2."女"假作如。"人"字下部从几,几当为饰文。"嶷嶷如成人"形容其年虽幼而成熟早,周紫芝《朱氏藏书目序》:"嶷嶷如成人。"①

3."疑"字见《古文四声韵》一。

第七行

1."参"字见《古文四声韵》二。

2."皆"字写法特别,见《古文四声韵》一。

3."既",《郑文》释即。按字应释既,见《古文四声韵》三引《汗简》。

4."移"字从多从之,乃移之异体字。

第八行

1."及"字,按其字形实为秉字,本文"及"字均写作"秉"字,与《古文四声韵》五引《古孝经》、《古老子》同,则此种写法由来已久。

2."族"字见《汗简》卷上之一。

3."仕"字,《郑文》、《信考》未释。按:当释仕,唯于"士"下多一横笔,其右又增一笔而已。"公直初仕为卫州汲县主簿"与贾公直墓志"初调为卫州汲县主簿"同义。

---

① 周紫芝:《太仓稊米集》卷五二,影印文渊阁《四库全书》本。

第九行

1."汲"字写法不规范,从水从秉。作者无以秉作及,故从秉作,实为汲字。

2."县"字上从双目,下部作宜,当从宜声,通假为县。见《古文四声韵》四引《云台碑》。

3."主"字从宀,与侯马盟书、中山王器同。此系融合《古文四声韵》三引《古老子》与《华岳碑》写法而成。

4."簿",见《古文四声韵》三引林罕集。

5."贫"字从宀从分,与《古文四声韵》一引《古尚书》同。

6."亲"字上从目下从辛,见《古文四声韵》一引《古老子》。中山王器之"亲"亦略同,唯右旁多一斤。

7."待"字,《郑文》释"侍",误,其左从彳不从人。

8."宾"字,见《古文四声韵》一引《古尚书》。

第十行

1."使"字写法特别,为并列两个吏字,吏即使。见《古文四声韵》三引《古华岳碑》。

2."专",见《古文四声韵》二引《古老子》。

3."且",见《古文四声韵》三引《古老子》。

4."及",见《古文四声韵》五引《古孝经》,按字形实为秉,"及"、"秉"二字古文相近,"秉"像人以手执禾之形,"及"像人以手执人形。以"秉"为"及",虽属讹写,也有一定道理。

第十一行

1."型"通刑,提刑公指其父蔡交。交卒于1072年。

2."夬"借作馆。与《古文四声韵》四引《碧落文》馆字写法同。

3."闻",从米从耳,乃闻之异体。见《古文四声韵》一引《古老子》。

4."讣",左从心,古心、言通用。

5."霣",通殒。

6."数",见《古文四声韵》四引《古老子》。

7."因"字,见《古文四声韵》一引《古孝经》。

8."感",其上部同《古文四声韵》二引《王庶子碑》。"因以感智",其义难解。从上下文看,"感智"为得病之意。

第十二行

1."迨"字,见《古文四声韵》三引《古毛诗》。

2."甚",见《古文四声韵》三引《古老子》,比较勉强。

3."而",右多三撇,乃饰文。

4."神",右之偏旁乃申之异体。字见《古文四声韵》一引豫让文。

5."俭"字,见《古文四声韵》三引《古孝经》。

6."送"字,见《古文四声韵》四引《古孝经》。

7. "营"字,见《古文四声韵》三引裴光远《集缀》

第十三行

1. "七"字写法特殊,见《古文四声韵》五引《古老子》。

2. "卒"字,见《古文四声韵》五引《古春秋》。

3. "享",见《古文四声韵》三引《古孝经》。

4. "年"字写法,与第一行年字不同,下部作田,古无此写法,但古代田、土偏旁通作,书者大概掌握这种变例,故作此独创之字。

5. "财"通作才。

6. "生"字左旁增一文,乃生之繁文。

7. 末一字,《郑文》释教。按:其字从爻从文,《说文》古文之教与此同。但在此释教,其文无法读通,古无"生教男"之说,此处当释五,甲骨文五作×,本行"五年"之五即作×,第二行之五之上部亦作×,下部增添"口",此则作两×重叠,又增一偏旁,书作者大概从美观出发,对同一字,有意用不同字体写出。"生五男",与其夫贾公直墓志"有五男子"相合。

"斯可哀也已,生五男",《郑文》标点为"斯可哀也。已生五男",不妥,今改。

第十四行

1. 第7字从习从戈,乃武之繁体。

2. 第8字上从与、下从又,乃"举"字。与《古文四声韵》二引《古孝经》同。应武举进士,与贾公直墓志"有五男子,长曰君文,举武科,庭试策艺皆第一,今为内殿崇班、环庆第三正将"相合。

3. "次"字,见《古文四声韵》卷四引《王庶子碑》。

4. "伟"字写法比较怪异,阝为节之省文,与贾公直墓志所载次子伟节相合。

5. "用"字,见《古文四声韵》四引《古孝经》。

6. "舍"即阴,字与《古文四声韵》二引《古老子》同,阴通作荫。

7. "补"字写法特别,与《古文四声韵》三引《古老子》同。

第十五行

1. "斋"字,左旁为斋,右旁似夏,为斋之繁体。郊社斋郎乃低级的荫补官名。

2. 第3字从一从弋,乃一之繁体。

3. 第9字"敏",写法特别,见《古文四声韵》三引《义云章》。

4. "淑",见《古文四声韵》五引《古孝经》。

第十六行

1. "文正公",指范仲淹。

2. "之"字,写法颇近鸟篆体。

3. 第6字《郑文》释"亦",欠妥。此字上从火,下为羔,与亦异。考《古文四声韵》卷一

"於"引《道德经》及朱育《集字》,其字上从火,下部为手执羊形,与此作羔形近,应释於,同于。

4."为"字,《郑文》释舅,不妥。此字写法与《说文》古文"为"字相同。

5."葬"字,见《古文四声韵》四引《王庶子碑》。

第十七行

1."姑",见《古文四声韵》卷一。

2."暘"字通阳,与《古文四声韵》二引《古老子》之"阳"同。雒暘即今洛阳。

3."冈",见《古文四声韵》二引《义云章》。

4."冬"为终之初文。

5."西水",为阆州之属县,《元丰九域志》卷八:"中下,西水,[州]西一百二十里四乡。"

6."陈",下从土,与战国陈侯敦铭同,古陈、田通。此为人之姓氏。

7.《郑文》释"佸",《信考》作"恬",按释"恬"为是,《古文四声韵》卷二引《古老子》之恬,字形与此正同。陈恬为铭文之书写者,尧叟之玄孙。

第十八行

1. 第3字从禾从石,为石之繁体。

2. 第4字,左从厂从炎,乃金之别体。右旁为名之变体。字应释"铭"。

第十九行

1."贤"字从臣从又,与甲骨文之贤同。

2."训"字,川在言之上部,为训之异体。

3."贵"字,见《古文四声韵》四引《古老子》。

4."胄"字,见《古文四声韵》四引崔希裕《纂古》。

5."才"通在。

6."专"字与第10行之"专"同,其下部一正一反,略有异。而古文字中常常正反无别,故此应为专字,其写法见《古文四声韵》二引王存义《切韵》。在此借作"传"。

第二十行

1."和",见《古文四声韵》二引《古老子》,稍异者仅在于左右偏旁互易。

2."柔",见《古文四声韵》二引《古老子》。

3."道",见《古文四声韵》三引《古尚书》。

4."全"字下部有双手,为全之繁体。见《古文四声韵》二引《王庶子碑》。

5."且"字上从虎之头,下从又,乃且之繁体,竹简有此写法。

6."艰"字右从喜,乃艰之异体。

第二十一行

1."女"通"如",如、汝,古文字均作女。

2."者"通诸。

3."固"字从古从心,与《汗简》上四、《古文四声韵》四引《古尚书》之固字写法相同。

第二十二行

1."丹"字,见《汗简》。

二　陈恬的生平及其书法成就

从墓志所载可知,书写者是西水陈恬。其人,《宋史》无传。根据各书所载,略述于下:陈恬字叔易,行二,故亦称陈二丈①,阆中西水县人,后隐居颍川阳翟洞上,号洞上丈人。《书录》称其号存诚子,则有误,存诚子实为张友正之号。②

陈恬出身于一个显赫的家庭,高祖尧叟(961—1178),字秀伯,端拱二年(989)状元,官至枢密使。尧叟之弟尧佐字希元(963—1044),官至宰相,幼弟尧咨(970—1034),字嘉谟,咸平三年(1000)状元,官至知开封府。三兄弟二状元,一宰相,《宋史》卷二八四均有传。当时罕有其比。这是陈家最为辉煌的时期。以后几代,中进士、为中级官员者甚多,整体素质颇高,但就仕途而言,再无人进入高层。恬之曾祖师古,官至尚书都官郎中、知曹州。祖父知章(1014—1037)大理评事,"幼有大才",然仅二十四岁,即去世。父造(1037—1082)字公甫,有"杰才骏识",但试进士不中,只能屈居扬州节度推官之类的幕职,后辞官隐居阳翟洞上十年而卒,享年四十六。③

陈恬,"以才名称乡里"④,但他大概受其父影响,不乐仕进,居阳翟洞上村,后与晁以道长期隐居嵩山。游山水,赋诗为乐,徽宗时,因宋乔年之推荐⑤,"朝廷召之,郡守劝驾,不得

---

①　董更《书录》卷下:"康与之字伯可,吴兴陶定序其词集云:君尝谓余曰:我昔在洛下,受经传于晁四丈以道,受书法于陈二丈叔易,有书传于世。"影印文渊阁《四库全书》本。

②　《书录》卷下:"陈恬字叔,号存诚子。陈简斋诗载其能书。"按:存诚子乃张友正之号,非陈恬号。陈与义赞其能书者乃张友正。陈与义《外祖存诚子帖》:"乱眼龙蛇起平陆,后身羲、献已黄墟。客来空认袁公额,泪尽惭无杨恽书。"《简斋集》卷一三,影印文渊阁《四库全书》本。胡穉《增广笺注简斋诗集》卷九《跋外祖存诚子帖》:"张友正字义祖,退傅邓国文懿公之幼子,自少学书,常居一小阁上,杜门不治他事,积三十年不辍,遂以书名,神宗尝评其草书为本朝第一,号存诚子。"又张嵲《陈公资政墓志铭(陈与义)》:"公之外王父,邓公之季子也,自号存诚子,善行草书,高视一世。"《紫微集》卷三五,影印文渊阁《四库全书》本。据此,存诚子乃张邓公士逊(964—1049)之季子友正也,非陈恬之号。董更误读了陈与义文。

③　晁说之:《宋故赠承议郎陈公(造)墓志铭》,《景迂生集》卷二○,影印文渊阁《四库全书》本。

④　范公偁《过庭录》:"颍川陈恬叔易,以才名称乡里,家贫,与弟同居。"中华书局 2002 年点校本,第372 页。

⑤　赵德麟:《侯鲭录》卷七,中华书局 2002 年点校本,第 171 页;朱弁:《风月堂诗话》卷下,影印文渊阁《四库全书》本。

已而起"①。任秘书省正字。后奉祠居蜀。南宋初,又召为朝奉郎,恬以老求去,后在桂州去世②。享年约七十四岁。

陈恬好读书,善诗文,与众多名人唱和,如李廌(1059—1109)③,释道潜(1043—约1106)④,晁以道(1059—1129)⑤,邹浩(1060—1111)⑥,陈与义(1090—1138)⑦,李处权(?—1155)⑧,苏籀(1091—1164后)⑨,晁冲之(?—1127)⑩等。所著有《洞上卷》三十卷⑪。书已佚,今《全宋诗》收入七首。其文存世者有《李方叔遗稿序》⑫、《毕仲游墓志》⑬。

他的书法很出名,人称其"能书"。宋代著名词人康与之曾"学书于陈恬"⑭,恬尤其擅长古文字,晁说之(1059—1129)《嵩隐长子墓表(晁公寿)》:"予因见洞上陈叔易写科斗古文,颇留心愿学,顾非宜教童子者。"⑮晁说之是陈恬至交,亲眼见到他写古文字,儿子对此颇有兴趣,但晁说之认为太难,儿童不宜学。当时陈恬应该写过不少古文字书法作品,可惜没有流传下来,现在出土的墓志正可补其缺憾,得以窥见其成就。

---

① 张表臣:《珊瑚钩诗话》卷一,《历代诗话》本,中华书局1981年版,第458页。

② 李心传《建炎以来系年要录》卷二五:建炎三年七月辛丑条,朝奉郎陈恬(1058—1131)直秘阁、主管西京嵩山崇福宫。恬,尧叟元孙。少力学,屏居阳翟,躬耕养母,往来嵩少间。上皇闻其名,诏为秘书省正字,奏祠去,避地还蜀。大臣荐其贤,至是复召恬,以老疾求去,未几,卒于桂州。影印文渊阁《四库全书》本。

③ 李廌:《贺兰先生诗同陈恬叔易和节度使王汉忠韵》、《和陈恬思其叔子思有书斋在山中二首》、《又过陈叔易隐居相拉同游超化寺诗》,均见《济南集》卷四,影印文渊阁《四库全书》本。

④ 释道潜:《次韵嵩阳陈叔易先生见访》,《参寥子诗集》卷八,影印文渊阁《四库全书》本。

⑤ 《寄陈叔易》,《景迂生集》卷四。《平昔于王褒赠同处士八绝中喜诵其龙尾禅室一首今连日行荒山中颇增幽居之兴以其句为一首寄杨中立谢显道刘壮舆陈叔易同趣归期也有好事者亦不予鄙》,《景迂生集》卷五。《和陈叔易见寄》,《景迂生集》卷六。《累夜读武经总要慨然思陈叔易寄予嵩阳读水经之句因用其韵作寄叔易此公相与倡和最多于此诗则每诵之》,《景迂生集》卷七。

⑥ 邹浩:《送德符还阳翟并简陈叔易》,《道乡集》卷二,影印文渊阁《四库全书》本。

⑦ 《陈叔易赋王秀才所藏梁织佛图诗邀同赋因次其韵》,《简斋集》卷七,影印文渊阁《四库全书》本。

⑧ 《崧菴集》卷二《陪陈叔易汪彦章登浮翠亭》、《次韵陈叔易三首》,卷四《次陈叔易太湖二十韵》,影印文渊阁《四库全书》本。

⑨ 苏籀:《次韵陈叔易远别离三首》,《双溪集》卷一,影印文渊阁《四库全书》本。

⑩ 晁冲之:《次韵陈叔易柳桥》,见明李袭编《宋艺圃集》卷一一;《次韵陈叔易芦桥》,见《御选宋金元明四朝诗·御选宋诗》卷六一,影印文渊阁《四库全书》本。

⑪ 《宋史》卷二〇八,中华书局1977年点校本,第5376页。晁公武《郡斋读书志》卷四下:"《陈叔易诗》二十卷,右皇朝陈恬字叔易,尧叟裔孙。"影印文渊阁《四库全书》本。

⑫ 《国朝二百家名贤文粹》卷一五九,《宋集珍本丛刊》本。

⑬ 解缙:《永乐大典》卷二〇二〇五,中华书局影印本,第5—8页。

⑭ 陶宗仪:《书史会要》卷六,影印文渊阁《四库全书》本。"书",库本作"字",据《御定佩文斋书画谱》卷三四、《六艺之一录》卷三四七引《书史会要》及董更《书录》卷下改。

⑮ 晁说之:《景迂生集》卷一八。

三　古文字墓志之价值

蔡氏墓志之价值可从以下两方面去分析。

首先，从古文字学与书法角度考察。北宋朝古文字学的发展大致可分两个阶段：一、北宋初期（宋太祖、太宗、真宗时期），以郭忠恕为代表，编成了《汗简》一书，这是将古代流传的古文字，按照《说文》体例汇编在一起，实际上起到字典的作用。但当时响应者寥寥。二、北宋中晚期，从仁宗开始至徽宗，古文字进入兴旺时期。表现在两个方面：

其一，与上一阶段相仿，继续编纂古文字字典，如庆历四年（1044），夏竦《古文四声韵》五卷，材料超过《汗简》，体例也作了改变，按四声将古文字重新编纂。大观四年（1110）张有《复古编》二卷，宣和元年（1119），杜从古《集篆古文韵海》五卷。

其二，更令人注目的成就则是兴起了一门新的学问：金石学，出现了一批古文字专家，对新出土的铜器及石刻文字作了考释，如皇祐三年（1051），杨南仲（？—1065）为《皇祐三馆古器图》作释文，嘉祐八年（1063），刘敞（1019—1068）撰《先秦古器图》，对出土青铜器铭文作了考释，随后，欧阳修（1007—1072）作《集古录跋尾》十卷，释文主要借助于杨南仲和章友直（1006—1062）[1]，欧阳修则在此基础上，利用金石文以纠正经、史古书之误。元祐七年（1092），吕大临作《考古图》十卷，并作释文，今天看来，这些释文大部分是正确的，说明其古文字已达到相当高的水平。徽宗时，又有王俅《啸堂集古录》二卷，黄伯思《博古图说》十一卷，《宣和重修博古图录》三十卷。这些书中均含有对古文字的考释。

如今随着古文字墓志的问世，上述的认识需要更新了。北宋中晚期，不仅在古文字的著录和考释方面取得极大的成就，还增添了实用的功能，将它应用到书法上。目前所见较早以古文字运用到碑刻上的，是景祐五年（1038）《明州桃源保安院大界相碑》，碑额上"保安院界相记"6字即为古文字[2]。但它仅限于碑额，不是碑文，字数不多，影响较小，且碑额历来多用篆体书写，此改用《说文》中的古文而已，只能算是开始付诸实用。这次发现的贾氏墓志就完全不同了，它已是通篇用古文字写成的文章了，所用古文字已突破《说文》中的古文一项，利用了新出土的金文和《汗简》、《古文四声韵》等书，还独创了一些字，书法特别精美，说明到哲宗时，以陈恬为代表的古文字专家兼书法家也加入到实用的行列中，大大扩展了古文字的功能，起到了转折点的作用，影响深远，这是应该充分肯定的。其后，徽宗宣和元年的古文字墓志[3]，又继承其风，是目前所知第二篇用古文字写的墓志，它早在 20 世纪 50 年代就已经发现，只是全文仅 80 字，书法也不太精美，未引起人们注意，但和此次所出墓志联系起来，可以看出，将古文字推广到实用书法上已蔚然成风。较陈恬所书墓志晚四年的《宋故朱府君

---

① 欧阳修：《集古录》卷一："原甫既得鼎韩城，遗余以其铭，而太常博士杨南仲能读古文篆籀，为余以今文写之。""自余集录古文，所得三代器铭，必问于杨南仲、章友直。"影印文渊阁《四库全书》本。

② 章国庆：《宁波历代碑碣墓志汇编》（唐五代宋元卷），上海古籍出版社 2012 年版，第 70 页。

③ 河南省文化局文物工作队：《河南方城盐店村宋墓》，《文物参考资料》1958 年第 11 期，第 75—76 页。此志，予另有文考证。

（诠）墓志铭》，其志额 8 字也使用了古文字①，又继承了碑额用古文字书写之风，其影响及于金代②。

文字本是用来表达思想、交流信息的，但汉字具有的字形特征，使汉字的书写变成一种书法艺术，供人们观赏之用。推其源，可以追溯到春秋时期出现的鸟书体。宋代的书法作品流传下来的着实不少，但以行书为多，这一次的发现，使宋代书法作品增添了新的品种——古文字。清代以后，此类书法作品日益增多。就目前的发现而言，本墓志就是宋代最早的古文字书法作品了，其精美的程度，也可算得上我国古代古文字书法的代表作了。

其次，从宋代的家族史与妇女史的角度考察。这一墓志牵涉到三个家族，即蔡、贾、范。志曰："蔡氏母高平郡太君范氏，文正公之长女、于公直母为姊。"范仲淹（989—1052）的长女嫁给了蔡交，次女嫁贾蕃，两人生下的子女又结成亲。即蔡交女嫁给了贾蕃子公直。表述于下：

```
范仲淹—|—长女→蔡交——女
                    ↓
      |—次女→贾蕃——公直——女→刘长庚
```

这三家，门第相当，范仲淹是参知政事。蔡交的堂兄齐（988—1039）也是参知政事，贾蕃的远房堂伯父昌朝（998—1065）则是宰相。

又据贾公直墓志载，其女嫁给了刘长庚，长庚之祖刘挚（1030—1097）是宰相。

这些家庭不是世家大族，但都是高官后裔，说明他们很看重门第。这里需要指出，宋代的门第与唐代的门阀不同，唐代的门阀看不起出身低微的新贵，不愿与之结亲。宋代的新贵之间并不看从前是门阀还是寒族。

素质高的家族互相结亲，有助于提高后代的素质。但范仲淹和他的蔡、贾两家亲上加亲的做法，对遗传会产生副作用，这虽非主流，却在一定程度上抵消了上述的积极因素。

《蔡氏墓志》盛赞其品德：在家"能孝事父母，友于兄弟"，出嫁后"则能以其事父母之心移于舅姑，以及其夫。治家事、接族属，率有恩意。"当丈夫出仕后，"奉馈祀、待宾客，尽其有无，使其夫不以家为念，而得专心公务，且从问学。"要孝顺公婆，做好家务，让丈夫"专心公务"，这与从前并无二致，值得注意的对妇女的要求，又增加了一条：要让丈夫能够专心去"问学"。虽然只有短短两个字，却是不可小看的进步现象。

为什么当了官还要做学问？宋代扩大科举取士，科举成为最重要的入仕途径，举国上下，读书蔚然成风，应考的人越来越多，竞争也越来越激烈，这就迫使人们注意提高素质，增强竞争力。只要看一下《宋史》列传，随处可见士大夫们不仅读儒家经典，而且广阅诸子百

---

① 《宁波历代碑碣墓志汇编》（唐五代宋元卷），第 99 页。

② 关于金代的古文字墓志，见胡平生《金代娄寅墓志古文盖铭》，《文物》1990 年第 12 期。

家、天文地理、甚至小说、医卜、佛、道典籍①，于是对妇女的要求也相应提高，蔡氏并非孤例。如赵鼎臣《孙令人墓志铭》："待制公（韩纯彦）自其少时，喜从布衣诸生治章句，校艺文，闭门读书，一室萧然。令人（1059—1115）能将顺其意，躬治家事，细巨有无，一不关逮，故得专精问学，卒成其志。既策进士第，数剖符竹，为大藩守臣。"②李流谦《仲结章君墓铭》："君讳绶（？—1167），仲结字也……娶杨氏（？—1168）……有贤行，姑赵姿严，事之欢，治家可法象，使其夫不夺于学，而诸子有立，其力也。"③正因为有了更好的贤内助，使得宋代官员能够专心问学，素质大有提高，远远超越了唐代。一个民族只有素质的不断提高，才能充满活力，自立于民族之林。

（作者单位：陕西师范大学历史系）

---

① 《宋史》卷四〇八："汪纲……多闻博记，兵、农、医卜、阴阳、律历诸书，靡不研究，机神明锐，遇事立决，在越佩四印，文书山积，而能操约御详，治事不过二十刻。"《宋史》卷四三二："何涉……读书昼夜刻苦，泛览博古，上自六经、诸子百家，旁及山经、地志、医卜之术，无所不学。"《宋史》卷二九四："王洙……泛览传记，至图纬、方技、阴阳五行、算数、音律、诂训、篆隶之学，无所不通。"《宋史》卷二八三："夏竦……明敏好学，自经史百家、阴阳、律历，外至佛老之书，无不通晓。"《宋史》卷四三四："陆九龄……肆力于学，缮阅百家，昼夜不倦，悉通阴阳、星历、五行、卜筮之说。"《宋史》卷四五七："徐复……游学淮浙间数年，益通阴阳、天地、文理、遁甲、占射诸家之说。"《宋史》卷四六四："端懿……喜问学，颇通阴阳、医术、星经、地理之学。"

② 赵鼎臣：《竹隐畸士集》卷一九，影印文渊阁《四库全书》本。

③ 李流谦：《澹斋集》卷一七，影印文渊阁《四库全书》本。

欧阳修与宋学

杨渭生

先秦诸子时代结束后,儒家有两次发展高潮,一是汉代,二是两宋。自汉经魏晋南北朝,历隋唐五代,儒学之发展经历了漫长的历史过程。至赵宋,形成了与汉学迥然不同的新思路、新方法和新学风,开创了学术探索的新局面。

宋代新儒学之形成,标志着汉学向宋学转变的完成。其开创者是谁? 学术界有不同的看法。笔者以为最先登上历史舞台,为宋学之勃兴开端引绪者,当推范仲淹。在范仲淹周围聚集了一大批优秀的教育家、思想家和文学家,他们是活跃在北宋中期宋学勃兴初期的代表人物。欧阳修即是其中有杰出贡献的佼佼者。

欧阳修(1007—1072),字永叔,吉州庐陵(今江西吉安)人。他是北宋古文运动的文坛领袖、宋代文学之父。他在文学上的盛名掩盖了他在学术思想方面的贡献,或因此不为人们注意。欧阳修与范仲淹算是师友,亦是在政坛和思想界的合作者,同为宋学勃兴的关键人物。与范仲淹一样,欧阳修的政治、学术、文学三位一体,充分体现了宋学勃兴的新精神、新气象。在新儒学(宋学)的形成过程中,欧阳修的贡献是多方面的、很突出的。举其要者有三:

其一,关于疑古思潮。儒家经学,自汉武帝"罢黜百家,独尊儒术",处于独尊地位,成为治国之术。不可否认,这是儒学发展的一个高潮。但东汉以后,经学向训诂方面演变,特重章句注释。汉儒治经,不论今、古文,都是笃信师说,不敢说半个不字。自汉经魏晋至隋唐,经学注释烦琐不堪,分文析字,死板僵化。唐初,孔颖达编撰《五经正义》,仍袭此家法。他写《正义》是用来解释传注的,但不敢与传注有出入,这叫做"疏不破注"。他把今文、古文、郑注、王学统一于《五经正义》作为定本,实际上束缚了儒学的发展。不突破这种束缚,经学就没有出路。这正是东汉以后经学逐渐衰落的原因。自中唐以降,先后有学者提出疑议,先是"舍传求经",后发展为疑经、删经、改经。这个疑古思潮,虽始于中唐,但至宋初《五经正义》仍在沿用,学术风气沉寂。真宗时,名士贾边参加礼部试,因对《当仁不让于师论》作了新解,与注疏异,即以"特立异说"被黜落。至真宗后期、仁宗朝开始,学风转变,才从"疏不破注"突破为"舍传求经",进而由疑传到疑经,形成一股强有力的疑古思潮。其代表人物众多,诸如范仲淹、欧阳修、刘敞、王安石,等等。欧阳修便是其中最具代表性的人物之一。

欧阳修早在景祐四年(1037)所撰《易或问三首》就怀疑《系辞》非孔子作。其后,著有《易童子问》三卷①,以问答方式揭示疑古思想,系统论证《系辞》、《文言》、《说卦》均非孔子所撰,

---

① 欧阳修:《欧阳文忠公集》卷七六至七八,《四部丛刊初编》本。

有破有立,富有精辟的新解。又撰《毛诗本义》十六卷,对《诗经》之《小序》真伪提出怀疑,专攻毛、郑之失,阐明自己的见解。《四库全书总目》写道:"自唐以来,说《诗》者莫敢议毛、郑,虽老师宿儒,亦谨守《小序》。至宋而新义日增,旧说几废。推原所始,实发于修。"①欧阳修还对《周礼》、《礼记》、《尚书》、《论语》、《孟子》,乃至《春秋》等儒家经典提出许多发前人所未发的疑问,独创新见,开一代学风之先。苏轼说:"自欧阳子出,天下争自濯磨,以通经学古为高,以救时行道为贤,以犯颜纳说为忠,长育成就,至嘉祐末号称多士。欧阳子之功为多。"②如果说,这股立意创新的疑古思潮犹如春风吹绿了宋代的学术园地,成为推动宋学兴起的"发动机",那么,欧阳修便是成功驾驶这部"发动机"向前推进的熟练机手之一。

其二,关于儒学复兴与古文运动。由中唐韩愈、柳宗元开启的古文运动,至宋初成为宋人纠正晚唐五代以来盛行骈文艳丽的文风,倡导诗文革新的先导。韩、柳等唐代古文家因以传道为己任,且倾慕于古文的写作技巧,故倡复古文。宋初,先是柳开,接着是王禹偁、穆修、石介等人,他们继承韩愈的古文传统,开北宋复古文之风。至北宋中期,与疑古思潮相"犄角",古文复兴运动出现了新局面。欧阳修是当时文坛上的一面旗帜。欧阳修的古文理论和创作实践,上承柳开、王禹偁、穆修、石介,下启曾巩、王安石、三苏等宋代古文大家,且有重大发展。欧阳修主张"文"与"道"并重,"道"是金玉,"文"是金玉发出的光辉③。他的这个"道"是对韩愈以来古文传统的继承和发展。宋代古文家从一开始就说:

> 吾之道,孔子、孟轲、扬雄、韩愈之道,吾之文,孔子、孟轲、扬雄、韩愈之文也。④

欧阳修则更明确主张"我所谓文,必与道俱"⑤。"文以载道"即以古文作为载道的工具。这是说,借古文运动以明孔子直到韩愈的儒学之道,而儒学又给古文运动以新鲜的内容,二者相辅相成,表面上是两回事,实际上则是一回事,古文运动是使古代哲学思想获得新生命的儒学复兴运动。它在与骈文辩论、同佛老斗争中共同发展起来,并直接为当时革新政治的现实斗争服务。所以,疑古思潮与儒学复兴运动是宋学兴起的两大巨轮,交相为用,向前推动。它集中反映了在北宋中期新的历史条件下学术进步的一大趋势。欧阳修站在这巨轮的前头,指引着宋代诗文革新的方向。他不仅用高明的文论,而且以其精妙的作品,深刻影响着宋代诗文的发展,把宋代古文运动推进到一个新阶段。他熟练地运用散文、诗歌乃至辞赋等文学形式来阐发议论、讽刺、批判和抒情,自立新体,很有独创性,极富感染力。宋《神宗实录·欧阳修本传》(墨本)上说:"修之文章,遂为天下宗匠。"⑥苏轼说:"士无贤不肖,不谋面而同曰:'欧阳子,今之韩愈也。'"⑦苏轼叙其文曰:"论大道似韩愈,论事似陆贽,记事似司马

---

① 永瑢等撰:《四库全书总目》卷一五,欧阳修《毛诗本义》条,中华书局 1965 年影印本。
② 苏轼:《苏轼文集》卷一〇《六一居士集叙》,中华书局 1986 年点校本,第 316 页。
③ 《欧阳文忠公集》卷六九《与乐秀才第一书》。
④ 柳开:《河东先生集》卷一《应责》,《四部丛刊初编》本。
⑤ 《苏轼文集》卷六三《祭欧阳文忠公夫人文》,第 1956 页。
⑥ 见《欧阳文忠公集》附录卷三。按:《附录》卷三,此句下有:"蜀人苏洵尝论修文章词令雍容似李翱,切近适当似陆贽,而修之才亦似(一作自)过此二人。"
⑦ 《苏轼文集》卷一〇《六一居士集叙》,第 316 页。

迁,诗赋似李白。"①识者以为知音。从宋学之勃兴上看,欧阳修"因文见道",以文而行新儒学之道,为宋学的兴起所作的贡献是巨大而永存的。

其三,关于奖掖后进,成就人才。如众所知,兴学育才,是培养宋学的温床。范仲淹是最早的倡导者,欧阳修则追随范仲淹为宋学的勃兴起着重要的作用。欧阳修不仅高举疑古思潮和儒学复兴的旗帜,而且从思想到行动,都是范仲淹领导的"庆历新政"的台柱之一。欧阳修所起重要作用的一个方面突出表现在奖掖后进,荐举和造就了一大批优秀人才,对推动当时士风、学风的转变,从而促进宋学的发展,具有先导之功。例如,对王安石,欧阳修就很赏识他的才学,写诗云:"翰林风月三千首,吏部文章二百年。老去自怜心尚在,后来谁与子争先。"②多次上奏推荐王安石的学问,可当大用。又如,苏洵、苏轼、苏辙和曾巩等"唐宋八大家"宋代诸成员,在文学和政坛上都受到欧阳修的提携和宣扬,使之有更多的社会影响。至于当时受欧阳修左提右挈的年轻一代,那就更多了。沈括称颂欧阳修以其文坛领袖"独立一世,为天下之师三十余年"③。他以其名臣学者的导师地位,引导推荐了一大批英才脱颖而出。这些人才随后有的成为政坛上的重臣,或为学术文化上的名流,形成一个朝气蓬勃、群星灿烂的学术新天地。这对宋学的兴起和发展,对两宋学术文化的兴旺发达所作的贡献是不可估量的。

(作者单位:浙江大学历史系)

---

① 见黄宗羲原著,全祖望补修:《宋元学案》卷四,《庐陵学案·本传》,中华书局 1986 年点校本,第184 页。

② 《欧阳文忠公集·居士集·外集》卷七三《赠王介甫》。上引此诗,《欧阳文忠公集》本下面尚有:"朱门歌舞争新态,绿绮尘埃试拂弦。常恨闻名不相识,相逢罇酒盍留连。"

③ 《沈括全集》上编卷七《上欧阳参政书》,浙江大学出版社 2011 年点校本,第 51 页。沈括原文:"阁下独立一世,为天下之师三十余年矣。其养育贤才,风动天下,未有如其意。"

动员民间资源赈济:宋朝的劝分与敷配

杨宇勋

一 前 言

灾荒属于非常时期,对比平常的静态社会,更能彰显出社会阶级和群体之间的紧张性与对立面。两宋时期因军事紧张,粮食供应吃紧,反映到官方荒政措施上,官方的无偿性赈给日益减少,除了有偿性的赈粜、赈贷增多之外,劝分富民参与官方赈济值得注意。宋廷动员民间资源救济饥荒,藉此分担官方救济的压力。劝分也像官方赈济一样,有赈给、赈粜、赈贷之别,其中以劝粜居多。

劝分,语出《左传·僖公二十一年》,亦见《国语·晋语》,后书的韦昭注:"劝有分无",即劝富济贫之意。宋人亦以劝分称谓劝富济贫,如孝宗淳熙间臣僚言:"盖以豪家富室储积既多,因而劝之赈发,以惠穷民,以济乡里,此亦所当然。"①黄震(1213—1280)也说:"劝分者,劝富室以惠小民,损有余而补不足。"他认为富室应该抱持着如此心态:"官虽劝粜,而我自劝分也。"②

宋朝劝分研究已有相当基础,王德毅教授讨论推行及奖励劝分的办法,也论及强迫劝分③。张文教授立论于乡绅富民慈善活动,着眼劝分的被动救济特质④。他还曾用"博弈理论"来分析饥荒,在富室闭粜和贫民抢夺之间,双方如何在饥荒中取得最大利益⑤。林文勋教授立论于唐宋富民力量的崛起,注意到劝分的强制性⑥。韩国李瑾明教授以朱熹(1130—

---

① 董煟:《救荒活民书》卷中《劝分》,影印文渊阁《四库全书》本。

② 《黄氏日抄》卷七八《四月十三日到州请上户后再谕上户榜》,大化书局 1984 年影印乾隆三十三年刊本。

③ 王德毅:《宋代灾荒的救济政策》,台北"中国学术著作奖助委员会"1970 年版,第 147—154 页。

④ 张文:《宋朝民间慈善活动研究》,西南师范大学出版社 2005 年版,第 237—242 页。

⑤ 张文:《荒政与劝分:民间利益博弈中的政府角色——以宋朝为中心的考察》,《中国社会经济史研究》2003 年第 4 期。

⑥ 林文勋:《宋代"富民"与灾荒救济》,收入《唐宋乡村社会力量与基层控制》,云南大学出版社 2005 年版,第 91—111 页。祁志浩:《宋朝"富民"与乡村慈善活动》,收入《中国古代"富民"阶层研究》,云南大学出版社 2008 年版,第 224—237 页。是文承袭林文勋的观点,强调富民在乡村慈善活动的作用,其目的在于争取话语权,但是文未论及劝分。

1200）知南康军为例，指出宋朝荒政以官方运作为核心，朱熹认为不能期待乡村强势群体自发地出粜[①]。郑铭德博士注意到劝分是项艰困的工作，地方官必须和富民较劲，方能达成目标[②]。廖寅教授认为劝分往往带有一定的强制性质[③]。李华瑞教授全面分析宋朝劝分，以实施状况、赏格与对象、官府管理、自愿到强制的发展趋势为纲目，注意到绍兴六年地方断遣权力，并指出宋朝劝分的历史特色，南宋的劝分在官方救荒中所占比重日益增大，两宋劝分逐渐从自愿走向强制，最后以官方主导劝分为例，认为士人和富民的作用有其局限性，宋代并不存在公共领域（或中间领域）。[④]

本章尽量避量前人所言，立论于官民互动关系上，着眼分析劝分的分类及性质。

二　鼓励劝分

廖寅指出："在灾荒年代，地主对佃农负有一定的赈济责任，因此，官方对大族往往是奖与惩相结合。"[⑤]既有鼓励，也有惩处。地方官推动劝分的办法，学者多已论及，只是欠缺系统化整理。本文将之分为九种：纳粟补官、斟酌免役、协助讨债、地方官倡率出粜私粮、游说富民出粜、募资向外地购粮、惩治或威胁闭粜者、强制认额、科配劝分。本节论述前六种温和办法，下两节再讨论剩余三种强硬办法。此九种还可简并成四种：积极奖励型（补官、免役、讨债）、温和劝诱型（官员倡率、游说、募资购粮）、强迫粜卖型、科配于民型（认额、科配）。

一是纳粟补官。对宋廷而言，劝分赈荒是有求于富人，必须加以奖励，因此纳粟补官成为劝分重要的办法。学界对于劝诱救荒纳粟补官的研究颇为深入，本书自无赘言的必要，以下综合学者们的说法。《宋会要辑稿》记载最早的赈饥补官为太宗淳化五年（994）正月，诏文："诸道州府被水潦处，富民能出粟以贷饥民者，以名闻，当酬以爵秩。"[⑥]进纳补官的主要对象是富民和商贾，还有部分士人[⑦]。但对于部分进纳补官而言，他们无心于宦途，而关注家业，所求为官籍荣衔，藉以作为家族发展策略。由于劝分在南宋成为主要的赈济方式之一，所以劝分补官亦随之更为常见[⑧]。不过，官场的士论公议通常轻视进纳补官，授官阻力很大，赏格公告与实际授官经常不一致，朝廷食言而肥，以致劝分补官的效果开始递减。如

---

①　李瑾明：《南宋时期荒政的运用和地方社会——以淳熙七年（1180）南康军之饥馑为中心》，收入《宋史研究论丛》第八辑，河北大学出版社 2007 年版，第 227—228 页。

②　郑铭德：《宋代士大夫眼中的富民》，新竹"清华大学"2009 年硕士论文，第 97—101 页。

③　廖寅：《宋代两湖地区民间强势力量与地域秩序》，人民出版社 2011 年版，第 171—174 页。

④　李华瑞：《劝分与宋代救荒》，收入《视野、社会与人物——宋史、西夏史研究论文集》，中国社会科学出版社 2012 年版，第 236—255 页。

⑤　廖寅：《宋代两湖地区民间强势力量与地域秩序》，第 173 页。

⑥　徐松辑：《宋会要辑稿》以下简称《宋会要》）《食货》六八之三〇，中华书局 1987 年影印本；李焘：《续资治通鉴长编》（以下简称《长编》）卷三六，淳化五年九月条，中华书局 2004 年新点校本，第 799 页。

⑦　王曾瑜：《宋朝卖官述略》，收入《点滴编》，河北大学出版社 2010 年版，第 49—50 页；李华瑞：《劝分与宋代救荒》，第 244 页。

⑧　《宋代士大夫眼中的富民》，第 16、39 页。

尤袤(1127—1202)指出:"自后输纳既多,朝廷吝于推赏,多方沮抑,或恐富家以命令为不信。"①又如曹彦约(1157—1228)提到:"劝诱富室上户赈济饥民,与补官资,却缘前后冲改多有不同,致得保明推赏多有沮格。"②朝廷既然失信于民,自然富民也不再踊跃捐输。③

二是斟酌免役。宁宗嘉定二年(1209)七月,曾从龙(1175—1236)认为劝分不需强迫抑勒,可以利用免役以劝诱之:

> 夫所谓劝者,非可以势力胁,非可以空言谕,要必有术以诱之而后可……量其多寡而与之免役,多者免一次,少者一年或半年。夫民之惮役,甚于寇盗。今既与之免役,彼将欣然乐从而无难色,此诱之之术也……今后富民上户有能赈粜、赈贷者,并令常平司与之斟酌免役。④

诱之以术,便是免役。虽然曾从龙话说得兴致,但这并非他的发明,早在高宗绍兴六年(1136)四月,李纲(1083—1140)便建议朝廷:"一千五百石,与免将来差科三次;一千石,与免差科两次;五百石,与免差科一次。"⑤

三是协助讨债。为了保障上户赈贷的权利,不少官员提出代为追债的保障,以利进行荒政劝分。换言之,在灾后偿还本息之时,若遇有逃遁或赖账的欠债人,官府将替其追讨。如《昼帘绪论》云:

> 其有旱涝伤稼、民食用艰者,当劝谕上户,各自贷给其农佃。直至秋成,计贷过若干。官为给文墨,仰作三年偿本主。其逃遁逋负者,官为追督惩治。盖田主资贷佃户,此理当然,不为科扰,且亦免费官司区处。⑥

官府若不如此保证,恐怕等到下次灾荒,便没有上户愿意赈贷借予钱粮。这部分内容还会在赈贷章节详论。

四是地方官倡率出粜私粮。孝宗乾道四年(1168),何耕通判成都府时,"绵溪大饥,公沿帅檄赈济,过家率族党发私廪为之倡"。⑦

五是游说富民出粜。如真宗时高继勋(958—1035)知瀛州,"属岁大饥,谷价翔起,即召诸里富人,谓曰:'今半境之人将转而入之沟壑,若等家固多积粟,能发而济赈之,若发济州将之命。'于是皆争出粟,王亦以其直予之,蒙活者万余人"⑧。类似的记载颇多,多存在于传记

---

① 马端临:《文献通考》卷二六《国用考四·赈恤》,中华书局 1991 年影印《万有文库》十通本,第 256 页。

② 《昌谷集》卷九《湖北提举司申乞赈济赏格状》,影印文渊阁《四库全书》本。

③ 《宋代灾荒的救济政策》,第 150 页。

④ 《宋会要·食货》六八之一〇五。《文献通考》卷二六《国用考四·赈恤》,误书为"贾从熟"。

⑤ 李纲:《李纲全集》卷八六《画一措置赈济历并缴奏状》,岳麓书社 2004 年点校本,第 859 页。

⑥ 胡太初:《昼帘绪论·赈恤篇第十一》引自徐梓编注《官箴——做官的门道》,中央民族大学出版社 1996 年版,第 109 页。

⑦ 周必大:《文忠集》卷三五《何耕墓志铭》,影印文渊阁《四库全书》本。

⑧ 王珪:《华阳集》卷三六《高继勋神道碑》,《丛书集成初编》本。

之类文本，然而交代过于简略，只说"皆争出粟"①，无法看出富民愿意配合的真正原因。黄震提到他于权华亭县的诱劝方式：

> 本县元行劝分，止桀有钱籴米之家……某一时作急，尽出己俸倡率煮粥，兼出下俚之计，效尤浮屠家，作疏头缘化，请学职以化士夫人家，请寺僧以化街坊市户，且揭榜通衢。②

黄震动员官方及宗教力量来劝诱出粟，官户和士人交由学职负责，一般百姓则由寺僧负责。郡守可以委任县官、居乡官或士人来担任劝粟官，协助游说或执行劝分，如"提举劝粟"之类③。下面还会提到黄震另一史例，说服富民出粟实属不易，不能光靠嘴巴。

六是募资向外地购粮，由董煟（？—1217）提出，其云：

> 莫若劝诱上户及富商巨贾，俾之出钱，官差牙吏于丰熟去处贩米豆，各归乡里，以济小民，结局日，以本钱还之。村落无巨贾处，许十余家率钱共贩；或乡人不愿以钱输官而愿自粜贩者，听。官不抑价。

第一种是富民巨贾出资，官吏代行购粮；第二种率钱集资，亦交由官方执行；第三种是乡民集资，官方不参与，自行籴粜。董煟认为此法好处在于："利之所在，自然乐趋，富室亦恐后时，争先发廪，则米不期而自出矣。此劝分之要术。"他称此法为"不俟劝分村落有米法"④。这只是董煟著书的构想，不知是否真正实行过？

顺利劝分富民之后，如何出粜粮食呢？大致可分为四类：一是自行赈粜出售，如孝宗淳熙九年（1182），朱熹在浙东"劝谕有米积蓄上户停塌之家，趁此米谷未登之际，各依时价，自行出粜，应副细民食用"⑤。

二是开场出粜，官督民粜，或官督官粜。真宗大中祥符五年（1012）二月，诏曰："多方劝诱蓄积之家……分散救济，仍差公干官量口数监散。"⑥高宗绍兴六年（1136）二月，右谏议大夫赵霈（？—1145）提到："县差丞、簿于在城及逐乡要闹处，监视出粜，计口给历照支……其交筹收钱，并令人户亲自掌管，官司不得干预。"⑦劝谕人户自行买卖收钱，官员只监督其事，

---

① 如罗彦辅知溧阳县，"劝有米家，力可出者，下皆乐输"。载李之仪《姑溪居士全集》前集卷四八《罗彦辅墓志铭》，《丛书集成初编》本。

② 《黄氏日抄》卷七一《权华亭县申仓司乞米赈饥状》。

③ 整理自《黄氏日抄》卷七八《四月十九日劝乐安县税户发粜榜》："礼请名士宋节干等十员分乡提督劝粜。"《六月二十日委乐安施知县胡亨祖发粜周宅康宅米》："劝粜提督黄省元。"《七月初一劝勉黄宜乐安两县赈粜未可结局榜》："应干劝粜官吏及提督寄居士友。"

④ 上引俱见《救荒活民书》卷中《劝分》；拾遗《不俟劝分村落有米法》。

⑤ 朱熹：《朱文公文集》卷九九《约束粜米及劫掠榜》，《四部丛刊初编》本。其后，朱熹朝向掌控民间存粮来调整，如他福建监司："所桩禾米自来年正月为始，以十分为率，至每月终，即给一分还元桩产户自行出……五日一次差隔官监粜……如至六月中旬，民间不甚告饥，即尽数给还产户，自行出粜。"同书卷二五《与建宁诸司论赈济札子》。

⑥ 《宋会要·食货》六八之三四。

⑦ 《宋会要·食货》六八之五八。李心传：《建炎以来系年要录》（以下简称《要录》）卷九八，绍兴六年二月乙巳条，《丛书集成》本。奏文较详，但错字较多。

这种"官督民粜模式"即是"劝诱赈粜"。又如孝宗乾道七年(1171)十月,龚茂良(?—1178)提到:"将赈粜之家并令官司差入(人)监视,给历记粜过之数。"①又如信州上饶县岁大饥,地方官石昼问"劝分不以赀产,先察畜米多寡谕教(数),故倚郭得米二十余万斛,它邑各以万计,境内置回环场四十七所,各给本钱,且粜且粜,循环无穷,择土官信实者主之"②。又如淳熙八年(1181),扬州旱伤"赈粜,则又考其道里之远近,置诸场,家与之券,使日粜焉"③。又如光宗绍熙五年(1194),中书门下省言:"两浙州县米价踊贵,小民艰粜……令巨室富家约度岁计食用之外,交相劝勉,将所余米斛趁价出粜。或就在城自占地分置场,或自占某县,或自占某乡,或占几都几保,置立场铺……官为机察数目。"④此法便于赈粜,机动性较高,但可能产生区域不平衡,未必利于偏远地区。

三是赴官输米,集中赈济。如仁宗庆历四年(1044),"募民纳粟与官,以备赈贷"⑤。高宗绍兴六年(1136)四月,江西安抚制置大使李纲议请:"劝诱上户纳钱米入官,以助赈济。"⑥同样的,光宗绍熙四年(1193)八月,诏曰:"有旱伤州县,许劝谕官、民户有米之家赴官输米,以备赈济。"⑦优点是官方统一处理,集中物资,方便救灾。但缺点是需要动员庞大的人员,机动性较低。

第四种,董煟提到集资向外购粮的构想,前已提及。

三　强制劝分

大致而言,富民之所以在饥荒中囤粮而闭粜的原因可能有四:一是储粮以自保,此自不待言。二是有利可图,虽存在着风险,但暴利可观,属于商业牟利行为。三是避免暴露自己的财产信息,成为日后科配的常额惯例,这点被人所忽略。钟咏提到:劝粜"惮官有定价,岁为常额,而不敢出其所有"⑧。欧阳守道(1209—?)也提到:"一自劝分,久为定例。"⑨四是预备科配所需,董煟敏锐地看到这点:

> 富民有米,本欲粜钱,官司迫之,愈见藏匿……何待官司之劝?只缘官司以户等高下,一例科配,且不测到场检点。故人户忧恐,藉以为名,闭粜(粜)深藏,以备不测。⑩

---

① 《宋会要·食货》五九之五〇。

② 《文忠集》卷七五《石昼问墓志铭》。

③ 《全宋文》卷六二六九,赵善迁:《程太守赈济记》,上海辞书出版社2006年版,第95页。

④ 《宋会要·食货》六八之九六。

⑤ 《长编》卷一四九,庆历四年五月戊寅条,第3612页。

⑥ 《宋会要·食货》六八之五九。

⑦ 《宋会要·食货》六八之九四。

⑧ 《永乐大典方志辑佚》之《宜春志》,钟咏:《萍乡县西社仓记》,中华书局2004年版,第1846页。

⑨ 《巽斋文集》卷四《与王吉州论郡政书》,影印文渊阁《四库全书》本。这种担心并非多余,譬如知秀州黄度的做法,"合济粜之数,又择乡豪、寄居及向来考核之不实者,许厘正,既详且密。而后县官考焉,又不实,则罚之。"

⑩ 前文见《救荒活民书》卷上《天禧元年四月》,后文见卷中《劝分》。

所言有理。无独有偶，欧阳守道也说：

> 名为富家者，而其米未甚多者，一自劝分，久为定例。于是此等所谓富家者不复前期私粜，但谨闭蓄之，以待公家一旦之命。盖不俟命而先自私粜，不足以塞官司后日之责。私粜而米竭，后日无以应命，罪且随之，彼止有此数也。[①]

这个观念和董煟类似，是否受其影响，不得而知。悖谬的是，既然劝分科配是例行公事，反而造成中上户事先囤积，以期因应官府的需求。试想，倘若不事先准备，届时如何应付官方要求？弄不好，还会坐罪。即是说，科配反而加强囤积闭粜的风气，这是官方始料未及。因此，乡里囤积粮食之风是不可能彻底消除。

法令上的劝分时机，高宗绍兴三年（1133）六月，户部提到：

> 人户灾伤，在法，以常平钱谷应副；不足，方许劝诱有力之家出办粜、贷。[②]

即是说，以常平钱谷救灾不足时，方许向富户劝粜。此条法令当制定于更早之时。法令虽如此规定，事实却未必如此。

荒灾之际，宋朝官方是否拥有强征粮食的公权力，并得以惩处闭粜囤粮或不遵劝谕的人呢？答案是有的。宋朝强迫劝分的办法，大致有四种：强粜大户余粮、高价牟利犯者坐罪、授予地方官断遣之权、闭粜者籍配。

一是强粜大户余粮，又称发粜、发廪。北宋初期齐州任城县主簿刘颜（生卒年不详），"岁饥，发大姓所积粟，以活千人"[③]。文中未见朝廷惩处刘颜，依此，地方官似乎有强发大户积粟的权力。真宗大中祥符五年（1012）二月，诏曰："多方劝诱蓄积之家，除留支用外，将余剩斛斗分散救济，仍差公干官量口数监散。"[④]本文称此法为"强粜大户余粮制"，官方得以强粜大户余粮，并差官监散。五年之后，天禧元年（1017）四月，濮州侯日成（生卒年不详）也奏请："乞差使臣与通判，点检逐户数目，量留一年之费外，依祥符八年秋时，每斛上收钱十五文省，尽令出粜，以济贫民。"真宗并未同意，诏曰："只依前后敕旨，劝诱出粜，余不得行，虑扰民也。"[⑤]由此判断，大中祥符八年（1015）秋，也曾有臣僚奏请强粜大户余粮。因此该制并非常制，必须经由朝廷同意，此次真宗并未允准。不过，强粜大户余粮制并未根绝，仁宗天圣六年（1028）八月，利州路转运使陈贯（生卒年不详），"会岁饥……又率富民，令计口占粟，悉发其余，所活几万余人。诏书褒谕"[⑥]。仁宗还下诏褒奖此次劝分余粮赈饥。

---

① 《巽斋文集》卷四《与王吉州论郡政书》，卷一七《吉州吉水县存济庄记》。又提到："官呼而谕之曰：'尔粜数若干，以某月某日，违吾令罪尔。'归则相戒曰：'吾虽有米，今不可自粜矣。自粜而一空，如其无以应官命，且奈何？'昨日粜，今日闭，不得已也。"

② 《宋会要·食货》六八之五七。

③ 脱脱等：《宋史》卷四三二《儒林二》，鼎文书局1983年新点校本，第12831页；李元纲：《厚德录》卷三，《丛书集成初编》本。

④ 《宋会要·食货》六八之三四。

⑤ 《救荒活民书》卷上。董煟并不赞同这种做法。

⑥ 《长编》卷一六〇，天圣六年八月己巳条，第2479页。亦见《宋史》卷三〇五《陈贯传》，第10046页；《厚德录》卷三。

南宋不时传出强粜大户余粮之事,高宗绍兴六年(1136)四月,江西安抚制置大使李纲议请:"上户积米之家,许留若干食用,其余依市价量减,尽数出粜。"①知南康军朱熹救荒亦用此法,他将灾民分为四类,第一种是"富家有米可粜者几家,除逐家口食支用供赡地客外,有米几石可粜"②。这也是强粜大户余粮延伸的做法。又如光宗绍熙五年(1194)诏令也提到:"如豪右之家产业丰厚,委有藏积,不遵劝谕,故行闭粜者,并令核实奏闻,严行责罚,仍度其岁计之余,监勒出粜。"③此诏也提到"监勒出粜"字眼。宁宗嘉定元年(1208),江西抚州知临川县黄干(1152—1221)也采取发廪的做法:

> (黄干)奋然言曰:"劝粜适足以闭粜,惟发廪尚可以活民!"即日亲出城,至河东谢氏庄,问其因何未粜?守庄者曰:"元粜价五百,今欲增价也。"勉斋(黄干)即立价一百,甫半日发尽。谢氏至前待罪,勉斋曰:"汝不发粜,至劳知县为汝作干甲,汝亟交钱去,若别有仓廪,仰以实告我,更亲往,价又减矣。"谢氏自此尽粜,邻邑闻风相应,岁以无饥。④

黄干颇有胆识,也有霹雳手段,富室虽然不爽,但亦不得不以五百作一百粜卖。黄干还以谢家干人自比,代为粜粮,幽默表达发廪之意。度宗咸淳七年(1271),知抚州黄震亦模仿黄干发廪的做法。⑤

二是授予地方官断遣之权。绍兴六年(1136)三月,尚书省奏:婺州积米之家乘时射利,闭仓遏粜,缘此细民转致艰食,偷生为盗。于是下诏:

> 浙东州县守令劝诱上户,广行出粜……若有顽猾上户依前闭粜之人,亦抑断遣。仍令提举官躬亲检察。⑥

"断遣"为依法处置之意,有惩罚性质,属于一种行政裁量权。殿中侍御史周秘(生卒年不详)有鉴于断遣过于严厉,入奏反对:

> 臣但闻其劝分矣,未闻其迫之也。今止令州县劝诱,犹惧其抑勒,若更许之断遣,则彼将何所不至。臣恐州县官吏,不复问民之有无,而专用刑威,逼使承认。奸贪之吏因得济其私,而善良之民或有被其害矣。

周秘所言有理,朝廷从之。为了挽救后遗症,宋廷下诏:"诸路提举常平官躬亲遍诣所部州县,巡按觉察,如有违戾去处,按劾闻奏。"⑦文献交代不清楚,未知断遣权力是否取消?学者李华瑞征引李纲奏状,认为宋廷并未取消地方官断遣之权⑧。从"准尚书省札子,备奉圣旨

---

① 《宋会要·食货》六八之五九。亦见《李纲全集》卷八六《画一措置赈济历并缴奏状》,第857页。

② 《朱文公文集》别集卷九《取会管下都分富家及阙食之家》夹注。

③ 《宋会要·食货》六八之九七。

④ 《黄氏日抄》卷七八《四月二十五日委临川周知县滂出郊发廪榜》。

⑤ 《黄氏日抄》卷七八《四月二十五日委临川周知县滂出郊发廪榜》,第10页。

⑥ 《李纲全集》卷八六《画一措置赈济历并缴奏状》,第857页。

⑦ 《要录》卷九九,绍兴六年三月己巳条,第1623—1624页。亦见《宋会要·食货》六八之五八至五九;《宋史》卷一七八《食货上六》,第4335页。

⑧ 氏著:《劝分与宋代救荒》,第249页。

指挥节文，停蓄之家尚敢不从劝诱，依前闭粜，量度轻重，一面断遣"①来判断，李氏推论应该正确。还有一条史例亦可佐证，孝宗淳熙九年(1182)，朱熹于浙东针对"意图邀求厚利，闭粜不粜"，"如敢辄有违戾，切待根究，重行断遣"②。显见断遣权力并未取消。

断遣处置有哪些？史书并未详言。据前引周秘所言："许之以断遣……专用刑威，逼使承认"，即是刑威之类。李纲则说，断遣为酌情"枷项号令"③。孝宗乾道四年(1168)，何耕通判成都府时，"绵溪大饥……里富人独闭粜(粜)，公登门晓之，弗听，械系其家人，远近输米相踵，全活不可计也"④。因此，械系应是知府何耕对闭粜者所做的断遣处置，还有枷锁、训斥、笞杖等，也可能包括前述的强粜余粮，甚至籍产、配刑。

三是高价牟利犯者坐罪。哲宗绍圣元年(1094)十月，还下诏规定劝分赈粜价格，"官为酌立中价，毋得过，犯者坐之"⑤。

四是闭粜者籍配。度宗咸淳七年(1271)，知抚州黄震提到："本职闻闭粜者籍，抢掠者斩，此辛嫁轩(弃疾)之所禁戒，而朱晦庵(熹)之所称述。"⑥其后，又警告说："若十日之内不粜者，轻则差官发廪，重则估籍黥配。"⑦真的可以估籍黥配吗？地方官拥有如此大的刑责权力吗？强粜者当指强盗他人粮食者，依法论之死罪，"强粜者斩"有其道理。不过，死刑必须上奏朝廷决定，按照规定，地方官无权径自执行死刑。

《宋史》辛弃疾本传记载，孝宗淳熙七年(1180)，知隆兴府兼江西安抚辛弃疾(1140—1207)面对江西大饥，到任后张榜于大街："闭粜(粜)者配，强粜者斩。"⑧与此同时，朱熹正在邻郡南康军任知军，事后他听到弟子说："辛幼安帅湖南，赈济榜文祇用八字，曰：'劫禾者斩，闭粜者配。'朱熹说："这便见得他有才。"但他又批评："此八字者做两榜，便乱道。"更说："要之，只是粗法。"⑨针对辛弃疾的配隶做法，朱熹的态度有所保留。从朱熹所言"乱道"推知，"闭粜者配，强粜者斩"似非法令的规定。

地方官真的能对闭粜者处以配隶吗？这有史例。如潭州安化县上户龚德新(生卒年不详)，"平时兼并，遂至巨富，以进纳补官"。乾道八年(1172)，"旱伤阙食，独拥厚资，略不体认国家赈恤之意"，"追进武校尉一官，勒停，送五百里外州军编管"⑩。编管属于广义的配刑，此为孤证，仍待追踪。

其次，地方官是否能对闭粜者籍没？这也有史例。度宗咸淳七年(1271)，黄震也模仿辛

① 《李纲全集》卷八六《画一措置赈济历并缴奏状》，第857页。

② 《朱文公文集》卷九九《约束粜米及劫掠榜》。两年前，朱熹于南康军曾下公文："切虑其间上户抵拒官司，不即依从分拨，有悮赈粜不便，合行下三县，如有上户不遵从官司分拨，即仰具姓名申军。"同书别集卷一〇《再行下三县劝谕到上户赈粜不许抵拒事》。

③ 《李纲全集》卷八六《画一措置赈济历并缴奏状》，第857页。

④ 《文忠集》卷三五《何耕墓志铭》。

⑤ 《宋会要·食货》六八之四七。

⑥ 《黄氏日抄》卷七八《四月初十日入抚州界再发晓谕贫富升降榜》。

⑦ 《黄氏日抄》卷七八《四月十四日再晓谕发誓榜》。

⑧ 《宋史》卷四〇一《辛弃疾传》，第12164页。

⑨ 黎靖德编：《朱子语类》卷一一一《论民》，台北文津出版社1986年新点校本，第2717页。

⑩ 《宋会要·食货》六八之一二。

弃疾的做法,大书"闭粜者籍,抢掠者斩"八字,榜示于市①。黄震针对不配合的大户,下榜预警:"饶宅有拒命者,径与封籍解州。"②

不过,"籍"仍有详究的必要。孝宗乾道八年(1172),"夏秋大水,(都江)堰坏……双流米氏奇粜,邑民聚而发其廪,公(成都府路转运判官赵不息)罪米氏,籍其米,黥盗米者十余人,他富家、饥民皆震恐不敢违。虞丞相允文别田在二江,亦尽其藏以赈"③。赵不息没收闭粜者的囤米,并惩处发廪盗米人以黥纹,即是闭粜者籍,发廪者黥,这是真实的例证。然从"籍其米"字眼得知,此处的"籍"并非籍没所有家产,仅是籍没囤米而已,与强粜余粮的精神是一致的。

到了南宋,劝分更形重要,这点反映在士大夫文本之中。诸如高宗绍兴六年(1136)二月,右谏议大夫赵需提到:"今日赈救有二:一则发廪粟减价以济之,二则诱民户赈粜以给之……唯劝诱赈粜尤为实惠。"④尤袤说:"救荒之政,莫急于劝分。"⑤黄度(1138—1213)也说:"救荒无出劝分。"⑥黄干说:"今之守令为救荒之策者,不过曰劝分,曰通商而已。"⑦王柏(1197—1274)说:"劝分之政,固荒政之所先。"⑧又说:"讲行劝分……于今日,实无良策。"⑨欧阳守道说:"官于荒政类亡具也,而劝粜为第一策。"⑩黄震也说:"救荒之法,惟有劝分……天道也,国法也。"⑪从南宋中期到晚期,均有人论之。元代的《宋史》也认为南宋相当仰赖劝分,其云:

> 绍兴以来,岁有水旱,发常平义仓,或济或粜或贷,如恐不及。然当艰难之际,兵食方急,储蓄有限,而振给无穷,复以爵赏诱富人相与补助,亦权宜不得已之策也。⑫

南宋劝分多于北宋,这个观察大致正确。但这并非说南宋荒政仅仰赖劝分而已,动用常平仓及义仓、支拨公帑、挪借他司钱米仍具有功能,只是多寡而已。

另外,劝分难免造成官司和富民处于对立状态,兹以度宗咸淳七年(1271)黄震知抚州为例。黄震连下几道榜文,部分火药味颇浓,对于闭粜者还榜示警告说:"轻则差官发廪,重则估籍黥配。"然而,陆续至少有八位不愿配合的上户,这些上户熟悉对抗官府的手段,如乐安

---

① 《宋史》卷四三八《儒林八》,第 12993 页。

② 《黄氏日抄》卷七八《四月二十五日委临川周知县済出郊发廪榜》。

③ 叶适:《叶适集·水心文集》卷二六《赵不息行状》,台北河洛图书出版社 1975 年新点校本,第 51页。

④ 《宋会要·食货》六八之五八;《要录》卷九八,绍兴六年二月乙巳条,第 1611—1612 页。奏文较详,然错字较多。

⑤ 《文献通考》卷二六《国用考四·赈恤》。

⑥ 袁燮:《絜斋集》卷一三《黄度行状》,《丛书集成初编》本。

⑦ 黄干:《勉斋集》卷二四《汉阳条奏便民五事·二广储蓄》,影印文渊阁《四库全书》本。

⑧ 王柏:《鲁斋集》卷七《赈济利害书》,影印文渊阁《四库全书》。

⑨ 《鲁斋集》卷九《水灾后札子》。

⑩ 《巽斋文集》卷一七《吉州吉水县存济庄记》。

⑪ 《黄氏日抄》卷七八《四月十三日到州请上户后再谕上户榜》。

⑫ 《宋史》卷一七八《食货志上六》,第 4340 页。

县周九十官人便相当狡猾，"县丞初欲先到周宅，其见已定，厅司乃硬押轿番先至康家，遂致周官人先期搬藏米谷，欲以空仓虚历欺瞒县丞，称为已粜"①。这些上户并非省油的灯，他们所作所为让那些他派遣的提督劝粜官心生畏惧，其榜文曰："本州劝粜实取怒富家巨室之事，应干劝粜官吏及提督寄居士友，人人危惧。"这些上户甚至向上司投诉对黄震的不满，榜文云："访闻六姓上户买游士以假大义，分哗干以恩肤受，伺候仓台，乘机投诉，必欲挠败见行荒政。"②

依时序而言，"强粜大户余粮制"出现于真宗朝，高价牟利犯者坐罪首见于哲宗朝，授予地方官断遣权力则在高宗朝，南宋甚至有闭粜者籍配的说法。李华瑞指出南宋劝分从自愿走向官府强制③，这观察是可信的。因为这三个规定，劝分趋于严厉，多少加强此一走向。为何有此发展呢？原因很多，主要有两：首先，南宋的中央财政日渐窘迫，地方财用不足，难以因应赈济需求。其次，部分的常平仓及义仓钱粮被挪用，功能不彰，甚至名存实亡。爰是之故，相对于北宋，南宋劝诱富民赈济的依赖性较高，劝诱强制法令也趋于严格。

令人疑惑的是，为何朝廷又严禁地方官强迫劝诱呢？令人不解。显然，朝廷不允许以刑责富民来强迫劝分，但官方强迫劝诱者时有所闻，禁不胜禁。宋廷三令五申，禁止抑勒劝分④。其实，朝廷的态度时紧时松，因时而异。倘若情势紧急，朝廷经常睁只眼闭只眼。承平之际，若有人控告，则可能究办。

四　劝分科配

地方官的劝分手段，大致分为积极奖励型、温和劝诱型、强迫粜卖型、科配于民型等四种，前三者已讨论过，本节则着眼于科配于民。有时劝分会采取军需物资供应的惯例，采取科配的办法。劝分在南宋变多，科配也自然随之增多，这种与和籴朝向科籴的发展如出一辙⑤。劝分强迫科配方式，有富民认额、等第科配两种。

富民认额方面。孝宗隆兴二年（1164）臣僚提到依照田亩多寡敷配劝粜数量：

> 淮南流移百姓见在江、浙州军，无虑十数万众，虽欲赈济，缘官司米斛例有限。近降指挥，有田一万亩，出粜米三千硕，其余万亩以下，却有不曾经水灾收蓄米斛之家，粜价倍于常年。今相度，欲委逐州见不曾经水灾处，占田一万亩以下、八千亩以上，立定出粜米一千五百硕。⑥

朝廷从之。指挥有两次，前次有田一万亩敷配劝粜三千石，其次一万至八千亩敷配一千五百

---

① 《黄氏日抄》卷七八《六月二十日委乐安施知县亨祖发粜周宅康宅米》，第 10 页。

② 《黄氏日抄》卷七八《七月初一劝勉黄宜乐安两县赈粜未可结局榜》，第 14 页。

③ 《劝分与宋代救荒》，第 247—254 页。

④ 如《宋会要·食货》六八之六五载："劝谕积谷之家接续出粜，不得因而抑勒搔扰。"

⑤ 拙稿：《晚宋的军需科籴：从战争动员的角度来观察》，收入《纪念陈乐素教授诞生 110 周年学术研讨会论文集》，暨南大学中国文化史籍研究所 2012 年 12 月 10 日。

⑥ 《宋会要·食货》六八之六三。

石。又如乾道七年(1171),江西帅司龚茂良提到:"本府已立下价直,每硕止一贯五百四十文足,比之市价折钱七百六十文足,以一名若认粜二万硕,共折钱二万五千二百余贯足。"①

上户承诺赈粜的粮数,即承认赈粜粮食数目,简称"承认"或"认粜"。孝宗淳熙七年(1180),知南康军朱熹亦采用此法,"在城上户二十五名,共认赈粜米一万一千六百三十五硕,每升价钱一十七文足。星子县劝谕到上户三十一名,共认赈粜米一万一千九百三十五硕,每升价钱一十七文足。都昌县劝谕到上户五十九名,共认赈粜米二万八千九百八硕五升,每升价钱一十四文足。建昌县劝谕到上户九十一名,共认赈粜米二万八百硕,每升价钱一十二文足"②。先将上户所认粜数桩管其家,"差官审实监粜"③。富民认粜也有乡里惯例。前述朱熹发布赈粜时,富家依例要出粜若干,至于出粜多寡,"乡例籴(粜)数即依乡例"。④

何谓等第科配呢?即科配数额有等第的差别。徽宗宣和七年(1125)讲议司奏:"其依法应科配之物,在法,当职官躬亲品量,依等第均派。"⑤至于科配"等第均定"的基准呢?学者王曾瑜认为,依照人户的户等、二税、亩数或家业钱(物力)等多寡,作为科配的基准⑥。这点也适用于劝分科配。

孝宗淳熙时,臣僚陈言:"臣访闻去岁州县劝谕赈粜,乃有不问有无,只以户等高下,科定数目,俾之出备赈粜。"⑦董煟也说:"今为守令者……惟以等第科抑,使出米赈粜。""只缘官司以户等高下,一例科配。"⑧以上两条均以户等高低作为劝分科配基准。

也有以产钱为基准,如朱熹建议福建监司,"出榜晓谕诸县户户、寺院……每产钱一贯,桩米三十石省"。夹注补充说:"禾亦依此纽数,两贯以下不桩"⑨。孝宗淳熙十五年(1188),萍乡县"先是有司往往第民产之高下,咸俾出粟,分日振乏"。⑩

不过,有些富民逃避这种认粜,并转嫁给中下户。孝宗淳熙时,臣僚陈言:"吏乘为奸,多少任情,至有人户名系上等户,实贫窘,至鬻田籴米以应期限,而豪民得以计免者。"⑪

朝廷常颁"止令劝谕,毋得科抑"的指挥⑫,就算朝廷三令五申,真的能禁止这些科配行为吗?科配劝分的现象反而更加普遍。何以如此?原因大致有三点:其一,开禧北伐之后,南宋财用日益吃紧,造成劝分科配增多。其二,地方官有劝分的强制力,诸如强粜余粮、断

① 《宋会要·食货》五八之一〇,五九之四九、六八之七〇同。
② 《朱文公文集》别集卷九《谕上户承认赈粜米数目》。
③ 《朱文公文集》卷一六《奏劝谕到赈济人户状》。
④ 《朱文公文集》别集卷九《取会管下都分富家及阙食之家》夹注。
⑤ 《宋会要·食货》三八之一〇。科配在唐代已有,宋代日趋普遍。
⑥ 王曾瑜:《锱铢编·宋朝乡村赋役摊派方式的多样性》,河北大学出版社2006年版,第324—334页。
⑦ 《救荒活民书》卷中《劝分》。
⑧ 前一段见《救荒活民书》卷上《天圣七年六月》,后一段见卷中《劝分》。
⑨ 《朱文公文集》卷二五《与建宁诸司论赈济札子》。
⑩ 《永乐大典方志辑佚》之《宜春志》,钟咏:《萍乡县西社仓记》。
⑪ 《救荒活民书》卷中《劝分》。
⑫ 如《朱文公文集》卷一三《延和奏札三》。

遣、坐罪等权力，要绝禁科配谈何容易。其三，学者指出，宋廷为了鼓励地方官积极劝诱富民赈灾，视其绩效而给予减磨勘、转官、增秩等酬奖。虽然对推进救荒工作具有积极性，但也正因为这些酬奖，出现强迫劝分的弊端。①

五　谁的责任

究竟救荒是政府的责任？抑或富室的责任？以今日的眼光来看，毫无疑问的，当然是前者。然而，宋朝不少的士大夫秉持贫富相资的说法，损有余补不足，这点郑铭德已论及②。以官方的角度来看，富室身为地方精英之一，参与政府救荒之列在所难免。然而，劝粜虽利于小民，却未必利于富民，你情我愿的情况较少，强迫粜卖的情形较多。贫富相资说，知南康军朱熹于《劝谕救荒》说得好：

> 一、今劝上户有力之家，切须存恤接济本家地客，务令足食，免致流移。将来田土抛荒，公私受弊。
>
> 一、今劝上户接济佃火之外，所有余米，即须各发公平广大仁爱之心，莫增价例，莫减升斗，日逐细民告籴，即与应副。则不惟贫民下户获免流移饥饿之患，而上户之所保全，亦自不为不多⋯⋯
>
> 一、今劝贫民下户，既是平日仰给于上户，今当此凶荒，又须赖其救接，亦仰各依本分，凡事循理。遇阙食时，只得上门告籴，或乞赊借生谷举米。如妄行需索，鼓众作闹，至夺钱米。如有似此之人，定当追捉根勘，重行决配远恶州军。③

遇到灾荒之时，地主对佃农有救济照顾的责任，虽从道德理念出发，但与今日雇主照顾劳工的观念是相契合的，对佃农而言，是一种保障。朱熹类似的贫富相资或主佃相助的说法还有很多，兹省略不谈④。知抚州黄震于度宗咸淳七年（1271）也说："天生五谷，正救百姓饥厄；天福富家，正欲贫富相资⋯⋯况凡仰籴之人，非其宗族，则其亲戚；非其亲戚，则其故旧；非其故旧，则其奴佃；非其奴佃，则其乡邻。"⑤又说："劝分者，劝富室以惠小民，损有余而补不足⋯⋯富者种德，贫者感恩，乡井盛事也。"⑥

王柏则提出"官不养民"的概念，其言："农夫资巨室之土，巨室资农夫之力，彼此自相资，有无自相恤，而官不与也，故曰：'官不养民。'"⑦救济农夫是巨室的责任，而非官方，这让劝分富人更加合理化。另外，也有士大夫以乐善好施、重义轻利的观点来说服富民。显然，荒

---

① 李华瑞：《劝分与宋代救荒》，第245—246页，稍改其词。

② 郑铭德：《宋代士大夫眼中的富民》，第67—76页。他指出南宋贫富相资的言论多出现在劝农文中，本书补充说明，在劝分的奏札或榜文亦不少。

③ 《朱文公文集》卷九九《劝谕救荒》。

④ 《朱文公文集》卷九九《约束粜米及劫掠榜》。

⑤ 《黄氏日抄》卷七八《四月初一日中途预发劝粜榜》。

⑥ 《黄氏日抄》卷七八《四月二十五日委临川周知县澬出郊发廪榜》。

⑦ 《鲁斋集》卷七《赈济利害书》，第26页。

政也在中央集权理念下运作,由政府领导,动员并调集民间资源,民间只有配合的份,没有主导的可能。"贫富相资"或"官不养民"出自于官方和士大夫的观点,而非富人的自愿及自觉。士大夫们以贫富相资或官不养民来劝谕富人,以上对下的姿态,带着"牧民"的味道。

董煟认为劝分对富人有四个好处:"况所及者皆乡曲邻里,可以结恩惠,可以积阴德,可以感召和气而驯致丰稔,可以使盗贼不作而长保富赡,其于大姓亦有补矣。"①

张文曾用"博弈理论"来解释,富室闭粜与贫民抢夺之紧张互动关系②。宋人早已意识到这点,如孝宗淳熙七年(1180)朱熹于榜文提到:"今劝上户接济佃火之外……不惟贫民下户获免流移饥饿之患,而上户之所保全,亦自不为不多。"他又补充说:"今劝贫民下户,既是平日仰给于上户……如妄行需索,鼓众作闹,至夺钱米,如有似此之人,定当追捉根勘。"③其逻辑在于,上户借着接济佃户以保全自身及财产,下户则持着感恩之心,不得作闹,否则官府将予以严惩。黄震也提到:"富室之闭粜,饥民之搔扰。"④富室闭粜与饥民强夺,前者激起了后者的报复心,后者也加深了前者的防卫心。

对于官司强迫劝分富民,宋朝士大夫的看法并不一致。第一种认为富民自私自利,闭粜牟利,必须强迫富民劝分。这类士大夫不信任富民,学者李明瑾便发现朱熹有此倾向,他说:"荒政自始至终是在官僚和官衙的主导下展开的……从而在其过程中地方强势集团的参与程度极其有限……朱熹认为对乡村的上户和强势群体是不能期待善意或自发性的。"⑤黄干和黄震亦持类似态度。

另有些士大夫反对粗暴的劝分,主张自愿出粜,不同于朱熹以公权力强行劝分。譬如高宗绍兴初年叶梦得(1077—1148)提到:"其劝诱出粜……召其情愿,无籍其所有,无限以定数,无抑以低价……人知乘时得利,自不肯徒为藏闭,粜者既广,谷价亦不约自平矣。"⑥叶氏认为劝分科配反而加深闭粜的现象,因而反对强行劝分,只要官方不强行压抑粮价,即可达到劝分的效果。

董煟亦持类似的看法,其言:"但欲认米之足数,假劝分之美名,欺罔上司,以图观美,不知适以病民也。"又说:"官不抑价,利之所在,自然乐趋,富室亦恐后时,争先发廪,则米不期而自出矣。"董煟主张"止行劝谕,毋得科抑",让富人高卖低买,有利可图,主动出粜⑦。因为董煟相信:"富民有米,本欲粜钱,官司迫之,愈见藏匿。"⑧欧阳守道甚至同情富民,其言:"富者无丰无歉岁岁皆分也……正赋而有之,何谓义米乎?岁饥再以劝粜,为劝分,富者得无辞

---

① 《救荒活民书》卷二《劝分》。
② 张文:《荒政与劝分:民间利益博弈中的政府角色——以宋朝为中心的考察》,第27—32页。
③ 《朱文公文集》卷九九《劝谕救荒》。
④ 《黄氏日抄》卷七八《四月初十日入抚州界再发晓谕贫富升降榜》。
⑤ 氏著:《南宋时期荒政的运用和地方社会——以淳熙七年(1180)南康军之饥馑为中心》,第227—228页。
⑥ 黄淮、杨士奇编:《历代名臣奏议》,叶梦得奏议,上海古籍出版社1989年影印明永乐本。
⑦ 《救荒活民书》卷中《劝分》。
⑧ 《救荒活民书》卷上《天禧元年四月》。

于官乎？"①富人既纳正赋，又有义米之供，再有劝粜、劝分之责，政府的职责却何在？

宁宗嘉定十六年（1223），知常德府林㟧（生卒年不详）提到劝分"有病于私"的概念：

> 惟是赈荒一事，不免取之常平；常平不足，则劝分于产户。故常平所积之数日耗，则有亏于公；产户科粜之扰日甚，则有病于私。公慨然曰："粜济，美事也，病民则不可行，亏公亦不可继。"②

所以林㟧才以"府库之羡"，加上官员"捐万缗以助"，设置平粜仓，作为该地赈荒的经久之制。通判赵师恕（生卒年不详）"产户科粜之扰日甚，则有病于私"说得好，无论是科粜（和粜）或劝粜，对上户都是一种负担。换言之，政府将赈荒的公家之事，转换成劝粜的私家之事，对百姓其实是不公平的。

仔细思量，主要问题并不在于富民态度，而是官方资源投入荒政逐渐减少，救荒过于仰赖劝分富民，这才是主因。孝宗乾道间，胡铨（1102—1180）上疏曰："国朝故事，济饥之说有三：粜常平米，一也；截拨本路上供及宽减本路上供斛斗，二也；给赐度牒，三也。"但当时"常平之米已不多，而截拨宽减之说恐难卒行，惟给降空名度牒惠而不费"③。由此可见财政不足对官方救荒所造成的影响，假如朝廷不拨赐度牒的话，势必仰赖劝分富民。连朱熹亦言："不以劝谕为意……官司米斛不多，将来无以接续，其害又有不可胜言者。"④有论文指出：南宋时常平仓逐渐与义仓合并，义仓常平化，以致无偿赈给减少，赈粜及赈贷变多⑤。加上战争期间常平义仓被挪用得很厉害，部分地区名存实亡。前引林㟧也说："赈荒一事，不免取之常平；常平不足，则劝分于产户。"所言甚是，劝分之盛行，确实与地方财政窘困、常平义仓钱米被挪用的关系颇为密切。

六　结　语

宋朝政府与富民的关系，大致而言，是一种既利用又剥削、既共利又对立的关系。地方官的理念并非一致，不少采取强迫的管制手段，少数则注意到市场价格对管制粮食的影响。地方官的劝分手段，大致分为积极奖励型、温和劝诱型、强迫粜卖型、科配于民型等四种。

李华瑞指出，劝分在北宋官方救荒之政所占比重可能有限，南渡之后所占比重日益增大，得到广泛推行⑥。在地方政府的财赋困乏与仓储不足之下，每当粮荒发生之际，劝谕富人粜粮所带来的效果是显而易见的。正因如此，对地方官而言，面对地方经费的窘困、常平仓义仓钱米被挪用，动员民间资源，而能获得救济的目的，无怪乎劝分会朝向强制性方面

---

① 《巽斋文集》卷一七《吉州吉水县存济庄记》。
② 《永乐大典方志辑佚》之《武陵图经志》，赵师恕：《平粜仓记》。
③ 《历代名臣奏议》卷二四六，胡铨奏议。关于救荒钱米来源，《救荒活民书》卷中《劝分》亦载："常平以赈粜，义仓以赈济，不足则劝分于有力之家……度僧也……通融有无、借贷内库"等六种。
④ 《朱文公文集》卷一三《延和奏札三》。
⑤ 杨博淳：《损有余补不足：宋朝义仓研究》，台湾中正大学2012年版，第68—78页。
⑥ 李华瑞：《劝分与宋代救荒》，第245页。

倾斜。

对于官司强迫劝分富民,宋朝士大夫看法分歧。朱熹、黄干和黄震等人不信任富民,认为富民自私自利,闭粜牟利,不能期待其善意或自发,必须透过公权力强迫劝分。有些士大夫则反对粗暴的劝分,主张自愿出粜,无抑低价,不采科配,如叶梦得、董煟、欧阳守道等人。

宋朝秉持中央集权的一贯作风,凡事由官方所主导,由朝廷来掌控,荒政亦是如此。官方动员民间资源来从事荒政,拥有主控权,富人多半被动地参与劝分救荒。此一倾向似乎与日后明清士绅和商人主动参与民间慈善事业的走向有所区别。社仓则呈现出另一种风貌,社仓虽多为士人所领导,亦不乏富人阶层。尽管仍须受官方的监督,但社仓与劝分不同的是,主动权较多,自由度较高,挥洒的空间较大。

(作者单位:台湾中正大学历史学系)

婆源茶院朱氏始祖朱瓌新考

束景南

朱熹的先代世系,目前真正可信的可以上溯到茶院公朱瓌。朱瓌被立为婆源朱氏的始祖,朱熹是朱瓌的九世孙。但关于朱瓌的资料主要保存在朱氏宗谱、族谱中,语焉不详。《新安月潭朱氏宗谱》中的《婆源茶院朱氏世谱》,对朱瓌只有一段简要的叙述:

> 茶院府君,讳瓌,又名古僚,字舜臣,行二十一。唐广明间,因巢乱,避地歙之黄墩。天祐中,以刺史陶雅之命,领兵三千戍婆源,民赖以安,因家焉。官制置,茶院是为始迁婆源之祖。娶杜夫人四娘,合葬万安乡千秋里,地名连同。坐丑面未。生子廷隽。

朱熹在《婆源茶院朱氏世谱序》中也只说:

> 吾家先世居歙州歙县之黄墩……唐天祐中,陶雅为歙州刺史,初克婆源,乃命吾祖领兵三千戍之,是为制置茶院府君。卒,葬连同,子孙因家焉。生三子,仕南唐,补常侍丞之号。

这里有很多问题未说清楚:究竟朱瓌什么时候移居歙县黄墩? 又什么时候移居婆源? 移居婆源何地? 尤其对这里叙述的标点多有错误,一般都标点为"官制置茶院,是为始迁婆源之祖",朱瓌究竟任什么官? 难道有"制置茶院"的官吗? 而且这些记载同其他朱氏宗谱、族谱的记载也不同,如有的朱氏宗谱、族谱认为不是朱瓌广明间避地歙之黄墩,而是朱瓌父朱师古于乾符五年自金陵迁歙之黄墩;有的认为是朱瓌兄朱瑭于乾符元年奉父迁居歙之黄墩等。

其实朱氏宗谱、族谱中的记载比较晚,故多有错误与不明之处。现关于朱瓌记载最早的资料,除了朱熹的《婆源茶院朱氏世谱序》外,还有朱振(北宋人,朱瓌四世孙)的《歙溪府君诗集序》,其中云:

> 唐人陶雅为歙州,初克婆川。天祐中,吾祖以雅之命,主婆川输赋,总卒三千人戍之,邑屋赖以安,因家焉,是为婆川吴郡朱氏之始祖。盖初来于歙之黄墩,歙民有朱氏,秋祭或用鱼鳖者,皆族也。(《韦斋集》卷十)

这里明确说朱瓌任婆川输赋和戍防的官,不是什么"制置茶院"的官,与朱熹《婆源茶院朱氏世谱序》的说法一致。除此之外,关于朱瓌的最早资料,我们发现记载在南宋罗愿的《新安志》中。《新安志》卷五《婆源沿革》云:

> 中和二年(882),弦高镇将汪武率百姓于溪滩立营,决遣镇事。天复元年(901),就

127

立婺源都镇。天祐三年(906),武死,以朱瓌为新县制置,巡辖婺源、浮梁、德兴、祁门四县,改旧县为清化镇。

又《镇寨》中云:

> 其营寨之制,天祐中,刺史陶雅遣朱瓌为县制置,时有冲山营左右威武两指挥,见于古县记。

又《贤宰》中云:

> 汪武者,乾符中仕州,为游奕使……始,武以私财买民地,置县城邑,以其税入己户左右。战守凡数岁,迁县入焉。因以制置二十余年,使其人不为外寇侵扰。雅为歙州刺史,暴增民赋,武不为屈,以故迄武之世,县人赖之。天祐三年(906)二月,武死,雅使衙内指挥朱瓌代之,因制置巡辖四县。后刘津为都制置使。

古瓌、瑰、環音同相通,朱環即朱瓌。罗愿也是新安人,与朱松、朱熹同乡同时,他在《新安志》中第一次为朱松、朱熹立了传。他掌握的古新安资料是可信的。由此可以确知朱瓌在天祐三年移居婺源,歙州刺史陶雅任命他为县制置。在此前,朱瓌居家歙县黄墩,已任衙内指挥,这显然是朱瓌避黄巢乱自金陵迁居歙县黄墩后,得同歙州刺史陶雅相识,才被陶雅任为州衙内指挥。在朱瓌之前,汪武任婺源县制置二十余年,正主要掌管县赋税与戍防事,这同朱振说的"主婺川输赋,总卒三千人戍之"一致。朱瓌任县制置,巡辖婺源、浮梁、德兴、祁门四县,实际相当于后来的都制置使,故说"后刘津为都制置使"。光绪《婺源县志》卷五六载有南唐刘津的《婺源诸县都制置新城记》云:"大和中,以婺源、浮梁、祁门、德兴四县茶货实多,兵甲且众,甚殷户口,素是奥区。其次乐于越,悉出厥利,总而筦榷,少助时用。于时辖此一方,隶彼四邑,乃升婺源为都制置,兵刑课税,属而理之。"朱瓌任婺源县制置,也是掌管"兵刑课税"之事。罗愿说:"天祐三年二月,武死,雅使衙内指挥朱瓌代之",这并不是说汪武死在天祐三年二月,而是说朱瓌在天祐三年二月被任命为县制置。按汪武在天复三年(903)已被陶雅擒杀(见《九国志》卷一《陶雅传》,《新唐书·杨行密传》称"缚武于军",不确),何以到天祐三年(906)二月陶雅才任命朱瓌为县制置呢? 这是因为天祐三年以弦高镇为县治,建新县。《新安志》卷五《婺源沿革》云:"中和二年壬寅,汪武始于溃州之右溧滩蚺蛇港旁为营。至天祐三年乙丑,即营为县,号新县,而旧县改为清化镇。"是年婺源立新县(县治弦高镇),故称"以朱瓌为新县制置"。《民国重修婺源县志》云:

> 迄唐之季,盗贼蜂起,县令俱是武官镇将,当时谓之制置,或兼他官,迄及五季皆然。……武于弦高镇创县基,判县事,虽为县令,实亦镇将也。朱瓌由歙州衙内指挥代武,见《新安志》,環当作瓌。(卷十三《县职》)

> 汪武立县为制置,判婺源事。……朱瓌,字舜臣,居歙之黄墩。天祐三年,汪武既卒,陶雅遣领兵三千来戍婺源,为制置,巡辖婺源、浮梁、德兴、祁门四县,因家焉。(卷十四《镇将》)

其说全本自《新安志》,但把新县制置归为镇将亦不确。朱瓌既是任新县制置,由此也可知朱瓌天祐三年由歙县移居婺源,必定是移居新县治弦高镇。程尚宽《新安名族志》云:

婺源阙里,在邑南明道坊前,街右有虹井,文公家庙在焉。其先居歙之黄墩,曰瓌
者,号古僚,是为制置茶院府君。唐天祐中,以歙州刺史陶雅命,领兵三千戍婺源,民赖
以安,子孙因家弦高镇,即今阙里也。(后卷)

弦高镇成了"文公阙里"。但是后世朱氏宗谱、族谱都说朱熹祖籍是在婺源万安乡松岩里,如
黄干《朱熹行状》云:"本贯徽州婺源永平乡松岩里。"朱熹《朱松行状》称"万年乡松岩里"。这
表明朱瓌晚年又从弦高镇避居到万年乡松岩里。朱瓌做官的靠山是陶雅,关于陶雅任歙州
刺史的时间,《新安志》、《九国志》与《十国春秋》都有陶雅传,说陶雅景福元年(892)任歙州刺
史,天祐十年(917)卒于任上,任歙州刺史二十年。其时五代大乱,朱瓌应是随着陶雅的死失
去官场靠山,退官隐居到万年乡松岩里。所以万年乡松岩里成了朱熹的祖籍。弄清此,便可
以揭开"茶院府君"之谜。按唐五代并无"制置茶院"的官,朱瓌只任过州衙前指挥和县制置
的官,也没有任过"制置茶院"的官。其实在朱氏宗谱、族谱中都是用地名来指称某某府君
的,一是指其坟墓的葬地,一是指其居家之地,绝无用官名来指称府君的。如在《婺源茶院朱
氏世谱》中,朱惟则"葬松岩里之歙溪",故称"歙溪府君"。朱振"葬松岩里芦村镇庄",故称
"芦村府君"。朱绚"葬大王桥坞",故称"王桥府君"。朱瓒"自婺源迁休宁二十六都八保临
溪,是为始迁临溪之祖",故称"临溪府君"等。那么同样,朱瓌称为"茶院府君","茶院"应是
指其居住之地(葬在连同),而绝不是指官名。这个"茶院"应在松岩里。考光绪《婺源县志》
卷二记载有明代的乡里都:

县东北曰万安乡,统五里:松岩里(辖都二:一都、二都),千秋里(辖都二:三都、四
都),灵属里(辖都二:五都、六都),大鳙里(辖都二:七都、八都),长城里(辖都二:九都、
十都)……

县北曰浙源乡,统四里:嘉福里(辖都二:十一都、十二都)……

四都:长田……茶坑溪……

十一都:官坑……茶源……(参见《新安志》)

这个十一都的"茶源"应即"茶院"(宋人地名多有用同音字的,如朱瓌葬地"连同"又作"连
桐",朱熹居住的"同繇"又作"童遊",朱松避居的"桐江"又作"洞江"等)。唐五代以来各县的
乡里都多有变迁,如《新安志》所载宋代乡里都已同明代的乡里都不同,明代的乡里都更同唐
五代的乡里都不同。这个"茶源"在明代属浙源乡嘉福里,在唐五代应该属万安乡松岩里,所
以朱熹才称祖籍"万安乡松岩里",而称朱瓌"茶院府君"。朱熹在《婺源茶院朱氏世谱序》中
称朱瓌"是为制置茶院府君",是说他是任过县制置的"茶院府君",而不是说他是"制置茶院"
的府君,后人把这句话都读错了,以为朱瓌是当过制置茶院官的府君。朱熹在《婺源茶院朱
氏世谱序》中称"芦村府君"、称"王桥府君"等,都是以地名称府君,岂能独独以官名称朱瓌为
"茶院府君"? 其实朱熹把谱定为"婺源茶院朱氏世谱",在谱中直称朱瓌为"茶院",已经明确
指明这个"茶院"是居住地名,而不是官名,因为如果是指"制置茶院"的官名,那么朱瓌应称
"制置茶院府君"或"制置府君",朱熹定谱名就应称"婺源制置茶院朱氏世谱",称"茶院"或
"茶院府君"显然不通。其实宋以来人们都知道朱瓌是任县制置,而把"县制置"同"茶院府
君"区别开来。如明程尚宽《新安名族志》后卷《朱》云:

> 歙县,浯村,一名环溪,在邑南三十里。先世避巢乱居黄墩,唐天祐中,茶院府君瓌
> 领卒制置婺源,因家焉。

> 婺源,香田,在邑东十里……曰瓌,又曰古寮,领卒制置婺源,号"茶院府君"。

这都清楚指出朱瓌是婺源县制置,不是什么"茶院制置"。又:

> 歙县,溪南三坪,在邑西三十里。先世曰璋,又曰古佑……因家黄墩,与兄茶院并显
> 当时。

> 休宁,月潭,在邑南四十里。出婺源香田派,茶院府君瓌之十一世孙曰兴如,迁
> 于此。

这都明确称朱瓌为"茶院"、"茶院府君",不是什么"制置茶院"的府君,"茶院"是朱瓌的居住地名,不是官名,由此可以得到确考。

探明朱瓌何时移居婺源和任何官,则朱瓌何时从金陵(或姑苏)避居歙县黄墩也可得明。各种朱氏宗谱、族谱多认为朱瓌在乾符元年或乾符五年由金陵避黄巢之乱逃居歙县黄墩,这是不可能的。因为乾符年间黄巢义军恰正活动在饶、信、洪、宣、歙一带(见《新唐书》中《黄巢传》与《僖宗本纪》)。《民国重修婺源县志》卷一二云:"僖宗乾符五年戊戌,黄巢寇宣、歙,观察使遣兵拒之。僖宗乾符六年己亥,黄巢陷歙州,都将吴九郎死之。"乾符中歙州一带动荡不宁,而姑苏、金陵尚未受黄巢侵犯,朱瓌怎么会在这时避黄巢乱从金陵逃往歙县黄墩?唯有到广明二年(881),黄巢义军离开宣、歙,沿姑苏、金陵北上,朱瓌才会在这时由金陵向南逃往歙县黄墩。因此《婺源茶院朱氏世谱》上说"唐广明间,因巢乱,避地歙之黄墩",是正确的,时间应该是广明二年(881)。一些朱氏宗谱、族谱中称朱瓌生于广明元年,比较可信,按《婺源茶院朱氏世谱》称朱瓌次子朱廷隽"生后梁太祖乾化二年壬申,殁宋太宗淳化五年甲午,寿八十三"。若朱瓌生于广明元年(880),那么到乾化二年(912)为三十三岁,其时生次子朱廷隽正差不多。广明二年朱瓌方二岁,则可知必是其父朱师古携朱瓌逃往歙县黄墩(朱师古墓在黄墩),一些朱氏宗谱、族谱上说朱师古奉父之命于乾符五年由金陵迁至歙县黄墩,或说是朱瓌兄朱璋在乾符元年奉父迁居歙县黄墩,显然都是错误的。

总之,朱瓌一生只任州衙前指挥与婺源县制置两官,时间在三十至四十岁之间。《铅山石岩朱氏家谱》中有除朱璋、朱瓌制:

除朱璋为观察讨击使制

朕惟安邦须藉乎忠良,靖乱全资乎智勇。盖晋文得狐、魏,霸业以兴;光武用寇、邓,而帝图以复。粤稽往古,靡不皆然。天降割于我家,予未堪于难,思用豪杰,交秉兵权,其敷宠章,用诏群辟。具官璋,才猷超卓,机智有为,况难兄难弟,奋庸熙载,且同德同力,竭忠效谋,故命尔为江南观察讨击使。夫官以观察为名,必于闾阎疾苦无不知,生民利病无不识;职以讨击为尚,必于有罪者我得而诛之,叛乱者我得而殄之。毋曰时之难为,势之难为,当求公尔忘私,国尔忘家。夫然则尔永终无穷之誉,而朕庶享少康之休,汝其钦哉,毋替朕命。龙纪元年己酉七月。

除朱瑾为宣歙观察使制

惟尔英勇可嘉，才能夙著。暨承戎命，屡树殊勋。故今南土之安，藉尔兄弟之力，宣推峻秩，用奖勤劳。今除尔勇卫将军，兼宣、歙观察使，当输倚任之诚，共享无疆之福。汝其钦哉，毋替朕命。大顺元年庚戌五月。

除朱瑾为歙州开国亭英侯制

门下银青光禄大夫瑾，操清行洁，学敏词优，克荷教忠之训，以成资敬之德。交神有度，布泽无偏，推忠信为军声，持义勇为战器，佐予兴运，乃茂殊功。德厚者任荣，业盛者报重，俾尔嗣续光于前人，惟增锡土之封，用表传籥之业，可授御史大夫、江南歙州开国亭英侯，食邑五千户。景福元年壬子二月初三日。

除朱瓌为八州观察使朱瑾为招讨军容使制

朕惟社稷之寄，必藉忠纯之士；股肱之任，宣资硕德之贤。尔歙州刺史朱瓌，少战文场，壮持节钺，与弟马步军总管、宣、歙先锋使朱瑾，同心戮力，勤捕巢兵，克复江南，功高德懋，特升尔瓌宣、歙、池、平、苏、杭、饶、信八州观察使，朱瑾授江东招讨军容使。尚期汝推诚辅弼，矢力边陲，广陈不战之谋，永底忠贞之节，宣尽厥心，以称朕意。天祐三年丙寅十月。

这几篇除官制显然都是伪造。以第四篇除制论，天祐三年（906）朱瓌方刚任婺源县制置，怎么可能除朱瓌为八州观察使？在天祐三年以前，朱瓌任衙前指挥，怎么可能是歙州刺史？陶雅从景福元年至天祐十年任歙州刺史二十年，昭昭载于史册，朱瓌又怎么可能在这时任歙州刺史？除制说朱瓌、朱瑾兄弟"勤捕巢兵，克复江南"，按黄巢事在僖宗乾符至中和年间，其时朱瓌还只是三四岁的小孩，如何能"勤捕巢兵"？黄巢死于中和四年（884），若朱瓌勤巢有功，如何要二十二年后到天祐三年才论功除八州观察使？这不是荒唐吗？朱瑾卒于光华三年（900），天祐三年已不在人世，怎么会除招讨军容使？其余三篇除制也是伪迹昭著，如第一篇称"况难兄难弟，奋庸熙载，且同德同力，竭忠效谋"，第二篇称"藉尔兄弟之力，宣推峻秩"，都是说朱瓌、朱瑾兄弟同力勤巢勤寇，这都是不可能的事，仅此已见其伪。第三篇除制称朱瑾光禄大夫，功授御史大夫、封亭英侯云云，事更荒谬。歙州刺史陶雅恰在这时奏朱瑾领兵镇浮梁，如朱瑾在景福元年已授御史大夫、亭英侯，那么他已经入朝做大官，区区一歙州刺史竟可奏他去当一个领兵镇浮梁的小官吗？《程朱阙里志》中有一篇吴廷作的《唐亭英侯朱公传》，其实就是根据这几篇伪造的除制拼凑编造起来的，其中说：

（瑾）登大中二年戊辰进士……八年，授监军总管。咸通二年……升河南节度使。乾符元年，公筑室黄墩，奉父居焉……三年，时黄巢作乱……公勤戮战五年，平复一十五州。广明元年，敕授马步都总管兼宣、歙讨击使。光启三年，制授勇卫将军、江南招讨军容使。龙纪元年，除江南观察讨击使……大顺六年，除勇卫将军兼宣、歙观察使。景福元年，制封银清光禄大夫、大宪御史，爵授江南领将歙州开国亭英侯……陶雅知歙州，奏公领兵镇浮梁……光化三年，卒……

这里几乎没有一个字可信。如说朱瑾登大中二年（848）进士，若以朱瑾登进士时二十岁，那么他约生于大和二年（828），同其弟朱瓌相差五十三岁，这可能吗？（如果说朱瓌比朱瑾小几岁，生于大和四年，那么到天祐三年已经七十六岁，陶雅会命他为婺源制置吗？）这显然是为了让朱瓌能赶上参加勤黄巢立功的时代，有意把他的年龄往前推了。实际在僖宗朝黄巢起义的时期，朱瑾、朱瓌都还是小孩，他们绝不可能参加勤黄巢的斗争。朱瑾、朱瓌主要活动在昭宗、哀帝的时期。道光《浮梁志》上载：

> 朱迁，姑苏人，寓歙之黄墩。昭宗朝父革（朱瑾），为副将，捕盗有功，授招讨军容使。
> 迁授游击将军，经浮梁驻兵御寇，屡立丰功，晋勇御将军，封浮梁县开国男，因家焉。乡民立祠祀之。（卷一二）

这里就只说朱瑾在昭宗朝捕盗事，而无在僖宗朝勤黄巢事。

总上所考，我们可以确知：婺源朱氏始祖朱瓌生于广明元年。广明二年其父朱师古携朱瓌避黄巢乱由金陵迁居歙县黄墩。陶雅在景福元年任歙州刺史后，朱瓌除为州衙前指挥。天祐三年陶雅除朱瓌为婺源县制置，巡辖婺源、浮梁、德兴、祁门四县，朱瓌遂移居婺源弦高镇（县治）。天祐十年陶雅死后，朱瓌避乱移居婺源万安乡松岩里茶院，故称为"茶院府君"，朱熹也才自称祖籍婺源万安乡松岩里。

（作者单位：浙江大学古籍研究所）

《四朝闻见录》补正举例

何兆泉

叶绍翁著《四朝闻见录》是一份重要的宋人笔记,史料价值颇高,受到宋史研究者的普遍重视。1989 年中华书局出版了《四朝闻见录》的点校本,依据的底本是乾隆戊戌(1778)年间刊刻的《知不足斋丛书》本。但因为该书辗转传钞和翻刻,加上原作者自身的失察,流传至今的各版本都存在不少脱漏颠倒或记载错误,新的点校本也不能例外。二十余年前,徐规先生在《书品》1990 年第 4 期和 1991 年第 1 期连载发表《〈四朝闻见录〉记事纠谬》,主要针对中华书局点校本,列举了 14 条记事谬误和 24 条"由于点校或排印之疏忽而造成失误或失校"者,提醒我们在利用新校笔记史料时,"必须参阅其他版本及有关宋人文献,以免仍讹踵谬"①。近年,笔者为考察叶绍翁生平,对《四朝闻见录》中华书局点校本作了仔细批读,接续发现一些记载不当或失校之处,谨举其重要者数例,根据页码先后,次第补正于下。

1. 第 18 页,甲集《胡纮李沐》:"近时林,次英以甲科第四人偃蹇半世,始得掌故都司。"

按:此处当为《知不足斋丛书》本加注。文渊阁《四库全书》本直接作"凌次英"。考《咸淳临安志》卷六一《人物二·国朝进士表》,庆元五年(1199)临安进士有曾从龙、凌次英等人。又,《宋会要辑稿·选举》二之三〇记载:"(庆元)五年五月七日,诏:'新及第进士第一人曾从龙本系第二名,为上一名有官,特赐第一甲第一人。又该龙飞恩例。许奕,本系第一名,为系有官,特与第一名恩例。又该龙飞恩例。并特补宣义郎,第三名魏了翁,为该龙飞恩例。特补承事郎,并签书诸州军节度判官厅公事;第四人凌次英以下,为该龙飞恩例。并补文林郎。'"可见,此条当从文渊阁《四库全书》本校正。

2. 第 34 页,甲集《径山大慧》:"大慧名妙喜……后桧死,孝宗果放还,复居径山。"

按:大慧即高僧宗杲,绍兴三十二年(1162),孝宗即位后特赐"大慧禅师"号。据宝祐元年(1253)释祖泳编《大慧普觉禅师年谱》②,绍兴十一年,宗杲因与张九成交接,被诬谤讪朝政,"追牒责衡州"。此后,辗转流放远州。直到绍兴二十五年秦桧去世后,当年年底始"蒙恩自便"。绍兴二十八年正月初十日,七十高龄的宗杲,"被旨迁住径山"。据此,此处"孝宗"明显有误,当改作"高宗"。

---

① 徐规先生论文,后收入《仰素集》,杭州大学出版社 1999 年版,第 744—755 页。
② 收入《宋编宋人年谱选刊》,巴蜀书社 1995 年版,第 168—195 页。

3. 第39页,甲集《赵忠定抡才》:"忠定季子崇实……"

按:此处赵忠定即赵汝愚,季子指年龄最幼之子。关于赵汝愚诸子,史料记载多有分歧。《宋史》卷三九二《赵汝愚传》称其子九人。《宋史》卷二二五《宗室世系表十一》记录其子只有八人,依次为崇宪、崇范、崇楷、崇朴、崇度、崇要、崇寔、崇洁等。崇寔即崇实,寔为实之古体字。另据刘光祖《忠定赵公墓志铭》①,赵汝愚子七人,"长曰崇宪,今为朝议郎、秘书监;崇范,宣义郎、监隆兴府苗米仓,蚤世;崇楷,奉义郎、通判郴州;崇模,从政郎、荆湖北路提点刑狱干办公事;崇度,宣义郎、权发遣桂阳军事;崇实,承事郎、监建康府粮料院;崇斌,承事郎、监隆兴府苗米仓,悉有家法。"可见,无论是《宋史·宗室世系表》还是赵汝愚墓志铭,赵崇实皆非季子。此处疑误。

4. 第72页,乙集《真文忠居玉堂》:"慈明太后兄次山,除少保、永宁郡王。文忠与许公奕给事甚相好,共谓恩典太重,欲予其一则捐其一,许遂封还制书。文忠以官卑,且摄职玉堂,但具札白之庙堂。时相不以文忠札缴进,而许之奏已入。慈明震怒,遂斥许,而文忠独留。"

按:据《宋史》卷三九《宁宗三》、卷四六五《杨次山传》,嘉定三年(1210)六月,"加杨次山少保,封永阳郡王"。此条所谓杨次山封"永宁郡王"应该是"永阳郡王"之误。另据《宋史》卷四〇六《许奕传》,宁宗加杨次山少保、永阳郡王后,权给事中许奕上疏曰:"自古外戚恩宠太甚,鲜不祸咎,天道恶盈,理所必至。次山果辞,则宜从之,如欲更示优恩,则超转少傅,在陛下既隆于恩,在次山知止于义,顾不休哉!"疏入,不报。随后许奕卧家求补外,"以显谟阁待制知泸州"。《宋史》卷四三七《真德秀传》未记载弹劾杨次山事,但在嘉定二年,真德秀以校书郎兼权直学士院,次年始迁秘书郎,与叶绍翁"文忠以官卑,且摄职玉堂"的说法相吻合。再考《宋史全文》卷三一,理宗宝庆元年(1225)十一月丙寅,制以杨石为少保、进封永宁郡王,直学士院真德秀草制并上札子,认为外戚恩宠太甚,并有"臣以非材,承乏词禁,官虽甚卑,其职则有唐供奉之旧"等语。其后,真德秀因奏札诬诋落职罢祠。可见,"除少保、永宁郡王"者实乃杨次山之次子杨石。该条记事将前后弹劾外戚杨次山、杨石父子事混淆,遂致谬误。

5. 第97页,丙集《悼赵忠定诗》:"敖陶孙旋中乙丑第,由此得诗名,《江湖集》中诗最多。"

按:敖陶孙是南宋有名文人,是江湖诗人的代表人物。此处乙丑指开禧元年(1205)。但据刘克庄《后村先生大全集》卷一四八《臞庵敖先生墓志铭》,敖陶孙中庆元己未第,即庆元五年(1199)进士。学者潘明福《宋八家词人考略》(《浙江社会科学》2008年第2期)考证敖陶孙登科时间,亦同刘克庄之说。据此,"乙丑"当改作"己未"。

6. 第108页,丙集《高士》:"孝宗圣性超诣,靡所弗究厥旨,尤精内景。"

按:此处"内景"乃《黄庭内景经》之省称,宜加书籍专名号。《黄庭内景经》系道教经典之

---

① 收入傅增湘辑《宋代蜀文辑存》卷七一,台北新文丰出版社1974年版。

一,继承五脏有神说,详论五脏六腑功能,阐述养生内修的基本理论,收入《道藏》等。

7. 第 **138** 页,丁集《考异》:"绍兴五年六月,宰臣留正等入奏,乞早正嘉王储位,以安人心,以建万世无穷之基。甲寅,留正等两具奏,乞立嘉王为皇太子。是晚,出御批:'朕历事岁久,念欲退闲。'壬戌,正复乞去,出国门。"

按:此处"绍兴"为"绍熙"之误刊,徐先生论文已订正。此外,据《续编两朝纲目备要》卷三(中华书局 1995 年点校本)和《宋史》卷三六《光宗本纪》,留正出逃国门事并非连缀于六月,"壬戌"前应补"七月"两字。

8. 第 **159** 页,丁集《科举为党议发策》:"(庆元二)中是选者,前二名莫子能、_{后作"子纯",未知孰是。}邹应龙。_{一作"乾"。}莫已有官,易居邹下。子纯该洽之士,真足备制科宏词之选已。"

按:此处小字注文,应属《知不足斋丛书》本所加,文渊阁《四库全书》本无小注。邹应龙为庆元二年榜状元,史籍多载,宜无疑问,"一作'乾'"三字可删去。至于"莫子能"则为"莫子纯"之误。《续编两朝纲目备要》卷四记载:"赐礼部奏名进士邹应龙等四百九十有九人及第、出身有差。进士第一人本莫子纯,以曾受荫补降居其次。应龙,邵武人也。"故宋祝穆《方舆胜览》卷六仍以莫子纯为状元。《宝庆会稽续志》卷五有莫子纯小传。

9. 第 **164—165** 页,戊集《田俊迈》:"俊迈,当开禧北伐,七日之间,攻破宿州,下灵璧、虹县,先锋甚锐。郭杲兵败,乞和于敌。敌曰:'我不要别物,但要俊迈。'杲缚俊迈往。其子讼父冤,杲坐是斩于丹阳市。赐俊迈谥,官其二子,赐宅一区。"

按:此处"郭杲"当为"郭倬"之误,郭倬系郭杲之侄。郭倬兵败乞和事,在开禧二年(1206)。《宋史》卷三八《宁宗二》:"(开禧二年五月)以池州副都统郭倬、主管马军行司公事李汝翼会兵攻宿州,败绩……癸卯,郭倬等还至蕲县,金人追而围之,倬执马军司统制田俊迈以与金人,乃得免……八月,斩郭倬于镇江。"《宋史》卷四七四《韩侂胄传》、《续编两朝纲目备要》卷九等可为佐证。至于在光宗禅位时起到重要作用的郭杲,已先卒于嘉泰元年(1201),事见《续编两朝纲目备要》卷六。

10. 第 **184** 页,戊集《韩势败笑鉴》:"富贵固有不可恃者,而况保之……丙寅冬,又同吴倅复游韩寺,则佛像已移他所,而金碧木石俱空。登其母魏国夫人冢,旁有芦束,浅土半露,问之,乃韩之尸,其首已送之金也。"

按:丙寅乃开禧二年(1206),此处明显有误。韩侂胄被杀于开禧三年(丁卯)十一月,俱见《宋史》卷三八《宁宗二》等。叶绍翁与吴钢等人重游南园,所见园林破败,韩尸败露云云,不可能早于开禧三年十一月之前。

11. 第 **191** 页,戊集《优伶戏语》:"又因郭倪,郭杲败,因赐宴以生菱进于桌。上命二人移桌,忽生菱堕地尽碎。其一人云:'苦,苦,苦,坏了许多生灵,只因移果桌。'"

按:此处宫廷优伶以谐音戏语,嘲讽开禧北伐中郭氏世将之败军坏事。"郭倪"后之逗号应改为顿号。伶人以"生菱"寓"生灵"、"移果桌"寓"(郭)倪、(郭)果、(郭)倬"之意。郭果乃郭杲弟，开禧二年十一月，郭果以主管殿前司公事领兵驻真州，以援两淮。然《宋会要辑稿·职官》七三之三七、《宋史》卷三八《宁宗本纪二》、丁传靖辑《宋人轶事汇编》卷一七引《四朝闻见录》等书，皆以"郭果"误作"郭杲"。郭倪、郭倬兄弟系郭果之侄。郭倪则在开禧初即以殿前副都指挥使为镇江都统、兼知扬州，《四朝闻见录》戊集《臣僚雷孝友上言》中有论及。至于郭倬宿州败绩事，已见前引戊集《田俊迈》条考订。

（作者单位：中国计量学院人文社科学院）

杭州西湖飞来峰青林洞卢舍那佛会浮雕初探

陈清香

一 前　　言

飞来峰造像是西湖石窟中规模最大，数量最多者，石窟开凿于五代吴越国时代，约于910年前后，其后两宋至元明时代继之。是当北方石窟衰微之际，再作异军突起，延续石窟艺术的创作，长达五百年之久，现存造像三百余尊。

其中飞来峰青林洞南口东侧的第五龛，龛中是主题为"卢舍那佛会"的浮雕，此浮雕主尊为卢舍那佛，坐在仰莲须弥座上，主尊身旁两侧为骑狮文殊与骑象普贤二菩萨，共形成华严三圣像，三圣像身后四周，尚有四位立菩萨、四大天王等护法神像，以及狮象身旁的侍者，总计共有17身像。

此石龛以卢舍那佛为主尊，是揭橥华严思想的主轴。龛左侧有块题记曰："弟子胡承德伏为四恩三有，命石工镂卢舍那佛会一十七身，所期来往观瞻，同生净土，时大宋乾兴元年四月□日记。"

依题记得知：一、雕刻的功德主为"胡承德"。二、雕刻佛会的动机目的是："同生净土。"三、雕刻的时间为：大宋乾兴元年，亦即公元1022年。此乾兴为北宋真宗在位的年号，因北宋开国于960年，而亡国于1127年。是故镌刻时间处北宋前期。

由于所刻题材属于佛教，故本文首先追溯北宋初年的佛教流布的背景，因宋代的净土思想甚盛，且又流行华严结社，其中净土代表人物为省常法师（959—1020），法师是钱塘人，七岁出家，二十岁即通晓华严，二十五岁接受吴越国赐紫方袍，倡导华严经的《净行品》，强调居士在家修行的意义，圆寂于西湖昭庆本堂之上方草堂。

其次再探讨"卢舍那佛会"浮雕的图像风格特征及源流，以及所彰显的佛教思想内涵，最后并探讨此浮雕风格对后世的影响。

二 宋代的佛教思想

（一）崇佛措施

北宋立国是继五代北周之后，北周世宗柴荣，曾下诏禁止佛教。北宋开国始祖赵匡胤，一改柴荣的毁佛政策,即位之后,常诣佛寺,且推行了一些崇佛措施。如派僧人留学西域、刻经、译经,又重修龙兴寺舍利塔等。乾德四年(966)派遣僧人行勤等一百五十七人,赴西域求法,每人赐钱三万。①

据《宋史·外国六》记载:

> 乾德三年,沧州僧道圆自西域还,得佛舍利一水晶器、贝叶梵经四十夹来献。道圆晋天福中诣西域,在途十二年,住五印度凡六年,五印度即天竺也。还经于阗,与其使偕至。太祖召问所历风俗山川道里,一一能记。四年,僧行勤等一百五十七人诣阙上言,愿至西域求佛书,许之。以其所历甘、沙、伊、肃等州,焉者、龟兹、于阗、割禄等国,又历布路沙、加湿弥罗等国,并诏谕其国令人引导之。开宝后,天竺僧持梵夹来献者不绝。八年冬,东印度王子穰结说啰来朝贡。

高僧出使西域,可促进两地的文化交流。至于刊刻藏经,则于开宝元年(968):"太祖敕呈督府造金银字之藏经各一藏……前后凡造金银字佛经数藏。"②开宝四年(971)太祖派遣张从信往盖州(成都)刻大藏经,至太平兴国八年(983)止,费时十二年,史称《开宝藏》,此五千多卷藏经,其后增加到六千六百多卷,其刊刻体例成为日后高丽、契丹刻经的标杆。

据《佛祖统纪》"(开宝)四年"下载:"敕高品张从信往益州雕大藏经板。"又据"(太平兴国)八年"下载:"诏译经院赐名传法,于西偏建印经院(今临安传法院,即东都译经院,今但供奉入内道场法事)。成都先奉太祖敕造大藏经板成,进上。"又"(雍熙)元年"下载:"三月,日本国沙门奝然来朝。……求谒五台,及回京师,乞赐印本大藏经,诏有司给与之。"③

太祖时印度僧侣来华,先后有法天、曼殊室利、可智、法见、真理、苏葛陀、弥罗等人,至太宗时又有钵纳摩、护罗、法遇、吉祥、天息灾、施护等人继之,先后携带梵本经典来,太宗在开封城设译经院,从事译经:"(太平兴国七年,982)六月,译经院成。诏天息灾等居之。赐天息灾明教大师。法天传教大师。施护显教大师令以所将梵本各译一经。诏梵学僧法进常谨清沼等笔受缀文。光禄卿杨说兵部员外郎张洎润文。殿直刘素监护。天息灾述译经仪式。于东堂面西粉布圣坛(作坛以粉饰之事在藏经)开四门。各一梵僧主之。持祕密咒七日夜。"④

(二)禅宗及净土宗的弘传

在如此崇佛措施的推动下,佛教大兴,且深入士大夫心中。宋代的诸佛教宗派中,以禅宗最获知识分子的青睐,有《灯录》、《语录》的出现。

佛教在中国的流布过程史中,唐代曾发展至十宗并弘的鼎盛局面,但因唐武宗于会昌元年,下诏毁佛,造成法难,也演成诸宗式微、禅宗一枝独秀的局面。到了宋代,禅宗一花发五叶,有临济、曹洞等七宗并盛的景观。当时禅匠大德辈出,各提新学说新行法,或默照禅或看

---

① 《宋史》卷二《太祖二》。
② 《释氏稽古略》。
③ 释志磐:《佛祖统纪》卷四三《法运通塞志》,《大正藏》第49册。
④ 释志磐:《佛祖统纪》卷四三《法运通塞志》,《大正藏》第49册。

话禅,禅宗俨然是宋代佛教思想的主流。而细读诸家禅论新作中,更明显看出禅家与其他诸宗的汇流,如与净土或与华严的思想融合,最为显著。

除了禅宗之外,天台宗也是活跃的宗派,有高僧知礼、遵式,弘传法华教义。也出现了"山家"、"山外"的派系之争。

而在净土宗的宏传上,宋初出现了省常法师。

省常法师(959—1020)字造微,钱塘人,发心绍继庐山慧远的遗风,专修净土。宋太宗淳化年间,住持杭州西湖昭庆寺,在寺内刻无量寿佛像,读《华严经》。因读到《净行品》时,心有所感,自刺指血和墨,书写真经,每书一字,三拜,三绕、三称"阿弥陀佛"名,并将写成的《净行品》,由翰林学士苏易简撰《净行品序》,印一千册,分发僧俗大众。

省常法师"又以栴檀香造毗卢像,结八十僧同为一社",并在完成的经像前发愿。将由僧俗所组成的莲社,易名"净行社"。当时京城知名士人纷纷入社,也为之撰写诗序刻碑铭,如景德三年(1006)丁谓(966—1037)作《西湖结社诗序》,又如钱易于大中祥符二年(1009)撰《西湖昭庆寺结净行社集总序》,又如宋白(936—1012)撰《大宋杭州西湖昭庆寺结社碑铭并序》。[①]

另有禅僧永明延寿(904—975),奉诏住持杭州永明寺,"徒众常二千,日课一百八事"每日日暮往别峰行到念佛。[②]

据《教外别传》载:

> 杭州永明延寿禅师。余杭王氏子。往天台山天柱峰。九旬习定。暨谒诏国师。一见而深器之。密授玄旨。仍谓师曰。汝与元帅有缘。他日大兴佛事。忠懿王。请开山灵隐新寺。明年迁永明大道场。众盈二千。○僧问。如何是永明妙旨。师曰。更添香着。曰谢师指示。师曰。且喜没交涉。僧礼拜。师曰。听取一偈。欲识永明旨。门前一湖水。日照光明生。风来波浪起。问如何是大圆镜。师曰。破砂盆。[③]

(三)弘传华严思想的宗师

宋代的士大夫,其接触佛典,除了禅宗语录与灯录外,也推崇《华严经》,如朱长文推崇曰:"华严之于佛教,犹如易经之于儒教。"吕惠卿注释法顺的《华严法界观》,张商英也从不同角度理解华严。

宋代杭州慧因寺,因聚集了学习华严的僧人,被视为中兴华严宗的基地,初,僧人子璇(965—1038)拔疏了《楞严经》、《圆觉经》与《大乘起信论》中,与《华严经》相通之处,被归为传承宗密的华严宗法系,虽有关华严的论著不多,但其嫡传弟子净源(1011—1088)却在慧因寺,中兴华严宗,为华严宗建立了永久基地。

子璇,嘉禾人,初从本州洪敏学《楞严经》,后参滁州琅琊山慧觉,因慧觉的嘱咐而入华严

---

① 《佛祖统纪》卷二六。

② 宗晓:《乐邦文类》卷三《大宋永明智觉禅师传》。

③ 《教外别传》卷一三,收录于《卍新纂续藏经》第84册。

宗,并到了陕西,住近长水,依华严教义,而撰述《楞严经疏》十卷。

据《释氏稽古略》载:

> 嘉兴(秀州也)长水法师。名子璇。秀州人。初依本州洪敏法师学楞严经。至动静二相了然不生有省。闻滁州琅琊山觉禅师道望。趋往参见。及门值其升座。遂问曰。清净本然云何忽生山河大地。觉厉声曰。清净本然云何忽生山河大地。璇当下豁然大悟。拟禀嗣之。觉禅师谓之曰。汝宗不振久矣。宜励志扶持以报佛恩。璇如教。后住长水。众几一千。以贤首宗教疏楞严经十卷。御史中丞王随序之行于世(长水疏记)。①

净源俗姓汤,泉州晋水人,出家后,曾从横海明覃习《华严经》,游学南北各地寺院,如泉州清凉寺、苏州报恩寺、杭州祥符寺等,他在苏州报恩寺法华院、嘉兴密印寺宝阁院、华亭普照寺善住教院,和杭州玉岑山慧因寺建立了华严教藏,也在杭州大中祥符寺建立了华严教院。因杭州左丞蒲宗孟上奏朝廷,杭州慧因禅寺改为教寺,净源任命为住持,因而该寺成为传承华严的中心道场。

据《释氏稽古略》载:

> 杭州南山慧因寺法师。名净源。生晋江杨氏。先世泉之晋水人。故学者以晋水称师。受具参方。受华严于五台承迁。学合论于横海明覃。南还听楞严圆觉起信于长水法师子璇。四方宿学推为义龙。因省亲于泉。泉主请住清凉。复游吴住报恩观音。杭守沈文通置贤首院于祥符寺以延之。迁秀州青镇密印宝阁。移华亭普照之善住。左丞蒲宗孟抚杭。愍其苦志于宗。奏慧因寺以居师。高丽义天僧统之来也。申弟子礼以见师。初华严一宗疏钞久矣散坠。因义天持来咨决逸而复得。义天之还国也。以金书华严三译本一百八十卷自高丽遣使遗师。建大阁安奉之。故俗呼慧因为高丽寺。至是元祐三年十一月己酉师乃入灭。世寿七十八岁。②

处在以上所述的时代,净土思想和华严思想的兼容背景下,青林洞卢舍那佛会的诞生,亦属必然。

三 杭州飞来峰的开凿缘起

(一)青林洞卢舍那佛会的内容大要

位于浙江杭州灵隐寺前的飞来峰上,有造像 380 余身。均为五代至元代时期的佛教石刻造像。其中五代时属吴越国领地,造像数量少,形制不大,多刻于青林洞内外,其中位于青林洞西侧岩壁上的弥陀、观音、大势至三尊像,为后周广顺元年(951)滕绍宗所造的弥陀三尊像,是飞来峰具最早题记的造像。

---

① 《释氏稽古略》卷四,《大正藏》第 49 册。
② 《释氏稽古略》卷四,《大正藏》第 49 册。

至宋代造像最多，现存 232 尊，主要分布于青林、玉乳两洞，题材多为罗汉、祖师像，规模大小不一，形象刻板。制作精美具代表性者，为位于青林洞南口东侧崖壁上，其中编号第 5 龛，北宋乾兴元年(1022)胡承德所造浮雕卢舍那佛会，宋风鲜明突出。

飞来峰元代石刻造像，现存 67 龛，造像大小 116 尊，是现存最大的元代雕刻群。其中梵式 46 尊，汉式 62 尊，其余 8 尊是受梵式影响的汉式造像。这批造像是元初由江南释教总管杨琏真伽主持营造的。这些造像中，体量最高大者达 3 公尺以上，比一般都较大，雕刻精美，保存完好。雕刻时间起自至元十九年(1282)，终于至元二十九年(1293)。佛龛以方形和长方形者居多，也有凸字形和半圆形的，顶多呈拱券或平顶。

而本文所要探讨的青林洞卢舍那佛会浮雕，若依王士伦的描述：

> 在飞来峰下的金光洞口的一铺北宋乾兴元年的卢舍那佛浮雕，是宋代造像中的佳作。龛的形状和浙江宋塔的壶门十分相似，围龛头的线条相当流畅，本尊卢舍那佛坐在莲花座上，举臂张掌作说法的样子。须弥座的形状高耸雅致，上面的莲花清晰饱满，是宋代的典型作法。坐于左侧者是文殊菩萨骑狮，由拂菻牵引，狮旁立一侏儒，右侧是普贤菩萨骑象，牵象是獠蛮，象旁亦立一侏儒。后有天王立像四尊，戴盔穿甲，着武士靴，身材魁武，神情威严，龛眉上浮雕两尊飞天，上身微微昂起，帛带飘扬，其下鲜花萦萦，整幅浮雕，构图新颖，层次分明，颇具装饰趣味。[①]

简言之，编号第 5 龛的卢舍那佛会浮雕，是在一块高 146 公分，宽 150 公分的壶门式花头龛内，浮雕卢舍那佛、文殊菩萨、普贤菩萨各一尊，天王四尊，供养菩萨四尊，牵狮、牵象侍者二尊，侏儒二尊，龛楣上端二飞天，大小造像共 17 尊。(参见图 1)

图 1

---

① 王士伦主编：《西湖石窟》，浙江人民出版社 1986 年版。

其中卢舍那佛高 53 公分,头戴毗卢宝冠,法相因风化而轮廓线条模糊,两手分开上举,掌心向上,身穿通肩袈裟,两腿跏趺坐于束腰形大莲花座上,座高 42 公分,衣纹以半圆弧型褶襞,自颈下垂至胸前,延续至两袖足腿。身后有火焰文光背。

卢舍那佛的右侧前方,为普贤菩萨,身着披帛,右手上举说法印,左手置于左膝上,跏趺坐于莲座,骑乘于立象上,其圆形头光与身光,线条单纯。身后有天王与供养菩萨各二立身,立象身旁有牵象侍者獠蛮与侏儒,普贤菩萨通高 72 公分。

卢舍那佛的左侧前方,为文殊菩萨,头上花冠庄严,五官线条清晰,上身瘦长,右手上举说法印,左手腹前坐禅定印,双腿趺坐莲花座,坐骑于卷鬃毛张大口的狮子背上,其背后身旁四周的供养人与护法天王等,一如普贤菩萨,狮子身旁亦有牵狮侍者拂箖与侏儒。

(二)卢舍那佛的图像源流

"卢舍那佛"之名出现于佛经,是属于华严系统的经典,华严思想的源流,一般认为约在一二世纪左右,先流行如《兜沙经》等的小品经典,四世纪左右方结集成完整的大经典,成立于阗地方。而东晋佛陀跋陀罗便是自于阗携经典至建康,并译成六十卷《大方广佛华严经》,经中是以卢舍那佛为教主。而四世纪以下,卢舍那佛的图像,便逐渐出现在于阗、克孜尔、敦煌莫高窟、河北高寒寺、河南洛阳、山东青州等处,或以"华严三圣主尊"、或以"卢舍那法界人中像"、或以"卢舍那佛"、或以"大日如来"的尊像呈现。

细审飞来峰青林洞的主尊卢舍那佛,外形是沿袭自唐代以来,头戴毗卢冠、胸前颈下垂挂璎珞的密教大日如来像的姿态。而身着通肩式袍服,衣褶在胸前正中作 U 字形下垂,左肩垂挂一段皱褶衣端,袍服一直覆盖至两上肘。此种汉化后的佛装,是比较不多见的。而裸露的双肘双手作上举外张的姿势,更是一种创举。一般宋代以前卢舍那佛的图像造型,多数是双手在胸前紧握,而作毗卢印者,双手作外张的姿势是少见的。外张的姿势依日僧明惠所作的定义,称是属于"说法印"。[①]

综合之,青林洞卢舍那佛三大特征:一者头戴毗卢冠,二者身着通肩服,项下有璎珞。三者双手作外张说法印的姿势。以下就此三特征追其图像源流。

1.双手外张说法印的犍陀罗佛祖形

双手作外张姿势的佛像遗例,最早如出土于中亚的一尊青铜制跏趺坐释迦牟尼佛像(图2),现存美国大都会博物馆,呈犍陀罗(Gandhara)式样,约铸造于一至二世纪之际,身着通肩式的宽松袍服,衣褶在胸前自然下垂,覆盖双腿。虽然头无戴毗卢冠,但左手向外张开,右手紧握衣端,但就全身衣文姿势神韵而言,此像的手势是青林洞卢舍那佛的最原始祖形。

当最早人间相佛像诞生后,在犍陀罗所创作的佛像,均为释迦牟尼佛。其后华严思想孕育成熟,有了教主卢舍那佛,或毗卢遮那佛的名称。其后再完成佛有法、报、化三身的理念,一般称毗卢遮那佛为法身佛,卢舍那佛为报身佛,释迦牟尼佛为应化身,但三身在本质上是一体的。

---

① 明惠上人:《华严仏光三昧观秘宝藏》。

图 2

2. 法界人中像的神韵

　　大约形成于五六世纪的卢舍那佛法界人中像,佛衣袍上画满了十法界众生,佛像呈现立姿,但袍服是通肩式,右手是外张上扬的。例如敦煌莫高窟 428 窟北周卢舍那佛法界人中像(图 3),又如青州石佛北齐卢舍那佛法界人中像,也是相似的姿势。

图 3

3.龙门石窟奉先寺洞卢舍那佛

到了七世纪的初唐,高宗和武后开凿龙门石窟奉先寺洞时,主尊便选定卢舍那佛,两旁为文殊菩萨与普贤菩萨为胁侍,三像合称华严三圣。此卢舍那佛,呈坐姿,高13公尺,肉髻高突,波浪发型,面容方圆,高鼻长耳,身着通肩大衣,有笈多秣菟罗式样的衣纹,全像高大弘伟,气势磅礴(图4)。

图 4

卢舍那佛取结跏趺坐的形式,头顶发髻高耸,波浪形发纹,身披通肩式袈裟,丰颐秀目,微带笑意。背光外围为繁复的火焰纹,中圈为正圆形,内圈为莲花瓣纹,外圈为浮雕化佛纹。此卢舍那佛是由武则天捐两万贯脂粉钱所雕造的。

由卢舍那佛所含的光明遍照之意,印证武则天取名之"曌",也寓意光辉满天。因此,卢舍那佛反映了武则天本人的理想化身。然而由于年代久远,卢舍那佛的双手已然断毁,这为后人留下了很大的推论空间。

从卢舍那宽广的双肩,结实的胸膛,推测其双臂是前伸而外张的,自犍陀罗所创造的佛像手印归纳之,若非双手置于胸前的说法印,即是双臂外张,一作施无畏印,一下垂或举衣端,衡诸奉先寺洞卢舍那佛的气势而言,原有双手应属后者。那更充分表现了周遍圆融的华严法界观。

由于此卢舍那佛两旁侍立着迦叶与阿难二尊者,再两旁为文殊与普贤二菩萨,就前者而言,中尊应属释迦世尊,即释迦三圣像。就后者而言,则已构成了华严三圣像的组合。就整个奉先寺洞的造像题材而言,那是表现了报身佛与应身佛合而为一的禅观思想。

奉先寺洞的卢舍那佛虽然头上未戴宝冠,双手臂的前伸外张,与青林洞主尊佛的双臂外张姿势,有些差距。但至少青林洞主尊那通肩衣纹的式样,是继承了奉先寺的卢舍那佛的神韵。奉先寺洞的卢舍那佛加上左右的文殊、普贤以及天王像的群体配置,是为青林洞卢舍那佛会的成员组合,开辟了先河。

4.龙门石窟东山擂鼓中洞主尊

印度密教图像的入华,早在北周时已有十一面观音的经轨的流传,至盛唐更有开元三大士即善无畏、金刚智、不空金刚的携带经像至长安翻译。受到密教图像的影响,那头戴高宝冠,胸垂璎珞的大日如来像,便开始雕造于京、洛一带。因此,如洛阳龙门东山石窟擂鼓中洞的主尊曰大日如来,便是一尊宝冠佛,而今藏在擂鼓台院文物廊尚有一尊身着通肩服,结跏趺坐于须弥莲花座的宝冠佛,但双手已失,从其手臂擎起的姿态,推断双手是上举的,此与青林洞卢舍那佛,有相似的神韵(图5)。

图 5

5.长安宝庆寺旧藏宝冠佛

原藏于长安宝庆寺的一批珍贵唐代石佛,约于战前离开中国,流落海外。其中有一块三尊像的石碑,现藏日本东京博物馆,此像主尊面相饱满庄严,两肩宽广硕健,双腿结跏趺坐于须弥座上(图6)。其波浪形的头发顶上戴着一具高高的宝冠,这件充分表现八世纪长安风格的宝冠佛,亦是青林洞卢舍那佛的图像源流之一。

八九世纪之际,宝冠佛的制作,似是一种新的时尚,不只于长安洛阳可以找到遗品,位于丝绸路上的敦煌安西榆林窟,其25窟便有题为"清净法身卢舍那佛"的卢舍那佛壁画,那是中唐时代的作品。

图 6

（三）文殊、普贤左右为胁侍菩萨的图像源流

1. 坐骑对应群组的图像源流

文殊菩萨与普贤菩萨对应的图像布局，在北魏已经登场，不过唐代以前少见骑狮的文殊。例如云岗石窟第9窟后室明窗东壁，下部刻山形浮雕，山形之上刻一菩萨，头戴高冠，项上圆光，上身斜披衣帛，右手举莲花，左手持净瓶，双腿分开，足心相叠，坐于莲花之上。左右有胁侍与跟从，左胁侍持伞盖、右胁侍举

双臂。左胁侍举伞盖，此菩萨被称为莲上菩萨①。而相对的，同窟后室明窗西壁，以须弥山为背景，山上刻骑象的则为普贤菩萨，其头冠、圆光、披帛等均如莲上，而环绕在普贤四周空中者，一举华盖、一吹横笛、一弹琵琶（图7）。此种莲上、普贤相对应的布局，便是敦煌莫高窟初唐壁画文殊、普贤相对应的先声。

与普贤相对应的文殊，是代表理智一双、彰显华严的法界观，当六十卷《华严经》流布之际，华严教主称"卢舍那佛"，义即光明遍照，是报身佛之意。

在六十华严所铺陈的七处八会中，教主卢舍那佛，自始至终，默然无一语，说法的是文

---

① 李治国、丁明夷：《云岗石窟雕刻·图板说明》，《中国美术全集·雕塑篇10》，锦绣出版社1989年版。

图 7

殊、普贤，文殊与普贤即为卢舍那佛的二胁侍。文殊师利菩萨主一切诸佛的智德、证德；普贤菩萨梵名"邲输跋陀"，亦曰普贤，或作遍吉，主一切诸佛之理德、定德、行德。二胁士合之，即成就理智一双、行证一双、三昧般若一双。文殊驾狮子，侍佛之左方，普贤驾白象，侍佛之右方，如此达成理智相即、行证相应、三昧与般若相全。

文殊骑狮的造型，到了五代已是十分普遍，例如现存沧州一具铁铸狮，铁狮头顶和项下铸有"狮子王"3 字，头顶内有"窦田、郭宝玉"几字，狮右项及牙边皆有"大周广顺三年铸"7字，左肋有"山东李云造"等字。[①]

广顺三年为公元 953 年，早于青林洞卢舍那佛会图浮雕，但狮子的造型却十分相像，应是青林洞文殊坐骑的祖形。（参见图 8）

图 8

---

① 王玉芳：《沧州铁狮历次维修保护概述》，《文物春秋》2008 年第 3 期，第 49 页。

2.华严三圣再加诸天王群组的图像源流

青林洞卢舍那佛会的群组,除华严三圣外,尚有四菩萨、四天王、两飞天等成员。此种成员的组合形式,早在中晚唐时代,已普遍表现在莫高窟的壁画上。

如敦煌莫高窟第12窟壁画文殊变与普贤变,在骑狮子的文殊菩萨与骑白象的普贤菩萨四周,各自画了近十尊的菩萨,以及四五尊的天王力士像(图9),两幅变相人物线条细致,装饰华丽,阵仗壮阔,是青林洞卢舍那佛会的祖形之一。

图 9

3. 清凉寺所藏释迦如来像胎内的文殊、普贤像

日本京都的清凉寺,尚收藏了一幅北宋时代的"释迦如来"像,是入宋僧奝然自宋国携返者,日僧奝然于北宋雍熙二年(985)停留在浙江台州的开元寺,释迦如来像胎内的结缘品,几乎都是浙江台州当地人所作。其中文殊菩萨像与普贤菩萨像,其半跏的坐姿,坐骑狮象的造型,以及前后的狮奴与象奴等造型,与青林洞佛会图几乎如出一辙(图10)。但清凉寺如来像制作的时间,早于青林洞,故可视为其先行图像。

图 10

(四)青林洞的卢舍那佛造型的后续影响

1. 四川安岳石窟毗卢洞柳本尊三身像主尊

青林洞的卢舍那佛两手外张说法印的姿势,在宋以前,很少看到。而在四川安岳石窟毗卢洞第10号柳本尊三身像窟中,却很稀有地见到了那主尊高270公分的毗卢佛坐佛巨像,那镂空高耸的透雕宝冠,华丽文饰的胸前璎珞,两手上举外张的说法印手(图11)。很明显,应是与青林洞主尊佛有着相同的气势。

图 11

毗卢洞10号窟内正壁中像刻毗卢佛结跏趺坐于仰莲宝座上,仰莲下的方形台基,上下二层,下层为方桌式,四桌脚及边缘以弧形轮廓线作为向外张的线条,上层则以笔直的横线切成平面座,犹如须弥座,但前方两座足,却以昂首与俯身二不同姿势的狮仔,加上正中的圆球为饰,十分生动。

莲座上的毗卢佛头戴外张宽广镂空宝冠,胸部铺满华贵图案璎珞,两肩垂挂披肩与宽袖袍服相连,左右两手肘外张弯曲高举至肩齐,惜双手已残,下裳覆盖双腿垂至座前。整个法像比例匀称,面容圆满,姿势端庄。中像右侧刻卢舍那坐佛,顶上螺发,身穿覆盖两肩双领下垂宽松大衣袍,右手曲肘上举,左手腹前坐禅定印,但腕部以下均残。左侧像为柳本尊像,卷发,跏趺坐,右手举至胸前。

安岳的华严洞,另刻有华严三圣像,正中的毗卢遮那佛,高520公分,顶上宝冠高耸,法相端庄圆满,但双手交握于前胸,作毗卢印。

安岳的此二窟尊像,均刻于北宋初年,与飞来峰青林洞的卢舍那线刻像,制作时间相近,如果青林洞像早于安岳毗卢洞像,则是青林洞像影响了安岳毗卢洞像,青林洞像似是最早创出两手外张的毗卢佛式样者。但反之若青林洞像晚于安岳毗卢洞,则便有可能是受其影响,而因袭其式样。究竟是首创还是因袭,则唯有再寻找安岳毗卢洞像制作的确切年代了。

2.高平市开化寺兜率天宫会主尊

山西高平市开化寺大雄宝殿东壁南侧的壁画,主题描绘《华严经》七处九会中的兜率天宫会,依《普耀经》中载兜率天位于须弥山巅忉利天之上,有微妙宝宫四十九重,重重亭台、楼阁与莲台,豪华灿烂。壁画中将此华丽的微妙宝宫描写于主尊佛身上的前胸、腹部、膝间的袍服上。一如卢舍那法界人中像,将十法界的佛菩萨众生画在卢舍那佛身上的衣纹上一般。

主尊佛身着通肩式的袍服,双腿结跏趺坐于仰莲瓣围绕的宝座上,莲花宝座下方为围着三层以彩绘方砖累叠而成圆形阶梯的须弥座,色调缤纷。佛颈上有三圈圆光,整个身仔罩在更大的光轮之中。光轮之外,上端左右两侧为飞天,中下端则围绕着十大菩萨,每尊均宝冠高耸,璎珞严饰,天衣彩带袍服绕身,亮丽华贵(图12)。

图 12

中尊佛是释迦牟尼佛,最特别的姿势是:双手手肘置于身躯左右两侧,手肘外张手掌向上,手肘、手掌均裸裎不着衣袖,此与飞来峰青林洞的主尊卢舍那佛一式。高平市开化寺大雄宝殿壁画制作于北宋时代,根据大雄宝殿前后石柱铭文

与碑刻所载,大雄宝殿于北宋熙宁六年(1073)施柱兴工,元祐七年(1092)土木工程告竣,尤其自大雄宝殿内后檐明间西平柱上的墨书题字:

丙子六月十五日粉此西壁,画将郭发记并照壁。

更可得知当时的画师郭发于绍圣三年(1096),于殿内完成壁画①。可知是稍晚于飞来峰青

---

① 柴泽俊编著:《山西寺观壁画》,文物出版社 1997 年版。

林洞的作品。

3. 张胜温画大理国梵像图

青林洞的卢舍那佛两手外张的说法印姿势奠定之后,后续者如张胜温画大理国梵像图,今存台北"故宫",经李霖灿先生篇目第 85 号的一尊坐佛图(图 13),上无题佛名:

> 这一尊佛无题名,疑即是章嘉所列的南无旃檀佛,背后云间有过去县在七佛之像。①

但若对照清乾隆画工丁观鹏摹写的《法界源流图》的图谱中,此图题名曰:"人王般若佛会",排序为第 29。②

图 13

① 李霖灿:《南诏大理国新资料的综合研究》,台北"故宫博物院"1982 年版。
② 苏兴钧、郑国:《法界源流图介绍与欣赏》,载《清丁观鹏摹宋大李章胜温梵像图》,台湾"商务图书馆"1992 年版。

而《梵像图》的 104 号,即《法界源流图》编号 36,标题曰:"南无毗卢遮那佛"的坐佛图,则佛顶宝冠高耸,身着通肩式袍服,双手却是毗卢印。

而人王般若佛会的主尊佛像,则佛顶螺状发纹,项下圆领贴身衣服,两腿结跏趺坐,两手弯曲向左右侧外张,衣袖宽松,除了右手指张开向前而非向上外,其姿势袍服手印等,均是沿袭了青林洞的卢舍那佛的式样,梵像图约创作于十二世纪,是晚于青林洞,或是受青林洞作风的影响。

4.青林洞卢舍那佛会图对日韩的影响

在日本东大寺藏有《华严五十五所绘卷》(善财童子绘卷)一卷,以及《华严五十五所绘》十面、《华严海会善知识曼荼罗图》二幅。其中主尊均为毗卢遮那佛,依明惠上人所著《华严佛光三昧观秘宝藏》内的图像,谓:"观宝座上的毗卢遮那,其手印是来自唐本善知识图。"①(参见图 14)

图 14

明惠上人谓:"两肘近身体,两腕向外张,拇指捻着中指,他指自然伸出,此种印相,即是说法印。"此种说法与《华严海会善知识曼荼罗图》中尊行像一式。明惠上人的作品与建长寺所收藏的宋画,其中的卢舍那佛像都被石田尚丰视为"新毗卢遮那像",是源自飞来峰青林洞的卢舍那佛会图主尊的造型。②

在韩国的朝鲜时代的新元寺卢舍那挂佛,其宝冠、璎珞、外张说法印的特征,便是传自飞

---

① 《大日本佛教全书》华严小部集。

② 石田尚丰:《飞来峰の华严佛会像——新毗卢遮那像の源流》,《ミュージアム》194 号,昭和四十二年(1962)。

来峰青林洞卢舍那佛的造型。[①]（参见图 15）

图 15

五　小　　结

青林洞完成之后不久,士大夫与僧侣也兴起一股书写《华严经》的风气,例如仁宗至和二年(1055)福建沙门文用联络公卿朝士王钦臣共同书写《华严经》,但未及完成,文用便逝世。由钱塘沙门志广继续未竟的遗志,招募僧俗 63 人共同进行,历时八年,方才完成。所书写的经卷,珍藏于东京兴国寺阁。[②]

总之,飞来峰青林洞卢舍那佛会图彰显了华严的法界观,延续了中国唐代以来石窟艺术的慧命,弥补了宋代佛教绘画资料的不足,对外开拓了日本平安、镰仓时代、韩国朝鲜时代等,创作卢舍那佛的式样标杆,意义非凡。

（作者单位：台湾"中国文化大学"史学系）

---

① 陈明华：《朝鲜时代新元寺宝冠菩萨行卢舍那挂佛之探讨》,《华言学报》2012 年第 4 期。
② 《圆宗文类》,《新纂续藏经》第 58 册,第 560 页。

杨简政治思想与社会改革主张简述

张 伟

杨简(1141—1226),字敬仲,南宋庆元府(浙江宁波)慈溪人,因晚年筑室于德润湖(今称慈湖),世称慈湖先生。作为陆学传人,杨简继承了陆九渊的心性一体思想,提出了"道在人心,人心即道"①的哲学命题,不仅发展了陆氏心学,而且直接开启了有明一代的阳明心学,在中国心学发展史上具有承上启下的历史地位。近年来,学术界对杨简的心学思想多有研究,且成果颇丰,然而对他的政治思想及改革主张的研究则相对较少,迄今尚无专文论及。本文拟结合南宋政情,就杨简的政治思想及社会改革主张作一粗浅探析,以求正方家。

一 "外患"、"内忧"下的南宋社会

杨简生于高宗绍兴十一年(1141)正月,卒于理宗宝庆二年(1226)三月,一生经历高、孝、光、宁、理宗五朝。孝宗乾道五年(1169),杨简登郑侨榜进士,授迪功郎,出任富阳县主簿,自此开始了仕宦生涯。此后,历任绍兴府司理,浙西安抚司干办公事,乐平知县,国子博士,秘书郎,秘书省著作佐郎兼权兵部郎官、兼考功郎官、兼礼部郎官,著作郎,将作少监,兼国史院编修官兼实录院检讨官,温州知府,驾部员外郎,工部员外郎,军器监兼工部郎官,将作监兼国史院编修官兼实录院检讨官等职。宝庆二年(1226)以宝谟阁学士、太中大夫致仕,死后以遗奏闻特赠正奉大夫。

杨简的政治活动主要在孝宗、光宗、宁宗三朝。在这近70年的时间中,南宋王朝由"中兴"而渐趋衰落。在外交方面,南宋立国东南以来,宋金和战成为了这一时期民族斗争的重心。绍兴三十二年(1162)六月,高宗"禅位",孝宗继位。孝宗继位之初,锐意恢复,一心想改变高宗以来"偷安忍辱"②的偏安局面。隆兴元年(1163)五月,在张浚的支持下,他不顾史浩等大臣的反对,仓促发动对金战争,结果以失败而告终。隆兴二年(1164)十二月,宋金签订和议,史称"隆兴和议"。"隆兴和议"签订后,孝宗并不甘于屈辱的地位,他在虞允文的支持下,积极备战,以图待时再举。但因长期来形成的财屈兵弱局面一时难以改变,加之金世宗统治初期,"金国平治,无衅可乘"③,这样,随着虞允文的去世,年事渐高的孝宗意气渐丧,最

---

① 杨简:《慈湖诗传》卷一六《大雅一》,《四明丛书》本。
② 脱脱:《宋史》卷三二《高宗本纪九》,中华书局1985年点校本。
③ 《宋史》卷三五《孝宗本纪三》。

终放弃了收复计划,并于淳熙十六年(1189)二月传位光宗。光宗在位五年,宋金大体维持和平局面。宁宗继位后,随着北方蒙古族的崛起与金国的衰落,开禧二年(1206)五月,宋廷再次下诏伐金,史称"开禧北伐"。然而,由于韩侂胄用人不当、指挥失误,以及史弥远、杨皇后集团的从中破坏,北伐再度宣告失败。嘉定元年(1208)九月,双方签订"嘉定和议",宋方再次接受了屈辱的条件。对金战争的连连失利,不仅激化了南宋统治集团内部的纷争,而且也导致南宋国力的进一步衰弱。

在内政方面,自孝宗继位,尤其是进入光宗、宁宗朝后,南宋统治集团内部争权夺利斗争层出不穷,政治日趋腐败。孝宗即位后,为了防范大臣擅权,"躬揽权纲,不以责任臣下"①。据学者统计,在他统治的 26 年中,先后任用宰相 17 人,每人每次平均不到 2 年;先后任用参知政事达 34 人②。频繁更换宰执,虽有利于皇权的行使,但挫伤了大臣们的能动性;而宰相权轻,又造成近习得以乘隙弄权。据《宋史·佞幸传》载,两宋著名近习 12 人,其中孝宗一朝即有曾觌、龙大渊、张说、王抃 4 人。用相不专与宠信近习,造成朝臣与近习之间的对立与斗争,加剧了统治集团内部的纷争,最终使淳熙之政无所起色。光宗即位后,因不愿受孝宗摆布,加之李皇后从中挑拨,父子矛盾愈演愈烈,以致孝宗死后,其葬礼因光宗的拒不临丧而无法正常进行,一度使政局动荡。最后,宗室赵汝愚、外戚韩侂胄联手发动政变,迫使光宗"禅位",使政局暂时转危为安。宁宗上台后,统治集团内部又围绕"定策功"展开了激烈的权力之争,最后韩侂胄击败赵汝愚,并制造"庆元党禁"排斥异己,擅权达 13 年之久。"开禧北伐"失利后,史弥远又勾结杨皇后发动政变,诛杀韩侂胄,并通过玩弄权术而最终控制朝政。史弥远当政后,"幸帝耄荒,窃弄威福"③,朝政更加腐败。

在财政方面,自孝宗以来,为了应对战争与满足统治集团的穷奢极欲,南宋的冗兵、冗官、冗费情况较以前更为严重,财政十分拮据。而政府解决财政困难的手段,更多的是横敛于民。对此,宁宗朝大臣蔡戡曾上书指出:"二税,古也。今二税之内有所谓暗耗,有所谓漕计,有所谓州用,有所谓斛面;二税之外,有所谓和买,有所谓折帛,有所谓义仓,有所谓役钱,有所谓身丁布子钱,此上下通知也。于二者之中,又有折变,又有水脚,又有糜费,有隔年而预借者,有重价而折钱者,其赋敛烦重,可谓数倍于古矣。然犹未也,有所谓月桩,有所谓盐产,有所谓茶租,有所谓上供银,有所谓干酒钱,有所谓醋息钱,又有所谓科罚钱。其色不一,其名不同,各随所在有之,不能尽举。"④这里,蔡戡所列仅是二税附加税及额外加征之税,尚不包括各地随时巧立之目,但据此也足见其征敛之广。沉重的赋税剥削,使阶级矛盾日益尖锐,广大百姓为生存计,或以闹荒、抗交租税等形式展开斗争,或揭竿而起,直接走上与官府相对抗的武装起义。

简言之,自孝宗至宁宗朝,由于统治集团的腐败无能,南宋的内忧外患局面非但没有得到改变,相反呈现出加重之势。在这种情况下,统治集团内部的一些有识之士已敏锐地觉察

---

① 《宋史》卷三九一《周必大传》。

② 何忠礼:《宋代政治史》,浙江大学出版社 2007 年版,第 432—434 页。

③ 《宋史》卷四〇《宁宗四》。

④ 蔡戡:《定斋集》卷五《论州县科扰之弊札子》,影印文渊阁《四库全书》本。

到局势的严重性,出于强烈的忧患意识和社会责任感,他们纷纷提出改良方案,希冀以此解决社会危机,杨简便是其中的一员。

二　杨简的政治思想与改革主张

行先王之道、致三代之治历来是儒家的政治理想,在这一理想的激励下,匡济时艰,致君尧、舜,成为历代儒家学者的经世目标。杨简与同时代的朱熹、陆九渊等儒家学者一样,一面致力于儒家经典的诠释,竭力从中构建出一套新型的学说以服务于现实政治;一面针对时弊,提出了一系列社会改良方案。在他的身上,集中体现出传统儒家知识分子忧国忧民的高尚情操。

杨简的政治思想继承了儒家传统的德政学说,并将之上升到天理高度,明确提出"为政之道,无出于德"的政治观。他说:"大哉德乎,天以此覆,地以此载,日月以此明,四时以此行,百物以此生,君以此尊,臣以此卑,父以此慈,子以此孝,家以此齐,国以此治。"他认为,法令不出于德,则无以遏民之不善;礼乐不出于德,则无以导民心之正、民心之和;任选不出于德,则以贤者为不肖,以不肖者为贤;赏罚不出于德,则赏以行一人之私喜,罚以行一人之私怒;兵财不出于德,则将不肖而兵惰,兵虽多而蠹财,兵多财匮,虽周公不能为。正因国家法令、礼乐、任选、赏罚、兵财等政事无不出于德,他批评那种认为德之外有事的观点是"不惟不知德,亦不知政",并指出:"政事不出于德,非德政也;政非德政,苟非安即危乱矣。"同时,他认为德在人心,人皆有之,为天下所同然,而天下治道之机总于人君之一心,得其大纲,则"万目必随一,正君而国定矣"①。这里,杨简不仅反对别道德与政事为二途,而且视道德为纲、政事为目,认为统治者能以德驭政,则纲举而目张,便可实现王道之治。

在这一德政思想指导下,杨简针对当时内政腐败、外患不断的南宋社会提出了一整套改革方案,他说:"方今治务最急者五:一曰谨择左右大臣、近臣、小臣;二曰择贤久任中外之官;三曰罢科举而乡举里选贤者能者;四曰罢设法导淫;五曰教习诸葛武侯之正兵以备不虞。其次急者八:一曰募兵屯田以省养兵之费;二曰限民田以渐复井田;三曰罢妓籍俾之从良;四曰渐罢和买、折帛暨诸续增之赋及榷酤,而禁群饮;五曰择贤士聚而教之于太学,教成,使分掌诸州之学,又使各择邑里之士聚而教之,教成,使各掌邑里之学;六曰取《周礼》及古书,会议熟讲其可行于今者,三公定其议而奏行之;七曰禁淫乐;八曰修书以削邪说。"治务"最急者五"、"次急者八"集中反映出杨简的政治思想与要求改变社会现状的强烈愿望,结合《慈湖遗书》中的《论治道》、《论封建》、《论兵》等,不难发现,其改革主张已涉及政治、经济、军事、文化教育等各个领域。

在政治改革方面:杨简认为要改变南宋政治腐败之状,首先要革新朝政,而革新朝政必先自朝廷始。近君子、远小人是历代封建政治家竭力倡导的为政之道,杨简自然也不例外。他深刻认识到近臣对国家治乱安危的影响,认为国家治乱安危之机在于朝廷,如果侍臣贤能清正,则朝中政风端正;朝政端肃,则外政清正。这就是杨简所说的"近治而后远治,近臣贤

---

① 　杨简:《慈湖遗书》卷一〇《家记四·读〈论语〉上》,《四明丛书》本。

而后远臣贤"。因此，他主张简择有道盛德之士以充讲筵官，择忠信秉正之士以代内侍之事，如此，则小人便无隙可进。朝中大臣、近臣固然重要，但宫中小臣也不可忽视，他说："小臣虽卑贱，而人主之德性，实熏染渐渍于左右亲近。"即小臣们地位虽然卑微，但由于长期伴随在君主身边，久而久之，人主难免会受其影响。正因杨简深刻认识到国家治乱安危之机在近而不在远，因此，他把"谨择左右大臣、近臣、小臣"列为革新政治的首务，认为如能行此，则君子可安，百姓可安，社稷可安。

其次，改革任官制度，使贤能者久其位。杨简认为，国家设官分职，将以治国理民，如果举选得当，使贤者、能者在位，则国家的恤民政策就能切实施之于民，使百姓真正得到实惠；反之，如果选举不当，使不贤、无能之人在位，则百姓就会深受其害，最终贻祸国家。针对当时"贤者甚无几，不肖者满天下"的现状，他提出治务当以择贤为急。同时，他指出现有的选任制度多有弊端："郡邑无久远安固之备，其患不可胜言。送往迎来，徒劳徒费，居官不为长久之计，贪墨以为待阙之资，虽间有贤者，方谙物情利病，又已将代而治归装。守御无素备，寇至辄溃。民知其不久于位，不服从其教令。奸顽好讼，俟新吏诉，幸新至未谙情伪，姑肆其欺扰，害善良，无有已时。"必须予以彻底改革。由此他建议，升县为州，升大县为大州，准许州官自辟属官，使州事专达于朝。如果为官苟非其人，则罢去；其甚贤而有功者，则通过褒、赐、增秩、贴职等使其久任于职①。他认为久任与择贤一样，是关乎国家安危的大事："择贤、久任，诚为当今大利。"②从而将"择贤久任中外之官"列为改革政治的急务之一。

再者，改革人才选拔制度，以乡举里选制取代科举制。杨简认为，自汉代以降，古道渐丧，上古流传的选贤与能制度已被遗弃，以致士子或陷于经说，不务实德；或溺于吟诗作赋，以粉饰华藻为事业。这种唯科举高中是求，不重德业、践行的选才制度，于治国安民有百害而无一利。他说："士子所习唯曰举业，不曰德业，高科前列多市井无赖子弟，笃实端士反见黜于有司，何以德行？为文华而尊荣，相师成风，沦肌浃髓，欲使事君而君获其忠，使临民而民不被其害可得哉？虽间得其人而亦无几。仕宦大概惟群饮，惟求举，惟货，惟色，惟苟且，甚者，民思寝处其皮而食其肉。"他认为科举制已成败坏人心之业，如果代之以贤人举贤才的乡举里选制，则天下士心便可"即趋于善"。

在经济改革方面：针对当时贫富分化日趋严重、百姓负担过于沉重，从而导致阶级矛盾尖锐的社会现实，首先杨简主张限民田以渐复井田。他认为，贫富不均是导致社会动荡的主要原因，而所以造成贫富不均，在于废弃了古代的井田良制。他说："田不井则贫富不均，贫民仰不足以事父母，俯不足以育妻子，乐岁终身苦，凶年不免于死亡。救死不瞻，奚暇治礼义？无礼义则乱，乱则国危。"因此，要解决贫富不均问题，根本之举便是恢复井田制；而要恢复井田，首先要从限制民田开始。这也就是他所说的"限田，井田之渐也"。他认为，在初限民田的田亩数时，可略宽一些，但限外之田只许减而不许增。这样，通过民户不断的析产异户后，即能渐析渐均；再立限时，又渐减民户田亩数，如此循环往复，不数年即可使田产趋于平均化，最终恢复三代良制。

---

① 《慈湖遗书》卷一六《家记十·论治务》。
② 《慈湖遗书》卷一六《家记十·论治道》。

其次,渐罢和买、折帛及诸续增之赋,以纾民力。杨简指出南宋的和买、折帛已成为百姓的沉重负担,他说:"所谓和买,初未尝不给钱,今直取于民;又不止于直取而已,又俾约折帛每疋六贯五百,其价大过于绢直。至于夏税折帛,则每疋七贯,以折为名,实强取多。"①因此,他认为在裁省兵费后,应渐次免除和买、折帛等赋税。同时,从"民为邦本,本固邦宁"这一民本思想出发,杨简也要求统治者裁节浮费,节用以纾民力。他曾说:"治国之道,敬信为大,其次节用。节用则可以推有余以补助斯民,不节用则厚敛于民矣。民为邦本,厚敛于民,是自伐其邦本,民离国亡,君随以亡。爱民而后能使民以时,国君爱民乃所以自爱其国,自爱其身。"②

在军事改革方面:在当时复杂的民族斗争形势下,出于强烈的忧患意识,杨简早年即致力于古代兵书、兵法研究。他自称"有志于武备逾四十年"③,力图从历代兵书中汲取用兵之道,为时所用。针对南宋的"兵弱"之状,杨简在如何强兵方面也提出了改革措施。

其一,教习诸葛武侯之正兵,以备不虞。杨简认为,教阅无方是导致南宋军队战斗力下降的一个重要原因。通过精究历代兵书、兵法,他认为:"今七书首《孙子》。孙子善用兵者,譬如率然。率然者,常山之蛇也,击其首则尾至,击其尾则首至,击其中则首尾俱至。《孙子》之书,非无善者,而率然之喻,验其不达正兵之法。正兵者,不可败之法也。"④并论证说:"马隆、李靖,皆得正兵之法,皆规八阵而用之,皆根本乎黄帝丘井之制。二子之为将,皆古今名将之所畏仰,然则正兵何畏乎大敌!"⑤因此,他竭力主张州郡教阅诸葛亮正兵之法,认为此法能训练出不可败之兵,以备不测之虞。

其二,募兵屯田,以省养兵之费。杨简认为,养兵之费是导致南宋财政拮据的主要原因,而要裁省兵费,需改革兵制,推行军屯制。他说:"古者兵出于农,无坐食之费;今国家财计,大概十九养兵。今将理财,罢横敛,不屯兵何以省费?法当因募补籍之兵而新其制,曰吾授尔田以为衣粮之资。兵多死亡,补以屯田兵,则费可渐省。"⑥他认为,募兵屯田,推行屯田制,不惟可以省费,而且在此基础上若能选择良将加以训练,也可提高军队的战斗力。

在文化教育改革方面,杨简则提出了行太学与邑里之教及"修书以削邪说"等建议,希冀以此改变教育现状。杨简认为,自孔子后,大道正学沦丧,学者多持异端之说,似是而非,似正而邪,各徇偏孤,以致圣人之学晦而不传。为此,他指出:"不得大贤救之,则刑名者自刑名,清静者自清静,杨者自杨,墨者自墨,任侠者自任侠,文华者自文华,议论者自议论。"由此,他建议简选修谨之士,使之聚诸太学或乡学,接受系统的儒学教育,并通过这些修谨之士,使先王之学代代传承。

所谓"修书以削邪说",则体现出杨简要求统一教育内容的思想。他说:"夫聚贤士而教之,固已明圣道之大体,指异说之谬误。而经子史集差失已久,其惑乱人心已深,不修成书,

---

① 《慈湖遗书》卷一六《家记十·论治务》。

② 《慈湖遗书》卷一〇《家记四·读〈论语〉上》。

③ 《慈湖遗书》卷一《陈规守城录序》。

④ 《慈湖遗书》卷一六《家记十·论治务》。

⑤ 《慈湖遗书》卷一六《家记十·论兵》。

⑥ 《慈湖遗书》卷一六《家记十·论治务》。

则邪说不衰熄,正道不开明,人心乖乱。人心乖乱,则祸作国危。"①可见,"修书"的目的,在于剔除种种惑乱人心的异端邪说,使教育在明正道、正人心、易风俗上充分发挥出其特有的教化功能,从而在此基础上建立起一个人心向善、礼义流行的理想社会。

三　杨简社会改革思想简议

杨简的政治思想与改革主张渗透着浓厚的心学色彩与强烈的忧患意识,体现出儒家学者的时代使命感。他的政治思想与其治学宗旨是一致的:即通过发明"本心",致君为尧、舜之君,致民为尧、舜之民,最终实现治国平天下的政治理想。然而,就杨简的政治思想及所提出的改革举措来看,其局限性是十分明显的。如他主张恢复井田制,反映出他对所谓古圣先王时代的推崇,这种推崇几乎到了盲目眷恋的程度,以致看不到井田制早已随着土地私有制的发展而作古。因此,通过限田以恢复井田不过是良好的愿望而已,不可能解决贫富不均这一社会现实问题。他对科举制下所造成的一些弊端的揭露,不乏灼见,但将人心不古、吏治不正的根源归咎于科举制,显然是因噎废食。其实,与以往选举制相比,科举制在选拔人才、扩大统治基础等方面恰恰起了重要的作用。对此,清四库馆臣有精辟的评论:"其论治最急者五事,次急者八事,大抵欲罢科举以复乡举里选,限民田以复井田,皆迂阔不达时势。"②我们认为,杨简的上述主张所以被认为"不达时势",根本原因在于杨简将后世美化了的三代视为理想治世,以致认为"如欲生民之皆安,祸乱息,风俗善,国祚久长,则三代之制不可详考熟讲而图复之也","图治而不本之三代之制,终苟道也"③。这也是杨简的改革主张未能被当政者所采纳的原因之一。

但另一方面,作为一位关注现实的思想家,加之长期为政地方,又使杨简对当时南宋社会的积弊和政情有着更为深刻的了解与体会,这样,尽管其政治思想中夹杂着浓厚的复古色彩,然而在政治实践过程中,对其过于理想化的某些内容又作了一些修正。对此,四库馆臣又评论说:"盖简本明练政体,亦知三代之制至后世必不可行……及其莅官临事,利弊可验而知者,则固随地制宜,不敢操是术以治之,故又未尝无实效也。"④而当时人真德秀也曾评价杨简于治务"讨论区画,若指诸掌,又非脱略事为者也"⑤。这表明,杨简的社会改革主张中又具有某些务实的成分。

（作者单位：宁波大学浙东文化与海外华人研究院）

---

①　《慈湖遗书》卷一六《家记十·论治务》。

②　永瑢:《四库全书总目》卷一六〇《别集类一三·慈湖遗书》,中华书局 1992 年影印本。

③　《慈湖遗书》卷一六《家记十·论治道》。

④　《四库全书总目》卷一六〇《别集类一三·慈湖遗书》。

⑤　《慈湖遗书》卷一八《附录·文忠西山先生真公跋文元公行状后》。

胥氏夫人与欧阳修早期作品关系之探析

张明华

　　胥氏(1017—1033)是欧阳修(1007—1072)的结发妻子,欧阳修一生先后三次娶妻,但最令其铭心刻骨的还是胥氏。尽管学者对欧阳修悼念胥氏之作《述梦赋》有一定的研究①,由于胥氏家世背景、欧阳修与胥氏家族至深渊源等背景资料尚无充分发掘②,从而导致学界对欧阳修与胥氏婚姻生活、胥氏对欧阳修早期作品影响研究之不足。本文结合相关宋代史料和欧阳修早期文学作品,试对欧阳修与发妻胥氏的婚姻生活及早期作品之关系进行探析。

一　欧阳修与胥家渊源

　　欧阳修与胥偃结缘,始于欧阳修连续科举考试失利后向胥偃的行卷。

　　欧阳修四岁丧父,随母亲郑氏往依三叔欧阳晔在随州(今湖北随县)生活,经济十分拮据,母亲郑氏"以荻画地,教以书字,多诵古人篇章,使学以为诗"③。尽管欧阳修天资聪颖且十分刻苦,由于"汉东僻陋无学者"④,得不到正确引导,欧阳修在天圣元年(1023)随州州试时因赋失官韵见黜;天圣五年,在参加礼部考试时再次落榜。天圣六年,自以为"第困穷途"的欧阳修怀着忐忑的心情,向知汉阳军、"举进士甲科"⑤的胥偃行卷,诉说读书作文十余载、求学无门、屡次落第的绝望心情,表达出"幸望许承音旨,少贬光塵,曲垂褒采之私,俾获题评之目。如是,则六辔在手,骥足何滞于蚁封;五色成文,乐节或资于牛铎"⑥的强烈求学愿望。

　　胥偃复信欧阳修,称赞欧阳修的文章"禀节高奇,发清吟于《梁甫》;缔交名胜,缀雅聚于

---

　　①　蒋介夫:《虽音容之远矣,于恍惚以求之——欧阳修〈述梦赋〉赏析》,《阅读与写作》1995 年第 10 期;蒋光斗:《惭晶泣血的悼亡之作——欧阳修〈述梦赋〉赏析》,《古典文学知识》2004 年第 5 期。

　　②　有关欧阳修传记的两本重要著作:洪本建《醉翁的世界》、黄进德《欧阳修评传》虽然涉及欧阳修与胥偃的师生关系,以及胥偃将女儿许配欧阳修,但并未深入探讨欧阳修与胥氏的关系。[日]英东寿:《欧阳修的行卷——着眼于科举的考前活动中与胥偃的关系》,也主要论及欧阳修向胥偃行卷的经过和影响,并未涉及欧阳修与胥氏夫人婚姻生活,见氏著:《复古与创新——欧阳修散文与古文复兴》,上海古籍出版社 2005 年版,第 44—58 页。

　　③　欧阳发:《先公事迹》,见《欧阳修全集》附录卷二,中华书局 2001 年点校本,第 2627 页。

　　④　《欧阳修全集》卷七三《记旧本韩文后》,第 1056 页。

　　⑤　脱脱:《宋史》卷二九四《胥偃传》,中华书局 1977 年点校本,第 9817 页。

　　⑥　《欧阳修全集》卷九五《上胥学士启》,第 1424 页。

兰台。飘飘之逸思无穷,籍籍之芳尘自远",指出欧阳修虽"偶衄一飞之翼",暂时失利,最终也一定会"行跻多士之魁"。"虽亨衢自至",欧阳修完全可以凭借自己的实力通过科举考试;"而名路共成,敢惜齿牙之余论",明确表示愿意指点欧阳修。①

由于"爱其(欧阳修)文",胥偃便将欧阳修"召置门下"②耳提面命,亲自拨冗,离汉阳任时,胥偃还将欧阳修带至京城(今河南开封),为其提供继续深造、广交师友的机会,结下了深厚的师生情缘。

在胥偃指点和延誉下,欧阳修很快脱颖而出。天圣七年春,就试国子监,名列第一,补广文馆生。当年秋天,参加国学解试,名列第一。天圣八年,参加礼部试,名列榜首。殿试时,名列甲科第十四名。欧阳修对胥偃的知遇之恩始终充满感激之情,多年后他还在给友人的信中写到:"某自束发为学,初未有一人知者,及首登门,便被怜奖,开端诱道,勤勤不已,至其粗有所成而后止。虽其后游于诸公而获齿多士,虽有知者,皆莫之先也。"③

胥偃不仅帮助欧阳修顺利通过了科举考试,还将长女许配给欧阳修④。有关胥偃子女,《宋史》本传载,"子元衡,有学行,能自立,为尚书都官员外郎,并其子茂谌咸早卒"⑤。曾巩《都官员外郎胥君(胥元衡)墓志铭》载,胥元衡于"治平三年(1066)四月壬寅以疾卒于泗州","死时年三十有九"⑥,逆推可知,胥元衡出生于天圣六年(1028),小胥氏十多岁。范纯仁《朝散大夫谢公(景初)墓志铭载》"十六游京师,赫然有声,群公共称之。翰林学士胥公偃一见公,异之,许妻以女"。考,谢景初卒于"元丰七年(1084)四月","享年六十有五",又"妻兰阳县君胥氏,翰林之女"⑦,可知胥偃确实还有一女儿,逆推可知谢景初生于天禧四年(1020),十六岁游京师应为景祐二年(1035),按照宋代女子出嫁年龄在十五至二十岁、一般不超过男子而言,此女约出生在天禧四年左右,应大于胥元衡。就目前所能看到史籍而言,嫁给欧阳修的胥氏应为长女。

胥偃不仅名列显宦,而且家境殷实,在朝中有极深的根基。《续资治通鉴长编》卷九四载,"偃乃盛度婿,又钱惟演亲戚"⑧。盛度,曾祖、父均仕吴越钱氏政权,后随钱俶归附北宋,天禧三年(1019)即为翰林学士;钱惟演不仅是吴越国主钱俶的后裔,更是当朝垂帘刘太后的亲家。胥偃未仕时,家有良田数十顷,仕途通达后,将家产全部赠与族人。胥偃返回京城后,屡任直集贤院同修起居注、知制诰等职。本传所载胥偃妻为"直史馆刁约之妹",应为后娶。

按照宋代习俗,士大夫或富有家庭女子出嫁,其妆奁包括奴婢、图书、金钱、服饰、田产甚至室庐,范仲淹在《义庄规矩》规定:"嫁女支钱三十贯,再嫁二十贯。娶妇支钱二十贯,再娶

① 胥偃:《胥学士答启》,附《欧阳修全集》卷九五,第1425页。
② 《宋史》卷二九四《胥偃传》,第9818页。
③ 《欧阳修全集》卷六九《与刁景纯学士书》,第1006页。
④ 《宋史》卷二九四《胥偃传》,第9818页。
⑤ 《宋史》卷二九四《胥偃传》,第9818—9819页。
⑥ 曾巩:《曾巩集》卷四三《都官员外郎胥君墓志铭》,中华书局1984年版,第580—581页。
⑦ 范纯仁:《范忠宣集》卷一三《朝散大夫谢公墓志铭》,影印文渊阁《四库全书》本。
⑧ 李焘:《续资治通鉴长编》卷九四,天禧三年七月辛酉条,中华书局2004年点校本,第2159页。

不支"①,可见宋代嫁女费用超出了娶妇。依照胥偃的家境,胥氏出嫁时也应带了不少陪嫁,这也为他们浪漫而美满的婚姻生活提供了物质保障。

金榜题名、洞房花烛,是古代士人的两件大事,欧阳修这两件大事都与胥氏家族有关,门生加门婿的双重身份也让欧阳修对小其十岁的胥氏多了一份特殊感情——疼爱、敬重。

二　欧阳修悼亡胥氏之作

欧阳修与胥氏共同生活仅两年,除《胥氏夫人墓志铭》外,再没有明确标明写给胥氏的作品,根据其作品完成时间与内容看,完成于明道二年的《绿竹堂独饮》《述梦赋》均是怀念胥氏的悼亡之作,这些作品的字里行间渗透了欧阳修在胥氏去世后的极度悲伤以及他对胥氏的一往情深。

《欧阳修年谱》载"(天圣九年)初,胥公许以女妻公,是岁,亲迎于东武"②,没有迎娶胥氏的具体月份,按常理推,应在欧阳修该年二月赴任西京留守推官之前。此年欧阳修二十五岁,胥氏十五岁。胥氏卒年在墓志铭有明确记载,"后二年(明道二年)三月,胥氏生子,未逾月,以疾卒,享年十有七。"③

《绿竹堂独饮》写于明道二年夏四月④,距胥氏去世仅一个月。通过"人生暂别客秦楚,尚欲泣泪相攀邀。况兹一诀乃永已,独使幽梦恨蓬蒿"的诗文,欧阳修表达出胥氏去世后,生死相隔给他留下的无尽遗恨。这种遗恨在下面诗句又得以抒发:"忆予驱马别家去,去时柳陌东风高。楚乡留滞一千里,归来落尽李与桃。残花不共一日看,东风送哭声嗷嗷。"明道二年正月,欧阳修因公事离开西京回到京城,并抽空到湖北随州看望了叔父欧阳晔,回到西京时已过仲春季节。"残花不共一日看"是指欧阳修返回洛阳后与胥氏相聚时间极其短暂,"东风送哭"则是指胥氏葬礼上,欧阳修与新生婴儿的哭声。《胥氏夫人墓志铭》亦有"清泠兮将绝之语言犹可记",显见欧阳修确实回到了洛阳、亲历了与胥氏的生死离别。

丧妻之痛使欧阳修从幸福顶峰坠入悲痛深渊。昔日那位英气勃发、争强好胜、"马迁班固泪歆向,下笔点窜皆嘲嘈。客来共坐说今古,纷纷落尽玉麈毛。弯弓或拟射石虎,又欲醉斩荆江蛟"的狂傲才子变成了悲痛欲绝、肝肠寸断的多情公子。欧阳修叙述其悲切伤痛、不得排解的苦闷心情:"吾闻庄生善齐物,平日吐论奇牙聱。忧从中来不自遣,强叩瓦缶何诙诙。伊人达者尚乃尔,情之所种况吾曹。"⑤意即:我知道庄子生性旷达,能够平静对待生死,所以才会有艰涩深奥的哲学思想。为什么妻子去世时,他也不能排遣内心苦闷,而要通过击打瓦缶、喋喋不休地诉说去化解悲哀呢?像庄子这样的哲人在丧妻之时尚有如此反常的表现,何况我等多愁善感的凡俗之辈呢? 欧阳修无法承受胥氏离世的沉重打击,内心愁苦堆积

①　范仲淹:《范仲淹全集·续补》卷二,四川大学出版社 2007 年点校本,第 798 页。
②　胡柯编:《欧阳修年谱》,《欧阳修全集》附录卷一,中华书局 2001 年版,第 2598 页。
③　《欧阳修全集》卷六三《胥氏夫人墓志铭》,第 922 页。
④　刘德清:《欧阳修纪年录》,上海古籍出版社 2006 年版,第 53 页。
⑤　《欧阳修全集》卷五一《绿竹堂独饮》,第 723—724 页。

如山,压得他喘不过气来,虽然他也想借酒浇愁,但喝下的酒如同熊熊烈火,烧得他更加难受。欧阳修由此推断:自古英雄壮士经历丧妻之痛时尚不免英雄气短,古往今来,人们对生死都无可奈何,他最终还是决定麻醉自己,一醉方休,以摆脱眼前痛苦。

欧阳修另撰《述梦赋》倾诉对胥氏的思念。在《述梦赋》的起首,欧阳修直抒胸臆、大声呼唤自己的爱妻:"夫君去我而何之乎?"他诉说丧妻后的寂寞:时光如水,一去不返,过去我们形影相随,共处一室,为什么你抛下我、孤独地留在山阿?他感叹:天地长久,人生苦短,人人都羡慕长寿,但生命不可长久,死是无奈之事,而死后又不能复生,对于逝者,生者只能通过痛哭来表达思念。他抱怨:我喉咙已经嘶哑、哭不出声来,无法向你悲歌倾诉,只能泪如雨下、涕泗滂沱,独自饮恨。他倾诉:我不知道自己身在何处、该去何方,整日神思恍惚,夜不能眠。他发现:在寥寥睡梦中,我还偶然会梦到你,虽然梦中的你"又若有而若无,乍若去而若来,忽若亲而若疏",这若有若无、若即若离、若远若近、遥不可及且转瞬即逝的梦中相见,犹胜于百无聊赖的苦苦追思。他感慨:因为我对你爱之深、思之切已经感动天地和神灵,因此,在梦到你那一刻,尺蠖为之不动、飞蝇为之无声,它们希望你能够多停留一会,唯恐惊吓你和惊扰了我的美梦。因为,梦一断你就踪迹皆无,而留下我一个人在空荡荡的房间里独对华灯。他描述自己因为思妻而憔悴的模样是"绿发兮思君而白,丰肌兮以君而瘠",但你对我的感情却不能忘怀。他驳斥:虽然有人说,逝者已经永远离去,你在梦中出现是不对的;也有人说"觉之所得者为实,梦之所得者为想"[①],你的出现是不真实的,倘若能够慰藉我的思念之情、解除我的相思之苦,我又怎能在乎其真假呢?他恳求:太阳走得快些,月亮走得慢些,让夜长昼短,四季停步,好让自己在漫长的黑夜里、在恍惚的梦境中,见到远逝的妻子。《述梦赋》感情充沛、曲折委婉,如泣如诉,是一篇感情真挚、哀婉动情的悼亡之作,欧阳修通过对梦境的追求和留恋表达了对亡妻的无尽思念。

《绿竹堂独饮》和《述梦赋》是欧阳修现存文学作品中仅有的两篇悼念亡妻之作,皆创作于明道二年,悼念对象均是胥氏。其后,欧阳修在《暇日雨后绿竹堂独居兼简府中诸僚》一诗中将自己与西晋文学家潘岳相比,形容其丧失爱妻后萎靡不振、身心遭受巨大伤害的精神状态,"骑省悼亡后,漳滨多缠身"[②]。这些悼亡之作从侧面反映了他与胥氏的美好感情。

三 欧阳修追忆胥氏妇德之作

欧阳修与胥氏的婚姻虽然也听由父母之命,两人并不陌生。胥氏贤淑明理,她坦然接受欧阳修的贫寒家境,孝敬长辈,顺从丈夫,为欧阳修创造了温馨的家庭环境。欧阳修居洛期间广交师友,切磋文章,在古文、诗歌创作取得的长足进步,与胥氏的支持、理解密不可分。

从天圣六年到天圣九年,欧阳修与胥家有着密切往。尽管宋代士大夫提倡"男子昼无故不处私室,妇人无故不窥中门"、七岁以后"男女不同席,不共食"[③],严格男女之别,胥偓家教

---

① 《欧阳修全集》卷五八《述梦赋》,第 836 页。
② 《欧阳修全集》卷五一《暇日雨后绿竹堂独居兼简府中诸僚》,第 724 页。
③ 司马光:《司马氏书仪》卷四《婚仪下·居家杂仪》,《丛书集成初编》本。

甚严,"虽其婴儿女子,无一敢妄举足发声。其饮食衣服,少长贵贱,皆有常数"①,由于欧阳修曾经入住胥家,随胥偃在汉阳军学习;又与胥家人同行入京;在入国子监考试前居住在胥家;居京期间与胥偃依然有着密切的师生关系,长期的密切往来,欧阳修与胥氏应当有关直接接触;即使没有直接的接触,通过父母之口,胥氏对欧阳修的家境、才华、求学、科举应相当熟悉。

在欧阳修的眼中,胥氏是贤淑和随遇而安的孝媳和贤妻。"胥氏女既贤,又习安其所见。故去其父母而归其夫,不知其家之贫;去其姆傅而事其姑,不知为妇之劳"②,此处两个"不知"并非真的"不知",应是"不顾",欧阳修此处用"不知"来反衬胥氏的天真烂漫。嫁给欧阳修以后,生活环境发生了很大变化,胥氏不再锦衣玉食、使奴唤婢,但她安之若素、处之泰然,亲自侍奉婆婆郑氏。欧阳修自叙,母亲郑氏"世为江南名族,……恭俭仁爱而有礼"、"太夫人守节自誓,居穷,自力于衣食,以长以教,俾至于成人"、"自其家少微时,治其家以俭约,其后常不使过之"③,对年仅十五岁的胥氏而言,要侍奉好这样一位讲求礼法、性格刚强、生活节俭的婆婆并非易事,而胥氏任劳任怨地承受了这一切,她是一位性格柔顺、敬重长辈的孝媳。

胥氏未谙世事,完全信任和放纵自己的丈夫,为欧阳修提供了自由自在的生活空间,使其能够毫无后顾之忧地尽情地交友、游玩、切磋文章,其放纵也助长了欧阳修的放荡不羁。《钱氏私志》记载:欧阳修任河南推官时,亲狎一妓。梅尧臣、谢绛、尹洙等对欧阳修"有才无行"的轻浮行为非常遗憾,希望官长钱惟演规劝欧阳修,而欧阳修对钱惟演的提醒也不以为然。一日,钱惟演设宴,独缺欧阳修与所狎之妓。过了很久,两人才到席。钱惟演询问歌妓迟到的原因。歌妓回答:中暑往凉堂小憩,醒来时发现金钗遗失,因寻找金钗而迟到。钱惟演戏谑:倘若欧阳推官肯为你赋词一阕,我就替你偿还金钗。欧阳修即席赋词:"柳外轻雷池上雨,雨声滴碎荷声。小楼西阁断虹明,栏干倚遍,待得月华生。燕子飞来栖画栋,玉钩垂下帘旌。凉波不动簟纹平,水晶双枕,旁有堕钗横。"钱惟演命歌妓斟酒奖励欧阳修,由公库偿其失钗。④

宋代,士大夫狎妓之风盛行。为了维护朝廷官员形象,自宋太祖始,即对嗜酒、宿妓的官员进行严厉的警告和惩处,如乾德元年二月,翰林学士、中书舍人王著因"嗜酒,不拘细行,尝乘醉夜宿娼家,为巡吏所执",当时虽被释放,最终还是"发前事黜之",责授比部员外郎,御史中丞刘温叟也因"失于弹劾,夺两月俸"⑤。宋真宗大中祥符二年四月,湖州苏为等官员因宴饮造成判官刘继能及乐妓二人溺死事件后,朝廷明文规定:"内外群臣非休暇无得群饮废职。"⑥从庆历四年十一月,直龙图阁、权同判太常寺的王洙因进奏院祠神、"与妓女杂坐"被

---

① 《欧阳修全集》卷六三《胥氏夫人墓志铭》,第922页
② 《欧阳修全集》卷六三《胥氏夫人墓志铭》,第922页
③ 《欧阳修全集》卷二五《泷冈阡表》,第393、394页。
④ 钱世昭:《钱氏私志》,《丛书集成初编》本。
⑤ 《续资治通鉴长编》卷四,乾德元年二月甲申条,第83页。
⑥ 《续资治通鉴长编》卷七一,大中祥符二年四月壬寅条,第1603页。

御史劾奏，黜知濠州①；十二月知益州蒋堂便因"私官妓，为清议所嗤"②徙知河中府等处分看，无论是京官还是地方官员，只要在狎妓问题上酿成严重后果或遭人弹劾者，必受处分，梅尧臣等人的担心并非空穴来风。欧阳修新婚不久即出现此举，从其自身来讲，是由于年轻气盛、恃才傲物，对官场险恶未有充分的认识；从另一个角度看，也与胥氏年幼烂漫、未谙世事，完全信任和放纵自己的丈夫、不知规劝有关。其后，欧阳修始终对胥氏抱有愧疚，在离开洛阳时，写下《玉楼春》一词为自己辩护，以示对胥氏的钟情。

四　欧阳修早期文学作品中的胥氏形象

在现存欧阳修的作品中，并没有明确写给胥氏或表明其共同生活的作品，但从欧阳修的生平经历、作品创作时间、作品内容的交叉关系看，确有不少作品记载了他们的甜蜜生活。在欧阳修的心目中：胥氏是年轻天真、活泼、聪慧且高贵美丽。欧阳修与胥氏之间不是维系礼法、传宗接代的亲情婚姻，而是男欢女爱、互相倾慕的爱情婚姻，这在古代社会中十分珍贵，在欧阳修其后的作品，尤其是对少妇的描写，都或多或少地留下了胥氏的身影。

（一）胥氏与《南歌子》

对任何研究者而言，《南歌子》的描写对象都是一位新嫁娘："凤髻金泥带，龙纹玉掌梳。走来窗下笑相扶，爱道画眉深浅、入时无？弄笔偎人久，描花试手初，等闲妨了绣功夫，笑问双鸳鸯两字、怎生书？"③词中的新嫁娘梳凤状发髻，云鬟上束金丝带、插玲珑玉质龙纹梳，从装束看，是一位家境富足、时尚美丽的少妇。新娘小心翼翼地询问新郎，"画眉深浅、入时无？"有着明显撒娇、讨好的语气，同时又反映出她对新郎的仰慕和一往情深；新嫁娘长时间依偎着丈夫、摆弄笔管，明知故问地问丈夫："'鸳鸯'这两字该怎么写啊？"显见其羞怯和聪慧，在为耽搁自己女红和丈夫读书寻找借口，贺裳称赞"弄笔偎人久，描花试手初"为"真觉俨然在目前，疑为化工之笔"④。面对新娘的天真烂漫，新郎表现出兄长般疼爱和骄纵，词中虽没有对男主人公具体的形象描写，但从"笑相扶"、"弄笔偎人久"等可以推测，新郎定是一位温和宽厚、斯文儒雅的书生。

欧阳修现存文学作品中，没有专门写给继室杨氏的悼亡之作，在明确写给第三任妻子薛氏的作品也仅有《班班林间鸠寄内》，所述的只是家庭琐事与其政治打算，与感情无关。因此，《南歌子》的书写对象只能是胥氏，词中所透出的温馨之情，定格了在其感情生活中彼此倾慕、互相爱恋的平等关系。如果没有真实的生活体验，欧阳修何来此词？除胥氏外，谁又堪配《南歌子》中新娘的娇羞、天真和烂漫？

① 《续资治通鉴长编》卷一五三，庆历四年十一月甲子条，第3716。
② 《续资治通鉴长编》卷一五三，庆历四年十二月癸卯条，第3725页。
③ 《欧阳修全集》卷一三三《南歌子》，第2032页。
④ 贺裳：《皱水轩词筌》之"词家化工之笔"，见唐圭璋《词话丛编》第一册，中华书局1986年版，第700页。

欧阳修另有《鹧鸪天》与《南歌子》呼应:"学画宫眉细细长,芙蓉出水斗新妆。只知一笑能倾国,不信相看有断肠。双黄鹄,两鸳鸯。迢迢水云恨难忘。早知今日长相忆,不及从初莫作双。"①词的上阕,描绘一美丽、时尚、热爱生活的少妇,而下阕,则是无尽惆怅的孑遗鳏夫。两首词描写了东窗画眉对作者的不同感受:《南歌子》写昔日新婚夫妻的甜蜜和恩爱,《鹧鸪天》写夫妻的生死两隔和丈夫的痛不欲生,看到比翼齐飞的黄鹄和白头到老的鸳鸯,触景伤情,作者痛心疾首。

(二)胥氏与《生查子》和《少年游》

《生查子》两首曾分别被误为朱淑真、秦观或张先所作,唐圭璋先生已做过更正②,其描写对象在也曾被误以为"此首写一位青年女子的爱情遭际",或被误以为是男性友人③。《生查子》之一为:"去年元夜时,花市灯如昼。月到柳梢头,人约黄昏后。今年元夜时,月与灯依旧。不见去年人,泪满春衫袖。"④其实,元宵之夜、举家观灯是由来已久的民俗,这首词用对比的手法,描写了同样的元宵之夜、同样的华灯初上,去年的作者于黄昏之后、月上柳梢、夫妻共同观灯的甜蜜,与今年故人已去、芳踪无迹,作者形单影只、暗自垂泪的伤感。如果将该词与欧阳修的《少年游》三首之一"去年秋晚此园中,携手玩芳丛。拈花嗅蕊,恼烟撩雾,拚醉倚西风。今年重对芳丛处,追往事,又成空,敲遍栏杆,向人无语,惆怅满枝红"⑤放在一起做比较,则不难发现,两者不仅在艺术上有着异曲同工之妙,而且其叙述对象、时间顺序、作者心情等均有一定的承继和关联,且《少年游》的题目也非常适合作者年龄和身份,由"月到柳梢头,人约黄昏后"、"携手玩芳丛"的意境之美,到物是人非的"泪满春衫袖"和"惆怅满枝红"的伤感、落寞,除了胥氏,谁又能陪作者一起观灯、携手芳丛、在洛阳经历生离死别呢?

《生查子》之二:"含羞整翠鬟,得意频相顾。雁柱十三弦,一一春莺语。娇云容易飞,梦断知何处。深院锁黄昏,阵阵芭蕉雨。"⑥《欧阳修词新释辑评》注"此为思妇诗"⑦,并未坐实该妇所指何人。从"翠鬟"一词可知描写对象为少女或少妇,"含羞整翠鬟"隐喻两人在云雨之后女子竭力掩饰的羞涩举止,"得意"两字则表明女子与作者相当熟悉,"十三弦"指的是琵琶,"春莺语"形容女子婉转歌喉。"娇云容易飞,梦断知何处"是指女子的红颜薄命和作者的不尽相思,有哪个年轻女子与欧阳修如此熟悉、让他魂牵梦绕呢?也唯独胥氏。

---

① 《欧阳修全集》卷一三三《鹧鸪天一首》,中华书局2001年版,第2052页。
② 唐圭璋:《宋词互见考》,见氏著《词学论丛》,上海古籍出版社1986年版,第403—404页。
③ 邱少华:《欧阳修词新释辑评》,中国书店2001年版,第37页。
④ 《欧阳修全集》卷一三一《生查子》,第2000页。
⑤ 《欧阳修全集》卷一三三《少年游三首之一》,第2051页。
⑥ 《欧阳修全集》卷一三一《生查子》,第2000页。
⑦ 《欧阳修词新释辑评》,第40页。

（三）胥氏与《玉楼春》

《玉楼春》第四首为许多人耳熟能详，也备受研究者推崇①。王国维《人间词话》称"人生自是有情痴，此恨不关风与月"、"直须看尽洛城花，始共春风容易别"两句"于豪放之中有沉着之致，所以尤高"②。叶嘉莹发展了王国维的观点，"欧词之所以能具有既豪放又沉着之风格的缘故，就是因为欧词在其表面看来虽有着极为飞扬的遣玩之兴，但在内中却实在又隐含有对苦难无常之极为沉重的悲慨。赏玩之意兴使其词有豪放之气，而悲慨之感情则使其词有沉着之致。这两种相反而又相成之力量，不仅是形成欧词特殊风格的一项重要原因，而且也是支持他在人生之途中，虽历经挫折之贬斥，而仍能自我排遣慰藉的一种精神力量。"③

欧阳修悲慨何事？黄畲解释为，"《玉楼春》这首词虽然表面写的伤春伤别情况，但我们从'此恨不关风与月'一句看，这种伤春伤别的恨不是别的，正是由于奸臣的诬陷，使豪杰之士被贬而离开洛阳，作者希望未离别前和他们一起尽情欣赏洛阳的牡丹春色"④，此结论甚误。西京任职是欧阳修仕宦生涯的第一站，他先后得到西京留守钱惟演和王曙的赏识，景祐元年（1034）三月，欧阳修西京秩满，离开洛阳前，王曙举荐欧阳修试馆职，开启其位居清要的仕途大门，未遭任何"奸臣"诬陷。

《欧阳修词新释辑评》释此两句为："作者在离席上用十分肯定的语气说，此次离恨之深'不关风与月'，为什么面对已经如此伤痛之人说这样无情之言呢？实际上不是无情，他说的今日离恨，不是'风月'之情这样一个层次一个方面的内容所能概括的，包括了更深广的生活体验。第一，有男女之情。第二，有对西京洛阳的名山胜水的向往恋慕之情。第三，西京洛阳是欧阳修人生道路上极为重要的一站。以上三种情交织融汇，升华为一种积极地享受人生的精神境界与思想倾向。"⑤笔者甚是赞同其视野的开阔，但就第一点而言，作者情痴对象也应为胥氏，理由如下：

一则，该词创作于欧阳修离任之前，其所钟情对象与洛阳有关，胥氏是欧阳修居洛期间的新婚妻子。二则，如果将《玉楼春》与《题荐严院》比照，《玉楼春》的"看花"的对象应为胥氏，而非洛阳城中的自然花卉或某一名妓。《题荐严院》作于景祐二年冬⑥，仅有四句，"那堪多难百忧攻，三十衰容一病翁。却把西都看花眼，断肠来此哭东风"⑦，欧阳修此次断肠所哭的对象（"东风"）是他在京所娶第二任妻子杨氏，那么，此处"西都"所指当胥氏，"花"是欧阳修对妻子的爱称。三则，也是最重要的一点，胥氏是欧阳修的初婚对象，更是他的初恋。欧

---

① 《欧阳修全集》卷一三二《玉楼春二十九首之四》，第 2019 页。"樽前拟把归期说，未说春容先惨咽。人生自是有情痴，此恨不关风与月。离歌且莫翻新阕，一曲能教肠寸结。直须看尽洛城花，始共春风容易别。"

② 王国维：《人间词话》卷上，中华书局 1955 年版，第 17 页。

③ 叶嘉莹：《论欧阳修的词》，见氏著《唐宋词名家论稿》，河北教育出版社 1997 年版，第 65 页。

④ 黄畲：《欧阳修词笺注·前言》，中华书局 1986 年版，第 6—7 页。

⑤ 《欧阳修词新释辑评》，第 109 页。

⑥ 《欧阳修纪年录》，第 76 页。

⑦ 《欧阳修全集》卷五六《题荐严院》，第 801 页。

阳修西京任职之际,燕尔新婚、夫唱妇随,离任时唯有老母、幼子相伴,年轻、美丽、活泼、聪慧、给他带来诸多欢乐的胥氏却永远留在了洛阳。欧阳修与胥氏既有相濡以沫的夫妻之情,更有两情相悦的男欢女爱,是一种令人艳羡的完美感情,在专制社会里,尤其珍贵罕见,它的短暂和凄美令欧阳修痛彻心扉、无法释怀,与欢场上的短暂激情、逢场作戏别如天壤。宦海何处、何日归来,对欧阳修来说都是未知之谜,他该如何向九泉之下的妻子承诺归期?他痛恨催动身的离歌的更换,因为每一首离歌都让他肝肠寸断、苦不堪言,每一次更换都会使他与胥氏的距离渐行渐远,这种羞于向启齿的儿女之情唯有自知。留者终须留,行者终须行,欧阳修没有沉溺于痛苦和悲情,而是豪放地发出"直须看尽洛城花,始共春风容易别"的感慨。

欧阳修是一个极重感情的人,离开洛阳之前,他独自重游伊川、香山、白莲庄,回忆与梅尧臣、尹洙、钱惟演的友情,并留下了相关诗文。离开洛阳之前,适值胥氏一周年忌日,欧阳修肯定也去祭奠了胥氏,在诉尽相思之苦、礼尽夫妻之谊后,才离开曾带给他幸福快乐、又令他黯然神伤的洛阳城。在欧阳修的心目中,胥氏出身高贵、容貌"倾国",是花中极品,堪配牡丹。

与胥氏两年的短暂婚姻,欧阳修承载了太多复杂感情,品尝了人生的悲欢离合。欧阳修是幸福的,他曾经拥有一位年轻活泼、聪慧高贵、知书达理、两情相悦的妻子;欧阳修是痛苦的,他没能长久享受这美满婚姻、与胥氏白头偕老;欧阳修是愧疚的,他没能给予胥氏富裕的家庭环境、他曾经的"有文无行"辜负了胥氏的一片痴情。幸福、痛苦、愧疚浸润着欧阳修的心田,也激发他的创作灵感,促使欧阳修写下记录和寄托其感情经历的作品,这些作品以内容清新、意境优美、感情真挚流传于世,成为万古流芳的爱情绝唱。宝元元年(1038),胥氏之子夭折。宝元二年,胥偃卒。皇祐五年(1053),欧阳修母亲去世,欧阳修将胥氏祔母亲葬,此时,距胥氏去世已整整 20 年,欧阳修也已四十六岁,与薛氏共同生活 16 年,并生育女师、发、弈、棐、辩多名子女。回首二十年间的存亡忧患,欧阳修依然发出"既感胥公之知己,又哀其妻之不幸短命","清泠兮将绝之语言犹可记,仿佛兮平生之音容不可求……同时之人兮藐独予留,顾生余几兮一身而百忧。惟其不忘兮下志诸幽,松风草露兮闷此千秋"①的感慨。胥氏,在欧阳修心目中永远占有不可替代的地位。

(作者单位:河南大学中国古代史研究中心、历史文化学院)

---

① 《欧阳修全集》卷六三《胥氏夫人墓志铭》,中华书局 2001 年版,第 922 页。

宋明以来官方讯息传播的演变

连启元

一 前 言

周代以来即设立史官,其职责在于记录帝王、王侯的言行与国家政事,至春秋战国以后,开始有悬书出现,"悬书"是指悬挂宣示的简牍或帛书,悬书的内容有官方性质与私人性质两种。《史记·晋世家》曾记载,晋公子重耳经过颠沛流离之后回国即位,是为晋文公,随其出亡的五位重臣,唯有介之推未被封赏。介之推的门客为此愤恨不平,遂于街道上张挂匿名悬书,以隐讳的手法写道:"龙欲上天,五蛇为辅,龙已升云,四蛇各入其宇,一蛇独怨,终不见处所。"①这便是属于私人性质的悬书。由于内容涉及讥评时政、臧否人物,所以对执政者难免造成影响,因此历来官方对于私人性质悬书是相当禁止。

"悬书"原不专指官方政治文书,之后因宣传政令、推行教化的需要,"悬书"遂发展出将官府文书悬挂于宫门两侧的"象魏"制度。追溯历代朝廷官方性质的布告,最早可推至商周时期,《礼记·中庸》记载:"文武之政,布在方策,其人存则政举,其人亡则政息。"所谓的"方"即是木牍,"策"即为竹简之册;而"布"则有宣示、公布之意涵②。因此朝廷的相关政令,皆藉由张挂、刊布而使官员、百姓知悉。这种悬挂政令、律法,用以告知群众的形式,在周代极为常见,如《周礼·秋官》所载大司寇之职责为:

> 正月之吉,始和布刑于邦国都鄙,乃县(悬)刑象之法于象魏,使万民观刑象,挟日而敛之。③

其中"挟日而敛之",即是指将法令张挂十日之后,方予以撤去。除昭示法令之外,另有所谓的"布宪"官员,执旌节以宣布于四方邦国及都鄙等地方,专门负责公布与宣传刑禁、政令,说

① 司马迁:《史记》卷三九《晋世家第九》,台北鼎文书局 1979 年版,第 1662 页载:"介子推从者怜之,乃悬书宫门曰:'龙欲上天,五蛇为辅,龙已升云,四蛇各入其宇,一蛇独怨,终不见处所。'文公出,见其书,曰:'此介子推也,吾方忧王室,未图其功。'"

② 郑玄注,孔颖达疏:《礼记正义》卷五二《中庸》,台湾古籍出版社 2001 年《十三经注疏整理本》,第 1682 页。

③ 郑玄注,贾公彦疏:《周礼注疏》卷三四《秋官司寇第五·大司寇》,台湾古籍出版社 2001 年《十三经注疏整理本》,第 1066 页。

明朝廷对法令重视的情形①。此外,大宰、大司徒、大司马等官,也都需要在正月之吉将"治象之法"、"教象之法"、"政象之法"等悬于象魏,而所谓的象魏即是指宫殿的门阙,两旁各一,筑土为台,类似城楼,悬法于其上,故谓之"象魏",又因其可以观望,或称为"双观"、"双阙"②。因此《周礼》《礼记》《尔雅》诸书,皆有将法令、公文悬挂于"象魏"的记载,说明将法令悬挂于宫门两侧,用以宣扬、告知百姓,是周代普遍常见的现象。

悬法象魏的制度,由于只将法令悬挂于宫门两侧,宣传效果略显狭隘,因此有时采取以告示文书的形式,直接布告天下百姓。如齐愍王四十年,燕、秦、楚、三晋合谋伐齐,愍王出亡至莒地,楚使淖齿率将兵救齐,愍王遂以淖齿为相,不久淖齿杀愍王,并与燕国共分齐地,愍王之子法章遂变易姓名,逃匿至莒太史家为佣人,而后莒人与齐亡臣寻求愍王之子,遂共立法章襄王,并布告齐国人民:"王已立在莒矣。"③此处的布告,即是以告示文书之形式,告知国中百姓齐王已立的重大消息。

秦代朝廷官方行政命令的推动,也采用告示文书的刊布,以达到传播相关政令的功能。睡虎地秦简内的《语书》,即为南郡守腾于始皇二十年(前227),颁发于南郡所属各县、道④。其颁行官方告示之主要目的,是希望"令吏民皆明智(知)之,毋巨(拒)于罪"⑤,也就是在于教导百姓,去除不良习俗使之为善,因此颁布法令并嘱令属吏传达晓谕,使百姓能够明白了解,以免误蹈刑罚而犯罪。

对于朝廷政令、禁令等规范,也常透过告示形式昭示全国。汉景帝以民间"雕文刻镂,伤农事者也,锦绣纂组,害女红者也,农事伤则饥之本也,女红害则寒之原也",遂诏令并布告天下,劝谕百姓以务农为根本⑥。此外,东汉光武帝建武七年(31),鉴于世俗以厚葬为德,薄葬为鄙,遂布告诏令于天下,使百姓明了薄葬送终之义⑦。并藉以改变奢侈的风尚。至魏晋时期,告示榜文运用于传达政令的情形日趋普遍。魏文帝曹丕即王位时,以邺县户口数万,其中多有不法者,乃以贾逵为邺令,后迁豫州刺史,到官数月之内整顿吏治,纠劾并奏免贪贿不法官员多人,魏文帝甚为嘉许,同时告示天下当以豫州为法,赐爵关内侯。⑧

---

① 《周礼注疏》卷三六《秋官司寇第五·布宪》,第1132页,郑玄注:"宪,表也,谓县(悬)之也。刑禁者,国之五禁,所以左右刑罚者。司寇正月布刑于天下,正岁又县其书于象魏,布宪于司寇布刑,则以旌节出宣令之,于司寇县书则亦县之于门闾及都鄙邦国。刑者王政所重,故屡丁宁(叮咛)焉。"

② 郭璞注,邢昺疏:《尔雅注疏》卷五《释宫第五》,台湾古籍出版社2001年《十三经注疏整理本》,第144页,引《白虎通》云:"阙是阙疑义,亦相兼,然则其上县法象,其状魏魏然高大,谓之象魏,使人观之谓之观也。是观与象魏。阙,一物而三名也,以门之两旁相对为双,故云双阙。"

③ 《史记》卷四六《田敬仲完世家第十六》,第1901页。

④ 1975年湖北云梦睡虎地11号秦墓发现竹简,经过整理后可分《编年记》、《南郡守腾文书》、《秦律十八种》、《效律》等十种。其中《南郡守腾文书》(或称《语书》),是为秦代官方文书,是以南郡守腾的名义于始皇二十年(前227)颁于南郡各县、道的告示文书,有助于了解秦朝在南郡(楚北地区)的统治概况与律令颁布情形。

⑤ 睡虎地秦简整理小组编:《睡虎地秦墓竹简·语书释文》,文物出版社1990年版,第13页。

⑥ 班固:《汉书》卷五《景帝纪第五》,台北鼎文书局1976年再版,第151页。

⑦ 范晔:《后汉书》卷一《光武帝纪第一下》,台北鼎文书局1979年再版,第51页。

⑧ 陈寿撰,裴松之注:《三国志》卷一五《魏书十五·贾逵》,台北鼎文书局1979年再版,第482页。

至隋唐时期,官方讯息的传递更为普及。隋文帝开皇元年(581),以天下钱货轻重不一,乃重新更铸新钱,谓之"五铢钱",规定每钱一千,重四斤二两。而后私铸之钱渐多流入市面,诏令:"京师及诸州邸肆之上,皆令立榜,置样为准,不中样者不入于市。"①所谓的"立榜",即是设立榜文,然后将官方所制订的新钱式样,悬挂置于其上,以便检验市面上的流通钱币,是否为私造的伪币。唐宪宗元和三年(808)六月,为使全国货物交易顺畅,朝廷以告示的形式发布新规,诏令官员不得逼迫商人限制使用钱币,同时禁止蓄钱,以保持钱币流通。②

若事关争议或容易引起各方疑虑时,更需藉由告示榜文向各方解释以厘清疑惑。玄宗开元时期(713—741)张审素为巂州都督,有人告其贪赃,朝廷敕命监察杨汪详查,然而杨汪却于途中被张审素之党所劫,并对着杨汪面前杀害告事者,杨汪遂以张审素谋反罪呈报朝廷,构成死罪,籍没其家。张审素之子张琇兄弟,于迁徙岭外数年之后逃归,并手刃杨汪为父报仇,时人对于张琇兄弟为父报仇的行为,寄予同情怜悯之心,因此要求法司从轻论罪。朝臣如中书令张九龄等欲议以减刑免死,裴曜卿、李林甫等则议以依律论罪处死,玄宗认为:"复仇礼所许,杀人亦格律具存,孝子之心,义不顾命,国家设法,焉得容此,杀人成复仇之志,赦之亏格律之道。然道路喧议,当须告示。"③因此令河南府发布告示,广为宣谕并解释朝廷对于孝子复仇之义、杀人偿命之律,两者间的取决于审判死刑的结果。

先秦时期悬法于宫门两侧的象魏制度,主要是将法令、刑书悬挂于宫门两侧以便宣达政令,至秦汉以后鉴于法令仅悬挂宫门,宣传与传布效果不够广泛,因此采取以告示文书的形式,直接布告天下百姓。此种"悬法象魏"精神被保存下来,但在传播形式上则转变为以告示的形态,以增加传播的影响范围,有助于宣传朝廷讯息与官方行政命令。至宋代以降,官方讯息的传播不仅建立了完整制度,更增加了影响的范围。

二　宋代官方传播的发展

(一)告示榜文的施行

官方讯息的传递与发展,至宋代时期臻至完备,现今已有不少学者的相关研究④。宋代

---

① 杜佑:《通典》卷九《食货典九·钱币下》,中华书局1988年点校本,第198页。

② 刘昫:《旧唐书》卷四八《食货志上·钱》,台北鼎文书局1979年版,第2101—2102页。

③ 刘肃:《大唐新语》卷五《孝行第十一》,中华书局1984年版,第81—82页。《旧唐书》卷一八八《孝友·张琇传》,第4933页。

④ 最早见于朱传誉《宋代新闻史》(台北"中国学术著作奖助委员会"1967年版)的全面性讨论,此后,则有高柯立:《宋代粉壁考述——以官府诏令的传布为中心》,载《文史》2004年第1期。戴建国:《宋代法律制定、公布的信息渠道》,载《云南社会科学》2005年第2期。邓小南:《宋代信息渠道举隅:以宋廷对地方政绩的考察为例》,载《历史研究》2008年第3期。后编入邓小南主编:《政绩考察与信息渠道:以宋代为重点》,北京大学出版社2008年版。另有,以救灾与灾害为主题的讯息传播讨论:赵冬梅:《试述北宋前期士大夫对待灾害信息的态度》,载《宋史研究论集》,云南大学出版社2009年版;杨宇勋:《宋朝民间对救荒榜的正负反应》,载《宋史研究论集》,湖北人民出版社2010年版。

在规定官员之各项事务,则由皇帝诏谕经御史台出榜,如北宋仁宗死后无子嗣,英宗(1064—1067)以濮王之子的身份入继大统,并于治平二年(1065)四月,诏议濮安懿王典礼,濮议之争遂起,最后英宗裁决尊濮王为皇,并将事情本末,令中书门下御史台出榜朝堂,及进奏院遍牒告示,以传布天下知悉①。元丰八年(1085)五月,为鼓励官员上书言朝政阙失,遂以诏令榜于朝堂之上②。另外,在规定官员于朝会或宴会之礼仪方面,则命御史台事先预定位次告示,违者由大夫中丞、侍御史等左右巡察弹奏,凡有亏失礼容者,即送所属论罪③。此外,朝臣若有更革朝政、倡为异端之说而混淆视听者,则由御史台弹劾议行黜落,仍出榜朝堂之上④。因此榜示于朝堂之上,主要传布皇帝的旨意,告谕对象则以朝臣为主,必要时则再转发至路、府、县等地方所在。

对于官方法令的颁布,原则上是奉圣旨之后出榜晓谕,若属于普通行政规定或约束,各级官府也有出榜的权力,或交由开封府代为出榜。靖康二年(1127)枢密院札子建议禁止京师居民打造兵器,以免引发不必要事端,遂将命令札送开封府,出榜于朱雀门禁约施行,此即为枢密院命令,交开封府代为出榜晓谕之一例。⑤

关于地方政务之施行,除朝廷直接发布告示之外,更多是由地方官府依照事类,由官府于市镇等处张贴告示,以便晓谕政令。太平兴国七年(982)五月,朝廷为劝勉百姓致力耕织,遂令州县长史将诏命内容告谕乡民⑥。徽宗时(1101—1125)胡松年出任平江知府,为革除官吏贪贿的弊端,"以兴利除害十七事,揭于都市,百姓便之"⑦。宣和二年(1120)八月,为管理民间宗教行为,诏令诸路事魔聚众烧香等人,凡其所习经文,由尚书省立法严禁,行文各处地方烧毁,并令刑部"遍下诸路州军,多出文榜,于州县城郭乡村要会处,分明晓谕"⑧。在贸易商税方面,则规定将课税名物,令有司官员揭榜然后颁布天下⑨。在民间禁讼方面,虔、吉等州当地多有教习词讼者,以至于胁持州县,伤害善良者,当地官府即便出文榜加以禁止,违者严惩不贷⑩。徽宗末年宋江等啸据梁山盗贼,朝廷还为此出榜赏格,以便擒拿到案:

　　《居易录》载宋张忠文公叔夜招安梁山泺榜文:有挈获宋江者,赏钱万万贯,挈获卢进义者赏百万贯,挈获关胜、呼延绰、柴进、武松、张清等者赏十万贯,挈获董平、李进者赏五万贯有差。今叶子戏有万万贯、千万贯、百万贯递降,皆用张叔夜榜文也。⑪

---

① 宋绶、宋敏求编:《宋大诏令集》卷一九四《诫饬五·敕榜朝堂诏》,台北鼎文书局1972年版,第713页。
② 毕沅:《续资治通鉴》卷七八,台北世界书局1962年版,第1960页。
③ 《宋大诏令集》卷一四五《宴集·诫约朝会端肃诏》,第529页。
④ 《宋大诏令集》卷一九七《诫饬八·诫谕不更改政事手诏》,第727页。
⑤ 《宋代新闻史》,第130页。
⑥ 徐松辑:《宋会要辑稿·刑法》二之二,台北新文丰出版社1976年影印本。
⑦ 《宋史》卷三七九《胡松年传》,第11697页。
⑧ 《宋会要辑稿·刑法》二之八三。
⑨ 《宋史》卷一八六《食货下八·商税》,第4541页。
⑩ 《宋会要辑稿·刑法》二之一五〇。
⑪ 赵翼:《檐曝杂记》卷六《招安梁山泺榜文》,中华书局1982年版,第116—117页。

出榜赏格之目的，即在期望有能力才干者，能将啸据盗贼擒捕归案，而赏格的多寡，则视盗贼的能力强弱、罪行轻重而有所差异。

市镇既为人潮聚集之处，有时则将处决人犯事项，榜示于市镇地区以示警戒，如靖康元年(1126)九月处决童贯，枭首后榜示开封府，并令开封府于市曹要闹之处，以大字出榜示标①。除颁示一般官府告示之外，面对地方动乱之时，朝廷也会张立黄榜晓谕军民百姓，以迅速恢复社会秩序的稳定。靖康二年(1127)四月，赵子崧即发布《戒谕军前榜文》，说明王室之危殆，皆由张邦昌诱使向导金人入侵，因此起勤王之师讨逆，文告中并提到若能捕获张邦昌者充赏封王，若敢从必杀无赦，戮及家族②，并藉此激励将士士气。高宗绍兴十四年(1144)八月贼寇朱明作乱，枢密院事李文奏请赏赐有功将士，并请张挂皇榜重赏，许其党徒自相捕杀，不久，朱明因畏惧而请降于朝廷。③

地方为传达官方所公布的讯息，则于州县官署门前设立手诏亭、宣诏亭、晓示亭与颁春亭等。手诏亭主要是用来公布朝廷的诏敕等命令，《建炎以来系年要录》记载：绍兴二十五年(1155)夏四月，大理评事巩衍"乞令监司督责守令修葺手诏亭宇，每遇宽恤指挥，专一揭示，使民通知。从之"④。《宝庆四明志》提及当地的宣诏亭，位于奉国门外之左，亭的右侧有晓示亭，颁春亭则位于奉国门外之右⑤。可见，除了宣诏亭、颁春亭之外，晓示亭也是用来公布官府政令。

除平时官府出榜告知行政命令，但在特殊情况下如推行新政、战争之际，出榜的次数更为频繁。北宋靖康年间(1126—1127)钦宗即位后不久，金兵即已直驱开封城下，撤退后又数次侵扰，居此危难之际，朝廷为此屡屡出榜晓谕军民，或安抚民心，或招募将士，一年多内出榜高达近140次。根据朱传誉《宋代新闻史》的研究，从靖康元年(1126)三月至靖康二年(1127)四月，不到半年内出榜约90次，平均2天出榜1次。由于出榜次数频繁，民众对于局势越为了解，复以朝廷败坏依旧，由不满政治情势转而干涉政治，遂有太学生与民众数万伏阙，要求起用李纲，以期振衰中兴的集体请愿。⑥

对于宋代告示榜文的常见格式，起语通常为"敕某某事"或"敕某某人"，文末则为"故兹榜示，各令知悉"或"故兹榜示，宜想知悉"；前者是直接指出告谕的对象或事件，后者则属于固定的文告语词格式。如太祖开宝年间(968—976)所颁布的《开封府管内许人户从便输纳敕榜》：

> 敕开封府管内乡村人户等，省本府奏，今半夏税，访闻人户，枭却斛，送纳价钱，乞将小麦与绅绢见钱等令人户取便折纳，庶得人户易为办及，伏候指挥事，朝廷每行一事，要利万民，既沿征皆纳见钱，则斛斗必须贱枭，有伤黎庶，无益国家，今览奏陈，特宜依允，

---

①　徐梦莘：《三朝北盟会编》卷五六，台北文海出版社1977年再版，第10下—11上页。

②　《三朝北盟会编》卷九〇，第11页。

③　李心传：《建炎以来系年要录》卷一五二，绍兴十四年八月乙巳条，《宋史资料萃编》本。

④　《建炎以来系年要录》卷一六八，绍兴二十五年夏四月丁丑条。

⑤　胡矩等：《宝庆四明志》卷三《公宇》，《宋元方志丛刊》本，中华书局1990年版。

⑥　《宋代新闻史》，第139—140页。

宜依所奏,取人户稳便,依仓式例折纳诸色斛斗并绵䌷绢见钱,故兹榜示,各令知悉。①

此为要求开封府所属百姓,缴纳税粮等相关事务的官府榜文,并由朝廷转下开封府刊布,文末的"故兹榜示,各令知悉",即是要求将此行政命令确实传达至各地百姓身上。事实上根据北宋九朝皇帝发布的各项诏令,所编纂而成的《宋大诏令集》,其中收录不少颁行全国各地如《赐潭州造茶人户敕榜》、《赐通州煎盐亭户敕榜》等;颁赐于各邻国者如《招谕江州敕榜》等,其告示榜文的起语、结语格式大致相同。

在朝廷官方管理之下,任何非由官方所出的告示、布告,皆予以禁止。特别是民间的匿名榜、小报等,主要多在于批评时政,或抨击诬告,有破坏社会秩序之虞,所以遭到严格取缔与禁止。翁浩堂即认为匿名榜之所以匿名,是"不札以指陈,乃匿名而标贴,则恐非古人忠厚意耳"②。操舜卿拖欠官物又对县官无礼咆哮,被处以杖刑后,不思反省却找人匿名报复,而被从重惩处③。北宋真宗景德二年(1005),曹州民赵谏在京师因为请托新任通判李及被拒,于是怀恨在心而张贴匿名榜,毁谤李及诋毁朝政,之后被朝廷以交结权右、干预郡政等罪名,问斩处死。④

对于不当的告示榜文,受到台谏、舆论非议之后,也会以撤榜的方式取消法令。靖康元年(1126),金人南下肆掠,并以要索金银作为退兵的理由,南宋朝廷为此决议,由中书侍郎王孝迪奉旨出搜括京师官民的财物,以作为金人退兵的交换条件,但因王孝迪所撰写的榜文内容用词不当,竟引起群情激愤。根据《三朝北盟会编》记载,当时的榜文内容为:

> 榜曰:"中书侍郎专领收簇大金国犒军金银,所以今日二十日奉圣旨:大金国兵马攻城,其势甚急,朝廷为宗社生灵,遣使议和,须藉金帛以结盟好金国,要金五百万两,银二千万两……右出榜晓示诸色人,如有乞觅并依军法施行。都人读榜,见金银不足,则必致怨怒,却来攻城,男子杀尽,妇人驱虏,屋宇焚烧,金银钱物,竭底将去。"又言家族不保,虽有财宝何所用之? 读之者莫不扼腕唾骂。⑤

王孝迪所出示的榜文,言词之间充满强迫、威吓的语气,所谓京师居民若不给纳金银,则必将"男子杀尽,妇人虏尽,宫室焚尽,金银取尽"。事实上,搜刮京师官民的财物,上纳金人然后请求退兵,此事已属辱没国格,而朝廷榜文的内容文辞又如此乖谬,遂导致京师居民不满情绪的爆发,为此台谏连章奏劾王孝迪,王孝迪也因为此次事件的处理不当,被讥讽为"四尽中

---

① 《宋大诏令集》卷一八三《赋敛·开封府管内许人户从便输纳敕榜》,第 662 页。

② 张四维辑:《名公书判清明集》卷一四《惩恶门·匿名书》,《四库全书存目丛书》本。

③ 《名公书判清明集》卷一一《人品门·士人》。

④ 《续资治通鉴长编》卷六〇,景德二年六月丁亥条。

⑤ 《三朝北盟会编》卷三〇,靖康元年正月二十日条。

书"①。最后只得撤去原有的榜文以平息民怨。②

(二)粉壁法的施行

宋代对于官方讯息传递到地方各处,除了采用告示的布告之外,更施行"粉壁"的方式,即将相关官方讯息直接粉刷于墙壁之上,以达到讯息流通的目的。宋代的粉壁法分布于官府衙署、通衢、驿铺、津渡、邸店、乡村等,共同特点在于皆位于人们公共生活的场所,人群集中或往来频繁,便于传播讯息,以达到朝廷官府传递诏敕、政令的功能③。根据《宋大诏令集》记载:

> 凶狡之徒,希望恩宥,民之多僻,无甚于兹,其八月一日以后,持杖强盗,遇南郊赦恩,不在原免之限,令所在榜壁告示。④

《作邑自箴》则称:"通知条法,大字楷书,榜要闹处晓告民庶,乡村粉壁如法誊写。"⑤而王庭珪则提到,官方讯息榜示在亭宇粉壁上的情形:

> 至今提刑司出榜放,转运司出榜催。两司争为空文,俱挂墙壁。以此罔百姓可也,朝廷可欺乎?至于比年以来,御书宽恤及平反刑狱等诏,则虽墙壁亦未尝挂。顷传大旆压境之始,纷然劳民,造亭宇粉壁,榜其上。视其后,乃绍兴三年三月书。⑥

隆兴二年(1164),户部更要求四川监司"遍牒所部州县,置立粉壁"。然而,将官方讯息粉壁于墙上,若不加以整理维护,可能会因为字迹散漫,而影响讯息的正确与传递效用。徽宗时期的通判李新,在观察地方上推行朝廷礼制政令之后,所造成讯息传达错误的情形,曾上书建议请求相关官员,对于粉壁的讯息予以查核:

> 今州郡将新仪指摘出榜、书写墙壁,务为推行之迹,而苟简灭裂,增损脱漏,诵读不行,未越旬时,字画漫灭不可复考。民庶所行既未通知,至与新仪违戾,或僭或陋,实非民庶之过。臣欲乞诸州并许公库镂板,仪曹旬以某礼行下属县,置籍抄录季行,检示粉壁,及察民间所行之礼过与不及。⑦

所谓苟简灭裂,增损脱漏,字画漫灭等情形,都说明粉壁法虽常见于地方民间的讯息传播,然仍有其缺失之处,于是才有通判李新的建议,以诸州的镂板予以抄录之后,再检示粉壁的讯

---

① 丁传靖辑:《宋人轶事汇编》卷一四,中华书局 1981 年版,第 766 页:"李邺归自贼垒,盛谈贼强我弱,谓:'贼人如虎马如龙,上山如猿,入水如獭,其势如泰山,中国如累卵。'时人号为'六如给事'。王孝迪领籴合榷设金国金银所,出榜文,籍士庶所有之物。谓如此则免,不然则男子杀尽,妇人房尽,宫室焚尽,金银取尽,人谓之'四尽中书'以比'六如给事'。"

② 《三朝北盟会编》卷五六,靖康元年九月十九日条。

③ 高柯立:《宋代粉壁考述——以官府诏令的传布为中心》,载《政绩考察与信息渠道:以宋代为重点》,北京大学出版社 2008 年版,第 411—460 页。

④ 《宋大诏令集》卷二〇一《令八月一日已后持杖强盗南郊赦恩不原诏》,第 745 页。

⑤ 李元弼:《作邑自箴》卷一《处事》,《四部丛刊续编》本。

⑥ 王庭珪:《卢溪文集》卷二七《与宣谕刘御史书》,影印文渊阁《四库全书》本。

⑦ 杨士奇等编:《历代名臣奏议》卷一二〇,李新奏议,影印文渊阁《四库全书》本。

息内容。

粉壁的维护与管理,需由地方官吏与乡村耆长,将"里堠粉壁及榜示常切照管,不得稍有损坏"①。宣和三年(1121)在要求州县治理的弛废时,提到:"保丁开收既不以实,保长役使又不得时,如修鼓铺、饰粉壁、守败船、治道路、给夫役、催税赋之类,科率骚扰不一。"②其中的"饰粉壁",正是说明地方州县需要负责相关的维护与管理,以确保官方讯息与行政命令的正常传递。

三 元明以来官方传播的变化

(一)元代粉壁制度的强化

元代受到宋代官方讯息传播制度的影响,不少的官方讯息也刊布在沿海市镇或渡口附近。在元代所制订的二十三条市舶法则之中,对于船只的航行安全与维护皆详加规范,如遭遇风雨、被劫等事故,需至所在官府陈告,并移文市舶司转申总府衙门备案;若私藏贵重物品上岸、或逃避市舶官课税,许诸人告捕,犯人处以杖刑,首捕者以没官物三分之一给赏,"仍行下沿海州县出榜,晓谕屿岙等处,责在官吏巡检人等,常切巡捉催赶舡只"③。河道的畅通与否,对于船只往来运输至为重要,更可能因为水道阻塞,而造成南北米粮不通,因此武宗至大四年(1311)七月规定:凡有蓄意损坏船只绳揽、阻截民船等扰民不便者,令所在官司出榜严加禁治,并委官军沿河巡察禁约④。另外,若有官司藉职务之便,任意搜检,要索钱财,而阻挡经商贩卖船只者,严加治罪,并于关津渡口之处出榜晓谕。⑤

特别的是,元代对于盗贼的惩治与预防,多沿袭宋代所采取的"粉壁"制度,将所需传达的讯息内容,直接揭示在学校、寺庙、道观、民户的粉壁上,用以告知百姓并遵守相关的官方规定,展现出讯息传播的行政效率⑥。另外,更将粉壁之法用在法律的施行与禁令上。大德九年(1305)二月即制订《断贼徒例粉壁》的条例,从法律条例的明文规定,将盗贼之罪行遍行出榜粉壁晓谕⑦。大德十年(1306)为严禁江南地区的人口买卖,若仍有违犯,则将买主、卖主、牙保人等"明正典刑,遍行所属,排门粉壁晓谕"。⑧

除了排门粉壁、粉壁门首之外,元代还特别针对犯罪者施行"红泥粉壁",将罪行、姓名书写于壁上,以示警戒,直到改过之后,才能除去。根据《元史·刑法志》记载:

> 诸无赖军人,辄受财殴人,因夺取钱物者,杖八十七,红泥粉壁,识过其门,免徒。诸

---

① 李元弼:《作邑自箴》卷七《榜耆壮》,《四部丛刊》本。
② 《宋史》卷一九二《兵六·乡兵三》,第4789页。
③ 《大元圣政国朝典章·户部》卷八《市舶·市舶则法二十三》。
④ 《通制条格校注》卷二八《杂令·船路阻害》,中华书局2001年校注本,第672页。
⑤ 《通制条格校注》卷二七《杂令·拘滞车船》,第639页。
⑥ 申万里:《元代的粉壁及其社会职能》,载《中国史研究》2008年第1期。
⑦ 《大元圣政国朝典章·刑部》卷一一《强窃盗·断贼徒例粉壁晓谕》。
⑧ 《大元圣政国朝典章·刑部》卷一九《禁诱略·禁乞养过房贩卖良民》。

先作过犯,曾经红泥粉壁,后犯未应迁徙者,于元置红泥粉壁,添录过名。①

大德四年(1300)十一月,严禁贩卖私盐,若有违犯者,犯罪者书写姓名,并由官府定期巡察:

> 今后犯盐经断贼徒,各于门首粉壁,大字书写"犯盐经断贼徒"六字,官为籍记姓名,责令巡尉、捕盗等官,每月一次点名抚治,务要改过,别求生理。出入往回,须使邻佑得知,三日之外不归者,即报捕盗官究问。三年不犯,邻佑保举,方许除籍。②

此外,另有"诸造谋以已卖田宅,诬买主占夺,胁取钱物者,计赃论罪,仍红泥粉壁,书过于门"、"诸哗强之人,辄为人伪增籍面者,杖八十七,红泥粉壁,识过其门"③等,将犯罪者的姓名书写于墙上,告与乡里知晓,改过后方能除去。至正二十三年(1363)六月,在制订有关农桑各项条例时,更规定凡游手好闲、不务本业者,于门首大字粉壁书写以示警戒,直到知耻改过后,方得毁去红泥粉壁④。其他诸如禁约豪强之家仗势害民⑤、禁止婚礼夜宴⑥、禁止诈称妖言⑦等,皆采取粉壁门首的方式,以作为传递官方讯息,或昭示各项的禁令。除施行粉壁之外,有时也会辅以张挂榜文,来加强传递晓谕的功效。

(二)明代榜文制度与地方榜房

明太祖在位期间多以告示榜文的形式诏谕天下,所以明初常因事立法,进而发布榜文禁例,特别是明初时期,榜文效力甚至高于《明律》之上⑧。《教民榜文》即依照明太祖口谕而加以刊布,内容特重于地方里甲、老人的教化风俗与断理民讼等职权,尽皆劝民忠孝、礼义之事,并藉由各地榜文之刊布,以达到教化之意⑨。《教民榜文》共收录明太祖所口谕的四十一条禁例,然后加以刊布,可谓是洪武初期榜文的总汇与整理⑩。整个洪武年间屡颁榜文,从未间断,即使到洪武末年,虽曾禁革一切榜文律令,但仍诏令户部修订《教民榜文》以刊布天下⑪。为强调榜文的法律效用,永乐朝更屡次申明洪武旧例,永乐十七年(1384)即谕令各处

---

① 宋濂等:《元史》卷一〇五《刑法四·杂犯》,台北鼎文书局1981年版,第2688页。

② 《大元圣政国朝典章·户部》卷八《盐课·新降盐法事理》。

③ 《元史》卷一〇三《刑法二·职制下·户婚》,第2642页;卷一〇五《刑法四·诈伪》,第2670页。

④ 《通制条格校注》卷一六《田令·农桑》,第461页。

⑤ 《通制条格校注》卷二八《杂令·豪霸迁徙》,第701页。

⑥ 《大元圣政国朝典章·礼部》卷三《礼制三·婚礼·禁夜筵宴例》。

⑦ 《大元圣政国朝典章·刑部》卷三《诸恶·大逆·妖言虚说兵马》。

⑧ 参见黄彰健明:《洪武永乐朝的榜文峻令》,载《明清史研究丛稿》,台湾"商务印书馆"1977年版,第237—286页。杨一凡:《洪武法律典籍考证》,法律出版社1992年版,第154—163页。连启元:《明代的告示榜文:讯息传播与社会互动》,台北花木兰文化出版社2010年版。

⑨ 张卤校刊:《皇明制书·教民榜文》,台北成文出版社1969年影印明万历年间刊本。

⑩ 谈迁:《国榷》卷四,洪武三年二月庚午条,台北鼎文书局1978年版。

⑪ 《皇明制书·教民榜文》。

军卫,凡属洪武朝一应榜文,皆需张挂遵守,如有藏匿弃毁不张挂者,凌迟处死①。明初的法司机关主要是依据当时所颁布的榜文作为审判标准,因此榜文的地位比《明律》还要高,于是以榜文条例断案渐成惯例。

在传达官方政令方面,明初实行皇权集中的处理方式,常以圣旨形式刊布的榜文,或称为"皇榜"、"黄榜",其法律效力与地位,皆在一般普通榜文之上。以榜文昭示天下,作为惩戒官员的传播讯息模式,以达到政治目的,是明太祖采用的政治手段。洪武十三年(1380),左丞相胡惟庸因谋反伏诛,牵连者坐死者达三万余人,明太祖更因此事废除中书省丞相制度,改六部直属皇帝统辖,实行中央集权的措施。洪武二十三年(1390),另以吉安侯陆仲亨、太师韩国公李善长等坐胡惟庸党,作《昭示奸党录》布告天下②。洪武二十六年(1393)二月,因诛杀蓝玉而牵连者一万五千余人,同时手诏条列为《逆臣录》布告天下③。明太祖在处理胡党、蓝党的手段,是以皇榜方式条列罪臣姓名,然后布告天下。此外,明初除《教民榜文》之外,还有洪武二十七年(1394)对京师守卫官军职责所订定的圣旨榜例十七款。④

除明初榜文的特殊性之外,一般官方告示仍作为官府与民间沟通的重要管道,但告示内容若过于无理,进而危害百姓生计时,就可能招致百姓的反弹声浪。万历十四年(1586)巡城御史杨四知出榜严禁杀牛一例,即是如此:

> 近年丙戌、丁亥间(万历十四至十五年,1586—1587)巡城御史杨四知者,出榜禁杀牛,引太祖所定充军律,悬赏购人告发。时九门回回人号满剌者,专以杀牛为业,皆束手无生计,遂群聚四知之门,俟其出,剚刃焉。四知惴甚,命收其榜,逾月始敢视事。⑤

禁杀耕牛在明律已有条文规定,整体明代社会大致遵守此一禁令。然而,回回人因宗教因素而食用牛肉,以杀牛为业,情形与一般百姓不同,况且由此次禁令发布来看,所谓"专以杀牛为业"即是表示万历十四年(1586)以前,京师回回人宰牛为业的情形确实存在,如今巡城御史杨四知猝然发布禁止宰牛的命令,遂使得居住京师的回回人生计大受影响,于是群聚俟其出门而杀之,使得杨四知惊恐之余,随即撤回榜文以示妥协。说明官方的榜文,仍具有其弹性与协调的空间。

明初皇权集中的情形极为显著,对于各项事务之制订,动辄以圣旨榜文的形态发布,如洪武时期《教民榜文》、《大诰》四编,永乐时期(1403—1424)以后,此种情形较为减少,只有在特殊或重大事件发生时,才会由朝廷直接发布皇榜。至于地方上的官方讯息传播,除地方府州县官署之外,更以地方政治中心为主,然后向乡村、市镇、学校、港口、关隘、驿递等各处扩散延伸,进而从各地点相互联结,形成传递讯息的网络。⑥

---

① 李东阳等敕撰,申时行等重修:《大明会典》卷二〇《户部七·读法》,台北新文丰出版社1976年影印明万历十五年司礼监刊本。

② 《明史》卷三《太祖三》,第47页;卷三〇八《奸臣传》,第7908页。

③ 《明史》卷一三二《蓝玉传》,第3866页。《明太祖敕录》卷五《逆臣录》,北京大学出版社1991年版。

④ 《大明会典》卷一一九《兵部二·降调》。

⑤ 孙德符:《万历野获编》卷二〇《禁嫖赌饮酒》,中华书局1959年点校本。

⑥ 连启元:《传播与空间:明代官方告示刊布场所及其传播特性》,载《明代研究》2006年第9期。

关于明代官府传达讯息的措施,也是在宋代粉壁法的基础之下,发展出将告示、木牌直接张贴,或悬挂于民家门首的方式,此皆可视为粉壁法的改良与延伸使用。一般而言,告示内容若是张挂于官署衙门正厅者,多为告诫官吏之用,如《诸司职掌》规定,凡官府衙门需照依敕谕事理,以红油木牌刊写青字,常川悬挂于本衙门公厅上,以便永为遵守①。洪武二十九年(1396)七月,奏准京卫官军亡故后,对其家属支给月粮、盐米等事,即规定将户部所颁行之条例,置立板榜于本衙门正厅,以便常川张挂②。因此,明初无论是告诫、惩治官吏,采取张挂榜文、竖立板榜皆是常见的禁约手段。

竖立板榜的位置除了官府厅堂之外,还有地方上的申明亭与榜房。州县地方所设的"榜房",即作为贮放或悬挂告示之处。明代规定各地有司需起盖榜房,并置立板榜,以便经常张挂榜文,根据成化元年(1465)礼部尚书的奏疏内容,即详细说明相关榜房处理与榜文收贮存放的情形:

> 山东布政济南府武定州商河县老人张秦建言:臣见洪武、永乐、正统年间,节次颁降榜文,皆系兴利除害禁约奸弊之事,着令所司起盖榜房,置立板榜,常川张挂,使各处官吏军民人等,知所禁惧。近因年远,榜房倒塌,板榜损坏,有司视为泛常,不行条理,乞敕巡按监察御史及布政、察按二司官,严督所属,务要重新起盖榜房,即将原降榜文,另行誊写张挂,谕众通知。③

由此可知,各府州县地方榜房所悬挂的榜文,应是六部或抚按等上级衙门所转行的榜文原件,再由所属各府州县另行誊写或翻刻,张挂于各地交通要道,以传达相关政令。

除了官署衙门的"榜房"、"榜廊"之外,地方上的申明亭与旌善亭,也具有传递政令讯息的功能。明初规定"犯罪经断者,揭诸版榜,申明戒谕"④,冀望透过地方舆论压力,使百姓知所警诫;同时,又因乡里百姓不知朝廷禁令,多有不慎误犯者,洪武五年(1372)乃命有司于各地府州县及乡、里等处皆立申明亭,凡境内所管百姓犯罪者,将其过失与姓名书于亭上⑤,甚至还将地方上为善、为恶的人数开报⑥。地方所设置的申明、旌善亭,若有损坏,官府需加以修缮,以便能时常条列榜示,使善恶知所劝惩⑦。《明律》对于损毁申明亭的处罚颇为严厉,规定:"凡拆毁申明亭房屋及毁板榜者,杖一百,流三千里。"⑧所以破坏板榜,就视同破坏榜文,在罪责量刑上较为严重。此外,也采用纸张、木板、石碑、镌铁等各项载体,作为官方讯息的传递媒介,并分别散布于乡村、市镇、学校、港口、关隘、驿递等处,以达到讯息传播的功能。

---

① 不著撰人:《诸司职掌》卷一《考功部·诸司职掌》,《玄览堂丛书》初辑本。

② 《洪武永乐榜文·为定夺粮盐事》。

③ 广西师范大学出版社编:《明代档册》第87册《各处理榜房及抄誊写洪武以来榜文张挂》,广西师范大学出版社2001年版,第147—148页。

④ 王玺纂修:《万历南丰县志》卷二《规置志·县署》,《中国方志丛书》本。

⑤ 《明太祖实录》卷七二,洪武五年二月丁未条。

⑥ 《诸司职掌》卷七《都察院·出巡》。

⑦ 叶春及:《石洞集》卷八《公牍一·保甲不属巡司》,影印文渊阁《四库全书》本。

⑧ 黄彰健:《明代律例汇编》卷二六《刑律九·杂犯·拆毁申明亭》,台北三民书局1979年版,第949页。

四　结　语

宋代官方讯息传递的制度,承袭了先秦时期"悬书",以及悬法于宫门两侧的"悬法象魏"制度精神,但鉴于将法令、刑书仅悬挂于宫门两侧,讯息传递的效果不够广泛,因此逐渐改变采取以告示的形式,直接布告天下百姓。在传播的形式上,宋代的官方讯息与政令的传播方式,采取了告示、榜示、立碑等各类的传播载体。在传播的场所上,涵盖了朝堂、官署,以及通衢、驿铺、津渡、邸店、乡村等处,主要是在人群往来频繁的地方,以达到朝廷官府传递讯息与行政命令的功能。

除朝廷上的诏令榜示之外,在地方上的官方讯息传播,不仅在乡里设置手诏亭、宣诏亭、晓示亭等,以作为中央朝廷与地方民众沟通讯息的途径,更设立"粉壁"制度,即将相关官方讯息直接粉刷于墙壁之上,以达到讯息流通的目的。粉壁的地点,分布在乡村邻里以及民家门前,与宣诏亭的功能相同,因此在宋人奏疏上有"亭宇粉壁"的并称。同时,为了确保官方讯息与政令的正确性,还委由地方官吏与乡村耆长,予以时常巡视照管、检视,不得稍有损坏,以免因官方讯息的脱漏、漫灭,造成中央与地方之间沟通的困扰。

元代官方讯息的传播制度,大体受到宋代的影响,特别是在对于盗贼的惩治与预防,完全沿袭了宋代所采取的"粉壁"制度,将官方讯息直接揭示在学校、寺庙、道观、民户的粉壁上,用以告知百姓并遵守相关的官方规定,展现出讯息传播的行政效率。另外,更将粉壁之法运用在法律的施行与禁令,尤其是对犯罪者的管理,制订了《断贼徒例粉壁》条例,并针对犯罪者施行"红泥粉壁",将其罪行、姓名书写于壁上,晓示乡里周知,以示警戒,直到悔过不犯,才能除去或毁去粉壁,藉以控制地方社会秩序。

明代的官方讯息传播,中央与府级机构以上,采取告示与榜文的传播形式,而在明太祖的集权统治之下,明初洪武至永乐时期的榜文效力,往往凌驾在《明律》之上,显示出明初榜文在司法制度上的特殊性。然而,在地方社会的管理上,仍延续宋代宣诏亭与粉壁的制度与精神,因此在地方州县皆设有申明亭、旌善亭,各处则设立榜廊、榜房,其目的都在宣达官方讯息与政令,同时藉由纸张、木板、石碑、镂铁等各项载体,作为官方讯息的传递媒介,并分别散布于乡村、市镇、学校、港口、关隘等各处,以达到讯息传播的功能。

若就官方讯息传播的考察而言,宋代至元明以来,在讯息传播的制度设计与精神,大抵相去不远,主要都依循宋代的制度规划。在中央与府级机构方面,沿袭了告示、榜示的方式,而明初更以皇榜的形式,强化了榜文的法律效力,使其凌驾于《明律》之上;在地方讯息传播方面,元代直接以三者"红泥粉壁",将其罪行、姓名书写于壁上,以作为犯罪者的管理与地方社会的控制,而明代虽设有榜廊、榜房,以及申明亭、旌善亭,大体仍是宋代宣诏亭与粉壁制度的延续。因此,说明了在官方讯息传播的制度下,宋、明之间的制度设计,虽略有些微变异,但主要仍是一贯的延续精神。

（作者单位：台湾"中国文化大学"史学系）

从社仓法的推行考察南宋金华潘氏家族发展

邱佳慧

一 前 言

本文期望对南宋时期地方家族发展的过程进行微观的考察,故采取社会史和系谱学的研究路径,透过方志与文集的资料搜整与交叉比对,以潘氏家族为例,作一区域性的家族个案研究。方法论上,主要采用文献学、历史诠释学、与计量方法研析史料,尤其集中观察金华地区的方志记录,如藉《浙江通志》、《金华府志》疏理潘氏家族移居金华地区的经历;藉《吕东莱文集》、《晦庵先生朱文公文集》统计潘氏子弟登科仕宦人数。虽然个案研究无法呈现巨观而全面地发展情形,但却足以凸显家族形态在历史长程中发展与转变的迹证,并对此有更清晰的认识。

研究对象以潘景宪为核心,上推四代至潘干,下推二代至潘问学等辈,共计七代之潘氏家族。以潘景宪为核心,是基于他担任社仓法推行者的角色,溯源至潘干的原因,实受资料所囿,目前无法追溯到其他先祖。虽然潘家前几代活动于北宋末年,但推行社仓法以及潘氏家族真正鼎盛的时期仍属南宋。再者,此处所指家族的定义,则是依据《宋代家庭研究》的说法,包含直系与旁系血亲①,故论文中不仅只谈潘干以降之七代直系血亲,亦旁及其他亲族。

选择潘氏家族作为研究主体的原因有二:1. 潘氏家族在家族史的研究中,鲜少被注意到。过去已有学者探究过四明家族、新昌石氏等宗族,对个别家族兴衰的形态与发展模式有所说明,其成果丰硕不在话下。有以北宋士大夫家族为研究对象的《北宋士族家族婚姻生活》②,着重于以大量文集和书信,考究士大夫家族的正面活动与发展实况,其中特别处理了韩琦、山阴陆氏与新昌石氏;以地区为范畴之研究《宋代四川家族与学术论集》③,着重于四川地区的全面性介绍,所论者多,如盐泉苏氏或安丙家族等。除部分篇章凸显出家族特性外,多为个案研究的基础介绍;有较晚出版由黄宽重与刘增贵主编之《宋代的家族与社会》④,以宏观视角剖析五十年来台湾学界对家族研究整体趋势与范畴的转变,综论研究特

① 邢铁:《宋代家庭研究》,上海人民出版社 2005 年版,第 41 页。
② 陶晋生:《北宋士族:家庭·婚姻·生活》,"中研院"史语所 2001 年版,第 380 页。
③ 邹重华、粟品孝主编:《宋代四川家族与学术论集》,四川大学出版社 2005 年版,第 496 页。
④ 黄宽重:《宋代的家族与社会》,台北东大图书公司 2006 年版,第 301 页。

点与学界指标性定义。该书所收南宋浙东赵鼎家族以及对四明士族/家族的三篇论文,从社会文化与人际网络的角度观察家族与社会的互动,响应宋代家族发展的现状。柳立言学者以法律的角度关注了许多家族形态或女性分产的议题,并集结成了《宋代的家庭和法律》一书,书中尤以《从赵鼎〈家训笔录〉看南宋浙东的一个士大夫家族》与《宋代同居制度下的所谓"共财"》,细致地分析了赵鼎家族与同居共财的定义①。上述研究各有其价值,但尚未有人注意到南宋时期金华地区的潘氏家族。2.潘氏家族的赈济形象尤其鲜明。潘氏家族在婺州金华县扮演了一个举足轻重的救荒推行者,历经三代于婺州扎根茁壮,家势日渐壮大,对其地方救助推动具有某种程度的影响。诚如这样一种以经援形象处世的家族,与一般的学术或科举起家的家族有所不同,这却是学界较少着墨的面向——以救济活动进行的观察。

综前所论,本文微观地以潘家与赈济作为入手点,探讨南宋时期潘氏家族的起家及其赈济活动,进一步归纳家族的发展特点,同时思考赈济活动与发展有何内在理路的关联性。

二 朱熹《婺州金华县社仓记》对潘家的期许

南宋的社仓②发展,虽不自朱熹(1130—1200)始,却因之有其制度的创建与推展的实践③。乾道七年(1171)朱熹于崇安县开耀乡创办"五夫里社仓",仅费时四个月,该乡业已建成社仓三所,成效显著。朱熹依据实践经验制定了《社仓事目》④。于淳熙八年(1181)奏请孝宗颁其法行下诸路州军,予以推广,此为后世所称《朱子社仓法》。尔后福建路建阳、光泽,两浙路金华、宜兴,江南西路南城、萍乡等处均设立社仓落实地方民食问题解决之策。

各路陆续设立社仓以降,朱熹受地方人士请托撰叙社仓记⑤,二十年间撰写了共计八篇社仓记。社仓记其实是一种勘灾之属的记文,亦是朱熹政治事业的佐证成果。李贞慧早在《"文从道出"的书写实践——以朱熹"记"与北宋"记"之书写内容为讨论中心》一文中尝试分

---

① 柳立言:《宋代的家庭和法律》,上海古籍出版社 2008 年版,第 535 页。

② 社仓主要分布于乡村,体现以乡村为主,兼及城镇的分布格局。在管理和经营上,粮米来源主要以官捐或民捐而来,有时候也会采取摊捐、摊派、常平米调拨等方式维持供给。社仓一般用于春借秋还,以解决农户面对青黄不接的窘境。经营上多半是官督民办的模式,由地方乡绅主管日常事务,而由地方官府监督。

③ 梁庚尧:《南宋的社仓》,载《史学评论》1982 年第 4 期。

④ 朱熹:《晦安先生朱文公文集》卷九九,收于《朱子全书》,上海古籍出版社 2002 年点校本,第 4596—4604 页。

⑤ 《晦安先生朱文公文集》卷七七《建宁府崇安县五夫社仓记》;卷七九收录淳熙十二年所撰之《婺州金华县社仓记》、淳熙十三年所撰《建宁府建阳县长滩社仓记》、淳熙十三年所撰《建宁府建阳县大阐社仓记》;卷八〇收录绍熙四年所撰《邵武军光泽县社仓记》、庆元元年所撰《常州宜兴县社仓记》、庆元二年所撰《建昌军南城县吴氏社仓记》;卷八四庆元六年所撰《跋袁州萍乡县社仓记》。

析朱熹社仓记的书写特点①。笔者认为这些特点其实是一种为官者的期许。

八篇社仓记之一的《婺州金华县社仓记》完成于淳熙十二年(1185)②,记中朱熹忆起吕祖谦十年前从婺州到崇安访闻时,曾论及社仓敛发之政,叹曰:"此周官委积之法,隋唐义廪之制也。然子之谷取之有司,而诸公之贤不易遭也,吾将归而属诸乡人士友,相与纠合而经营之。使闾里有赈恤之储,而公家无龠合之费。"③言外之意,吕祖谦赞许此法,但也注意到推行社仓法需要地方乡绅相与合作经营方能成功。然碍于吕祖谦返乡后随即登朝任官又不久后病殁,推行蓝图仅仅停留在那次谈话。

直至淳熙八年(1181)浙东发生饥荒,朱熹窃叹"向使伯恭父之志得行,必无今日之患",深表遗憾。然纵使后来朱熹自己被任命为提举浙东常平茶盐公事,尚书省亦行下诸道社仓事,婺州救荒事宜却因朱熹罢归终未果行。幸而吕祖谦门人潘景宪感念此事极有深意,故遂行其事。朱熹记曰:

> 时伯恭之门人潘君叔度感其事而深有意焉,且念其家自先大夫时已务赈恤,乐施予,岁捐金帛,不胜计矣,而独不及闻于此也。于是慨然白其大人出家谷五百斛者,为之于金华县婺女乡安期里之四十有一都,敛散以时,规画详备一都之人赖之,而其积之厚而施之广,盖未已也。④

从引文可知,潘景宪向家母⑤表明后,潘家便出谷五百斛于婺女乡安期里四十一都,且聚敛以时,规划详备,终能积厚施广,全都之人仰赖无遗,推行相当成功。然而,文中并未详述此地社仓法之实际操作,只知潘家资助粮米,却不知方法为何;只知其推行成功,却不知历时多久活人几何?《救荒活民书拾遗》中收录之《金华县仓规条》,或许可以厘清部分疑虑。规约内容如下:

> 社仓谷本五百石。
>
> 社仓只置都簿一面,纸尽置第二面。
>
> 一甲不许过三十人,甲头一人;不满十人,附甲。不许诡名冒借。
>
> 散谷以三时。
>
> 一户借一户甲头倍之,无居止。及有艺,人不得。
>
> 借谷上簿,不立契。
>
> 借谷日每户纳钱五十文,甲头免。

---

① 李贞慧:《"文从道出"的书写实践——以朱熹"记"与北宋"记"之书写内容为讨论中心》,载《汉学研究》2008年第26卷第3期,第1—34页。文中第12—13页作者认为,社仓记的特殊用意有三,一是朱子藉各种表达方式,联系自身与这些社仓的关系;二是在朱子的规划中,社仓由于设于偏远里社,因此本即需以"乡人士君子"主其事,但其所作记中的设置者,又每与朱熹本身的学术网络相关;三是提出今昔相比。此外,作者还统计朱熹所撰各类记文共计81篇之多。

② 《晦安先生朱文公文集》卷七九《婺州金华县社仓记》,第3776页。

③ 《晦安先生朱文公文集》卷七九《婺州金华县社仓记》,第3776页。

④ 《晦安先生朱文公文集》卷七九《婺州金华县社仓记》,第3776页。

⑤ 引文中所指之"大人"可能是潘景宪的父亲或是母亲,然考其父卒于1170年,故此处所指之人应为其母。

量谷本甲，甲头执概。

选以三限，限以三日。

息谷二分，中饥减半，大饥尽免。本户纳息已满十年，免收息。

耗谷三厘。

甲内逃亡，甲头同甲内均填，甲头倍之。

息谷有余，遇饥荒给散。

社众于规约犯一事，不借；一年再犯，出籍。①

由规条可知，金华县社仓的运行与他处社仓相仿，同样是以三十人为一甲，设置甲头一名，负有连带监督运行之责，并以十分之二的谷息作为利息，如遇年成歉收时则酌量减息，如遇大灾，则全免之。虽然规条无法完全解答朱熹社仓记的问题，不过，倒也说明了金华县社仓的运作情形。

回到朱熹的社仓记，我们要进一步思考的问题是，社仓法推行成功的关键因素为何？朱熹推论有三：

1. 潘氏家族长年自发性地赈济乐施——潘氏自先大夫时已务行赈恤，乐善好施，岁捐金帛不胜计数，可见潘氏家族原有自发性地照顾乡里族人的善举，社仓法推行尤其需要此类乡绅君子。况且，朱熹自己也分析社仓法与青苗法的差异，言曰：

> 以予观于前贤之论，而以今日之事验之，则青苗者其立法之本意固未为不善也，但其给之也以金而不以谷，其处之也以县而不以乡，其职之也以官吏而不以乡人士君子，其行之也以聚敛亟疾之意而不以惨怛忠利之心，是以王氏能行于一邑而不能行于天下。②

朱熹此次所指"前贤"，应当指曾与之讨论过社仓法的吕祖谦与张栻，二人各有所建议，前者提出社仓法推行实系主事者，后者提出应以王安石为鉴，不可将社仓法行于天下，故此处所指前贤应为此二人。文中亦提到社仓法不同于青苗法，两者固然立意均善，但施行方法不同，诚如下表比对所示，社仓法聚敛发散者为米谷，而且施行范畴为一乡之内，尤赖乡人士君子以收支协调地方粮食的意图，依义役体例自发性地推行方能成功。

表一：朱熹所论青苗法与社仓法施行异同

救荒政策	青苗法	社仓法
给之类别	金	谷
施行层级	县	乡
管理者	官吏	乡人士君子
推行意义	聚敛亟疾之意	惨怛忠利之心
推行结果	行于一邑而不能行于天下	行于一乡，各听其便

---

① 董煟：《救荒活民书拾遗》，《百部丛书集成》本。

② 《晦安先生朱文公文集》卷七九《婺州金华县社仓记》，第 3776 页。

2. 金华为潘氏家族落居之处——朱熹认为潘景宪愿意推行社仓法，与宗族坟庐位于金华处有关，"特因其坟庐之所在，而近及乎十保之间，以承先志，以悦亲心，以顺师指"。故推行社仓法对潘氏家族而言，即是积厚施广于散居此地的宗族亲友，一可继承先人之志，二可令亲长欣喜，三可顺承师长意旨，岂不一举数得。况且，此前不久又有天子诏令，故奉行社仓之法更是义不容辞。

3. 潘景宪的学术渊源影响——就潘景宪个人而言，他身为吕祖谦门人，推行社仓法的初衷，乃为了克成父师之志，诚如潘氏子弟向朱熹请撰记文时所言："此吾父师之志，母兄之惠，而吾子之所建，虽予幸克成之，然世俗不能不以为疑也。子其可不为一言以解之乎？"不仅如此，朱熹亦言："然苟以其家之有余，而推之以与邻里乡党，则固吾圣人之所许。"田浩与许多研究均已证明如此举措与道学家落实仁道实践的精神一致[①]。再者，就客观条件来看，婺州多为景宪同门之士，"必能体会景宪所为之善，无疑于青苗之说者焉，则庶几乎其有以广夫君师之泽，而使环地千里，永无捐瘠之民矣，岂不又甚美哉"！[②] 故潘景宪个人推行社仓以及婺州地方人士愿意支持，实乃与学术渊源有关。许多研究认为社仓法的推行，实系于负责主持管理的乡居士人。其所在意的是主事者的态度与公正性，端赖其是否会公器私用，而使防备救灾之法反成害民之政。从潘氏家族的例子来看，主事者的学术渊源与人际关系似乎是另一个推行的附加助力。

综前所论，朱熹面对吕祖谦病殁与自己罢归两次推行未果的经历后，潘氏家族得以实践他力求普行的社仓之法，朱熹没有道理反对，所思者乐观其成，所望者成果斐然。然而，朱熹记文的描述只是一个作为提倡社仓法官吏的观察与期许。实际上，记文所述与实际推行状况是否相符，有待商榷？更甚者，引发了更多的疑问：该家族具备足够号召力驱使乡人的条件为何？潘氏家族长期关怀地方的目的为何？与家族发展是否有关？其经济来源与货殖之道又是如何？下文将针对潘氏家族的发展与赈济之举进行考察，探究朱熹记文的期许是否合乎潘氏家族的发展情形。

三 潘氏家族的起家与世系发展

潘氏家族自括苍徙居金华，历经先祖潘干、潘珂，传至潘宗回始以儒学起家，再传潘好谦、好古，三传景字辈，如景连、景宪，四传自字辈，如自厚、自牧等，发展为一个传承至少七代，此中并有八人考科中举、任官晋爵的地方望族之一。如表二《潘氏家族族谱简表》所示，潘家从默默无闻的潘干时期到足以号召婺州人士推行社仓法的辉煌时期，大致上经历了四个发展阶段：

（一）酝酿期——包含第一代潘干与第二代潘珂

潘氏家族首二代定居于括仓，为处州松阳人，先祖潘干"以耆老望其里"，潘珂"以谨力厚

---

① 田浩：《行动中的知识分子与官员：中国宋代的书院与社仓》，收于《宋代思想史论》，社会科学文献出版社 2003 年版，第 475—488 页。

② 《晦安先生朱文公文集》卷七九《婺州金华县社仓记》，第 3776 页。

其家"①,二人相关文献记载鲜少,推论潘干在当时应是德高望重的地方耆老,传至潘珂时开始厚殖其家。此处虽无法获知潘珂的货殖之道,但前二代的培植,的确是第三代潘宗回门户益大的基础。潘珂曾任宣州泾县主簿,后以子潘宗回贵赠朝议大夫。②

(二)发展期——包含第三代的潘宗回、潘宗说与第四代的潘好古、潘好谦

第三四代为潘氏家族的发展期,根据文献所载,潘家至少有两次徙居金华的记录,潘宗回支系在潘好古时迁至婺州,潘宗说支系则是在潘好谦时迁居③。此时虽然宗回与宗说两支均是单传,但已有潘氏族人考取进士的记录④,此后前人追赠封荫的情况也随着后代任官人数增多而增加。第四代好古、好谦特别热衷于地方赈济事宜,此点容后再叙。

◎潘宗回(生卒年不详),字几仲,松阳人,以儒学起家,政和壬辰二年(1113)科进士,仕至左朝奉大夫⑤。后开迹农亩,拔科级,校中秘书,浸光显矣。之后历经忧患,无复当世,意专林丘之乐者数十年,晚得复州,非其雅志,将辞行,章未上而卒⑥。娶叶氏,生二子好古与好谦,好谦后来过继于其弟潘宗说⑦。究其实,潘宗回是潘氏家族发展的关键人物,他不仅是好古与好谦的父亲,更重要的是,诚如《潘朝散墓志铭》所载,"潘自复州使君宗回以进士起家,而族浸大",家族自他始以壮大,故潘珂亦得以因他贵赠官职,由此可以印证。此外,《括苍汇纪》载其:"兄弟聚居三十年,敦睦无间,乡人称之。"更是另一项佐证。不过潘家自松阳迁徙金华的理由并不明朗,根据研究表示,金华地区向来是浙中地区的精华地段,农亩条件与物产资源均比浙中其他地方甚至省方边境来得更为富庶⑧,这可能是潘家作为富民的一个抉择。此外《潘朝散墓志铭》中亦有蛛丝马迹可兹推论,其文曰:

> 自建炎省方吴会,二浙之民渐王泽为近,溪昊谷泽,往往化韦褐为簪组,其士大夫家仕者亦蕃于初,一门之内或四三、或六七,或累十数而未止也。⑨

由此可知,南宋初年以来二浙地区接近天子行营之所在,较为接近皇帝恩泽,故得到仕进的机会也较大。此地许多平民转换身份为官吏之阶,而原来仕宦之门更是蕃胜于初。故上述

---

① 吕祖谦:《吕东莱文集》卷七《朝散潘公墓志铭》,《金华丛书》本。

② 有关潘干与潘珂的资料,收录于《吕东莱文集》卷七、《光绪松阳县志》,收于《故宫珍本丛刊》卷八,海南出版社2000年版。

③ 潘好谦迁徙记录,载于《潘朝散墓志铭》,言:"且谋徙家于婺,以便其学。"潘好古迁徙的记录,载于《朝散潘公墓志铭》言:"公始自松阳改筑临江,临江婺之郊也。"

④ 潘宗回为政和壬辰科进士。

⑤ 潘宗回的相关记载收录于熊子臣《括仓汇纪》(收于《四库全书存目丛书》史部第193册,台南庄严文化事业有限公司1996年版)卷六与卷一二,记载他登第进士与传记,与《金华贤达传》卷八《宋潘宗回传》(收于《丛书集成续编》),其文曰:"政治有声而诸子继登科甲,皆有著述。可称宗回宗说以儒学起家,列仕州县,而诸子及孙次第进士,斐声仕籍,斯知吾郡儒学之盛矣。"

⑥ 《吕东莱文集》卷七《朝散潘公墓志铭》。

⑦ 根据墓志铭所载,潘宗说有一季弟,与宗说亦为伯仲,故推论宗说应为宗回之次弟。

⑧ 邵建东:《浙中地区传统宗祠研究》,浙江大学出版社2011年版,第37—42页。

⑨ 《吕东莱文集》卷八《潘朝散墓志铭》。

两点很可能是潘家徙居金华的考虑原因。

◎潘宗说(—1134)①,松扬人,曾任严州寿昌县丞,以子好谦累赠朝散郎,娶毛氏,赠安人。②

◎潘好古(1101—1170),字伯御、处之,一字敏修,金华人,宗回子。生平事迹详载于吕祖谦所撰之《朝散潘公墓志铭》。生于建中靖国元年,于乾道六年(1170)正月卒于婺州,是年九月葬于金华县庆云乡东弥塘,享年七十。童子时委己于学,特别受母亲叶夫人疼爱。稍长,少游太学,再试礼部不遇。先娶左朝奉大夫孙凤之女孙氏,赠安人;再娶左奉议郎之女陈枢之女陈氏,赠宜人。生子六人,分别为景珪、景参、景宪、景愈、景泌、景良。生女四人,依序婚配右承奉郎两浙东路安抚司主管机宜文字汤矼、再适右通直郎新知太平州芜湖县苏诵、次适将仕郎赵善蔚、次适右迪功郎新监行在太平惠民局王注、次尚幼。孙男五人,孙女七人。后以子景珪贵赠朝散郎,且朱熹曾为其撰写墓志铭。③

潘好古特别值得为人称道的是他乐易安恬、不慕荣利的处世之道。他介在潘氏家族两位不同世代的重要人物之间——潘宗回之子,同时亦为景珪之父,这两人均曾欲推恩好古,但被他数度拒绝,其文曰:

> (宗回)郊祀任子,复州(宗回)屡欲上公(好古)名,公固辞,复州亦不能强也。后子景珪秩,得封其亲,命书数下,公以前尝止复州之奏,慨然曰:"辞父泽而安子荣,宁吾志耶?"④

由此可知,潘好古年轻时本可因父亲复州使君的关系而获得一官半职,却被他断然拒绝。年老后又因儿子景珪的官品,又再有任官机会,他仍旧坚持初衷。故可见他处世恬淡,气度确实非凡。

◎潘好谦(1117—1175),字伯益,一字损之,自号矫斋,松阳人,宗回子,然以祖命过继为宗说系下。考其生平事迹记录最为详尽者,首推吕祖谦《潘朝散墓志铭》。生于政和七年,卒于淳熙二年四月己卯,翌年甲申葬于县之布和乡兰湾,寿讫五十九。性嗜文史,恂恂驯伤。历官丽水尉、终通判绍兴府。先娶赠秘阁修撰陈东之女,赠安人;再娶朝请大夫闾丘泳之女,封安人。生子四男,分别为景连、景夔、景尹、景达。生女五人,依序婚配宣义郎两浙东路提点刑狱司干办公事郑愿,中早卒,次适进士叶近,余在室。孙男女四人尚幼⑤。特别值得注意的是,好谦尤尚道学,特别遣子不远百里,从学吕祖谦。墓志铭的最末一段描述如下:

> 其孤以临川陆九渊之状来谒铭,盖公晚岁笃于教子,余虽未及际公,景夔、景尹皆越

---

① 《吕东莱文集》卷八《潘朝散墓志铭》。潘好谦以祖命为宗说后,生十七年,宗回殁。潘好谦生于1117年,十七岁时为1134年,以此可推论潘宗说卒于1134年。

② 潘宗说的相关记载文献不多,目前仅见于上述《吕东莱文集》与《敬乡录》卷一三。

③ 《吕东莱文集》卷七《朝散潘公墓志铭》。此外,亦见于《括仓汇纪》卷六与卷一二记载他登第进士与传记。

④ 《吕东莱文集》卷七《朝散潘公墓志铭》。

⑤ 潘好谦的记载见于《吕东莱文集》卷七与《光绪松阳县志》卷八。

百里遣从余游，岁时还书络绎，未尝不属其子也，且谋徙家于婺，以便其学。①

引文所述，好谦举家徙婺以便其学，与吕祖谦关系良好。与陆九渊的关系应亦匪浅，氏著研究显示，能书写行状者大多比撰铭者更了解墓主的生平事迹。②

（三）鼎盛期——包括第五代以景宪为首之景字辈子弟十人

第五代的潘氏家族可谓开枝散叶，人数扩充上有明显增加，第三代宗回、宗说二支仅为单传，至此代时男丁增为十人以上，女生亦多达十一人。科举考试方面的表现亦更为稳定，包括景宪、景泌、景良；担任官吏者共计六人，包括景连、景爕、景珪、景宪、景愈、景良。学术交往上，仍延续前代与浙东学派之首吕祖谦的紧密关系。在联姻结缔方面，此代也有与赵氏王族、吕氏朱氏家族联姻的关系。换言之，潘氏家族越趋发展为一个具有地方影响力的望族。

◎潘景宪（1134—1190），字叔度，松杨人，好古三子，由太学登进士第。幼而颖悟，日诵数万言，九岁以童子贡京师，通念十三书，说六经大义，作三体字诏，特试礼部，曾任迪功郎。赐束帛后选入太学，亦自刻厉，学官汪玉山、芮国器、王梅溪皆推重之。隆兴元年癸未榜进士，调荆门军教授，不行。请为南岳祠官，秩满后宰相知其贤，欲留官中都，景宪以亲老力请太平州学教授。后遭父丧，庐墓三年，服除遂不复仕。终改承事郎致仕，晚年隆于教子，喜著书，有《诗》、《春秋》、《语》、《孟》、《中庸说》等五十一卷。

景宪先娶邢氏，龙泉主簿邢邦直之女。继室娶桐乡中书舍人终敷文阁待制朱翌之女朱氏（1146—1179），东莱撰有《潘叔度妻朱夫人墓志铭》，赞誉朱氏妇德出众、节操过人。朱氏廿七岁嫁予景宪，年卅四岁于淳熙己亥六年七月十九日卒，与景宪育有二男三女。分别为自厚（部分数据记为自觉）、自晦与三女，长适朱塾，次适苏彪，次适邢文郁。故推论自牧应为另一继室所出。有孙男二人：问学、问礼。③

潘景宪学术思想的发展并非从一而终，他于请辞太平州学教授后，始为浮屠说，之后有机会听闻吕祖谦之道，才慨然感悟，遂其所学。父丧服除后，日游吕氏之门，是故潘家族人中以他与吕祖谦的交往最为密切，《宋元学案》与《宋元学案补遗》载明其为东莱门人，被视为东莱学派的一员。许多文献亦多有着墨他与学术群体的互动。如《处州府志》将之列为理学人物，《晦庵先生朱文公文集》所述甚详：

> 君与东莱吕祖谦伯恭父同年而齿长，闻其论说行身探道之意，慨然感悟，遂弃所学而学焉……日游吕氏门，躬执弟子之礼，诵《诗》读《书》，旁贯诸史，下至于兹，靡不该览，而尤于程氏之《易》为尽心焉……予始因伯恭父以识君，志同气合，遂结婚姻之好。④

---

① 《吕东莱文集》卷八《潘朝散墓志铭》。

② 邱佳慧：《从请铭与撰铭探究宋代社会的伦常关系》，载《东华人文学报》2008年第12期。

③ 《吕东莱文集》卷八《潘叔度妻朱夫人墓志铭》，《金华先民传》卷二，记有潘景宪传。

④ 潘景宪的资料收录于《晦庵先生朱文公文集》卷九三《承事郎致仕潘公墓志铭》，以及卷八七《祭潘叔度文》；《金华府志》卷一六；《括仓汇纪》卷六、卷一二记载他登第进士与传记。

由引文可知,他虽与吕祖谦同年,但自认己学不及遂师事吕,诵读经史,尤对《易》学颇具兴趣。后与朱熹友善,更申为婚姻之好,将长女配适朱熹子朱塾,朱熹后来为之撰写墓志铭。①

◎潘景珪,金华人,好古长子,宗回孙。以祖荫补右文殿修撰,仕至中散大夫、权尚书刑部侍郎兼敕令所删修官,临安少尹。②

◎潘景参,金华人,好古次子,宗回孙。目前所查找到以景参为主的资料仅有两笔,其一为宋人赵师秀(1170—1219)《清苑斋诗集》之《送潘景参赴利路帐干》,诗中谈及赵师秀与潘景参同年。"同年"的意思可能是出生同年或是进士同年,但考赵师秀生于1170年,景参为景宪(1134—1190)兄长,故不可能晚于1134年,故不符。又考赵师秀为光宗绍熙元年(1190)进士,未获景参考上科举的纪录,倘景参于此年考取进士,年岁上亦过于年长。故两人虽同为浙江人,但此诗所指应非潘景参。其二为叶适(1150—1223)《水心集》之《送潘景参》,从内容来看,也很难断定是否所指为同一人。

◎潘景愈,字叔昌,金华人,好古四子,宗回孙。以神童举杭州,登进士第,尝为太学解魁,年三十余,甚有志趣,仕至安庆教授。从学于吕祖谦,吕启谦称其有意务实。③

◎潘景泌,好古五子,宗回孙。

◎潘景良,好古幼子,宗回孙,曾考取进士,但科分无考。娶吕祖谦长女,以景珪弟补衡州太守。撰《游金山》。④

◎潘景连,好谦长子,以父荫任太守,曾任迪功郎监户部激赏中酒库。

◎潘景夔,字和叔,松阳人,好谦次子。外祖为陈东,母亲为陈氏。娶赵公升长女。初为德清尉。宁宗开禧二年(1206)知盐官县。后以父荫补通判,嘉定十七年(1224),由通判温州任放罢。撰《续胡矜盐官图经》十卷,已佚。景夔是潘家中另一位从学吕祖谦者,且越数百里从之游。于知盐官县期间也曾行救济之事,此点容后再叙。⑤

◎潘景尹,好谦三子,亦从吕祖谦游。

◎潘景达,好谦幼子。

(四)延续期——第六代以自牧为首子弟四人与第七代潘大临

潘氏家族第六代的发展谓为延续期,特以景宪一支后嗣为主力,延续前代父执辈的学术

---

① 潘景宪自己也曾为刘子翚撰写墓志铭。

② 潘景珪的记载收录于《处州府志》(收于《中国方志丛书》卷一九,成文出版社1966年版),文中讲述潘景珪出生时曾有异梦。祖先潘宗回寐梦唐代王珪,因宗回积善而愿意投胎为后,故取名为景珪。此外,《咸淳临安志》(收于《中国方志丛书》卷四八,成文出版1966年版)、《光绪松阳县志》卷八亦有相关记载。

③ 黄宗羲撰,全祖望补:《宋元学案》,第3646页中所载有误,误将潘景宪妻作为景愈妻。此外,潘景愈相关文献载于《括仓汇纪》卷六记载他登第特奏名;《敬乡录》卷一三与《嘉靖浙江通志》(收于《中国方志丛书》卷五〇,成文出版社1966年版)。

④ 潘景良相关文献载于《万历金华府志》卷一七、《光绪松阳县志》卷八与《光绪丹徒县志》。

⑤ 潘景夔的相关记载较多,举凡与潘氏地缘人缘关系较近之《光绪松阳县志》与《东莱集》外,尚有《顺治松阳县志》卷六、《乾隆海宁州志》卷七、《宋会要辑稿·职官》七五至三六、《咸淳临安志》、《吴兴备志》、《清波杂志》、《鹤山集》等、《括仓汇纪》卷六与卷一二记载他登第进士与传记。

交流与考科之事。

◎潘自牧,字牧之,金华人,景宪子。庆元二年(1196)丙辰进士,曾官福州教授、潭州分司粮料院太平县常山县令、奉议郎龙游知县,编著《记纂渊海》一百九十五卷。婚配赵善临与临海王氏之四女赵氏。潘自牧所著《记纂渊海》虽不载于《宋史》或《文献通考》,然明朝陈文燧却宣称:"予先世求之闽蜀,得其前编。周流吴越,复购后编,宝玩盖几百年矣。"可见此书颇有行情。[1]

◎潘自厚,字身甫,金华人,景宪长子,绍熙元年(1190)庚戌榜进士。吕祖谦曾受景宪之托为自厚谋字,曾任萧山主簿。[2]

◎潘自晦,字显甫,金华人,景宪仲子,韩元吉曾为作字序,取其程氏谦传自晦,而得亦光显之义。

◎潘大临,景夔之孙,以祖荫补朝义郎。[3]

整体而言,潘氏家族至此发展成为与吕氏学派、赵氏皇族学术政治盘根错节的第七代,在历代努力下不断扩张势力。从地理分布而论,潘家从衢州松阳徙居到更为富庶的婺州金华,子弟为官地点的分布,也有扩及他处的迹象,如表三:潘氏家族世系任官地点分布图所示,不难发现潘氏家族首三代仍居守于严州寿昌、婺州金华与处州丽水,但传至第四代以降,扩及两浙东西路与广南东路,西至衢州常山龙游、北至太平州、右至临安府绍兴府,南至广南东路之福州。虽然官宦之地因人而异,但为宦者增多却不在话下。任官情形亦如是,就表四:潘氏家族世系简表所列廿余位潘氏子弟,透过科举与封荫取得官职或封爵者,共计十四位,比例极高。依邓小南先生所论,宋代所谓的文化家族是指一代或几代之内有数人在学术或文学上取得很大的成就,并得到当时及后世广泛认可的家族。又或士人家族的定义,则是具有一定经济实力与文化背景,参加科举考试或曾出仕做官(特别是文官)。以此检视潘家,应符合士人家族的定义,甚至也勉强挤得进文化家族之列。

姻亲关系与学术的发展上,也交错为复杂的关系网络,潘景宪长女适朱熹子朱塾,潘景良则娶吕祖谦长女,潘景夔与潘自牧均娶赵氏皇族后嗣。潘景宪、景夔、景尹、景尹、景愈均从学于吕祖谦。错综的人际网络,形成身份交叠的有趣称谓,举例来说,潘景宪不仅与吕祖谦同年且齿长,由于从学于他,故尊称他为老师。但景宪之弟婚配吕祖谦长女,依此姻亲关系,景宪且称吕祖谦为亲家公。同时,景宪也因女儿嫁于朱塾,而称朱熹为亲家。对乡里之人而言,此时的潘家已不可与第一代同日而语了。

---

① 邱佳慧:《〈诸儒铭道〉与道学之再检讨》,台北花木兰出版社 2009 年版,第 219 页。另外,潘自牧的数据记载于《括仓汇纪》卷六记载他登第进士;《水心集》卷二四、二六记载其夫人与姻亲的墓志铭。

② 熊子臣:《括仓汇纪》卷六,记载他登第进士。

③ 潘大临的数据记载于《松阳县志》卷九《人物志》。

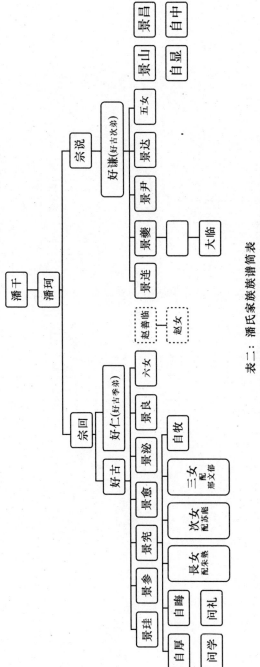

表二：潘氏家族族谱简表

图例说明：实线框为潘氏家族、虚线框为姻亲家族

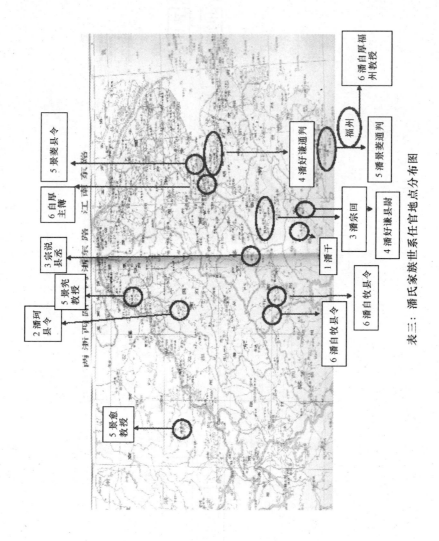

表三：潘氏家族世系任官地点分布图

表四：潘氏家族世系简表

谱代	人物	姻亲关系	进士及第	任官情形	学术关系	资料出处
一	潘　干					
二	潘　珂			以子贵赠朝议大夫。		《光绪松阳县志》卷八《封荫》。
三	潘宗回	娶叶氏。	政和壬辰科	校中秘书、左朝奉大夫。		《敬乡录》、《括苍汇纪》、《宋人传记数据索引》第 5 册，第 3642 页。
三	潘宗说 —1134	娶毛氏。		任严州寿昌县丞，以子好谦贵赠朝散郎。		《敬乡录》、《光绪松阳县志》卷八《封荫》。
四	潘好古 1101—1170	娶孙夙之女，再娶陈枢之女。		以景珪贵封朝散郎，荫补古文院。		《敬乡录》、《光绪松阳县志》卷八《封荫》、《吕东莱文集》、《宋人传记数据索引》第 5 册，第 3639 页。
四	潘好谦 1117—1175	娶陈东之女，再娶后间丘泳之女。		丽水县尉，通派绍兴府，以外舅撰陈东荫补官太守。		《光绪松阳县志》卷八《封荫》、《吕东莱文集》、《宋人传记数据索引》第 5 册，第 3639 页。
五	潘景连			曾任迪功郎兼户部激赏中酒库，以父好谦荫任太守。		《光绪松阳县志》卷八《封荫》。
五	潘景夔	娶赵公升之女，外祖为陈东。		初为德清尉，宁宗开禧二年知盐官县，由通判温州任放罢，以父荫补通判。	从学吕祖谦	《光绪松阳县志》卷八《封荫》、《吕东莱文集》、《咸淳临安志卷》、《吴兴备志》、《清波杂志》、《鹤山集》、《宋人传记数据索引》第 5 册，第 3646 页。
五	潘景尹				从学吕祖谦	《吕东莱文集》。
五	潘景达					
五	潘景珪			仕至中散大夫权尚书行部侍郎间敕令所删修官，官临安少尹，以祖宗回荫补右文殿修撰。		《光绪松阳县志》卷八《封荫》、《敬乡录》、《宋人传记数据索引》第 5 册，第 3645 页、《全宋文》卷五四〇一。

续 表

谱代	人物	姻亲关系	进士及第	任官情形	学术关系	资料出处
五	潘景参					
五	潘景宪 1134—1190	娶刑邦直之女,再娶朱翌之女。朱熹子朱塾婚配潘景宪长女。	隆兴元年癸未榜,太学登士第	调荆门军教授,请为南岳祠官。不行后充太平州教授,试礼部中选,曾任迪功郎,请致仕改承事郎卒。	从学吕祖谦	《敬乡录》、《读礼通考》、《儒林宗派》、《大清一统志》、《浙江通志》、《黄氏日抄》、《浪语集》、《南涧甲乙稿》、《金华府志》、《万历栝苍汇纪》、《光绪处州府志》。
五	潘景愈		神童举杭州登进士第,太学解魁	仕至安庆教授。	从学吕祖谦	《敬乡录》、《嘉靖浙江通志》、《宋人传记数据索引》第5册,第3646页、《全宋文》卷六〇六二。
五	潘景泌					
五	潘景良	吕成公之婿(娶吕祖谦长女)。	科分无考进士。	以兄景珪补衡州太守。		《光绪丹徒县志》、《万历金华府志》卷一七、《光绪松阳县志》卷八《封荫》。
六	潘自厚(自觉)		绍熙庚戌榜	萧山主簿。		《金华府志》、《括苍汇纪》。
六	潘自牧	娶赵善临之女(赵善临为赵不息子,王氏为王衢女,两两联姻,生六子:汝谈、汝诣、汝讻、汝谞、汝谘、汝诂,继善胜后与四女)。	庆元丙辰科进士	为福州教授、奉议郎龙游知县、潭州分司粮料院太平县常山县令。		《敬乡录》、《钦定天禄琳琅书目集》、《千顷堂书目》、《记纂渊海》、《括苍汇纪》、《宋人传记数据索引》第5册,第3638页。
六	潘自晦					
七	潘大临			景夔之孙以祖荫补朝义郎。		《光绪松阳县志》卷八《封荫》。
七	潘问学					
七	潘问礼					

四 潘氏家族长期赈济乐施

潘家透过科举、联姻与学术的管道,逐步型塑潘家的势力范畴。然而,家族势力的扩张并不等同于号召力,是否存在其他因素造就潘家对地方的影响力? 与潘家长期关怀地方的形象有关吗? 则有待本节考究。

事实上,潘家丰厚财力的形象,在潘珂厚殖其家的努力下已然非常鲜明,亦为潘家的经济条件扎下根基。后世子弟数度赈济地方的善行更是历历在目。以第四代潘好古为例,墓志铭泰半篇幅即是描述他出资济恤地方的事迹,铭曰:

> 绍兴丙辰,岁大祲,婺米斗千钱,公既发廪,不足,则囊厚赍致他郡粟,下其直十之三以贷之,秋稔,民劝趣偿惟恐后……甲戌,盗发旁郡,流殍交道,里民穷空,竞持破硯败絮来质,主帑者以白公。公曰:“第与之居。”数日,填溢栋宇,公有喜气,益市官粟,舟相衔下,以平贵籴,比间不复知有艰岁……婺田恃陂塘为命,天不雨,尺竟寸壤,闾阎毕踏者相望,公有塘曰:叶亚。溉数百顷,独听民取之,不为禁,斥塘下田以广储潴蓄,或献疑以膏腴可惜者。公曰:“乡邻安则吾安矣。”别墅占婺之西湖旁,两塘废不治,公发钱数十万新之。人赖其利,时公未尝有寸田居其间。其他如代官逋,弛私责,恩鳏寡,逮困疾,旁及棺椁、殡药、桥梁、井泉之属给予除治,亡所靳。松阳学故有田,军兴,调度急,吏质其田,而学废。公以钱百二十万赎归之,学以复兴。其后为吏者,不复顾,省学又废。公不得已归诸郡庠,处之学,所以裕于养士者,由公之助也……岁时赋租,必差择精好者,先众输之官,惟敬,尤乐佐公上之急,虏亮瞰江,公以钱千万奉军费,诏增秩加赠五品服,而公意初不在赏也。[1]

引文所载,潘好古数度赈恤地方,有一回绍兴六年(1136)歉收,婺州米谷涨价一斗千钱,好古发廪粟予民,眼下不足,又购入他郡粟,以原价十分之三低价贷予百姓。秋收后,百姓争相偿贷,唯恐不及。又一回旁郡盗贼横生,百姓无以维生,里民穷空。主事者请求帮忙,好古以己宅供民入住,不数日填溢栋宇。见此状,好古不但不以为忧,还面有喜色。为使旁郡民人脱于困顿,且市官粟平稳米价。又一回,好古出供己家陂塘,听民所取水资,灌溉数百顷婺州田稻。知情婺州地区陂塘不治,更发数十万钱修整,同样解决了农民水利灌溉问题。更为人称道的是他保学田之举,松阳学田因军需而被有司取用调度,好古以一百二十万钱赎归地方,复兴教育,裕于养士。上述之事,事事所费不赀,但潘家经援地方所耗最多的一次,应属出资千万钱以奉军粮的事情。

综前所述,可以归纳出数点观察:其一,潘家的财力确实雄厚,自宅可供流民一时居所、每每经援动辄数十万、数千万,支用调度似乎完全未对潘家造成任何窒碍,无怪乎吕祖谦言其万镒千箱,赈穷恤灾。推论潘家的经济支柱可能与潘珂货殖有道以及好古置产有方有关。从引文中可知,婺州之田恃陂塘为命,尤需水利灌溉,而潘家自松阳徙居至此,所购置的房宅

---

① 《吕东莱文集》卷七《朝散潘公墓志铭》。

中亦有叶亚一塘,可见好古对婺州地理环境与天然气候了解甚明,才能防患于未然地购建陂塘[1]。其二,潘家落实乡里关怀方法相当全面,或供米谷、兴水利、保学田、恩鳏寡、逮困疾,旁及棺椁、殡药、桥梁、井泉之属等事,几乎所有临时性的救灾活动,包括赈给、赈粜、衣食、医药、婚丧、蠲免,潘家均不落人后。这类型的济民恤穷活动一直是政府乐见其成的部分,同时也是民间社会兴起的证据[2]。其三,好古赈恤地方的初衷,在当时或受质疑,好古自言:"乡邻安则吾安矣。"对他而言,乡邻里民能够安居乐业,就等同于潘家能够安居乐业。他亦曾因以钱千万奉军费,获诏增秩加赠五品服,他却说:"意初不在赏也。"从潘好古的反应,可以观察到一个有趣的现象,那就是即使政府对富民劝分的制度建立的再健全、再完备,不见得富民或乡绅就必然乐于执行[3]。就此而论,好古赈恤初衷乃以民为本,固然可能是墓志铭的谀美之词。不过,无论如何,潘家赈济作为确实为自己获致乡里人民的向心力。言曰:

> 自公之殁逮其葬,稗氓裕寡,尝受公施者,拜走号哭于堂、于门、于途,其声相及,乡之人虽涧隈山曲,承公讣,皆倚未投耜戚戚命惋怛矣。[4]

由上所知,好古葬礼在当时俨然成了一场万人空巷的场景。曾经接受好古赈济者,不论老幼充斥街道巷宇,拜走嚎哭,不胜哀戚。

潘家另一位关怀乡里的好谦亦是如此,不论平时或是灾荒,他都会给予帮助。墓志铭曰:"天雨雪劳,赐并舍贫者岁有常,其尤厚者月有秩。年凶民流,则间发囷泛给之。"好谦表明自己的本意亦是:"此谁非吾先人之族姻者,吾力及焉,不敢爱也。"好古好谦兄弟二人之所以有此想法,应是受到先人训诲影响。潘家虽然财力丰厚,却克己为俭,家政俭肃,好谦平日"居楚简朴,游宴阔希,舆马服用,无所纷华",曰:"吾先人之旧不敢加也。"入官"四十余年,卧家之日三之二,其去丽水、去籴场、去京口皆请祠禄,以归乐闲淡,乃如是廉靖畏事在官,未尝以私故役,公皂廛居地产之珍,终更犹不知其名物。"由此可见,潘家未尝因经济富裕就纵容子弟花用,反倒兢兢业业于治财之道与处世之理。

到了第五代,犹有几位承继先人之风的子弟仍行家族之事,如潘景夔于嘉定(1208—1224)初,请开两澳之塞,以济饥民[5]。又如潘景宪,亦持续照顾乡里。景宪持家时已累积数代家族资产,财力雄厚表现可见于颍川韩元吉于淳熙九年(1182)六月记文:

> 金华潘景宪叔度,从伯恭游,最久而密者也,笃信好学,既连丧其室人,买地于金华之别麓,号叶山,以营其二内之藏,而虚其中央,以为他日自归之所。筑室于傍,因以游息,而语其乡人曰:"吾非以厚死,吾之生亦在焉。"与予之说似合,而伯恭之友朱元晦以闻道之意,名之曰"可庵"。而叔度自名其前之堂曰"退老",取伯恭之言以名其后之室曰

---

① 包伟民主编:《浙江区域史研究》,杭州出版社 2003 年版,第 127 页。

② 张文:《济贫恤穷活动与宋朝民间社会的兴起》,载《郑州大学学报》(哲学社会科学版)2006 年第 6 期。

③ 薛政超:《从国家无偿赈给到劝谕富民出资——唐宋国家实物救灾职能转变之考察》,载《云南社会科学》2011 年第 1 期。

④ 《吕东莱文集》卷七《朝散潘公墓志铭》。

⑤ 此事记载于《咸淳临安志》卷三九。

"共学",左则曰"庶斋",右则曰"省斋",二斋储书且万卷,以待朋友之习。市良田百亩,以为讲习聚食之资,而积其余,以赡并舍之百家,岁称贷而给之,目其仓曰:"友助。"省斋之南有堂,曰明极,以伯恭旧以名其先人之精舍也。亡虑为屋五十楹,规地可千尺,用意勤勤若是。予两窃为婺之守,植叔度庵未成,不获一至其处,而叔度乃欲予文为之记。盖潘氏旧居松阳,以儒名家,逮移金华,而叔度又世其科,自谓体弱,不任趋走,曾未试于仕,气貌臒然,而道艺日进,距城十里,始为是庵。足以晨出而暮返,其山水之环密,景物之间旷。同志者至,亦忘其归,而叔度每翛然自得也。夫士大夫耽生而恶死,厌常而喜异,一为茔宇,不曰旷达齐物,则必觊幸幽冥无穷之福,于吾圣人之学率未之究。故予追思囊与伯恭所谈,为及死生大略,皆叔度之欲闻,亦以告其乡之士友,俾知叔度之意,在此而不在彼也。[1]

此记文名为《潘叔度可庵记》,原是韩元吉为潘景宪所建之庵取名而记,观其文,韩元吉实欲倡明自己与潘景宪的生死之观颇为相近。文中记景宪夫人过世后,他于金华城外十里路之遥购得一地,除可作夫人葬地之用外,亦留一处为将来自归之所。且筑一游息之室"可庵"于旁,以为平日偕师友讲习游息之所。依引文所绘之表五:可庵空间格局图,前为退老堂、堂后有一共学室,左右各有一个书斋,取名庶斋与省斋,藏书万卷,省斋后为明极堂。为此,景宪又购置良田百亩,作为讲习聚食之资,倘有收成积余,则收纳于友助仓供贷给之用。

表五:可庵空间格局图

综前所见,有数点特别值得注意:首先,潘家传至第五代景宪时,有不少余财购置田产别墅,且所挑选者还是良田百亩,以供论学与贷给的储备之资。由此可见,潘家的雄厚财力与经营之道着实不容小觑。第二,此时,潘家历来的赈济方式已从单次的经济援助,转变为常设性的仓储方案。相较于好古好谦投资大量经费调度的救济模式,潘景宪已经开始尝试应用一种较为制度性且永续经营的方案。而友助仓的规划理想,类似于社仓经营,由民间自办、地方人士营运,这或许是受到朱熹的影响。对照朱熹推动社仓法与浙东淳熙八年发生饥荒的时间点来看,友助仓很可能就是潘家能够一时间出资五百斛米谷的来源。第三,附带一提,韩元吉记文描述潘景宪对于死生之事的看法尤其豁达,元吉还特别昭告乡人,明言"叔度之意,在此而不在彼也"。关于潘景宪的想法与处世态度,虽然与赈济之事无直接关联,但有一个耐人寻味的观察,或许可以再行思考。潘氏家族数字重要的主事人物在先祖的训示下,

① 韩元吉:《南涧甲乙稿》卷一五《潘叔度可庵记》,《丛书集成新编》本。

往往表现出一种不慕荣利,不求仕宦的人生取舍,同时对于关怀地方与企求乡里安居的努力,也是一致的。这样的态度似乎是负责主持社仓者很重要的人格特质,也是取决于社仓能否成功的关键。

五 潘氏家族发展的特点

本文的问题意识,起源于《婺州金华县社仓记》,朱熹作为一个推动社仓法的中央官吏,他记录了婺州金华县社仓的推行缘由,亦道出了他对潘家推行社仓成功的期许。他认为金华县社仓可以成功的原因,与下述三点息息相关:潘氏家族长年自发性地赈济乐施、金华为潘氏家族落居之处、潘景宪的学术渊源影响(婺州多为景宪同门之士)。然而,透过对潘氏家族起家暨世系发展的考察后,对照了朱熹的期待后,归纳出了潘氏家族发展的特点,这些特点与朱熹所论或有异同,亦一并说明如下:

第一,潘氏家族究竟是属于同居共财或是聚族而居? 而形态的差异跟推动社仓法成功的关联性又为何?

潘光旦学者曾指出,研究中国的家族首先必须考察四项事实:1.氏族的由来;2.世代的蝉联;3.人物的简介;4.族与族之间的婚姻关系[①]。本文于第三节已做了基础研究工作,就数据整理,可以得出潘氏家族自潘干以降,是从原居松阳后徙金华地区发展的一个家族,世代传递可查察者至少有七代之多,人物的事迹与特殊性,以及旁连的姻亲关系,亦在家族发展描述里一一呈现。但是,这样的描述仅提供了一个大致的样貌。潘氏家族的家族形态仍然不够明朗? 按照柳立言学者的分析,同居共财的主要特征包含合籍、共同生产、均分与消费等,而且共财的原则较同居更为重要;聚族而居,则是有着同一个祖先的家庭,虽然不断别籍异财,成为法律上独立的单位,但仍然世代聚居,他更进一步提出族谱、族长、族祭、族产的存在对后者的维系更为重要[②]。依此分析观察潘家,聚族而居的事实是存在的,潘宗回时期"兄弟聚居三十年,敦睦无间,乡人称之",上推至潘干与潘珂时期,是为血脉单传的核心家庭,传至第三代宗回、宗说时聚居三十年。只是这样的聚居关系下别籍异财的后代又有几房几支,本文尝试分析。本研究推论历经了三十年的聚居,不确定是在第三代或第四代,总之应该不晚于第四代,第四代的好古与好谦二支理应别籍异财,原因是从其二人赈济地方动辄出资万千,未见其请示主家者,可能的解释便是两位即为各户主家者,是故潘家应不晚于第四代即已别籍异财。有趣的一点是,潘好古一支后来开枝散叶,子辈孙辈人数为众,但并未异财,反而维持以潘好古为首的共祖共财家庭,从潘景宪"欲出家谷资助地方,曾请示过家大人"的有力例证,足以说明"不敢私假、不敢私与"。后来潘景宪购置良田、设置友助仓,更有以好古为始的同居共财的转向。这或许也可以解释潘自牧如何在优渥族产的维系下,成为力以编纂类书《记纂渊海》的有名藏书家。

---

① 周祝伟等:《浙江宗族村落社会研究》,北京出版社 2001 年版,第 220 页。
② 柳立言:《宋代的家庭和法律》,上海古籍出版社 2008 年版,第 173—174 页;《宋代同居制度下的所谓"共财"》,载《"中央研究院"史语所集刊》65 本 2 分册,第 253—305 页。

　　诚如前段所论,潘景宪作为潘好古一支同居共财的领导阶层,他才能尝试转变父亲每每单次性的经济援助,而改采制度性的永续经营方案协助乡里。反论,潘家在好古死后别籍异财,财产均分数子,恐怕难以因应淳熙八年的地方饥荒。

　　第二,依据研析潘氏家族的发展,该家族长期自发性地赈济乐施,表现出他们对地方的长期关照,这点与朱熹所期相符。然而,需要补充说明的是,赈济地方之举如要奏效,取决于两项关键性条件,其一是潘家的经济基础。从潘家第二代以降,隐约发现他们对于田产的经营颇有成果,不论是潘珂的农亩起家,或是好古的陂塘水利,均有不错的经济获利。基于此,应可归类潘家为一个以经济起家,而非以科举起家的家族形态。其二是乡人对潘家的向心力,由于潘家对地方关怀的善举是累世积代的,而乡人对他们的认同与肯定,才能形成号召力。如果回到朱熹记文中,有一段特别令人玩味,潘景宪以书求于朱熹曰:"此吾父师之志,母兄之惠,而吾子之所建。虽予幸克成之,然世俗不能不以为疑也。子其可不为我一言以解之乎?"[①]从潘景宪的角度出发,他忧心于这样的付出,是否能够获得乡人的认同或者是理解,转而企求朱熹为之说明,如是的操作与元代乡里传统建构与意义,似有异曲同工之妙[②]。上述两项(经济基础与乡人认同)是朱熹未能阐明的,但却有其特殊的必要性。毕竟,从潘家实例而论,社仓法得以推行成功,并不是任何一个欲图救荒的乡人士君子登高一呼即能成功,其主事者的身份与乡人的肯定,缺一不可。[③]

　　第三,朱熹认为潘氏家族徙居金华,经历一段时日后,此地亦成为潘氏先祖坟庐之所,故潘家愿意赈恤地方,以安宗族。然而,从潘家实际的赈济事迹,与潘家子弟赈济表明的意图来看,潘家愿意济恤的对象,其实并不限定为宗族之人,而是扩及对乡里邻里之人的照顾。潘氏家族对地方上的关怀,一直以来并不是像其他宋代家族一样,以血缘作为重要而唯一的枢纽。他们对地方的照顾是扩充为地缘性的看顾。《血缘与地缘之间》一书引用日本学者牧野巽的观点,把重视地缘关系视为一种客观存在的"广泛的社会联系"[④]。好古言:"乡邻安,则吾安矣。"赈济的地点与方式,也不限于自己的居所或是田产。这种扩及乡里的思维应与潘家以经济起家的模式有关,他们对土地的依附性远比血缘的依附性来得更为强烈,也比科举起家的家族更为依赖土地。换言之,共同生活于同一块土地上的人们,可能比有血缘关系的宗族来得重要,对他们而言,经济发展来自于田亩地利的收益,经营地方十分重要,邻里近乡是共同生存于此的人,邻安而己安的想法也就因运而生。经济起家的人,十分看重田产与经营方法,人和方能财和。

　　第四,潘家是否如同许多宋人家族在发展过程一样推行敬宗收族? 答案可能有待保留。敬宗收族固然是宋代统治者提倡士人家族发展势力的一种策略,通过修祠堂、置族田的行为实践,建立聚居而安的家庭组织,可以收整族人向心力。从文献中鲜少见到潘家对"敬宗收

　　①　《晦安先生朱文公文集》卷七九《婺州金华县社仓记》。

　　②　陈雯怡:《"吾婺文献之懿"——元代一个乡里传统的建构及其意义》,载《新史学》2009 年第 20 卷 2 期。

　　③　陈碧芬:《明清社会对富民作用的认识》,载《云南社会科学》2008 年第 4 期。

　　④　钱杭:《血缘与地缘之间:中国历史上的联宗与联宗祖织》,上海社会科学院出版社 2001 年版,第 23、40—47 页。

族"的倡议。他们凝聚向心力的方式,绝大可能性是透过赈济活动来达成。而对象也诚如前点所言,不仅限于族人,而是乡人。反方向思考时,潘家例证中,确实达成广义"敬宗收族"的成效,而其他科举起家的士人家族尽管倡议"敬宗收族",成效是否显著,则有待商榷。[①]

六 结 语

透过社仓法的推行,我们考察了一个以经济起家的潘氏家族,看到了他们历世历代经营其家、照顾乡里的行止,证明了他们于兼顾血缘关系的情况下亦十分看重地缘关系的枢纽。同时,呈现了一种政策运作的意图与乡绅力行本意之间的拉锯。第七代以后的潘氏,固然不在本文论列之内,资料未备前,也不当遽论。但就此七代的潘氏家族而论,社仓法的推行并不是这个家族势力发展的手段,反而是一种家族对地方经营的策略,亦是潘氏家族经营成功的证明。

(作者单位:台北医学大学人社院通识教育中心)

---

① 徐扬杰:《宋明家族制度史论》,中华书局 1995 年版, 第 97—103 页。

刻书、辨书、读书与南宋道学的展开

陆敏珍

尽管宋代是否是书籍出版的黄金时代,学界仍聚讼纷纭,但毫无疑问,印刷技术的进步使得更多人加入到了印书、藏书以及笔耕的行列之中。自南宋以来,作为商业行为的书籍印刷已获得相当的扩展,同时,当"道学"日渐流行于人们的日常言论与政治言论之时①,编著、刊刻道学家的书籍还成为拥有自身意义体系的、有目的的儒学活动。

南宋时期,二程著作的编著刊刻与南宋思想的展开已有相关论述②。但是,对二程著作的整理并不只是某个整理者的单独行为,事实上,赋予整理二程著作的行为以意义、整理过程中的争论以及成书后所预设的阅读群体既与二程著作有关,也涵盖着更为宏大的社会、思想与文化等领域的问题。

一 "道学衰息":南宋儒学的叙事开端

宋代儒学是以"道学不明"作为其叙事开端的。北宋庆历、皇祐年间,王开祖(生卒年不详)以"孟子以来道学不明"一说,将"道学"两字"著之话言"③,从而揭开了道学的叙事开端。随后,程颐(1033—1107)以"倡明道学"来总结其兄程颢(1032—1085)的生平功绩,其实也在相当程度上点出并概括了那一代人所设定的道学理想与目标。南宋道学的展开,所呈现的叙事模式几乎与北宋无异。宋室南渡后,道学已辗转几代弟子之手,但对于希望复振儒学的士人而言,"道学不明"、"道学衰息"仍然是那个时代讲述、概括、书写"道学"时常用的关键词。

当然,叙事模式的相似性并不意味着南宋士人在寻找着重复的道学历史。当程颢说"道之不明,异端害之"④时,他着力"倡明道学"的重点是去构建道学的整个体系,用以消解佛教空幻的世界。但南宋"道学不明"、"道学衰息"语境下所呈现出来的却是整个道学世界的当下问题。换言之,尽管南宋士人选择了与北宋几乎类同的"道学不明"的叙事模式,但他们既

---

① 关于宋人使用"道学"一词的含义,参见田浩《朱熹的思维世界》(增订版),台北允晨文化出版社2008年版,第22—25、30—43页。

② 关于二程著作的相关梳理,参见葛瑞汉:《中国的两位哲学家:二程兄弟的新儒学》附录一,大象出版社2000年版。

③ 王开祖:《儒志编》,影印文渊阁《四库全书》本。

④ 脱脱等:《宋史》卷四二七《程颢传》,中华书局1985年点校本,第12717页。

不是去否认二程所倡明的道学体系,也不是在时序上重建道学由"倡明"到"不明"的历史,而是借助这样的叙事方式,提供一个认识当时道学所处现实环境的途径。朱熹(1130—1200)讲:

> 近年道学外面被俗人攻击,里面被吾党作坏。①

按朱熹的分析,当时道学所面临的问题至少有"里"、"外"两个层面。所谓"外面被俗人攻击",显然并非只是简单地将那些非道学之人贬称为"俗人"以表明态度与立场,而是有其言说的现实背景。据李心传(1167—1240)记载:

> 元祐(1086—1094)道学之兴废,系乎司马文正之存亡;绍兴(1131—1163)道学之兴废,系乎赵忠简之用舍;庆元(1195—1200)道学之兴废,系乎赵忠定之去留。彼一时也,圣贤之道学,其为厄已甚矣!②

李心传以三个政治人物在维系道学兴废中的作用来概括道学的发展状况,虽然过简,但也讲出了道学与政治之间复杂的关系。南宋时期赵鼎(1085—1147)与秦桧(1090—1155)两相在位时洛学与王学之消长,以及庆元党禁对道学的打击,学者已多有研究,兹不赘述③。与上引李心传宏大叙述的"道学兴废"历史不同,其他一些道学成员则从道学"环境"以及个人的感同身受中去讲述道学遭到攻击的历史。淳熙十五年(1188),朱熹分析当时社会对道学的态度时说:

> 有刚毅正直、守道循理之士出乎其间,则群讥众排,指为"道学"之人,而加以矫激之罪……盖自朝廷之上以及闾里之间,十数年来,以此二字禁锢天下之贤人君子。④

在给向伯元的信中,朱熹提到道学所面临的恶劣环境时,满腹牢骚,他说:

> 子澄去替不远丑正之人,又以忧去,意其可以善罢,从容而归,今乃竟不得免,又且便着道学两字结正罪名,世路如此,岂复更容着脚,不如且杜门读书,只作残年饱饭之计,庶无后悔耳。⑤

朱熹从弟子的遭遇说起,以"着道学两字便结正罪名"来总结当下的现实,随后,他斟酌思量自己的身份,提出"杜门读书"、"作残年饱饭之计"才是人生"无后悔"的选择。同样,楼钥(1137—1213)也抱怨说:

> 凡士之端谨好修、谈论经礼者,一切指之以为道学;小则讥笑,大则折辱,又甚则疾

---

① 朱熹:《晦庵先生朱文公文集》(以下简称《晦庵集》)卷三五《与刘子澄》,《四部丛刊初编》本。
② 李心传:《道命录·序》,《知不足斋丛书》本。
③ 相关研究参见刘子键:《中国转向内在:两宋文化的内向》,江苏人民出版社 2002 年版;关长龙:《两宋道学命运的历史考察》,学林出版社 2001 年版;何俊:《南宋儒学建构》,上海人民出版社 2004 年版;余英时:《朱熹的历史世界》,三联书店 2004 年版,等等。
④ 《晦庵集》卷一一《戊申封事》。
⑤ 《晦庵别集》卷四《向伯元》,关于该信的写作时期,参见陈来《朱子书信编年考证》,第 284 页。

之如仇。①

尽管"道学"遭到讥笑、折辱、仇恨②，但无疑，道学被人"必排去之而后已是"③的认识以及叙述方式，或多或少产生了一定的心理暗示，使得道学成员可以借由如此叙事，开始记录、讲述、界定以及联结各个与道学关联的事件。

朱熹所谓"里面被吾党作坏"一句中，"吾党"一词颇令人注目。"吾党"究竟应该如何定义，有待详考，但简单地说，此处所用的"吾党"大略指的是一种真实的整体存在，相当于道学群体。因为道学被看做是一种实体化的道学"党"，它就需要有自己的思想方法与定位方式，以完成特殊的事业。因此，在后文叙述中，朱熹针对道学内部学术取向纷杂错出现象进行了激烈地批评。他批评陆九渊(1139—1193)"一味是禅，却无许多功利术数。目下收敛得学者身心，不为无力。然其下稍无所据依，恐亦未免害事也"④。朱熹指责吕祖谦(1137—1181)"学问太杂"、"不能守约"，说：

> 婺州自伯恭死后，百怪都出。至如子约，别说一般差异底话，全然不是孔、孟规模，却做管、商见识，令人骇叹。然亦是伯恭自有些拖泥带水，致得如此，又令人追恨也。⑤

在其他场合，朱熹又斥责杨时弟子张九成(1092—1159)的书如"洪水猛兽之灾"，他说：

> 盖其(张九成)设意，专以世俗猜狭怨怼之心窥圣人，学者苟以其新奇而悦之，其害亦有不胜言者。道学不明，无一事是当，更无开眼处，奈何奈何！⑥

在"里"、"外"两种道学现实下所构成的"道学衰息"、"道学不明"成为朱熹反复使用的语言。朱熹说：

> 道学不明，异端竞起，士虽有意于学，而浮沉世故，不能笃信圣言，躬行默体，以至不疑之地，鲜有不没溺者，甚可叹也。

> 道学不明，士大夫不知用心于内以立其本，而徒恃其意气才力之盛，以能有为于世者，盖亦多矣。

> 自道学不明之久，为士者狃于偷薄浮华之习，而诈欺巧伪之奸作焉。⑦

显然，"道学不明"四字并不只是一个简单的、重复使用的词语，甚至也不只是朱熹从道学现实中所观察到的现象，当朱熹运用这一词汇来概括整个士风、世风时，在一定程度上，这一词语本身构成了某种具有整体结构性的概念，讲述着朱熹观察道学的角度以及他分析问题的出发点和基本框架。

---

① 楼钥：《攻媿集》卷二〇《道学朋党》，《四部丛刊初编》本。

② 关于对"道学"嘲讽的言论，可参见《道命录》卷三《陈公辅论伊川之学惑乱天下乞屏绝》、卷五《陈贾论道学欺世盗名乞摈斥》；周密：《癸辛杂识》续集下《道学》，等等。

③ 《晦庵集》卷一四《行宫便殿奏札二》。

④ 《晦庵集》卷三五《与刘子澄》。

⑤ 《晦庵集》卷三五《与刘子澄》。

⑥ 《晦庵集》卷二四《答张钦夫》。

⑦ 《晦庵集》卷四五《答吕季克》、卷七六《丰清敏遗事后序》、卷二四《与汪尚书书》。

　　尽管朱熹所强调的"道学不明"与北宋道学家的"道学不明"指向已有所不同,但很多时候,朱熹在行文中寻找并讲述着与北宋道学家相似的情境与心境。淳熙八年(1181),吕祖谦过世后,朱熹在祭文中说:

　　　　呜呼哀哉! 天降割于斯文,何其酷耶! 往岁已夺吾敬夫,今者伯恭胡为又至于不淑耶? 道学将谁使之振?①

此外,朱熹闻听学生林师鲁(生卒年不详)疾病不起,曾在与友人的信中写下了"朋从零落,道学寡助,此尤深可忧也"②的句子。相似的心情与表达亦可以在程颐所面临的情形中找到,在刘质夫、李端伯、吕与叔、范巽之、杨应之、朱揆文等这批"同志共学之人"相继过世以后,程颐亦曾有"踽踽于世,忧道学之寡助"③的慨叹。遣词造句的一致性并非是仅仅出于表达某种历史事实的需要,事实上,相同的文字背后提示着同样的道学担当感。在"道学衰息"的语境下,朱熹更是将日常事件看成是一系列有序的、有意义的道学事件。在《曹立之墓表》中,朱熹说:

　　　　呜呼! 吾道之衰久矣! 比年以来,敬夫、子寿、伯恭皆以盛年相继沦谢,而后进之可冀以嗣事于方来者,亦多夭没,今又失吾立之,然则子静与予之相吊也,岂徒以游好之私情也哉!④

在朱熹看来,前往吊唁曹立之(曹建),并非只是出于"游好之私情",而是在"吾道之衰久"的背景下,道学群体所采取的有意义的行动。

　　然而,尽管"道学不明"、"道学衰息"的悲叹能唤起人们的关注,让人们对这样的问题有所留心,但悲叹显然不会有实际的帮助。那么,如何将"道学衰息"这样一种抽象的现象概括转换为实践上完全可行的道学"重光"的实际操作呢? 显然,在特定情境下,必须提供直接适用的、具体的方案规则,否则别无他法。南宋士人创办书院、开设社仓等行动已引起学界的关注⑤,关于这些行动本身可以有多种解释,但考虑到"道学衰息"的叙述方式,这些具体的行动也可以视为重光道学的实践行动。同样,面对"道学不明,变怪百出以欺世眩俗,后生之有志者为所引取,于邪妄而不自知"的学术背景,面对"售伪假真之说肆行,而莫之禁"⑥的现实环境,如何远离"变怪"、如何"禁止伪假之说"亦需要通过具体的行动,其中,刊刻、编订二程著作,以彰显道学之正统成为最切纲要的清理任务。

---

　　① 《晦庵集》卷八七《祭吕伯恭著作文》。

　　② 《晦庵别集》卷五《林熙之》。

　　③ 《河南程氏文集》卷一一《祭朱公揆文》,第 644 页。

　　④ 《晦庵集》卷九〇《曹立之墓表》。

　　⑤ 参见田浩:《行动中的知识分子与官员:中国宋代的书院与社仓》,《宋代思想史论》,第 475—486 页。Rechard You Glahn, *Community and Welfare*: *Chu Hsi's Community Granary in Theory and Practice*, 收入 Conrad Schirokauer、Robert P. Hymes 编 *Ordering the World*, *Approaches to State and Society in Sung Dynasty China*, University of California Press,1993,p. 221—255.

　　⑥ 《晦庵集》卷四三《答林择之》、卷三三《答吕伯恭》。

二 "儒效日白于世"：程氏书的收藏、刊刻与编订

要厘清什么是二程著作颇令人犯难。按照宋人的记载，二程著作中，真正在二程之手成书的只有《程氏易传》，因此，程颐弟子尹焞（1061—1132）曾说："《易传》乃夫子自著，欲知其道者，求之于此足矣，不必观他书。盖《语录》或有他人所记，未必尽得先生意也。"①后来，吕祖谦也说："伊川先生遗言见于世，独《易传》为成书。"②但即便是出自"夫子自著"的《易传》，因后来流传中散失严重，几无善本。当杨时（1053—1135）从他人手中得到《易传》张绎传本时，是书"错乱重复几不可读"③；吕祖谦在校《易传》尹焞传本时，亦说是书"传摹浸舛，失其本真"④。南宋时期，朱熹、吕祖谦均曾校正、修订《易传》，吕祖谦校订本后刊出学官，传于后世，卷数由原来的六卷变为四卷。⑤

关于二程言论的收集与整理，在二程生前就已开始，部分内容还经二程过目，例如尹焞曾将朱光庭（1037—1094）所抄二程语录奉于程颐面前⑥；程颐对各人所录还有过评说，例如，他称李端伯所记，"得其意，不拘言语，无错编者"⑦。起初，各家所记二程语录各自成书，二程过世后，"其传浸广"，但"散出并行，无所统一"⑧，至朱熹整理程氏遗书时，朱熹所见到的语录本就有时氏（紫芝）本、胡氏（安国家）本、胡氏（安国家）别本、陈氏（渊）本、罗氏（从彦）本、冯氏（忠恕）本、游氏（定夫）本、吴本、昭远本、赵本、莆田本等。朱熹称当时所传的程氏语录本在程氏过世后数十年间，"区区掇拾于残编坠简之余，传诵道说，玉石不分"，因此，朱熹以家中所藏数篇加上"以类访求"所得，共二十五篇，编成《二程遗书》。另外，编书时所搜集的资料中，部分"率皆割裂补缀，非复本篇"，朱熹将之别为《外书》。⑨

《河南程氏文集》由《明道集》与《伊川集》合成，据宋人记载，两书合刊最初见于建宁本，后由刘珙（1122—1178）、张栻（1133—1180）在长沙重刊。

除了整理二程著作之外，许多人在刊刻二程著作时，有意将几种书合刊。乾道九年（1173），周必大（1126—1204）在给张栻的信中说，他得到福建路仓使郑伯熊（约1124—1181）所刊刻的程氏书，"《程氏遗书》、《文集》、《经说》刊成小本，独《易传》在外"，另外，在给郑伯熊的信中，周必大说："程氏书尝收数本，而未有如是之备者，最后《经说》尤所愿见。"⑩

---

① 《晦庵集》卷四一《答程允夫》。
② 吕祖谦：《东莱集》卷六《书校本伊川先生〈易传〉后》，《金华丛书》本。
③ 杨时：《杨龟山集》卷四《校正伊川〈易传〉后序》，《丛书集成初编》本，第82页。
④ 《东莱集》卷六《书校本伊川先生〈易传〉后》。
⑤ 关于《程氏易传》六卷本的记载，见陈振孙：《直斋书录解题》卷一《易类》，上海古籍出版社1987年版，第13页；王禹偁：《东都事略》卷一一四《儒学传》，《适园丛书》本。
⑥ 《晦庵集》卷七五《程氏遗书后序》。
⑦ 程颢、程颐：《河南程氏遗书·目录》，《二程集》，第1页。
⑧ 《晦庵集》卷七五《程氏遗书后序》。
⑨ 《晦庵集》卷七五《程氏遗书后序》。
⑩ 周必大：《文忠集》卷一八六《郑公景望吏部》，影印文渊阁《四库全书》本。

《经说》据宋人载,系程颐所撰,共七卷,系程颐对《易》之外的其他经典的解说[①],四库馆臣认为此书为"一时杂论,非专注之书"[②]。从周必大的表述上看,《经说》大约在当时所刻并不多见。淳祐年间(1241—1252),有人将《遗书》、《外书》、《文集》、《经说》合刊,统称《程氏四书》[③]。当然,宋代行世的二程著作并不止此四种,据陈振孙(约1183—约1262)《直斋书录解题》,参以《郡斋读书志》、《宋史·艺文志》、《文献通考》等书统计,宋代共刊刻二程著作二十一种。

不过,这一数据并不是全部程氏书的刊行大致情况,部分刻书显然在宋人的书录中没有收入,例如,陈亮(1143—1194)据程氏遗言编的《伊洛正源》与《伊洛礼书补亡》[④]。二程论学文字、语录与他人一起集录的著作,包括由朱熹、吕祖谦精选周、二程之书辑录而成的《近思录》(十四卷),集周敦颐、二程、张载等十一家论学文字的《诸儒鸣道集》(七十二卷);石塾子录周敦颐、二程、张载、吕大临等十家之说集成的《中庸集解》(二卷),李彦平据房审权《义海》删削增益而成的《易义海撮要》(十卷),陈亮亦曾蒐集二程、张载所论礼乐法度而成的《三先生论事录》,均未计算入内。[⑤]

尽管如此,宋人所载的著作目录仍然为后人了解程氏书提供了相对清晰的概况。但目录只是反映已刊刻过的程氏书书目,在历史场景中,二程书的刊刻、编印等具体情况则纠结着复杂的社会与政治因素。宋代几次道学之禁,伴随着二程书的禁行与毁版[⑥]。在推崇道学的时段内,刊印二程文字可以博得声誉,例如,绍兴七年(1137),瑞安知县李处廉(生卒年不详)"专事货赂,交结权贵,取程颐文并杂说,刊板作帙,遍遗朝士。朋比交口称誉,谓处廉学伊川"[⑦]。而在"不系伪学,不读周、程氏书,方许充考试"[⑧]的日子里,刊印程氏书,便需要一定的担当。唯其如此,周必大获得郑伯熊在福建所刊刻的程氏书后,不仅称赞其完备,而且还将刊书之行为纳入到整个儒学复兴运动中去彰显其意义,他说:

> 所赖吏部及钦夫二三公推所蕴以觉来者,于抑扬去取间,使是非深浅皆有所别,自然儒效日白于世。[⑨]

① 《直斋书录解题》卷三《经解类》,第83页。

② 永瑢等:《四库全书总目》卷三三《程氏经说》,中华书局1965年影印本,第270—271页。

③ 参见明弘治十一年(1498)《二程全书》所收李瀚序及彭康后序。

④ 陈亮:《陈亮集》卷二三《伊洛正源书序》、《伊洛礼书补亡序》,中华书局1987年增订本,第252—253、257页。

⑤ 参见《直斋书录解题》卷一《易类》、卷二《礼类》、卷九《儒家类》,第13—14、48、278、281页;《陈亮集》(增订本)卷二三《三先生论事录序》,第254页。

⑥ 例如,崇宁二年(1103),朝廷下旨追毁程颐出身以来文字,"其所著书,令监司觉察";宣和五年(1123),"凡传习元祐学术,以违制论,印造及出卖者与同罪",已印卖的文集,则令诸州军毁板。见《二程集》,第345页;徐松:《宋会要辑稿·刑法》二之八八,中华书局1957年影印本,第6539页。

⑦ 李心传:《建炎以来系年要录》卷一〇八,绍兴七年(1137)春正月乙酉条,《宋史资料萃编》本,台湾文海出版社1980年版;《道命录》卷三《吕安老论君子小人之中庸》。

⑧ 不著撰人:《京口耆旧传》卷九《刘宰》,影印文渊阁《四库全书》本。

⑨ 《文忠集》卷一八六《郑公景望吏部》。

　　"以儒效见之行事"①无疑是宋代儒学人士共有的理想。在"道学不明"、"道学衰息"的悲叹中,道学家认为,刊刻二程著作的意义在于它能使"儒效"自然"日白于世",因此,刊刻二程书及二程书本身均可以视为儒学复兴运动中的一环。

　　经过士大夫的倡导,程氏著作开始普及。庆元元年(1195),朱熹说:

　　　　程氏书初出时,人以其难得而珍贵之……近年以来,传者浸广,而后人知其如丝麻谷粟之不可一日无。②

这段文字的后半部分与其说是朱熹对现实的实景描述,毋宁说是他对理想的展望。朱熹将程氏书比作是日常生活之必需品,知其"一日不可无",以此传达出儒家普世传道的概念与图式。但现实社会中的实际总是不尽如人们的设想。绍熙三年(1192),都城临安曾有市井之人"取程颐《语录》语杂以秽亵,盛行于市"③。这种低俗化的行径大概也已越出了朱熹所要讨论的道学"售伪假真"、"异端竞起"的问题之外了。

三　从"各尊其所闻"到"一字不敢异同":朱熹话语权的形成

　　南宋以来,"道学不明"、"道学衰息"的语境激发了道学家收藏、编订、刊刻程氏书,在他们看来,这一行动选择对儒学的重光具有全局性的决定意义。不仅如此,在编刻程氏书的行动过程中,一些微妙的细节开始出现在人们的讨论中。例如,朱熹对刘珙、张栻在长沙所刻《程氏文集》的诟争。

　　刘珙、张栻所刻《程氏文集》系自出胡安国家本,胡安国于原文颇有改削,乾道二年(1166),朱熹分别给刘、张两人去信,辨胡本错误。朱熹认为胡本《程氏文集》的错误主要有:一、《定性书》及《明道叙述》、上富公与谢帅书中,删却数十字;二、《辞官表》次序颠倒;三、《易传序》改"沿"为"泝",《祭文》改"侄"为"犹子"。朱熹认为,这些错误中,有些因"不害义理"、"无甚害者",比如《叙述》及富、谢书所删却的几字,但"亦可惜改却本文";《辞官表》次序颠倒,"曲为回互,而反失事实",因此有害义理;《定性书》中所删去的几字,虽"不过是减得数十个闲字",但却坏却了程颢"从容和乐底大体气象";至于"侄"字原是二程从俗称兄弟之子为"侄",胡安国将之改为"犹子",纯属多余。④

　　信中,朱熹言辞激烈,虽然他也提到,文字之诟"此一小事",但由于刘珙、张栻并不尽采朱熹之说,朱熹因而指责刘、张等人所秉持的"胡氏之书一字不可改易"⑤的原则,在给刘珙的信尾,朱熹变得十分情绪化,他说:

　　　　向所录去数纸,合改处,当时极费心力,又且劳烦众人,意以为必依此改正,故此间

---

① 《东都事略》卷一一三《儒学传》。
② 《晦庵集》卷八三《书李参仲家藏二程先生语录后》。
③ 马端临:《文献通考》卷三〇九《物异考十五》,中华书局 1986 年影印本,第 2428 页。
④ 《晦庵集》卷三七《与刘共夫》。
⑤ 《晦庵集》卷三七《与刘共夫》。

更无别本,今既不用,切勿毁弃,千万尽为收拾,便中寄来,当十袭藏之,以俟后世耳。向来数十本,欲遍遗朋友,今亦不须寄来,熹不敢以此等错本文字误朋友也。①

在自己的意见不被采纳的情况下,朱熹不仅要求将原来所录胡本错误的文字寄回,而且还拒绝刘珙将所刊印的《程氏文集》寄给自己,愤懑之情,跃然纸上。

争辩文字之误从表面上看,似乎只是些微不足道的细节,但这些细节问题实际上却与南宋儒学的展开密切相关。四库馆臣讲:刘珙、张栻之所以不用朱熹之说,"盖南宋之初,学者犹各尊其所闻,不似淳祐(1241—1252)后,门户已成,羽翼已众,于朱子之言,一字不敢异同也"。②

从学者"各尊其所闻"到"一字不敢异同"是一个关于道学话语解释权的争夺过程,事实上,在朱熹编刻《二程遗书》的过程中,他已开始掌握并确立起自己在道学解释中的地位。

对于南宋的道学家而言,结集二程生前语录、刊刻二程遗书的想法一直念兹在兹,萦绕于心。杨时在给游酢的信中讲:

> (伊川)先生《语录》传之寖广,其间记录颇有失真者,某欲收聚,删去重复与其可疑者。公幸闲居无事,可更博为寻访,恐有遗失。闻朱教授在洛中,所传颇多,康侯皆有之。侯寻便以书询求,异时更相校对,稍加润色,共成一书,以传后学,不为无补。先生之门所存,惟吾二人耳,不得不任其责也。③

二先生的门徒当以编二程语录为责是杨时不断强调的观点,他在给胡安国(1074—1138)的信中曾多次说,"伊川先生《语录》在念未忘也"④,"《语录》常在念,先生之门余无人,某当任其责也"⑤。后来,杨时曾"集诸门人所问,以类相从",编成《伊川语录》,惜失于兵火。另外,据杨时记载,在他计划编集二程语录时,罗仲素亦曾经收访并编集二程语录⑥,胡安国也收有不少二程语录的资料⑦;绍兴六年(1136),胡安国曾上疏要求以二程遗书委人校正⑧。上引朱熹编《二程遗书》时所流传的各种本子也说明了二程弟子将各家所录二程语录合编的迫切感及此书的重要性。因此,乾道四年(1168),朱熹在经过精校⑨,并亲自察看样板⑩,在泉州刊印《二程遗书》时,是书迅速引来了大量的赞美声。张栻说:

---

① 《晦庵集》卷三七《与刘共夫》。
② 《四库全书总目》卷一八六《二程文集》,第1695页。
③ 《杨龟山集》卷三《与游定夫四》,第62页。
④ 《杨龟山集》卷三《答胡康侯二》,第64页。
⑤ 《杨龟山集》卷三《答胡康侯三》,第65页。
⑥ 《杨龟山集》卷三《答胡康侯二》,第64页。
⑦ 《杨龟山集》卷三《与游定夫四》,第62页
⑧ 赵琦美:《赵氏铁网珊瑚》卷二,影印文渊阁《四库全书》本。
⑨ 据朱熹讲:《程氏遗书》初刊后,发现文中尚多误字,例如严州本"初校未精",因此朱熹委许顺之等人校勘,并提出了相对严格的要求:校稿时以旧本为定,如果有显然谬误处,则要商量改正;如有阙误可疑、无可依据者,则宁且存之,切不可以私意更改。参见《晦庵集》卷三四《答吕伯恭》、卷三九《答许顺之》。
⑩ 《晦庵集》续集卷二《答蔡季通》。

所论二先生《遗书》，其间固有传写失真者，向来龟山欲删正，而迄未下笔，要须究极精，无所憾者，乃可任此，未容轻议也。今元晦所集，皆存元本，在学者亦好玩味其间。①

经过多年与多人的尝试后，二程遗书最终在朱熹这里获得了的成功，张栻所谓整理二程遗书者"须究极精，无所憾者，乃可任此"既是对朱熹的赞美，亦可以看作是对此事的总结。极有意味的是，两年前，朱熹对胡本《二程文集》中胡安国改削二程文字一事曾盛气诟争，但张栻不尽采其说，但此时，张栻则竭力赞美朱熹之不改删二程文字，他说：

元晦所编《遗（书）》意，只是裒聚逐家所编全入之，都无所删也。其间传录失指者固有之，正要学者玩味耳。若便删去，却殊无意味也。得此等文字，且当服膺沉浸其间，未宜以己意直断轻议也。②

张栻包括朱熹均将无所删除二程的语录作为最高的价值标准。朱熹曾说自己"不欲专辄改易前贤文字"③，他指责前人在收二程遗书时"颇以己意私窃窜易"，他说自己所选文本"皆著当时记录主名，语意相承，首尾贯通，盖未更后人之手"④，不唯如此，为反映当时所记录的场景，朱熹还在《遗书》中保存"所记人之姓名"⑤。在朱熹看来，不改删二程文字、"未更后人之手"是精确地、与编者一己之意完全无涉的对二程思想的实录。我们可以看到，当朱熹竭力批驳其他道学人士"胡氏之书一字不可改易"的行为时，他所选择的"一字不可删改"二程文字的原则，使他越过二程弟子、越过经"后人之手"的二程思想，站在了其他编者的前面，代表着对二程思想的忠实记载以及权威性。张栻等道学家对朱熹不删改二程文字的宣扬则在相当程度上确定并认可了这种权威性。如果说朱熹对"胡氏之书一字未可改易"只是发出了不同意见的话，那么，在编刊《遗书》中，朱熹无疑获得了自己的声音。

此外，不改删二程文字的方法还成为朱熹强烈表白的信念，以至于后来他在改写二程《遗书》的节本时，说：

《遗书》节本已写出，愚意所删去者亦须用草纸抄出，逐段略注删去之意，方见不草草处。若只暗地删却，久远却惑人也。⑥

节本原本是为了阅读方便而为，但朱熹强调节本中不仅需抄出删去者，同时要逐段注明删却之意，则"节本"实则并非是节本，而是另一种写作了。

尤其应注意的是，不改删二程文字并非只是简单的重复与文字编排。当朱熹将二程门人所记录的"杂出并行"的语录整理成"序次有伦"、"去取精审"、可以为学者所"定从"⑦的文本时，其去取之间所寓有的总体纲线与框架是不言而喻的。他在收集二程《遗书》的各种文

---

① 张栻：《张南轩先生文集》卷一《答胡季随》，清同治正谊堂本。
② 《张南轩先生文集》卷一《答胡季随》。
③ 《晦庵集》卷三〇《与张钦夫论程集改字》。
④ 《晦庵集》卷七五《程氏遗书后序》。
⑤ 朱熹：《朱子语类》卷九七《程子之书三》，第 2480 页。
⑥ 《晦庵集》卷三三《答吕伯恭》。
⑦ 李幼武：《宋名臣言行录外集》卷一二，影印文渊阁《四库全书》本。

本中,对二程弟子所记语录多有评说,在他看来,"上蔡所记,则十分中自有三分以上是上蔡意思了,故其所记,多有激扬发越之意;游氏所记,则有温纯不决之意"①;另外,他曾从"一朋友借得游先生家本",他阅后说,"有鲍若雨录数条颇佳"②;又说,"《遗书》以李端伯所录最精,故冠之篇首"③。朱熹并没有解释"好"与"精"的标准,但正是在逐字逐句的去取与评说中,朱熹建构出了自己的思想。他在《程氏遗书后序》中曾说:"读是书者,诚能主敬以立其本,穷理以进其知。"④毫无疑问,这种对读者的寄望也可以看做是朱熹在《程氏遗书》去取之间所欲讲明的思想主旨。

四 "玩味其旨":道学的阅读行动

在"道学衰息"、"道学不明"的叙事框架下,道学群体刊印二程著作,以及在刊印中对各种印版的程氏书进行校正、清理,无疑是"重光"道学的实际行动。但是,在这种外在行动之外,至少在道学群体看来,程氏书中还蕴藏着另一种可以称作为"阅读"的内在行动。这种行动既可以表现为个体的运思,也可以外化为群体的论辩。

个体的运思通常是通过个人与书之间的直接交流来完成的。试举一例来说明,史载:

> 李道传(生卒年不详,庆元二年进士)字贯之,隆州井研人……道传少庄重,稍长读河南程氏书,玩索义理,至忘寝食,虽处暗室,整襟危坐,肃如也。⑤

这里,阅读行为完全是私人的实践,因此,关于行动本身的发生过程语焉不详,但该事件叙述中所预设的前提却是显而易见,书籍或者精确地说程氏书是道学义理的载体。这一理解在南宋应该相当普遍。据真德秀(1178—1235)记载:刘爚(1144—1216)父亲曾受学于刘子翚、胡宪,"尽得理义精微之蕴",刘爚在家庭中耳濡目染,长大后,父亲授以《河南程氏书》,曰:"观此可以为学矣。"⑥朱熹则在《曹立之墓表》中说:

> 立之,名建……幼颖悟,日诵数千言。少长,知自刻厉,学古今文皆可观。一日,得河南程氏书读之,始知圣贤之学为有在也,则慨然尽弃其所为者,而大肆思于诸经。⑦

曹建原为陆九渊的学生,后追随朱熹。朱熹说,颖悟刻苦的曹建只有在读到程氏书之后才认识了圣贤之学,在他所讲述的学子学习道学的经历中,学子对所阅读文本的选择,在阅读过程中对程氏书的体验显然是道学得以进行的过程,道学群体相信,通过阅读,读者与程氏书之间就建立起了"道"的某种转换,李道传在读程氏书时,玩索义理,从而找到了通往"道"的

---

① 《朱子语类》卷九七《程子之书三》,第2480页。
② 《晦庵集》卷三五《答刘子澄》。
③ 《朱子语类》卷五二《孟子二·公孙丑上之上》,第1251页。
④ 《晦庵集》卷七五《程氏遗书后序》。
⑤ 《宋史》卷四三六《李道传》,第12945页。
⑥ 刘爚:《云庄集》卷二〇附录《刘文简公神道碑》,影印文渊阁《四库全书》本。
⑦ 《晦庵集》卷九〇《曹立之墓表》。

世界,在外在行为中则以"虽处暗室,整襟危坐肃如也"来表现出"体道"后的个体呈现。当曹建得程氏书读之,"知圣贤之学为有在"时,曹建对程氏书的阅读行为不仅构建出道学的理解框架与知识结构,而且还成为一种排他性的信仰,令其"慨然尽弃其所为"。

在道学家看来,个人对程氏书的阅读具有相当重要的意义,因此南宋道学家常常期望道学群体以一种类似的方式来"真正"阅读二程著作。例如,张栻在答友人关于道学的疑问时,经常直接借用程氏书,并强调个人阅读中的方法。他在回答潘叔昌"思虑时扰之"之问时说:"其要莫若主一,《遗书》中论此处甚多,须反复玩味。"①在答潘叔度关于孝悌之履践时,说:"《遗书》中有一段说非是,谓由孝悌可以至仁,乃是为仁自孝悌始,此意试玩味之。"②而在《答胡季随》中,张栻听闻其"日读二程先生遗书",因而告之以读该书的方法,说:

> 要当平心易气,优游涵泳,所读其间谈性命处,读之愈勤,探义愈晦,无怪其然。若只靠言语上求解,则未是,须玩味其旨,于吾动静之中体之。③

朱熹在《答方耕道》关于进学之要时,不仅推荐程氏文集与遗书,而且强调求此二书需"反复熟读,不计近功,则智当益明而有以审乎此矣"④。可以看到,"勤读"、"熟读"、"玩味"、"反复玩味"成为阅读程氏书的重要方法。在《答林择之》中,朱熹在解释"已发"、"未发"的道学命题时,甚至强调读程氏书时,需注意运用共同的理解结构,如此,"用此意看《遗书》,多有符合,读之上下文极活络分明,无凝滞处"。⑤

必须承认的是,个人对文本的阅读与理解是多元的,即便是在拥有对"道学"有相同理解结构的道学群体中,阅读中的这种多元性也是不可避免的。正是源于这种多元性,使得二程书成为道学家与学道者智性论辩的底本⑥,通过讨论二程书中的命题,通过阅读中的论辩与启智,道学的体系重新得以解释,使得南宋道学有了自己的生气。

乾道八年(1172),朱熹讲述了一则自己读程氏书的经验与体会。他说自己早年从李侗学,索求《中庸》中"喜怒哀乐未发"之旨,可惜"未达而先生没",后又从问于张栻,但均未有获,朱熹说自己已:

> 退而沉思,殆忘寝食。一日,喟然叹曰:"人自婴儿以至老死,虽语默动静之不同,然其大体莫非已发,特其未发者为未尝发尔。"自此不复有疑……后得胡氏书,有与曾吉父论未发之旨者,其论又适与余意合,用是益自信。虽程子之言有不合者,亦直以为少作失传而不之信也……乾道己丑之春,为友人蔡季通言之,问辨之际,予忽自疑……则复取程氏书,虚心平气而徐读之,未及数行,冻解冰释,然后知情性之本然,圣贤之微旨,其平正明白乃如此。而前日读之不详,妄生穿穴,凡所辛苦而仅得之者,适足以自误

---

① 《张南轩先生集》卷二《答潘叔昌》。
② 《张南轩先生集》卷二《答潘叔度》。
③ 《张南轩先生集》卷一《答胡季随》。
④ 《晦庵集》卷四六《答方耕道》。
⑤ 《晦庵集》卷四三《答林择之》。
⑥ 关于这种命题的对答在朱熹《晦庵集》、张栻《南轩集》中所在皆是。

而已。①

乾道五年(1169)所谓的"己丑之悟"先是从师友之间的问辨开始的,朱熹认识到自己可能限于特定的认识框架,习惯于按照一种常规的、被人所认同(例如胡安国)的理解方式来概括"未发已发"的思想,在问辨过程中,朱熹开始质疑自己的理解,通过与先前不同的"重读"程氏书的方式,他在文本中与二程相会、对话,从而建构出"未发已发"的主旨,并成为其思想体系中的重要命题②。朱熹与学子分享自己阅读《遗书》的个人体悟时,甚至强调"天下之书未可轻读"③,"近世纷纷所谓文章议论者,殆不足复过眼,信乎,孟子以来,一人而已"④。

由此,在"道学衰息"的叙事中,通过编刻、阅读二程著作,南宋的道学群体不仅在这一系列相关的事件与行动中延伸与维系着"道学"的形态,而且他们还从那些富有创造性的领悟中抽取出了道学新的特质。

(作者单位:浙江大学历史系)

---

① 《晦庵集》卷七五《中和旧说序》。
② 朱熹关于"未发已发"思想的阐述,参见陈来《宋明理学》,辽宁教育出版社 1991 年版,第 171—173 页。
③ 《晦庵集》卷四三《答林择之》。
④ 《晦庵集》卷五八《答宋深之》。

《夷坚志》温州故事研究

吴铮强

一

《夷坚志》的作者洪迈与书中故事所涉及的地域有四种关系类型。第一是他的家乡鄱阳,洪迈在待次期间或致仕之后长期居住,亲朋众多。第二是南宋的都城临安,洪迈长期在此任官,这里是南宋官僚系统的枢纽,洪迈在这里结识了大量向他提供故事的官员或士人。第三是洪迈因为任官或者其他原因居住过的州县,如福州、饶州、吉州、赣州、建宁府、婺州等地,洪迈在这里可以听闻一些当地的故事,也能通过当地的同僚收集各地的故事。第四则是洪迈未曾居留的地方,主要通过当地籍贯的人士、曾在当地任官的同僚亲友以及其他途径获得与当地有关的故事。本文所要讨论的温州,属于第四种类型。

《夷坚志》现存温州故事 30 余则。除去一些与温州地名、人名与故事情节发展关系不大的故事之外,其余 33 则温州故事的提供者可以分为这样几类:第一类是温州籍人士,他们包括林熙载、林亮功、戴宏中、木待问、张阐、诸葛贲,以及王十朋、薛季宣与叶适等,也可以加上永嘉徐辉仲的孙女,总共 10 人,提供了 17 则温州故事。第二类是曾在温州任官的人士,包括陈处俊、王厚之、王居安 3 人,他们各自提供了 1 则温州故事。第三类既非温籍人也未曾在温州任官,包括会稽唐冼、缙云(或青田)陈棣、乐凌吕大年、钱塘吴说、扬州李泳等 5 人,他们提供了总共 7 则温州故事。此外有 6 则故事则是提供者身份不详或者提供者不详。

所谓温州故事,其实分为两类,一类是故事发生地在温州,另一类是温州籍人士在其他地方发生的故事。《夷坚志》故事虽说无奇不有,但 33 则温州故事的内容,不外乎神明灵应、因果报应、生死轮回、法师驱鬼、鬼怪作祟、方士占卜和梦占灵验之类,故事情节多少会涉及鬼神精怪。根据故事人物与鬼神精怪之间的关系,比较多的故事大概又可以归入这样三种类型:一种是与巫术观念混杂在一起的鬼怪论,一种是反映原始天命观的"命定论",还有一种是接近于宗教观念的"命正论"。这三种鬼神观念在不同的历史阶段形成,但每一种都没有消亡,混杂地共存于后世中国人的观念意识之中。

鬼怪论是基于万物有灵和魂魄观念,认为世间由人、鬼魂与精怪杂处,他们经常发生冲突,巫师或道士可以通过特殊的法术镇伏鬼魂或精怪。这种观念相当于上古时期"民神杂糵,不可方物,夫人作享,家为巫史"①的形态。鬼怪论在《夷坚志》故事中就主要表现为鬼怪作祟和巫道驱鬼的情节,这种观念中人与鬼怪的关系具有对抗性的特点。

命定论,按顾颉刚的定义,"以天命为固定,不可改易者也"②。这种观念在历史发展阶段中主要对应于帝颛顼统一神权之后、周人"天命靡常"观念发生以前,以殷商敬畏上帝、迷信龟卜为典型。命定论在《夷坚志》故事中主要表现为占卜、特别是科举梦占的情节,这种观念中人处于被动接受天命的地位,天命不具备行动的指导性或道德的引导性。

命正论,接顾颉刚的定义,"谓天眷无常,依人之行事以降祸福"③,以周人"天命靡常"以及后来的"天人感应"观念为典型。后世释道两教之因果报应、神明灵应的观念,虽然崇拜对象不同,但神明的主宰地位以及"依人之行事以降祸福"的观念均契合命正论。命正论在《夷坚志》故事中就表现为天人感应、因果报应、神明灵应等各种形式,具有明显的道德导向性。

二

《夷坚志》温州故事中,表现鬼怪论的主要有两类,一类是游宦或游学者的故事,另一类则是温州平民的鬼怪故事。鬼怪论故事的共同特点在于它们都是"陌生人"的故事。除了少部分由温籍人士提供的温籍人士在外地游学、游宦的故事外,鬼怪论故事绝大部分都是有外籍官员提供的,而且没有文献可以说明这些外籍官员曾经在温州任官。这些可能从未游历过温州的人士讲述的温州鬼怪故事,往往是道听途说与对陌生地想象的结合。

乙志卷八的《牛鬼》,讲述绍兴四年黄岩人高世令在温州白沙镇征税时遇牛鬼而脱险之事④。牛鬼因高世令的孕妾食牛肉而亡,是一则动物鬼魂作祟复仇的故事,孕妾食牛的情节又发生在家乡黄岩。除牛鬼之外,故事中也有人鬼,他们是高世令曾经的同僚,死后为鬼,在高世令遇难时现身相救,突显了同僚之间的友谊。故事中人与人鬼结盟,共同与牛鬼对抗,是典型的人、鬼、精怪杂处的世界。

《牛鬼》的故事提供者是钱塘人吴说,字傅朋,甲志卷十四《舒民杀四虎》提到"绍兴二十五年(1155),吴傅朋(说)除守安丰军,自鄱阳遣一卒往呼吏士"⑤。吴说于建炎二年(1128)提举两浙市舶,绍兴中知信州,二十五(1155)年知安丰军,二十九(1159)年知盱眙军,与洪迈兄弟多有交往,洪适《盘洲集》卷一有《送吴傅朋知盱眙》《题信州吴傅朋郎中游丝书》等诗⑥。吴说提供的故事分布于《夷坚志》甲、乙、丙、丁各志,四志成书时间自绍兴十二年(1142)至淳熙五年(1178)跨越36年。现存文献中没有吴说在温州任官的记载,故事人物是在温州任职的非温籍官员高世令,温州对于故事人物与故事提供者而言都是陌生地。《牛鬼》中高世令的孕妾因在家乡食牛而招致鬼祟,而高世令在游宦地亦遭到鬼祟报复。这个情节中体现了

---

① 徐元诰:《国语集解》卷一八《楚语下》,中华书局2002年点校本,第515页。
② 傅斯年:《性命古训辨证》,载《傅斯年全集》,湖南教育出版社2003年版,第597页。
③ 《性命古训辨证》,载《傅斯年全集》,第598页。
④ 洪迈:《夷坚志》乙志第八《牛鬼》,中华书局1981年点校本,第246—247页。
⑤ 《夷坚志》,第122页。
⑥ 参见洪适《盘洲集》卷一,《四部丛刊》本。

游宦者两种危险的处境,一是陌生的任官地,二是留在家乡无法亲自照料的家人。

丙志卷九《温州赁宅》讲述仲监税、吕监税租住温州城中凶宅事①。宅中素有凶怪,仲监税居之而一家尽死。数年后吕监税租住,仲监税已为宅中之鬼,乃至"人鬼杂处,家之百物,震动无时,或空轿自行于厅上,举室殊以为忧",吕监税受惊之余,搬离了凶宅。其后又有"邑胥契家来",因其本身也是"人中鬼也",故而"处之不疑"。这个故事中并没有出现鬼怪复仇的情节,更像是人鬼杂处争夺居住地,也是典型的人鬼对抗。《夷坚志》中未说明故事的提供者,但故事人物仲监税、吕监税无疑是在温州的游宦者。在陌生地居住容易遇鬼,几乎是《夷坚志》故事的一种模式。

与《牛鬼》一样,乙志卷二的《蒋教授》也涉及官员与家人分居,以及鬼怪出祟复仇的情节,区别在于故事人物蒋敦书是温籍人士而在外地任官。从甲志至丁志,洪迈多处收录了缙云鬼仙英华的故事,包括甲志卷十二闻丘宁孙(叔永)提供的《缙云鬼仙》,乙志卷二唐冼(信道)、蒋芾(子礼)提供的《蒋教授》,丙志卷十四李浩(德远)提供的《贾县丞》,丁志卷十九蔡聪发提供的《英华诗词》。缙云英华是原形为狐或白蚓一类的精怪,幻为才貌两全之女子,出没于缙云官署,经常色诱县主簿。《蒋教授》讲"永嘉人蒋教授,绍兴二年登科,得处州缙云主簿,再调信州教授,还乡待次",蒋教授即《墨庄漫录》卷五《英华》中的"有蒋敦书字辉远,永嘉人,为邑簿"。《英华》讲述英华出没于缙云县簿厅,蒋敦书"母妻不安之而归",蒋敦书拒绝英华的色诱,英华则在蒋敦书为之立祠后消失②。《蒋教授》则讲蒋在缙云主簿任上时,"人语以英华事,蒋曰:'必杀之。'"后在回乡待次途中,蒋领回一女子,为家中母亲与妻子所接受。后又携该女子赴信州任,母、妻则留在家中。数月后,女子声称乃缙云英华,并作祟将蒋害死。这两则故事似乎是蒋敦书母、妻拒绝跟随其宦游与缙云英华传说结合的不同版本,故事的核心情节也是人与鬼怪的对抗。

《蒋教授》的故事提供者唐冼,字信道,会稽人,宣和五年(1123)赴钱塘漕试,绍兴十二年(1142)以后历官都官员外郎、司封员外郎,乾道元年以国子司业兼庆王府赞读③;另一位提供者蒋芾,字子礼,常州宜兴人,绍兴二十一(1151)年进士第二人,乾道四年(1168)累官至右仆射、同中书门下平章事④。两人与洪迈在临安相遇共事的机会较多,均没有在温州或者缙云任官的记录。狐仙英华常以貌美年轻女子形象示人,有诗才而出入于官署,好与县丞、主簿交往,无疑是在外任官的男性文人集体性幻想的产物。此外,蒋敦书的故事中又有立祠与毁祠、母妻是否随任的情节,反映了儒家信仰与当地民俗的冲突,以及游宦者处理与家庭关系中的困境。然而从温州故事的角度讲,《蒋教授》讲述的是温籍士人在外任官的危险生活,其中包括对陌生的外地习俗、不安全的居住环境、色情诱惑等问题产生的恐惧与焦虑之情。

甲志卷四的《项宋英》,讲述宣和年间温州平阳人萧振在婺州任幕职官,有同乡项宋英留

---

① 《夷坚志》,第440页。

② 张邦基:《墨庄漫录》,中华书局2002年点校本,第145—146页。

③ 王年双:《洪迈生平及其〈夷坚志〉之研究》,台北花木兰文化出版社出版,第201页。

④ 见赵宏恩:《(乾隆)江南通志》卷一四二《人物志·宦绩四·常州府》,影印文渊阁《四库全书》本;王年双:《洪迈生平及其〈夷坚志〉之研究》,第233页。

宿萧振书室时遇见女鬼的故事①。故事中女鬼是"某官昔年尝殡亡女于此"的鬼魂,女鬼突然出现,并强行劝酒,项宋英"意其萧公侍儿,不敢狎,不得已少饮,妇人强之使尽"。这里女鬼色诱的情节所表现的并非男女情爱,而是鬼怪作祟、人鬼对抗,因此"项疑且恐,乃大呼"。绍兴八年(1138)项宋英因参加科举在临安再次遇见此鬼,虽然女鬼并未直接谋害项宋英,但故事中称"然亦亡它,又十年方卒",将鬼魂与死亡联系,说明故事讲述者观念中鬼怪作祟的故事模型。《项宋英》的故事提供者林熙载是温州平阳人,他提供了 5 则故事,其中 4 则跟温州有关。该故事中的人物项宋英是落第秀才,他在外漂泊游学,投宿于外地任官的同乡寓所。当色诱的女鬼出现时,项宋英表现出恐惧与抵制,此后女鬼似乎一直追随着项宋英。故事中的项宋英敏感而脆弱,表现了落第士人落漂泊不定、失魂落魄的科举生涯。

支乙卷四讲叶适淳熙十六年(1189)至绍熙元年(1190)湖北安抚司参议官任上时,家中庖婢无故怀孕产下泥塑事②。故事中泥塑原本将被掷弃,突然有老翁踉跄而来,连呼"吾儿也,不可杀",众人因此以为是"土地祠中鬼物"作祟。《夷坚志》没有交代《叶氏庖婢》的提供者,叶适是当时重要的官员与学者,这则与他相关的故事可能在官场中流传较广。故事发生时洪迈仍在临安、绍兴等地任官,而支志乙卷成书于庆元元年(1195),此事或者是洪迈告老后追述往年官场传说。故事中,面对时任湖北安抚司参议官的叶适,当地"土地祠中鬼物"显得相当弱势,从另一种角度表现了游宦者与当地社会之间的紧张关系。

三

温州平民的鬼怪故事,故事提供者均是未曾游历过温州的非温籍人士。《顾百一》《海山异竹》的提供者是乐凌籍吕大年,《西洋庙》提供者是缙云或青田的陈棣,《搜山大王》《金钗辟鬼》的提供者朱亨叟籍贯不详。

支丁卷二《顾百一》讲乾道中偏远村落有老农遇鬼之事③。陈、李两位农叟锄田种粟之时,忽然听到深远处鬼的对话,闻知有鬼计划在明日谋害路人顾百一作为替死鬼,第二日陈、李二人果然遇到顾姓路人,劝其返家。顾依计而还,"将至家,未及门,立化于道"。故事所表现的对鬼的恐惧、防备和无力挣扎,反映了比较原始的鬼的观念。支丁卷三《海山异竹》讲温州巨商张愿海外经商,一次遇风暴迷失海中,登山伐竹,经"白衣翁"指点而还。抵岸时"有倭客及昆仑奴"叫价争购其竹,称"此乃宝伽山聚宝笔竹"④。这是一则神仙或仙山崇拜的仙话类故事,倭舶及蕃客的情节突显了仙话夸诞的风格。鬼怪与仙人当然不同,人死为鬼而万物有灵,仙人则是长生不死之人。但神仙观念同样基于魂魄理论,所谓"魂魄",即指气与形,灵魂出窍、魂魄分离,人即死亡,魂无所归,则为厉鬼。而"炼形为气",超脱于形魄而化为纯阳之气,即为神仙。神仙是凡人修炼的结果,能在世间与人相处交往,有超凡的能力,能预言凡

---

① 《夷坚志》,第 34—35 页。

② 《夷坚志》,第 824 页。

③ 《夷坚志》,第 978 页。

④ 《夷坚志》,第 986—987 页。

人的命运，但他们并非命运的主宰。与鬼怪一样，神仙与人生活于两个可以交往的平行世界，从这种意义上讲神仙是鬼怪的特殊存在方式。

自支景至支癸，吕大年提供了总计 133 则故事，或许这些故事通过笔撰而非口述提供给洪迈的。吕大年，字德卿，乐凌人，丞相吕颐浩之孙，绍兴五年（1135）冬在齐州，二十九年（1159）在临安，淳熙十四年（1187）监封桩库，绍熙二至四年间（1191—1193）为赣州石城县令，五年（1194）受覃霈恩迁秩之命，与洪迈长子梓同转朝散郎①。文献中未发现吕大年与温州关系的材料，但他提供了 2 则温州故事。这 2 则故事对场景的叙述是含糊而陌生的。《顾百一》中故事发生的场景是"温州村落一山，去城市远"，鬼和替死鬼顾百一的来历均不明，两者之间也不存在任何的联系，鬼寻找替死鬼的情节行同强盗剪径，反映了原始的鬼怪恐惧的心理。如果说《顾百一》的故事情景含糊而陌生，那么《海山异竹》的情景就是渺茫而神奇的。故事发生在"涉大洋，遭风漂其船，不知所届。经五六日，得一山，修竹戛云，弥望极目"的地方，山中出现的白衣翁称"此是何世界，非汝所当留"，等船抵岸，又"有倭客及昆仑奴叫价争购其竹"。洪迈记录该故事后，质疑"予谓温州未必有倭舶到岸，而蕃客安得见仙，当以询彼人也"，突显了故事编造与想象的特点。

丙志卷五的 13 则故事均由陈棣一人提供。陈棣有诗集《蒙隐集》传世，《四库全书总目》评介陈棣及其诗作：

> 棣始末诸书不载。惟凌迪知《万姓统谱》载："陈汝锡，字师予，绍圣四年进士，官至浙东安抚使。子棣，字鄂父，以父任官至通判潭州。"今考集中《知军刘公挽词》第三首，自注称"绍兴初，先子帅越"，与汝锡时代、官阶皆符，当即其人。惟谱称"通判潭州"，而集中《食枸杞菊》诗自序称，"仆官桐川"，又有"我今作椽尝苦饥"句，稍为不合。或初仕为桐川椽，后终于潭州欤？集中有《甲子除夕》诗，甲子为绍兴十四年，则犹高宗时人也。《括苍汇》记载汝锡尝有"闲愁莫浪遣，留为痛饮资"句，为黄庭坚所赏，则其家学渊源亦从元祐而来。棣诗乃于南渡之初，已先导宋季江湖之派。盖其足迹游历不过数郡，无名山大川以豁荡心胸，与所唱和者不过同官丞簿数人，相与怨老嗟卑，又鲜耆宿硕儒以开拓学识。其诗边幅稍狭，比兴稍浅，固势使之然。然统各体而观之，虽乏鸿篇，实殊伪体，大都平易近情，不失风旨，较以生硬晦涩为奇伟，以鄙俚芜杂为真切者，其品固有间矣。②

其实《夷坚志》中有不少陈汝锡、陈棣父子的信息，如：

> （宣和中），缙云人陈汝锡来通判（虢）州事。③
>
> （绍兴元年，会稽）郡守陈汝锡。④

---

① 王年双：《洪迈生平及其〈夷坚志〉之研究》，第 186 页。
② 《四库全书总目》卷一五九《蒙隐集二卷》，中华书局 1965 年影印本，第 1372 页。
③ 《夷坚志》丙志卷五《虢州驿舍》，第 402 页。
④ 《夷坚志》丙志卷五《长生牛》，第 404 页。

> 绍兴二十五年,沈德和介为广德守,檄司理陈棣兼公使库。①
>
> 大理司直陈棣,幼嗜龟,所居青田山邑。②

据此,则陈棣的父亲陈汝锡为缙云人,而陈棣幼年曾在青田居住。陈棣提供的 13 则故事,绝大部分与鬼怪作祟及巫道驱鬼有关。《李明微》提到天庆观叶道士作醮时,因主家提供的青词纸不佳而受到天师的责怪③;《青田小胥》中讲述了路时中的高超法术④;《江安世》则描述江安世道术不精为鬼怪所困之事⑤。这些故事绝大部分发生在他父亲、自己或者朋友的官任上,地点多在官署驿舍,人物多为当地官员、胥吏、秀才之流。总体而言,这些故事构建了官员在外任官时对当地的一种感受方式,营造了在任地对于外地官员而言的陌生、无序、险象丛生和难以控制的氛围。

其中《西洋庙》是一则温州故事,讲永嘉胡汉臣家中为鬼所扰,"命道士巫觋百计禳治,皆不验",二年后因捣毁巷口小庙,鬼怪随之绝迹⑥。这个故事属于淫祠一类,鬼怪的出现与消逝并无前因后果的交代,营造了人鬼杂处的恐怖氛围。《西洋庙》的故事人物仅称"永嘉胡汉臣",身份不详。故事的发生仅称"忽为祟所扰",毫无缘由。此后情节的发展,"如是几二年,因饮亲戚家,大醉归。及所居巷口,望见小庙,疑其为祟,乘醉就邻家假巨斧,碎土偶并香案诸物,销钥其门。自是怪不作。"这里面的"亲戚"、"巷口"、"小庙"等人或物的描述均是模糊化的。为祟所扰将近两年而不知鬼的来历,直至大醉中突然发现巷口小庙出祟,并乘醉捣毁上庙偶像,这样的情节发展也显得不近情理。整个故事的情节都非常突兀,给人醉梦幻想的感觉。

甲志卷七又有朱亨叟提供的 2 则温州故事。《金钗辟鬼》讲述温州瑞安村民张七病妻被鬼沉入山洞水中,因妇人衣领间戴有镀金钗,"故面不得沉",是人鬼寻求替身而不得的故事,故事中镀金钗具有驱鬼的能量,也成为人鬼对抗的直接表现⑦。《搜山大王》中则讲述还俗道士王居常往山东贩运,为伪齐所拘,逃脱途中遇鬼作祟。遇鬼前夜王居常曾梦人告知脱身之计,第二天依计而行,成功逃脱⑧。梦中人称遇鬼乃"缘汝曩世曾杀他人,故今受报",似乎有因果报应的含义。但施报鬼怪的力量并非不可抵抗,王居常在其他鬼神的帮助下成功脱逃,就体现了人鬼之间的对抗性。

这 2 则故事的提供者朱亨叟籍贯身份不详,难以对故事内容与提供者的关系做出明确的解释。仅就故事内容而言,《金钗辟鬼》的情形与《顾百一》类似,也是讲述村落中遇鬼作祟的故事。相比之下,《金钗辟鬼》的地点具体到了"温州瑞安县筲筜村",故事提供者对当地人或物似乎比较了解。但是与《顾百一》一样,故事中的鬼并没有直接现身,而是出现在故事人

---

① 《夷坚志》丙志卷五《桐川酒》,第 408 页。
② 《夷坚志》丙志卷五《龟逐人》,第 404 页。
③ 《夷坚志》,第 401 页。
④ 《夷坚志》,第 403—404 页。
⑤ 《夷坚志》,第 406—407 页。
⑥ 《夷坚志》,第 405—406 页。
⑦ 《夷坚志》,第 61 页。
⑧ 《夷坚志》,第 62 页。

物的描述中。《金钗辟鬼》所描述的"村民"、"病妻"、"山洞"等生活环境,也与《夷坚志》一般提供者官员、士人阶层有所隔阂。至于《搜山大王》,故事提供者对故事人物似乎也有所了解,"温州瑞安道士王居常,字安道,后还俗,居东山。因贩海往山东,为伪刘所拘",这些描述可能是真实的。但是故事发生在王居常由山东往开封途中,故事的发生地其实是故事提供者所陌生的。总体而言,朱亨叟对于温州人物故事有所了解,但对于鬼怪故事发生的具体场景仍是陌生的,没有改变鬼怪故事对陌生环境想象的特点。

四

《夷坚志》温州故事中,主要通过神明灵应的方式表现命正论的观念。但神明灵应的方式有很多,有儒家式的天人感应,有佛教神明的灵应或者轮回报应,也有道教式的降神指点。这些故事都包含着惩恶扬善的规劝倾向,具有行动指导或者道德引导的意味。反映命正论的灵应故事有一些共同的特点,所有的故事都是在温州发生的,故事的提供者绝大部分是温籍人士,少部分是温州任官者讲述他们任上的故事。

林熙载提供的5则故事中,发生在温州的故事是甲志卷四的《江心寺震》和甲志卷五的《义鹘》。《江心寺震》描述寺前江水忽然变清,温州小民出门观之,突然雷电震耀,五人身死。又有"身绝长大可畏"之神入厨房索命,先引一行者出,被同伴提醒错认对象后,复入厨房将另一人引出阴毙①。故事中的人物与鬼神均没有具体的来历与背景,所述仅是一次灾难性事件,情节没有前因后果。江水变清、雷电震耀这些自然灾难,一般应用于儒家天人感应的描述。但是按天人感应的理论,人的善恶行为会引发灾异或祥瑞,或者影响个人的命运,但天神一般不会直接施以刑罚或褒奖。天人感应理论中的天是有意志的、抽象的、冥冥中的自然的天,一般不具备具体的形象。《江心寺震》"一神身绝长大可畏,引其手以出。将及门,复有一神至,曰:'莫错,莫错。'即舍之。复入厨,引一人出,亦陨于外"这段描述是不符合天人感应学说的,故事似乎表达了一种儒家观念对民间流传鬼神故事的解释模式,既保留了民间故事中鬼神的形象,又增添了天人感应理论中灾异的力量和天的形象的神秘性。《义鹘》则讲述林熙载赴官途中路过温州平阳县知觉寺,见寺殿一角无鸱吻,询问寺僧其中原因。寺僧因此讲述之前殿角有鹘巢,因雏鹘为蛇所食,鹘先引同类盘旋,后引健鹘击杀蛇而去。林熙载听闻后,即"诵老杜《义鹘行》示之",故事最后感慨"始验诗史之言,信而有证"②。杜甫《义鹘行》"聊为义鹘行,用激壮士肝",用激烈的儒家情怀讲述了类似的健鹘为苍鹰斗蛇复仇的故事,诗中作者描述自己"飘萧觉素发,凛欲冲儒冠"的强烈感触,并以义鹘"物情有报复,快意贵目前"的行为,来激励儒者"功成失所往,用舍何其贤"③。这则故事同样是儒家观念对动物行为的解释。

这2则故事的提供者是温州平阳人林熙载。洪迈第一次参加博学宏词科考试的绍兴十

① 《夷坚志》,第35页。
② 《夷坚志》,第36—37页。
③ 杜甫:《杜工部诗集》,中华书局1957年标点本,第110—111页。

二年,林熙载考中进士,登陈诚之榜①。绍兴十六年(1146),林熙载自温州赴福州主簿任②。至绍兴十九年仍在福州任上③。与此同时,洪迈的父亲洪皓于绍兴十七年(1147)被诬作欺世飞语,责授濠州团练副使,英州安置,洪迈随父亲居英州,同年又随父亲南迁至虔州。绍兴十八年(1148)十一月,洪迈赴任福州教授。林熙载向洪迈提供故事当在绍兴十八至十九年福州任上。林熙载提供的5则故事,《江心寺震》和《义鹊》的故事时间都是绍兴十六年,应该是林熙载赴福州任职途中的所见所闻。

戴宏中提供的故事《炽盛光咒》收录在甲志卷七,讲述瑞安士人曹毅通过诵"炽盛光咒"消除家传顽疾(传尸)的故事④。炽盛光佛是释迦牟尼为教化众生所现的忿怒相,由于毛孔发出炽盛之兴明而得名。密教中有以炽盛光佛顶为本尊而修秘法,即炽盛兴法,凡灾疫流行、鬼神暴乱、异国兵贼入侵,或世人遭受厄难、为急家陵逼、恶病缠绵等,皆可修此法以祛除之。此法在中国始修于唐代,唐代僧人不空译有《炽盛兴大威德消灾吉祥陀罗尼经》。炽盛光法在宋元时期也相当流行。北宋天台宗高僧、出生于台州宁海的遵式撰有《炽盛光道场念诵仪》,故事中曹毅所诵《炽盛光咒》当即指此。"传尸"之名始于魏晋,原指因人死后尸气传染之疾死,五代以后则认为生前亦可相传。"三虫"是中医对体内寄生虫的指称,而道教中"三尸"亦称"三虫",又寄生于体内之魂魄鬼神,可监视人的善恶行为,亦可在体内作祟而致人病死,求仙之人需去三尸,积众善而后成。故事的核心无非是诵经消灾,是一则典型的佛教灵应故事。

温州瑞安人戴宏中,字履道,与林熙载同时考中进士,曾任饶州乐平丞⑤。王十朋于隆兴年间出知饶州,他在《祭戴履道文》称,"我守番阳,君丞外邑。联事期年,莫克会集"⑥。说明两人在饶州与乐平任上的时间有所交叉。洪迈在隆兴元年因罢官退居乡里,戴宏中可能于隆兴年间在饶州与洪迈相遇。但一般认为甲志是在绍兴三十一年以前完成的,戴宏中提供的故事《炽盛光咒》收录在甲志卷七,可能是在临安向洪迈提供故事,时间或在绍兴十二年两人在临安参加科举时,也可能是绍兴十五年、绍兴二十八年至绍兴三十一年间洪迈在临安期间,戴宏中履历不详,具体时间无从推测。戴宏中提供的《炽盛光咒》讲述瑞安士人曹毅通过诵"炽盛光咒"除去家传顽疾(传尸)的故事,戴宏中与曹毅有可能是同学的关系,这个故事应该就发生在温州。故事中曹毅曾一度出家"为行者",后为防止家中绝嗣而还俗服儒冠,出家、还俗服儒冠、诵炽盛光咒等表面上与宗教信仰相关的行为,其实与谋生、疾病、传嗣等世俗生活密切相关,戴宏中对故事人物曹毅的个人与家庭情况都比较熟悉,应该是一则熟人间的故事。

木待问为《夷坚志》提供了丙志与丁志中的7则故事,其中5则与温州有关。除了两则亲历的故事之外,丙志卷六3则都是佛教灵应的故事。《温州风灾》讲述绍兴三十二年温州

---

① 《(万历)温州府志》卷一〇《科举志》,基本古籍库影印明万历刻本,第6页。

② 《夷坚志》甲志卷五《义鹊》,第36—37页。

③ 《夷坚志》甲志卷五《宗回长老》,第36页。

④ 《夷坚志》,第62页。

⑤ 《(万历)温州府志》卷一〇《科举志》,第6页。

⑥ 王十朋:《祭戴履道文》,《王十朋全集》,上海古籍出版社1998年版,第1000页。

风灾中佛寺周围的灵应故事①;《诸天灵应》讲述永嘉许及之父亲事奉诸天,诸天为之驱盗之事②;《张八削香像》讲温州市人张八因毁损观音像而烂足之事③。永嘉人木待问,字蕴之,绍兴三十二(1162)年得漕解,隆兴元年(1163)进士第一,历任签书平江军判官、洪州通判、知湖州、婺州、宁国府等,官至侍从。木待问与洪迈兄弟关系应该相当密切,签书平江军判官时,洪适以长女许之,未及嫁而卒④。乾道六年之后,木待问通判洪州,洪迈出知赣州,就丙志与丁志的成书时间看,木待问有可能是这期间向洪迈提供故事的。

虽然讲述的方式不同,木待问对故事情境都相当熟悉,故事情节的逻辑也相当清晰。《温州风灾》中商人、妇人在风灾前获得神启而避免受难,故事人物并没有明显敬佛行为,但故事的场景围绕着佛寺展开。与《江心寺震》的神不同,《温州风灾》中的神不那么神秘和恐怖,而是与民众比较亲切的佛教之神,"梦神告曰:'后日大风雨,为害不细,可亟以舟中之物它徙。吾今夕赴麻行水陆会,会罢即来寺后守塔矣。'"故事中先"有巨商檥舟寺下"而梦中获得神启,后有郡妇人"夜则寄宿于净居金刚之下",风作之前日则预告泥像将倒,暗示亲近佛寺就能获得佛教的庇护或者法力。《诸天灵应》讲许及之父事奉诸天而在梦中获得诸天的神启,诸天是佛教中的护法众天神。故事人物是许及之的父亲,许及之与木待问既是同乡,又是同榜的进士,关系应该非常密切,因此《诸天灵应》应该是一则熟人间的故事。《张八削香像》描述温州市人张八因不敬佛像而灵应烂足的故事,"客持檀香观音像来货,张恐其作伪,欲试之,而遍体皆采绘,不可毁,乃以小刀刮足底香屑蓺之。既而左足大痛,如疽毒攻其内者。药不能施,足遂烂。至今扶杖乃能行",细节描写相当生动。这几则故事始终保持着对佛教的敬畏姿态,或许是当地信佛群体中流传的宣扬佛教的灵应故事。

补卷六的《徐辉仲》是一则轮回报应故事,讲述徐辉仲曾在丹阳贷钱千缗,因债主去世,又无借契,徐辉仲隐埋债务不偿,后生子,因医子病而败家。病子卒前宣称乃债主投胎索偿,是典型的"讨债鬼"故事⑤。轮回报应与神灵感应有所不同,善恶报应不是由神明来实施的,而是世俗之人通过轮回在日常生活中完成的。故事中徐辉仲对于轮回的债主的报复行动毫无知觉,显示了轮回报应的不可抗性,因此这则故事不属于人鬼对抗,而属于神灵感应。《徐辉仲》的故事人物是"永嘉人徐辉仲",而故事提供者是"辉仲孙女为朱亨甫子妇"。朱亨甫无考,但"辉仲孙女"的身份意味《徐辉仲》是在讲述家庭内部的故事。《徐辉仲》讲述了一个家庭破产的故事,可以想象这样的经历对家庭成员的生活造成了极大的影响。

丁志卷十一的《沈纬甫》讲述瑞安人沈纬甫是潦倒无成、以交结邑官为业的穷酸士人,又有遭民讼而得实的县尉黄君,两人行为既不检点,狎妓泛舟时,黄君因戏言"可唱'平地一声雷'之词,为沈学士寿",沈纬甫跪受之,随即"有霹雳震沈氏之堂"⑥。故事中通过以邑人的议论明确解释了沈纬甫的遭遇,"恶事不可为。沈氏之雷,其得不监?彼好言'五内分裂',斯

① 《夷坚志》,第416页。

② 《夷坚志》,第417页。

③ 《夷坚志》,第417页。

④ 参见洪适《盘洲集》卷一七《慈茔石表》,《四部丛刊》本。

⑤ 《夷坚志》,第1606页。

⑥ 《夷坚志》,第633页。

其应乎!"雷霹的情节与故事中对此现象的解释,都体现了天人感应的观念,包括"堂门有天篆数行,外人莫得见",也是儒家神道设教的描述。丁志的成书时间在乾道七年(1171)至淳熙五年(1178)之间。七八年间,洪迈先知赣州,乾道九年罢赣守,一度退居鄱阳,又于淳熙四年起知建宁府。丁志卷十一《沈纬甫》的提供者是瑞安主簿陈处俊。淳熙八年,陈处俊知临海县时曾主持修缮县东南灵康庙①。据此推测,陈处俊任瑞安主簿与洪迈知建宁府的时间可能有所重合,故事当在这期间提供。故事发生在瑞安,当为陈处俊瑞安任上亲历事。

支癸卷一《乐清鲍贵》的故事发生在温州乐清,讲兵卒迎紫姑神扶箕而成功捕盗事②。扶箕是道教的占卜方法,紫姑神是扶箕占卜中最为流行的崇拜对象。这则故事的核心情节是降神占卜,但降神不是为了驱鬼,也不是预测命运,而向神灵祈求帮助。《乐清鲍贵》强调道教法术通神的能力,这是神力对世间的直接干预,属于神灵应验的范畴,只不过迎紫姑的兵卒充当了沟通人神的中间人,这与前述天人感应、佛法灵应或轮回报应故事中神灵直接施予报应的情形略有区别。故事提供者是台州黄岩人王居安,字简卿,与洪迈关系不详,庆元年间曾出知温州,此事当是王居安任上所亲历。

五

命定论在《夷坚志》中其实就是各种预言性的占卜故事,其中大量的科举梦占故事可以归为单独的一类。温州故事中有5则科举梦占故事。甲志卷四《胡克己梦》由林熙载提供,讲温州人胡克己梦见"先人坐堂上",妻以《论语》卷十一"先进"解之,登进士第十一名③。丁志卷十一《李卫公庙》由木待问提供,讲温州士子在城东李卫公庙祈梦占卜科举得失事④。乙志卷四《乐清二士》由王十朋提供,讲乐清秀才贾如愚以及王十朋兄弟科举梦占之事⑤。支景卷八《平阳王燮》讲平阳士人王廷用被要求改名"王燮"方得中选解额⑥。三志壬卷九《诸葛贲致语》讲永嘉诸葛贲在土地祠祈梦占卜科举之事⑦。这些故事均围绕科举得失皆命中注定的主题展开,一般先有误解、应验后又重新解梦的情节。如木待问提供的《李卫公庙》,王十朋登进士魁选之后,温州木子正梦见第二年温州出状元姓名为"木棐",于是改名"棐",结果木待问得中状元,于是解梦称,"木之身乃十字,移旁两笔,合棐之上为朋字,其下复一木焉,则十朋之后踵之者姓木,而非棐也"。又如《平阳王燮》中王廷用拒绝改名,声称"士子得失,岂自有命存,岂应信他人一梦"。王廷用的这个态度,非常符合顾颉刚所总结的"俟命论":

---

① 陈耆卿:《(嘉定)赤城志》卷三一《祠庙门》,影印文渊阁《四库全书》本。
② 《夷坚志》,第 1225 页。
③ 《夷坚志》,第 34 页。
④ 《夷坚志》,第 628 页。
⑤ 《夷坚志》,第 218 页。
⑥ 《夷坚志》,第 942 页。
⑦ 《夷坚志》,第 1537—1538 页。

谓上天之意在大体上是福善而祸淫,然而有不齐者焉,贤者不必寿,不仁者不必不禄也。夫论其大齐,天志可征,举其一事,吉凶未必。君子惟有敬德以祈天之永命(语见《召诰》),修身以俟天命之至(语见《孟子》)。此为儒家思想之核心,亦为非宗教的道德思想所必趋。①

王廷用拒绝改名显然是在维护儒家"俟命论"的立场,但是故事情节却中要破除儒家的这种观念,以强迫改名的方式让王廷用接受"命定论"的观点:

> 判官颇怒曰:"王秀才执志顽悍如此,我必要他改了。"……会秋闱不远,举人各纳试卷,连粘家状,廷用手写十纸,皆错误不堪用,瞿然而悟,即书为"夒",一上中选,继登第于丁丑王十朋榜中。②

又有非科举的梦占故事。甲志卷六《绛县老人》讲周公才自绛州绛县往晋州途中遇树精预言及道仙款待事③。树精预言周公才仕途不利,道仙的款待等情节中不断有法术的展现,这一类情节多见于道教招收学徒的故事中。《绛县老人》中周公才既不满于树精的预言,又没有意识到自己巧遇道仙,"周始悔恨,果连蹇二十余年甫得京秩"的结果,就使故事的主题由劝人入道变成了仕途定数。补卷十《田亩定数》讲温州瑞安木匠王俊梦见"生人禄寿籍",检知自己"田地不过六十亩,寿不过八十岁",后果应验,这是最典型的命定论故事④。此外又有丁志卷一《王浪仙》讲瑞安书生王浪仙学习占卦若有所成,后游历临安演卦灵验事⑤。同卷《僧如胜》讲永嘉僧如胜在临安遇小儿䴕卦影而灵验事,无不是宣扬命定论。⑥

除了 2 则讲占卜术师的故事提供者不详之外,以及补卷十的《田亩定限》提供者朱焕叟籍贯身份不详之外,其他梦占故事的提供者基本是温籍人士,只有《平阳王夒》的提供者王厚之是特例。王厚之,字顺伯,其先临川人,后徙诸暨,乾道二年进士,授温州平阳尉,绍熙五年知临安府。后提点江东刑狱,治所在鄱阳,时当在庆元年间⑦。王厚之与洪氏兄弟友善,支志中王厚之提供故事 11 则,故事多发生诸暨、湖州、会稽等地,其中支景卷八《平阳王夒》讲永嘉士人科举梦占之事。王厚之当于提点江东刑狱任时向洪迈提供,而《夷坚志》的支甲至三志等卷,均成书于绍熙五年至庆元四年洪迈告老乡居时期,这个时期《夷坚志》提供者的地域分布应该不如之前的广泛。由温籍人士提供的 5 则故事中,除了林熙载提供的《胡克己梦》,其他 4 则故事都有故事人物自述的情形,如木待问提供的《李卫公庙》讲"绍兴三十二年,郡士木待问蕴之得漕荐,谒庙扣得失";王十朋提供的《乐清二士》在讲完贾如愚的故事后,又讲了"王龟龄绍兴丙寅岁同其弟补试太学"时的科举梦占故事;三壬卷九的《诸葛贲致语》讲淳熙八年永嘉人诸葛贲科举梦占事,乃庆元四年诸葛贲为乐平丞时亲自向洪迈提供。

① 《性命古训辨证》,载《傅斯年全集》,第 599 页。

② 《夷坚志》,第 942 页。

③ 《夷坚志》,第 49—50 页。

④ 《夷坚志》,第 1639—1640 页。

⑤ 《夷坚志》,第 538—539 页。

⑥ 《夷坚志》,第 539—540 页。

⑦ 王年双:《洪迈生平及其〈夷坚志〉之研究》,第 168—169 页。

至于甲志卷六《绛县老人》，故事提供者林亮功是温州永嘉人，宣和中为太学生①。绍兴五年（1135）登汪庆辰榜②，绍兴十六（1146）年在临安③，绍兴二十二年至二十三年（1152—1153）任福州闽县丞④，当时洪迈福州教授任满前往广州。林亮功与故事人物周公才同乡，故事最后叙述"绍兴十六年，（周公才）以正旦朝谒，感疾，召乡人林亮功饭，具言平生所履，乃及此事"，因此也是周公才自述的故事，由林亮功转述于洪迈。

六

以上对 27 则《夷坚志》温州故事的观念类型及其与故事提供者、故事人物及故事地点等方面的关系，做了简要的分析。对温州故事的观念类型做出区分，并对故事提供者、故事人物、故事地点等方面存在的某些特点做出归纳，但这并不意味着观念类型与故事提供者等方面存在着某种内在的规律。《夷坚志》现存 200 余卷、近 3000 则故事。从中抽出 27 则故事，即使进行再精密的数据分析，也没有任何统计意义上的价值，何况还有比例不在少数的故事属于例外，并没有归入前述的观念类型中。同样，温州故事的观念类型以及各种观念类型故事的某些总体特征，并不是宋代整个温州社会鬼神观念的缩影或者代表。这里观念类型的研究只不过是从观念相似性的角度展开的，类型区分并不会使得故事获得某种本质属性，而只是帮助我们比较宏观地理解温州故事的内容及其内在观念。《夷坚志》故事绝大部分是由官员或士人向洪迈提供的，反映了在一些特定的官员、士人阶层中流传的与温州相关的奇闻异事而已，这既不能反映全部官员、士人所有的鬼神观念，更不能反映整个温州地区的鬼神观念。《夷坚志》温州故事中没有出现当地人讲述的发生在当地的鬼怪作祟的故事，只意味着特定情境下特定人群讲故事的偏好，并不意味着温州人不讲本地的鬼怪故事、或者温州的官员或士人不讲本地的鬼怪故事，而且温州只是《夷坚志》故事中所涉及的一个并不重要的地域，其他地域的鬼怪故事可能并不具备以上温州鬼怪故事中所出现的种种所谓的特点。

然而，无论是所有的《夷坚志》故事还是其中仅有的 30 余则温州故事，都是宋代社会文化的一个侧面。通过这些被记载的故事，可以确信，宋代社会或者当时的温州社会流传着各种各样的与鬼神有关的故事，这些故事可能制造了迷信或者愚昧，同时又帮助人们解释了生活中各种难以理解的现象；可能会导致社会秩序局部的混乱，同时又使人们产生某种特定的社会秩序观念；可能是人们心理焦虑的产物，同时也帮助人们缓解了心理压力。对于普通民众而言，这些观念或故事是他们理解外部世界的基本方式。对于接受儒家文化的官员、士人而言，这些故事也不仅仅是他们茶余饭后的谈资，就他们强烈的传播兴趣而言，未免不是潜

---

① 《夷坚志》，第 65—66 页。

② 《（万历）温州府志》卷一〇《科举志》，基本古籍库影印明万历刻本，第 6 页。

③ 《夷坚志》，第 49—50 页。

④ 梁克家《（淳熙）三山志》卷九《公廨类三》载："闽县厅嘉祐七年……绍兴壬申（绍兴二十二年）到丞林亮功始立题名"，影印文渊阁《四库全书》本。又《建炎以来系年要录》卷一六四载："（绍兴二十三年五月甲午）左从事郎、福州闽县丞兼权察推林亮功特降一资，以鞫乡贡进士郑炜签书不当也"，影印文渊阁《四库全书》本。

意识中被压抑的社会观念的一种表达形式。

《夷坚志》故事主要来源于官员、士人,这在温州故事中几乎没有例外(如不计提供者不详或者身份不详者的话),在所有的《夷坚志》故事中也是一个明显的特点。当洪迈开始收集这些奇闻异事时,与洪迈有所交往的官员、士人,就抱着对于涉及怪力乱神的不同心态,或多或少地向洪迈提供故事。除了少数提供了大量故事的人,多数向洪迈提供故事的官员、士人平时并不特别留意这些故事。可以这样想象,当时的社会中流传着无穷多的奇闻异事,其中小部分进入了官员、士人的口头流传或记忆中,其中又有一批官员、士人机缘巧合地将这些故事提供给了洪迈,但他们在向洪迈讲述这些故事时,会按照自己的观念对记忆中的奇闻异事的进行筛选、修饰、改编。

总之,鬼神观念只是社会生活的一种扭曲和片面的反映。《夷坚志》并不能反映宋代社会的整体面貌,也不能反映宋代社会鬼神观念的整体面貌,而仅仅反映宋代官员、士人阶层对社会中流传的各种鬼神观念或奇闻异事的反映或处理方式。对于试图通过《夷坚志》来认识宋代社会的研究者来说,这或许是一个不好不坏的结论:看似记载了大量底层生活的《夷坚志》,虽然不是绝对不能反映宋代社会底层的生活面貌,但如何把握这种反映与宋代社会实际情形的距离的难题可能尚未解决;"洪迈收集《夷坚志》故事",并不是写就了一部民众的社会文化史,而只是官员、士人阶层中发生的一个"讲故事"的"历史事件"。

所以,前述温州故事的观念类型及相关分析,是基于对这个讲故事的历史事件的解读而展开的。通过整理发现,温州故事中的鬼怪论故事呈现出"陌生环境"故事的特点。这个特点意味着,那些为洪迈提供《夷坚志》故事的官员、士人们,他们有意无意地偏好通过鬼怪作祟的情节将鬼怪论的观念应用于讲述陌生环境的故事,鬼怪作祟故事表达了对陌生环境的恐惧,这种恐惧是冲突对抗的社会关系的一种反映;同时,他们偏好通过神明灵应的情节将命正论的观念应用于讲述乡邦以内的故事(以府州为分配单位科举解额的制度或许决定了宋代官员、士人的乡邦观念是以府州为范围的),这类故事以一种世俗的方式宣扬惩恶扬善的道德观念,表达了构建"道德共同体"的愿望;他们又偏好通过梦占预言等情节将命定论的观念应用于讲述与自身命运有关的故事,表达了无法把握自身命运的焦虑,这种焦虑来源于人生前途被人控制的无力感。这些分析落实到讲述这些《夷坚志》温州故事的官员、士人身上,那么可以认为,他们有意无意地对乡邦抱有构建道德共同体的美好愿望;他们的命运掌握在朝廷手中,对于科举与仕途充满了不确定的焦虑;他们的游宦游学生活中经常出现对抗情绪与冲突行为,他们潜意识中对于游宦游学生活充满了恐惧。

费孝通曾用"差序格局"这个概念来形容乡土中国的社会结构,并形象地将其描绘成"丢石头形成同心圆波纹的性质。"①其实这种"同心圆"的社会秩序观念不仅存在于乡土中国,传统儒家的正统的社会秩序就是由两组不同的"同心圆"构成的:一组是以儒生的道德理性为核心,由自身、家庭、乡邦、君国向普世天地层层扩散的儒生践道的社会秩序观念;另一组是以朝廷为核心层层向边缘地带扩散的政治大一统的社会秩序观念,"王朝国家的政治控制能力与控制强度依次递减……文化内涵则由以所谓'儒家文化'为核心的华夏文化向尚武、

---

① 费孝通:《乡土中国·生育制度》,北京大学出版社 1998 年版,第 26 页。

'好巫鬼'的'蛮夷文化'递变。"①然而这些都是官员、士人的正统的或者说是显意识的社会秩序观念。《夷坚志》温州故事的观念类型则反映了宋代科举、官僚社会中另一种世俗化的或者说是潜意识的社会秩序观念。在这种观念中,乡邦成为世俗生活道德共同体的边界,超出这个边界就进入了一个陌生人的世界。这个陌生人的世界同时也是具有强烈功利诱惑的冒险的世界,官员、士人们一生的荣辱,取决于朝廷是否可以为他们开启这样一场刺激的冒险历程。这就是世俗的科举、官僚社会中的三元的"乡邦—朝廷—异乡"空间社会秩序。从区域社会史的角度讲,这里所体现的"乡邦成为世俗生活道德共同体的边界"的这类"地域观念",所反映的不是帝国想象中的统一版图中的部分,不是通过限制国家普遍权力而兴起的社会的自主领域。这类"地域观念"意味着中国社会生活中常见的以地域为界限的"我们—他们"的观念。这种观念将各个地域分割开来,地域间仅仅依靠中央政府的统治而"并联"在一起,比较接近于现当代中国政治生活中具有贬义的"地方主义"的概念。

七

前述《夷坚志》温州故事三种观念类型的归纳,只是以讲述者的共同偏好这个角度给予归纳性分析而已。《夷坚志》仅有的 33 则温州故事中,有 5 则故事并没有归入到前述的观念类型中,这并不等于说他们没有或者只有较少的分析价值。

丙志卷五由陈棣提供的《徐秉钧女》讲述永嘉徐秉钧女儿死后投胎至城外虚市叶秀才家的故事②。这则投胎故事中没有出现在人间活动的鬼怪,故事情节也没有因果报应的联系,而是描述了人死之后灵魂的存在以及通过投胎的方式重返阳间,但故事的关切或者主旨并非宣扬灵魂论或者转世论。推动故事情节的因素,第一是母亲的思念之情,第二是对于身份的焦虑。故事开始就点出了徐秉钧的身份是"县丞",一个低级的官员。女儿早逝,母亲因思念而有所梦,这本是人之常情。投胎转世,也是民间流行的观点。女儿向母亲托梦称,"复生为男子矣",这已是幸运,然后告之转世的地点,这些似乎是为释母亲的悼念之情。但女儿交代的最后一句是"彼家亦且作官人",似乎这是投胎时相当重要的目标。此后徐秉钧等按梦境提示寻找转世女儿,转世的地点在"正得一米肆,其邻若士人居"的"叶子羽秀才宅"。见到转世的女儿后,故事并没有结束,而是特地交代"子羽名之仪,明年果登科",以及"儿十余岁时,犹间至徐氏,常称冯为安溪妈妈"。故事很容易让人联想到这是官员、士人阶层相互联姻的一种替代或者说是心理补偿。故事的提供者青田(或缙云)陈棣与故事中的徐秉钧均为低级官员,籍贯均在浙南山区,也或者曾经同僚,对各自的生活相互熟悉。故事提供者以及故事中的人物关系,均让人感受到处于同一区域的官员、士人阶层相互建立社会关系的强烈需求。故事中所体现的对于女儿转世结果的"庆幸"之情,说明这种超越了传统血缘和地缘的、在较大区域内构建起来的可以称为"业缘"的社会关系,在当时或者当地社会中仍处于新兴、艰难与不稳定的状态之中。

---

① 引自鲁西奇《中国历史的空间结构》,未刊稿。
② 《夷坚志》,第 406 页。

丙志卷九《应梦石人》由温籍官员张阐提供,讲述知成都府席益因梦占而迁葬其母于温州事①。张阐,字大猷,宣和六年(1124)进士,累官工部尚书,隆兴二年(1164)卒。洪迈撰述丙志时间在乾道三年至七年(1167—1171),当时故事提供者张阐已经去世。而故事中的席益,绍兴元年(1131)知温州②,绍兴五年至七年(1135—1137)知成都府,而绍兴九年(1139)卒于永嘉,离洪迈记载此事将近隔了三十年③。席益将母亲迁葬温州,自己也晚年寓居温州。故事中所谓的"应梦石人"可能只是温州当地因席益事引以为荣而编造的传说。故事是由温籍官员讲述的,从中很难把握席益对温州的真实态度。从温州地域社会的角度讲,通过占卜、阴宅等情节表达地方与官员的特殊关系,其实是地方社会对家乡风水的热情宣扬,也是地方官员、士人阶层试图建立地方性权威的一种途径。

丙志卷一的《九圣奇鬼》与丁志卷十二的《薛士隆》记载薛季宣家中鬼怪作祟之事,"薛士隆(季宣)家既遭九圣之异,其后称神物降其居者尚连年不绝。"④《九圣奇鬼》中称"宣恨其始以轻信招祸,自为文曰《志过》,记本末尤详。予采取其大概著诸此",则此事为薛季宣文中自述,洪迈据此编入《夷坚志》。《薛士隆》则称"士隆学无所不通,见地尤高明渊粹,刚正而有识,方向用于是,年才四十而至此极",显然是洪迈自己的史家笔法。两则故事的内容主要涉及鬼怪作祟、巫医及道士驱鬼、儒士毁淫祠、佛教偈子式的预言等,是各种鬼神观念的汇集。从地域社会的角度讲,故事发生的背景是薛士隆隆兴二年(1164)及乾道九年(1173)居乡待次发生鬼怪作祟以及遭到巫医、庸医陷害之事,表现了官员居乡时的某种紧张的态度。丁志卷十一《天随子》是木待问居乡待缺时,因遭火灾陷入贫困,于是作忍贫诗,诗中以唐人陆龟蒙(号"天随子")自勉。后来木待问在读《甫里先生(陆龟蒙号)传》时又梦见陆龟蒙前两诉说两人之遭遇⑤。这个故事突出"天随子"这个典故也表达出"富贵在天"的俟命论观念。梦境中出现的"天随子"陆龟蒙与木待问的对话也并非预言,而是有所托付。其身份也并非主宰的天神,而是先贤的灵魂,这样的灵魂也不是与人杂处的鬼魂,而是生活在另一平行世界之中。与《九圣奇鬼》《薛士隆》一样,《天随子》也是一则表现官员不如意的乡居生活的故事。

完成于庆元三年(1197)的三志中,有23则故事转录自洪迈亡友李泳的《兰泽野语》。其中三己卷八《台岭钱王庙》讲往来之人敬事温州、福州相接道中钱王庙事,贫窭之人祈祷神主,即能从地中掘钱,有越人虞叔曹乞赐黄金十两,无所获而去⑥。这则故事表面上类似于灵应故事,但灵应的神主"不载祀典,亦不知起于何年及钱氏何王庙也",故事称钱王庙"土俗往来,咸加敬事",以及地中掘钱这类滑稽的灵应方式,这样的神主并无力控制人的命运,是典型的民间淫祠。民间淫祠以鬼为神,其行动有时表现为作祟的厉鬼,有时表现为灵应的神明。《夷坚志》中有一类因官员毁淫祠而鬼神作祟的故事,反映了官员或儒生与民间习俗的冲突。台岭钱王庙中的神主性善而滑稽,故事对于钱王庙并无敬畏之情,却是以容忍的态

---

① 《夷坚志》,第441页。

② 参见《宋会要辑稿·职官三》。

③ 参见《建炎以来系年要录》卷一二八,绍兴九年四月甲戌条,影印文渊阁《四库全书》本。

④ 《夷坚志》,第364—369、641页。

⑤ 《夷坚志》,第628—629页。

⑥ 《夷坚志》,第1363页。

度体现儒家官员对民间淫祠的道德判断,这未尝不是宣示另一种治理权的方式。

前文提出,《夷坚志》温州故事的三种观念类型,反映了世俗的科举、官僚社会中的三元的"乡邦—朝廷—异乡"空间社会秩序,其中包含着一种"乡邦成为世俗生活道德共同体的边界"的这样一种"地域观念"。通过前述几则例外的温州故事,还可以对这个观点做出补充:官员、士人阶层的这种地域观念是伴随着这个阶层的势力在地方兴起而逐步构建的过程,这个构建过程既包括《徐秉钧女》所反映的阶层内部的相互认同与社会关系的建立,也包含《应梦石人》所反映的官员、士人阶层对乡邦风土的宣扬,还包含《天随子》所反映的官员、士人阶层在地方社会中的孤立感,以及《九圣奇鬼》《薛士隆》这些故事所反映与地方原有势力之间的紧张关系。

《夷坚志》温州故事相关信息一览表

	卷目	题目	故事地点	故事人物	类型	提供者
1	乙志卷八	牛鬼	温州	黄岩籍温州官员高世令	鬼怪	钱塘籍吴说
2	丙志卷九	温州凭宅	温州	仲监税、吕监税	鬼怪	不详
3	乙志卷二	蒋教授	缙云、温州	温籍缙云官员蒋敦书	鬼怪	会稽唐冼、常州蒋苪
4	甲志卷四	项宋英	婺州、临安	温籍士人萧振	鬼怪	温籍林熙载
5	支乙卷四	叶氏庖婢	湖北	温籍官员叶适婢女	鬼怪	温籍叶适
6	支丁卷二	顾百一	温州	温州老农	鬼怪	乐凌籍吕大年
7	支丁卷三	海山异竹	温州	温州海商	道教	乐凌籍吕大年
8	丙志卷五	西洋庙	温州	温籍平民胡汉臣	鬼怪	缙云籍陈棣
9	甲志卷七	金钗辟鬼	温州	温州民张七妻	鬼怪	朱亨叟
10	甲志卷七	搜山大王	开封	温州民王居常	鬼怪	朱亨叟
11	甲志卷四	江心寺震	温州	温籍小民	灵应	温籍林熙载
12	甲志卷五	义鹊	温州	动物	灵应	温籍林熙载
13	甲志卷七	炽盛光咒	温州	温籍士人曹毅	灵应	温籍戴宏中
14	丙志卷六	温州风灾	温州	商人	灵应	温籍木待问
15	丙志卷六	诸天灵应	温州	温籍官员许及之之父	灵应	温籍木待问
16	丙志卷六	张八削香像	温州	温州市人张八	灵应	温籍木待问
17	补卷六	徐辉仲	温州	温州民徐辉仲	灵应	朱亨甫妻
18	丁志卷十一	沈纬甫	温州	温籍士人沈纬甫	灵应	温州官员陈处俊
19	支癸卷一	乐清鲍贵	温州	温州县尉	灵应	黄岩籍温州官员王居安
20	甲志卷四	胡克己梦	温州	温籍士人胡克己	科举梦占	温籍林熙载
21	乙志卷四	乐清二士	温州、临安	温籍士人贾如愚、王十朋	科举梦占	温籍王十朋
22	丁志卷十一	李卫东庙	温州	温籍士人木待问	科举梦占	温籍木待问

	卷目	题目	故事地点	故事人物	类型	提供者
23	支景卷八	平阳王夔	临安	温籍士人	科举梦占	诸暨籍温州官员王厚之
24	三壬卷九	诸葛贲致语	临安	温籍士人诸葛贲	科举梦占	温籍诸葛贲
25	甲志卷六	绛县老人	绛县	温籍临安官员周公才	占卜	温籍林亮功
26	补卷十	田亩定限	温州	温州民王俊	梦占	朱焕叟
27	丁志卷一	王浪仙	临安	温籍术士王浪仙	占卜	不详
28	丁志卷一	僧如胜	临安	温州僧如胜	占卜	不详
29	丙志卷五	徐秉钧女	温州	温州官员徐秉钧	其他	缙云籍陈棣
30	三己卷八	台岭钱王庙	温州	越人虞叔曹	其他	扬州籍李泳
31	丁志卷十一	天随子	温州	温籍官员木待问	其他	温籍木待问
32	丙志卷九	应梦石人	成都、温州	洛阳籍前任温州官员席益	其他	温籍张阐
33	丙志卷一	九圣奇鬼	温州	温籍官员薛季宣及家人	其他	温籍薛季宣

（作者单位:浙江大学历史系）

论南宋吃菜事魔现象之流变
及其与白莲教的融合

范立舟

　　两宋本土化的摩尼教(明教)不断地掺入中国本土各种文化元素,其传播形式也发生重大变异,它培育并生发出机构型的组织形式,产生出渲染仇视现实和盲目膜拜教主的情绪,教主通过各种强制性的精神手段和暴力行为来控制教徒,制造出政治与法律的事件。陈高华指出,"吃菜事魔是当时各种异端宗教的总称,摩尼教只是其中的一种。"①"吃菜事魔是统

---

　　①　陈高华:《摩尼教与吃菜事魔》,载《中国农民战争史论丛》第 4 辑,河南人民出版社 1982 年版,第 98 页。"吃菜事魔"信仰的归属问题,国内外学术界一直未能取得一致的共识。陈垣就曾表示吃菜事魔与摩尼教的关系已不可考。参见氏著《摩尼教入中国考》,载《陈垣学术论文集》第一集,中华书局 1980 年版,第 364 页。竺沙雅章不同意那种将史籍中"吃菜事魔"字样所表露的精神归属一概视作明教,即摩尼教的做法。他说:"吃菜事魔是吃素并信奉魔神的意思,其所指非常笼统暧昧。根据字义,它不但可以指摩尼教,也可以用以指精进洁斋的佛教的一派。"参见氏著《关于吃菜事魔》,载刘俊文主编:《日本学者研究中国史论著选译》第 7 卷(思想宗教),中华书局 1993 年版,第 361—362 页。陈高华还认为:"说吃菜事魔就是摩尼教,当然不确;将吃菜事魔理解为不同于正统摩尼教的异端摩尼教,也是不很合适的。"参见《摩尼教与吃菜事魔——从王质〈论镇盗疏〉说起》,载《中国农民战争史论丛》第 4 辑,河南人民出版社 1982 年版,第 98页。林悟殊也表达了同上述观点类似的意见:"在宋代,吃菜事魔一词之专用于摩尼教(明教),看来只局限于一些佛教徒而已,而就统治者而言,始终都没有用该词来专指明教。因此,历史上被称为吃菜事魔的人,可能与摩尼教有关,亦可能无关。"参见《摩尼教及其东渐》(增订版),台北淑馨出版社 1997 年版,第 163—164 页。林氏又说:"任何宗教团体的命名,不是与创立者的名字有关,便是与其宣传的教义有关。摩尼教之所以被称为摩尼教,就是因为其创立者为波斯人摩尼……摩尼教崇拜光明,故在中国又称明教。"而在两宋不以明教自称的宗教团体,很难让人相信是摩尼教。参见《摩尼教及其东渐》(增订版),第 163 页。另外一种意见倾向于"吃菜事魔"信仰就是摩尼教或其支派。王国维《摩尼教流行中国考》一文罗列了汉文古籍的大量资料中有关"吃菜事魔"的记载,而这些记载都理所当然地被视作是摩尼教的事迹,最后说:"右古书所记摩尼教事,其概如此。"参见《摩尼教流行中国考》,载《观堂集林》,河北教育出版社 2001 年版,第 800页。范文澜继承了类似的看法:"唐武宗禁止各宗教,后来各教解禁,摩尼教独被永远禁止。以后民间秘密结社的魔教(教徒称事魔吃菜人)、白莲社(又称白莲会)、白云宗、明尊教,都是摩尼教的支派。"参见《中国近代史》,人民出版社 1953 年版,第 354 页。其后的中国学者大多视"吃菜事魔"为摩尼教之变种或摩尼教派的秘密宗教。参见方庆瑛《白莲教的源流及其和摩尼教的关系》,载《历史教学问题》1959 年第 5 期。叶显恩:《也谈〈辍耕录〉中的扶箕诗》,载《历史研究》1978 年第 4 期。朱瑞熙:《论方腊起义与摩尼教的关系》,《历史研究》1979 年第 9 期。

治者对各种异端宗教的污蔑性的总称,各种异端宗教都有自己的名称、自己的组织。"①这种说法,事实上并没有将摩尼教(明教)从污名化的"吃菜事魔"中排除出去,我们可以说在南宋,社会人士则习惯于将五花八宗的秘密宗教,均以"吃菜事魔"代称之,但也包含具有摩尼教(明教)元素的民间宗教团体。本文所要讨论者,并非摩尼教之东渐及入华与在中土传播流衍之繁复历程,亦非在于解决摩尼教在中国的本土化与其所展现的独特的生存演进特征,而是侧重于解释南宋吃菜事魔宗教团体及文化现象中的摩尼教身影以及它与中国本土宗教信仰尤其是白莲教的交融互渗。我们关注的主题是:第一,摩尼教在南宋之时与民间吃菜事魔信仰的融合及其对后者的改造具体是如何运作的;第二,摩尼教对南宋白莲教的渗透与控制以及两者的交融和变异是如何进行的;第三,摩尼教在与白莲教互渗过程中对后者反叛特性骤然上升所起到的作用究竟何在。我们试图证明,涂尔干(Emile Durkheim)所讲的宗教是人类群体的集体表象,通过社会组织了解宗教的说法,就是捕捉那种存在于人们身体之外的行为方式、思维方式和感觉方式,却通过一种强制力,施以每个个人的宗教—社会现象②。在中国古代的社会下层,是真切地存在过的。

一

南宋初,官方对包括吃菜事魔的所有民间宗教,一并以"妖教"论之,强化了对"妖教"的排斥心理和取缔政策:

> 江浙之人,传习妖教旧矣,而比年尤盛。绵村带落,比屋有之。为渠首者,家于穷山僻谷,夜则啸集徒众,以神怪相诖诱,迟明散去,烟消鸟没,究之则鬼,迹捕之则易以生事。根固蔓连,势已潜炽。其人类多奸豪,拳勇横猾不及,此时因召募而收用之,以消患于未萌。③

> 兴国民郭友余习妖教,郡以屡赦,闻公言,友余张角术也。异时李逢尝以此惑民,请论如法。④

> (绍兴五年秋七月丙申)访闻饶、信山谷间有劫掠道途者,兼浙东、江左自来传习妖教,夜聚晓散之徒,连村举邑。⑤

> 民之不饮酒、不茹荤而习妖教者,其罪死。⑥

---

① 陈高华:《摩尼教与吃菜事魔》,载《中国农民战争史论丛》第4辑,第105页。王见川:《从摩尼教到明教》,新文丰出版公司1992年版,第七章第二节《"吃菜事魔"试释》,从《佛祖统纪》卷四八所引洪迈《夷坚志》入手分析,得出的结论是:不能在吃菜事魔与明教之间划等号,反而可能是因为明教的仪式和经文与吃菜事魔所拥有的相类似而被洪迈或志磐贴上吃菜事魔的标签。参见该书第267页。

② 涂尔干(Emile Durkheim)著,渠东、汲喆译:《宗教生活的基本形式》,上海人民出版社1999年版,第102页。

③ 范浚:《香溪集》卷一四《募兵》,影印文渊阁《四库全书》本。

④ 汪藻:《浮溪集》卷二四《朝散大夫直龙图阁张公(根)行状》,影印文渊阁《四库全书》本。

⑤ 李心传:《建炎以来系年要录》卷九一,绍兴五年秋七月丙申条,第1525页。

⑥ 杨万里:《诚斋集》卷八八《治原中》,影印文渊阁《四库全书》本。

所谓的"妖教",就是不被官方意识形态接纳的宗教异端。"妖教"与官方认可的正统宗教虽然存在着本质性的差异,但更多的差异表现在政治范畴,而不是宗教本身,凡是不被统治秩序所承认者,就会被统治者视为"妖教"、"邪教",这在宋代一向如此①。仁宗时平灭王则之乱后,大臣张方平就上言:"京畿、京东西、河北民间,传习妖教寝盛,比曾上言乞加防禁。盖愚俗传习,初无恶意,渐为诱惑,因入于邪。州县官司因循,不切觉举,至于法寺议断,又亦例从宽典,以故愚民公然传习僧徒讖戒、里俗经社之类,自州县坊市至于军营外及乡村,无不向风而靡,所由来者渐矣。近贝州妖贼传云凭恃妖术,朝廷加罚按察等官,自缘素失防检,致滋窃发,故降新条,增损旧文,重故纵之坐,然闻州郡颇有告发妖事者。中使驰传,捕妖者近已数辈。窃虑奸人乘便构造疑似以干赏利,官吏希风,不详事体,枝蔓考逮,以及善良。或挟怨仇,更相攀引,榜掠之下,何求不获,则平人自诬皆为妖党,上致朝廷深惑,下使人情惴恐。伏望圣慈,深察此理,特降明诏,应今日以前传习妖教,人并与除罪,内情涉不顺,徒党已成者,即令勘奏,今日已后,仍敢传习者,并依新敕施行。夫制天下之动者,待之以静而已,使事循于理,淑慝有辨,则安天下之道也。"②徽宗时方腊之乱未平息,李纲也说过:"方寇者,本狂愚无知之人,传习妖教,假神奇以惑众,遂谋僭逆,然有狡狯奸人为之辅翼,悉假古人名号以自隐,莫知其为谁何。凭负险阻,胁诱乌合亡命之徒,建号改年,妄相称谕,其初不过劫掠村落,运致资粮,倔强巢穴,以苟岁月耳。"③那么,到南宋时,妖教与吃菜事魔是一种怎样的关系?"妖教"是指吃菜事魔吗?

南宋初际,福建人廖刚曾上《乞禁妖教札子》:

> 臣谨按:《王制》曰:"执左道以乱政,杀;假于鬼神、时日、卜筮以疑众,杀。"非乐于杀人,为其邪说诡道,足以欺惑愚众,使之惟己之从,则相率为乱之阶也。今之吃菜事魔,传习妖教正此之谓。臣访闻两浙、江东西,此风方炽。倡自一夫,其徒至于千百为群,阴结死党,犯罪则人出千钱或五百行赇,死则人执柴一枝烧焚,不用棺椁衣衾,无复丧葬祭

---

① 此处必须厘清"民间宗教"的概念及其与"妖教"或称"邪教"之类宗教异端的关系。民间宗教一般是指乡土社会中植根于传统文化,经过历史选择并延续下来的有关神灵、祖先、圣贤、及自然之物的信仰和崇拜。杨庆堃(C. K. Yang)认为中国宗教的特性是"分散性宗教",它混杂在日常生活、道德意识等其他社会面相中,难以对其进行清晰地界分,这类信仰形式只是世俗世界的有机组成部分。参见杨庆堃(C. K. Yang)著,范丽珠等译:《中国社会中的宗教》,上海人民出版社2007年版,第268—274页。在古代中国,民间宗教一是指一部分人所共有的宗教行为,二是指与士绅阶级的宗教明显不同的民众特有的宗教行为。政府支持的正统教义与民间的"异端"信仰泾渭分明,正统对"异端"信仰的排斥司空见惯。但是,这种排斥和诋毁不可以简单地理解为政府与民间宗教团体之间的对阵,不同的宗教团体之间也会相互指斥对方是"异端"或"妖教",并将自己吹嘘为正统意识形态的代表。关于这方面的研究,参见[美]太史文(Stephen Teiser):《中国宗教的精神》(*The Spirits of Chinese Religion*),载[美]唐纳德·洛佩兹(Donald S. Lopez, Jr.)主编:《中国宗教实践》(*Religion of China in Practice*),普林斯顿大学出版社1996年版。古代中国被称作"妖教"的民间宗教聚集极有可能不出于单纯的宗教目的,开始时也不出于政治意图,它们不为统治秩序所承认,是因为它们赤裸裸的经济考量,它们颠覆了原本平静的乡村社会基于血缘伦理关系建构的温情脉脉的人伦秩序,这同样为统治阶层所不容。

② 张方平:《乐全集》卷二一《论京东西河北百姓传习妖教事》,影印文渊阁《四库全书》本。

③ 李纲:《梁溪集》卷一百八《上门下白侍郎书》,影印文渊阁《四库全书》本。

祀之事。一切务灭人道，则其视君臣上下复何有哉？此而不痛惩之，养成其乱，至于用兵讨除，则杀人将不可胜数矣。宣和间，江浙数州已见此事，厥鉴未远也。臣闻传习事魔为首之人，盖有所利而为之，诳惑愚民，怵以祸福而取其财物，谓之教化，此最不可恕者。[①]

广为人知并广为引用的陆游《条对状》也说：

> 妖幻邪人，平时诳惑良民，结连素定，待时而发，则其为害，未易可测。伏缘此色人处处皆有，淮南谓之二桧子，两浙谓之牟尼教，江东谓之四果，江西谓之金刚禅，福建谓之明教、揭谛斋之类，名号不一，明教尤甚。至有秀才、吏人、军兵亦相传习。其神号曰明使。又有肉佛、骨佛、血佛等号，白衣乌帽，所在成社，伪经妖像，至于刻板流布……烧乳香，则乳香为之贵；食菌蕈，则菌蕈为之贵。更相结习，有同胶漆，万一窃发，可为寒心。[②]

尽管陆游的《条对状》并没有将"妖教"与吃菜事魔直接相对应，但他笔下的"二桧子"、"牟尼教"、"四果"、"金刚禅"、"明教"、"揭谛斋"都是一类不为官方政治秩序与正统意识形态所容的具有反叛意识与潜在动力的民间宗教形式。从本质上讲，政府方面并不关心民间宗教团体所崇奉的教义到底讲了些什么，他们最关心的是这些团体的集会和作为集会延伸的宗教活动（包括令人费解的仪式）是否具有反政府性质；士大夫最关心的是这些团体集会的精神动因以及终极诉求是否合乎儒家价值，他们更关心支撑这些团体的精神元素的归属。陆游还说过：

> 闽中有习左道者，谓之明教。亦有明教经，甚多刻版摹印，妄取道藏中校定官名衔赘其后。烧必乳香，食必红蕈，故二物皆翔贵。至有士人宗子辈，众中自言："今日赴明教斋。"予尝诘之："此魔也，奈何与之游？"则对曰："不然，男女无别者为魔，男女不亲授者为明教。明教，妇人所作食则不食。"然尝得所谓明教经观之，诞谩无可取，真俚俗习妖妄之所为耳。又或指名族士大夫家曰："此亦明教也。"不知信否。[③]

陆游在《条对状》讲到的"二桧子"，亦作"二会子"或"二会"。陈垣推测此即摩尼教的主要教义"二宗""二桧子当即二宗，九姓回鹘可汗碑所谓'阐扬二祀'是也。"[④]宁宗开禧年间（1205—1207）担任过台州知州的李守兼撰有《戒事魔十诗》，其一云："莫念双宗二会经，官中条令至分明。罪流更溢三千里，白佛安能救尔生？"[⑤]此处"双宗二会"相提并论，应当是指同一事物。而且，陆游说明教的习俗："烧乳香，则乳香为之贵；食菌蕈，则菌蕈为之贵。"又说："烧必乳香，食必红蕈，故二物皆翔贵。"李守兼的《戒事魔十诗》有一首是这么写得："肉味鱼腥吃不妨，随宜茶饭守家常。朝昏但莫为诸恶，底用金炉爇乳香。"[⑥]所以，淮南的"二桧

---

① 廖刚：《高峰文集》卷二《乞禁妖教札子》，影印文渊阁《四库全书》本。

② 陆游：《渭南文集》卷五《条对状》，载《陆放翁全集》，中国书店 1986 年影印世界书局 1936 年版，第 27 页。

③ 陆游：《老学庵笔记》卷一〇，中华书局 1979 年点校本，第 125 页。

④ 陈垣：《摩尼教入中国考》，载陈乐素、陈智超编校：《陈垣史学论著选》，第 165 页。

⑤ 陈耆卿：《嘉定赤城志》卷三九《风土门二·李守兼戒事魔十诗》，影印文渊阁《四库全书》本。

⑥ 《嘉定赤城志》卷三九《风土门二·李守兼戒事魔十诗》，影印文渊阁《四库全书》本。

子"就是摩尼教,具有"吃菜事魔"的全部特征。"牟尼教"就是"摩尼教"的异译,绝无疑义,而摩尼教禁绝荤腥,奉摩(魔)尼为教主。这里应当说明,"魔"字最早为梵文 mara(魔罗)的略称,佛家把一切扰乱身心、妨碍修行的心理活动统称为"魔";而"魔王"一词又是印度佛教中欲界第六天之主波旬(梵文 Papiyas)的专称①。宋代以前,"魔"字在史书中偶有出现,多与佛教人事相关。两宋明教盛行,统治者颇为忌惮,加以"吃菜事魔"的恶谥,"吃菜",因明教素食习俗而生发,"魔"字在此既是"摩"的谐音,又带有凶顽邪恶之意。故而"魔贼"、"魔王"等称呼,也便成为信奉明教的反叛者的专用贬称。所谓的"四果"指佛教的四种果位,即须陀洹果、斯陀含果、阿那含果、阿罗汉果②。被正统佛教徒视作"事魔邪党"的"白云菜"信仰,正有对应"四果"的行动:"白云菜者,徽宗大观间(1107—1110),西京宝应寺僧孔清觉居杭之白云庵,立四果、十地,造论数篇,教于流俗,亦曰'十地菜'。觉海愚禅师辨之,有司流恩州。嘉泰二年(1202),白云庵沈智元自称道民,进状乞额。臣僚言道民者,吃菜事魔,所谓奸民者也。"③"四果"是"白云菜"(白云宗)信仰范畴,它是佛教华严宗的一个支派,教徒在家者称"道民",以屏妻子、断荤酒为戒律,晨夕诵经,躬耕自活。南宋时流行于两浙,徒众千百为群,焚香结会,宁宗庆元(1195—1200)、嘉泰(1201—1204)间,一度遭到禁止。《宋会要辑稿·刑法》二之一三〇:"庆元四年(1198)臣僚上言:'浙右有所谓道民,实吃菜事魔之流,而窃自托于佛老以掩物议,既非僧道,又非童行。'"他们也被社会主流归为"吃菜事魔"。"金刚禅"是一种带有佛教密宗意味的民间宗教。揭谛斋,则可能也如白云菜(白云宗)、四果、金刚禅等信仰那样,是佛教、摩尼教及当地传统精神皈依习俗杂糅而成的一种大众信仰④。佛教谓众

---

① 天分为欲界天、色界天和无色界天。欲界天有六层,亦称"六欲天"。"欲界有六天:一、四王天;二、忉利天;三、夜摩天;四、兜率天;五、乐变化天;六、他化自在天。他化自在天王多具眷属,障碍佛道,称为第六天之魔王。"参见丁福保编《佛学小辞典》"六天"条,长春市古籍书店 1984 年据 1938 年医学书局石印本影印本,第 100 页中—下。"波旬","恶魔之名,译作杀者、恶者"。参见丁福保编:《佛学小辞典》"波旬"条,第 208 页。在佛典《阿含经》、《愣严经》、《佛本行集经》、《大品般若经》等经中皆广载恶魔或波旬之名相、语意,以及其妨害佛陀或诸修行者、破坏善法的事迹。

② 须陀洹(梵语 Srotāpanna,巴利语 Sotapanna),汉文译为预流、入流,佛教术语,是佛教中最初的修行位阶,为沙门四果中的初果。须陀洹意思是凡夫通过修行断尽"见惑",开始见到佛道,进入圣道之法流。证得须陀洹果以后,永远不会堕入三恶道(畜牲道、饿鬼道、地狱道)。只会在须陀洹和三善道(天道、阿修罗道和人道)之间轮回。斯陀含(梵语 Sakridāgāmi,巴利语 Sakadagami),汉文意思是"一往来",意思指的是只会在天界与人间再往返一次,就能够在此后证得四果,完全解脱六道轮回。阿那含(梵语 anāgāmin),汉语"不来"或"不还"之义。是佛教修行者进入圣道的果位之一,得证此果位的人将不再回还欲界,而证涅槃。证阿那含果的圣者,已经断了欲界的烦恼修惑,不再染著欲界的五欲。死后将会离开欲界,上升色界或无色界,在那边入涅槃,不再复还欲界。阿罗汉(梵语 arhat),汉文译作杀贼、应供、无生。是依照佛的教导修习四圣谛,脱离生死轮回达到涅槃的圣者。参见丁福保编:《佛学小辞典》"四果"条,第 118 页上—中。

③ 志磐:《佛祖统纪》卷五四《历代会要志》一九之四《事魔邪党》,《大正新修大藏经》第 49 册,第 474 页下—475 页上。"十地",即大乘菩萨十地,是菩萨修行的十个阶位。1、欢喜地;2、离垢地;3、发光地;4、焰胜地;5、难胜地;6、现前地;7、远行地;8、不动地;9、善慧地;10、法云地。这与"四果"之说有思维逻辑上的相似性。

④ 按:"揭谛"一名,乃梵文 gati 之译音,佛教用语含去往、去经历、去体验的意思,语出《般若波罗蜜多心经》,此经典文献由唐代玄奘译出,参见《大正新修大藏经》第 8 册,第 849 页。

生由于身前行为之善恶不同而在死后往生于不同处所,通常有六种去向:地狱、饿鬼、畜牲、阿修罗、人、天,是亦称"六道"。而"六道"之中,则以"天趣道"为最佳胜处①。揭谛斋强调现世善恶行为与来世往生处即"六趣"("六道")的因果关系,积德行善,吃斋念佛,身后才能往生"天趣道"。因其素食的宗教习惯,官方也将其列入"吃菜事魔"。陆游所说的"明教斋",显然也是一种宗教习俗,明教保留着一部分摩尼教的教义律法,也与中国化的佛教习俗深度融合,以至于官方政治秩序的监护人和正统意识形态的代言人觉察不出他们同中国民间佛教的差别,简单地用吃菜事魔统称之。陈垣先生就曾说:"宋人所指之吃菜事魔,是否为摩尼教,抑包含白莲、白云在内,今不可知。然此等儒释道以外之教,教外人每并为一谈。如《僧史略》之于唐代大秦、摩尼、火祆,《释门正统》之于宋代摩尼、白莲、白云是也。"②不过,有一点是可以确认的,南宋立国前后伴随着动荡的时局,被称为"魔贼"的叛乱行为遍于两浙东西、两湖南北:

> (宣和三年)吕师囊以魔术发于台(州)之仙居。既破乐清,又攻其(温州)东,危甚。郭少保仲荀等以西师来援,始免。台亦师囊之党,攻城甚急,久而后解。二城虽仅免,而城外皆为盗区,踩躏残灭甚矣。越分帅府虽不至为贼所迫,而剡川、新昌魔寇大炽,被害最酷。③

> (宣和三年)越州剡县魔贼仇道人……起兵掠温台诸县。④

> 建炎二年秋八月一日夜半,杭州第三将下卒陈通、林永诱决胜万全归远龙骑指挥,婴城叛……陈通初叛,包藏不轨之志,阴遣奸人结台州仙居、天台县魔贼俞道,越州新昌县魔贼盛端才、董闰,约同日起事。⑤

> 潘永思……建炎初,为合门宣赞舍人、带御器械……辛企宗言永思尝捕魔贼有功,复为带御器械。⑥

> (建炎四年四月)甲申,下诏亲征……时有妖人王念经者,聚众数万,反于信州之贵溪……(赵)鼎言:"饶、信魔贼未除,王燮溃军方炽,陛下遽舍而去,兹乃社稷存亡至危之几也。"⑦

> (建炎四年六月)大理寺奏魔贼王宗石等款状。上曰:"此皆愚民无知,自抵大戮。朕思贵溪两时间二十万人无辜就死,不胜痛伤。"乃诛宗石等二十六人于越州市,其余皆释之。先是,浙西、江东制置使张俊以全军讨饶、信妖盗,太尉刘光世因命统制官王德、

① 道世撰:《法苑珠林》卷五《六道篇第四·诸天部·述意部第一》,《大正新修大藏经》第53册,第301页中。
② 陈垣:《摩尼教入中国考》,载陈乐素、陈智超编校:《陈垣史学论著选》,第164页。
③ 楼钥:《攻媿集》卷七三《跋先大父徽猷阁直学士告》,影印文渊阁《四库全书》本。
④ 《青溪寇轨》,载方勺《泊宅编》,第109页。
⑤ 沈作宾等:《嘉泰会稽志》卷一三《讨贼》,《宋元方志丛刊》本,中华书局1990年版,第6947页下—6949页上。
⑥ 脱脱:《宋史》卷四六五《潘永思传》,第13590页。
⑦ 李心传:《建炎以来系年要录》卷三二,建炎四年夏四月甲申条,第630—631页。

靳赛总兵会之,获王念经,德等凡屠两县,所杀不可胜计。①

（绍兴三年五月）神武中军统制杨沂中以大军至桐庐县,而魔贼缪罗与其徒八人已就招。诏沂中速往招捕余党。宣谕官胡蒙请榜谕其徒,能自首者免罪给赏,许之。既而沂中捕斩其徒九十有六人。②

婺七邑乡民多事魔,东阳、永康尤甚。根株连结,虽弓手士兵躬受其法,盖不如是,则其家不安,故一处有盗,他邑为盗用者,已不可胜计,若窃发处,团聚已及一二千人,非官军决不能了,仍须遣发神速,出其不意,多用文移,遍下旁郡,销其应响之患。其所遣统制官,更须审择厚重练习,善部辖者,不至令百姓先被骚扰之害,乃为尽善。③

（绍兴十年十二月）命殿前司前军统制王滋捕东阳县魔贼。上命大臣谕滋毋多杀。未几贼平。④

（绍兴十四年六月）宣州言,泾县魔贼俞一等窃发。上曰:"两国修和,并无科须,民何乃为盗？监司每奏无事魔者,今乃有此,可令取问。"⑤

（绍兴二十年六月,江南西路兵马钤辖）李横寓居信州,适贵溪魔贼窃发,守臣左朝散大夫李柽檄（李）横统弓兵以备策应,遂获安堵。⑥

敕:赵公谨等省抚州状,契勘本州据管下金溪县,申为饶州、信州界内有事魔贼徒王九十二,杀人放火,去本县界甚近,州司差拨巡尉等前去把隘,据知金溪县统领把隘所郭玢等申,魔贼侵犯金溪县,实时统率弓兵鬪敌,杀获贼级等事。乃者妖盰乱常干纪,一方骚动,民不奠居。尔等冒险直前,以诚许国,提军力战,反贼伏辜,道路清平,城郭安堵,既备知于忠谊,顾何爱于宠褒。详览奏陈,惟深嘉叹。其弓兵等仍仰本州量功力等第,特行犒设一次,故兹奖谕,想宜知悉。⑦

绍兴十四年（1144）这次魔贼之乱,看起来声势还不小,以至于又有大臣上书,朝廷指导处置之方:

臣窃见吃菜事魔前后法禁告捕,罪赏委曲详尽,不可复加,然而所在州军未能尽革者,盖缘田野之间,深山穷谷,肉食者少,往往止吃蔬菜,至于事魔之迹,则诡秘难察,以故事未发作,则无非平民,州县虽欲根治,却虑未必得实,别致骚扰生事,因循涵养,日复一日,及一旦作过,则连乡接村,动至千百,必待讨杀而后定。州县所以不能禁止于未然也。臣今略措置如后:一、吃菜事魔,皆有师授,要须绝其本根,则余党自然消散。今宣州泾县根勘魔贼,臣实时行下令,根问要见当来传授魔法之人……一、访问近年乡村,有昏夜聚首素食,名曰夜斋,契勘僧俗斋饭,当在晨朝,今以夜会,则与夜聚晓散不甚相远。

---

① 《建炎以来系年要录》卷三四,建炎四年六月辛卯条,第667页。
② 《建炎以来系年要录》卷六五,绍兴三年五月戊辰条,第1104页。
③ 郑刚中:《北山集》卷一《定谋齐力疏》,影印文渊阁《四库全书》本。
④ 《建炎以来系年要录》卷一三八,绍兴十年十二月丁酉条,第2224页。
⑤ 《建炎以来系年要录》卷一五一,绍兴十四年六月癸巳条,第2439页。
⑥ 《建炎以来系年要录》卷一六一,绍兴二十年六月庚申条,第2615页。
⑦ 汪藻:《浮溪集》卷一六《赵公谨奖谕敕书》,影印文渊阁《四库全书》本。

臣已散榜行下本路州县乡村禁止……一、据宣州驻札副总管王俊申，宣州所获魔贼，断遣了当，臣已开具姓名及刑名，镂版出榜，下本路州县乡村晓谕，庶使愚民稍知畏戢……①

早在绍兴五年(1135)十二月，那位曾上书禁绝妖教的刑部侍郎廖刚就针对宣州泾县的民间宗教活动发表过处置意见：

一二年来，邪道甚盛，一方之人为所诳诱，焚香施财，略无虚日……更倡神怪之事，群起占护，县亦无如之何。即日邻比乡村往往食菜结为邪党，近因旱暵，辄以祈雨为名，聚集不逞之徒，率数百为群，持棒鸣锣，遍行村落，穿历市井，至于邻境州县，亦有相应和而来者。窃恐小人无故群聚，别致生事，欲乞行下本州，取为首者痛治之，若罪不至死，亦须编置他州，以解愚民之惑，消乱于未萌也。②

在这里，这位官员陈述了泾县奇异的民间信仰，正是在这样炽烈的民间信仰的情感烘托下，泾县生发出"食菜事魔"的"邪党"。所以，就后人来说，泾县的魔贼起事，不算是突然的社会骚乱，而是事发有因。威尔逊就指出过："人类特别是比较单纯素朴的人们的宗教感情，一般是在不安定状态、未知状态以及难以应付的状态下产生的。在这些状态下，人们容易产生敬畏、恐怖、崇敬的心理状态以及企图战胜各种强大力量的欲求。为了克服依存心理、无能为力感、高度的不安全感以及存在于自己情感内部而自身又无法驾驭的种种情动，就有必要采取某些仪式行为。这些意识行为一方面逐渐为人们所熟悉，有时可能习惯化，而成为反应性的行为；另一方面，它所引起的种种客观效果又会带来主观状态的变化。"③南宋初年混乱的时局、无序的社会、个人苦难命运都顺理成章地催生人们依靠群体的力量，并从宗教情感中汲取精神支撑。根据涂尔干的理论，宗教的功能就是团结其成员形成有活力的社群。"人类由于形成群体才感受到社会的力量，他们是一种高度的社会存在，这一点对于人类来说是一种神秘的感觉。这种感觉也是宗教感情产生的一个根源。"④大集会是调动人们高昂情感的机会与场景，它能使与会者陶醉于传道者的语言和情绪之中，从而自然而直率地表达自己的情感和关怀，同时，这种表达也传达了一种平等的精神。

二

南宋初，两湖区域的钟相、杨幺武装集会里，就反映出上述的影像。在这场聚集中，参与的人们迸发出高昂的情绪，向外界传递着平等的情怀。

(建炎四年二月)鼎州人钟相作乱，自称楚王……相武陵人，以左道惑众，自号天大

---

① 张守：《毗陵集》卷三《措置魔贼札子》，《四部丛刊》本。
② 廖刚：《高峰文集》卷二《乞禁奉邪神札子》，影印文渊阁《四库全书》本。
③ ［日］池田大作、［英］布莱恩·威尔逊(Bryan Wilson)著，梁鸿飞、王建译：《社会与宗教》，四川人民出版社1991年版，第4页。
④ 《社会与宗教》，第6页。

圣,言有神灵与天通,能救人疾患。阴语其徒,则曰:"法分贵贱贫富,非善法也,我行法,当等贵贱,均贫富。"持此语以动小民,故环数百里间,小民无知者,翕然从之。备粮谒相,谓之拜父,如此者二十余年。相以故家赀巨万。及湖湘盗起,相与其徒结集为忠义民兵,士大夫避乱者多依之。相所居村有山曰天子岗,遂即其处筑垒浚濠,以捍贼为名……鼎、澧、荆南之民响应,相遂称楚王,改元天战,立妻伊氏为皇后,子子昂为太子,行移称圣旨,补授用黄牒,一方骚然……遂焚官府、城市、寺观及豪右之家,凡官吏、儒生、僧道、巫医、卜祝之流,皆为所杀,自是鼎州之武陵、桃源、辰阳、沅江,澧州之澧阳、安乡、石门、慈利,荆南之枝江、松滋、公安、石首,潭州之益阳、宁乡、湘阴、江化,陕州之宜都,岳州之华容,辰州之沅陵,凡十九县,皆为盗区矣。①

《三朝北盟会编》将此事系于二月十七日:

> 鼎州武陵百姓钟相反。钟相鼎州武陵县人,无他技能,善为诞谩,自号老爷,亦称天大圣。言有神通与天通,能救人疾患,阴语其徒,则曰:"法分贵贱贫富,非善法也,我行法,当等贵贱,均贫富。"持此说以动小民,故环数百里间,小民无知者,翕然从之。备糗相谒,旁午于道,谓之拜爷,如是者凡二十余年。相缘其家赀巨万。中间累曾败露,有司受贿,不能尽法绳治。至是……起兵,鼎、澧、荆南之民响应……焚官府、城市、寺观、神庙及豪右之家,杀官吏、儒生、僧道、巫医、卜祝及有仇隙之人,谓贼兵为爷儿,谓国典为邪法,谓杀人为行法,谓劫财为均平,病者不许服药,死者不许行丧,唯以拜爷乱常为事,人皆乐附而行之,以为天理当然。鼎州之武陵、桃源、龙阳、沅江,澧州阳安、萍乡、石门、慈利,荆南之枝江、松滋、公安、石首,潭州之益阳、宁乡、湘阴、安化,峡州之宜都,岳州之华容,辰州之沅陵,凡十九县皆为盗区矣。②

署名鼎澧逸民的《杨幺事迹》:

> 妖巫钟相,久以幻怪鼓惑本土乡村愚民,连络澧峡,无知之俗,悉来归奉。谓之投拜法下,莫知其数。若受其法,则必田蚕兴旺,生理丰富,应有病患,不药自安,所以人多向之。钟相乃妄称天大圣名号,亦曰钟老爷。③

洪迈《夷坚志》尽管取材繁杂,多梦幻杂艺、仙鬼神怪、医卜妖巫等虚诞荒幻之事项,然而对钟相一事的载录却较为平实:

> 钟相者,邵阳人,善咒水治病,好作神语,人呼为钟颠,又称钟老爷。时已昏耄,特为其徒愚弄,遂据士大夫家伊氏女为妻,未几,为(孔)彦舟所败,执其父母妻子。彦舟诡言效顺,槛送长沙,以明己功,揭榜文曰:"天大圣楚王钟相,伪皇后伊氏,伪太子昂,并凌迟处斩于攸县。"余党杨太,于兄弟最幼,湖口人目为幺子,据龙阳濒湖作过,至绍兴六年,

---

① 《建炎以来系年要录》卷三一,建炎四年二月甲午条,第613页。
② 徐梦莘撰:《三朝北盟会编》卷一三七,上海古籍出版社1987年影印许涵度刻本,第996页。
③ 鼎澧逸民撰,朱希祖考证:《杨幺事迹考证》,商务印书馆1935年版。

岳武穆公(飞)讨平之。妖沴之气，上干星象，涉七年乃息。①

这四段史料，都讲到钟相"左道惑众"、"有神通与天通"、"好作神语"，利用宗教元素从事反叛事业是不争的事实。杨幺是钟相事业的继承者。只是他们利用的是何种宗教，却有待于分析②。我们认为，钟相、杨幺事迹中不乏明教的身形，这是因为：第一，钟相所在的鼎州，在宋代属荆湖北路，该路首府江陵府，即唐代荆州，曾经是摩尼教的一个传播中心，唐朝大历六年(771)"回鹘请于荆、扬、洪、越等州置大云光明寺。其徒白衣白冠。"③会昌法难后，荆州及其周围的摩尼教与其他地方一样，潜行默运，并逐渐与地方其他教派相融合，模糊了本来的面目。十国间，南唐辖地荆州以东的黄梅县有诸佑组织发动摩尼教变乱，"县境独木村有妖人诸佑，挟左道，自言数世不食肉，能使富者贫，贫者富，俚民稍稍从之。初有徒数十人。积数年，从者至数百，男女无别，号曰忍辱，夜行昼伏，取资于盗，相与倡言佑有神术，能升虚空，入水火，州县亦惮之，不敢问。"④北宋仁宗景祐二年(1035)，荆湖北路临近的益、利、梓、夔诸州都有"夜聚晓散，传习妖法"的宗教聚集现象⑤。徽宗大观二年(1108)，与荆湖北路毗连的信阳军也发生类似的"经社香会"且"男女杂处"的集会⑥。犹如前文所述，两宋时，官方及以意识形态正统自居的士大夫将"妖教"、"妖法"等同于邪教及吃菜事魔，因而，五代北宋荆湖北路的授受"妖法"者，也极有可能就是吃菜事魔之人。吴晗所说很有道理："明教传播既遍东南，为避免政府之禁令，每与其他秘密社会合，而因地异名，不可究诘。政府则统谓之左道、妖贼、妖教，或举其特点为吃菜事魔、为吃菜。"⑦此乃钟相起事的背景性元素。第二，上引史料均讲过钟相自号"天大圣"，这便是一种典型的明教的称号。《摩尼教残经》载："唯有大圣，三界独尊，普是众生慈悲父母，亦是三界大引道师，亦是含灵大医疗主，亦是妙空能容众相，亦是上天包罗一切。"⑧摩尼教另一部经典《下部赞》中称颂"大圣"的地方更多⑨。又，南宋道教典籍中明教的信仰构成是："(彭)相问曰：'乡间多有吃菜持斋，以事明教，谓之灭魔，彼之徒且曰太上老君之遗教，然耶？否耶？'(白玉蟾)答曰：'昔苏邻国有一居士，号曰慕阇，始者学仙不成，终乎学佛不就，隐于大那伽山，始遇西天外道，有曰毗婆伽明使者，教以一法，使

① 洪迈：《夷坚志》三志辛卷四《巴陵血光》，中华书局1981年点校本，第1411页。
② 赵俪生：《南宋初的钟相、杨幺起义》(载《历史教学》1954年第11期)就讨论过这个问题。赵氏对南宋初的钟相、杨幺起义所利用以组织和鼓动群众的宗教会门派系，作出了一个推想："一种属于上古期五斗米道系统的宗教会门，被张鲁从岷江两岸带到洞庭湖区，经过一百三十余年的潜伏状态，又结合钟相、杨幺的起义出现了。"赵俪生从《三朝北盟会编》的记载里勾勒出东汉五斗米道的身影。马少侨：《关于南宋初钟相、杨幺起义的宗教派系问题的商榷》(载《文史哲》1956年第8期)则认为钟相、杨幺的宗教会门的宗教是中国原始的宗教"巫教"。马氏以为，洞庭湖区自周秦以来，就是巫祝势力最大的地区。"等贵贱、均贫富"之说，正表明巫教最富有原始公社思想。
③ 志磐：《佛祖统纪》卷四一《法运通塞志》第十七之八，《大正新修大藏经》第49册，第378页。
④ 陆游：《南唐书》卷一四《陈起传》，影印文渊阁《四库全书》第464册，第467页。
⑤ 《宋会要辑稿·刑法》二之二一。
⑥ 《宋会要辑稿·刑法》二之四八。
⑦ 吴晗：《明教与大明帝国》，载《读史札记》，第246页。
⑧ 芮传明：《东方摩尼教研究》附录《摩尼教汉语典籍校注》第一章《摩尼教残经校注》，第377页。
⑨ 《东方摩尼教研究》附录《摩尼教汉语典籍校注》第三章《下部赞校注》，第384—420页。

之修持,遂留此一教,其实非理……其教中一曰天王,二曰明使,三曰灵相土地,以主其教,大要在乎清净、光明、大力、智慧八字而已。"①而且,《宋会要辑稿·刑法》二之七八也载录宋廷对明教的指责"上僭天王、太子之号"。钟相僭号称"天大圣",杨幺妄称"大圣天王"②,钟相少子钟义则称"太子"③。这些都是有本原的,那就是他们本是吃菜事魔者。第三,摩尼教称其教义为"正法",其教为"正法门",教主为"正法王"。《摩尼光佛教法仪略》说摩尼光佛"六十年内,开视方便。感四圣以为威力,腾七部以作舟航,应三宫而建三尊,法五明而立五级。妙门殊特,福被存亡也。"又说摩尼"教阐明宗,用除暗惑;法开两性,分别为门。"④"六十年间,宣说正法。"⑤《摩尼教残经》称摩尼"住持无上正法。"⑥"又闻如上微妙法门,蠲除我等烦恼诸秽,心得开悟,纳如意珠威光。"⑦《下部赞》称"决定安心正法门,勤求涅槃超大海。"⑧"清净法门令宽泰,又复常加大宁静。"⑨还有"堪誉惠明是法王,能收我等离死错。"⑩"具智法王忙你佛,咸皆显现如目前。"⑪因此,湖区民众参加钟相的组织,谓之"投拜法下"。这与摩尼教正法门自名,有内在的相似性。第四,摩尼教有浓烈的"善法"意识与"平等"理念,这是摩尼教(宋世及之后明教)最具标志性的社会与政治诉求。《摩尼教残经》:"具善法者,清净、光明、大力、智慧,皆备在身。即是新人,功德具足。"⑫《下部赞》:"又启善法群中相,上下内外为依止。"⑬"惠明相者。第一大王,二者智惠,三者常胜,四者欢喜,五者勤修,六者平等,七者信心,八者忍辱,九者直意,十者功德,十一者齐心一等,十二者内外俱明。如是十二光明。"⑭《下部赞》则称在"光明界"中,"圣众齐心皆和合,元无分折争名利。平等普会皆具足,安居广博伽蓝寺"。"诸边境界恒安静,性相平等地无异。"⑮平等的意识,在摩尼教那里

---

① 紫壶道士谢显道编:《海琼白真人语录》卷一,载《道藏》,文物出版社、上海书店、天津古籍出版社1988年版,第114页下—115页。

② 脱脱:《宋史》卷二七《高宗四》,第504页。

③ 《建炎以来系年要录》卷六四,绍兴三年夏四月辛丑条,第1093页;《宋史》卷二七《高宗四》,第504页。

④ 《东方摩尼教研究》附录《摩尼教汉语典籍校注》第二章《摩尼光佛教法仪略》,第380页。

⑤ 《东方摩尼教研究》附录《摩尼教汉语典籍校注》第二章《摩尼光佛教法仪略》,第382页。

⑥ 《东方摩尼教研究》附录《摩尼教汉语典籍校注》第一章《摩尼教残经校注》,第369页。

⑦ 《东方摩尼教研究》附录《摩尼教汉语典籍校注》第一章《摩尼教残经校注》,第377页。

⑧ 《东方摩尼教研究》附录《摩尼教汉语典籍校注》第三章《下部赞校注》,第393页。

⑨ 《东方摩尼教研究》附录《摩尼教汉语典籍校注》第三章《下部赞校注》,第404页。

⑩ 《东方摩尼教研究》附录《摩尼教汉语典籍校注》第三章《下部赞校注》,第406页。

⑪ 《东方摩尼教研究》附录《摩尼教汉语典籍校注》第三章《下部赞校注》,第393页。

⑫ 《东方摩尼教研究》附录《摩尼教汉语典籍校注》第一章《摩尼教残经校注》,第370页。

⑬ 《东方摩尼教研究》附录《摩尼教汉语典籍校注》第三章《下部赞校注》,第397页。

⑭ 《东方摩尼教研究》附录《摩尼教汉语典籍校注》第一章《摩尼教残经校注》,第373页。惠明(Great Nous,或者Light Mind)是摩尼教重要的创世神祇,他的主要业绩是解救人体中的"五种净体",即摒除受暗魔影响的相、心、念、思、意,确立光明的相、心、念、思、意,把"故人"改造成"新人",令光明分子重返明界。他能够拯救人类的灵魂。参见芮传明:《"净风"与"惠明"异同析》,载《东方摩尼教研究》,第108—125页。"相"的意思是"荣耀"(glory);相、心、念、思、意又称"五妙身",都属于心智行为。参见芮传明:《"五妙身"及其"相"释》,载《东方摩尼教研究》,第72—86页。

⑮ 芮传明:《东方摩尼教研究》附录《摩尼教汉语典籍校注》第三章《下部赞校注》,第413—414页。

受到特别的重视。但是,摩尼教中的"平等"还不仅仅是一个政治与法律的概念,它还是一个宗教意义的存在。在摩尼教看来,选民灵魂所去之所就是信徒朝思暮想的理想家园"明界",他会受到欢迎,享受到无上之荣耀。而拯救和欢迎优秀灵魂回归明界的主神,则是"平等王"夷数(耶稣)。慈善的夷数,不再使优秀的灵魂返回悲惨的人世间,而是留在最高级的净土享受无上的欢乐①。钟相声称的"法分贵贱贫富,非善法也,我行法,当等贵贱,均贫富",就同时包含了"善法"和"平等"的意识。与西土摩尼教有差异的是,西土选民回归明界,安乐厚享,是为最后的也是无上的平等;而中土的"等贵贱、均贫富"则向往"必田蚕兴旺,生理丰富,应有病患,不药自安",多半具有一种功利主义的投报观念,看重的还是现世的收益。马克斯·韦伯认为,没有任何社会因素可以完全定义个人在阶层化体系的位置。他确定了社会分层的三个关键维度:阶级(class)、身份团体(status group)、权力(power)。阶级指称拥有相等财富和收入的人群;身份团体指具有相同声望或生活形态的人群;权力指的是将个人意向加诸其他人的能力。在韦伯的观点里,每个人在社会上不是只有一个地位,而是三个:在阶层体系的地位反映了阶级、身份与权力三种要素的结合。任一要素皆能影响其他两项要素,而事实上,依这三个面向建立起的地位通常同时发生。与此同时,阶层化的三个层面又能各自独立运作来决定个人的社会地位②。韦伯认同阶层化经济层面的重要性的观点,但他也认为,个人和团体的行为绝不能仅由经济观点来解释。而赖特则通过透视社会存在着的三种控制经济资源的方式,发展出一种分层的理论③。但无论哪一种分层的理论都无法否认社会中"下层阶级"的存在和他们的呼喊与挣扎。这是一个以多重不利为特征的群体,他们常年生活在接踵而至的被排斥的情境之中。他们受到经济排斥的压力,难以就业或在有限的市场内谋生;他们经历的政治排斥,使得他们的呼声和需要将不可能被列入政府的政治议程;最后,是可悲的社会排斥,这意味着他们的社会网络资源有限或薄弱,这导致了隔离,与他人联系的程度会降得很低,参与政治、经济所需要捕捉的各类信息也难以获得④。"下层阶级"是指这样一些个体或群体,他们无论出于何种原因都不能完全参与到多数人参与的机构或活动中去。人们都会将下层阶级与社会排斥在政治观念、意识形态甚至感情的平台上联系起来,也就是说,人们可能会自觉不自觉地赋予社会排斥以一定的价值判断,它常常使处于当时那种场景中的弱势群体将锐利的矛头指向社会的管理者或者社会上的既得

---

① 参见芮传明:《"平等王"名号考》,载《东方摩尼教研究》,第126—138页。《下部赞》中有:"又启真实平等王,能战勇健新夷数。"(芮传明:《东方摩尼教研究》附录《摩尼教汉语典籍校注》第三章《下部赞校注》,第398页)可备一证。摩尼教"平等"的理念与"平等王"的形象及职责,和佛教的相关说法有深层纠葛。今人的相关学术解读,也人人异说。可以参见上引芮氏论文的叙说及阐证。

② [德]马克斯·韦伯(Max Weber)著,[德]约翰内斯·温克尔曼(Johannes Winckelmann)整理:《经济与社会》上卷,商务印书馆1997年版,第333—344页。

③ [美]埃里克·奥林·赖特(Eric Olin Wright)著,陈心想等译:《后工业社会中的阶级:阶级分析的比较研究》,辽宁教育出版社2004年版。三种控制经济资源的方式是指:1.对投资或货币资本的控制;2.对物质生产资料的控制;3.对劳动力的控制。

④ 法国学者勒内·拉努尔(Rene Lenoir)用社会排斥的概念指认那些没有受到社会保障的保护、同时又被贴上了"社会问题"标签的不同类型的人。这个概念在中国社会的大部分历史时期可以将下层社会的众生包摄在内,应该说没有问题。

利益者,他们努力的目标就是社会排斥的消除。"等贵贱、均贫富"的要求,提供给历史一个政治社会学意义的启示,"事实上所有社会成员对于物质分配都拥有有利于自己的相同要求:只要没有特殊的理由提出采取其他的分配程序,对所有集体可支配的物质和资源都必须平等地加以分配。很显然,平等分配作为一个已经获得公共证明的物质分配的'默认选择',只有当不能给出不平等分配可以获得普遍认同的重要的证明根据,平等分配才是可实现的"。① 钟相起义主题口号的前半句更是直指政治平等的诉求,在现代政治学中,罗尔斯提出的是平等的自由原则,即每个人都平等地享有与他人相同的自由。平等是自由的前提条件。如果只有一部分人有自由而其他人没有,自由就成了特权,肯定存在一部分人对另一部分人的奴役,变成了专制压迫。平等也应以自由为基础,没有自由而言平等,这种平等就是奴隶式的平等。罗尔斯把平等主要理解为公平合理、机会均等的相对平等,社会尽量将自然、社会环境的不平等减少到最低程度,让竞争的起点公平,也就是竞争规则的公平②。但是,"等贵贱"的诉求不可能到达现代的平等意识,即人的人格意义上的无差别,人在享有人的基本权利方面所具有的法律上所认定的一致性。它也不会融入"平等主义共同体至少要关心三种参与结果:象征性的、行为主体的和共同的结果。象征性结果(symbolic consequences)是宣示性的。共同体通过赋予一个人在集体决策中的角色,以此肯定它的成员身份,把它当做自由而平等的公民……行为主体结果(agency consequences)把政治与每个人的道德体验联系在一起,健全的政治结构允许人们作为对这种角色具有理性、热情和信念的道德主体而参与……共同结果(communal consequences)指所参与的过程的成功和价值是共同的,有着人们充分分享集体决策之荣辱的强烈含义"③。"等贵贱"的发动者与参与者作为处于社会排斥中的弱势群体,他们并非追寻机遇平等,也对平等地参与公共事务不感兴趣,他们实际上要求的是当下的身份认同与政治荣誉及地位的获得,也就是说,他们要求的是当下的结果的平等,这就极其容易地与权势阶级的利益以及他们定义并散布社会的主导意识形态相冲突。主导意识形态(dominant ideology)是一整套的文化信念与运作方式,用以维持权势阶级的社会、经济与政治利益。从冲突论的角度看,主导意识形态的社会意义既在于社会最有权势的团体与机构控制了财富和资产,也在于他们凭借由意识形态和教育程序控制了对现实信仰的制造方式④。这样一来,上层社会有一种想要将现实世界的秩序持

---

① 〔德〕威尔弗莱德·亨氏(Wilfried Hinsch)著,倪道钧译:《被证明的不平等:社会正义的原则》,中国社会科学出版社 2008 年版,第 156 页。

② 参见〔美〕约翰·罗尔斯(John Rawls)著,何怀宏等译:《正义论》,中国社会科学出版社 1988 年版。

③ 〔美〕罗纳德·德沃金(Ronald Dworkin)著,冯克利译:《至上的美德:平等的理论与实践》,江苏人民出版社 2007 年版,第 191 页。

④ 社会学上的社会冲突的理论学家视阶层化为社会不安与冲突的主要来源,在科塞看来,社会冲突的起因无非是不平等社会系统的紊乱造成的。不平等系统中的下层成员越怀疑现存的稀缺资源分配方式的合法性,他们就越有可能奋起抗争。与此同时,下层被剥夺感也是下层抗争爆发的一个直接导因。参见〔美〕刘易斯·A.科塞(Lewis A. Coser)著,孙立平等译:《社会冲突的功能》,华夏出版社 1989 年版。〔美〕乔纳森·H.特纳(Jonathan H. Turner)著,邱泽奇、张茂元等译:《社会学理论与结构》(第 7 版,华夏出版社 2006 年版)对科塞冲突理论的归纳,也很精炼,参见该书第 134—139 页。

续化、固态化的趋势,而下层阶级的想法却正好相反;当下层成员对稀缺资源分配不满持续增长时,对造成这类不平等系统的政治结构的合法性的质疑也会持续增长,与之伴随而来的自我被剥夺感和前两项同步增长,最后,冲突会爆发,钟相"法分贵贱贫富,非善法也;我行法,当等贵贱,均贫富"前半句话,就是对政治合法性的强烈质疑。犹如科塞所说,当僵硬的社会结构采取压制手段,不允许或压抑冲突,冲突一旦积累、爆发,其程度势必会更加严重,将对社会结构产生破坏作用①。因此,出现"焚官府、城市、寺观及豪右之家,凡官吏、儒生、僧道、巫医、卜祝之流,皆为所杀"的悲惨景象其实也不足为奇。更何况明教本来就崇尚伟大之父从魔鬼控制下解救明性的斗争,钟相、杨幺针对官吏、儒生这些主导意识形态的制造者、操控者、宣讲者的残酷清洗,意味着下层民众的自我拯救。第五,摩尼教崇尚俭素的生活,生命依托的是自我的精神觉悟以及神的庇佑,所以"病不服药,死则裸葬。"②"生时裸形死亦尔,能多积聚非常住。"③"年一易衣,日一受食,欢喜敬奉,不以为难。"④"缘此法药及大神咒,咒疗我等多劫重病,悉得除愈。"⑤"愿除多劫昏痴病,及以魑魅诸魔鬼。降大法药速医治,嚪以神咒驱相离。"⑥钟相"病者不许服药,死者不许行丧,唯以拜爷乱常为事"也就不难理解。第六,摩尼教排斥异教的态度是十分决绝的,表现出十足的宗教纯粹意识。《摩尼教残经》称"但学己宗清净正法,亦不求诸耶败教。"⑦《下部赞》"苦哉世间诸外道,不能分别明宗祖,轮回地狱受诸殃,良为不寻真正路。"⑧钟相"焚官府、城市、寺观、神庙及豪右之家,杀官吏、儒生、僧道、巫医、卜祝及有仇隙之人,谓贼兵为爷儿,谓国典为邪法,谓杀人为行法"的系列举动既是阶级冲突不可调和的结果,也是一种高昂的宗教情感。摩尼教在中国的教派也同样强调宗教感情的深入和纯洁,忠实和激情同样也是重要的摩尼教中国教派的价值观。他们坚决拒绝就其宗教原则进行任何妥协,他们常常在信仰问题上与文化传统与政治权力等存在的强大的社会设置发生难以调和的矛盾。

有一项事实值得受到特别的关注:钟相的这种大规模杀戮行为是历史上凭借宗教为情

① 参见[美]刘易斯·A. 科塞(Lewis A. Coser)著,孙立平等译:《社会冲突的功能》,第 24—33 页。
② 《佛祖统纪》卷三九《法运通塞志》十七之六,《大正新修大藏经》第 49 册,第 370 页。
③ 《东方摩尼教研究》附录《摩尼教汉语典籍校注》第三章《下部赞校注》,第 394 页。
④ 《东方摩尼教研究》附录《摩尼教汉语典籍校注》第一章《摩尼教残经校注》,第 374 页。基于对俭素生活的崇尚,摩尼教被中国的研究者认为同墨子及墨家有异曲同工之妙,说见庞俊《论吃菜事魔与墨家者流》,原载《文学集刊》第 2 集,1944 年版;又载傅杰编:《二十世纪中国文史考据文录》,云南人民出版社 2001 年版。
⑤ 《东方摩尼教研究》附录《摩尼教汉语典籍校注》第一章《摩尼教残经校注》,第 377 页。
⑥ 《东方摩尼教研究》附录《摩尼教汉语典籍校注》第三章《下部赞校注》,第 388 页。
⑦ 《东方摩尼教研究》附录《摩尼教汉语典籍校注》第一章《摩尼教残经校注》,第 374 页。
⑧ 《东方摩尼教研究》附录《摩尼教汉语典籍校注》第三章《下部赞校注》,第 406 页。

感纽带和组织形式的民间反叛运动经常性的举措①。北宋吃菜事魔就"谓人生为苦,若杀之,是救其苦也,谓之度人。度多者,则可以成佛。故结集既众,乘乱而起,甘嗜杀人。"②南宋时,进而发展到"嘉泰三年九月十九日,臣僚言:'臣昨试郡吴兴,首问狱因,自当年正月至月终,境由(内)已杀四十九人,而邻里掩盖不以闻者不预焉。臣甚骇之,力询其故,皆淫祠有以启之。所谓淫祠者,始因愚民无知,以谓杀人而死可得为神,其家父子兄弟与夫乡党邻里又惮闻官之扰,相与从臾,使之自经,于是立庙以祠,称之为神。故后之凡欲杀人者,三五为群,酹酒割牲,谓之起伤,起伤之庙,盖于四境之内矣。"③此处的"杀人立庙",未必可以与吃菜事魔划等号,但也是出于宗教目的及情感的反社会行为。为所谓的高尚目的可以突破任何世俗道德与法律禁忌的想法,原本在摩尼教那里是不存在的。摩尼教从未公开主张杀人,它倡导"饮水茹荤,屏湩酪","以不茹荤酒为尚",它类似于佛教,同样地禁止杀生。《摩尼光佛教法仪略》说"每日斋食,俨然徒施,若无施者,乞丐以充。唯使听人,勿畜奴婢及六畜等非法之具。"④那么,它又是怎样演化到中土明教以杀人为度人的说教里去的呢?这就要从基于摩尼教创世神话的教义里得到解释。摩尼教认为,明界(善宗)由五种光明要素构成,首领是大明尊(father of greatness,或者 father of light)。暗界(恶宗)居住着五类恶魔,当黑暗魔王来到明、暗交界处,引发了对明界的贪欲后,便率领众魔侵入明界。大明尊召唤出他本身的放射物来抵御恶魔。接下来就是五次召唤。亚当与夏娃结合后所生育的后代便是人类,而人体中的光明分子则形成了灵魂。由贪欲、仇恨等构成的肉体始终禁锢着由光明分子构成的灵魂,因此拯救光明分子(灵魂)便成为一项长期而艰巨的任务。拯救便成为摩尼教徒与生俱来的使命,一切是非善恶均按照是否有利于拯救光明分子这一基本标准而加以判断。汉文摩尼教文献中的"佛性"、"明性"、"光明性"、"性"等,都是指"光明分子",亦即人类的"灵魂"。信徒们的最大愿望,是解救"灵魂",使之脱离罪恶的肉身,回归光明世界。这便是《下部赞》中所说的"唯愿二大光明;五分法身,清净师僧,大慈悲力,救拔彼性,令离轮回,刚强之体,及诸地狱,镬汤炉炭。唯愿诸佛,哀愍彼性,起大慈悲,与其解脱;自引入于光明世界本生之处,安乐之境。"⑤由此我们可以知晓,摩尼教的信徒是如何迫切地希望得到"拯救",如何鄙视自己的肉身,顺理成章地,躯体所生活的现实世界,也被认为是无趣而又邪恶的,现实世界的一切人间生灵,是憎恨"神性"的敌人,所以,摩尼教徒憎恶当下的一切存在,期望"解脱"肉身,进入"光明世界本生之处,安乐之境",他们将灵魂脱离肉体看作是一种最

---

① 陈寅恪:《天师道与滨海地域之关系》,载《金明馆丛稿二编》(三联书店2001年版),文中分析了孙恩、卢循杀戮之惨烈及其原因。又可参见陈寅恪著,万绳楠整理:《魏晋南北朝史讲演录》,黄山书社1987年版,第65—73页,第160—171页。认为孙、卢起兵爱好杀戮的反常举动背后的宗教驱动力,为自身的解脱,需要大批量人群生命为其支撑。北魏孝明帝延昌四年(515)六月,标榜其信仰为佛教的法庆在冀州聚众作乱,"杀一人者为一住菩萨,杀十人者为十住菩萨",参见范立舟《弥勒信仰与宋元白莲教》,载《中山大学学报》2012年第3期。

② 庄绰撰:《鸡肋编》卷上,第12页。

③ 《宋会要辑稿·刑法》二之一三一——一三二。

④ 《东方摩尼教研究》附录《摩尼教汉语典籍校注》第二章《摩尼光佛教法仪略》,第382—383页。

⑤ 《东方摩尼教研究》附录《摩尼教汉语典籍校注》第三章《下部赞校注》,第419页。

高的追求和最大的幸福；肉身的泯灭是取得灵魂永久平和愉悦的前提。依此而言，肉身的存在被认为是一种莫大的痛苦，因为这是"光明分子"或"灵魂"被囚禁和受折磨的一种形态。"魔见是已，起贪毒心，以五明性，禁于肉身，为小世界。亦以十三无明暗力，囚固束缚，不令自在。"①"其五明身，既被如是苦切禁缚，废忘本心，如狂如醉。犹如有人以众毒蛇，编之为笼，头皆在内，吐毒纵横；复取一人，倒悬于内，其人尔时为毒所逼，及以倒悬，心意迷错，无暇思惟父母亲戚及本欢乐。今五明性在肉身中为魔囚缚，昼夜受苦，亦复如是。"②此乃以人之一身因于蛇笼喻"明性"因于肉身，人身遭受众毒蛇噬啮之苦，同于光明分子为肉身所吞噬。摩尼教对于光明分子被因于人类肉体中深恶痛绝，它将肉身视作"黑暗的牢狱"，那里盘踞着贪婪的巨蛇，而摆脱这一切的途径，就在于召唤"灵魂"（光明分子）脱离躯体，回归明界乐土。这种思想熏陶，对于底层民众而言，会留下死就是（就能）超脱的印象，为别人的超脱尽力，就可以杀人，杀人就意味着度人。此外，摩尼教明、暗二宗永恒斗争的根本教义，也易于激发"除魔"、"杀魔"的精神动力。因此，当动乱来临的时候，以摩尼教为组织形式的钟相、杨幺反抗力量，居然可以用大规模的杀戮来达到净化社会的手段，在这个时候，"当对现状不满的人攻击现存制度，寻求社会变革时，宗教往往是一种号召力。一个宗教团体可以将不满的民众召唤到一起，给予他们共同的利益，提供一种组织化的力量。宗教还能赋予这些反叛者一种神圣的意识形态，从而使对社会变革的要求合理化。"③

三

白莲教作为一门"教派"起始于南宋，盛行于元代，变异后大盛于明清两朝，成为古代中

---

① 《东方摩尼教研究》附录《摩尼教汉语典籍校注》第一章《摩尼教残经校注》，第365页。

② 《东方摩尼教研究》附录《摩尼教汉语典籍校注》第一章《摩尼教残经校注》，第366页。芮传明《"以杀度人"考》（载《社会科学》2003年第9期）还征引了科普特文及英译文、帕提亚文及德译文、粟特文及德译文的数则摩尼教圣歌来证明摩尼教的"拯救灵魂"之说。

③ ［美］戴维·波普诺（David Popenoe）著，李强等译：《社会学》（第10版），第458页。

国各种各类反叛势力的渊薮,这是南宋茅子元创立教派时思虑万所不及的后世流变①。绍兴三年(1133),两浙路平江府昆山县(今江苏省苏州市昆山县级市)延祥寺僧慈照子元创立了一个以皈依净土为宗旨的世俗化的佛教团体,自称白莲教②。慈照子元此人,俗姓茅,子元其名,"母柴氏,夜梦佛一尊入门,次旦遂生,因名佛来。父母早亡,投本州岛延祥寺志通出家,习诵《法华经》。十九岁落发,习止观禅法。一日正定中闻鸦声,悟道。乃有颂曰:'二十余年纸上寻,寻来寻去转沉吟;忽然听得慈鸦叫,始信从前错用心。'于是利他心切,发广度愿,乃慕庐山远公莲社遗风,劝人皈依三宝,受持五戒,一不杀,二不盗,三不淫,四不妄,五不酒,念阿弥陀佛五声,以证五戒,普结净缘,欲令世人净五根,得五力,出五浊也。乃撮集《大藏》要言,编成《白莲晨朝忏仪》,代为法界众生礼佛忏悔,祈生赡养。后往淀山湖,创立白莲忏堂,同修净业。述《圆融四土三观选佛图》,开示莲宗眼目。四十六岁障临江州,逆顺境中未尝动念,随方劝化,即成颂文,目曰《西行集》。乾道二年,寿圣高宗诏至德寿殿,演说净土法门,特赐劝修净业白莲尊师慈照宗主。就钱塘西湖昭庆寺祝圣谢恩,佛事毕,回平江。尝发誓言,愿大地人普觉妙道,每以四字为定名之宗,示导教人专念弥陀,同生净土,从此宗风大振。师集《弥陀节要》、《法华百心证道歌》、《风月集》行于世。三月二十三日,于铎城倪普建宅,告诸徒曰:'吾化缘已毕,时当行矣。'言讫合掌辞众,奄然示寂。二十七日,荼毗舍利无数。塔于松江力及市五港吴觉昌宅,敕谥最胜之塔。"③较慈照稍晚的天台宗人宗鉴在《释门正统》也曾提到"茅子元曾学于北禅梵法主会下,依仿天台出《圆融四土图》、《晨朝礼忏文》,

---

① 按照波普诺的说法,"教派"(sect)在正规组织化程度上较之"教会"(church)或"宗派"(denomination)要低一些。他的领导人通常缺乏正式的培训,主要依靠个人魅力作为权威的基础。在典型情况下,在教派中需要由宗教专职人员来执行的功能,教派中普通成员就能行使,普通成员甚至可以对神圣信仰和实践进行阐释。正是因为教派成员积极参与组织的各种活动,他们比教会或宗派成员更忠实于自己的组织。忠实和激情是重要的教派价值,教派为信仰和组织的纯洁性坚决坚守原则,更少妥协,这样就难免与社会设置发生冲突。教会是接受其存在的社会环境的一种宗教团体,而教派是排斥其生存环境的宗教团体。参见[美]戴维·波普诺(David Popenoe)著,李强等译:《社会学》(第10版),第462页。波普诺对教派特质的分析,也可以成为理解教派更具反叛性格的一把钥匙。吉登斯对教派的定义有跟波普诺的一致之处,参见[英]安东尼·吉登斯(Anthony Giddens)著,赵旭东等译,刘琛等校:《社会学》(第4版),第515—516页。约翰斯通更加细致地归纳了教派的特征,参见[美]罗纳德·L.约翰斯通(Ronald L. Johnstone)著,尹今黎、张蕾译,袁亚愚校:《社会中的宗教:一种宗教社会学》,四川人民出版社1991年版,第118—119页。正因为教派的这种特有的内涵与鲜明的特点,白莲教也就区别于中国历史上的主流宗教形态及组织方式,它的教派特性提示我们解读它的一条路径,它不会同于宗教的"教会"样式。因此重松俊章《初期的白莲教会——附元律中的白莲教会》(陶希圣抄译,《食货》1935年第1卷第4期)劈头所讲的"中国佛教的异端教门,最著名的莫如唐宋时代的弥勒教会及宋元明清时代的白莲教会"就显得不那么贴切。

② 一种意见认为,白莲宗是佛教世俗化的一种尝试,属于净土宗的一支;白莲教则从一开始就是附佛外道,它是弥勒教、摩尼教、道教末流乃至民间方术等内容的杂糅的结果,两者应有明确的分别。参见任宜敏:《白莲宗的兴衰及其与白莲教的区别》,载《人文杂志》2005年第2期。但更多的意见是尽管存在区别,但在名称上则选择单一称谓,以免歧义横生。参见杨讷:《元代的白莲教》,载《元史论丛》1983年第2辑;马西沙:《白莲教辨证》,载《世界宗教研究》1993年第4期;又,马西沙、韩秉方:《中国民间宗教史》,上海人民出版社1992年版,第118—130页。

③ 普度:《庐山莲宗宝鉴》卷四《慈照宗主》,载杨讷:《元代白莲教资料汇编》,中华书局1989年版,第85页。

偈歌四句,佛念五声,劝诸男女同修净业,称白莲导师。其徒号白莲菜人,亦曰茹茅阇黎菜。有论于有司者,加以事魔之罪,蒙流江州。后有小茅阇黎复收余党,但其见解不及子元,又白衣展转传授,不无讹谬,唯谨护生一戒耳。"①北禅梵法主就是北禅净梵(1052—1128),是中兴天台宗第三世十三传人②,师事胜果思永忏主,专念阿弥陀佛,以研究《法华经》、礼忏、禅观闻名。慈照子元向其学习,故能模仿天台学说作《圆融四土三观选佛图》、《晨朝礼忏文》。因此,他创立的白莲教,既与其他净业社团一样,依然崇拜阿弥陀佛,以往生净土为修行之终极目的,又大量地汲取天台宗的教义,是天台宗和净土宗融合的产物。当时的佛教界人对慈照的做法似乎有些不认同,因此告到官方加以事魔之罪,而流放江州的事实被记载下来作为污点,尽管同情者以"障临江州"这种含糊的说法加以打发。事实上,就白莲教的教义与戒律而言,它与佛教的其他门派没有什么根本的差异,不过是"劝人归依三宝,受持五戒,一不杀,二不盗,三不淫,四不妄,五不酒"而已。五戒中最重要的是不杀生,慈照子元曾说过:"欲趣菩提,慈心为本;凡修净业,济物为先。"③即便是对白莲教持批评态度的佛教史家志磐,也承认白莲教"谨葱乳,不杀,不饮酒,号白莲菜。"为何称其为"白莲菜"?因白莲教持护生之戒而不杀生,又谨葱乳,不饮酒,故而纯为素食者,持批评意见者贬斥其信众为"白莲菜人"。不过志磐将这个素食者团体贬斥得一无是处:"受其邪教者谓之传道,与之通淫者谓之佛法,相见傲僧慢人,无所不至。愚夫愚妇转相诳诱,聚落田里皆乐其妄。"志磐在这段话后面还加了个"议曰",直接而又简单地将白莲教划入附佛外道之列。他说:"所谓《四土图》者,则窃取台宗格言,附以杂偈,率皆鄙薄言辞。《晨朝忏》者,则撮略慈云七忏,别为一本,不识依何行法。偈吟四句则有类于樵歌,佛念五声则何关于十念。号白莲,妄托于祖;称导师,僭同于佛;假名净业而专为奸秽之行,猥亵不良,何能具道。"④宗鉴认为茅子元自称白莲导师,坐受众拜,僭佛之位;男女混杂,同修净业;白莲道人皆可娶妻生子。种种行径,皆乖离佛家之旨,故白莲宗当属事魔邪党。"吃菜事魔,所谓奸民者也。自植党与,十百为群。挟持妖教,聋瞽愚俗。或以修路建桥为名,或效诵经焚香为会,夜聚晓散,男女无别。所至各有渠魁相统,遇有争讼,合谋并力,厚哕胥吏,志在必胜。假名兴造,自丰囊橐。横行州县,创置私庵,以为逋逃渊薮……昔传五斗米道者,始托黄老,分遣弟子,周游四方,转相诳诱,其后数十万众同日窃发,汉室遂微。今此曹若不防闲,何所不至!"⑤劳政武曾经指出,在接受中华文化的规范原则及其衍生方式的前提下,历代法律对真正信仰者多所宽容,而对假冒伪善之徒则加重处罚。就佛教戒律的基本原理论,佛教制戒之目的,对教内弟子个人来说,当然是求解脱、以达安乐(涅槃)的世界;除此目的以外,更重要的是团体规范(摄僧)之目的,也就是维持僧团以

① 《释门正统》卷四《斥伪志》,载《元代白莲教资料汇编》,第280页。
② 《佛祖统纪》卷一四《诸师列传》第六之四《北禅净梵法师》,《大正新修大藏经》第49册,第221页上—中。
③ 《庐山莲宗宝鉴》卷六《放诸生命》,载《元代白莲教资料汇编》,第105页。
④ 《佛祖统纪》卷四七《法运通塞志》第十七之十四,《大正新修大藏经》第49册,第425页上。
⑤ 《佛祖统纪》卷四八《法运通塞志》第十七之十五,《大正新修大藏经》第49册,第430页下—431页。

使"和合安乐"之目的;此外还有对外号召(生信)之目的,后两者都是与个人求解脱有区别的①。如果太专注于个人解脱,实与现实世界的其他个体及其相关利益形成矛盾。对政府来说,白莲教事实上已经构成典型的体制外的社会组织,它置身于国家权威系统和暴力机器控制之外的地方,隐匿于民间社会之中,以自我确认的价值理念、思维方式和行为规范为指导,挑战体制内的权威体系,颠覆了主流的文化及政治价值,并且存在以暴力对话的行事方式与体制相抗衡的趋向,因而,这个初生的民间佛教社团看起来具备着反现行体制的言行表征。而在白莲教的立场上,"在这种充满象征行为的、复杂的系统中,为行为者提供了最大限度的生存机会。而在基本价值方面,诸如正义、公平、平等和运气等我们称作信仰的东西也同时存在。"②

宗鉴和志磐都不约而同地将白莲教同吃菜事魔串联在一起,并暗示两项都有着阴暗的反政府与反社会倾向。这类的指责,其实也都是主导意识形态管摄着士大夫们的共同意见。士大夫内部的不同政见与学术分歧此时也很容易地被对方呵斥为吃菜事魔:

> (庆元二年)十一月,监察御史沈继祖奏:朱熹剽窃张载、程颐之余论,以吃菜事魔之妖术,以簧鼓后进,张浮驾诞,私立品题,收召四方无行义之徒,以益其党伍,相与餐麄食淡,衣裒带博,或会徒于广信鹅湖之寺,或呈身于长沙敬简之堂,潜形匿迹,如鬼如魅,及不忠不孝,不仁不义,不公不廉等。③

《续编两朝纲目备要》则说沈继祖奏稿系胡纮所作,借沈氏之手而上达:

> (庆元二年十二月)监察御史(胡)纮以稿授之,(沈)继祖锐于进取,谓可立致富贵,遂奏(朱)熹剽窃张载、程颐之余论,寓以吃菜事魔之妖术,以簧鼓后进,张浮驾诞,私立品题,收召四方无行义之徒,以益其党伍,相与餐麄食淡,衣裒带博,或会徒于广信鹅湖之寺,或呈身于长沙敬简之堂,潜形匿迹,如鬼如魅,及不忠不孝,不仁不义,不公不廉等十罪。乞褫职罢祠。其徒蔡元定佐熹为妖,乞送别州编管。④

而被朝中反道学势力攻击的道学集大成者朱熹在治理地方时还曾发布过禁止传习魔教的榜文:

> 禁约保伍,互相纠察事件。常切停水防火,常切觉察盗贼,常切禁止斗争,不得贩卖私盐,不得宰杀耕牛,不得赌博财物,不得传习魔教。保内之人,互相觉察,知而不纠,并行坐罪。⑤

道学后劲真德秀知泉州时颁布《劝农文》,厉言事魔之非:

---

① 参见劳政武《佛教戒律学》,宗教文化出版社1999年版。

② [法]劳格文(John Lagerwey):《中国宗教的合理性》,载《法国汉学》丛书编辑委员会编:《法国汉学》第4辑,中华书局1999年版,第339页。

③ 刘时举:《续宋编年资治通鉴》卷一二《宋宁宗一》,《丛书集成初编》本。

④ 佚名编:《续编两朝纲目备要》卷四《宁宗》,中华书局1995年点校本,第74页。

⑤ 朱熹:《晦庵先生朱文公文集》卷一〇〇《劝谕榜》,《四部丛刊初编》本。

　　财物难得,常须爱惜。食足充口,不须贪味。衣足蔽体,不须奢华。莫喜饮酒,饮多失事。莫喜赌博,好赌坏人。莫习魔教,莫信邪师。莫贪浪游,莫看百戏。凡人皆因妄费无节,生出事端。既不妄费,即不妄求,自然安稳,无诸灾难,便是节用。①

　　以主导意识形态监管者自居的士大夫既把内部不同派别的政见差异及利益冲突诉名化为"吃菜事魔",又念念不忘在履行社会教化时要让民众远离事魔邪党。这一切都在表明,南宋乡村"魔教"与"事魔"现象的普遍与对社会基层的渗透及深层操控已经接近完成,与此同时,士大夫们对新出现的民间宗教团体也始终保有一份深深的忧虑,他们对民间宗教团体与吃菜事魔者的行为方式、信仰内容并没有也缺乏兴趣去做学理上的审慎分别,而无论白莲教或明教(含吃菜事魔)在外在的仪式行为所表达的符号意义上均体现出与制度化宗教内涵全然不同的样式,这是一种分散性宗教所表现出的世俗化特征。无论白莲教还是吃菜事魔都是现实目标与民间巫术等分散性宗教元素的混合体:

　　以肉置小口罂中,埋之野外,狐见而欲食,喙不得入,馋涎流堕罂内,渍入肉中,乃取其肉曝为脯末,而置人饮食间。又闻以狐涎和水颒面,即照见头目变为异形,今江乡吃菜事魔者多有此术。②

　　制度化宗教与分散性宗教在对信徒的威慑力和控制力上差异不大,巫术方式则可以强化信徒的心理暗示③。有如马林诺夫斯基所讲的那样,宗教创造了价值,并直接提出了终极的目的;而巫术具有其实践的与功利的目的,而且其本身就是实现目的的手段④。这在白莲教和吃菜事魔那里都曾得到彻底的运用。

　　我们认为,白莲教的确受到过吃菜事魔的影响,这是南宋时人就误认为白莲教渊于摩尼教或将二者混为一谈的根本原因。南宋晚期的佛教史家志磐说:

　　此三者(摩尼、白莲、白云)皆假名佛教以诳愚俗,犹五行之有沴气也。今摩尼尚扇于三山,而白莲、白云处处有习之者。大抵不事荤酒,故易于裕足,而不杀物命,故近于为善。愚民无知,皆乐趋之,故其党不劝而自盛。甚至第宅姬女,为魔女所诱,入其众中,以修忏念佛为名,而实通奸秽。有识士夫,宜加禁止。⑤

吴晗据此断定:"由此知三派佛教徒并斥为事魔邪党。不事荤酒,不杀物命,修忏念佛,均托于佛教,则三派之混合已久可知。"⑥毫无疑问,摩尼、白莲、白云三种教派存有共同点,但要说它们"混合已久"则是不符合历史事实的⑦。摩尼与白莲之间,显示出前者对后者的影响,

---

　　①　真德秀:《西山先生真文忠公文集》卷四〇《再守泉州劝农文》,《丛书集成初编》本。

　　②　曾敏行:《独醒杂志》卷七,上海古籍出版社 1986 年点校本,第 62 页。

　　③　这方面的论述,可以参见[英]克里斯蒂纳·拉娜(Cristina Lana)著,刘靖华、周晓慧译:《巫术与宗教:公众信仰的政治学》,今日中国出版社 1992 年版,第 142—156 页。

　　④　参见[英]马林诺夫斯基(Bronislaw Kaspar Malinowski)著,李安宅译:《巫术、科学、宗教与神话》,中国民间文艺出版社 1986 年版。

　　⑤　《佛祖统纪》卷五四《历代会要志》第十九之四,《大正新修大藏经》第 49 册,第 475 页。

　　⑥　《明教与大明帝国》,载《读史札记》,第 257 页。

　　⑦　杨讷:《元代的白莲教》,载《元史论丛》第 2 辑,第 190—194 页。

正是社会上的人们往往将二者混为一谈之原因,但其间的不同,还是显而易见的。不管摩尼教徒如何用佛教的外衣来包装自己,依傍于佛教,终究是一种权宜之计,而不是其真正的归属。

摩尼教为完全的世俗素食主义提供了先例,以致当时人把茅子元的团体称之为"白莲菜"①。白莲教教义及修持方式上严格遵循素食的原则,而吃菜事魔教在宋元时代亦被人们认为是一个严格的素食主义的宗教团体。据绍兴四年(1134),王居正奏论:"伏见两浙州县,有吃菜事魔之俗……凡事魔者不肉食。而一家有事,同党之人,皆出力以相赈恤。盖不肉食则费省,故易足。同党则相亲,相亲故相恤而事易济。"②相亲相恤固然展现了一种互助合作之精神,但这种相亲相恤却建基于一种淳朴节俭的生活方式之上。素食主张在这里与其说是一种宗教戒律的要求,不如说它已具有某些社会意义,在苛政暴政残酷的情形之下,下层民众只能以牺牲口腹之欲为代价换取生存之权利③。《释门正统》卷四《斥伪志序》也提到过摩尼教的素食:"原其滥觞,亦别无他法,但以不茹荤酒为尚。其渠魁者鼓动流俗,以香为信,规其利养,昼寝夜兴,无所不至。阴相交结,称善友。"素食,在摩尼教这里,既是一种特定的宗教要求,也是下层民众的一种无奈的选择。素食方能有节余,有节余才谈得上"一家有事,同党之人,皆出力以相赈恤"。它所折射出的依然是下层民众"均贫富"的诉求和对社会财富的渴求。明教(包括以吃菜事魔为代称的各种民间宗教)给挣扎在赤贫泥泞中的小农以莫大的诱惑力。白莲教的宗教性质较之摩尼教更为纯粹,但导致"愚夫愚妇,转相诳诱,聚落田里,皆乐其妄"。情形发生的原因与摩尼教如出一辙。素食不仅具有形式上的意义,而且贯穿着追求财富平均的宗旨,正是这一因素,使得宋代以宗教为纽带结集的团体到元代逐渐褪去了神秘的宗教外衣,追求世俗的幸福成为它们的目标。

一般而言,禁断酒肉是中国佛教全体僧侣必须遵循的规范,也成为社会上具有佛教信仰的民众的一种较为普遍的自觉行为。无论是"五戒"还是"八戒",乃至"具足戒","不杀生"都是信奉佛教之"在家人"所应遵守的戒律④。中国佛教的断肉食素,它的宗教社会学意义大体在于:第一,素食是"不杀生"戒的放大,成为中国化佛教戒律的一个主要特征。第二,素食同时也是儒家礼制中的一项内容,《礼记·丧大记》:"其终丧不食肉、不饮酒。"朱熹注《论

---

① 参见[美]欧大年(Daniel L. Overmyer)著,刘心勇等译,周育民、刘昶校:《中国民间宗教教派研究》所论,上海古籍出版社1993年版。

② 《建炎以来系年要录》卷七六,绍兴四年五月癸丑条,第1248—1249页。

③ 参见吴晗《明教与大明帝国》,载《读史札记》,第249页所申论。

④ 素食现象是一种比较复杂的文化现象。佛教一贯禁杀生,但在印度时并不要求完全断肉食,"尔时世尊告阿难言:自今已去,听诸比丘食五种食,若饭,若面,若干饭、鱼及肉,令饱足。于此五种食中,一一食随所得令饱足。"(后秦罽宾三藏佛陀耶舍共竺佛念等译:《四分律》卷一四,《大正新修大藏经》第22册,第660页)法轮东传之初中国僧人也没有采取彻底的素食主义。魏晋以后素食与佛教紧密相连。梁武帝撰《断酒肉文》,断肉食蔬成为所有僧侣必须遵循的外加规范,参见严可均校辑《全梁文》卷七《断酒肉文》,载《全上古三代秦汉三国六朝文》,中华书局1958年影印本,第2989页。关于素食与中国佛教之起因、演变、指向等各种关系的考量,参见康乐《素食与中国佛教》,载林富士主编:《礼俗与宗教》,中国大百科全书出版社2005年版。

语·乡党》"斋必变食,居必迁坐"条亦云:"变食,谓不饮酒,不茹荤。迁坐,易常处也。"①断肉素食之所以成为中国佛教的戒律之一,就应该考量中国社会文化场境中强大的儒家文化气场的影响,它对佛教本身能够成为中国思想传统的一部分也起到了模铸的作用。第三,断肉素食与佛教的善恶果报、生死轮回教义以至成佛论构成统一场,成为中国佛教徒的一种必然选择。第四,断肉素食也同样可以视为是一种生活方式,这种生活方式由此能将佛教的戒律与信念普及到一般信教民众,它简便易行,又增加了佛教在中国社会的影响力。第五,断肉食素作为一种戒律与生活方式,在道德层面上要高于当时社会(包括士大夫)一般能够达到的伦理水平,鉴于儒家人士对僧侣的攻击,断肉食素,可以有效地削弱这种攻击的力度,强化对社会的渗透。因此,断肉食素符合农业社会简单朴实的生活要求,是一种高尚的道德行为②。且体现了对生命的一种尊重,能诱发悲天悯人的情感产生。"对动物的慈善是对人类慈善的根源,它必须被勤奋地加以培养。"③第六,断肉素食,不断地强化着社会的道德约束,它从一项佛教戒律超越社会各阶层、各地域、各宗教的限制,可以成为社会共有的普遍行为准则,具有深刻的宗教传播学上的意义。"戒杀"和断肉素食同样也是摩尼教的特色。如上引《摩尼光佛教法仪略》所说:"每日斋食,俨然徒施,若无施者,乞丐以充。"摩尼教有十大戒律,不许杀生是其中的一条。不过,摩尼教的素食戒律,来源于它具有特色的宗教信仰,拯救光明分子(灵魂)是一项长期而艰巨的工作。而"光明分子"存在于植物内的数量高于动物体内者,因此素食显得更有意义。通过素食而令光明分子回归明界,以及信徒本身得救受到高度重视,对于素食的违犯则成为一项罪孽。摩尼教及其类似吃菜事魔信仰的变种的素食生活习俗,与佛教主要出于对众生的慈悯之心而断肉素食还不太一样④。简单地讲,就是利己与利他之分别,但在这里,我们所能捕捉到的,依然是佛教对外来宗教的一种强大的改铸,它依照中国社会文化的价值指向与情感宣导朝向,将摩尼教在存在面貌上加以改造,使之符合中国下层民众的生活习俗及思维方式,能够与原本就已经扎根在中国民俗社会中的习惯相融摄。

---

① 朱熹《论语集注》卷五,载《四书章句集注》,中华书局 1983 年版,第 119 页。

② 南宋有《茹蔬说》:"能为人之所能为,而不能为人所不能为,庸人也。断荤戒酒饮,食菜茹蔬,是人之能为也;割爱妻子,绝念色欲,是人之不能为也。吃菜事魔,正生此患。至于贪财恋色,男女混置,修二会子,说金刚禅,皆幻术也。若夫大可诛者,不飨祀家先,言送诸天堂上也。且人之有身则有父,有父则有祖,四时飨献,示不忘其本也,岂有俗崇而能上天堂耶?原其趋向,非以慕善。要之,邪道缪用其心,所以有禁止之令也。"载俞成:《萤雪丛说》卷下,《说郛》卷五,影印文渊阁《四库全书》本。南宋人还编排了一些讥讽吃菜事魔乃伪善而虚妄的段子:"有夫出外而妻独居者,忽夜半见一道人从空而下,逼与为淫,妇入室取刀为誓,曰:汝若逼我,有死而已。相持至晓,乃一吃菜事魔人也。信哉!邪之不可干正也如此。"载赵葵:《行营杂录》,《说郛》卷四七,影印文渊阁《四库全书》本。

③ [美]迈克尔·福克斯(Michael A. Fox)著,王瑞香译:《深层素食主义》,新星出版社 2005 年版,第 135 页。

④ 芮传明认为,自唐宋以降(尤其是南宋时期),盛行于中国各地的以"吃菜"为号的大众信仰的主要观念,很可能来自于中亚的摩尼教。由此可见中亚文化以及中亚民族对于中国的社会与大众文化曾经施加过相当重大的影响,并且延绵甚久。参见氏著:《论古代中国的"吃菜"信仰》,《中华文史论丛》2000 年第 63 辑。

明教的另一种表征是白衣。依宋人记载,白莲教徒即着白衣。"白衣展转传授,不无讹谬,唯谨护生一戒耳。"①而明教亦说以白衣为识。《佛祖统纪》卷四八引洪迈《夷坚志》说摩尼教"所事佛衣白,引经中所谓白佛言世尊。取金刚经一佛二佛三四五佛,以为第五佛。又名末摩尼。"宋朝政府将明教(摩尼教)教团组织或统称"白衣礼佛会"②。陆游曾上《条对状》,说一些地方"白衣乌帽,所在成社",主要也是指摩尼教③。摩尼教的白衣习俗既是其在本土故国之穿戴习惯,也是其宗教要求。《摩尼光佛教法仪略》即言摩尼居白座,阿罗缓以上俱素服白冠。可以肯定的是,这种白衣习俗自摩尼教传入中国本土后得到了一定程度的强化,其中必定蕴含着极为深刻的象征意义。我们知道,摩尼教的一个重要宗教特质是崇拜太阳和月亮(以其是光明的象征故也),下层民众将该教简称为明教,表明他们很直接地理解到这种宗教的实质,他们向往的就是光明洁净的国度,没有欺压和贫困,安享平和和幸福。所以,宋元时代的一些宗教家已认识到"其教大要在乎清净、光明、大力、智慧八字而已。"④位于福建泉州华表山的元代摩尼教草庵遗址的摩崖石刻上,也有这些文字:"劝念、清净光明、大力智慧、无上至真、摩尼光佛。"⑤白色正是光明和洁净的象征。在疾病、饥寒境地下挣扎的民众最渴望获得的恐怕也正是这两样物事了。白莲教产生的社会背景与摩尼教入中国后传播的背景并无本质上的不同,就其实质而言,二教都是下层民众面对具体的生存困境时用以解决心理难题的工具,其组织则是一个弱势者互相依赖以对付外在世界各种压力的团体,他们可以从那里获得生存下去的信心和意义。南宋晚期有些人就不太注重区别白莲与摩尼二教。如李守兼的《戒事魔十诗》,其中有:

> 白衣夜会说无根,到晓奔逃各出门。此是邪魔名外道,自投刑辟害儿孙。
> 金针引透白莲池,此语欺人亦自欺。何似田桑五亩,鸡豚狗彘勿违时。
> 莫念双宗二会经,官中条令至分明。罪流更溢三千里,白佛安能救尔生。⑥

这里的第一首诗,很难说究竟讽刺的是白莲教还是明教,因为二者都穿着白衣,都被人指责为"夜聚晓散",但因冠以"邪魔"的恶谥,看来指明教的可能大一些。第二首诗所称白莲池,显然与明教无关,只能是指白莲教,但已经暗示白莲教其实与魔教没有什么差异。第三首提到"双宗二会经",显然指明教。由此可见,这两种民间宗教由于在某些象征性符号上是如此的相近,以至于当时的人便不愿意将他们仔细区别。

四

对于南宋下层民众来说,宗教信仰更多的是一种依靠,宗教组织则是一个互相依靠以对

---

① 宗鉴:《释门正统》卷四《斥伪志》,载《元代白莲教资料汇编》,第280页。
② 《宋会要辑稿·刑法》二之一一一。
③ 《渭南文集》卷五《条对状》,载《陆放翁全集》,第27页。
④ 紫壶道士谢显道编:《海琼白真人语录》卷一,《道藏》第33册,第115页。
⑤ 吴文良:《泉州宗教石刻》(增订本),科学出版社2005年版,第420页。
⑥ 《嘉定赤城志》卷三九《风土门二·李守兼戒事魔十诗》。

付外在世界各种压力的弱小者的团体,他们需要从那里找寻生存下去的信心和意义,而白莲教以及早先的吃菜事魔信仰团体就是这样一种为下层社会提供精神寄托和物质依靠的组织。因此,吃菜事魔和白莲教的所有宗教和世俗行为的指向,就不可能是朝向超验世界的不间断的迈进,而是着眼于经验世界的改造,以实现当下的世俗化的目的。犹如涂尔干所说的那样,白莲教及其早先的吃菜事魔组织是"一个与神圣事物相关之信仰与仪式的聚合体系,这些信仰与仪式将所信奉的人,融聚在一个道德社群中。"[①]在这样一个社群之中,"一旦个体汇集在一起,彼此近距离接触极易产生高昂的情绪,从而导致进入一种非同寻常的高度兴奋状态中。"[②]毫无疑问地,这些汇聚的个体,亢奋的情绪,都是宗教世俗化的产物,而宗教团体成为入教者社会认同和群体凝聚力的主要来源,并通过种种在官方看来极为怪诞的仪式来不断地激发群体的认同感、团结力和共同利益的想象。宗教渲染和所展现的美好蓝图对于下层民众具有难以用语言描述的吸引力,一种强烈的共同的"集体意识",造成共同体成员信仰、情感、意愿的高度同质性,在这种场境里,群体极易养成攻击性。这是南宋吃菜事魔现象给我们的启示。

（作者单位:杭州师范大学国学院）

---

① 范丽珠、[美]詹姆斯·瓦特汉德（James D. Whitehead）、[美]伊芙琳·瓦特汉德（Evelyn Eaton Whitehead）:《宗教社会学:宗教与中国》,时事出版社 2010 年版,第 62 页。

② Robert Bellah , *Durkheim and Ritual*, *in The Robert Bellah Reader*, Duke University Press, 2006, p. 151.

《钱唐记》、《吴兴记》书名、作者、成书、流传考

周生春

汉晋以下,各地纷纷出现了许多记载本地风土人物的地记,《钱唐记》、《吴兴记》就是这样两部文献。《钱唐记》记载了钱唐县的风土人物,是一部研究刘宋及刘宋以前钱唐历史的重要资料。《吴兴记》记载了吴兴所属乌程、东迁、武康、长城、原乡、故鄣、安吉、余杭、临安、於潜十县的风土人物,也是一部研究南北朝时期吴兴历史、文化的重要资料。但两部文献的书名、作者、成书、流传及史料价值仍存在不少错误和亟待澄清之处。故特撰成此文,以补正前人研究之疏误,并将新发现的《钱唐记》四条佚文和《吴兴记》八条佚文分别胪列各部分之后,以供诸位方家批评指正。

一 《钱唐记》书名、作者、成书、流传考

(一)书名

原书久已亡佚,今本皆清人辑佚所成之本。

该书原名《钱唐记》,今本误作《钱塘记》。

最早引用该书的《水经注》云:"《钱唐记》曰:防海大塘在县东一里许。"又云:"《钱唐记》曰:桓玄之难,湖水色赤,荧荧如丹。"(《武英殿聚珍版丛书》本《水经注》卷四〇)《太平御览》卷四六(《四部丛刊三编》景宋本)、《四朝闻见录》甲集(《知不足斋》丛书本)所引亦称辑自《钱唐记》。可见该书本名《钱唐记》,这是直接的正面证据。

又就内容而言。此书久已亡佚,其部分内容散见诸书所引。从现存文字内容来看,这是一部载录钱唐县山水风物的地记。《汉书》卷二八上《地理志上》云:"钱唐,西部都尉治","莽曰泉亭"。《晋书》卷一五《地理下》吴郡下有"钱唐"县。《宋书》卷三五《州郡一》云:"钱唐,令,汉旧县。"该县《隋书》卷三一《地理下》尚作"钱唐",《旧唐书》卷四〇《地理三》、《新唐书》卷四一《地理五》已改作"钱塘"。王先谦《汉书补注·地理志》第八上《汉书》二八"钱塘"条补注则云:"隋以前皆作钱唐。至唐,以字系国号,加土为钱塘。"既然"钱塘"有唐一代以前本名"钱唐",那么成书于唐代以前,记载钱唐县山水风物的该书原名就只能是《钱唐记》,而不可能是《钱塘记》。

最后,从该书的流传来看。今本《钱塘记》系由清人主要据唐以下诸书所引辑佚而成。其时钱唐县已改称钱塘县,诸书所引亦大多随之改称引之《钱塘记》。今本的书名也就很自

然地被改成《钱塘记》了。

值得注意的是,除《钱塘记》外,又有人认为《钱唐记》尚有其他名称。如《世说新语》梁刘孝标注所引有《钱唐县记》一书(文渊阁《四库全书》本《世说新语》卷中之上《雅量》梁刘孝标注),《太平广记》注所引有《钱塘志》一书(文渊阁《四库全书》本《太平广记》卷二九一《伍子胥》条注),王谟辑本、张国淦《中国古方志考》即认为《钱唐县记》、《钱塘志》即《钱塘记》。不过,《钱唐县记》云县诸豪姓,敛钱雇人,辇土为塘之文字,与诸书所载郡议曹华信募致土者与钱,塘未成而谲不复取土,载土石者弃置而去,塘以之成大异。《钱塘志》所引伍子胥与钱塘江潮相应事,亦不见于诸书所引。《钱塘记》即《钱唐县记》、《钱塘志》说可谓证据不足,难以令人信服。

此外,施元之《施注苏诗》所引又有陆文学《钱塘记》一书。《施注苏诗》曰:"陆文学《钱塘记》云:武林山,隋时有白虎见其上,因以名之。"(宋刻清删本《施注苏诗》卷二八"送子由使契丹"诗注)然据《四朝闻见录》甲集所云:"钱唐令刘道真《钱唐记》、太子文学陆羽《灵隐记》、夏竦《灵隐寺舍田记》、翰林院学士胡宿《武林寺记》皆云武林山即灵隐山。"(《知不足斋》丛书本)《淳祐临安志》亦云:"钱塘令刘道真《钱塘记》、太子文学陆羽《灵隐天竺寺记》、翰林学士夏竦《灵隐寺舍田记》、翰林学士胡宿《武林山天竺寺记》皆云武林山即灵隐山也。"(《淳祐临安志》卷八《山川》)又《淳祐临安志》引"刘道真《钱塘记》云:吴郡有武林山,昔秦汉间有白虎尝踞于其巅,其虎不食生物,惟饮涧泉而已。"(《淳祐临安志》卷八《山川》)按上可知,施元之所言陆文学乃唐太子文学陆羽,其所云《钱塘记》应为《灵隐记》或《灵隐天竺寺记》之误,所引白虎等文字应是误系其事于隋代。

(二)作者

长期以来,人们多认为此书系刘道真所作,从来没有人提出过任何异议。如《艺文类聚》卷九、《初学记》卷七、《事类赋》卷一〇、《太平寰宇记》卷九三和《太平御览》所引,章宗源《隋书经籍志考证》卷六、张国淦《中国古方志考》、秦荣光《补晋书艺文志》之著录,以及劳格《读书杂识》卷六、王仁俊《玉函山房辑佚书续编》辑本即均认为《钱塘(唐)记》系刘道真所撰。南宋《四朝闻见录》(甲集)始云:"钱塘令刘道真《钱唐记》。"《攻媿集》卷五八又云元嘉中钱塘令有刘道真其人。《淳祐临安志》卷五则曰:"宋钱塘令刘道真《记》。"《(咸淳)临安志》卷五一更进一步认为,刘道真乃宋元嘉十三年(436)时钱唐令。张国淦、劳格、王仁俊均因袭此说,主张《钱塘(唐)记》作者刘道真系刘宋时人,即元嘉十三年钱唐县县令。其实作者是宋钱塘令刘道真一说颇有问题,值得作进一步探讨。

就目前所知,宋元嘉十三年钱唐令的姓名,史籍所载即有不同。《攻媿集》卷五八、《淳祐临安志》卷五云刘道真是宋钱唐令。《咸淳临安志》卷五一则云宋元嘉中钱唐令"刘道真,一作真道"。而《宋书》卷四七、《南史》卷一七、《册府元龟》卷六五八、卷七〇一皆云元嘉十三年钱唐令为刘真道,而非刘道真。《宋书》、《南史》均系南北朝时人所作正史,《册府元龟》取材以正史为主,间及经书、子书,小说、杂书一律不收,当时校核讨论,务臻详慎,所记当远较南宋人所作《攻媿集》、《咸淳临安志》更为可信。因此,如果说《钱唐记》的作者乃元嘉中钱唐令,那么,其人应是刘真道,而非刘道真。

刘真道其人史籍有相当翔实的记载。按《宋书》卷五、卷四七、卷九一,《南史》卷二、卷一七、卷七三,《册府元龟》卷六五八、卷六九三、卷七〇一所载,刘宋元嘉时人刘真道乃刘裕从母孙,怀敬子。元嘉十三年,为钱唐令,有美政,上嘉之,以真道为步兵校尉。十四年,出为梁、南秦二州刺史。十八年、十九年,真道率军讨平仇池,任雍州刺史。在任期间,板许昭先为征虏参军。二十年,有罪下狱,死。

值得注意的是,《宋书》卷四七,《南史》卷一七云元嘉十四年,刘真道以步兵校尉出为梁、南秦二州刺史。《宋书》卷五则云元嘉十四年,以步兵校尉刘道真为梁、南秦二州刺史。可见前两处所记之刘真道,即《宋书》卷五所载之刘道真。

无独有偶,《宋书》卷五、卷四七,《南史》卷二、卷一七,《册府元龟》卷六九三云,元嘉十八年、十九年,刘真道率军讨破仇池。《宋书》卷九八则云元嘉十八年、十九年,刘道真节度诸军讨平仇池。显而易见,以上诸书记载的刘真道即刘道真。在同一来源,甚至在同一书中出现这种现象,很可能是由以下两种原因中的一种造成的:

一是真道、道真乃同一人,只是一为名,一系字。真道、道真之间,以真道为名,道真系字的可能性较大。

一是真道、道真两者当有一误。《宋书》北宋时已有很多缺失。后人杂取《高氏小史》、《南史》等书作了增补。今本《宋书》虽仍为百卷,但有些篇章已非原帙。《南史》以《宋书》等为本,删繁就简,重新编纂,成书于唐高宗显庆四年(659)。《册府元龟》取材以正史为主,间及经书、子书,当时校核讨论,务臻详慎。后两书所记当更为可信,真道误作道真的可能性当更大一些。

综上可知,与其说《钱唐记》作者是元嘉时钱唐令刘道真,还不如说是刘宋元嘉时钱唐令刘真道。

(三)成书、流传及史料价值

据目前所掌握的史料来看,《钱唐记》应成书于刘真道任钱唐令期间,即元嘉十三年前后。原书篇卷不详。

《钱唐记》成书后曾为多种典籍引用。如《水经注》、《北堂书钞》、《艺文类聚》、《初学记》、《元和郡县志》、《后汉书》李贤注均征引过此书。但不见于《隋书·经籍志》、《旧唐书·经籍志》和《新唐书·艺文志》诸书著录。宋初《太平御览》、《太平寰宇记》、《事类赋》所引《钱唐记》,有"石膏山"、"石姥山石甑"、"灵隐山榖树"和"岘山"四条数句未见于宋以前诸书所引。南宋时成书的《常谈》、《密斋笔记》、《四朝闻见录》、《云麓漫钞》、《吴郡志》、《淳祐临安志》、《(咸淳)临安志》、《梦粱录》、《玉海》所引《钱唐记》,大多系转引自前人。唯《四朝闻见录》甲集、《淳祐临安志》卷八所引"武林山"条,《淳祐临安志》卷八、《(咸淳)临安志》卷二三所引"千叶莲花"条,不见于前人所引。

按上所说,可知《钱唐记》一书虽不见于宋代公私书目之著录,但其书宋时尚存,很可能在南宋时散佚。谢采伯《密斋笔记》卷五云:"《钱塘记》一书,今亦不复存。"谢采伯系南宋宁宗、理宗时人。据此推断,《钱唐记》应亡佚于南宋理宗之前。

《钱唐记》自亡佚后,即不再有传本。迄清代辑佚风兴,始有人遍检群书,将其辑刊成书。

今传世辑本有二：一为清劳格《读书杂识》辑本（简称劳本），光绪四年刊版。一为清王仁俊《玉函山房辑佚书续编》辑本（简称王本），上海古籍出版社 1989 年影印。王本从劳书中辑出，且衍文一处、脱注文一处。以上两辑本记载钱塘议立、钱塘改名、灵隐山石穴、临平山、灵隐山、灵隐山穀树、明圣湖、诏息湖、岘山总九条，合姥山石甎二条，总计十一条。本文在他校诸书所引《钱塘记》与劳本、王本所辑十一条歧异之文外，又发现佚文四条。兹将此新发现的四条佚文附录文后，供各位参考。

此外，据张国淦《中国古方志考》，《钱唐记》尚有清嘉庆时人金溪王谟《汉唐地理书钞》辑本。然《中国丛书综录·总目》第 653—654 页著录之王谟《重订汉唐地理书钞》辑本书目，其中并无《钱塘记》一目。中华书局 1961 年影印、2006 年重印之《重订汉唐地理书钞》，亦未录《钱塘记》辑本。

王谟辑本虽不可得见，但其所辑佚文则均一一可知。按张国淦《中国古方志考》所言，王谟本所辑《水经注》二条、《御览》六条，笔者均已收录。其所辑《世说》注一条系出自《钱唐县记》而非《钱唐记》，所辑《太平广记》卷二九一《伍子胥》条注系出自《钱塘志》而非《钱唐记》。其从《渊鉴类函》钞出二条，《浙江通志》钞出二条则不足征信。唯其所辑《类聚》二条，笔者仅查得"明圣湖"一条。

与苏州、绍兴相比，杭州设州置郡时间较短，传世和本地存留的隋唐以前文献资料甚少，其早期历史有许多模糊不清之处。《钱唐记》的价值就在于这是第一部专记钱唐风土人物的地记，对了解杭州的早期历史具有无法替代的作用。如其有关防海大塘、明圣湖、石膏山、姥山的记载，不仅有助于确定彼此的方位和县址所在，而且还让我们了解到当地早期的经济和行政状况。其有关灵隐山、临平山、岘山的记载，则使今人在了解该地早期的地貌和生态的同时，还得以了解当时当地采矿业的情况。这些资料都是十分难得，弥足珍贵的。

(四)《钱唐记》佚文①

1.临平湖

《钱唐记》曰：桓玄之难，湖水色赤，荧荧如丹。（清《武英殿聚珍版丛书》本《水经注》卷四○）

2.武林山

钱唐令刘道真《钱唐记》云：武林山即灵隐山。（清知不足斋丛书本《四朝闻见录》甲集《武林山》）钱塘令刘道真《钱唐记》云：武林山即灵隐山也。（《淳祐临安志》卷八《山川》）刘道真《钱唐记》云：吴郡有武林山，昔秦汉间有白虎尝踞于其巅，其虎不食生物，惟饮涧泉而已。"（《淳祐临安志》卷八《山川》）

3.石膏山

《钱唐记》云：山出石膏，若雪。又县亥地有狱，狱左右有石膏，雨霁时出，药用为最。一名稽留山，无毒兽恶虫。（文渊阁《四库全书》补配《古逸丛书》景宋本《太平寰宇记》卷九三）

---

① 以下四条系劳本、王本所未录，笔者发现、辑录之佚文。

《钱塘记》云：出石膏，色若雪。又县治亥地有岳，岳中产石膏，雨霁时出，药用为最。一名稽留山，无毒兽恶虫《太平寰宇记》。（清嘉庆《宛委别藏》本《淳祐临安志》卷九"石膏山"条）《钱塘记》云：出石膏，色若雪。又县治亥地有狱，雨霁时，狱中出石膏。一名稽留山，无毒兽恶虫《太平寰宇记》。（清道光十年钱塘汪氏振绮堂刊本《咸淳临安志》卷二四"石膏山"条）

4. 莲华峰

《钱塘记》云：峰顶有孤石，可四千围，顶上四开，状似千叶莲花。（清嘉庆《宛委别藏》本《淳祐临安志》卷八"莲华"条注）《钱塘记》云：峰顶有孤石，可四十围。顶上四开，状似千叶莲花。（清嘉庆《宛委别藏》本《淳祐临安志》卷八）、（清道光十年钱塘汪氏振绮堂刊本《咸淳临安志》卷二三）

二 《吴兴记》书名、作者、成书、流传考

（一）书名

《隋书》卷三三《经籍志》著录云："《吴兴记》三卷，山谦之撰。"此书有时被误作《吴兴地记》。如《初学记》卷五"石镜玉台"条注系引自"山谦之吴兴记"。（宋刻本、明九州岛书屋覆刻锡山安国本《初学记》卷五"石镜玉台"条注）同书同卷"车盖香炉"条注则云："山谦之《吴兴地记》曰：乌程县车盖山，山东旧有殷康所立亭，瞩望极佳。"（宋刻本、明九州岛书屋覆刻锡山安国本《初学记》卷五"车盖香炉"条注）

自《隋书·经籍志》之后，该书不再见于《旧唐书》、《新唐书》等书的著录。后人辑佚所成之辑本均沿用《吴兴记》旧名。从目前所掌握的史料来看，历来并无与山谦之所撰《吴兴记》同名之书传世。

反对此说的唯一重要证据是《嘉泰吴兴志》卷一四曰："颜真卿《杼山寺碑》云：晋吴兴太守张玄之《吴兴记》曰云云，《统记》又多载玄之《山墟名》"。查《颜鲁公文集》卷四《湖州乌程县杼山妙喜寺碑铭》、明《万历湖州府志》卷二《杼山妙喜寺碑》，颜真卿所云乃"晋吴兴太守张玄之《吴兴疏》"，而非《吴兴记》。《隋书·经籍志》、《颜鲁公文集》卷七《康希铣神道碑铭》且直接指出，《吴兴记》系山谦之所作。又《太平寰宇记》卷九四与《嘉泰吴兴志》卷四、卷一八皆云晋吴兴太守张玄元之所作乃《吴兴山墟名》而非《吴兴记》。可见上述反证不能成立。

然而，值得一提的是，后人所引《吴兴记》虽有晚于山谦之时代的文字，但此类文字并非出自山谦之之手，亦非出自他人所作《吴兴记》，而仅仅只是误记书名或误系于《吴兴记》名下。如《嘉泰吴兴志》卷一三"静林寺"句注云："《吴兴记》称：寺有唐张柬之碑，今碑仅存，字不可辨。"而按《吴兴金石记》卷五所言，此条系出自《吴兴统记》，而非《吴兴记》。又如《雍正浙江通志》卷一〇二云："《吴兴记》：苇花兰心曰苕，吴兴溪傍多生苕草，可作帚，俗呼为苕帚。"（影印文渊阁《四库全书》本《雍正浙江通志》卷一〇二）按《嘉泰吴兴志》卷二〇"苕"、《万历湖州府志》卷三"苕"所引，此条亦系引自《吴兴统记》而非《吴兴记》。再如《施注苏诗》卷四、卷七、《补遗》卷上所引《吴兴记》载有钱镠布衣时照石镜事，则系将施注混入《吴兴记》引文所造成的错误。

此外,《游志续编》卷上"《吴兴记》载:张文规会昌中为守",造浮空潭、思洛亭、泣玉亭事。《嘉泰吴兴志》卷一八、《舆地纪胜》卷四引《吴兴记》所载唐代名厨吴昭德脍鲈事。《舆地纪胜》卷四曰:"《吴兴记》又云:大业初,州废,以县属苏州;唐武德四年,复隶湖州。"以上所述皆唐及五代时事,自然不会出自刘宋时人山谦之,亦应是出自《吴兴统记》、《吴兴志》等书名相似之书,后人误记书名或误系于《吴兴记》名下。

(二)作者

《隋书·经籍志》著录云:"《吴兴记》三卷,山谦之撰。"《初学记》卷五,《颜鲁公文集》卷七,《茶经》卷下,《太平寰宇记》卷九三、九四,《太平御览》卷五七亦屡屡称引"山谦之《吴兴记》"。这都说明山谦之是《吴兴记》作者。

山谦之,史称"河内山谦之"(陆羽《茶经》卷下《七之事》)。其原籍和郡望乃河内,其人当出自晋司徒河内山涛一族。

山谦之是刘宋元嘉至孝建初的一位著名史学家。其著述除"《吴兴记》三卷"外(《隋书·经籍志》),还有《南徐州记》二卷(《隋书·经籍志》、《旧唐书·经籍志》、《新唐书·艺文志》、《太平御览》卷首《经史图书纲目》)、"棘阳令《山谦之集》十二卷"(《隋书·经籍志》),以及《丹阳记》(《太平御览》卷首《经史图书纲目》)。据上所述,山谦之曾任棘阳令(宋属雍州河南郡),并很可能曾在吴兴、南徐州、丹阳等地任职。

除以上著作外,山谦之还受命主持了官修史书《封禅仪注》和《宋书》的编撰。按《宋书》记载,"元嘉二十年,太祖将亲耕,以其久废,使何承天撰定仪注。史学生山谦之已私鸠集,因以奏闻"(《宋书》卷一四),时谦之为史学生。其后,"宋太祖在位长久,有意封禅。遣使履行泰山旧道,诏学士山谦之草封禅仪注。其后索虏南寇,六州荒毁,其意乃息"(《宋书》卷一六)。时谦之为学士。"先是元嘉中,使著作郎何承天草创国史。世祖初(孝武帝孝建初),又使奉朝请山谦之、南台御史苏宝生踵成之。"(《宋书》卷九四、《南史》卷七七)"宋故著作郎何承天始撰《宋书》",草立纪传止于武帝功臣,篇牍未广,其所撰志唯天文、律历。自此外,悉委奉朝请山谦之。谦之孝建初又被诏撰述,寻值病亡,仍使南台侍御史苏宝生续造诸传。元嘉名臣皆其所撰。"(《宋书》卷一○○)可见孝武初谦之为奉朝请,受命补承天所撰《宋书》残缺,孝建初病卒。

(三)成书、流传及其史料价值

从山谦之的生活年代推断,《吴兴记》应成书于元嘉至孝建初。该书后佚,但仍散见于传世诸文献之中。

《吴兴记》成书后,仅一见于《隋书·经籍志》,而不见于《旧唐书》、《新唐书》等正史和宋代公私书目的著录。不过,从《世说新语》卷上之刘孝标注、《北堂书钞》卷一二一、《艺文类聚》卷八二、卷八七、《初学记》卷五、《后汉书》卷一一二李贤注、《通典》卷一八二、《颜鲁公文集》卷七、《茶经》卷下、《元和郡县志》卷二六,和宋初大型类书《太平寰宇记》、《太平御览》等众多书籍屡屡甚至大量称引"山谦之《吴兴记》"或"《吴兴记》"来看,《吴兴记》唐时尚存,当佚失于宋代。

《吴兴记》散佚后，经明清学者大力搜罗，辑得部分佚文。其较重要之辑本有五种。如明董斯张《吴兴备志》(影印文渊阁《四库全书》本)卷二三《遗书征》取《艺文类聚》、《初学记》、《太平御览》、《后汉书》注、谈钥《志》、《说郛》诸书，辑得佚文二十一则。清范锴《范声山杂著》据董斯张辑本"钞存之"，得佚文三十七则。清金溪王谟亦辑一卷，见《汉唐地理书钞》。清严可均辑得四十四事(《铁桥漫稿》卷五)，见《四录堂类集》。清缪荃孙《云自在龛丛书》抄录《续汉书·郡国志》注、《世说》注、《编珠》、《类聚》、《书钞》、《初学记》、《白帖》、《颜鲁公集》、《御览》、《寰宇记》、《事类赋》注、《舆地纪胜》、谈钥《吴兴志》、《湖录》、《湖州府志》诸书所引，辑得佚文六十六事，并于卷首冠以《宋书·州郡志》所载吴兴十县资料。

董斯张、范锴辑本引文皆不载所出之书，王、严辑本亦有漏复处。缪荃孙踵董斯张、王谟、严可均等人之后，所搜罗《吴兴记》佚文最为完备，其辑本引文均有出处。笔者在董斯张、缪荃孙诸人所辑佚文的基础上，复遍检各书，发现并新增佚文八事，附录文后，以备检索。

除董斯张、范锴和缪荃孙三种辑本外，按前人著录，《吴兴记》尚有王谟、严可均和蒲圻张氏《大典》辑本。笔者在点校、整理《吴兴记》时，已据张国淦《中国古方志考》所言，收录张氏《大典》辑本所辑条文。王谟、严可均辑本笔者无缘得见，其中《铁桥漫稿》卷三云："山谦之《吴兴记》一卷可均辑"，未刻。可知严可均作《吴兴记》叙之时，其辑本并未刊行。(清道光十八年四录堂刻《铁桥漫稿》卷三、卷五)不过其所辑条文已为缪荃孙辑本收录。笔者点校、整理《吴兴记》系以缪荃孙辑本，实际上已吸取了王谟、严可均辑本的成果。

与苏州、绍兴相比，湖州、杭州传世和本地存留的隋唐以前文献资料较少，其早期历史亦有许多模糊不清之处。《吴兴记》的价值就在于这是一部专记吴兴所属乌程、东迁、武康、长城、原乡、故鄣、安吉、余杭、临安、於潜十县风土人物的地记，在时间上与晋吴兴太守张元(玄)之所撰《吴兴山墟名》并称最早，数据丰富，对了解湖州、杭州的早期历史具有无法替代的作用。如其有关温山出御荈，乌程有桑墟、桐墟，垄山有紫石英，白鹤山山石堪为碑材，东溪出美鱼，东迁县封山有铜，长城县白石山出白矾石，西湖出佳莼，上下二箬村并出美酒，於潜县西六十里晚山有松木，乃真墨所出的记载，让我们了解到当地早期的物产和经济状况。

其有关吴兴杨梅物种来自越地，太守周敏令人种桑艺麦的数据，则使我们了解到当地早期物种的传播。

其有关荻塘溉田千顷，西湖溉田三万顷，后汉黄向于菰城筑阪溉田，昔有吴氏烧山为田的记载，使我们得以了解该地早期的农业和技术水准。

其有关每岁吴兴、毗陵二郡太守采茶宴会于啄木岭，武康县有汉铜官和赵监庙，太湖中包山出弓弩，黄歇于吴墟西南立菰城县，夫概筑城狭而长，因以长城名县的记录，使后人得以了解该地早期经济、行政和军事状况。

其有关于潜县东七十里印渚以下水道无险，行旅集焉的记载，使今人得以了解当时当地的交通情况。这些资料都是十分难得，弥足珍贵的。

(四)《吴兴记》佚文①

乌程县

1. 三山

《吴兴记》:[三山]在太湖中,白波四合,三点黛色。(宋刻本《方舆胜览》卷四注)

2. 颛顼冢

《统记》云:《吴兴记》云:晋初,衡山崩,见颛顼冢,中有营丘图九首。(民国刻《吴兴丛书》本《嘉泰吴兴志》卷四)、(中华书局影印本《永乐大典》卷二二七九)

3. 泽山

《吴兴记》云:[泽山]因震泽为名。(民国刻《吴兴丛书》本《嘉泰吴兴志》卷四)

4. 胡墟

《吴兴记》云:乌程县南百里,有胡墟。钱林居梓山,味桐映井。(民国刻《吴兴丛书》本《嘉泰吴兴志》卷二〇注)

武康县

5. 赵监庙

《吴兴记》云:[铜官赵监庙]昔汉末,吴王濞凿山采铜,监姓赵遇山崩压死,记以为神,因为立庙,水旱必祷,公私皆有凭验。(民国刻《吴兴丛书》本《嘉泰吴兴志》卷一三)

6. 梅埭

《吴兴记》云:德清有梅埭。(民国刻《吴兴丛书》本《嘉泰吴兴志》卷二〇"梅"条注)

於潜县

7. 天目山

山谦之《吴兴记》曰:於潜县北有天目山,山上众木甚美非常,因名翔凤林。(《四部丛刊三编》景宋本《太平御览》卷五七)

延陵县

8. 茅山

《吴兴记》云:[茅山]此山洞室地道,交通五岳。(影印文渊阁《四库全书》补配《古逸丛书》景宋本《太平寰宇记》卷八九)

(作者单位:浙江大学经济学院)

---

① 以下九条中八条系董钞本、董本、范本、缪本所未收录,一条系董钞本、董本、缪本所未收录,笔者发现并补入。

胡瑗与浙东学术的渊源

周扬波

浙东学术,自《宋元学案》将之在理学语境内谱系化,至何炳松先生又将之溯源至洛学,几已成为不易之论。但这种将区域学术传承一元化的做法,不能圆满阐释理学传统如何生发事功之学的问题,乃是理学道统谱系思维的延续,容易忽视被遮蔽的史实。

已有少数学者注意到浙东学术渊源的多元性。蒙文通先生指出:"金婺之学,萃洛、蜀、新学三家于一途。吕氏尚性理,则本于程者为多;唐氏尚经制,则本于王者为多;陈氏先事功,则本于苏者为多。"①另一位近代蜀学大家刘咸炘,亦认为浙东史学兼"得蜀中掌故之传"②。刘成国先生则揭示出荆公门下有龚原、陆佃、王沆之、鲍慎由、叶涛五位浙东弟子,并考察了龚原与永嘉学派先驱周行己、林石、沈躬行等的密切关系,丰富了《浙江通志》"永嘉先辈之学以经鸣者,渊源皆出于原"的论断③。笔者在《眉山苏氏与浙学》一文中,也揭示了南宋初眉山苏氏迁婺一支与浙学的渊源④。另外,被视为浙东从性理向事功转型期中的宋儒张淳,"谓《易》与《春秋》未易窥测,《诗》、《书》、执礼,夫子雅言"⑤,为学次第亦明显是新学路数。新学、苏学等入南宋皆不振,故其浙东学脉逐渐被理学谱系遮蔽,终致隐没不彰。

而在洛、蜀、新学之前,浙东之学尚有更早的渊源。"儒之门户分于宋"⑥,宋代学统初起之际,执教苏湖的胡瑗(993—1059),既是宋学先驱,也是东南区域学术先驱。胡瑗学术笃实致用,在北宋诸儒中最近似南宋浙东事功之学,其弟子又多有浙东籍者,如此深厚渊源,不可忽视。⑦

---

① 蒙文通:《中国史学史》,上海人民出版社 2006 年版,第 83 页。

② 刘咸炘:《宋史学论》,载氏著《刘咸炘学术论集》(史学编),广西师范大学出版社 2007 年版,第 506 页。

③ 刘成国:《荆公新学研究》,上海古籍出版社 2006 年版,第 64—77、214 页。

④ 拙文《眉山苏氏与浙学》,载张剑等《宋代家族与文学研究》第七章,中国社会科学出版社 2009 年版,第 168—219 页。

⑤ 楼钥:《楼钥集》卷七五《书陈止斋所作张忠甫墓铭后》,浙江古籍出版社 2010 年点校本,第 1344 页。

⑥ 纪昀等撰:《四库全书总目》卷一○三《子部十三·医家类》叙,中华书局 1997 年影印本,第 1329 页。

⑦ 张中静:《胡瑗对教育的贡献》(台湾成功大学历史语言研究所 1990 年硕士论文)明确提出"胡瑗是浙学先驱",结论源自所制《浙学代表与胡安定的师承关系表》(史料仅限于《宋元学案》),未深入分析。其他论著最多点及胡瑗时间上的先行和崇尚实学,未能深入。

一　浙东文教史视野中的胡瑗传人

胡瑗为北宋淮南东路泰州人，却是在浙西苏(1035—1040)、湖(1042—1050)州学掌教期间名播天下。他是两浙自唐中叶建置以来，首位以学术和教育知名的大儒。门人遍布两浙及天下，其中浙东传人尚有多位可考，特制作表格如下。

表一：胡瑗浙东传人表

传人	籍贯	学术专长与特征	区域影响	出处	传承关系
管师常	处州龙泉县	擅《春秋》学；履行正固，经术专精；更练民事而适于时用；尝为太学正，众论推服。	东南士人多所从学；门人林石传《春秋》之学。	(宋)陈傅良《陈傅良先生文集》卷四八《新归墓表》；(宋)陈襄《古灵集》卷八《议学校贡举札子》。	门人
管师复	处州龙泉县	仁勇且直，作事义而好古；善诗。	与弟师常先后为仙居县学纠弹，邑童子之愿学者悉群聚而教之尽心焉；(仙居)邑人自是有所矜式，学者兴起。	《古灵集》卷一八《送管师常秀才序》；(宋)朱熹《朱子全书》十二册《三朝名臣言行录》卷一四《密学陈公襄》。	门人
陈贻范	台州临海县	著有史传《鄱阳遗事录》一卷、类书《千题适变录》十六卷、目录书《颍川庆善楼家藏书目》二卷及《庆善集》。	与徐中行、徐庭筠、罗适并为台学源流之首；通判处州，民怀其德。	《宋史》卷二〇四《艺文志三》；《宋史》卷二〇七《艺文志六》；《四库全书总目》卷五九；《台学源流》卷一。	门人
罗适	台州宁海县	善水利；著有《易说》、《赤城集》；学术有本末，通于世务，风节凛然，国士也。	州言前辈大雅，以适为称；台士有闻于世自适始。	(宋)陈耆卿《嘉定赤城志》卷三三《人物门二本朝》；(宋)陈振孙《直斋书录解题》卷一七《别集类中》；(宋)秦观《淮海集》卷三八《罗君生祠堂记》。	私淑
徐中行	台州临海县	德行纯茂，孝悌彰闻；先生之所以教，必自洒扫应对、格物致知，达于治国平天下，俾不失其性，不乱其伦而后已。尝以八行举，避去黄岩，终不就聘。	以明经教授乡邦，远近来学者肩摩袂属；高第弟子，仕者多循良，处者亦修洁；言台学者，必首二徐，七百年来无异议；二徐实永嘉学问之所从出。	(宋)陈瓘《有宋八行先生徐公事略》，载(宋)林表民编《赤城集》卷一六；(清)王棻《台学统》卷一《气节上》；(清)孙衣言《逊学斋文钞》续钞卷三《黄岩新建二徐先生祠堂碑》。	私淑
徐庭筠	台州黄岩县	其学以诚敬为主。	言台学者，必首二徐；曾任郡学正，以礼法率诸生；杜范祖父及乡族先辈皆其弟子。	(宋)石𡐛《徐季节先生墓志铭》，载《赤城集》卷一六；《宋史》卷四五九《徐庭筠传》；《台学统》卷一《气节上》。	徐中行子，家学
徐庭槐	同上	有父风		《宋史》卷四五九《徐庭筠传》。	同上
徐庭兰	同上	有父风		同上	同上

续　表

传人	籍贯	学术专长与特征	区域影响	出　处	传承关系
徐日升	同上	苦学有守		同上	徐庭筠孙（《宋元学案》言曾孙）
陈公辅	台州临海县	论事剀切，嫉恶如仇；疏陈东南攻守之策；攻王学不治《春秋》、《史》、《汉》害人心；著有文集二十卷、奏议十二卷、《临海风俗记》	州以高科位法从，且称謇谔者，自公辅始。	《宋史》卷三七九《陈公辅传》；《嘉定赤城志》卷三三《人物门二》。	徐中行门人
林　石	温州瑞安县	明经笃行；擅《春秋》学；讲论古今，必先行实而后文艺，曰："本之不立，末于何有？"	以其说窃教授乡诸生，弟子有沈躬行等；龚原习易，恨识《春秋》之晚，于是永嘉之学不专趋王氏；永嘉之师友渊源，不曰先生之力哉。	《陈傅良先生文集》卷四八《新归墓表》。	再传，管师常门人
郑伯熊	温州永嘉县	学问醇正，见于履践；执礼不懈；著有《郑景望集》及《郑敷文书说》等。	南宋永嘉学派初期人物。	（宋）周必大《文忠集》卷一八六《与张钦夫》；（宋）朱熹《晦庵先生朱文公文集》卷八一《跋郑景望书吕正献公四事》。	三传，徐庭筠门人
许　寁	婺州金华县	号称能以师法终始者。	婺州"北山四先生"之一许谦六世祖。	（元）黄溍《文献集》卷八下《白云许先生墓志铭》。	门人
王　固	婺州义乌县	官恩阳令，有治绩	宋代义乌首位进士；名儒王祎远祖。	（元）黄溍《文献集》卷九下《南棱先生墓志铭》；《雍正浙江通志》卷一七六。	门人
杜汝霖	婺州兰溪县	尝为李常所称。	曾孙五人合称"金华五高"；士竞举子习，而杜氏一门子孙咸尚古文章。	（元）吴师道《礼部集》卷一六《杜端父墨迹》。	门人
滕　甫	婺州东阳县	文章于安定上千门人中常为首；殿试本为第三人，因声韵不中法罢；治边凛然，近世名将无及者。	北宋东阳仕宦最显赫者。	（宋）苏轼《苏轼文集》卷一五《故龙图阁学士滕元发墓志铭》；（宋）范成大《吴郡志》卷二五《人物》；（元）吴师道《敬乡录》卷二。	门人
胡稷言	婺州永康县	蒙安定爱奖；清修寡欲，日入后不饮食。	父子兄弟相为师友；子峄步趋言动皆有尺度，宾嘉丧祭率遵古法，乡人相语曰不问姓氏知为先生。	（宋）龚明之《中吴纪闻》卷二；（宋）陈长方《唯室集》卷三《胡先生墓志铭》。	门人
周　颖	衢州江山县	刚义孝友，卓有奇节而不畏强御，有烈士之气；有《正介先生集》。	江山向无儒宿，其学统自周颖受之胡安定；屡居郡庠师席；列祀于县学三贤堂、景行堂。	《古灵集》卷一四《与两浙安抚陈舍人书》；《晦庵先生朱文公文集》卷七九《衢州江山县学景行堂记》。	门人

续 表

传人	籍贯	学术专长与特征	区域影响	出处	传承关系
祝常	衢州江山县	操履端毅，未尝以辞色借人；出正义反复辩难《三经新义》；撰有《蓬山类苑》《元诰正谟》诸论及《清高集》。		(明)徐象梅《两浙名贤录》卷一《儒硕》；《雍正浙江通志》卷一二三《选举》。	门人
毛恺	衢州江山县	胡瑗称之；治狱明慎；有文集十卷。		(宋)王觌《宋朝请郎致事上护军赐绯鱼袋和叔毛君墓志铭》，载毛世卿等纂民国乙卯本《清漾毛氏族谱》外集卷二。	门人
赵屼	衢州西安县	钩探擿抉，造诣深隐，纂课辞语，精简浑重，瑗独常称之。	名相赵抃之子。	(宋)文同《丹渊集》卷三八《试秘书省校书郎赵君墓志铭》。	门人
翁升	明州慈溪县	少从安定胡先生受《易》旨；恪守官箴，济以廉谨；自奉简薄而勇于急人，睦亲恤孤，平粜赈乏。	明州自翁升始从胡瑗游，高闶等从杨时游，沈铢从焦瑗游，四明之得登学录者，自此日多；乡人敬之至今犹讳升斗之升字曰方斗。	(清)全祖望《全祖望集汇校集注》之《鲒埼亭集外编》卷一四《淳熙四先生祠堂碑文》。	门人
顾临	越州会稽县	通经学，长于训诂；举说书科；知兵；善水利；资性方正，凛然有古人之风；有《尚书集解》《武经要略》等行世。	宋中叶名臣。	《宋史》卷三四四《顾临传》。	门人
吴孜	越州萧山县	以文行称；著有《尚书大义》、《春秋折衷》；勇于为义，甘贫养亲，节义稍著；曾于州学对太守鸣鼓行学规。	舍所居为府学有功于风教为多，列祀于县三贤祠。	(宋)王十朋《王十朋全集》卷一一《会稽三贤祠》诗序；《宋史》卷二〇二《艺文志》；《古灵集》卷一四《与两浙安抚陈舍人书》。	门人
张坚	越州诸暨县	尽得六经之奥；以圣贤自任，每语弟子曰人皆可以为尧舜；以八行举；贫不能给，吟啸自若，时称醇儒。	辞归乡里，开门授徒，从游者甚众。	《两浙名贤录》卷一《儒硕》。	门人

注：1. 知名士人主要以《中国历史名人大辞典》为据，并以其产生影响年份为统计起点，故明州庆历五先生、温州皇祐三先生皆不计入；

2. 出于《宋元学案》者不另注出处。

从上表中，可以得出胡瑗浙东传人有两项明显特征：

1. 多有当地学术先驱。表中可考传人共25位，其中10人被明确奉为区域学术先行者，包括并为台学源流之首的徐中行、徐庭筠、罗适、陈贻范，温州学术先驱林石、郑伯熊，台州仙居县教化先驱管师常、管师复；衢州江山县首位宿儒周颖，明州学术先驱翁升。

2. 多有授徒甚众的教师。一类是乡先生：如"远近来学者肩摩袂属"的徐中行，"以其说窃教授乡诸生"的林石，"从游者甚众"的张坚。一类是官学教师：如管师常、管师并为仙居县学纠弹，"东南士人多所从学"；徐庭筠"曾任郡学正"；周颖"屡居郡庠师席"；还有吴孜"舍所居为府学"，并曾"鸣鼓行学规"，显然也任学官。

　　为深入发掘胡瑗浙东传人的区域影响，还可将之置于浙东文教史视野下考察。宋初三先生在开国逾甲子时倡显儒学，其实反衬出宋初长期文教不兴的局面，具体到胡瑗则反映两浙的状况①。后者尤其易受忽视，两浙宋以下过于夺目的整体文化成就，容易遮蔽宋初的低迷。

　　先看基础较好的浙西情况。北宋苏州人朱长文说，胡瑗执掌州学之前，当地"以文请解者不过数人。"②而胡瑗移掌湖州州学时，钱氏纳土归宋亦已逾甲子，湖州仅出进士 10 人③。首位进士叶参登第于咸平四年（1001），"卓然自立"于"国初州人业儒者寡"之境④。十四年后，郡城外辖县产生首位进士德清人沈严、其侄孙沈与求评价宋初本邑文教说：

　　　　吾邑初脱五季之乱，人乐更生，敦朴力穑，未知学也。大中祥符间，予从祖书记始以儒学中进士甲科，名称藉甚。乡党荣之，邑之子弟遂风劝于学。其后正议大夫卢公父子踵取名第，翱翔要途，而学者日寖以盛。⑤

"卢公父子"之"子"，指德清第三位进士、胡瑗门人卢秉。

　　浙西积淀最厚的苏、湖二州尚且如此，后起的浙东文教更显低迷。且看下表：

表二：庆历四年兴学前浙东登第表

州名	首位进士登第年份	登第总数及分县情况	知名士人	出　处⑥
衢州	雍熙二年（985）西安县人徐泌	37 人（西安 14 人，开化 10 人，江山 8 人，龙游 3 人，常山 2 人）	状元 1 人：程宿；诗人 2 人：赵湘、毛维瞻；名宦 1 人：赵抃。俱西安县人。	《弘治衢州府志》卷一〇《科贡》。
明州	端拱二年（989）杨说、王慈	22 人（鄞县 18 人，慈溪 2 人，奉化 2 人）	名宦 1 人：鄞县沈起。	《乾道四明图经》卷一二《进士题名记》。
越州	淳化二年（991）钱昆	21 人（会稽 9 人，山阴 5 人，新昌 3 人，嵊县 3 人，萧山 1 人）	学者 1 人：新昌石待旦；名宦 10 人：山阴杜衍、陆轸，会稽钱昆、钱易、钱彦远、孙沔、齐廓、齐唐，新昌石牧之，萧山王丝。	《宝庆会稽续志》卷六《进士》。
处州	至道乙未（995）蒋诰、陶德周、林熙（俱缙云县人）	14 人（龙泉 7 人，缙云 5 人，丽水 2 人）		《雍正处州府志》卷一〇《选举志》。⑦

---

①　袁征：《宋代教育》第一章第一节涉及而未探讨。

②　朱长文：《吴郡图经续记》卷上《学校》，江苏古籍出版社 1999 年版，第 12 页。

③　劳钺等：《成化湖州府志》卷一〇《科第》，书目文献出版社 1990 年版，第 103 页。

④　谈钥：《嘉泰吴兴志》卷一七《贤贵事实下》，《宋元方志丛刊》本，中华书局 1990 年版，第 4823 页。

⑤　沈与求：《龟溪集》卷一一《湖州德清县重修孔子庙碑》，《续修四部丛刊》本，商务印书馆 1934 年版，第 316 页。

⑥　原则上选择各州首部载有进士名录的方志，并作考订。婺、处二州首部方志限于条件未见，前者选择了第二部，后者则因之后数部方志或信息不全或未见，只能选择《雍正处州府志》并作考订。

⑦　志载首位进士为 977 年陈宗道，是年吴越国尚未归宋，不可信；又载 1009 年詹骙为状元，詹实为淳熙二年状元，越州人。二人皆不计入。

州名	首位进士登第年份	登第总数及分县情况	知名士人	出　处
台州	咸平三年(1000)黄岩县人杜垂象	5人(临海2人、黄岩1人、籍贯不明2人)		《嘉定赤城志》卷三三《人物门二本朝》。
婺州	端拱二年(989)胡则永康	4人(永康2人，金华1人，武义1人)	名宦1人：永康胡则。	《万历金华府志》卷一八《科第》。
温州	天圣二年(1024)永嘉县人朱士廉	4人(俱永嘉县人)		《弘治温州府志》卷一三《科第》。

从上表可得出三条信息：一、人才分布格局上，衢、明、越为第一梯队，南宋浙东学术中心婺、温此时则与处、台并为第二梯队；二、此期浙东罕有学者，第二梯队四州甚至鲜有知名士人；三、县域差异明显，人才密度普遍以附郭县为中心向外递减。

上表体现的状况，可从文教史视角作出阐释。首先是因为唐末五代的文教衰颓，具体到浙境则是吴越国的科举废弛。范仲淹评价婺州首位进士胡则的求学环境说："钱氏为国百年，士用补荫，不设贡举，吴越间儒风几息。"①其次，宋代虽称重文，但有一渐进过程。"国初凡事草创，学校教养未甚加意。"②北宋有四次兴学运动③，第二次即庆历兴学使州县学普及，而之前所建州县学都在文教先行之地。浙东建于庆历兴学之前的州学共有温(1019)、越(1036)、明(1039)、台(1041)4所，在浙东七州中所占过半；县学则共计7所，仅占所有41县的六分之一，分别为明州的定海(985)、奉化(1034—1038间)，越州的诸暨(1034—1038间)，台州的临海(1037)及处州的遂昌(984—987间)、龙泉(1018)、丽水(1040)之县学。此4州、7县建学虽横比先着一鞭，却多已在钱氏归宋六十年左右。而且即便这些地区要树立学术氛围，也需一两代人时间。如诸暨县朱莹，在仁宗兴学时"知改向而迫迫未遑也"，只能命长子戬(陆佃弟子，元丰五年明经)向学④。最后，浙东私学虽两宋整体兴盛，但宋初亦不发达，庆历兴学之前仅有书院2所，均在越州，分别是新昌县石溪义塾(1017—1021)和山阴县稽山书院(1039—1040间)⑤。至于家学，在唐宋间宗族普遍断裂之际则更罕见。

《嘉定赤城志》论述台州宋代文教言：

> 厥初洗五季之陋，天下以儒奋，其嘘呵疏浚，火始然而泉始达也。故吾州虽号落远，而文教无不之焉。盖自咸平初始有科目，是时儒先长者矾荒燧暗，以为多士之倡。⑥

"火始然而泉始达"，是对宋初天下儒学勃兴的生动比喻。而"矾荒燧暗"，则是台州学术先驱

---

① 范仲淹：《范仲淹全集》之《范文正公文集》卷一三《兵部侍郎致仕胡公墓志铭》，凤凰出版社2004年版，第285页。

② 王栐撰：《燕翼诒谋录》卷五，中华书局1981年点校本，第51页。

③ 陈植锷：《北宋文化史述论》，中国社会科学出版社1992年版，第120页。

④ 陆佃：《陶山集》卷一五《朱府君墓志铭》，商务印书馆1935年版，第166页。

⑤ 顾宏义：《教育政策与宋代两浙教育》，湖北教育出版社2003年版，第66—76页，第342—360页。书中认为宋明州州学创于天禧二年(1018)，今据《续资治通鉴长编》卷一二三改为宝元二年(1039)；又言慈溪县学创于雍熙元年(984)，据王安石《王文公文集》卷三四《明州慈溪县学记》可知建于庆历八年(1048)。

⑥ 陈耆卿：《赤城志》卷三三《人物门二本朝》，《宋元方志丛刊》本，中华书局1990年版，第7529页。

的传神写照,若将区域范围扩大到浙东同样适用。而胡瑗向浙东所输送人才,根据前两表所示,无疑皆可称为当地学术先驱。他们率先在浙东斫荒燧暗,规模性地播植通经致用的学术种子,可谓开千年浙学之先河。[①]

二 胡瑗对浙东学术的影响

上节是从文教视野所作的间接性考察,本节则直接考察胡瑗对浙东学术的影响,大体可以分为事功精神和伊洛渊源两个视角:

(一)事功精神:胡瑗是宋初学者中,最以事功精神知名者。从表一可见,安定"适用"精神在其浙东传人身上明显延续。胡瑗以"治兵、治民、水利、算数"等实学分科教人[②],除算数一科外,其他均有浙东传人。表一中出仕且事迹较可考者,共计管师常、陈贻范、罗适、陈公辅、郑伯熊、滕甫、顾临7人,其中滕甫、顾临、陈公辅3人知兵,罗适、顾临2人擅水利,且所有7人在治民方面皆堪称能吏。而在野之士则皆以践履著称,如徐中行、张坚并以八行举,管师常"履行正固",林石"明经笃行",周颖"刚义孝友",祝常"操履端毅",吴孜"以文行称"等。王十朋赞扬安定高弟"诜诜显达播廊庙,贫贱亦能光蒿莱"[③],可谓的论。

温州作为南宋浙东学术中心,其受自处、台二州的学脉应引起重视。处州管师常传温州"皇祐三先生"之一的林石,开启温州学统,尤其是《春秋》学一脉[④];台州徐中行通过其子徐庭筠传至温州郑伯熊,郑临别时受庭筠"愿安时处顺,主张世道"之言,"迄为名臣"[⑤]。周梦江先生视郑伯熊为永嘉之学从性理转向事功的关键人物,却将其事功精神间接追溯到周行己所承之关学[⑥],忽视了更为直接的安定一脉。进而言之,宋代浙东学术是否存在一个从性理向事功的转型,亦是疑问。北宋到南宋的学术整体而言是由外王向内圣的转型,与其说浙东与天下趋势相反,不如说它是北宋外王精神延续的特例。这种特殊性离不开表一中所昭示胡瑗的影响,其中林、郑二人属于学术谱系相对可考者,而其他传人尤其是多位乡居授学者,则在热衷构建谱系的文献中多已行迹湮灭。但亦偶有发覆者,宋濂《蜀墅塘记》云:

> 濂闻海陵胡公瑗之在湖学也,置经义、治事之斋教授诸生,至水利之属无不习而通之,故其门人皆适于大用。今震亨之学出于金华许先生谦,先生六世祖定从海陵游,其

---

① 余绍宋等:《民国重修浙江通志稿》第 120 册《人物表传》专列《宋代浙学先河传》(杭州古籍书店 1984 年影印本,第 1 页),北宋部分广收两浙学术先行者,可谓有识。缺点是仅限罗列而未梳理,但仍可明显见出胡瑗传人占其中绝对比重。

② 程颢、程颐著:《二程集》之《河南程氏遗书》卷二上,中华书局 1981 年版,第 18 页。

③ 王十朋:《王十朋全集》卷一一《吴先生祠》,上海古籍出版社 1998 年版,第 182 页。

④ 王宇:《永嘉学派与温州区域文化》(社会科学文献出版社 2007 年版,第 180 页)指出陈傅良使《春秋》学成为南宋科场显学,并注意到温州自林石以来的《春秋》学传统,但误将林石师承说成孙觉。

⑤ 《宋史》卷四五九《徐庭筠传》,中华书局 1985 年点校本,第 13457 页。

⑥ 周梦江:《永嘉之学如何从性理转向事功》,载郑伯熊、郑伯谦:《二郑集》(代前言),上海社会科学院出版社 2006 年校注本,第 10 页。

家学相传,至先生为尤盛,宜吾震亨见诸行事有可观哉?①

宋濂将元代义乌名儒朱震亨善行水利,归功于其师许谦自六世祖许寁(胡瑗弟子)之家学相传。王祎送胡翰赴衢州府学教授任,亦以其"远祖"胡瑗分科育材事相期许②。除胡翰这支外,至少还有一支金华胡氏③,以及胡应麟所属兰溪胡氏④,也奉胡瑗为祖。而王祎本人则是胡瑗弟子王固(义乌首位进士)十三世孙,吕祖谦为胡瑗弟子吕希哲四世孙(吕希纯亦师胡瑗),血缘与学缘固然不能混为一谈,但胡瑗与如此众多的南宋以下浙东学术代表人物存在不解之缘,恐亦不能避而不视。

(二)伊洛渊源:如前所揭,胡瑗是程颐之外对浙东有重要影响的学者,另外尚需注意的是,胡瑗还是程颐之师。何炳松先生将南宋浙东学派上溯至洛学,主要立论是二者皆属体用一源的"正宗儒学",而区别于体用支离的朱学,他也注意到程颐与胡瑗的师承,但仅限于点及,尚可展开讨论。胡瑗对程颐的影响,在朱熹的道统谱系中仅是"推明治道"⑤,当代学者则主要关注义理易学,而同等重要的工夫论则被忽视。

安定工夫论,要义在积善与约礼二项。胡瑗释《升》卦"象曰:地中生木,升。君子以顺德,积小以高大"曰:

> 君子观此象,执柔顺之德,常积善道,不矜细行,以日继月,以月继时,以时继岁,至终身久而不变。积小善以至大善,由小贤以至大贤,由大贤以至于圣,皆从微而至著,由小以至大。故曰:积小以高大也。⑥

在积善成贤至圣的前提下,胡瑗又讲"先正其身,然后正朝廷,朝廷正然后正天下"⑦,这是典型的《大学》修齐治平思路。胡瑗修身之"正",多与节制相联,如释《节》卦时屡讲"为节之道,必须先正其身,然后可以正人身","使天下之人一归于正而得节制之道"等⑧。故安定言行,十分重礼。所谓苏湖教法,其实最突出的并非是为人乐道之分科教学,而是:

> 严条约,以身先之。虽大暑,必公服终日以见诸生,设师弟子之礼。解经至有要义,恳恳为诸生言其所以治己而后治乎人者。⑨

胡瑗本人有"进退周旋,举合古礼"之誉⑩,加之身教言传,故其弟子"言谈举止,遇之不问可

---

① 宋濂:《宋濂全集》之《潜溪前集》卷一〇《蜀墅塘记》,浙江古籍出版社1999年版,第127页。
② 王祎:《王忠文公集》卷七《送胡先生序》,《丛书集成初编》本。
③ 魏了翁:《鹤山先生大全文集》卷八〇《从义郎胡君墓志铭》,《四部丛刊初编》本。
④ 胡应麟:《少室山房集》卷八九《家大人履历述》,《续金华丛书》本。
⑤ 黎靖德编:《朱子语类》卷八三,中华书局1986年点校本,第2174页。
⑥ 胡瑗:《周易口义》卷八,影印文渊阁《四库全书》本。
⑦ 《周易口义》卷一〇。
⑧ 《周易口义》卷一〇。
⑨ 蔡襄:《端明集》卷三七《太常博士致仕胡君墓志》,上海古籍出版社1996年点校本,第675页。
⑩ 朱熹撰:《朱子全书》第12册《五朝名臣言行录》卷一〇《安定胡先生瑗》,上海古籍出版社、安徽教育出版社2002年点校本,第316页。

知为先生弟子"①,实为道学气象先声。胡瑗对高足徐积"头容直"之训,使后者"自此不敢有邪心"②,类似教导可谓直接启发了程颐的持敬之说。

在此基础上,更有可论者。胡瑗平生倡导仁义礼乐,以议乐得官,兼擅礼学。撰有《吉凶书仪》二卷③,《中庸义》一卷④,《原礼篇》⑤,掌教湖学时曾"以三礼仪物,黜其于古无考而益其未见者,图之讲堂"⑥。他于三礼学中重视《仪礼》《礼记》而忽视《周礼》,对重视后者的南宋浙东礼学直接影响应有限。重视《仪礼》是宋初学术共性,值得注意的是,胡瑗是宋代首位《中庸》学专著作者,故朱长文有"《中庸》之篇自安定先生常以是诲人"⑦之语。黄富荣先生指出,宋初三先生中孙复、石介推重周、孔而罕论"性",胡瑗特重《孟子》《中庸》,并统计出安定现存著作中引用《论语》《孟子》《中庸》《大学》共 68 次,几占其引经次数一半⑧。金中枢先生判定胡瑗是"宋初学术之转关"⑨,其实可以确认胡瑗是宋代四书内圣之学的先驱。不过胡瑗虽说中庸、讲情性,从前述看仍以正身而非正心为主。黄富荣先生还据胡瑗《周易口义》释《观》卦象辞"圣人……成治天下,使天下之人各安其性而怀其业"等言,认为"《大学》的治平,在胡瑗的思想系统里,不但是外王之学,也是内圣之学"⑩。这又近于程颐的体用一源,和朱熹的体先用后判然不同。

至于王学,因其由用见体,荆公也颇推重安定,二人易被视作同道。但依上所述,无论学术格局还是为学次第,二人皆迥然不侔。安定高足刘彝、陈舜俞、滕甫、周颖、祝常等皆反对新法,林石和龚原的学术虽未必像一般所言那么对立⑪,但的确取向有异。胡瑗另一传人陈公辅,则明确抨击王学不治《春秋》、《史》、《汉》"害人心"。在新学如日中天之际,"永嘉之学不专趋王氏",进言之浙东学术有其特殊品质,安定之学显然作用关键。而程学在浙东的立足和壮大,显然也与胡、程的学术亲缘关系相关。安定传人在学术取向上自然亲近程学,如徐庭筠"师慕洛学"⑫,便是这个缘故。浙东学术的洛学一脉,离不开胡瑗传人的奠基。

以上两点属于脉络较可考者,另有一条则仅作为线索略及之。浙东学术以经史并重见

---

① 欧阳修:《欧阳修全集》卷二五《胡先生墓表》,中华书局 2001 年点校本,第 389 页。

② 吕本中:《童蒙训》卷上,商务印书馆 1937 年版,第 4 页。

③ 晁公武:《郡斋读书志校证》卷八《仪注类》,上海古籍出版社 1990 年版,第 329 页。

④ 《宋史》卷二○二《艺文志一》,第 5049 页。尤袤《遂初堂书目·礼类》录有《胡安定〈中庸说〉》,不能确定是否同一书。

⑤ 李觏:《李觏集》卷二八《与胡先生书》,中华书局 1981 年点校本,第 317 页。

⑥ 刘一止:《苕溪集》卷二二《吴兴郡学重绘三礼图记》,浙江古籍出版社 2012 年点校本,第 238 页。陈振孙:《直斋书录解题》卷二认为"当是依仿"国子监讲堂所绘聂崇义之《三礼图》,上海古籍出版社 1987 年点校本,第 50 页。

⑦ 朱长文:《乐圃余稿》卷二《五言律诗二十韵》,影印文渊阁《四库全书》本。

⑧ 黄富荣:《胡瑗思想研究》,香港大学 1996 年博士论文,第 47—48 页。

⑨ 金中枢:《宋代学术思想研究》,稻乡出版社 2009 年版,第 261 页。

⑩ 《胡瑗思想研究》,第 108 页。

⑪ 杨万里:《林石与温州"太学九先生"之显》,载《清华大学学报》2010 年第 2 期,指出林石送二子从学龚原,其时龚正是新学巨子。

⑫ 石𡒄:《徐季节先生墓志铭》,载林表民:《赤城集》卷一六,《台州丛书》本。

长,胡瑷学风亦是如此。黄富荣在林益胜基础上统计胡瑷引史证经共 94 则,指出胡瑷一是多引三代史事,一是好引当代史事,开宋以下引史注《易》之先①。胡瑷尚有史著传世。其父胡讷撰有《孝行录》(二卷)《贤惠录》(二卷)《民表录》(三卷)三部关于孝子、贤妇、循吏的传记②,并于天圣七年上献朝廷③。《郡斋读书志》收录《贤惠录》三卷,言第三卷为"瑷嗣成之"④。实则《孝行录》《民表录》胡瑷亦有续作,并将后者更名为《政范》⑤。安定原著皆佚,今残存于《黄氏日抄》中有《孝行录》9 条,《贤惠录》7 条,经比对,前者易延庆、陈宗道、郭琮、顾忻、朱虎残、成象 6 条为《宋史·孝义传》史源。安定浙东传人中,陈贻范有史著《鄱阳遗事录》一卷,录范仲淹守饶州之善政;再则是前述陈公辅攻王学不治《春秋》、《史》、《汉》,也是重史之体现。

综上所述,胡瑷当之无愧可称浙东学术奠基者。而若兼顾其掌教苏湖的影响及今日通行之浙学概念⑥,胡瑷显然还是浙学先驱。只是由于历代学术谱系的构建,其学脉和新学、苏学一道受到遮蔽而暗昧,文献渐趋无征。但其留下的斑驳印记,依稀尚可辨识,不容磨灭。

(作者单位:湖州师范学院历史系)

---

① 《胡瑷思想研究》,第 49—51 页。

② 《宋史》卷二〇三《艺文志二》,第 5115 页。

③ 王应麟:《玉海》卷五八《艺文传》,江苏古籍出版社 1987 年影印浙江书局本,第 1112 页。

④ 《郡斋读书志校证》卷九,第 384 页。

⑤ 王安石:《王文公文集》卷三三《先大夫述》,上海人民出版社 1974 年点校本,第 390 页。

⑥ 吴光:《"浙学"的内涵与外延》,载万斌主编《浙学研究集萃》,上海古籍出版社 2005 年版,《序言》第 5 页,将浙学区分为狭、中、广三义,前二者皆指浙东学术,后者则指以浙东经史之学为主流并包括浙西学术的"大浙学"。

试由科举与赐谥探讨嘉定时期
官方对道学的态度及其转变

郑丞良

一　前　言

　　南宋宁宗一朝是道学发展由打压、开放到蓬勃的转折时期。道学经历庆元党禁初期打击之后,庆元五年(1199)胡纮、刘德秀等党禁主持者相继罢去,党禁已有松动倾向[①]。至于党禁正式解除,论者有以嘉泰元年(1201)七月何澹罢知枢密院事为标志[②]。嘉泰二年二月韩侂胄接受张孝伯谏言,追复赵汝愚、朱熹职名,留正、周必大复秩还政,徐谊、刘光祖等复官,《宋史》以为"伪党之禁寖解"[③]。自此之后,道学势力显然已有相当程度的复原。嘉定年间史弥远当权后,以道学(或朱学)自相标榜的现象更加突显。[④]

　　道学在嘉定时期的广泛发展,乃至于朱学如何取得道学正统地位,显然是复杂的历史现象。道学发展固然与道学士大夫讲学、刻书、立祠的学术活动息息相关,但是在另一方面又不能忽略当时官方态度、政治背景,乃至于宋金和战等等的外在因素。本文限于篇幅与学力,无法对嘉定时期道学发展进行整体式的观察,仅能侧重讨论嘉定时期南宋政权因应道学发展所采取的态度,希冀勾勒道学在嘉定年间的发展轮廓。

　　目前学界对此研究成果仍有进一步讨论的空间。有学者认为嘉定时期当权者对道学采取"阳崇阴毁"的态度[⑤]。亦有学者表示由赐谥过程可见史弥远启动了朱学由民间走向官方,奠定日后道学取得正统地位[⑥]。可以追问的是,在阳崇与阴毁之间,官方真正态度究竟

---

　　① 李心传:《道命录》卷七,台北文海出版社 1981 年版,第 18 页。

　　② 樵川樵叟:《庆元党禁》,《知不足斋丛书》本。

　　③ 脱脱等:《宋史》卷四七四《韩侂胄传》,中华书局 1977 年点校本,第 13774 页。

　　④ 叶绍翁:《四朝闻见录》丁集《庆元党》,中华书局 1989 年点校本,第 149—150 页:"嘉泰之间,为公(朱熹)之类者已幡然而起。至嘉定间,偶出于一时之游从,或未尝为公之所知者,其迹相望于朝,俗谓'当路卖药绵'。"

　　⑤ 周良霄:《程朱理学在南宋、金、元时期的传播及其统治地位的确立》,载《文史》第 37 辑。

　　⑥ 何俊:《南宋儒学建构》,上海人民出版社 2004 年版,第 338 页。李华瑞概括理学发展,同样认为"嘉定至淳祐是理学定于一尊的时期",参见李华瑞《南宋时期新学与理学的消长》,载《史林》2002 年第 3期。

为何？嘉定年间一系列道学先贤赐谥举措，即使加强道学的影响力，但是是否仍有不同的阶段性变化？导致学界普遍认知之"道学官学化"究竟奠定于何时？上述等等问题，本文以为仍有深入讨论余地。

必须说明的是关于"道学"的定义。由于嘉定时期道学内部各家纷立，朱熹与陆九渊门人弟子皆自称道学，因此本文仍采取相对宽松的认知，以"讲习正心诚意之学、致知格物之事"者为道学，而暂不涉及道学集团内部派别之学术竞争①。至于本文所谓的官方态度，不单单是当权宰执们对道学的个人态度，而是更加着眼于官方现行体制对道学的社会与学术影响力增强后的反应。

据此，赐谥、科举毋宁是本文主要探讨的两项课题。历次道学先贤封谥提供明确具体时间，有助于建构官方态度前后不同的阶段；官僚们对科举弊端发出的议论，则是帮助我们理解不同阶段议论背后的氛围。本文试图在厘清嘉定时期上述两项具强烈官方性质领域变化的基础之上，交错地理解官方态度由开放多元到表态支持道学的转变轨迹。至于推动官方态度产生变化的动力与因素，则留待日后再行讨论。

二　作为文本的道学先贤赐谥活动

以下据《道命录》记载，整理嘉定时期道学先贤封谥状况。

嘉定元年十月二十九日——令有司议朱熹谥。

嘉定二年——太学博士章徕上朱熹谥"文忠"，尚书吏部员外郎兼考功郎刘弥正覆谥议"文"。

嘉定三年五月——赠朱熹官中大夫、宝谟阁直学士。

嘉定七年八月——知潭州卫泾请张栻谥。太常博士孔炜议"宣"。

嘉定八年——军器少监兼权侍左郎官兼权考功郎官杨汝明复议张栻谥。

嘉定八年六月——知婺州丘寿隽请吕祖谦谥。太常博士孔炜议"成"。考功员外郎丁端祖复议。

嘉定九年春——潼川府路提点刑狱公事兼提举常平等事魏了翁请周敦颐谥。

嘉定九年十一月二十七日——试礼部侍郎兼中书舍人兼太子右谕德兼直学士院任希夷请二程谥。

嘉定十年一月——潼川府路转运判官魏了翁为周、二程、张四先生请谥。

嘉定十年五月——命太常博士高文善议周、二程谥。

嘉定十二年——太常丞兼权兵部郎官臧格上周元公、程纯公、程正公谥。

---

①　道学有其自成一体的学术语言，因而不影响本文的观察结果。以叶适门人周南于绍熙年间眼中的道学为例，即便道学"士大夫学不同师、生不同里"，甚至学术修养之间存在差异，只要"讲习正心诚意之学、致知格物之事"，仍会被视为是道学中人，参见周南：《山房集》卷七《庚戌廷策对》，影印文渊阁《四库全书》本。需说明的是，即使是陆九渊亦未反对格物致知、正心诚意之说，亦认为《大学》"物格而后知至，知至而后意诚，意诚而后心正，心正而后身修"之教，"皆是圣贤教人，使之知有讲学，岂有一句不实头？"见《陆九渊集》卷七《与彭子寿》，中华书局 2008 年点校本，第 90 页。

嘉定十三年一月十六日——军器监兼考功郎官楼观覆周元公、程纯公、程正公谥。

嘉定十三年六月——奉圣旨依所拟之谥赐周、二程。

嘉定十四年——知潼川府魏了翁请张载谥。

嘉定十六年一月——旨赐张载谥。

据李心传作于理宗嘉熙三年(1239)的序言,《道命录》以"参取百四十年之间,道学废兴之故,萃为一书"为著书用意,罗列嘉定时期朱、吕、张、周、程、张等道学先贤获谥,自然具有"道学自此而再兴"的论述意义。《道命录》成书之后获得不少重视,如淳祐十一年(1251)知江州朱申便于州学讲明此书,并刻板印制。可以想见李心传《道命录》有关道学废兴的论述,应该具有不小的影响。

另外,与《道命录》意图相似者,尚有咸淳九年(1273)知建宁县陈照于县学刊印本朝先儒赐谥事迹。据黄震《黄氏日抄》所载陈照刊印内容:

> 国朝嘉定元年十月十八日有旨朱熹特赐谥。
>
> 明年博士章徕谥曰"文忠"。考功刘弥正覆谥曰"文"。
>
> 嘉定七年八月知潭州卫泾请为南轩先生张栻赐谥。
>
> 博士孔炜、考功杨汝明定谥曰"宣"。
>
> 嘉定八年知婺川丘寿隽请为东莱先生吕祖谦赐谥。
>
> 博士孔炜、考功丁端祖定谥曰"成"。
>
> 嘉定九年潼川运判魏了翁请为濂溪先生周敦颐赐谥。
>
> 太常丞臧格、考功楼观定谥曰"元"。
>
> 嘉定九年礼部侍郎任希夷请为二程立谥。
>
> 太常丞臧格、考功楼观定谥明道先生程颢曰"纯"、伊川先生程颐曰"正"。
>
> 嘉定十四年知潼川府魏了翁又为横渠先生张载请谥。
>
> 博士陈公益请谥"达"、礼部侍郎请谥或"明"或"诚"。
>
> 了翁入为太常少卿,定谥曰"明"。[①]

与《道命录》所载相比,建宁县学刊印内容在编排上以请谥事件先后顺序为主,定谥结论附丽于后,不同于《道命录》完全依时间先后排列,不以请谥、议谥区分主次[②]。纵然未能断言陈照在建宁县学刊印内容直接承袭李心传《道命录》,但是不难看出晚宋对于嘉定时期道学先贤封谥及其论述,显然已具有一定套路与共识,即是以朱熹获谥为官方崇奉道学的起点,以及朱、张、吕三人成为南宋道学先贤的代表。

然而在上述晚宋表列的嘉定时期道学先贤封谥中,却明显忽略了陆九渊的位置。嘉定八年陆九渊门人严滋请求为陆九渊封谥,来年由太常博士孔炜、考功员外郎丁端祖议谥,嘉

---

① 黄震:《黄氏日抄》卷三二《先儒赐谥》,东京中文出版社 1984 年影印清乾隆三十二年新安汪氏校宋刊本。

② 周、二程赐谥,功劳究竟属任希夷还是魏了翁?《宋史》属之任希夷,《宋史纪事本末》则属之魏了翁。《黄氏日抄》以为周得谥之功属魏,二程属任。

定十年三月赐陆九渊谥"文安"①。可见宋廷于嘉定年间一系列封谥道学先贤举措,陆九渊实际为其中一员,即使陆九渊与朱、张、吕三先生存有单谥与复谥的差异,也不宜忽略同为嘉定时期因学术道德而获谥的历史现象。

然而,当上述赐谥过程在南宋末年成为一套表述官方崇奉道学的论述文本之后,道学先贤获谥之始——朱熹谥"文"——自然被赋予更多的关注与表述,甚至被视为此事具有"道学官学化"起点的历史意义。此一观点已可概见于晚宋。晚宋刘时举在《续宋编年资治通鉴》朱熹获谥之事后,说道:

> 庆元以来,权幸擅朝,"伪"以排天下之正学,"党"以空天下之名流,人心愤郁久矣。今权幸诛殛,天日开明,海内翘首以观惟新之化,而圣意首举节惠之典于文公,一时学者知所趋向矣。岂非吾道之幸哉!②

"圣意首举节惠之典于文公"即指朱熹获谥之事。虽然刘时举并未直接表示朱熹获谥,即代表官方定朱学为正学,但是朱熹获谥似乎让士人重新燃起学习朱学的兴趣,弥漫政治学术风气已然转变的氛围。或许在刘时举眼中,此时官方与民间已然走向尊崇与师法道学的正确道路。

不过,嘉定二年朱熹获谥是否象征宋廷自此开始尊崇道学?若是,宋廷此一态度应当同时展现在科举领域,以更具体、实际的手段彰显官方立场。倘若不是,又该如何理解宋廷何以赐谥道学先贤?更具体地说,在嘉定时期的十七年之间,宋廷对待道学的态度是否有相应的阶段性变化?同样的,宋廷在赐谥活动背后的考虑与转变,是否能够在当时科举领域中找到相似的发展轨迹?

三　嘉定初期的赐谥与科举

(一)嘉定更化与朱熹获谥

嘉定更化在政治层面上至少应当表现在两点:对韩侂胄党人的打击、恢复伪学党人名誉。就打击依附韩侂胄党人而言,单单在嘉定元年正月至嘉定二年十二月朱熹赐谥之前,已知至少有张时修、陈升、陈昕、赵公升、李纲、林会、高文虎、沈作宾、高似孙、毛宪、沈程、杨炳、林采、李沐、朱钦则、潘恚、陈自强、傅伯寿、潘景连、赵彦纡、苏森、张泽、谢源明、赵善遏、施康年、陈子冲、张嗣古、王公迈、陈士廉等三十位韩党官员遭受贬谪罢斥。③

恢复党人名誉的部分,赵汝愚、彭龟年、吕祖泰三人亦在朱熹封谥之前,首先恢复原官、赐谥、授官。赵汝愚于嘉定元年正月戊申追复观文殿大学士,并获谥"忠定"。早先上书抨击韩侂胄用事的两位伪党人士,彭龟年于嘉定元年四月获赠龙图阁直学士、谥"忠肃";吕祖泰

---

① 《陆九渊集》卷三六《年谱》,第520—521页。
② 刘时举:《续宋编年资治通鉴》卷一四,《宋史史料萃编》本。
③ 以上举参见《宋会要辑稿·职官》七四之二七—三四。

亦于同时获改正罪名,特授迪功郎。①

通过上述简单整理结果,明显看出嘉定初期政治氛围以清除韩侂胄势力、恢复曾受韩侂胄打压之伪学党人名誉为主。正如吴泳所说:

> 至嘉定更化则又不然也。元凶殛、元众正方升,楼钥自海滨召,林大中自浙东召,倪思自雪川召,杨辅、刘光祖自西蜀召,黄度、蔡幼学、傅伯成、刘爚、杨简、袁燮等同时为侍从郎官。曾附侂胄用兵,如邓友龙、陈景俊、郭倪、郑庭、皇甫斌、薛叔似次第镌窜。曾昌言侂胄误国,如朱熹、彭龟年、吕祖俭、杨万里、徐邦宪等优与旌擢。②

朱熹与彭龟年、吕祖俭等人因在韩侂胄得势之初即倡言侂胄误国,而在嘉定更化之初获得平反、优礼。朱熹获谥便是此一更化氛围的结果,如《道命录》言"明年改元嘉定,于是追录学党之士,申加恩数,而晦庵先生之忠诚先见,始得暴白,其年十月十八日有旨朱某特赐谥"③。宁宗特令赐予朱熹谥号之缘由,亦应当放置嘉定更化此一政治脉络中理解,而不应脱离当时政治背景。或许,朱熹原谥"文忠"与赵汝愚"忠定"、彭龟年"忠肃",三者之"忠"皆与平反庆元党禁有若干关系。然而,政治上平反"伪党"的举措能否视为宋廷在学术上扶植道学?赐朱熹谥是否可以理解为宋廷提倡道学呢?

对此,必须注意到嘉定四年一系列请开伪学禁的言论。嘉定四年四月国子司业刘爚请开伪学禁。同年十二月秘书省著作佐郎李道传乞下除学禁之诏,请颁朱熹四子书于太学,并定周、程、邵、张五先生列于从祀。对于刘爚、李道传屡次请开伪学禁的言论,推究其动机恐非消极要求下诏清洗伪学名号。正如李道传所言:

> 往者权臣顾以此学为禁,十数年间士气日衰,士论日卑,士风日坏,识者忧之。今其禁虽除,而独未尝明示天下以除之之说。臣以为当世先务,莫要于此。④

李道传上言重点显然在于要求官方"明示天下以除之之说",所谓"开伪学禁"即是要求官方积极明确表态支持道学。可见对道学士大夫而言,虽然道学已摆脱伪学、伪党等污名,但不满官方仍未明示以道学为正统的立场。据此,可见嘉定初期宋廷宰执虽然恢复伪学与伪党人士的政治名誉,但仍旧在学术上维持"大公"的多元政策⑤。仅是消极恢复道学发展空间,并未积极地独尊道学。宋廷此时采取政治与学术分别看待的立场,或许即是造成后世学者以为史弥远"阳崇阴毁"道学的缘由。

(二)围绕朱熹谥"文"的讨论

朱熹谥号于初次议谥时,章徕提议"文忠",刘弥正覆谥时去忠存文,朱熹遂得谥"文",后

---

① 《续宋编年资治通鉴》卷一四。

② 吴泳:《鹤林集》卷一七《论元祐建中嘉定及今日更化疏》,影印文渊阁《四库全书》本。

③ 《道命录》卷八。

④ 《道命录》卷八。

⑤ Hilde de Weerdt , *Competition over Content : Negotiating Standards for the Civil Service Examination in the Imperial China*(1127—1279) , Cambrige Mass:Harvard University Asia Center : Distribute Harvard Press , 2007,p. 345—373.

世遂称朱文公。关于朱熹谥号由文忠改为文,王宇《"去忠存文"与朱子学官学化进程的启动》(以下简称《去忠存文》),认为嘉定二年朱熹谥"文"在思想史上具有两重的判教意义:第一重意义是突显朱熹在同受庆元党禁诸儒中的地位;第二重意义在于清理南宋理学内部派系,使朱熹得以上接北宋周敦颐以来的道统。嘉定二年朱熹谥文一事便成为朱子学官学化的起点。①

由思想史角度来看,自朱熹得单谥"文"之后,张、吕与北宋周、二程、张等先贤皆得到单谥②。可见当时单谥确实突出周、程一系道学,自以为上承孟子的陆九渊便不在单谥之中。不过,假如把视野由南宋道学发展史移至南宋谥法制度的实践,朱、张、吕得单谥之事或许并不如周、程得谥来得重要。

可以追问的是,宋代除了杨亿、王安石之外,是否唯有朱熹谥文? 至今学界仅注意到杨亿、王安石与朱熹三人,实际上北宋时冯元、杨徽之、王洙先后曾得谥号"文"③,南宋时苏洵在宁宗朝亦曾得到"文"之单谥。据《宋会要辑稿·礼》五八,宁宗庆元年间刘光祖为苏洵争取谥号,最终苏洵谥曰文。李璧《与苏洵定谥札子》中云:

> 臣伏见故校书郎、文安县主簿、编修《太常因革礼》苏洵,学综六艺,词雄百家,通于王政,达于权事……独王安石恶其异己,指为战国纵横之流,天下不以为然也……自斯言之出,学者益以尊信,非若专门浅苟之士,好高泥古、于用则疏者之比也。④

南宋自高宗朝后期王安石学术地位开始下降,孝宗偏爱苏学⑤。宁宗即位后庆元党禁打压道学,在此脉络之中抬高苏洵,同时兼具反对王安石、暗批道学之双重意义,似乎可以合理转化为表示宁宗承继孝宗的政治讯息。

《去忠存文》认为宋代在王安石之后谥文之人(指朱熹),其政治、学术必然不下于王安石⑥。不过,既然苏洵谥文之事在王安石之后、朱熹之前,得以谥文的理由自然需要受到重视。然而,"学综六艺,词雄百家,通于王政,达于权事",理应是苏洵得谥文的主要论点,却无一语及政迹事功,而是纯以学术、文章成就而论。可见就宋代官方议谥的角度来说,得以谥"文"至少有三种状况:王安石之"文"诚为结合内圣、外王之象征,已粗具"经纬天地"之意⑦;杨亿之"文"是文章辞章之文;苏洵之"文"则是表彰"通故达权"之学,不考究其实际吏事。

如欲回答朱熹之"文"属于何种类型的问题,必须重新审视章徕议主"文忠"与刘弥正主"文"的差异。章、刘二人在看重朱熹学术道德部分并无差异。如章徕推崇朱熹"躬履纯诚,

---

① 王宇:《"去忠存文"与朱子学官学化进程的启动》,载《中国哲学史》2010 年第 4 期。

② 如时人叶绍翁已言"自后议诸贤谥,自周元公以下俱用一字矣,如程正公、吕成公之类。"见《四朝闻见录》甲集《朱赵谥法》,第 44 页。

③ 《宋会要辑稿·礼》五八之三。

④ 《宋会要辑稿·礼》五八之八七、八八。

⑤ 《四朝闻见录》乙集《洛学》,第 48 页:"时上(孝宗)方崇厉苏氏,未遑表章程氏也。"

⑥ 《"去忠存文"与朱子学官学化进程的启动》,第 84 页。

⑦ 《通典》中载以文单谥的状况,传统上多是以师傅兼总领政务,即是帝者师、王者相,兼具内圣外王。王安石谥文应属此一传统的延续。

潜心问学,近承伊洛,远接洙泗"。刘弥正亦言"孟轲之死,明者复晦,由汉而下阒如也。及本朝而又明,濂溪、横渠剖其幽,二程子宿其光,程氏之徒嘘其焰,至公圣道灿然矣"。换言之,即使是朱门后学最在意的道统问题,刘弥正固然多有阐释,原本主张谥"文忠"的章徕亦言及朱熹上承孔、孟、周、程道统之意。

另一方面,章徕谥议更多表彰朱熹居官行事作为,如修举荒政、勤恤民隐、纠发吏奸、不挠权势等等,尤其突出朱熹"于讲筵密奏"、攻击韩侂胄之事。文末,章徕重新说明"文"、"忠"定义,并认为唯有朱熹得以合文、忠二字,其文曰:

> 彼词章制作,兼备众体,雄深雅健,追并古作,亦可以为文矣,而未足为道德博文之文也。彼尽心献纳,随事规谏,或抗直以扬名,或削稿而归美,亦可以为忠矣,而未必皆廉方公正之忠也。曰文与忠,惟公足以当之而无愧。合是二者,以定公行,传之天下与来世,庶乎久而益信。[①]

章徕以为朱熹之文与忠皆属于更高层次的表现,如此一来,文属内圣、忠为外王便为有迹可循,"合是二者"便有推崇朱熹合内圣与外王之意。由此看来,章徕以"文忠"谥朱熹,不仅没有削弱对其学术道德的肯定,而是更加突显朱熹外王事业的表现。

相较之下,刘弥正阐述朱熹之学在于"居则安贫而乐道,仕则尊君而忧民;重名节而爱出处,合于古而背于时"之后,随即指出朱熹在朝任职时日甚短,无法推展"正主庇民之学",没有得君行道,因此不具备谥"忠"的条件。刘弥正论曰:

> 初,太常议以文忠谥公。按公在朝之日浅,正主庇民之学,郁而不施,而著书立言之功,大畅于后。合文与忠谥公,似是而非也。有功于斯文而谓之文,简矣而实也。

《去忠存文》认为这是将内圣高于外王,朱熹内圣传教之功融会仕宦外王之业。但是应当注意到刘弥正仅提学术内圣方面之"有功斯文",与苏洵谥"文"类型较近,而非上承王安石谥"文"之意。刘弥正只言朱熹之"文",以"在朝之日浅,正主庇民之学,郁而不施"不符合"忠",可见对刘弥正而言,"忠"不在于是否行道,而是在于现实政治中入朝为官、讲论经筵的时日过短。推衍刘弥正谥议对朱熹有"文"无"忠"的评价,若是让人误解朱熹仅有学术而无政事,恐非朱子门人后学所乐见。或许正是基于这样的担忧,黄干遂于《朱子行状》中特意突出排比朱熹历次论事、议政的文字。[②]

简而言之,与其说朱熹获谥因而提高道学地位,不如说是在更化的政治氛围中确立道学自立发展的讯号,朱熹谥"文"则是在道学集团内部形成独树一帜的体系。朱熹与稍后张栻、吕祖谦乃至于更晚的周、张与二程,明显以单谥建立关系,亦在谥文建立传承论述。与此相

---

① 《道命录》卷八。

② 黄干于嘉定九年开始撰写《朱子行状》,力图呈现朱熹"依道而行"、"难进易退"的政治历程,参见郑丞良:《百年论定:试论黄干〈朱子行状〉的撰写与朱熹历史形象的形塑》,载《汉学研究》2012 年第 2 期,第131—164 页。

对,陆九渊虽然得到"文安"谥号,以为直接上承孟子,却独立于周程传承之外①。对官方多元政策而言,即使在谥文内容呈现不同的传承表述,却也未有明显独以某学为孔孟正学的论述。由此视之,宋廷约略同时赠谥给朱、张、吕、陆等南宋道学先贤,对道学集团内部亦不失为维持多元政策、具有平衡不偏的意味。②

(三)嘉定初年科举弊端与道学势力

嘉定更化除了前文已言及的清理韩党与平反伪党之外,广开言路也是重要内容之一③。科举不公于是成为言路上书批判韩侂胄专政时期诸多弊端的重要项目。《宋会要辑稿》详细记载时人指出其奸弊内容,如嘉定元年正月九日臣僚言:

> 近年奸弊滋甚。据权势者,以请嘱而必得;拥高赀者,以贿赂而经营……今有管见,一,考校差官,要当精择……一,试卷去取,虽赖考官精明,而誊录对读,尤当加意……一,代笔传义,挟书移坐之禁,贡举条例甚明,近岁奸弊滋多,甚至应博学宏词,乃携文字,公然检阅。④

指出韩侂胄专权时期士子请托、贿赂所产生科举不公的现象,认为要从挑选监考官员开始,赋予参详、点检等官员权力,避免先前由知举一人定夺。其次则是强调誊录对读与代笔传义、挟书移坐的禁令。

此后,科举舞弊成为臣僚屡屡批评科举弊端的主要内容。嘉定元年正月二十四日,臣僚再度提出:

> 比年省闱取士,弊幸百端,最是挟书代笔,尤为场屋之患。盖囊由宰相门客怀挟败获,反将逻者施行。自后,习以成风,绝无忌惮……然今遇更化之初,凡前日变乱旧章,次第惩革,惟是省闱之禁,尤不可缓。⑤

上言者指出韩侂胄专权时期宰相门客公然舞弊,必须承担破坏科举制度的政治责任,恢复科举制度公平成为更化重点项目。因此,嘉定三年十一月八日臣僚上言:"更化以来,首严其弊,搜出怀挟者四人,虽与免罪驳放,一时观听耸然。"⑥可见怀挟、代笔之类科举舞弊事宜为嘉定初期臣僚关心课题。不过,即使宋廷有恢复科举公平的用心与努力,但仍旧难以完全根除考官卖题、吏胥换卷等舞弊情事。⑦

嘉定四年之后,宋廷臣僚除了继续反应舞弊不公之外,也开始对考试内容提出意见。十

---

① 从陆九渊谥议以及时人反应可以看到,时人认为陆九渊学术渊源上承孟子,与伊洛无关。参见不著撰人:《群书会元截江网》卷三二《诸儒至论》,影印文渊阁《四库全书》本。

② 对于党禁之后的自由学风以及南宋政府赐谥不能视为官方独尊某学等等说法,参见唐宇元:《程朱理学何时成为统治阶级的统治思想》,载《中国史研究》1989 第 1 期。

③ 虞云国:《宋光宗宋宁宗》,吉林文史出版社 2004 年版,第 284—288 页。

④ 《宋会要辑稿·选举》六之一至二。

⑤ 《宋会要辑稿·选举》六之三至四。

⑥ 《宋会要辑稿·选举》六之九。

⑦ 《宋会要辑稿·选举》六之一六—一七。

二月二十七日礼部上言：

> 国子祭酒兼权刑部侍郎刘爚言："……近年经学不明，命题断章，学者以巧于迁就为工，不以惟本经意为正，略传注之说，侮圣人之言。词赋抑又甚焉，体字全类歇后，用字不考理致。盖检阅于类书，非根原于实学。文义无取，器局何观？乞令学官选择中兴以来魁选义赋，根本经旨、词气浑厚者数十篇，刊降以为体式。今后命题不许断章，长短不拘。"①

据国子祭酒刘爚所言，近年科举出题，不论经义、词赋，皆有重新检讨的必要。以经义而言，应试者答题不推本经学义理，专以个人文字牵强附会；至于词赋，用字不够严谨，士子只是粗略检阅类书，不明深义。

值得注意的是，刘爚为朱熹学生，嘉定三年十二月任国子司业时，已建议史弥远继承其父史浩遗志，将朱熹所著四书之说当成经筵劝讲内容，以此"正君定国，慰天下士大夫之心"②。嘉定四年四月"奏请乞开伪学禁"，又请以朱熹白鹿洞规颁示太学，并刊行朱熹《四书集注》③。由此来看，毫无疑问，刘爚在嘉定三四年确实致力于争取朱熹学说在中央官学发展。不过，通观刘爚在嘉定四年科举的批评与建议，却没有任何强调科举试题、答卷应当反映朱熹学说的意见，在提出"经学不明"、"略传注之说"现象之后，建议挑选数十篇符合义旨、词气浑厚试卷当成范本。

由刘爚此时针对科举弊端的发言，以及稍后乞开伪学禁的言论，约可见道学此时发展的两点现象：若干道学士大夫在个人职掌范围内可以提倡道学（如刘爚在国子学用朱熹《四书集注》），也对科举取士制度提出意见，也希望国家标举确立道学；但是就宋廷官方态度来说，可以看出宋廷此时仍停留在平反道学党人政治名誉的阶段，并未进一步昭示以道学为国家认可之正统思想。遑论刘爚在国子监推行《四书集注》，因章良能反对而中途停止。④

四 嘉定中期官方支持道学的转折

上述现象或许可以由嘉定初期知贡举官员学术背景得到支持。嘉定元年以吏部尚书兼翰林学士楼钥知贡举，兵部尚书倪思、中书舍人蔡幼学、右谏议大夫叶时同知贡举。嘉定四年以吏部侍郎汪逵知贡举，吏部侍郎刘榘、礼部侍郎曾从龙、左司谏范之柔同知贡举⑤。两榜考官之学术背景，唯有蔡幼学为永嘉学者陈傅良门人，具有若干道学背景；其余可知其学术者，楼钥、倪思、刘榘以辞章诗赋著称，叶时为礼经学者，著有《礼经会元》。如此一来，嘉定初期两次科举考试，考官集团根本未有显著道学势力，自然没有太多支持道学影响科举的议论。

---

① 《宋会要辑稿·选举》六之一〇。
② 《宋史》卷四〇一《刘爚传》，第 12171 页。
③ 刘爚：《云庄刘文简公文集》卷一《辛巳四月奏请乞开伪学禁上殿奏札》、《请乞刊朱熹四书于太学》，明弘治刘熵刊嘉靖间增补本。
④ 真德秀：《真文忠公文集》卷四一《刘文简公神道碑》，《四部丛刊》本。
⑤ 《宋会要辑稿·选举》一之二七。

(一)嘉定六年以后道学势力在科举的发展

顺着考官学术背景视野,嘉定七年以后考官集团的道学色彩日益明显。以下直接将嘉定年间考官名单制表如下:

表一:嘉定年间考官名单与学术背景

时　间	知贡举	同知贡举	学术背景
嘉定元年	楼　钥	倪思、蔡幼学、叶时	楼、倪以辞章之学著称;蔡幼学为陈傅良门人;叶时为礼经学者。
嘉定四年	汪　逵	刘榘、曾从龙、范之柔	刘榘治诗赋。
嘉定七年	曾从龙	刘爚、郑昭先、范之柔	刘爚、郑昭先为朱熹门人。
嘉定十年	黄畴若	任希夷、黄序、袁燮	黄畴若以诗文名世,素尊理学;任希夷为朱熹门人;袁燮为陆九渊门人。
嘉定十三年	宣　缯	俞应符(监试)、杨汝明、李安行	杨汝明与魏了翁交好。
嘉定十六年	程　珌	朱端常(监试)、朱着、郑自诚	朱端常、朱着治诗赋;郑自诚受学于朱熹。

在嘉定七年至十六年四榜考官当中,除嘉定十三年(宣、俞、杨、李)四人学术背景不明之外,其余三榜考官具有道学色彩者至少占半数以上。郑昭先、刘爚、任希夷、郑自诚为朱熹门人,袁燮为陆九渊门人,自是道学中人无疑。黄畴若虽以诗赋名世,但是号称"素尊理学"①;杨汝明与魏了翁交好,黄、杨两人亦可视为亲近道学之官员。

由道学士大夫在各榜考官数量所占比例来看,自嘉定七年以后,具道学色彩或与道学士人交好之考官,至少可占该榜考官之半数,约略呈现道学、诗文各半之势。其中,尤以嘉定十年考官最具道学色彩。笔者同时观察到陈淳、郑文通等亲炙朱熹之朱学门人分别于嘉定十年、嘉定十六年应试,两人愿意在晚年投入科举或许正与当时科举气氛转向利于道学有关。②

仅以考官背景之变化已可概见嘉定七年之后道学势力在科举影响力的增长。至于何以产生以嘉定七年为界、前后如此不同的差异性?此一问题值得后续深入探讨。目前仅能推测被视为阻碍道学发展之参知政事章良能于嘉定七年正月丁丑薨卒,促成道学士大夫开始于该年科举中取得相对主导地位。

不过,即使有如此明显变化,并不意味道学在科举的影响直接来自考官背景的差异。在嘉定七年道学考官明显占半数比例之前,道学似乎已在科举取得一定程度的影响。此点由当时官员评论科举取士弊端的议论可知,嘉定六年之前道学已成为不容忽视的势力。

嘉定六年二月一日"经术惟正论是崇"的诏令,可以看出经学势力仍旧延续存在③。同

---

① 刘克庄:《后村先生大全集》卷一四二《焕学尚书黄公神道碑》,《四部丛刊》本。

② 陈宓:《复斋先生龙图陈公文集》卷二二《北溪先生主簿陈君墓志铭》、卷三八《进士郑君墓志铭》,《宋集珍本丛刊》本。

③ 《宋会要辑稿·选举》一之二七。

年七月二十三日臣僚刻意标举"出题去取，须以古注正义为的"奏请，反而可以概见道学势力已有增长的趋势。其文为：

> 主文命题去取，当以古注正义为的，庶几持论平正，人无异议。今所见不同，各骋臆说，徒启后进穿凿之私，而老成博学，弃而不录。此举子求异立说之弊……考官则通融考校，勿执偏见；出题去取，须以古注正义为的。①

由臣僚议论中看到此时考官考校已有执偏见的倾向，出题去取也不再以古注正义为标准，士子各骋臆说穿凿。此一现象约略即是命题者以个人学术倾向命题，主道学者即出道学形态题目，应答者亦以此投其所好；主传统正义注疏者，亦以此命题、阅卷。可见此时道学已在科举中取得一定程度影响力。

不过，由臣僚此封"须以古注正义为的"奏请最终得到批准，亦可推测此时以史弥远为首的宰执集团，尚未作出支持道学在科举领域中取得主导地位的决定。道学与传统经学在科举领域中主导地位的交接，或许不是非此即彼的截然划分，而是存在一个兼容并蓄、多元不一的阶段。此点在稍后嘉定七年正月六日监察御史倪千里"前辈之文，可效可师，何止一家"奏言中，得到印证②。黄干于嘉定九年写给郑文通之子元肃的信中写道："后生辈皆以为读书者，充塞时文之具矣。必欲全不读书，专念一文一叶者为是。"③嘉定中期士子准备科举应试时，阅读时文、摘章引句远比理解经典本义更为重要，突显此时与道学无关的时文仍在科举具有举足轻重的影响力④。另外，如嘉定十年元月仍有"其他如挟专门之学者，自是所见，取舍不合于公论"⑤。可见即使道学考官此时已有决定取士的影响力，但是显然此时对道学取舍不公的批评仍未停止。

不过，到了嘉定十五年官方态度似乎又有向道学倾斜的趋势。该年二月一日，诏"先器识而黜浮华之习，尚理义而振萎靡之风，毋以议论正大为迂，毋以指陈剀切为激"⑥。"尚理义而振萎靡之风"一句显然是采取崇尚理义的态度希冀改变嘉定晚期萎靡不振的士风、文风；"毋以议论正大为迂"、"毋以指陈剀切为激"显然是针对道学对时政采取较激烈批评、老师宿儒般的议论文字，提出应当重视的态度。就考题性质来说，魏希德注意到在庆元党禁之后，科举策题为顾及触犯当道，而减少涉及时政的考题，直到理宗淳祐元年（1241）之后，策题才以时政为主⑦。由此视之，嘉定十五年"尚理义"之说，或许即是理宗以后以道学针砭士习、时论风气的先声。

---

① 《宋会要辑稿·选举》六之一七。

② 《宋会要辑稿·选举》六之一九—二〇。

③ 黄干：《勉斋先生黄文肃公文集》卷六《与郑成叔书·与成叔之子元肃书》，书目文献出版社 1988 年影印元延祐二年重修本。

④ 时文在宋代科举考试文化中始终扮演重要角色，甚至有日益吃重的倾向。参见刘祥光《宋代的时文刊本与考试文化》，载《台大文史哲学报》2011 年第 75 期。因此，讨论南宋中后期道学与时文在科举场域的关系时，或许不能单纯以此消彼长的对立模式看待，而应着眼其互相涵容。

⑤ 《宋会要辑稿·选举》六之二八。

⑥ 《宋会要辑稿·选举》一之二九。

⑦ de Weerdt, *Competition over Content*, p. 331—336.

简而言之,正如学者已注意到嘉定年间官方对科举采取"大公"政策,不私一家,道学直至理宗淳祐四年(1244)以后方才占据了科举舞台①。但是透过科举弊端相关议论,约略仍可看出一个变化轨迹:嘉定初期道学仍属潜沉发展阶段,未有显著影响科举取士的迹象,嘉定六年前后道学已成为传统注疏经学不容忽视的竞争对手,嘉定十年以后道学在科举领域似乎已直接成为被批评者的角色,反映出道学已取得影响科举取士之学术倾向的重要地位。

(二)嘉定中期赐谥活动与官方态度的转折

约是在嘉定三四年之间,朱熹重要门人陈淳在书信中曾提到近两年颇有崇尚道学的风气。陈淳《与朱寺正敬之》曰:

> 每思前年更化之初,时事一一反正,而先生恩命特不举行者,不审何谓?闻两年来甚崇尚道学,上庠课试,悉以命题,不审主盟者何人?向来出先生之门,立脚得住,不为时论所变,而显达于时者,自廖澥之外,更有何人?士子中有何人立朝行当要津者,还有其人否?如廖澥辈,老学有守,最罕其匹,却置之闲散;而萃列清华者,不闻其人,恐其崇尚者,亦不免但为虚名之举,而实何足以为吾道重也?要之,实欲崇尚,除是表出周、程三先生及吾文公先生者,并锡之公爵,而置之先圣庙颜孟配享之列,而布其书于天下,使学者尊信钻仰,睎慕服习,以作成人才,而变化风俗,然后于道为庶几,而万世公论少有慊焉尔。②

陈淳此段文字颇有助于考察嘉定初期官方对道学态度,可以由几点角度来看:首先,陈淳注意到所谓崇尚道学,是来自于国子监等"上庠课试,悉以命题"。自嘉定三年十二月以曾从龙兼国子祭酒、刘爚兼国子司业③。前文言及刘爚在国子司业以及稍后担任国子祭酒期间,不仅在国子监推广朱熹四书著作,并且以之出题课试,确实致力推广朱子学。不过,陈淳却说"不审主盟者何人",似乎代表此时朱门学友彼此并没有充分的联系管道。

其次,陈淳认为宋廷即使崇尚道学,却是由不知何人在国子监推行道学,同时又不看重陈淳极为推崇的"廖澥",恐怕宋廷崇尚之举只是虚名④。据此可以看出以陈淳为代表的部分朱门弟子,并不满意仅由个别人士在职位上推行道学,而是更加看重宋廷对朱熹个人名位的恢复与提升,朱门弟子(如陈淳提到的廖德明)能否发挥更大影响力也在评断宋廷是否崇尚道学的标准之列。

最后,陈淳认为宋廷若有崇尚道学之心,当务之急应当是"表出周、程三先生及吾文公者,并锡之公爵,而置之于先圣庙颜、孟配享之列"。换句话说,在达到配享从祀之最终目标

---

① de Weerdt,*Competition over Content*,p.345—373.

② 陈淳:《北溪大全集》卷二三《与朱寺正敬之一》,影印文渊阁《四库全书》本。

③ 佚名编:《续编两朝纲目备要》,中华书局1995年点校本,第225页。

④ "廖澥"应指朱熹门人廖德明,陈淳与之颇有联系,但是朱熹另一重要门人黄干却颇看轻廖德明,鄙视其进退出处不合义理。《勉斋先生黄文肃公文集》卷二九《与制帅辞依旧知安庆府》:"每见朋友杨子直、杨通老、廖子晦(即廖德明)皆以既老且病,仕不知止。至其身后,无不狼狈。今又岂宜复蹈其覆辙哉!"

之前,应该先要形塑周、二程与朱熹传承谱系,进而追求赐谥赠爵,以获致官方认可①。如今朱熹已获谥,周敦颐与二程是否能得到封谥、进入孔庙从祀之列,似乎便成了此后朱学门人与同调极力争取的议题。李道传于嘉定四年上书请求从祀周、程,正是此一想法的呈现。由此可见,此时在朱门眼中周、程获谥与否,似非仅仅为周、程个人名誉荣耀而已,已然提升成为检验官方是否真正尊崇道学的指标。②

回到道学先贤赐谥系列活动,粗略看来道学诸儒封谥实为阶段性发展。嘉定元、二年,朱熹谥号由讨论到确立;嘉定七、八、九年张栻、吕祖谦与陆九渊谥号皆由孔炜拟议,分由杨汝明、丁端祖复议;嘉定九到十三年,经过屡次请谥,北宋道学前辈周敦颐与二程最终获得谥号。结合前文所述,对官方而言,第一阶段朱熹获谥,仅是表彰其政治气节以及默许道学独自发展,不涉及官方尊崇道学的学术倾向;第二阶段张栻、吕祖谦与陆九渊获谥,则是地方官员秉持表彰地方学术先贤请求封谥③,获谥亦未破坏官方多元化、不主一家的学术政策。

然而,从陈淳言论知道朱门弟子将争取周、程封谥,视为官方是否真正表态支持道学的关键指标。必须追问的是,宋廷是否理解赐谥周、程在当时的政治与学术意义?以下将从宋代谥法制度的演变来理解嘉定期间赐谥周、程的特殊性,从而说明宋廷对此事的重视。

有关宋代谥法制度的基本模式,《宋史》与《宋会要辑稿》记载大致相同,制度规定为:

> 王公及职事官三品以上薨,赠官同。本家录行状上尚书省,考功移太常礼院议定,博士撰议,考功审覆,判都省集合省官参议,具上中书门下宰臣判准,始录奏闻。敕付所司即考功录牒,以未葬前赐其家。省官有异议者,听具议闻。蕴德丘园,声实明著,虽无官爵,亦奏赐谥曰“先生”。④

“职事官三品以上”是官员受谥资格限制,若无官爵、却“声实明著”,则是采取赐谥形式,给予“先生”之号。其次,以本家将行状送至尚书省考功为行政流程起点,转交太常礼院拟议谥号,决定后由博士撰写谥议,交由考功审查覆谥,再由都省省官集合参议;若省官有不同意见,可与太常拟定并呈,提请宰相判准;宰相择定后提请皇帝发布敕命,由考功抄录敕命牒文交给受谥官员家属。

太常议谥、考功复议、省官集议是定谥三个主要环节,但是到了北宋徽宗朝却有违背、破坏的现象。高宗绍兴三年正月中书舍人陈与义言:

---

① 魏了翁为周敦颐请谥时,说道:“臣窃见朝廷近岁尝因中外臣僚奏请,如朱熹、张栻并蒙赐谥。然熹、栻之学,实宗周敦颐及程颢兄弟。今录其后而遗其先,恐于褒崇美意,犹有未尽。”此种说法便是希望官方承认朱、张与周、程学术谱系。见魏了翁《鹤山先生大全集》卷一五《奏乞早定周程三先生谥议》,《四部丛刊》本。

② 周、程在朱熹道学系谱中居于绝对重要地位,此点在朱熹生前即是如此,田浩认为朱熹萌生道统观念正是在祭祀周敦颐时神灵感通的经验。见田浩:《朱熹的思维世界》(江苏人民出版社2009年增订本,第259页)。此时朱学门人在各地方官学设置周、程祠堂,亦是极力尊崇周、程等理学先贤的显著现象。

③ 尚书考功或当地知州官员皆有主动提出申请议谥的责任,形成本家请谥与有司径谥的双轨制度。汪受宽:《谥法研究》,上海古籍出版社1995年版,第129页。

④ 《宋史》卷一二四《礼二七》,第2913页。

旧来百官谥不命词,至政和、宣和以后,有不经太常、考功议定、百官集议而特赐谥者始命词。近来乃一概命词,乞改正。今后特恩赐谥,命词、给告外,余给敕。从之。①

此段文字清楚说明徽宗朝定谥存在大量不经议谥、集议正常程序的特赐谥,定谥文书自然也不同于以往由都省发出的敕牒,而是直接由皇帝发布的草诏命词。到了高宗建炎、绍兴初期,甚至连非特赐谥都采用草诏命词的文书体例。陈与义认为应该改正"近来乃一概命词"的权宜作法,若是特赐谥(即不经太常、考功议定、百官集议),则由皇帝命词、给告,其余则依循正常程序,文书实行都省发出敕牒。

简而言之,南宋谥法制度在正常封谥活动(即获谥者身份、请谥时间皆符合规定)之外,主要存在特赐谥与特令赐谥两种模式。嘉定时期道学诸儒获谥即是属于后者,由都省发布敕牒而非由中书舍人撰写命词,敕牒中详载太常议谥与考功覆谥文字。但是,在定谥三个环节当中,朱熹、张栻、吕祖谦与陆九渊等诸儒只能看到太常议谥与考功覆谥的痕迹,径自越过集议程序。这固然是特赐谥与特令赐谥等非正常赐谥途径,直接以特降指挥命礼官议谥有关,但是由百官集议功能的萎缩似乎也反映出此类议题敏感性不高、礼官奉命行事的特性。

回到周、程封谥的过程来看,嘉定九年春起魏了翁请议周敦颐谥号,礼部太常寺却是直到嘉定十二年才有进一步拟谥举动,官方态度似乎较先前议朱、张诸儒谥号时更多些暧昧不明。此外,《道命录》在魏了翁与任希夷请谥奏状之后,记录太常寺收到奏状后的反应,这些记录有助厘清官方在周、程封谥议题上的态度与转变。

嘉定九年魏了翁请谥周敦颐之后,尚书都省将奏状批送礼部,礼部行下太常寺,要求太常寺先针对周敦颐是否符合赐谥标准,进行说明。太常寺翻检庆元令及谥法条规、指挥之后,说道:

本寺照得今来奏内所引邵雍等,并系特赐谥体例所有。周(敦)颐发挥正学,诚有功于名教。缘官品未该,其赐谥系是特降指挥。伏乞省部备申朝廷指挥施行。②

太常寺认为周敦颐发挥正学、有功于名教,但是生前死后赠官未及三品,必须由朝廷特降指挥,以特赐谥或特令赐谥等途径才能由礼官进行议谥。由谥法制度来看,太常寺意见符合制度规定,同时亦可想见朝廷中央此时并未如朱、张议谥时,将特降指挥与请谥奏状一并转发礼部与太常寺③,未免有消极阻碍发动周、程拟谥流程之嫌。

同年十一月任希夷请二程谥,未果。嘉定十年正月魏了翁再请周、二程三先生谥号时,也注意到官方对此事的犹豫。魏了翁说道:

维时春官(指任希夷)亦专以程颢兄弟为请。申命所属,承学之士闻风兴起,盖学术之标准、风俗之枢机,所关甚不小也。而二年于兹,犹未有以易其名者,岂事大体重,未容以轻议邪……臣愚欲望圣慈申饬有司,速加考订,俾隆名美谥,早有以风厉四方,示学

---

① 《宋会要辑稿·礼》五八之六。

② 《道命录》卷九《魏华父为濂溪先生请谥奏》。

③ 嘉定七年八月卫泾上为张栻请谥奏状后,随即"得旨从之"。嘉定八年六月丘寿隽请吕祖谦谥,亦是随即"奉圣旨,吕祖谦特与赐谥",参见《道命录》卷八。

士大夫趋向之的,则其于崇化善俗之道,无以急于此者。①

由此可见,周、程封谥之事与此前朱、张、吕诸儒赐谥相比,不再是褒奖先儒、有功名教一类的层次,"示学士大夫趋向之的",已然成为官方是否树立道学旗帜的高度敏感议题。

魏了翁此封奏状循先前途径,太常寺仍旧以"官品未该,其赐谥系是特降指挥,乞备申朝廷指挥施行"回复礼部,礼部亦以"本部所据太常寺昨来申到,事理备录在前,伏乞朝廷指挥施行,伏候指挥"申省。在朝廷未降赐谥指挥之前,周、程谥号问题仅能在官方文书之间传递,直到同年五月才有圣旨命太常寺拟定周、程谥号,开启新局。

太常博士高文善接获议谥命令之后,并未轻易撰写谥号议文,展现相当谨慎的态度。高文善认为:

> 恭详近制,臣僚请谥,先下博士定议、考功复议,厥为常典。今三先生明道阐教,为一代儒宗,所有定议谥事关名教,所不可轻。乞遵唐宝应及国朝治平编敕故事,下太常寺或都省集官拟议,议定仍下博士撰文。庶几厌服公论。

面对高度敏感的周程谥号问题,高文善要求在现行博士定议、考功复议之外,重新恢复集官拟议一环,自是具有在赐谥前提之下,扩大舆论基础、减少反对声浪的用意。此外,尚书省则要求礼部太常寺拟谥之后,先申省,再由尚书省转发吏部考功复议②。此一文书流程似亦与先前礼部直接送吏部稍有出入,更显出当政者用心谨慎。

依本节针对周、程赐谥过程的说明,应当可以清楚看出:早在嘉定四年朱门弟子已有为周、程争取官方表彰的意图,周、程能否得到封谥,也被朱门弟子视为官方是否真正支持道学的表态。自嘉定九年魏了翁、十年任希夷分别提出申请开始,周与二程赐谥问题正式浮上台面,成为宰执必须面对的课题。本文以为官方态度存在由原先模糊、犹豫转向明确、支持的转变,嘉定十年五月命太常寺议谥,应是官方态度转变的明确时间点。

既然官方已于嘉定十年五月作出表态决定,科举应是最直接受到影响的领域。如前文已述,由嘉定十五年二月"尚理义"诏书展现出道学在科举领域更具主导性,更具体的是,科举题目亦可能受到影响。现存程珌《洺水集》保有嘉定十六年科举诗赋场的考题:

> 问:正月元日上御路,朝发德音下明制,加宠儒先,恩施甚备。既越日,又以张公载节惠之典未举,复命赐之。夫元者,天运之新也,王治之始也。乾坤阖辟,原于意端,朝发九重,夕孚四海,学士大夫可不仰体明指,深探大原,而以躬行自勉哉!③

嘉定十四年魏了翁请张载谥,嘉定十六年正月宁宗命赐张载谥,程珌知贡举时便以此出题,要求士子"学士大夫可不仰体明指,深探大原"。或许由此可见,自嘉定十年之后,关于北宋道学先贤的赐谥活动已然可以视为官方学术态度的展现,与科举关系更为紧密。

在科举之外,即使目前尚未看到官方态度转变之后在士风、学术与出版等等相关领域是

---

① 《鹤山先生大全集》卷一五《奏乞早定程周三先生谥议》。

② 《道命录》卷九《魏华父为濂溪先生请谥奏》。

③ 程珌:《程端明公洺水集》卷五《癸未知贡举诗赋场》,《宋集珍本丛刊》本。

否立即产生连锁效应,但是恐怕也不能排除官方表态支持道学之后存在各式各样直接、间接影响的可能性。对此一后续课题,嘉定十二年八月台州州学立陈公辅、陈良翰、罗适三老先生祠堂,却出现地方人士质疑陈公辅的声浪,颇值得注意。陈公辅为台州人士,与台州确实具有地缘关系,又于谏官任上颇有建明,既符合宋代官学纪念乡里先贤人物的标准①,叶适于记文中亦表示陈公辅理应入祀先贤祠。不过,叶适也提到"或疑侍郎不右程公学术,若少异然"②,可见台州士人认为陈公辅曾经反对程颐学术,因而有所顾虑。由此事例或许可以看出,当官方已做出支持道学的表态之后,可能会影响地方士人对当地先贤事迹的重新解读,甚至可能出现质疑与当下官方立场相左之地方人物的代表性。或许,此一事例正反映出嘉定晚期道学弥散发展、影响广泛的一个侧面。

五 结 语

本文以为嘉定元年史弥远当政之后,道学即使走出伪学阴影,甚至较以往更具发展前景,但或许是着眼于稳定政局、避免引起争议,史弥远并未选择独厚道学、以道学取士的倾向,而是维持"大公"的学术政策。嘉定初期道学士大夫在各自职位上致力推广道学,形成一股风气,有利道学影响力的扩大。至于以往学者看重嘉定二年朱熹获谥"文"一事,视之为"朱学官学化"起点,推究其实,此事在政治上应当为恢复党人名誉的一环,即便肯定朱熹个人的道德学问,但距离官方表态推崇道学仍有一段差距。

相对于官方对道学态度的暧昧不明,道学在科举领域影响力却是与日俱增。至迟在嘉定七年前后,不论在知贡举官员背景或是取士标准,道学已成为科举不容忽视的势力,却也因此招致批评。部分朱熹门人对官方迟不表态支持道学亦感到不满,积极争取周、程封谥与从祀。周、程封谥议题于是成为官方是否尊崇道学的指标。官方巧妙利用议谥制度规定,掌握展开周、程谥号议程的主动性。值得玩味的是,嘉定十年知贡举等考官最具道学色彩,宰执亦于此年五月同意礼官讨论封谥周、程。由此可知,嘉定十年显然是官方转变模糊态度,明确表态支持道学的转折点。此后,由科举领域来看,道学在嘉定晚期确实已成为具主导地位的势力。

以上为本文依凭赐谥与科举两条脉络,共同交织成嘉定时期官方对道学态度转变的过程与轮廓。必须承认的是,本文尚未处理官方态度为何产生转变,如欲进一步处理,势必深入讨论道学势力在嘉定时期的发展、道学内部认同与分化、南宋嘉定中期国内外政治局势的变化、宰执群体的学术背景等等政治与文化议题。本文受限学力不足,仅能先进行初步厘清工作,上述更深入的讨论仍有待后续展开。

(作者单位:台湾"中国文化大学"史学系)

---

① 南宋各地方官学往往设有纪念当地先贤的祠堂,可以被视为是突显当地特有历史记忆与文化传统的载体。参见郑丞良《南宋明州先贤祠研究》,上海古籍出版社 2013 年版。

② 叶适:《水心先生文集》卷一一《台州州学三老先生祠堂记》,《四部丛刊》本。

宋元明时期韩国国宝（七件）书法之探讨

赵太顺

一　前　言

　　远古韩国与中国的关系，由于地缘的关系一直都有着密不可分的历史连结，如韩国在古代三国时期"新罗国"，因为非常注重伦理，讲求儒家之道，因而有君子国之称。当时新罗与唐朝的关系十分紧密，唐朝甚至出兵协助新罗打败了百济与高句丽，三国的统一可说是与唐朝有直接的关联性。统一新罗时期，新罗慕名前往中原的僧人、留学生乃至于商人十分的多，因此在书法、艺术、服饰、生活习惯等各方面，都受到中国的影响。

　　高丽书画艺术的发展大体可分为三个时期：早期（918年到10世纪末叶）继承唐代延续到新罗的风格；中期（11世纪初到13世纪初）学习宋代，尊崇宋代的风格；晚期（13世纪初到14世纪）为维护王权和国体，接受元代藏传佛教美术等的影响的元朝风格。而本文七件作品多落于宋、元、明朝时期，属于高丽书画艺术的中晚期。高丽王朝建于918年，亡于1392年，五百年的高丽王朝史与佛教有深远的渊源。在高丽一朝，刊刻的佛经繁多，甚至有《高丽大藏经》传世至今。然而，佛教传入朝鲜半岛早在三国时期即有之，高丽王朝的佛教之所以兴盛，除了政府的鼓励之外，活字印刷术的出现也是造成佛经得以大量刊印的原因。而今日所见之七件国宝，即有四件来自高丽朝，且皆为佛经，由此可看出佛教在高丽史上的重要性。

　　翻刻佛经，从毕昇发明活字印刷术开始，已为以后各朝的书籍印刷开辟了一个新纪元，在五代奠定的基础上，宋代的雕版印刷事业，可说是中国雕版印刷史的黄金时代。除政府部门有官署刻书、印书外，民间的私家坊刻更是蓬勃发展，品类丰富繁多，著名的《大藏经》即是官方所刻印。高丽与北宋的关系相当友好，从11世纪至12世纪初，两国的关系和书籍、艺术绘画交流状况十分频繁。随着北宋南迁以后，宋朝与高丽的封贡关系弱化，宋朝政权以文化艺术等柔化的手段实现"福则舍之，不黩以武"的对外政策，更加促进了思想、宗教、艺术的交流[①]。当时两国文化往来，大多以海上的私贸易（宋商）及朝贡贸易为主。商业贸易透过这些往来的活动，将高丽的本土物产输出中国，同时也将中国的物产、佛经、书籍、书画和医药品等，输入到朝鲜半岛来。宋代是承前启后的重要时期，蓬勃发展的刻书事业，对后世产

---

　　① 黄戈：《高丽与宋元绘画交流述略》，载《书画艺术学刊》第6期，台湾艺术大学2009年版，第183—200页。

生了极其深远的影响。这样的技术同样传到高丽，因此佛经刻印技术已完全学习了宋朝。印刷术传入朝鲜半岛对于朝鲜印刷业的影响颇为巨大，《开宝藏》的刻版传入朝鲜半岛即为一例。《开宝藏》为北宋太祖开宝年间开刻的第一部佛教大藏经，初刻版完成于宋太宗太平兴国八年（983），并先后五次传入朝鲜半岛，成为高丽王朝日后刊刻《高丽藏》的祖本。①

宋元时期，中国饱受战乱之苦，然而，在印刷术的技术日渐纯熟下，书籍不再是难得之物。朝鲜半岛上的高丽国为与中国中原王朝进行汉籍交流，利用各种管道取得了汉文书籍，如拜师取经：

> 哲宗元祐元年，高丽僧义天来朝。按《宋史·哲宗本纪》不载，按《佛祖统纪》元祐元年，高丽王子佑世僧统义天来朝。敕礼部苏轼馆伴有司供帐甚设。义天四上表，乞传华严教，乃敕主客杨杰送至钱唐。受法于慧因净源法师，复往天竺。②

苏轼也曾以自己守杭的身份，上表持反对高丽僧入境搜括书籍、图画等相关数据，如记载：

> 宋元丰八年，高丽国王子僧统义天入贡。因请净源法师学贤首教。元祐二年，以金书汉译《华严经》三百部。入寺施金，建华严大阁，藏塔以崇之。元祐四年，统义天以祭奠净源为名，兼进金塔二所。适苏子瞻守杭，上疏云："自西宁来，高丽屡入朝贡，两浙骚然。皆因奸民徐戬等交通，诱引妄谈，庸僧净源，通晓佛法，以致义天羡慕来朝，从源讲解。净源既死，其徒复持真影舍利，违禁过海，以致义天差人祭奠，监禁金塔探瞰。朝廷受之则以贪示外夷，计构纷然。朝贡踵接，夷使所至，图画山川，构买书籍，不惟中国受疲，而边防亦疏。乞却金塔勿受，绝其来意。"神宗从之。③

苏轼上书，显示出他反对高丽人到中原购买书籍或带走图文数据的立场。在此同时，却也凸显出当时高丽到宋朝求得书籍数量之多。

由于高丽笃信佛教，为弘扬佛法，宋太宗淳化二年（991，高丽成宗十年），高丽遣使韩彦恭赴宋朝贡，并求佛经。宋太宗"诏以藏经并御制秘藏诠、逍遥咏、莲花心轮赐之"④。宋真宗大中祥符八年（1015，高丽显宗六年），高丽使臣郭元赴宋，回国时，宋真宗"赐（高丽显宗）询诏书七函，裘衣、金带、器币、鞍马及经史、历日、圣惠方等"⑤。宋仁宗天圣六年（1028，高丽显宗十八年），"宋江南人李文通等来，献书册凡五百七十九卷"⑥。宋哲宗元祐二年（1087，高丽宣宗四年）"宋商徐戬等二十人来，献《新注华严经》板"⑦。从史料中可以看出，由于佛教在当时为高丽之国教，因此宋朝赠与高丽的书籍，多为佛经、经史或医书等；再者，佛教是当时高丽人民精神的寄托，因此向宋朝请求书籍中必有佛教的经典，这也是韩国国宝

---

① 李富华：《〈开宝藏〉研究》，载《普门学报》2003 年第 13 期，第 181—206 页。

② 陈梦雷等：《古今图书集成》卷六一《博物汇编·神异典·释教部·汇考三》，齐鲁书社 2006 年影印清铜活字本。

③ 《古今图书集成》卷二八七《山川典·西湖部·汇考三》。

④ 脱脱等：《宋史》卷四八七《外国三》，中华书局 1977 年点校本，第 14040 页。

⑤ 《宋史》卷四八七《外国三》，第 14044 页。

⑥ ［朝鲜］郑麟趾等著：《高丽史》卷一〇《宣宗世家》，汉城韩国亚细亚文化社 1972 年版，第 206 页。

⑦ 《高丽史》卷五《显宗世家》，第 110 页。

中有许多是佛教经书的缘故。

高丽晚期到朝鲜时期,中国境内也由宋朝替换成元、明两朝,高丽与中国之通婚,元朝可说是和高丽民族通婚的开路先锋。元公主嫁到高丽时,婚嫁礼聘最多项目的是书画作品,例如鲁国大长公主带入赵孟𫖯书法作品,其他元公主嫁到高丽时也有同样的情况。

元朝与高丽一直保持着非常特殊的关系,自元世祖忽必烈后,高丽的历代国王几乎都是元朝皇帝的女婿,如记载:1274 年 5 月,高丽世子王谌(忠烈王)尚(娶)元帝忽必烈之女齐国大长公主的女儿忽都揭里米失(为皇后)①,第 26 代忠宣王娶元王的甘麻剌女儿齐国大长公主,第 27 代忠肃王娶元王也先帖木儿的女儿亦怜真八剌公主和元王阿木哥女儿曹国长公主和皇族肃恭徽宁公主,第 28 代忠惠王,第 29 代忠穆王,第 30 代忠定王,第 31 代恭愍王娶元魏王的女儿鲁国大长公主室塔失里,都是元朝皇家血统。元世祖忽必烈至元二十六年(1289,高丽忠烈王十五年),高丽儒学提举、集贤殿大学士安珦侍高丽忠烈王之世子王璋赴元,赐得"中原画先圣及七十子像,并求祭器、乐器、六经、诸子史以来"②,及元仁宗时期赏赐给高丽的书,更是难得,大部分是宋代珍藏本,如"帝赐王书及四千三百七十一册,共计一万七千卷,皆宋秘阁所藏"③。第 27 代忠肃王元年元朝皇帝送给高丽国书籍 4 万 371 册、1 万 3 千卷。元朝国祚虽短,但与高丽的关系匪浅,中原书籍流入的情况不若前朝,但在数量上仍是相当可观。

跨越 16 世纪 80 年代,日本武臣丰臣秀吉统一了封建割据的日本,但是不久,他便把武力转向国外,于 1592 年 4 月 13 日派小西行长、加藤清正率领十余万日军,大举侵略近临朝鲜(1592 年的干支纪年为"壬辰年")。后来朝鲜便把这次抗击日本侵略的战争称为"壬辰卫国战争"。由于朝鲜的局势危急,所以朝鲜政府这时曾多次遣使向明朝请援④。朝鲜和明朝就这样一直保持着良好的关系。

朝鲜半岛到朝鲜王朝时期,汉化已深。明朝派往朝鲜的使者或朝鲜派往明朝的使者也都是文人学者,儒学之士,擅长词赋,双方常一起畅游,相互切磋汉文化,明朝士人也常以汉籍相赠,朝鲜成宗六年正月(明宪宗成化十一年,1475):

> 奏闻使金硕、副使李继孙回自(明)京师……(明臣)姜浩语通事张自孝曰:闻殿下好学不倦,我奉使南京所得文章类选一部呈于殿下,又以兰亭法帖五本分送于韩明浍、申叔舟、尹子云、洪成允、卢思慎。⑤

朝鲜成宗十七年(成化二十二年,1486),朝鲜圣节使质正官李昌臣奉命赴朝廷,授命搜求苏文忠公集,遍求北京而未得,自明返国时路经辽东偶逢进士前知县绍奎,与之语,因求苏集。奎即入藏书阁以示,仍赠之。臣欲偿之,奎却之曰:"何用价为? 所以赠之者,以为他日

---

① 杨通方:《中韩古代关系史论》,中国社会科学出版社 1996 年版,第 106 页。
② 《高丽史》卷一〇五《安珦传》,第 323 页。
③ 《高丽史》卷三四《忠肃王世家》,第 699 页。
④ 《中韩古代关系史论》,第 107 页。
⑤ 《朝鲜王朝实录·成宗实录》卷五一,成宗六年一月己卯条。

不忘之资耳。仍赠施并序。"①

朝鲜世祖十一年六月（明宪宗成化元年，1465）：

> 礼曹据书云观单字启："地理大权于我国本无，每试取时人持写本简帙多不同……请凡公私所藏地理诸书，无遗搜集，详加雠校，广印以布。然得全帙为难，另购求中国，从之。"②

由此可以得知，当时朝鲜广泛搜集图书数据，若无法求得，也会到中国购买，另外朝鲜时期，也一样多利用印刷之术，广印流传。这也是后来的书籍较容易保存下来的原因之一。

在朝鲜半岛的人民，在各种因缘际下会获得中原各朝代书籍后，进而对于各类书籍求之若渴，同时也造就了一批文人以书法会友，加上民间宗教的信仰，从远古保留下来的书法相关作品，成了现今最有价值的韩国国宝之一。本文试图通过对当时期的韩国国宝的书法样貌的认识，从而了解宋元明时期韩国国宝的书法特色。

二　七件韩国国宝中的书法特色

从 1962 年起韩国政府制定了《文化财保护法》后，一些具有悠久历史的国家文物纷纷出土，并经过鉴定程序后，先成立宝物数据，再从中指定其具有特殊文化、历史和艺术价值的历史文物、遗迹和建筑，并给予编号即为大韩民国国宝。本次选定的文物共七件，其时代在韩国跨越了高丽和朝鲜两代，在中国则介于宋、元、明之间，列如下表：

七件国宝编号表

国宝编号	名称	王朝、在位君王	年代	中国年代
76	李舜臣《乱中日记》	朝鲜宣宗时期	1592—1599 年	明神宗万历二十年开始万历二十七年
232	义安伯李和开国功臣录券	朝鲜太祖元年	1392 年	明太祖洪武二十五年
234	绀纸银泥《妙法莲华经》	高丽忠肃王十八年	1330 年	元文宗至顺元年
238	安平大君小苑花开帖	朝鲜世宗—端宗时期	15 世纪	明英宗正统
241	初雕本《大般若波罗蜜多经》卷二四九	高丽显宗二年	1011—1031 年	宋真宗大中祥符四年—仁宗天圣九年
245	新缵一切经源品赐录	高丽文宗二十年	1065 年	宋神宗
246	《大宝积经》卷五九	高丽显宗二年	1011—1031 年	宋真宗大中祥符四年—仁宗天圣九年

按照文物的完成年代，依其先后分述为宋、元、明，兹分述如下：

---

① 《朝鲜王朝实录·成宗实录》卷一九八，成宗十七年十二月己亥条。

② 《朝鲜王朝实录·成宗实录》卷三六，世祖十一年六月己亥条。

（一）宋代时期

就其中年代在宋朝时期的作品有：国宝编号第 241 号《初雕本大般若波罗蜜多经卷二四九》、第 246 号《大宝积经卷五九》、第 245 号《新缵一切经源品赐录》，按其年代先后，并佐以当时图文以及和相关的书法家完成的作品做一比较，以此看出韩国国宝所受的影响。

1. 第 241 号《初雕本大般若波罗蜜多经卷 249》

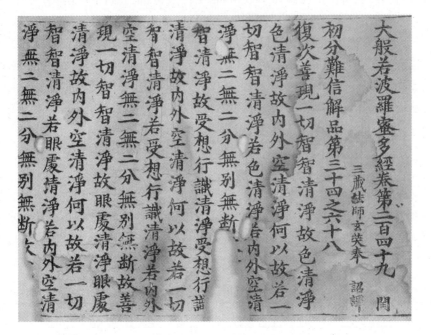

初雕本大般若波罗蜜多经卷二四九

本经卷是大般若波罗蜜多经卷早期的样态，此经卷雕刻书法的技术已臻成熟，字的模样也清晰可辨。《大般若波罗蜜多经卷》，简称《大般若经》，基本教义是存在的东西里没有实体，所以不要带着执着的心，要有"空"的思想，诸法"性空幻有"，只有体悟这种"性空幻有"的道理，才能真正透彻世界的实相，得到解脱。在韩国，《般若心经》是不管任何宗派都会研读。

这本经是高丽第八代王显宗王询（992—1031），当和尚时即位（1010—1031）所作。显宗十二岁时被千秋太后送至崇教寺剃发为僧，太后担心其危害自己家族的地位，屡遣人谋害，死后庙号显宗。

契丹 926 年灭渤海国后，高丽国王大多对契丹采取敌对的政策，并与宋朝结盟。为了防范高丽与宋朝联合对付契丹，契丹常偷袭高丽。993 年，契丹大军从辽国出发，大举入侵高丽西北部。在高丽同意断绝与宋的联盟后，契丹撤退，之后双方建立了友好的关系。1009年时值显宗十八岁时因康肇发动政变，杀死高丽穆宗，拥立王询即位，契丹托辞以为高丽穆宗报仇为由，发动 40 万大军再次入侵高丽。当时因契丹侵入，为安定民心，欲借阿弥陀佛的力量抗拒契丹的入侵，因此初雕《大藏经》。

佛教是高丽国的国教。韩国先后刻过两部汉文藏经，初刻本以北宋传入的《开宝藏》为底本，为卷轴装。此经乃唐朝玄奘法师所翻译《大般若经》六百卷中的第二四九卷。是用最坚韧的纸从雕版上印出。也是以滚动条的方式保管，高29.1公分，长49.5—51公分，共23张纸连接在一起。《大般若经》分为九部十六会从第一卷至第六○○卷，此卷为《上品般若》（《大般若经》第一会）；第一卷至第四○○卷中之一卷。

大达法师玄秘塔碑（部分）　（唐）柳公权

初雕《大藏经》和之后的海音寺的《大藏经》比较，有几个差异，木板刻字较为细致精密，与海音寺所刻的字数不一，本藏经没有出刊的年度，出处出现避讳国王的名字，表示尊敬，若出现王的名字，则以同义的他字替代。这本《大藏经》另外表示一张纸的"张"，简称为"幅"或"丈"，但海音寺的《大藏经》则一律用"张"称之。且本经中，省略掉何时雕刻的记录和"竟"字最后一个笔画不见。以印刷的状况与纸的质量而言，是最早在韩国国内留下来的《般若经》，目前收藏在三星集团的湖岩美术馆。

在历史上刊行的汉译《大藏经》以宋朝开宝年间版《大藏经》为开端，其次是高丽显宗时刊行的高丽初雕《大藏经》。开宝版的《大藏经》是由北宋太祖的敕命，于开宝五年（972）开始，太平兴国八年（983），以木板雕刻的，因为始于开宝年间，所以称为开宝版《大藏经》。此经板至宋徽宗（1101—1125）止被完整的保存，然于金人入侵后消失。宋朝开宝板《大藏经》传入高丽时，木板印刷术正高度的发达，高丽刚好受到了契丹族的侵略，为以佛力克服国难，而雕刻《大藏经》。当时君臣合力发愿雕刻大藏经，从1101年开始着手刊行《大藏经》。这就是高丽首次完成的初雕《大藏经》，是继宋朝后，在世界上第二次板刻的《大藏经》[①]。本部经书法和柳公权大达法师玄秘塔碑的书法一样，都有着结体遒劲，下笔清朗雄秀，字字严谨，看得出来板刻书经时，一丝不苟的精神。

---

① 朴相国：《高丽大藏经的基础的理解》，收入《第一届"国际佛教大藏经"学术研讨会论文集》，宜兰佛光大学2010年版，第2页。

2. 第 246 号《大宝积经卷五九》

大宝积经卷五九   九成宫醴泉铭 （唐）欧阳询

唐朝时期《大宝积经卷》共有一百二十卷，原文为梵文。这本经亦为高丽显宗 1011—1031 年代的作品，同样是为借阿弥陀佛的力量抗拒契丹的入侵所作的初雕《大藏经》之一。由唐朝菩提流志等 17 人共同翻译成汉文。《大宝积经》，又称《宝积经》，是大胜佛教以很多经典全部合起来整理出来的，因此"宝积"亦即"积集法宝"之意，该经主要论述菩萨通过很多修行的方法，并觉醒成佛的内容。到宋朝时期剩余五十九卷，此卷即为一百二十卷中的第五十九卷，此经卷辗转到高丽显宗时，根据宋本刻印而成，也是用最坚韧的纸从雕版上印出，字体端庄、整齐、古朴，极像欧阳询的字体。本经卷所用应为高丽皮纸，纸质莹润厚实。一样利用滚动条的方式保管，高 30 公分，长 47 公分，共 23 张纸连接在一起，目前收藏于首尔国立中央博物馆。

3. 第 245 号《新缵一切经源品赐录》

国宝 245 号《新缵一切经源品赐录》为高丽 11 世纪的作品（高丽显宗—肃宗时期），《一切经源品次录》是依据唐从梵依贞元释教录，也是根据很多的经典互相对照整理而来，并且很仔细的整理出经的名称和翻译的人，还有纸面的张数，及其顺序，和开始的本文。编录共有三十卷，此经卷为其中的第二十卷，目前只有在初雕本里可以看到很重要的数据，本经目前收藏于首尔的国立中央博物馆。

高丽时代的佛经大多数似欧阳询的楷书风格。北宋徽宗宣和年间，文臣徐竞出使高丽，回国后撰写《宣和奉使高丽图经》，记载了高丽时期使用的文字："高丽于诸夷中号为文物礼义之邦，其饮食用俎豆，文字合楷隶。"①由此可以得知当时外国人对于高丽的印象几乎是和中国一样的。

---

① 徐竞：《宣和奉使高丽图经》卷二一《杂俗一》，《笔记小说大观》本，扬州广陵古籍刻印出版社 1995 年版。

高丽《新缵一切经源品赐录》（部分）

本经文亦和《真澈大师塔碑》的字体颇为类似,其塔碑本是朝鲜的金石文,但明记后唐清泰四年(937)所建,书法亦极优秀。

真澈大师是由新罗末期至高丽初期出现的名僧,新罗真圣女王十年,即唐昭宗乾宁四年(897)起旅居大唐长达十六年。此碑立于朝鲜黄海道海州郡锦山面冷井里的广照寺内,寺内藏其舍利子的舍利塔之傍。由崔彦为撰文,李奂相书写。李奂相又名李桓枢,高丽时代著名的书法家,与具足达、白玄礼鼎足而立,是当代第一流人物。他的笔迹,除此之外尚有京畿道杨平郡龙门面延寿里的菩提寺址的"大镜大师玄机塔碑",庆尚北道荣州郡丰基面三街里的毗卢寺的"真空大师普法塔碑",都是非常美的楷书,想是尽学欧阳询或欧阳通的书法,而此碑的书法近似欧阳询。欧法大概盛行于新罗、高丽两朝,具足达、白玄理也都具有同样的书法特色。而续看《新缵一切经源品赐录》,想必当时雕版刻字必也是出自学习欧阳询的风格而成。

真澈大师塔碑　高丽

敦煌出土化度寺碑（部分）　（唐）欧阳询

(二)元代时期

就其中年代在元朝时期的作品仅有一件,即:国宝编号第 234 号《绀纸银尼妙法莲华经》,虽说元朝对于高丽并没有鼓励信仰特别的宗教,但当时民间信仰早已根深蒂固,佐以当时图文以及和相关的作品做一参照。

1. 国宝 234 号《绀纸银尼妙法莲华经》

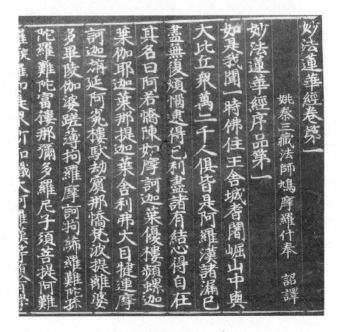

绀纸银尼妙法莲华经　高丽

《绀纸银尼妙法莲华经》原本为高丽时期 1130 年制成,约高丽第 18 代毅宗(1124——1173,讳晛,仁宗的长子,重文官轻武官,郑仲夫之乱时废位,明宗三年在庆州被杀)。本经经名以泥金写出,又由于泥金较为昂贵,因此经体则以泥银书写。《妙法莲华经》简称《法华经》,是 F 开,与韩国天台宗根本的经典,基本思想是成佛的路为大众敞开,与《华严经》同是影响最大并且确立韩国佛教思想的主要教派,也是从三国时代以来流通最多的佛教经典。

此经为后晋鸠摩罗什所翻译,现留存下来的为高丽忠肃王十七年(1330)李氏信徒细心的抄写,形状像屏风一样可以打开看,合起来高 28.3 公分,宽 10.1 公分。表题用泥金写,周围画金银色华丽的花纹,本文是深蓝色纸,纸上用泥银写,处处看得出来岁月的痕迹,但还是保存状态良好。

第七卷后半段的内容,是为祈祷在世的父亲长寿、往生的母亲瞑目所作。作者很诚恳地抄写《法华经》,可说是抄写的经典当中年代较早的,特别是七卷都具备,所以评价甚高。目前收藏于京畿道湖岩美术馆(湖岩美术馆与首尔的 LEEUM 美术馆隶属于三星文化集团,韩国国宝当中有 11％,共 47 件,由三星集团收藏)。

本经卷和五代遗留下来的泥金碧纸写《妙法莲华经卷》经很相似,都是手抄经,同样是楷书。五代《妙法莲华经卷》卷轴装,共七卷。每卷二十二至二十八开不等,每开二十五行,行

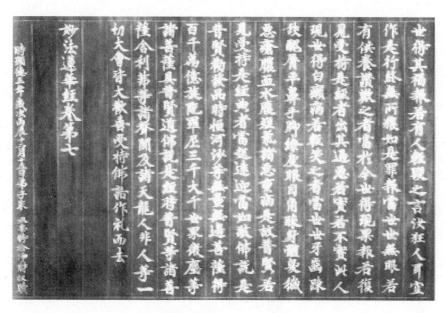

妙法莲华经卷　五代（后周）

十七字。经卷出自"经生之手"，是用泥金写在碧纸（即瓷青纸）上，每卷引首有泥金绘"经变"画一幅。此经首尾未署写经年代。第二卷末尾有墨书题字："大和辛卯四月二十八日修补记。""大和辛卯"（931）为五代吴国杨溥年号。第七卷末尾有泥金题字"显德三年岁次丙辰十二月五日，弟子朱承惠特舍净财，收赎此古旧损经七卷，备金银及碧纸，请人书写，以得句义周圆，添续良因……"可见此经因残损经过修补，书写不是出于同一时代，至迟不晚于五代后周世宗显德三年，应是五代时期的写经。

五代所保留下的《妙法莲华经》的书法，也有很高的艺术性，写经字体为楷书，笔划端严秀整，书写风格与唐代的《灵飞经》近似，是研究五代时期民间书法的宝贵资料①。两个经卷有着极大的共通点，都可以看出当时朝代佛教对人心的影响，一样都有着祈福的意义。

（三）明代时期

年代在明朝时期的作品有：国宝编号第 232 号《义安伯李和开国功臣录卷》、第 238 号《安平大君小苑花开帖》、第 76 号《李舜臣〈乱中日记〉》。按年代先后，并佐以当时图文以及和相关的书法作品做一比较。

1. 国宝 232 号《义安伯李和开国功臣录卷》

朝鲜时代的功臣录卷是给对国家有功的臣，此相当于有功于国的证明书。而"开国功臣录卷"是朝鲜开国国王太祖给其臣下，此文件是朝鲜太祖元年（1392）九月给其开国功臣李和的录卷，要职是"佐命开国功臣"②。朝鲜太祖二年，设立六科学堂，设立文科考试，并设司译

---

① 中国历代艺术编辑委员会编：《中国历代艺术·书法篆刻编》，台北成易图书公司 1995 年版，第331 页。

② 《朝鲜王朝实录·太祖实录》卷一，太祖元年丁未条。

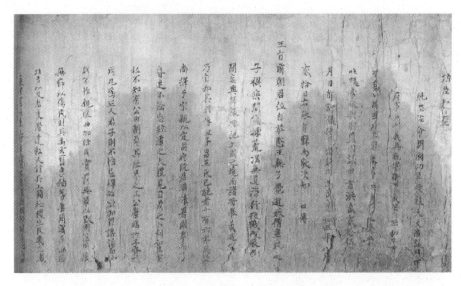

老子道德经卷（部分） （元）赵孟頫

义安伯李和开国功臣录券（部分） 朝鲜

院习华语，可知当时对于华文的重视。

　　李和是太祖同父异母的最小弟弟，担任高丽王朝第 31 代恭愍王时候大将军。录卷本身的大小高 35.3 公分，长度为 604.9 公分，以当时最坚韧的纸制造完成，共有九张为滚动条的形式，但最开端的木殷主轴已遗失。录卷内用毛笔书写着受录卷者的姓名，及其受功的内容，并记载功臣的父母以及家眷的姓名，除此尚可知道朝鲜太祖开国的理由，及功臣们的功绩，也是掌握当时功臣们的最有利资料。

　　义安大君李和乃李成桂庶弟，母定嫔金氏。官至朝鲜判门下事兼判三军府事，封义安君。此文卷因李和没有后代，所以其同父异母的哥哥的后代一直保管到现在，目前为全罗北道个人收藏。

本卷写法颇似赵孟頫小楷书《老子道德经卷》（纸本 153.3 × 24.3cm），同样都以小字楷书为主，书写《老子道德经卷》时，赵孟頫已六十三岁，元仁宗延祐三年（1316）写字，字体工整、秀丽、稳固，可以看出他的书法风格。《老子道德经卷》亦是他小楷书中的代表作品。而朝鲜《义安伯李和开国功臣录卷》乃宫廷之作，虽不知为谁所作，但仍可看出小楷已臻成熟，字迹一样清秀不做作。

2. 国宝 238 号《安平大君小苑花开帖》

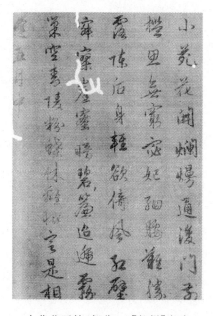

小苑花开帖（部分）　［朝鲜］李瑢

《安平大君小苑花开帖》取自于唐代李商隐的"蜂诗"，安平大君以流畅的行、草书，写出飘逸的韵味，整个格局的书写像极赵孟頫在世，灵活地呈现出书法之美，《小苑花开帖》的内容和李商隐的《李义山集》有 8 个字不同。①

本帖乃 15 世纪初朝鲜的大书法家安平大君李瑢所作。李瑢（1418—1453）为朝鲜王子，1418 年 9 月出生，字清之，号匪懈堂、琅玕居士、梅竹轩。是世宗大王的第三子，世宗大王（1397—1450）与昭宪王后（1395—1446）共有八子，其排行第三。从小在很优渥的环境下学习，1428 年 6 月 16 日受封为大匡辅国安平大君，并与左副大言之女郑源之女成婚。1430 年与其二哥、四弟入学成均馆。安平大君自幼喜爱学问，精通诗文、书法和书画，被称之为"三绝"。"匪懈堂"号是由其父世宗大王 1442 年 6 月给其堂号，意在期望不要懈怠向学并多做善事。李瑢本身有才华，因此世宗大王对其寄望甚深。李瑢也为虔诚的佛教徒，常与佛教大师、文人相畅游，也常与大哥文宗探讨《华严经》、《法华经》，主审杜诗批注，很多文官宴会中，

①　开（池），熳（漫），难（绕），陈（赵），暗（尽），定（长），是（定），五（二）。

《赤壁赋》(部分) (元)赵孟頫

题诗过《潇湘八景诗帖》、《梦游桃源图卷》,并协助王室的佛书刊行。1447 年与一群文人选出唐宋八家的诗选,并发行《唐宋八家诗选》,世宗大王对其学问深具折服,因此其二哥首阳君忌妒其才能。1453 年与其大儿子李友直一起被赐死,大儿子被移送到珍岛赐死,其家眷并贬为官婢,1747 年英祖时恢复其官职,并追谥为"章昭"。

高丽末朝鲜前期的 300 年之间,流行赵孟頫的书法风格。而安平大君(1418—1453)和杨士彦(1517—1584)、金绿(1488—1534)、韩濩(1543—1605)可说是朝鲜书法的四大家。李瑢自书学宋末元初的赵孟頫,生性爱好书画,尤其喜爱赵孟頫的松雪体。

在朝鲜开始流行赵孟頫书法,可以分三个阶段:第一、在忠宣王所建的"万卷堂"中,元朝和韩国学者交流学术,第二、忠宣王归国时推广赵孟頫的书法。第三、鲁国大长公主嫁到高丽时带回"万卷堂"收藏的艺术品。高丽忠宣王当时曾在燕京(今北京)建"万卷堂",原来的书屋名称是"济美基德",赵孟頫、姚燧、阎复、元明善、虞集、欧阳玄、阁后等当代有名的学者都是入幕嘉宾,而当时居住万卷堂的高丽学者有李齐贤、李岩带等[①]。赵孟頫的诗文里有《留别沈王》一首,其中云:

> 珍重王门晚受知,一年长恨曳裾迟。
>
> 分瓯共酌人参饮,绕径同看芍药枝。
>
> 华屋焚香凝燕寝,画屏摘句写鸟丝。

---

① 陈尚胜:《中韩交流三千年》,中华书局 1997 年版,第 34 页。

吴舡万里东南去,采尽苹花有所思。①

不难得知,赵孟頫与忠宣王之间的关系良好。

根据记载,己亥侍讲官河纬地于经筵启曰:"大抵学书,非独楷法,亦不宜观非法之文。臣见殿下所书大字,有清净玄虚之语,此非经传所载,意必佛书。"鲁山曰:"予所见法帖,乃赵孟頫书,非佛书也。"仍出示之,乃孟頫所书,其文义似《老子》。纬地更启曰:"孟所书若《东》、《西铭》,乃可法也。且殿下观射,与大臣共之则可矣,不宜只与宦官观射。"鲁山曰:"当从卿言。"②

传于铸字所曰:"校书馆所藏《集古帖》,赵孟頫《证道歌》、《真草千孚（真草千字）》、《东西铭》,王羲之《东方朔传》、《兰亭记》、雪庵《头陀帖》,永膺大君琰家藏赵孟頫《赤壁赋》等本,印送成均馆,令学生用为楷范。"③

传于校书馆曰:"赵孟頫所书《证道歌》、《紫芝歌》木板,立簿藏之,印出广布。"④可知当时不只是成均馆把赵孟頫的书法当成习字本,就连帝王也竞相学习赵孟頫的书法了。

申叔舟的《保闲斋集》里记录,安平大君的中国书法收藏作品有苏东坡的"真书湖册印本"一卷、赵孟頫行书二十六件、鲜于枢草书六件⑤。因为安平大君临摹赵孟頫行书二十六件的真迹,所以他的书法,都有赵孟頫的书法风格。安平大君书法像赵孟頫的风格,也喜欢赵孟頫的书法,可以由几项日常生活中得知,如丙辰年首阳大君(后来朝鲜世祖)代行温斟宴于太平馆:

及安平大君行酒,使臣曰:"敢请妙笔,传诸中国。"后大君书数十幅,令宗簿判官黄义轩与使臣,叹赏不已曰:"国朝陈谦以书名天下,道劲精彩,殊不及此,真得松雪翁之三昧者也。各赋诗以谢。松雪,赵孟号也。⑥

又安平大君璿进《历代帝王名贤集》古帖、《王羲之真行草》三体、《赵子昂真草千字》等书法板本,命付校书馆,许人模印。⑦

首阳大君从中国带来书法法帖,送给弟安平大君世祖至顺安,殿抚瑢甚至,遗所得中国法帖,瑢甚喜……⑧

由上述数据得知,李瑢非常喜欢赵孟頫的书法,且因为他的地位是朝鲜国王子,具有出色的书法艺术天才性,完全透彻习得松雪体,并融入自己风格,风靡一时,因此将此种书法传播给朝鲜的文人,目前有关其纪录均收藏在朴彭年的《匪懈堂记》、李垲的《武溪精舍记》、徐居正的《笔苑杂记》、成伣《慵斋丛话》、曹伸的《谀闻琐录》、金安老的《龙泉谈寂记》等文集中。

---

① 赵孟頫:《赵孟頫文集》,上海书画出版社 2010 年版,第 77 页。
② 《朝鲜王朝实录·端宗实录》卷一一,二年(甲戌)条。
③ 《朝鲜王朝实录·世祖实录》卷二,元年六月乙亥条。
④ 《朝鲜王朝实录·世祖实录》卷六,三年一月丁丑条。
⑤ 安辉濬:《韩国绘画史》,首尔一志社 1980 年版,第 91 页。
⑥ 《朝鲜王朝实录·世宗实录》卷一二七,三二年闰一月庚午。
⑦ 《朝鲜王朝实录·文宗实录》卷四,元年十一月庚午。
⑧ 《朝鲜王朝实录·端宗实录》卷五,元年二月辛丑。

2. 国宝 76 号《李舜臣〈乱中日记〉》

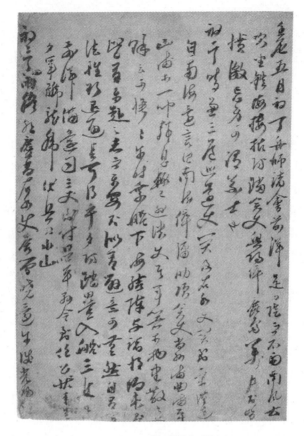

壬辰日记　［朝鲜］李舜臣

　　国宝第 76 号《李舜臣〈乱中日记〉》是朝鲜宣王时期 1592 年至 1598 年（明神宗万历二十年至万历二十六年；日本文禄元年至庆长三年）之间的军事日记，其中《壬辰日记》部分是从 1592 年 5 月到 1593 年 3 月的日记。

　　当时正值日本丰臣政权入侵朝鲜之时，李舜臣平时有写日记的习惯，因此在紧迫的状况下用草书写，内容都是有关忧国、忠诚、孝顺、刚直及对战争的计划、对部下赏罚分明、政策等的内容，可说是研究"壬辰倭乱"的重要历史资料。国宝第 76 号《乱中日记》是日记 7 册、书简帖 1 帖及壬辰状草 1 册。本来没有《乱中日记》的名称，1795 年（朝鲜正祖十九年）编撰《李忠武公全书》的过程中，编者取的名称。

　　李舜臣（1545—1598）是朝鲜时代的将军，字汝谐，号德水，朝鲜京畿开丰人，三十二岁时武举登科，一生忧国忧民，刚正不阿，四十七岁任全罗左道水军及节度使后，创建"铁甲战舰龟船"，构筑防御阵地，加强海军建设，防范倭寇的进犯。1592 年朝鲜壬辰卫国战争爆发后，应朝鲜王朝之请，明朝派兵出援，由 1592 年至 1598 年长达 7 年两国军民共同击退日寇的历史，韩国称之为"壬辰倭乱"。1598 年 9 月日本丰臣秀吉逝世，但同年 12 月李舜臣也在露梁海战中，不幸中弹牺牲。谥号忠武，死后追赠领议政，1604 年宣祖追封其为孝忠仗义迪毅协力宣武功臣。李舜臣不只是朝鲜时期的名将，也是全韩国人心中的英雄。

由于李舜臣在战争中英勇的表现,盖过他在书法上的成就,鲜少有人留意他写得一手好书法,他的书法极像元朝鲜于枢的作品,充满着落笔遒劲的特色,即便在战乱中都可以书写出骨力雄健的书法,可知其书法造诣之深。

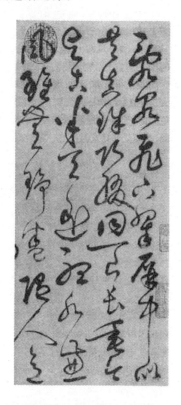

水帘洞诗帖(部分) (元)鲜于枢

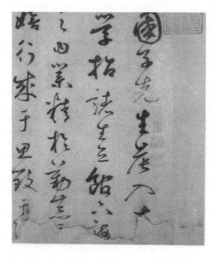

韩愈进学解卷(部分) (元)鲜于枢

鲜于枢(1246—1302),字伯几,一作伯机。号困学民,又号虎林隐吏、直寄老人等。鲜于枢为箕子①之后裔,故亦别署箕子之裔。祖籍渔阳(即指德兴,今河北涿鹿),生于汴梁(今河南开封),曾宦居扬州,至元十四年(1277)于扬州出为江南诸道行台御史掾。次年,三十三岁时在扬州与赵孟頫相识,遂成莫逆之交,友善终生。从大德到至大的十多年间,鲜于枢、赵孟頫和邓文原都在杭州任职,活跃于杭州文化圈。他们相互切磋书艺,书法观甚为一致。而鲜于枢之作品,亦是当代有名,不少元人皆临摹其笔法,《书史会要》的作者陶宗仪就写道:"边武,字伯京。行草专学鲜于太常,时有乱真者。"②又"吴里,字处仁,教授草书,师鲜于太常。"③鲜于枢有六件草书作品流传至朝鲜半岛,受到当时士人的喜爱,甚至有大量临摹的情况发生。如今,鲜于枢的草书作品《水帘洞诗帖》(局部)纸本 38.2×27.5cm 藏于台北"故宫博物院"。

鲜于枢的《韩愈进学解卷》(部分)纸本 795.5×49.1cm 目前藏在中国首都博物馆。此卷书唐代韩愈《进学解》,卷尾题"右韩文公进学解",未署书者名款。据卷后元人跋语和此卷书法风格来看,与传世的鲜于枢墨迹风格相一致,故定为鲜于枢所书。鲜于枢的书法姿体雄伟,有雄犷之气,足以代表当时北方的书风。此卷大字行书,字法奇态横生,骨力遒劲,有唐人气韵,其精妙处当不在赵孟頫之下。此卷上下两端有火烧痕迹,下端间或有残缺文字。④卷后元人刘致跋语云:"此卷用笔极精,既为行,又为草,复杂以正书;是其得意时书之,自亦不知其为草、为行、为正书也。"⑤由《李舜臣〈乱中日记〉》和鲜于枢的作品来看,两者字里行间除线条的流畅率真外,又多几分行楷的厚度与圆润,笔势雄伟豪迈,还有着北方人粗犷不拘的体态。

三 结 语

本文大韩民国国宝这七件书法走向,分析其中书法交流的互涉性,可以看出当时受到宋元明时期的背景及中国书法特色的影响处颇多。因此除政治史、经济、社会史对于一个国家可以看得出接受他国影响的程度外,从书法史的角度出发亦同样可以见证着文化交流史的影响与接受层面。本文的探讨论证了,历史变迁对于国家的政治、经济及社会,乃至书法艺术的影响是无所不在的。

对于文化、儒教、政治、经济来说,中国的朝代对于古代朝鲜是有影响的,然而在艺术方面的影响却是最深,举凡书法、绘画、陶艺、雕刻等都是,经过长期的洗涤与磨炼,加上自己国家原本的民情风俗,因此融合成高丽朝鲜时期固有的书法风格。古代韩国历代以来不断遭受外来民族的侵略,政治和历史方面朝鲜半岛可说是个受害者,但在文化艺术上却是得到了很多的启迪。而元朝由于借着通婚的关系,高丽后期却是朝鲜半岛最宁静的时候。

---

① 箕子,中国商朝末年的三贤之一。据说是商纣王之叔父,被封为子爵,国在箕,故称箕子。后箕子迁居于朝鲜半岛,建立了箕子朝鲜。参见陈尚胜:《中韩交流史三千年》,第 2 页。

② 王云五主编:《书史会要》卷七,选自《四库全书珍本十集》本,台湾"商务印书馆"出版,第 150 页。

③ 王云五主编:《书史会要》卷七,选自《四库全书珍本十集》本,第 130 页。

④ 《中国历代艺术·书法篆刻编》,台北成易图书公司 1995 年版,第 335 页。

⑤ 刘致:《跋鲜于枢草书韩愈进学解》,纵 49.1 厘米,横 795.5 厘米,藏于北京首都博物馆。

　　另外鉴于历代不断搜集书籍,使得高丽拥有汉籍和翻印汉籍的书目众多,典藏丰富与保存完善几乎胜于当时的宋朝,因此就连宋朝政府也曾向高丽访求所佚的汉籍,宋哲宗元祐六年(1091,高丽宣宗八年)六月,高丽使节"李资义等还自宋,奏云:(宋)帝闻我国书籍多好本,命馆伴书所求书目录,授之,乃曰:虽有卷第不足者,亦须传写附来。"[①]毕竟中国自唐中叶以后书法衰微,特以五代的战乱时代更是衰微至极,反而朝鲜这个由中国文化看来是边陲之地的地方维持了正统书法的命脉。由这个角度来看,朝鲜的金石文字,在中国书法史的研究上是不可等闲视之的[②]。对于韩国而言,相信这在书法作品上也是史料所未及的收获。

（作者单位:台湾佛光大学历史系）

---

① 　《高丽史》卷一〇《宣宗世家》,第212页。
② 　青木正儿等著:《书道全集》第九卷,"大陆书店"1989年版,第181页。

北宋东莱吕氏家族婚姻考论

姚　红

　　一个家族婚姻对象的变化,从侧面反映了这个家族社会地位和政治地位的变迁。北宋东莱吕氏家族婚姻,从吕蒙正出任宰相以后的变化来看,深刻地反映了这一点。吕氏家族选择与北宋宰辅大族和新科进士结为姻亲关系,其男婚女嫁已变成了政治婚姻。正是通过这种政治婚姻,吕氏家族编织起庞大的人际关系网络,他们相互援引,荣辱与共,以维护共同的政治利益,巩固和扩大家族的社会势力及对朝廷的影响力。

一　宋代东莱吕氏家族的崛起

　　宋代东莱吕氏世系,可追溯到后唐长兴年间(930—933)的户部侍郎吕梦奇。吕梦奇生有两子吕龟图、吕龟祥。长子吕龟图,居汴京(河南开封)南宅,是为南宅始祖。次子吕龟祥,居寿州(安徽寿县)北宅,是为北宅始祖。南宅以吕蒙正为中心,北宅以吕夷简为中心。下面制成世系简表:

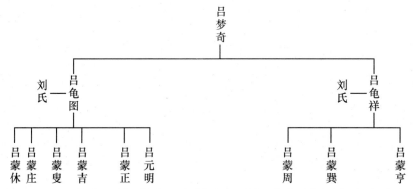

　　吕蒙正(946—1011),字圣功,父亲吕龟图为起居郎、知泗州,因父亲多内宠,与母亲不睦,故吕蒙正少年时候的生活颇沦踬窘乏。吕蒙正于太宗太平兴国二年(977)进士第一人,时年三十一岁。在宋初政坛上,吕蒙正三入辅相,前后执政达七年之久,在宋初政权建设中起了十分重要的作用。如果从太平兴国八年升参知政事算起,到咸平六年(1003)暴中风眩,表求罢相止,吕蒙正前后影响宋初政坛竟达二十年之久。宋太宗对他的评价很高,认为他

"有济时之略,辅之以温恭;挺命世之才,守之以循默"①。应该说,这个评价还是比较客观公允的。真宗大中祥符四年(1011),吕蒙正卒,赠中书令,谥文穆。

吕蒙正先后有妻子二人。初娶夫人的姓氏,有关史料的记载并不一致。富弼所撰"吕文穆公蒙正神道碑"云:"初娶宋氏,封广平县君。"②《新昌吕氏宗谱》则曰:娶职方朱温舒女③。笔者就此进行了考察。《宋史》卷二六五《吕蒙正传》中有:"淳化中,右正言宋沆上疏忤旨,沆,蒙正妻族,坐是罢为吏部尚书。"由此充分证明"神道碑"的记载是正确的,那么,此宋氏是谁之女儿呢?据《宋史》卷二八七《宋湜传》云:

> 父温故,晋天福中进士,至左补阙,弟温舒,亦进士,至职方员外郎,兄弟皆有时名……温舒三子沆、澥、涛,沆刚率,喜谈兵,太平兴国五年进士,历左正言,京西转运使、度支判官。淳化二年,吕蒙正罢相,沆坐亲党,贬宜州团练副使,起为太子中允,换如京副使。

毋庸置疑,吕蒙正初娶夫人当是职方员外郎宋温舒的女儿,因此《新昌吕氏宗谱》的"朱温舒女"中之"朱",实为字形近"宋"而造成的讹误,当为宋温舒无疑。宋家是当时的科宦大族,宋氏父兄大多进士出身。吕蒙正续娶河南薛惟莘女,薛氏封谯国夫人。

吕蒙正有子十人:吕从简,驾部员外郎;吕知简,大理寺丞;吕惟简,库部郎中;吕承简,虞部郎中;吕行简,比部郎中;次未名;次吕易简,奉礼部;吕务简,光禄少卿;吕居简,龙图阁直学士、尚书兵部侍郎;吕师简,司农少卿。吕蒙正善于训子,常教诲其子弟云:"吾观旧史,见唐中叶后至周末,乱离相继不绝,卿相往往不得其死而无归全之所。吾幸生盛时,硕茂尊显,今又奉身至此,知夫免矣。矧若曹皆得为王官,其无为世胄子弟之为者以自蹈不淑,且重污吾而将以累吾家。"④由是诸子谨遵家教,洁身自好,夙夜相警励,奋发有为。

吕蒙正孙子是"昌"字辈,此辈人大多不显,官职低微,史籍记载不多。下面就搜集到的有关史料,制成吕蒙正下面的世系简表(见下页)。

如果说吕蒙正是宋代东莱吕氏大族的奠基者,那么,吕夷简就是吕氏家族走向辉煌的关键人物,他使宋代东莱吕氏真正成为名门望族。吕夷简三入中书,前后执政时间长达十三年,直接影响北宋政坛二十三年之久,是宋朝立国以来任相时间仅次于赵普的宰相。

吕夷简(978—1044),字坦夫,吕蒙亨长子,寿州人,真宗咸平三年(1000)举进士乙科。仁宗即位,除参知政事。天圣七年(1029),以本官、平章事。明道二年(1033),罢,是年复相。景祐二年(1035),封申国公。四年,罢相,以使相、判许州,徙天雄军,未几复相。庆历元年(1041),进封许国公,判枢密院,以判院太重,改兼枢密使。二年,以病,特进司空、平章军国重事。后以太尉致仕。四年,卒,年六十六,赠太师、中书令,谥文靖,赐御篆碑额,曰:"怀忠

---

① 吕祖谦编:《皇朝文鉴》卷三四《除吕蒙正中书侍郎兼户部尚书平章事制》,影印文渊阁《四库全书》本。

② 杜大珪编:《名臣碑传琬琰之集》上卷一五,影印文渊阁《四库全书》本。

③ 《新昌吕氏宗谱》,浙江省新昌县文物管理委员会收藏,清同治八年木活字本。

④ 《名臣碑传琬琰之集》上卷一五《吕文穆公蒙正神道碑》,影印文渊阁《四库全书》本。

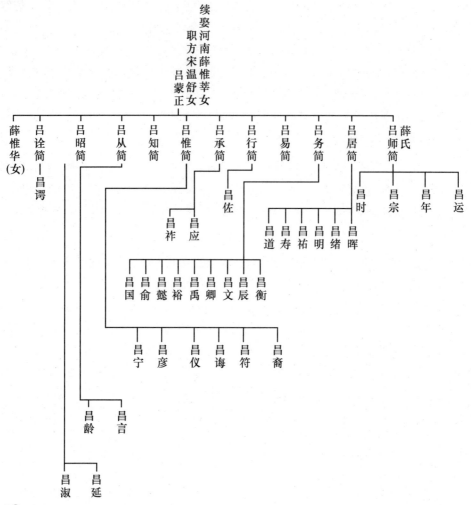

之碑。"①

　　吕夷简娶太子少保致仕马亮女。关于他和马氏缔结婚约,还有一段小插曲。吕夷简少年时,因父亲在福州做县官而随侍在侧。马亮正以太常博士、知福州,他善于相人,见了吕夷简非常喜欢,即许以女为其妻。马夫人则认为吕夷简出生于下层官员家庭,门不当户不对,不同意这门亲事,并怒曰:"君尝以此女为国夫人,何为与选人子?"马亮曰:"此所以为国夫人也。"②值得注意的是,吕夷简是婚后考中进士的,咸平二年(999),长子吕公绰一岁时,他到寿州应州试,次年三月登进士第。吕夷简娶马氏,可谓结于盛族。马亮家族在社会上有一定的影响力。马亮本人于太宗太平兴国五年(980)进士登第,官至工部尚书。马亮初娶夫人是校书郎刘海之女,续娶工部侍郎朱昂之女③。朱氏家庭亦是一个典型的官宦世家,朱昂年轻时受到宰相李昉、薛居正的赏识,历任地方官,真宗即位后,朱昂任知制诰,咸平二年为翰林

①　《名臣碑传琬琰之集》下卷八《吕文靖公夷简》,影印文渊阁《四库全书》本。
②　刘延世编:《孙公谈圃》卷下,影印文渊阁《四库全书》本。
③　《名臣碑传琬琰之集》中卷一《马忠肃公亮墓志铭》,影印文渊阁《四库全书》本。

学士,三年以工部侍郎致仕。吕夷简恰恰于咸平二年应州试,咸平三年登进士第,显然已罩上夫人家族的光环。马亮六个女儿均嫁与官宦人家,其中长女"以左相小君之贵,冠内朝命妇之班"①。根据徐红在其博士论文《北宋太平兴国五年进士研究——以精英分子为中心》中的研究,马亮长女当嫁与陈尧叟。陈尧叟是太宗端拱二年(989)的省元和进士第一人、弟弟陈尧佐亦同年及第,叔弟陈尧咨是咸平三年进士第一人,吕夷简与之同年,这是一个科举家族,陈尧叟在咸平四年即出任宰辅,可惜天禧初年就病逝。

吕夷简有七子,存活五人,其中公绰、公弼、公著、公孺,此后皆为朝中重臣、清要。

东莱吕氏家族作为世家大族地位,延续到南宋前期,数百年间,累世簪缨,冠盖相望。下面根据各种史料记载,将吕氏家族崛起的第二个高峰,制成世系简表如下:

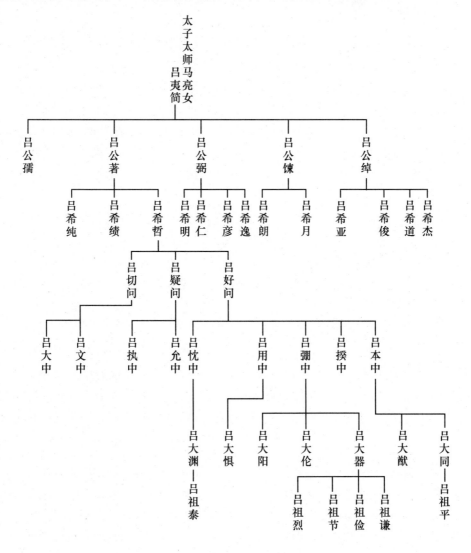

① 《名臣碑传琬琰之集》中卷一《马忠肃公亮墓志铭》,影印文渊阁《四库全书》本。

二 北宋东莱吕氏家族联姻对象考略

随着吕氏家族的崛起,社会政治地位的节节攀升,其家族成员的婚姻日益讲求门第,显示出政治婚姻的特点。这种门第观,与魏晋南北朝时期的门阀观有所不同,它是宋代科举社会,通过获得进士出身步入仕途,从而提高家族政治地位树立起来的门第,是宋代特有的社会历史时期的产物。这种门第有一种不稳定性,随科场拼搏成功而兴盛,随科场拼搏失败而衰落。考察宋代吕氏家族的婚姻史,升降沉浮,完全反映出这样一个特点。

(一)与宰辅大族联姻

通过科举考试步入仕途的吕蒙正,首先与同为进士出身的长安京兆宋氏结亲。吕蒙正娶宋温舒女。宋温舒进士及第,仕至职方员外郎,有时名。宋温舒有三子:宋沆、宋澥、宋涛。宋沆于太宗太平兴国五年(980)进士及第,仕至京西提点刑狱等;宋澥,有清节,居长安不仕,与隐士种放、魏野游,多篇什酬唱;宋涛于太宗端拱二年(989)进士及第,仕至监察御史、知虢州,治理地方有政绩。宋温舒有兄宋温故,晋天福进士及第,仕至左补阙,有时名。宋温故二子:宋湜、宋泌。宋湜于太宗太平兴国五年(980)进士及第,仕至枢密副使,卒赠吏部侍郎、加赠刑部尚书,谥忠定,有"文集"二十卷;宋泌:太平兴国二年(977)进士及第,仕至起居郎、直史馆、越王府记室参军。[①]

吕蒙正"昌"字辈孙子由于官职低微,史籍记载不多。究其原因,就是因为在科举考试之多遭失败而不显。这一升一降,是吕氏家族崛起的第一波。

至于吕夷简这一支,由于他在科举场的成功和仕途的一帆风顺,家族又重振了从伯父吕蒙正时与朝中大臣家族联姻的雄风,并以强劲的势头大肆扩张政治联姻的网络。吕夷简与宰相王旦结成亲家。吕夷简女嫁与王旦子王雍,王雍先娶大理卿李湘之女,续娶吕氏。若干年后,吕夷简次子吕公弼妻扈氏去世,继娶王旦女。

吕公弼(1007—1073),字宝臣,仁宗明道二年(1033)赐进士出身,官至枢密使。对吕夷简来说,与王旦结成儿女亲家,一方面有着报恩的成分,另一方面也看中王旦家族的显赫门第。王旦(957—1017),字子明,太平兴国五年进士,真宗朝入相,为相十多年,知人善任,任人唯贤,是一代名相。吕夷简年轻时知滨州,当时曾得到当朝宰相王旦的关注,仁宗朝大臣范镇曾云:

> 王文正公(旦)之为相也,王沂公(曾)为知制诰,吕许公(夷简)为太常博士、知滨州,沂公曾见文正公,问:"君识太常博士吕夷简否?"沂公曰:"不识也。"他日复见,复问之,沂公曰:"见朝士多称其才者。"凡三见三问,乃曰:"此人异日当与公同秉国政。"是时,沂公既有名当世,颇以器业自许,中不能平,因曰:"公识之耶?"曰:"不识也。""然则何以知之?"曰:"吾见其奏请耳。"沂公犹不信。强应曰:"诺。"其后,丁晋公既败,沂公先在中

---

① 脱脱等:《宋史》卷二八七《宋湜传》,中华书局 1985 年点校本,第 9645—9646 页。

书,而许公自知开封府除参知政事,二人卒同秉政。沂公乃为许公言之,问其当时奏请,乃不税农器等事也。①

真宗大中祥符六年(1013),吕夷简由知滨州任上提拔为提点两浙路刑狱公事,以后仕途顺利。据《吕氏家塾记》记载,王旦临终前,"乃荐先祖文靖公(吕夷简)暨王沂公(曾)等二十余人,布列于位。所以小人卒不能胜,而成仁宗持盈之业。"②相信吕夷简日后受到重用,应与王旦当年的推荐分不开。吕夷简与王旦联姻,在政治上结成了一张极其庞大的高层关系网,"内外姻族之盛,冠于当时。"③王旦本身是参知政事赵昌言的女婿,赵昌言是太平兴国三年省元,举进士甲科,太宗雍熙四年(987)即擢宰辅。

王旦家族在选择姻亲对象时,专门"留意文雅及近世典章官族"④,王旦有四个女儿,长女嫁与韩亿,韩亿乃咸平五年进士,官至尚书左丞。次女嫁与苏耆,参知政事苏易简之子。三女嫁与范令孙,宋初宰相范质之孙。四女继室吕公弼。王旦有三子,其中一子王素娶三度入相的张士逊之女。无论赵氏、韩氏、苏氏、范氏、张氏,都是位及人臣的宰辅家族,因此吕夷简与王旦家族结亲,也就与赵昌言家族、韩亿家族、苏易简家族、范质家族、张士逊家族建立了良好的关系。他们在政治上互相奥援、提拔,引为亲信是不可避免的。如康定元年(1040),吕夷简刚自北京(河北大名)入相,就推荐韩综为集贤校理⑤,韩综即韩亿第二子。王旦侄儿王质女嫁与范仲淹长子范纯仁⑥,吕夷简推荐提拔范仲淹,他们之间能够一笑泯恩仇,姻亲关系肯定是一个重要原因。

东莱吕氏家族与三槐王氏家族还是世婚。吕公绰长子吕希杰娶王雍女。吕公绰(999—1055),字仲裕,吕夷简长子,荫补将作监丞,历龙图阁学士、权知开封府,仕至右司郎中,未拜,卒,赠左谏议大夫。王雍(988—1045),字子肃,王旦长子,年轻时因避嫌,担任一些闲职,父亲去世后才出仕,终官两浙路转运使。前已述及,吕夷简女嫁王雍,吕希杰娶王雍女,这是典型的世婚,"这种中表婚,可以使两家的关系更为紧密,显然,王、吕两家是藉此而建立一种休戚与共的关系,以便在政治、经济上相互扶持,从而维护和延续家族的地位和声名。"⑦另据李贵录研究,吕、王联姻还有两例。一例是吕嘉问娶王恪女。吕嘉问,字望之,吕希杰之子,吕公绰之孙,历户部侍郎、知开封府等职,与王安石友善,是王安石的得力助手。王恪,字广渊,王雍子,以荫补将作监主簿,历司门郎中。王恪配向氏,丞相文简公向敏中之孙,龙图阁直学士向传式女,封汴梁郡君⑧。二是吕舜问娶王震女。王震,字子发,王旦兄长王懿的

---

① 范镇:《东斋记事》卷三,影印文渊阁《四库全书》本。
② 朱熹:《五朝名臣言行录》卷二之四《太尉魏国王文正公》,引自《朱子全书》第12册,上海古籍出版社、安徽教育出版社2002年版,第74页。
③ 苏舜钦:《苏学士集》卷一五《两浙路转运使司封朗中王公(雍)墓表》,影印文渊阁《四库全书》本。
④ 李焘:《续资治通鉴长编》(以下简称《长编》)卷九〇,天禧元年九月己酉条,中华书局2004年点校本,第2080页。
⑤ 《钦定续通志》卷三四〇,影印文渊阁《四库全书》本。
⑥ 范仲淹:《范文正集》卷一三《王公(质)墓志铭》,影印文渊阁《四库全书》本。
⑦ 李贵录博士论文:《三槐王氏家族研究——以北宋时期为中心》,第121页。
⑧ 李贵录博士论文:《三槐王氏家族研究——以北宋时期为中心》,第14页。

曾孙,官至给事中、权吏部尚书,知开封府,政治上倾向于王安石的变法派,与王安石、苏轼兄弟等都有交往。

吕夷简与宰相张士逊也是儿女亲家,吕夷简幼子吕公孺娶张士逊第三女。吕公孺(1021—1090),字稚卿,仁宗康定二年(1041)赐进士出身①,官至户部尚书。张士逊(964—1049),字顺之,阴城人,于太宗淳化三年(992)中进士乙科,三度拜相,仁宗皇祐元年(1049)卒,赠太师、中书令,谥文懿,御篆其墓碑曰"旧德之碑"。张士逊长子张友真,赐进士出身,工部侍郎。幼子张友正,北宋著名书法家,神宗评其草书为"本朝第一",也是著名诗人陈与义的外祖父。仁宗天圣元年(1023),张士逊以枢密副使身份与参知政事吕夷简、鲁宗道总计置司②。三年,张士逊加左丞,吕夷简加礼部侍郎,鲁宗道加给事中③。四年,张士逊、吕夷简、鲁宗道各罚一月俸④。他们三人要么同进,或者同退,可以想象关系之密切与友好。或许他们就是在玩笑之中许以娃娃亲;或许当时他们已经缔结婚约,这就有了日后的三家联姻。这也就不难理解,仁宗景祐四年(1037),吕夷简罢相,曾密荐张士逊继任⑤,张士逊得以再登相位。

吕夷简与枢密副使郑戬是亲家。吕公孺首娶张士逊女,继娶郑戬第二女⑥。郑戬(992—1055),字天休,苏州吴县人,早孤力学,师事杨亿,仁宗天圣二年(1024)进士第三人。历任地方官,知制诰、枢密副使,终宣徽北院使、奉国军节度使,卒赠太尉,谥文肃。郑戬长女嫁于王珪,次女嫁于吕公孺,吕公孺与一代名相王珪是连襟。郑戬与范仲淹是连襟,两人关系非同一般。仁宗庆历元年(1041)五月,吕夷简因与参知政事宋庠不和,逐宋庠,包括与宋庠同党的郑戬、叶清臣、吴遵路、姚仲孙、贾昌朝、宋庠、郑戬等都出为地方官,独郑戬加职。李焘在《长编》卷一三二庆历元年五月辛未条中加注云:"庠、戬同罢,戬独加职,此必有说,当考。"值得注意的是,是年四月,范仲淹因擅自焚毁西夏元昊傲慢书信受到朝廷追究,吕夷简保护范仲淹免受更大的处分。自景祐三年以后,王旦侄儿王质女嫁与范仲淹长子范纯仁,吕、范成为了姻亲,吕、郑也就成了亲戚。从中,我们就不难理解"戬独加职"的原因了。

吕夷简还与参知政事鲁宗道结亲。第三子吕公著娶鲁宗道女,吕、鲁两家是世婚,吕本中在《童蒙训》卷上提到:"荥阳公张夫人,待制讳昷之之女也。自少每事有法,亦鲁简肃公外孙也……及夫人嫁吕氏,夫人之母,申国夫人姊也。"鲁宗道一女嫁吕公著,另有一女嫁待制张昷之,后吕公著子吕希哲也娶张昷之之女。另外,吕夷简亲弟弟宗简,其夫人是鲁氏⑦,这极有可能亦是鲁宗道家人。

鲁宗道(966—1029),字贯之,亳州人,少孤力学,咸平二年第进士,遍历州县。真宗去

---

① 龚延明等:《宋登科记考》,江苏教育出版社2009年版,第173页。

② 《长编》卷一○○,天圣元年春正月丁亥条,第2314页。

③ 《长编》卷一○三,天圣三年十二月甲寅条,第2394页。

④ 《长编》卷一○四,天圣四年三月甲辰条,第2403页。

⑤ 《长编》卷一二一,仁宗宝元元年三月戊戌条,第2864页。

⑥ 王珪:《华阳集》卷五一《丹阳郡夫人李氏墓志铭》,影印文渊阁《四库全书》本。

⑦ 韩元吉:《南涧甲乙稿》卷二○《左大中大夫充龙图阁待制致仕赠左正奉大夫吕公墓志铭》,影印文渊阁《四库全书》本。

世,与吕夷简同按视雷允恭擅移永定陵皇堂,后擢右谏议大夫、与吕夷简并参知政事。天圣七年卒,赠兵部尚书,谥肃简。他为人刚直,疾恶少容,喜论列同僚,真宗目之为"鲁直"。但他与吕夷简长期共事,未留下任何论列吕夷简的文字,个中原因值得深思。

吕公绰与宰相程琳结亲。吕公绰第二女嫁于程琳第三子程嗣恭。程琳(985—1054),字天球,博野人,真宗大中祥符四年(1011)服勤词学进士高第,官至镇安军节度使、同平章事,卒赠太师中书令,封魏国公,谥文简。程氏是科宦大族。程琳长子程嗣隆,于皇祐二年(1050)赐同进士出身,娶仁宗朝宰相庞籍第三女,二子程嗣弼娶仁宗朝宰相贾昌朝长女,一女嫁于参知政事韩亿之子韩缜,韩缜于庆历二年进士及第,致位宰相。

吕公绰与傅求结亲。吕公绰子吕希俊娶傅求女。傅求,字命之,考城人,登进士甲科,任户部副使、龙图阁学士权开封等职。

吕公绰还与王拱辰结亲。吕公绰子吕希亚娶王拱辰女。王拱辰(1012—1085),原名王拱寿,字君贶,开封人,仁宗天圣八年(1030)举进士第一,仕至吏部尚书,哲宗立,加检校太师,卒赠开府仪同三司,谥懿恪。王拱辰夫人是薛简肃公奎之女,薛奎是太宗淳化三年进士,辅佐仁宗为参知政事,为世名臣,另一女嫁于欧阳修,王拱辰与欧阳修是连襟。

吕公弼与宰相韩琦结亲。吕公弼(1007—1073),字宝臣,吕夷简子,明道二年(1033),赐进士出身①,官至枢密使,神宗熙宁六年卒,赠太尉、谥惠穆。吕公弼长女和三女嫁韩琦长子韩忠彦。韩琦(1008—1075),字稚圭,仁宗天圣五年进士第二,北宋名相,两朝顾命定策元勋功臣。父亲韩国华,仕至谏议大夫。韩琦娶工部侍郎崔立女,崔氏是"蝉联珪组,世为显著"②的前代高门大族后裔。韩忠彦(1038—1109),字师朴,安阳人,韩琦长子,仁宗嘉祐六年(1061)进士及第,致位宰相。张彦霞在《宋代韩琦家族婚姻关系特征考论》中述及,韩琦家族与许多宰辅家族有姻亲关系,除长子韩忠彦娶吕公弼女儿外,四子韩粹彦娶参知政事孙固之女,侄子韩公彦娶贾昌朝堂兄弟贾昌符之女,韩正彦娶宰相王曾孙女,孙子韩治娶宰相文彦博孙女,孙女一嫁宰相蔡确之子蔡庄,一嫁宰相蔡京之子蔡絛,一女嫁宰相吴充之后吴储。

吕公弼与赵概结亲。吕公弼幼女嫁赵概第三子元绪。赵概(995—1083),字叔平,南京虞城人,仁宗天圣五年(1027)进士第三人,终官吏部尚书,元丰六年(1083)去世,赠太子太师,谥康靖。

吕公弼与河内向氏家族结亲。吕公弼女嫁宰相向敏中之孙向纪。向敏中(949—1020),字常之,开封人,太平兴国五年进士,官至宰相,四位夫人除元配梁氏以外,都出身于官宦家族,尤其张氏是太祖建隆二年(961)进士第一人张去华之女,王氏乃开国元勋王审琦之女。向敏中长子向传正娶真宗朝宰相李沆之女,孙子向绛娶宰相李迪女。向纪有一位侄女嫁给了宋神宗,是神宗皇后,哲宗、徽宗时期的皇太后,因策立徽宗有功,得到徽宗的敬爱,谥钦圣宪肃。

吕公著与范镇家族结亲。吕公著(1018—1089),字晦叔,吕夷简子,庆历二年登进士第,元祐宰相,一代名臣。吕公著女嫁范镇侄孙范祖禹。范祖禹(1041—1098),字淳浦,华阳人,

---

① 《长编》卷一一二,明道二年春正月己丑条,第2604页。

② 王明清:《挥麈录》卷二,影印文渊阁《四库全书》本。

仁宗嘉祐八年(1063)进士第四人,从司马光编修《资治通鉴》,历著作郎兼侍讲、礼部侍郎等职。父亲范百之,进士及第,太常博士。伯父范百禄,皇祐元年进士及第,又举才识兼茂科,仕至翰林学士兼侍读等。范祖禹幼孤,由叔祖范镇抚育。范镇(1007—1087),字景仁,于仁宗宝元元年(1038)举进士,礼部试第一,仕至翰林学士兼侍读等,卒赠金紫光禄大夫,谥忠文,为一代名臣。根据吕祖谦在《东莱公家传》中所描述,吕公著与范镇如兄弟一样交往。

吕公著与两浙钱氏结亲。吕公著儿子吕希绩娶钱暄女。钱暄(1018—1085),字载阳,钱塘人,吴越王钱俶之孙,宰相钱惟演第三子,以父荫累官驾部郎中知抚州、移台州,拜宝文阁待制。仁宗时,姑姑嫁于刘美,与刘太后家联姻。钱暄一子景臻娶仁宗女周国大长公主。

吕公著还与建州吴氏结亲。建州吴氏是科第大族,吕希绩续娶吴充二女儿。吴充(1021—1080),字冲卿,建州浦城人,仁宗宝元元年(1038)进士及第[①],仕至枢密使,熙宁九年,代王安石为宰相,神宗元丰三年卒,赠司空兼侍中,谥正宪。吴充父亲是礼部侍郎吴侍问,兄长是参知政事吴育。吴充有四个女儿,除二女儿嫁于吕希绩外,大女儿嫁与欧阳修之子欧阳发,三女儿嫁于光禄寺丞夏伯卿,小女儿嫁于文彦博之子文及甫,因此吕希绩和欧阳发、文及甫是连襟。吴充有一子娶王安石长女。

吕公著与赵州宋氏结亲。吕公著子吕希纯娶宋敏求女,宋氏是吕希纯初娶夫人,续娶夫人是程嗣弼女。宋敏求(1019—1079),字次道,赵州平棘人,仁宗宝元二年(1039)赐进士及第,仕至知制诰、史馆修撰等,卒赠礼部侍郎。宋敏求祖父宋皋,官至尚书度支员外郎、直集贤院,祖母是杨徽之之女,杨氏系华阴著姓。父亲宋绶,仕至参知政事,知枢密院事,母亲是宰相毕士安孙女。吕希纯岳母是毕士安曾孙女。

(二)"榜下捉婿"或与进士出身者结成姻家

在宋代,科举制度已相当完善,科举是朝廷选择文官最主要的重要途径,士人们一旦科举及第,在仕途上就有了飞黄腾达的可能,因此,吕氏家族在选择女婿或姻亲之家时,也十分注重对方的进士身份和个人才华。选择具有真才实学的士人做女婿,依靠自己的政治地位对其仕途加以扶持,待其成名后反过来帮助自己家族[②],这是吕氏家族包括宋代许多世家大族保持门第不衰的重要手段。宋人徐度《却扫篇》卷上中云:

> 本朝公卿多有知人之明,见于择婿与辟客。盖赵参政昌言之婿为王文正公旦,王文正之婿为韩忠宪亿、吕惠穆公弼,吕惠穆之婿为韩文定忠彦,李侍郎虚己之婿为晏元献殊,晏元献之婿为富文忠弼、杨尚书察,富文忠之婿为冯宣徽京,陈康肃尧咨之婿为贾文元昌朝……如此之类,不可悉数,皆拔于稠人之中。

由此可见,注重女婿进士身份和个人才华,既是吕氏家族的特点,也是宋代世家大族的共性。

如吕蒙正,"女六人,长嫁光禄寺丞、直集贤院孙暨;次嫁刑部侍郎、参知政事赵安仁;次

---

① 按《太平治迹统类》卷二七《祖宗科举取人·仁宗》载,吴充于仁宗宝元元年进士及第。又王安石《酬冲卿见别》诗云:"同官同齿复同科,朋友昏姻分最多。"根据诗意,吴充与王安石是同年,王安石是庆历二年进士,吴充亦应是,此与《太平治迹统类》的记载相异,待考。

② 姚兆余:《论北宋世家大族的择偶标准》,《甘肃社会科学》2002年第6期。

嫁太常博士周渐;次嫁观文殿学士、尚书右丞丁度;次早夭;次嫁永州推官杨巽"①。长婿孙暨,河南汝州人,真宗咸平二年(999)状元②,仕至光禄寺丞、直集贤院。二婿赵安仁(958—1018),字乐道,洛阳人,于太宗雍熙二年(985)进士及第。赵安仁出生世族家庭,曾祖武唐,虢州刺史,父亲孚,字大信,周显德进士,入宋仕至殿中侍御史。赵安仁自少以文艺见称,善楷书,嗜读书,知典故,有集五十卷,仕至御史中丞,真宗天禧二年卒,赠吏部尚书,谥文定。三婿周渐,太常博士。据《宋史》记载,太常博士者当是制举、进士和九经出身者③,龚延明先生在《宋代及第进士之鉴别》中进一步指出,制举及第人两宋共计仅四十一人,一一都有姓名可查,且其中大都由进士而应制举,故在鉴别有出身人时不含制举人。九经出身者十分稀少,亦可略为不计。因此上述迁转之官职基本可定为进士出身者④。周渐进士出身可能性极大。四婿丁度(990—1053),字公稚,获大中祥符四年(1011)服勤词学经明行修进士第二。祖颙,家富藏书,寇准、冯拯游于门。父亲逢吉,以医术事真宗藩邸。丁度善为文,著有《迩英圣览》十卷、《龟鉴精义》三卷等多种著述,他还是北宋文字训诂学家以及军事著作家。仕至尚书右丞,卒赠吏部尚书,谥文简。只有小女婿杨巽,未知他是否是进士身份。

吕公绰长婿李中师,字君锡,开封人,景祐元年(1034)第进士。初仕集贤校理、提点开封府界,终至权发遣开封府,有很强的管理能力,然为政刻厉,厚结中人,为人垢病。早年得到宰相陈执中的提携,后把女儿嫁与其子陈世儒。

吕公弼女婿韩忠彦,前已述及,北宋名相韩琦长子,仁宗嘉祐六年(1061)进士及第,官至宰相,封仪国公。娶公弼长女,继娶第三女。

吕公著长婿范祖禹,前已述及,北宋名臣范镇侄孙,仁宗嘉祐八年(1063)进士第四人,从司马光编修《资治通鉴》,历著作郎兼侍讲、礼部侍郎等职。

吕氏家族在姻亲之家的选择上,也多进士出身者。以下是终整个北宋时期的不完全统计:吕蒙正的岳父宋温舒家族,宋温舒进士及第,有三子,其中宋沆太宗太平兴国五年(980)进士及第,宋涛太宗端拱二年(989)进士及第。宋温舒有兄宋温故,晋天福进士及第,宋温故二子,其中宋湜太宗太平兴国五年(980)进士及第,宋泌太平兴国二年(977)进士及第。吕夷简的岳父马亮,太宗太平兴国五年(980)进士及第。连襟陈尧叟,太宗端拱二年(989)的省元、状元,陈尧叟弟弟陈尧佐,亦同年及第,陈尧叟叔弟陈尧咨,咸平三年状元。吕夷简的亲家王旦,太宗太平兴国五年(980)进士及第。王旦三子,其中王冲,大中祥符元年(1008)举进士,王素,仁宗天圣五年(1027)赐进士出身。王旦四婿,长婿韩亿,咸平五年(1002)进士,二

---

① 《名臣碑传琬琰之集》上卷一五《吕文穆公蒙正神道碑》,影印文渊阁《四库全书》本。

② 徐松:《宋会要辑稿·选举》二之三,中华书局1957年影印本,第4246页。

③ 《宋史》卷一五八《选举四》:"淳化以前,资叙未一,及是始定迁秩之制:凡制举、进士、九经出身者,校书郎、正字、寺监主簿、助教并转大理评事,评事转本寺丞,任太祝、奉礼郎者转诸寺监丞,诸寺监丞转著作佐郎,或特迁太子中允、秘书郎;由大理寺丞转殿中丞,由著作佐郎转秘书监、丞,资浅者或著作郎,优迁者为太常丞;由太子中允、秘书郎转太常丞,三丞、著作皆迁太常博士,转屯田员外郎,优者为礼部、工部、祠部、主客;由屯田转都官,优者为户部、刑部、度支、金部;由都官转职方,优者为吏部、兵部、司封、司勋;其转郎中亦如之。"第3699—3700页。

④ 龚延明:《中国古代职官科举研究》,中华书局2006年版,第408页。

婿苏耆,赐进士及第,三婿范令孙,登进士甲科。吕公绰亲家程琳,真宗大中祥符四年(1011)服勤词学进士高第。吕公弼亲家韩琦,仁宗天圣五年(1027)进士甲科,亲家赵概,仁宗天圣五年(1027)进士第三人。吕公著岳父鲁宗道,真宗咸平二年(999)登进士第。吕公著亲家范百之,进士及第,范百之兄长范百禄,皇祐元年(1049)进士及第,叔叔范镇,仁宗宝元元年(1038)举进士,礼部试第一。吕公孺岳父张士逊,太宗淳化三年(992)中乙科,岳父郑戬,仁宗天圣二年(1024)进士第三人,连襟王珪,仁宗庆历二年(1042)进士甲科。吕昌龄岳父王世昌,太宗端拱元年(988)登进士第。吕昌绪岳父苏绅,真宗天禧三年(1019)进士及第,舅子苏颂,仁宗庆历二年(1042)进士及第,别试第一人。吕希俊岳父傅求,登进士甲科。吕希亚岳父王拱辰,仁宗天圣八年(1030)状元,王拱辰岳父薛奎,太宗淳化三年(992)进士,王拱辰连襟欧阳修,仁宗天圣八年(1030)进士。吕希哲岳父张昷之,真宗大中祥符八年(1015)进士及第。吕希绩岳父吴充,仁宗宝元元年(1038)进士及第,吴充父亲吴侍问,进士及第,兄长吴育,进士试获礼部第一。吕希纯岳父宋敏求,仁宗宝元二年(1039)赐进士及第,宋敏求父亲宋绶,大中祥符元年(1008)赐同进士出身。吕嘉问亲家王雱,英宗治平四年(1067)进士及第,王雱父亲王安石,仁宗庆历二年(1042)进士,王安石祖父王益,真宗大中祥符八年(1015)进士。吕延问岳父梁彦回,仁宗庆历六年(1046)进士及第,梁氏是科举盛族,祖父梁颢,太宗雍熙二年(985)进士第一人,伯父梁固,真宗大中祥符二年(1009)进士第一人及第,父亲梁适,仁宗景祐元年(1034)进士及第。吕弸中岳父章甫,神宗熙宁三年(1070)进士及第。吕大器岳父曾几,徽宗政和五年(1115)赐上舍出身。

三 吕氏家族政治婚姻对朝政的影响

宋代东莱吕氏家族以科举起家,并以自己的才干获取朝廷要职后,又通过政治联姻,进一步提高和巩固其政治地位。与其联姻的大多是宰辅家族,因此他们通过政治婚姻结成了一个巨大的、利害相关的势力集团。这个政治集团,其触角从朝廷伸向地方,盘根错节,势必对宋代朝政产生影响。

前已述及,吕夷简与陈尧叟是连襟,他们的夫人都是工部尚书马亮的女儿。这就不难理解吕夷简与陈尧佐之间休戚与共的关系。天圣七年,祠部员外郎、秘阁校理、知祥符县陈诂,躬自治理县政,对县吏管理甚严,县吏上下欺骗之弊因此有所收敛。但惯于通过敲诈勒索得利的奸吏,不甘心受制,便对他进行报复,乃故意将县狱中的囚犯全部放掉,以震动朝廷,企图达到查办知县陈诂的目的。此事果然闹大了。"太后果怒。而诂妻,宰相吕夷简妹也,执政以嫌不敢辨。"[①]垂帘听政的章献太后,以陈诂妻为时相吕夷简亲妹,出于避嫌,将此事转给了枢密院处理。然而枢密副使陈尧佐是陈尧叟的弟弟。由于陈尧叟与吕夷简的夫人都是工部尚书马亮的女儿,是连襟,这样,枢密副使陈尧佐与陈诂就有了沾亲带故的关系。枢密院在讨论这个案子时,因县吏逃跑,陈诂难以申辩,只能就事论事,主张惩处陈诂。独陈

---

① 《长编》卷一〇七,天圣七年三月戊寅条,第2503页。

尧佐挺身而出,为陈诂辩护,曰:"罪诂,则奸吏得计,后谁敢复绳吏者?"①诂由是获免。从事情本身而言,吕夷简的妹夫陈诂确为奸吏所陷害,因县吏逃跑,陈诂很难申辩,大官僚的心态是多一事不如少一事,宁可将陈诂法办了事,以息皇太后之怒。枢密副使陈尧佐出于保护陈诂,不怕多事,将此陷害之事调查明白,为陈诂说话,使陈诂所蒙不白之冤得以澄清,不仅未获罪,还"徙知开封县,诂辞,乃命权判吏部南曹"②。从知县一跃进入了权力的核心部门吏部南曹。从中可见吕氏家族政治婚姻对朝政所施加的影响。

姻党官官相护,同样,吕夷简曾多次在仁宗面前推荐陈尧佐。如仁宗景祐四年(1037),吕夷简因与王曾不协,一起罢相,吕夷简出知许州。临行前,他向仁宗密荐陈尧佐,结果,"吏部侍郎、知枢密院事王随,户部侍郎、知郑州陈尧佐,并为平章事"③,陈尧佐果然因吕夷简之私荐而拜相。宋人赵善璙撰写的《自警编》亦有类似记载:"吕申公(夷简)累乞致仕,仁宗问之曰:'卿果退,当何人可代?'申公曰:'知臣莫若君,陛下当自择。'仁宗再三问之,申公对曰:'陛下欲用英俊经纶之才,臣所不知,必欲图任老成,镇抚百度,周知天下之良苦,无如陈尧佐者。'仁宗深然之,遂大拜。"④先是枢密副使陈尧佐帮助了宰相吕夷简的妹夫陈诂度过一劫,转过来,则是吕夷简将陈尧佐推上宰相之高位。虽然吕夷简罢相,其宰相之职位,仍保持在吕氏家族联姻的政治集团之内。

吕夷简与范仲淹的关系颇耐人寻味,景祐三年(1036),范仲淹以言事忤宰相吕夷简,又作四论,讥切时政,吕夷简大怒,重贬范仲淹,并牵连为范仲淹鸣不平的余靖、尹洙和欧阳修,三人同时被贬逐。吕与范由此产生严重裂痕,朝野皆知。可是奇怪的是,过了三四年后,情况突然发生变化。康定元年(1040),吕夷简自大名府入相,即推荐范仲淹为龙图阁直学士、陕西经略安抚副使、同管勾都部署司事,并言于仁宗曰:"仲淹贤者,朝廷将用之,岂可但除旧职耶?"⑤视范仲淹为政敌的宰相吕夷简,何以态度发生遽变,从打压转而扶掖?当时朝野一般的看法以为:吕与范两人都有开阔的胸襟,一切以国家利益为重,两人虽有过节,仍能同心戮力以扶王室。可是,如果了解了他们在发生严重冲突后,确立了姻亲关系,对于上述想当然的看法,就会提出异议。景祐三年,范仲淹遭重贬,王旦侄儿王质为之送行,范仲淹很是感动,曾说:"余走尘土,时公一接如旧,以道义淡交者有年矣,结二姓之好,以亲仁人。"⑥也就是景祐三年之后,王氏家族与范氏家族结成秦晋之好,王质女儿嫁于范仲淹长子范纯仁⑦,而吕夷简与王旦是亲家,从而又使吕、范成了亲戚。正是由于大家族之间的政治联姻,吕夷简与范仲淹的紧张关系,才发生了微妙的变化。因此,我们也就可以理解,当庆历元年(1041)范仲淹擅自在延州焚毁西夏元昊书信,遭到宋庠等廷臣攻击险遭不测时,由于吕夷简与杜衍的挺身辩白与庇护,才使范仲淹得于安然渡过这一涉外的政治风波。吕夷简只处理

---

① 《长编》卷一〇七,天圣七年三月戊寅条,第2503页。

② 《长编》卷一〇七,天圣七年三月戊寅条,第2503页。

③ 《长编》卷一二〇,景祐四年四月甲子条,第2827页。

④ 赵善璙:《自警编》卷七,影印文渊阁《四库全书》本。

⑤ 朱熹:《五朝名臣言行录》卷六之一《丞相许国吕文靖公》,引自《朱子全书》第12册,第175页。

⑥ 《范文正集》卷一三《王公(质)墓志铭》,影印文渊阁《四库全书》本。

⑦ 《范文正集》卷一三《王公(质)墓志铭》,影印文渊阁《四库全书》本。

了受范仲淹派遣出使西夏的韩周,削了他的官①。如果此事发生在景祐三年之前,吕夷简绝对不可能放过范仲淹。上述吕夷简对范仲淹态度的变化,充分反映了宋代上层政治联姻对朝政产生的明显影响。

吕夷简亲家鲁宗道,在真宗朝任谏官,刚直敢言,疾恶少容,喜论列同僚,真宗目之为"鲁直"。仁宗朝时,又除为参知政事(副宰相),因敢挠权贵,人称他为"鱼头参政"。他在为台谏官和执政时,与吕夷简虽长期共事,可是这样一个以刚直著称的人,却没有任何论列吕夷简的文字。反之,他们二人互相帮助,有错误共同承担,如天圣四年,吕夷简和鲁宗道各罚一月俸,原因是涉及茶、盐、矾等的财政税收改革不得力。"以士逊、夷简、宗道尝主变法之议,诏令分析。士逊因言措置更革,皆不出已。夷简则言:'天圣初,环庆等数路奏刍粮不给,京师府藏常缺缗钱,吏兵月俸仅能取足。自变法以来,京师积钱多,边计不闻告乏。中间蕃部作乱,调发兵马,仰给有司,无不足之患。以此推之,颇有成效。惟是三司比视数目,差互不同,非执政所能亲自较计。'而宗道所言,亦略类夷简。竟坐不合以举等状施行,故及于罚。"②在政治上鲁宗道与吕夷简保持高度一致,联系到吕夷简子吕公著娶鲁宗道女,他们是儿女亲家,二人结成姻亲关系,政治上互相援引,以疾恶少容著称的鲁宗道,在政治联姻的关系网笼罩下,"鲁直"也变成"鲁不直"了。

吕氏家族经过近百年的发展,子弟姻家,布满要津,这也曾引起一些人的非议,如元祐三年(1088),右正言刘安世言:

> 司空吕公著之子希绩今年知颍州,才及成资,召还为少府少监;希纯去年自太常博士又迁宗正寺丞;女婿范祖禹与其妇翁共事于实录院,前此盖未尝有;而次婿邵为开封府推官,公著才罢仆射,即擢为都官郎中;外甥杨国宝自初改官知县,又堂除太常博士,未几,又擢为成都府路转运判官;杨环宝亦自常调堂除差知咸平县;妻弟鲁君贶今年自外任擢为都水监丞;姻家张次元堂除知洺州,胡宗炎擢为将作少监,马传庆自冗官得大理寺主簿。其间虽或假近臣论荐之名,皆公著任宰相日拔擢为授也。宫教之职,旧系吏部依法选差,近方收为堂除,而公著首用除其孙婿赵演。③

当然,此次刘安世论奏的不仅仅是吕公著·同时还涉及文彦博、吕大防、范纯仁等当朝宰执。宋朝虽然建立了任官避亲制度,但正如刘安世所言:"为大臣者,既不能人人为朝廷推至公之心,振拔滞淹,提奖寒素,而贪权好利,多为子孙之谋,援引亲属,并据高势,根连蒂固,更相朋比,绝孤寒之进路,增膏粱之骄气,寖成大弊,有不胜言。"④姻家在官场上相互提携,彼此帮助,结成一个个政治集团,以此左右当时的朝政。宋代东莱吕氏家族的政治婚姻就证明了这一点。

---

① 《长编》卷一三一,庆历元年四月癸未条,第3114页。
② 《长编》卷一○四,天圣四年三月甲辰条,第2404页。
③ 《长编》卷四一三,元祐三年八月辛丑条,第10045页。
④ 《长编》卷四一三,元祐三年八月辛丑条,第10044页。

四　结　语

综上所述，我们不难发现，北宋东莱吕氏作为累世簪缨的政治家族，他们的男婚女嫁具有浓郁的政治色彩，婚姻中包含更多的是政治性因素。前已述及，从吕蒙正开始，与吕氏家族连姻的有：宋湜家族、王珪家族、马亮家族、王旦家族、程琳家族、范仲淹家族、韩亿家族、韩琦家族、向敏中家族、赵概家族、鲁宗道家族、范镇家族、苏颂家族、傅求家族、王拱辰家族、钱惟演家族、吴充家族、宋敏求家族、王安石家族、梁适家族、王曾家族等。他们大多是当朝宰辅家族，在现实社会政治中握有重要权力，或是衣冠旧家，在社会中仍享有较高声望，与吕氏家族基本上门当户对，选择进士为女婿或姻家，也是为了攫取更多的政治资源，借此互相提携和帮助。正如恩格斯所说："结婚是一种政治行为，是一种借新的联姻来扩大自己势力的机会。"[①]他们在北宋政治生活中互相援引，形成一个个以姻亲为中心的政治集团，姻娅满朝，把持从朝廷到地方的各级政权。当然，由于宋代门第高下又与科举考试息息相关，此后随着吕氏家族科举地位的衰落，政治地位的逐渐丧失，其建立在公卿大臣间相互联姻的政治婚姻亲也日渐衰微，这是科举社会所不可避免的结局。

（作者单位：浙江财经大学人文学院）

---

① 　马克思、恩格斯：《马克思恩格斯选集》第四卷，人民出版社 1972 年版，第 74 页。

《夷坚志》中的科举文献学价值

祖　慧　沈利红

南宋人洪迈所著《夷坚志》是一部影响极大的志怪小说,为后世提供了宋代社会丰富的历史资料。洪迈出生于儒学世家,父亲洪皓为政和六年(1116)进士,历任权直学士院,后出使金国,一生著述颇丰,许多内容成为洪迈《夷坚志》的素材。他的两个哥哥洪适、洪遵在绍兴十二年(1142)同时考中博学宏词科,洪适仕至宰相,洪遵也曾任翰林学士,二人均为名噪一时、权倾朝野的人物[①]。洪迈生长在这样的家庭,广览博闻,自然对当时的朝堂政治、社会热点、名人趣谈、奇闻轶事等知之甚多。

《夷坚志》原书共 420 卷,流传下来的有 206 卷,约 2700 则故事[②],所保存的有关宋代科举制度方面的史料不算多,且内容繁杂零散,但仍从一个侧面为我们提供了宋代科举制度变化和推广的历史片断,这些内容在正史、政书中很难见到。因此,它既可补《宋会要辑稿·选举》《宋史·选举志》等的缺漏,也可以从社会层面来充实、验证正史文献的可靠性。本文拟对《夷坚志》中有关宋代科举制度演变与实施情况的内容加以梳理。

一　《夷坚志》中的宋代科举制度

宋代科举制度在继承唐、五代旧制基础上进行了一系列改革,使科举取士制度更趋完善,并对明、清二代产生深远的影响。《夷坚志》通过一个个故事,从不同侧面反映了宋代科举制度的变化。

唐代科举考试分地方发解试与中央省试二级,决定举子命运的主要是主考官,因此,举子与省试主考官之间形成了"座主"与"门生"的亲密关系。到了宋代,太祖十分重视科举取士,亲自覆审省试录取的登科人,确立了殿试制度,这就意味着皇帝亲掌考试大权,登第者被誉为"天子门生"。三级考试制度的建立,是宋代科举制度的重大改革,《夷坚志》提供了非常丰富重要的社会史料。

首先是发解试。发解试又称州试,是地方州、府、军、监、开封府、国子监举行的最初一级科举考试,一般考三天,共三场。据统计,《夷坚志》中描述"发解试"的故事有 21 则,其中大多萦绕了鬼神异事。发解试之难主要体现在解额的稀缺上。宋代各地的解额多寡不同,一

---

① 脱脱等:《宋史》卷三七三《洪皓传》,中华书局 1977 年点校本。
② 洪迈:《夷坚志》,中华书局 1981 年标点本。

般来讲东南多于西北。但因为东南应科举试的举子人数大大高于西北地区,解额紧张局面一直无法缓解。欧阳修曾批评说:"东南州军进士取解者,二三千人外只解二三十人,是百人取一人。"到了南宋情况更糟。据《夷坚三志壬》卷六《汪会之登科》载:

> 新安汪义和会之,生于绍兴辛酉,至于己卯,十有九岁矣,歙士赴举者二千人,而解额才十二,制胜为难,而会之得预计偕……后蹉跎五荐,至淳熙辛丑,复到选,而弟义端充之为文院点检试卷官,牒诣别头,乃奏名,以黄由榜登第。

绍兴己卯二十九年(1159),徽州的解额只有十二名,而赴举者却达到二千人,差不多一百七十人中才录取一人,可见竞争多么激烈。因此,能够通过发解试者多被视为"神助"、"天意",这也迫使许多举子为了胜出而不择手段。宋代的科场管理号称严格,但仍有不法者甘冒风险。据《夷坚甲志》卷一九《沈持要登科》载:

> 沈持要枢,湖州安吉人,绍兴十四年,妇兄范彦辉监登闻鼓院,邀赴国子监秋试。既至,则有旨:"唯同族亲乃得试,异姓无预也。"范氏亲戚有欲借助于沈者,欲令冒临安户籍为流寓,当召保官,其费二万五千。沈不可,范氏挽留之,为共出钱以集事。约已定,沈殊不乐……是年遂擢第。

这段文献所提供的科举信息有二:一是,国子监只能由在京官员子弟参加。但是,由于国子监发解试的录取名额比较多,使得各地举子想办法攀关系,参加国子监试。二是,国家虽然规定"异姓无预也",但是,有人劝他"冒临安户籍为流寓",说明在南宋初期,由北方逃难到临安府并寄居于此的士人(流寓),如果有官员提保,就有机会参加国子监发解试的。而这项规定却变成了一些人图利的方式,只要交二万五千保费,就可获得足够保官。三是,沈枢拒绝了亲戚的"好意",而在此后的应举中,在"神力"的帮助下,最终如愿登第,这既是对沈枢的赞赏,同时也宣扬了积善有报的观念。

其次是省试。《夷坚志》中与省试有关的故事共56则,描写了各地举子赴京城参加省试时途中的艰辛和离奇故事,对相关制度也多有涉及。按规定,各地发解试合格的举子都要在第二年春天齐集京城,参加由尚书省礼部官员主持的省试。省试一般安排在二三月进行,因此又称"春试"。考试的时间、场次和内容与发解试相似,但难度要大得多。由于全国各地的举子齐聚,成就京城一大盛事。《夷坚志》甲志卷一八《宋应辰》中,对徽宗宣和六年(1124)省试情况作了比较详细的记录:

> 宣和六年,诸道进士赴省试者几万人。以六侍从典贡举,其下参详点检官又六十员。有旨令过试院外户,则亲书姓名,以防伪入者。既合籍,凡六十一人,主司疑之,悉招考官会坐,一一数之。又审于监门曰:"每一人至,必下马自书。何容有两名理!"及取历阅视,果多其一,曰"宋应辰"。验诸铨曹,云中外无有此姓名,始知神物所为。于是主司遍论群公曰:"宋者,国号,而名为应辰,必造化之中主张是者。考校之际,不可不谨也。"是岁,登第者八百五人,为一代最盛之举。杨公全居前列,闻之于知举官王唐翁绚云。

这则故事是洪迈从知举官处听来的。北宋徽宗朝为推行三舍贡士法,一度下诏废除科举取士。宣和三年(1121)迫于压力,恢复科举。而宣和六年是恢复科举试后的第二次开科考试,通过发解试而赴省的举子人数空前,竟达一万五千。为此,朝廷不得不派 6 名知举官和 60 名考官这样庞大的考官队伍,登第的人数达 805 人,这些都是破纪录的。

从上述这则故事中还可以看出,宋代考场管理制度是非常严格的。为了防范行贿、属托等不端舞弊行为的发生,宋代规定,省试知举官、考官等都是临时任命,并且一旦被任命后,就要实行"锁院",即考官们要在受诏之日进入贡院,断绝与外界的一切联系,直到阅卷工作结束、考试结果公布之后。有时,锁院时间可长达二个月以上。相关规定,正史文献中都有明确记载。但是,至于锁院的具体要求、程序等,却几乎没有介绍。《夷坚志》给我们提供了一些细节:考官入院后,必须亲自签名、验明身份。由于当年考官入院时出了状况,规定人数是 60,实际签到的是 61 人,负责官员重新数一遍,发现多了个"宋应辰",事属怪异,才留下了这段宝贵的史料,其他文献中还没有发现类似的记录。

为了让一些答卷速度慢的考生能顺利完成考试,宋代的省试允许考生延迟到夜里才交卷,所以,考生可以带蜡烛进考场。上文所引洪迈在《夷坚甲志》卷一九《沈持要登科》中就有记载:沈持要考完经义刚要出考场时,被一位考场巡视人员阻拦,问其故,曰:"见君箧中一二烛甚佳。非湖州者邪?若无用,幸见与。"沈枢慷慨付之。第二天考试诗赋,这人又过来,沈枢以为还想要蜡烛,又赠予他。沈枢要交卷出院时,"挽使再读",直到发现并改正了押韵错误之处。最终,沈枢登进士第。

宋代省试能否延期至夜晚,政书未见明确记载,上引《夷坚志》所载南宋湖州贡士沈枢赴省试的经历,可证省试许点烛夜考,并可在贡院户个设帐幕过宿。可见这则故事的史料价值多么大。

第三是殿试。殿试始于宋太祖开宝六年(973),刚实行时非常严格,黜落的比例很高。到了宋仁宗嘉祐二年(1057)规定,省试合格人参加殿试时,如无落韵等问题,一般不再黜落①。这之后,殿试基本上成为皇帝掌握科举大权的一种象征。殿试时,皇帝一般会亲自主持考试,太祖、太宗还要亲自阅卷。

《夷坚支癸》卷一〇《淳化殿榜》描述了淳化三年(992),太宗皇帝亲自殿试举子时的有趣一幕,取士数量之多也为宋初一榜取士之冠:

> 明年(淳化三年),大廷唱名时,宫禁适有诞弥之喜,天颜悦怿,顾侍臣曰:"第一甲可多放几人,教止则止。"遂以次胪传,上意亦忽忽忘之。过三百名,方悟,遽曰:"止!"是岁,孙何为状头,凡放三百十三人,而居一甲者,三百有二,余皆为第二甲。

淳化三年放榜时,太宗皇帝因为有皇子诞生,在胪传典礼上走神,竟然一甲放了 302 人,二甲放了 11 人,三甲空缺。这则故事说明,北宋前期,皇帝一定要亲自殿试,以示对科举的重视,即便遇到皇子诞生这样的大事也不缺席。不过,关于这榜取士的情况及录取人,洪迈记载有误,据《宋会要辑稿·选举》七之五《新试》载:此榜"得孙何以下三百五十三人,第为五等……第一至第三等赐及第,第四、第五等赐出身"。

---

① 详见龚贤明、何平曼:《宋代"殿试不黜落"考》,《西北师大学报》2005 年第 1 期。

唐代，新科进士只是取得了入仕的资格，还需要经过吏部审核通过后，才能做官。而吏部的审核又非常严格，许多登进士第者都要几经吏部试才能任职，就连大文学家韩愈也不能幸免。他曾经自叹曰："四举于礼部而一得，三选于吏部卒无成。"①而这种情况加大了科举取士的难度，不利于唐代官僚队伍的整体建设。宋代立国后，太祖在"与士大夫共治天下"的理念下，废除吏部试，规定：凡进士、诸科，一经登第，即释褐授官。

《夷坚支癸》卷八《游伯虎》载：福州人游伯虎自幼习文，有一道人对其父母说他将来一定考中进士，但又说："只一件事理会不得，既做秀才，发解过省，及第了，便着紫公服，系金腰带，却手中不把牙笏，此何理也哉？"当道人看见房柱间有一黑圆杖，立即说："此即其所执也。"意思是游伯虎将来应该是武举登第。及长，游伯虎果真"词场荐不利，遂应武举"，中庆元三年（1197）武举第三名，赐涂金束带，除沿海制置使。从这则故事中看，宋代文举进士登第后，即刻释褐，着紫公服，系金带，手持牙笏。而武举登第后即着涂金束带，手执杖。

唐代取士，由主考官一人决定，且不专以试卷成绩作为录取标准，有所谓"采誉望"之说，此外，主考官也是固定由礼吏侍郎担任，这就使得举子的命运完全操控在主考官一人之手，致使"行卷"、"通榜"之风盛行。洪迈在他的另一部笔记《容斋随笔》中，就曾对唐代科举考试制度的缺失提出批评，认为"唐世科举之柄，专付之主司，仍不糊名，又有交朋之厚者为之助，谓之通榜"。在他看来，唐代举子可以通过私人关系登第，有失公平。

宋代为了鼓励寒素子弟积极参加科举考试，对唐代松懈、不公的考试制度进行了大刀阔斧的改革。淳化三年，首次在殿试时实行"糊名"制②。宋真宗景德四年（1007），又下诏礼部试（省试）也开始推行糊名法③。仁宗明道二年（1033），又将糊名制推行到诸州、府、军、监的地方发解试中，规定："自今诸州府军监考试解发举人，一依先降条制，应在试解发人处兼令依省试例封弥卷首后，考较过落。"④为了防止阅卷官与应举人暗号交通，真宗大中祥符八年（1015）下诏"置誊录院"⑤，专门负责抄录试卷，这样就堵住了教官与举子在试卷上作弊的漏洞。欧阳修盛赞宋代科举"其无情如造化，至公如权衡，祖宗以来不可易之制也。"⑥

有关宋代科场管理方面的改革，《夷坚志》中也有不少记载，如：

> 淳熙十三年秋八月，邵武解试。十五夜誊录院遗火，举子文卷亦多被焚爇。明日，入试者相率共治群胥，帘内亦令捕捉，皆奔迹隐处。⑦
>
> 时舍法初行。挟书假手之法甚严。⑧

① 韩愈：《韩昌黎文集校注》卷三《上宰相书》，上海古籍出版社1986年校注本，第155页。
② 王应麟：《玉海》卷一一六《景德考试新格》，江苏古籍出版社1987年影印本。
③ 李焘：《续资治通鉴长编》（以下简称《长编》）卷六七，景德四年十二月壬寅条，中华书局2004年点校本，第1512页。
④ 《宋会要辑稿·选举》一五之九，中华书局1957年影印本。
⑤ 《宋史》卷一五五《选举一》，第3611页。
⑥ 欧阳修：《欧阳文忠公集》之《论逐路取人札子》，北京图书出版社2005年点校本。
⑦ 《夷坚支乙》卷二《邵武试院》，第809页。
⑧ 《夷坚甲志》卷九《邹益梦》，第73页。

此外,《夷坚志》中还有州学考试实行弥封誊录制的记载:"湖州学,每岁四仲月,堂试诸生。三场誊录封弥,与常试等。其中选首者,郡饷酒五尊,第二、第三人三尊,第四、第五人两尊。"①这说明,宋代的科举改革之风,吹进了学校。

《沈持要登科》中还讲到,在试诗赋时,那位求蜡烛的考场巡逻者对他说:"适诣誊录所,见主司抄一试卷,至于五六,绝类君所书,必高捷。"②这条记载十分宝贵,它说明省试时,考官还必须亲自去誊录所监督试卷的誊录,这些内容很难在政书中见到。至于说遇到佳卷,知举官还要亲自誊抄,甚至于重抄五六遍,这也从一个侧面反映出主考官对真才实学者的重视与欣赏。

宋代科举考试还有回避的规定。若举子与考官有亲戚关系,必须要避亲嫌。这种情况出现在地方发解试时,应举者就得去参加转运司的考试;若发生在省试时,应举者就要参加单独的考试,称"别头试"。南宋时,甚至于官员的门客也要避嫌。如,邵武人黄若纳省试不过,曾居于张定叟侍郎馆舍中。后回乡奔父丧,眼看他即将错过绍熙元年(庚戌,1190)的省试,"乡人为委曲作道地,以门客避嫌,试别所,遂登科。"③

尽管如此,在利益驱动下,科举中的舞弊现象仍然无法根除,这在《夷坚志》中也多有记录。绍兴二十一年(1151),秀州人鲁王楠省试第一场结束后,发现自己"赋中第七韵忘押官韵",预感录取无望,神情恍惚,一皂吏说能盗出考卷,要求他送二百千钱至某处。王楠照办后,皂吏果然盗来试卷,"即涂乙以付之",王楠如愿登第④。虽然故事中的皂吏是已故之人,而且洪迈对此事也存有疑问,但他还是收录在书中,也许他相信科场改卷的舞弊行为是可能存在的。洪迈还记录了这样一则故事:

> 吴五承事者……劝其次子庚读书,招邑士张垣于馆舍。及赴乡举,垣黜而庚预荐。将就类试,乃捐钱百千结同举勾龙涣以为助。迨入类场,类场中则两人分坐东西厢。是岁绍兴丙子,场屋严肃不得相往来。庚才短思涩,窘迫无计,仿佛见垣在侧,取其试卷,一挥而成文。凡三日,皆然,遂中高等。⑤

这又是一则灵异怪诞的故事。吴庚在考场内竟然看见乡试被黜的张垣在答题,就将他的试卷拿来抄录,并且"中高等"。原来是因为吴家"累世阴骘,彰闻天地,神祇故以善祥相报"。宣扬的是积善得福报的思想。其中也讲到,吴庚父亲贿赂同考举子勾龙涣"百千钱",让他在考场内帮忙照顾儿子,只是因"场屋严肃不得往来"而未果。虽然洪迈查绍兴二十七年《登科录》,并没有叫吴庚的登科人,但他仍然相信有这样的事,只是"或年岁有误也"。

---

① 《夷坚丙志》卷七《子夏蹴酒》,第 424 页。
② 《夷坚甲志》卷一九《沈持要登科》,第 173 页。
③ 《夷坚支乙》卷二《黄若纳》,第 807 页。
④ 《夷坚丙志》卷七《蔡十九郎》,第 424 页。
⑤ 《夷坚支丁》卷二《吴庚登科》,第 977 页。

二 《夷坚志》保存的科举材料

《夷坚志》中有一些对两宋科举制度及其实施细节的描述，具有鲜明的特色。这些内容大多不见于正史，值得发掘与研究。

关于宋代类省试。类省试，顾名思义，是指在地方举行的级别与中央省试相类似的考试，主要是面向那些因道路埂阻、不能按期到达京城参加中央省试的一些边远地区举子。讲到类省试，一般是指南宋时期的四川类省试。实际上，在南宋初年，由于战乱不断，也曾在四川以外的地方举行过类省试：

> 绍兴辛亥（元年，1131），江东西举子类试于饶州。①
> 绍兴二年（1132），两浙进士类试于临安。②

这些都是研究南宋类省试的重要史料。

按规定，类省试合格人应该到临安府参加殿试。但四川地区举子往往不能如期赴举，对此，朝廷一般会采取提早类省试、延迟殿试时间，并为应举人解决食宿等办法，鼓励他们参加殿试。但有时，朝廷又对不赴殿的举子宽容以待，允许他们不赴殿试，直接赐出身。绍兴五年曾规定，川陕类省试第一名，依行在殿试第三人恩例，其余并赐同进士出身③。这是非常优厚的待遇。另据洪迈《夷坚志》记载："绍兴四年，蜀道类试进士……仙井黄贡……果为第一。"④说明仙井监人黄贡于绍兴四年考中类省试第一名后，并没有赶赴临安府参加殿试，而是于第二年，直接依殿试第三人恩例赐第授官。黄贡是幸运的，成都人章惠仲却没有这么好的运气，他的妹婿丘生的命运更加悲惨。《夷坚乙志》卷一二《章惠仲》：

> 成都人章惠仲与其妹婿丘生，绍兴二十六年，以四川类试中选，同赴廷试。未出峡，舟覆于江，丘生死焉，章仅得免。既赐第，调井研县主簿。还至峡州，得家书报其弟病死，章茹哀在道，兼程而西，跨羸马，倩一川兵挈囊以随。过万州，日势薄晚，犹前行不已，遂坠崖下，去岸十余丈，遍体皆伤，不可起。俄有虎至，奋而前，衔其髻，欲食。章窘怖，呼而言曰："汝虎有灵，幸听我语。吾母年八十矣，生子二人，女一人。往年妹婿死于水，今年弟死于家，独吾一身存，将以微禄充养，今汝食我，亦命也。无足惜，奈吾老母何？"虎自闻其言，已释髻，低首为倾听状，语毕，即舍去，盘旋其傍，若有所捍御。夜过半，章痛稍定，睡石上，梦人告曰："天欲晓，可行矣。"觉而已明，攀危木寸步而上。及登岸，马犹立不动，遂乘以行，告救皆在身，但囊橐为兵携去。章赴官满秩而母亡，未几，章亦卒，乃知一念起孝，脱于死地，专为母故也。异类知义如此，与夫落陷穽不引手而挤之下石者远矣，可以人而不如虎乎！

---

① 《夷坚支景》卷五《伍相授赋》，第 920 页。
② 《夷坚丙志》卷九《上竺观音》，第 437 页。
③ 《宋会要辑稿·选举》一二之一八。
④ 《夷坚乙志》卷八《歌汉宫春》，第 247 页。

章仲惠于绍兴二十六年类省试合格后,与妹婿丘生同赴临安廷试,丘生遇舟覆溺水身亡,死在了去临安的路上,何其不幸!章惠仲历经磨难,终于殿试登第,授井研县主簿。然而他却在归途中不幸跌入深渊,不能动弹,又遇老虎,差点被噬。他虽逃过一劫,却终因母亡哀伤过度,加上赴临安时惊吓过度、归来时体无完肤,官满一任即卒。

据不完全统计,《夷坚志》中记录了类试合格人十一名,多数为四川人。这些对于深入研究宋代类省试制度,具有很高的史料价值。

关于三舍贡士法。宋代徽宗朝从崇宁三年(1104)到宣和二年(1120)的十六年里,共在全国范围内举行过 12 次贡士试。除了崇宁五年、大观三年、政和二年、政和五年、政和八年举行的三年一次的科举试外,国家每年都要进行贡士试。直到宣和三年罢贡士试。宋代的贡士试,是当时以学校升贡试取代科举试的产物。崇宁元年,徽宗采纳蔡京的建议,扩大太学建置规模。三年,正式下诏罢科举,规定,"将来科场取士,悉由学校升贡"。贡士试每年举行,取代三年一次的科举试。很快又将三舍贡士法推广到地方。此后,各地的生员先在县学教养,经考试合格后升入州学。州学生以考试成绩为准,先由外舍升内舍,再由内舍升上舍。上舍生再参加升贡试,合格者即由地方解贡,升入中央的辟雍继续教养,"自辟雍升太学,俟殿试命以官"①。贡士试殿试合格者,经殿试唱名,称贡士及第,并赐上舍及第、上舍出身,正式释褐授官。

由此可见,宋徽宗朝举行的 12 次贡士试,是独立于科举试之外的一种选士方法。虽然徽宗试图通过学校贡士试取代科举试的改革,只推行了十二年就失败了,但它是将学校教育与科举取士结合起来的一次尝试。由于种种原因,徽宗朝的这段历史没有受到重视,史书中的记载也很少。所幸的是,《夷坚志》为我们提供了宝贵的有关三舍贡士试与科举试之区别的重要材料。《夷坚甲志》卷一八《杨公全梦父》讲述了这样一则故事:

> 杨公全朴,资州人,其父以政和癸巳卒,未葬。明年春,梦父归家,公全问:"何时得贡?"曰:"有冥司主簿,正掌文籍,乃吾故旧,尝取簿阅之,汝三舍无名,至科举始可了耳!"又云:"汝知朝廷已行五礼否?"对曰:"不知。"又杂询家事甚悉,语毕,其去如飞。是年八月,始颁《五礼新仪》,士人父母未葬者,不许入学。公悟父意,是冬襄事,至丁酉岁升贡,谓梦不验,既而无所成。宣和辛丑,罢舍法,复行科举,乃以甲辰登科。②

故事中的"何时得贡"与"汝三舍中无名,至科举始可了耳",就涉及崇宁三年罢州县科举而代之以学校三舍贡士试的重大改革。从这则故事中可以了解:其一,徽宗朝贡士试与科举试并存。宋徽宗虽然下诏罢科举,但并没废止三年一次的科举考试,宣和三年又罢三舍贡士试,全面恢复科举试,贡士试终究未能取代科举试。其二,朝廷颁布《五礼新仪》,规定父母亡而不葬者,不得入学。杨全正在应贡士试,得知此条消息后,立刻将停在家中父亲的灵柩下葬。其三,贡士试得第并非易事。杨全编造这则故事,假借父亲阴魂托言,无非是要为自己屡次殿试贡士不第找借口,但当他于宣和三年改赴科举试时却能一举命中,说明贡士试的难度很

---

① 陈均:《九朝编年备要》卷二七,丁亥大观元年二月条,影印文渊阁《四库全书》本。

② 《夷坚甲志》卷一八《杨公全梦父》,第 157 页。

大,其至超过了科举试。

贡士试与科举试之间的难易比较,《夷坚志》甲志卷一八《林孝雍梦》作了说明:

> 林孝雍,字天和,明州人。政和七年,贡入辟雍学,将试上舍。林少时尝预荐书,应免解。或劝其先以免举试,如不利,则留今贡以待来年,林不听。同舍生杨公全扣其故,林曰:"吾年甫二十蒙乡举,梦对策大廷,坐于西南隅。将出,有小黄门从吾求砚,心颇自负,以为必擢第。讯诸筮人,筮人曰:'君年四十八乃得官,今未也。'……今春秋四十七矣,当可觊幸,不为再战地也。"是岁果中选。廷试出,又告公全曰:"试日正坐西南隅,小黄门乞砚,皆如梦中所睹。"三十年前梦与卜者所言无毫厘差。①

当林孝雍打算参加上舍试时,有人就劝他以免发解试的资格应科举试,如果不成功来年仍可以参加上舍试。林孝雍拒绝的理由是他相信筮人的话,认为四十八岁的他一定能中贡士选。从朋友的劝告中不难看出,他认为中贡士选的可能性要小于登科第。而这则故事的珍贵之处,是具体记录了宋代贡士试的考试流程:首先要在地方州县经过一段时间的学习,再考入京城的辟雍学习,再参加上舍试,合格者贡入殿试,殿试合格,即赐上舍第。

关于科举别试。宋代科举试有避亲嫌的规定,举子若与考官有亲戚关系或师生关系等,为了避嫌,只能参加单独考试,称别头试。关于别试的情况,文献记载并不多,别试与贡院考试在试题难易、阅卷情况、录取比例等方面,有没有什么不同? 这些,从《夷坚志》的记载中可略知一二。

如,《夷坚三志壬》卷六《汪会之登科》条,讲述了新安人汪义和应举的故事:他于绍兴二十九年(1159)考中发解试,有族老梦见他"省试别院报榜",提前祝贺他来年金榜题时,父亲却心中不快,因为"今春无亲可避"。汪义和果然落选。一直到淳熙八年(1181)科举试,其弟汪义端任点检试卷官,"牒诣别头",终于登第。另据《夷坚三志辛》卷一《李彦胜梦赋》:

> 余干李彦胜兴宗,习举子业,词赋甚有可称。淳熙甲午,请乡荐,至绍熙壬子当免举。梦就试省闱,遇紫袍神人持金榜揭示之曰:"此题目也。"且谓:"子细。"言之至再。李熟视之,乃《人主天下之仪表赋》并韵脚及出处,上下文历历明白。即濡墨引笔挥八韵,略无停思……时邑贵赵子直为吏部尚书,度必知贡举,李尝作馆客,在法合回避。赵念别院取数少,预诒书止其行。李曰:"倘吾命分当得,何论大小难易? 固已格梦兆,夫复奚疑?"遂决计负发而西。癸丑正月,到都城,赵果司文柄。李牒赴别试所,赋题乃《帝王以纳谏为圣》,而贡院出题并韵脚悉与梦合。始以事告人,知无复科级之望,且叹曰:"造物小儿相戏,可谓恶剧。"竟下第而归。②

从这则故事中可以看出,其一,别试与贡院试的试卷是不一样的。绍熙四年(1193)的贡试赋题是《帝王以纳谏为圣》,而别试赋题为《人主天下之仪表赋》。其二,别试录取人数较少,难度比贡试大。李彦胜是吏部尚书赵子直的门客,按规定是要避嫌,赴别院参加单独考试。当赵子直预料自己可能任知举官后,他深知别院试取人比例要比贡院小,很可能会落第,就写

---

① 《夷坚甲志》卷一八《林孝雍梦》,第 158 页。
② 《夷坚三志辛》卷一《李彦胜梦赋》,第 1390 页。

信劝说李彦胜暂缓参加考试。而李彦胜自恃梦兆，不听劝告，至别院试落败。

上述故事中有关别试的记载都是在其他文献中难得见到的，是研究宋代别试制度非常重要的史料。

洪迈《夷坚志》不仅保存了大量有关宋代科举制度方面的史料，而且保存了众多登科人物资料。据统计，《夷坚志》中所列的科考故事有335则，明确记载登科人物266名。最早的是饶州人金君卿，他于宋仁宗庆历二年（1042）登进士甲科，累官至户部度支郎中①。最晚的是福州人游叔昌，他文武双全，因"词场荐不利"改应武举，庆元二年（1196）考中武举进士第三名②。《夷坚志》中的故事虽然充满怪诞的情节，但其中所包含的宋代科举制度和科举人物的信息非常丰富，在科举文献学方面的价值值得重视。

（作者单位：浙江大学古籍研究所）

---

①　《夷坚支丁》卷七《金郎中》，第1021页；《夷坚丙志》卷一三《金君卿妇》，第477页。
②　《夷坚支志癸》卷八《游伯虎》，第1278页。

南宋临安商业店铺的种类

徐吉军

南宋临安是全国最大的、最繁华的商业城市。吴自牧《梦粱录》卷一三《两赤县市镇》曰："杭为行都二百余年,户口蕃盛,商贾买卖者十倍于昔,往来辐辏,非他郡比。"又,卷一九《塌房》云:"自高庙车驾由建康幸杭,驻跸几近二百余年,户口蕃息近百万余家。杭城之外城,南西东北各数十里,人烟生聚,民物阜藩,市井坊陌,铺席骈盛,数日经行不尽,各可比外路一州郡,足见杭城繁盛矣。"

是时,临安的商业完全突破了传统的坊市制度,"自大街及诸坊巷,大小铺席,连门俱是,即无虚空之屋"。城内外"处处各有茶坊、酒肆、面店、果子、彩帛、绒线、香烛、油酱、食米、下饭、鱼、肉、鲞、腊等铺"[1]。居民密集的闹市区更是店铺林立,仅御街中段有店名可考的大店就达 120 余家[2],即连"坊巷桥门及隐僻去处,俱有铺席买卖"。[3]

南宋临安的店铺,门类非常齐全,下面择要对其中的饮食、点心、凉水、茶坊、酒肆、面店、糖果、珠宝、彩帛、绒线、香烛、书籍、药品、旅邸等十余类店铺予以介绍。

一 食 店

南宋临安的食店,从其经营的食品特色来看,可分为分茶店、面食店、羊饭店(又称肥羊酒店)、犯鲊店、南食店、吃拌店、菜面店、素食店、羹店、菜羹饭店、衢州饭店等数种。从食品店饮食的风格上看,又可分为北馔、南食、川饭三大类。从经营的规模来看,首推分茶店,羊饭店、川饭店、南食店、吃拌店、菜面店、素食店、衢州饭店等次之。从经营者的籍贯来看,既有本地的,也有许多来自北方的经营者,如著名的鱼羹宋五嫂(在钱塘门外)、羊肉李七儿、奶房王家、血肚羹宋小巴之类,就是从东京迁来的。[4]

1. 分茶店

"分茶店"亦称分茶酒店、茶饭店,是食店中规模最大的一种,孟元老《东京梦华录》卷四《食店》载:"大凡食店,大者谓之分茶。"由于它又是一种综合性的食店,因此时人又往往将面

---

① 以上参见《梦粱录》卷一三《铺席》,浙江人民出版社 1980 年标点本,第 118 页。
② 据《梦粱录》卷一三《铺席》统计。
③ 《梦粱录》卷一六《鲞铺》,第 150 页。
④ 袁褧:《枫窗小牍》卷上,影印文渊阁《四库全书》本。

食店统称为"分茶店"。吴自牧《梦粱录》一书列举的著名食店中,就只见面食店,而不见分茶店,如保佑坊前的张卖食面店、金子巷即市南坊前的陈花脚面食店、太平坊南的倪设门面食店、南瓦子北的卓道王卖面店。

2.面食店

面食店,顾名思义就是一种以经营面食为主的饮食店铺。这种店在北宋东京时就非常普遍。南宋定都临安后,为适应北方人的饮食习惯,也开设了许多面食店。其中,著名的有:张卖食面店(保佑坊前)、陈花脚面食店(金子巷即市南坊前)、倪设门面食店(太平坊南)、卓道王卖面店(南瓦子北)①。这些面食店经营的饭食品种,除一部分与分茶店相同外,尚有其特色的东西,这就是面食。

需要说明的是,临安的面食店又有讫挞店、菜面店等之分。毫无疑义,这种讫挞店、菜面店都是"北食",与北人南迁有关。

3.羊饭店

羊饭店或称为肥羊酒店,是一种经营北方菜肴食品为主的饭店,其顾名思义,就是一种以经营羊肉类食品为主的饭店,如分茶店经营的羊肉菜肴,有许多品种便是这种店铺的特色菜。当然,其制作的总体水平要低于分茶店,特别是使用的原料多为内脏之类的下脚料。店内除出售羊肉菜肴和米饭外,还兼卖酒。顾客如没有多少吃饭时间,则先上头羹、石髓饭、大骨饭、泡饭、软羊、淅米饭诸类的饭食。如顾客吃饭时间宽裕,则先上煎事件、托胎、奶房、肚尖、肚胘、腰子之类的菜肴,供顾客饮酒下饭,慢慢食用。南宋临安著名的羊饭店和肥羊酒店,主要有中瓦子前的耿家、后市街口的施家、丰豫门的归家、钱湖门外南首省马院前的莫家以及马婆巷的双羊店,其中著名的羊肉李七儿是从北方南迁至杭州的肥羊酒店。②

4.犯鲊店

"犯"是经过加工调味的干肉;"鲊"是经过加工调味的鱼、虾、蟹、雀等肉。邓之诚在注《东京梦华录》一书"犯鲊"时案道:"宋人纪载鲊必参以糖酒及醋,则今之熏鱼、熏鸡、酥鱼、醉蟹、盐水鸡鸭其遗制也。犯是晒干,与脯腊之盐腌者有别,如交片、如干鱼虾、如晾干肉之类。脯腊,今日腊味。昔年都中盒子铺四时有之。"这种犯鲊店铺在北宋都城东京就很盛行。南宋临安的犯鲊店,就是从东京特有的食品犯鲊发展出来的。是时,著名的犯鲊店有位于石榴园的倪家,这些犯鲊店除主营犯鲊外,还兼营生熟肉。临安犯鲊店所制作的犯鲊,其名件已多到40种,除北宋东京常见的玉版鲊以外,称为鲊的就有17种之多。吴自牧《梦粱录》卷一六《肉铺》载道:"其犯鲊者:算条、影戏、盐豉、皂角铤、松脯、界方条、线条、糟猪头肉、玛瑙肉、鹅鲊、旋鲊、寸金鲊、角头酱、三和鲊、切鲊、桃花鲊、骨鲊、饭鲊、槌脯、红羊犯、大鱼鲊、鲟鳇鱼鲊等类。"

5.川饭店

川饭店,或称川饭分茶,原来北宋都城东京的饮食店主为了方便四川地区去的士大夫而

---

① 《梦粱录》卷一三《铺席》,第116页。
② 《枫窗小牍》卷上。

设的,是一种经营四川风味菜肴的饭店。《东京梦华录》卷四《食店》载:"川饭店,则有插肉面、大燠面、大小抹肉、淘煎燠肉、杂煎事件、生熟烧饭。"宋室南迁至临安后,饮食店主们也仿北宋汴京,在都城中设立川饭店。

6. 南食店

南食店或称南食面店,原来北宋都城东京的饮食店主为了方便四川地区去的士大夫而设的,为一种经营江南地方风味菜肴的饭店。吴自牧说:"向者汴京开南食面店,川饭分茶,以备江南往来士夫,谓其不便北食故耳。"①在北宋东京,这种南食店主要经营鱼兜子、桐皮熟脍面、煎鱼饭等食品②。南宋临安虽沿袭北宋东京设立南食店,然而至南宋末年已经名不符实,由于"南渡以来,几二百余年,则水土既惯,饮食混淆,无南北之分矣"③,已经演变为一种以经营水产菜肴为特色的店铺。王十朋《和南食》诗对此有详细的描述。④

7. 素食店

素食店又称"素食分茶店",这是一种专供佛教信徒饮食的饭店,使他们"不误斋戒"。出售的菜肴有头羹、双峰、三峰、四峰、到底签、蒸果子、鳖蒸羊、大段果子、鱼油炸、鱼茧儿、三鲜、夺真鸡、元鱼、元羊蹄、梅鱼、两熟鱼、炸油河豚、大片腰子、鼎煮羊麸、乳水龙麸、笋辣羹、杂辣羹、白鱼辣羹饭。此外,如五味熬麸、糟酱、烧麸、假炙鸭、干签杂鸠、假羊事件、假驴事件、假煎白肠、葱焙油炸、骨头米脯、大片羊、红熬大件肉、煎假乌鱼等亦是素食店常见的菜肴,专供下饭。素面则有大片铺羊面、三鲜面、炒鳝面、卷鱼面、笋泼面、笋辣面、乳齑面、笋齑淘、笋菜淘面、七宝棋子、百花棋子等面,"皆精细乳麸,笋粉素食"。⑤

8. 衢州饭店

衢州饭店,又称"闷饭店",这是一种专卖家常饭食的饭店,犹如今日以经营农家饭食为主的饮食店,在饭店中档次极低。饭店除出售盒饭外,还卖揩肉羹、骨头羹、蹄子清羹、鱼辣羹、鸡羹、要鱼辣羹、猪大骨清羹、杂合羹、南北羹等羹。另外兼卖蝴蝶面、煎肉、大熬虾燥等蝴蝶面,以及供下饭所用的煎肉、煎肝、冻鱼、冰鳖、冻肉、煎鸭子、煎鲚鱼、醋鳖等菜肴,"欲求粗饱者可往,惟不宜尊贵人"。⑥

9. 菜羹饭店

菜羹饭店即孟元老《东京梦华录》卷四《食店》中所谓的"瓠羹店",专售各种菜羹,兼卖煎豆腐、煎鱼、煎鳖、烧菜、烧茄子等菜肴,这是都城中一般居民的食店。"此等店肆乃下等人求食粗饱,往而市之矣。"⑦这种菜羹饭店在北宋都城东京曾经风行一时,深受下层劳动人民的

---

① 《梦粱录》卷一六《面食店》,第 145 页。

② 《东京梦华录》卷四《食店》,中华书局 1982 年校注本,第 127 页。

③ 《梦粱录》卷一六《面食店》,第 145—146 页。

④ 《王十朋全集·诗集》卷九,上海古籍出版社 1998 年重刊本,第 134 页。

⑤ 《梦粱录》卷一六《面食店》,第 147 页。

⑥ 耐得翁:《都城纪胜·食店》,收入浙江人民出版社 1983 年《南宋古迹考》,第 84 页。

⑦ 《梦粱录》卷一六《面食店》,第 147 页。

欢迎,是时潘楼街的徐家瓠羹店就很出名。但是到南宋时,都城临安已"名存而实亡"[①],著名羹店仅存官巷口的光家和钱塘门外的宋五嫂鱼羹。

二 点心店

南宋临安的点心店,可以分为荤素从食店、素点心从食店、馒头店、粉食店、饼店数种。

1.荤素从食店

从食是指各色品种的蒸作糕点,包括多种馒头、包子(包儿)、糕、饼、馅、酥、夹子(夹儿)、元子(即团子)、粽子、豆团、麻团、糍团、油炸、千层儿[②]。荤素从食店是点心店中规模最大、品种最全的一种。这种荤素从食店早在北宋东京时就很盛行,当时东京著名的有州桥以南的曹家从食。至南宋建都临安后,荤素从食店更多了,著名的有大内前的卞家从食[③]。此外,"坝桥榜亭侧朱家馒头铺"、市西坊的朱家馒头铺、南瓦子前的张家元子铺和朝天门里大石板的朱家元子糖糕铺等等都属从食店。这些从食店出售的品种极其丰富,吴自牧《梦粱录》卷一六《荤素从食店》,列举蒸作面行出卖的从食 51 种,素点心从食店出卖的素从食 26 种,粉食店出卖的各色元子、水团、糕、粽子等 15 种。《武林旧事》卷六《糕》列举各种糕 19 种,《蒸作从食》列举从食 52 种以及诸色夹子、诸色包子、诸色角儿、诸色果食、诸色从食。

2.素点心从食店

素点心从食店专售素食点心,如丰糖糕、乳糕、粟糕、镜面糕、重阳糕、枣糕、糖糕、蜜糕、栗糕、麦糕、豆糕、花糕、糍糕、雪糕、小甑糕、蒸糖糕、生糖糕、蜂糖糕、线糕、闲炊糕、干糕、社糕[④]、麸笋丝、假肉馒头、笋丝馒头、裹蒸馒头、波菜果子馒头、七宝酸馅馒头、姜糖馒头、辣馅糖馅馒头、活糖沙馅诸色春茧、仙桃龟儿、包子、点子、诸色油炸(如油条、油炸粽子等)、素夹儿、油酥饼儿、笋丝麸儿、果子、韵果、七宝包儿等。

3.馒头店

馒头店,顾名思义就是一种以出售馒头为主的店铺。馒头为一种有馅的发酵面团蒸食,形如人头,故名。或以皮之厚薄,与包子有别。其品种甚多,见于文献记载的有四色馒头、生馅馒头、杂色煎花馒头、糖肉馒头、羊肉馒头、太学馒头、笋肉馒头、鱼肉馒头、蟹黄馒头、蟹肉馒头、剪花馒头、灌浆馒头、假肉馒头、笋丝馒头、裹蒸馒头、波菜里子馒头、辣馅糖陷馒头、覃馒头、巢馒头等几十种。在这其中,太学馒头是颇具特色的一种。据孙世增研究,太学馒头的制法颇为简便,它是将切好的肉丝,拌入花椒面、盐等佐料来作馅,再用发面作皮,制成今日的馒头状即可。其形似葫芦,表面白亮光滑,具有软嫩鲜香的风味特色,即使是没有牙齿

---

① 《都城纪胜·食店》,第 84 页。

② 杨宽:《中国古代都城制度史研究》,上海古籍出版社 1993 年版,第 387 页。

③ 《都城纪胜·食店》,第 84 页。

④ 以上参见周密《武林旧事》卷六《糕》等,浙江人民出版社 198 且标点本,第 100 页。

的老人也乐于食用①。所以宋人岳珂在其《馒头》诗中赞道："几年太学饱诸儒，余技犹传笋蕨厨。公子彭生红缕肉，将军铁杖白莲肤。芳馨政可资椒实，粗泽何妨比瓠壶。老去齿牙辜大嚼，流涎聊复慰馋奴。"②

4. 粉食店

粉食店，专卖山药元子、真珠元子、金桔水团、澄粉水团、乳糖槌、拍花糕、糖蜜糕、裹蒸粽子、栗粽、金铤裹蒸茭粽、糖蜜韵果、巧粽、豆团、麻团、糍团及四时糖食点心。

5. 饼店

饼店在宋代可以划分为油饼店、胡饼店两类。据孟元老《东京梦华录》卷四《饼店》载："若油饼店，即卖蒸饼、糖饼、装合、引盘之类。胡饼店即卖门油、菊花、宽焦、侧厚、油蜗、髓饼、新样、满麻，每案用三五人捏剂卓花入炉。自五更卓案之声，远近相闻。唯武成王庙前海州张家、皇建院前郑家最盛，每家有五十余炉。"南宋临安的饼店，从数量上说自然无法与北宋都城汴京相比，但由于这里聚集了大量的北人，特别是南迁的北方贵族，故饼店经营的种类数量远胜汴京。如《东京梦华录》载都城东京市面上出售的饼仅有油饼、蒸饼、宿蒸饼、油蜜蒸饼、糖饼、胡饼、茸割肉胡饼、白肉胡饼、肉饼、莲花肉饼、环饼、髓饼、天花饼等十余种；而至南宋都城临安时，《梦粱录》《武林旧事》等书中则载有金银炙焦牡丹饼、三肉饼、枣箍荷叶饼、芙蓉饼、菊花饼、月饼、梅花饼、开炉饼、甘露饼、肉油饼、炊饼③、乳饼、糖蜜酥皮烧饼、春饼、芥饼、辣菜饼、熟肉饼、鲜虾肉团饼、羊脂韭饼、旋饼、胡饼、猪胰胡饼、七色烧饼、焦蒸饼、风糖饼、天花饼、秤锤蒸饼、金花饼、睡蒸饼、炙炊饼、菜饼、荷叶饼、韭饼、糖饼、髓饼、宽焦饼、蜂糖饼等数十种④。由此可见，南宋临安饼的制作技术在汴京的基础上有了进一步的发展。当时，吴山所产的酥油饼，被人们称为"吴山第一点"，至今仍名闻江南。

毫无疑义，饼是"北食"。例如酪面就是一种北食，当时临安还有著名的铺席。《都城纪胜·食店》载道："如酪面，亦只后市街卖酥贺家一分（份），每个五百贯（"五百"两字疑是错误），以新鲜油饼两枚夹而食之，此北食也。"这种油饼至今仍为常见，而酪面据杨宽考证，"该是一种用牛羊乳炒熬而成的面食品"。⑤

---

① 孙世增：《"太学馒头"与"发面包子"》，载《烹饪史话》，中国商业出版社 1986 年版，第 478 页。

② 岳珂：《玉楮集》卷三，文渊阁《四库全书》本。

③ 吴处厚：《青箱杂记》卷二："仁宗庙讳桢，语讹近蒸。今内庭上下皆呼蒸饼为炊饼。"中华书局 1985 年点校本，第 19 页。

④ 据邓之诚先生解释："蒸饼亦曰炊饼、笼饼，数以扇计，即今馒头。胡饼即烧饼有芝麻者。油饼为起酥者。糖饼有馅。环饼即寒具，亦曰馓子。饽饦或即川陕锅魁，侧厚似是都中马蹄烧饼。宽焦即薄脆，都中高粱桥薄脆，起自乾隆时。"（《东京梦华录》第 81 页）

⑤ 杨宽：《中国古代都城制度史研究》，上海古籍出版社 1993 年版，第 387 页。

三 凉水店和果子店

1. 凉水店

凉水店为一种饮料店,早在北宋都城东京就已流行于世。当时东京的州桥夜市,每当夏天就有凉水出售,著名品种有沙糖录豆甘草冰雪凉水和荔枝膏。这种凉水到南宋临安时又得到了进一步的发展。周密《武林旧事》卷六把"凉水"和"犯鲝"视作为一项重要的食品,他在书中列举了 18 种凉水;《西湖老人繁胜录》的"诸般水名"也列举了 17 种。除去两书中重复的,共有 23 种之多。据文献记载,当时临安著名的凉水,如中瓦子前的皂儿水和张家豆儿水,杂卖场前的甘豆汤,通红桥的雪泡豆儿水和荔枝膏。[①]

2. 果子店

果子店即糖果店,为一种专售时鲜水果及果脯等的店铺。这种店铺在临安也很多,著名的如大瓦子的水果子、五间楼前周五郎蜜煎铺[②]、中瓦子前钱家干果铺、水巷(兰陵坊)口阮家干果铺、杂卖场前戈家蜜枣儿。它们经营的品种比较繁多,《西湖老人繁胜录》列举 15 种"时果"(即时新果子)、12 种"蜜煎"、39 种"糖煎"。此外,他在书中尚列有相银杏、炒椎栗、方顶饼、盐官枣、玉石榴、红石梅、晚橙、红柿、巧柿、绿柿、榄柿、雪梨、水晶葡萄、太原葡萄 14 种干湿水果。周密《武林旧事》卷六《果子》列举糖煎和蜜煎以及其他制法的点心有 40 多种,其中还有不少品种是西湖老人没有记录的。

四 酒 店

酒店是临安最赚钱的地方,当时社会上流行着这样一句谚语,这就是:"欲得官,杀人放火受招安;欲得富,赶着行在卖酒醋。"[③]或者说:"若要富,守定行在卖酒醋;若要官,杀人放火受招安。"[④]这里说的"行在",即是临安。其时,酒店在南宋临安的商业和饮食业中占有非常重要的地位。

(一)酒店的经营性质

从南宋临安酒店的经营性质来看,可以分为官营和私营两种。

1. 官营酒店

官营酒店由官府开办,一般多属官营酒库经营。从文献记载来看,临安共有 13 所官营酒库,其中 7 所设有酒楼,它们是:

---

① 《梦粱录》卷一三《铺席》,第 116 页;《夜市》,第 119 页。
② 《梦粱录》卷一三《团行》载有"五间楼泉、福糖蜜及荔枝、圆眼汤等物",第 115 页。
③ 庄绰:《鸡肋篇》卷中,中华书局点校本,第 67 页。
④ 张知甫:《张氏可书》,见《宋稗类钞》卷八转载。

南酒库,简称为南库,原名升阳宫(一作升旸宫),在清河坊南建有和乐楼。

中酒库,又名银瓮子中库,简称为中库,在众乐坊北。造清界,有中和楼。

南上酒库,又名武林园南上库,简称为南上库,在睦亲坊建有和丰楼,该酒楼正对吴越两山,故民间又名正南楼。

北酒库,简称为北库,在鹅鸭桥东,处于小河(市河)街市的中段,建有春风楼。

东酒库,简称为东库,在太和桥东,处于大河(盐桥运河)街市的中段,建有太和楼。

西酒库,又称为金文库或金文西库,在丰豫门(即涌金门)外建有西楼,当时名人楼钥曾书榜,后为好奇者取去。西库分出有子库,时人称西子库,该酒库拥有太平楼和丰乐楼两大酒店,均在丰豫门外①。这里面临西湖,风景绝佳,故而游人众多,以至西库和西子库都要在此设立大型的酒楼②。《梦粱录》卷一二《西湖》载此楼"据西湖之会,千峰连环,一碧万顷,柳汀花坞,历历栏榄间,而游桡画舫,棹讴堤唱,往往会于楼下,为游览最。顾以官酤喧杂,楼亦临水,弗与景称"。该酒楼多用作官僚士绅设同年宴或乡会之处。"乡饮团拜,多集于此。"③

北外库,在余杭门外左家桥北,接近米市,建有春融楼。

除上述外,更有碧香诸库,如钱塘门外上船亭南的钱塘正库,设有先得楼,此楼由过去的望湖楼演变而来。造清界库,在睦亲坊北,有和丰酒楼。

2. 私营酒店

私营的酒楼,顾名思义就是由私人经营,时人或称为"市楼"。

从文献记载来载来看,南宋临安的市楼甚多,其中最著名的是中瓦子前武林园的三元楼,此楼一向是由康、沈家开酤,店门首彩画欢门,设红绿杈子,绯绿帘幕,贴金红纱栀子灯,装饰厅院廊庑,花木森茂,酒座潇洒。从店门进去,一直是主廊,约一二十步才分南北两廊,全部是诸如今日包厢及"稳便坐席"。到晚上,灯烛辉煌,上下相照,如同白昼。数十名浓妆打扮的妓女,聚于主廊檐面上,等待着酒客的呼唤,望之宛如神仙。稍次于三元楼的,有南瓦子的熙春楼(此楼由王厨开酤),新街巷口的花月楼(施厨开酤),融和坊的嘉庆楼、聚景楼(此两店均为康、沈脚店),金波桥的风月楼(严厨开酤),灵椒巷口的赏新楼(一作赏心楼,沈厨开酤),坝头西市坊的双凤楼(施厨开酤),下瓦子前的日新楼(郑厨开酤),荐桥以东丰禾坊的王家酒店等。与三元楼一样,这些酒店大多也设有妓女,以供风流酒客买笑追欢。此外,还有银马杓、翁厨、任厨、陈厨、周厨、巧张、张花等酒店,它们都是以著名厨师来号召的,各具特色。如暗门(清波门)外郑厨分茶酒肆,"只卖好食,虽海鲜头羹皆有之"④。又如御街中段太平坊大街东南角有虾蟆眼酒店,"只卖好酒"。⑤

---

① 《都城纪胜·酒肆》:"西子库曰丰乐桥,在今涌金门外,乃旧杨和王之耸翠楼,后张定叟兼领库事,取为官库,正跨西湖,对两山之胜。西子库曰太平楼……其太平、太和,因回禄后其楼悉废。"《武林旧事》卷六《酒楼》亦载有太平楼和丰乐楼。

② 朱彭:《南宋古迹考·城郭考》"丰豫门外"引"知当日涌金门酒亦甚著名",第4页。

③ 《梦粱录》卷一二《西湖》,第105页。

④ 《武林旧事》卷六《酒楼》,第94页;《梦粱录》卷一六《酒肆》,第141页。

⑤ 《武林旧事》卷六《酒楼》,第94页。

(二)酒店的等级

据文献记载,南宋临安的酒店分以下数等:

第一等为大型的酒店,时人称为"正店",如前述的众多大型酒店便属于此等。这等酒店建筑雄伟壮观,装饰富丽堂皇,环境优美典雅,并备有各式各样的精美餐具,特别是酒器更是如此,全部用银制作而成。主要为上层顾客服务,基本上集中在闹市区。不管是官营酒楼,还是私营酒楼,都有大量的妓女为客人服务,前者往往设有官妓数十人,后者亦有私妓数十人。客人刚至酒店坐定,酒家人便先给看菜几碟,问酒多少,然后送上上面写有各式各样菜肴名称的单子和牌面供客人点唤好酒好菜。如煮酒,或可先索到十瓶,逐瓶开饮,多余可退回酒店。如下酒品件,其钱数不多,谓之"分茶"、"小分下酒";客人如要召唤妓女服务,就得索唤高价的细食,酒店借机高抬价钱①。需要说明的是,这些大酒店,"娼妓只伴从而已"。洪迈《夷坚志补》卷七《丰乐楼》对此便有描述:"临安市民沈一,酒拍户也。居官巷,自开酒庐,又扑买钱塘门外丰乐楼库,日往监沽,逼暮则还家。淳熙初,当春夏之交,来饮者多。一日,不克归,就宿于库。将二鼓,忽有大舫泊湖岸,贵公子五人,挟姬妾十数辈,径诣楼下,唤酒仆,问何人在此,仆以沈告,客甚喜,招相见,多索酒,沈接续侍奉之。纵饮楼上,歌童舞女,丝管喧沸,不觉罄百樽。饮罢,夜已阑,偿酒直,郑重致谢。"

第二等为"脚店",或称"分茶酒店"。这种店在规模上要小于"正店",但大于"拍户酒店",可以说是一种中型的酒店。专卖上等的名酒及下酒菜肴,其客人以中等收入的市民为主。

第三等为"拍户酒店"。《梦粱录》卷一六《酒肆》载:"大抵酒肆除官库、子库、脚店之外,其余谓之拍户,兼卖诸般下酒,食次随意索唤。""拍户"一词是由买扑制度而起的,指向官、私营的酒务、酒库、酒坊买酒销售的人户。这些私商小贩从官酒务或大酒户中按批发价买酒,再至指定地界内设店销售,从批发价与市场零售价的差额中获取利润。这类"拍户酒店"在南宋临安极多,遍布城内外。

拍户酒店虽是一种小型的零卖酒店,但其经营却颇具特色,又可分为以下几种:

1. 包子酒店

包子酒店是一种以兼卖包子、肠血粉羹等下酒小菜为特色的酒店。据《梦粱录》卷一六《酒肆》载,这种酒店"专卖灌浆馒头、薄皮春茧包子、虾肉包子、鱼兜杂合粉、灌煎大骨之类"。《都城纪胜·酒肆》则谓其"卖鹅鸭包子、四色子、肠血粉羹、鱼子、鱼白之类,此处易为支费"。

2. 肥羊酒店

肥羊酒店是一种兼卖羊肉食品为特色的酒店。据《梦粱录》卷一六《酒肆》载,南宋都城临安"丰豫门归家、省马院前莫家、后市街口施家、马婆巷双羊店等铺,零卖软羊、大骨龟背、

---

① 如《梦粱录》卷一六《酒肆》,第141页:"或命妓者,被此辈索唤珍品,下细食次,使其高抬价数,惟经惯者不堕其计。"《都城纪胜·酒肆》:"若命妓,则此辈多是虚驾骄贵,索唤高价细食,全要出着经惯,不被所侮也。"第82页。

烂蒸大片、羊杂焐四软、羊撺四件"。

3.茶饭店

茶饭店,《都城纪胜·酒肆》:"谓兼卖食次下酒是也。但要索唤及时食品,知处不然,则酒家亦有单子牌面点选也。"

4.宅子酒店

所谓宅子酒店,就是将酒店装饰成官宦人家的宅舍,或者由过去仕宦人家所住的房子改建而成。这种酒店使人有一种宾归至家的感觉,颇受文人士大夫及普通官吏的喜爱。

5.花园酒店

所谓花园酒店,就是指一种园林式的酒店。这种酒店大多设在城郊景色秀丽、花草繁多的地区;个别设在城内,其建筑设计仿照园馆装饰。

6.直卖店

直卖店又称"角球店",是一种专卖酒而不供应下酒食品的酒店。如《都城纪胜·酒肆》曰:"直卖酒,谓不卖食次也。"《梦粱录》卷一六《酒肆》:"有一等直卖酒,不卖食次下酒。"

7.散酒店

散酒店是一种零沽散卖的小酒店,《都城纪胜·酒肆》:"谓零卖百单四、七十七、五十二、三十八,并拆卖外坊酒。"

8.碗头店

碗头店,门首不设油漆权子,只挂草葫芦。用银马勺、银大碗等酒具。也有的挂银裹直卖牌。店铺比较简陋,多是用竹栅布幕搭建而成,时人谓之为"打碗头",意思是顾客多是只喝三二碗酒,甚至只喝一杯便走的人。酒店出售的下酒食品也非常低劣,如血脏、豆腐羹、熬螺蛳、煎豆腐、蛤蜊肉之类。到这种酒店喝酒的人大多是下层的劳动人民。"不甚尊贵,非高人所往。"①

9.庵酒店

庵酒店是一种以卖酒为名,主营妓业的酒店。耐得翁《都城纪胜·酒肆》曰:"庵酒店,谓有娼妓在内,可以就欢,而于酒阁内暗藏卧床也。门首红栀子灯上,不以晴雨,必用箬䈴盖之,以为记认。其他大酒店,娼妓只伴坐而已。欲买欢,则多往其居。""箬䈴"是用箬叶制成的防雨的灯罩。毫无疑义,这种庵酒店实质上就是妓院。

10.罗酒店

罗酒店在北宋时流行于山东、河北地区。后随着宋室的南渡,这种酒店形式也传至南方,但已失去了往日的风采。耐得翁《都城纪胜·酒肆》云:"罗酒店……今借名以卖浑头,遂不贵重也。

---

① 《都城纪胜·酒肆》,第82页。

五　茶　楼

临安茶肆与酒店一样,也遍布杭城内外,其中以御街中段和中瓦子为最多。据《梦粱录》、《都城纪胜》、《武林旧事》所载,有名可查的就有以下数十家:太平坊郭四郎茶坊,太平坊北首张七相干茶坊,市西坊南有潘节干茶坊、俞七郎茶坊,以上四家茶坊都位于御街西侧。御街东侧宝佑坊(一作保佑坊)北有朱骷髅茶坊。中瓦一带则有黄尖嘴蹴球茶坊、王妈妈家茶肆(又名一窟鬼茶坊)、大街车儿茶肆、蒋检阅茶肆,其中,黄尖嘴茶坊在宝佑坊;王妈妈家茶肆又名一窟鬼茶坊,蒋检阅茶肆即是蒋检阅茶汤铺,均在清河坊①。此外,尚有清乐条坊、八仙茶坊、珠子条坊、连二茶坊、连二条坊等。除城中分布有众多的茶馆外,西湖边也有一些茶坊,如南山的茶坊岭就因当时设有茶坊而闻名②。又,周密《齐东野语》卷一○《明真王真人》载有"西陵桥茶肆"。

据文献记载,这些设在都城中的茶肆按其规模可以分为以下数等:

第一等为"大茶坊"。据《梦粱录》卷一六《茶肆》载:"更有张卖面店隔壁黄尖嘴蹴球茶坊,又中瓦内王妈妈家茶肆名一窟鬼茶坊,大街车儿茶肆、蒋检阅茶肆,皆士大夫期朋约友会聚之处。"这类茶肆装饰颇为讲究,四壁张挂名人的书法与绘画作品,并在茶楼内设花架,安顿松桧等花卉盆景,花瓶中插四时花朵。除"四时卖奇茶异汤"之外。"冬月添卖七宝擂茶、馓子、葱茶,或卖盐豉汤;暑天添卖雪泡梅花酒,或缩脾饮暑药之属。"绍兴年间卖梅花酒的茶肆,用鼓乐吹奏《梅花引》一曲号召,用银盂、银杓、铺盏子盛来出卖。后来就只敲打乡盏唱歌叫卖,只用瓷盏、漆托供卖。到这里饮茶者大多是富室子弟、诸司下直等人,他们会聚在这里"学习乐器、上教曲赚之类,谓之挂牌儿"③。作为学习乐器、教练唱曲的场所。于是,这一等茶坊实际上已经成为文人士大夫约会朋友高谈阔论的地方。

第二等为"人情茶肆"。这类茶肆有点像今天的俱乐部,是都市中社会交际最活跃的场所。自然这一等茶肆本非以出售茶汤为业,只是以茶的名义多得一些茶钱。它的顾客可以分为二大类:一是专供娼妓弟兄(即假父)会聚,消遣娱乐;一是成为各种行业出卖技艺的雇佣劳动者会聚"行老"的地点,谓之"市头"④。

第三等为"花茶坊"(又称"水茶坊")。《梦粱录》卷一六《茶肆》讲到大街有三五家茶肆是花茶坊,列举的就是上述五个茶坊,并称"盖此五处多有吵闹,非君子驻足之地也"。这类茶肆由娼家开设,在店中只简单地放些桌椅作为装饰,实际上在茶楼安置有妓女,以茶为名勾引青年人。"凡初登门,则有提瓶献茗者,虽杯茶亦犒数千,谓之'点花茶'。登楼甫饮一杯,则先与数贯,谓之'支酒',然后呼唤提卖,随意置宴,赶趁祗应扑卖者亦皆纷至,浮费颇多。"

---

① 《梦粱录》卷一三《铺席》,第117页。
② 田汝成:《西湖游览志》卷三《南山胜迹》,上海古籍出版社1958年标点本,第27页。
③ 《梦粱录》卷一六《茶肆》,第140页。
④ 《梦粱录》卷一六《茶肆》,第140页。

妓女们在此"争妍卖笑,朝歌暮弦,摇荡心目"①。"后生辈甘于费钱,谓之干茶钱"②。他们在此争风吃醋,"多有吵闹,非君子驻足之地也"③。这种花茶坊在都城中颇有市场,仅御街中段的街市就有五家著名的"花茶坊",它们是郭四郎茶坊、张七相干茶坊、潘节干茶坊、俞七郎茶坊、朱骷髅茶坊。周密《武林旧事》卷六《歌馆》也把不少茶肆归入歌馆一类,他在讲述许多"群花所聚之地"之后,接着说:"外地诸处茶肆,清乐茶坊、八仙茶坊、珠子茶坊、潘家茶坊、连三茶坊、连二茶坊,及金波桥等两河以至瓦市,各有等差,莫不靓妆迎门,争妍卖笑,朝歌暮弦,摇荡心目",所有这些茶肆,也具"花茶坊"的性质。

六　油铺、汤店及其他饮食店铺

(一)油铺

除上述饮食店铺外,临安城内外尚有一些与居民饮食生活有关的食品店,油铺就是其中之一。这种油铺也遍布城内外,洪迈《夷坚志》对此便有记载:"忠训郎王良佐,居临安观桥下。初为细民,负担贩油,后家道小康,启肆于门,称王五郎。"④又,《咸淳临安志》卷八九《纪事》载:"(绍兴)二十六年七月辛亥,户部尚书兼权知临安府韩仲通言:安抚司回易库,昨将官钱责借油铺,并置米铺,以收利息。"

(二)汤店

汤在宋代是一种极为流行的饮料,其地位仅次于酒和茶,为第三大饮料。这是一种用药物配制的饮料。《萍洲可谈》卷一曰:"今世俗客到则啜茶,去则啜汤。汤取药材甘香者屑之,或温或凉,未有不用甘草者,此俗遍天下。"

喝汤之俗在北宋极为盛行。无名氏《南窗纪谈》云:"客至则设茶,欲去则设汤,不知起于何时。然上自官府,下至闾里,莫之或废。"至南宋,这种先茶后汤的习俗仍然存在,但已不如过去流行。袁文《甕牖闲评》卷六云:"古人客来点茶,茶罢点汤,此常礼也。近世则不然,客至点茶与汤,客主皆虚盏,已极好笑。而公厅之上,主人则有少汤,客边尽是空盏,本欲行礼而反失礼,此尤可笑者也。"但汤仍是待客之饮料。如《湖海新闻夷坚续志》前集卷一《人伦门·遇贵升迁》载:"宋孝宗时,蜀士许志仁在临安袁家汤店止泊。一夕,孝宗与曾参政从龙微行,入袁店吃汤。"市场上有卖汤者,品种较多,如《梦粱录》卷一三《天晓诸人出市》载有"浮铺早卖汤药二陈汤及调气降气并丸剂安养元气者"。又,同卷《夜市》载"中瓦前车子卖香茶异汤"。

---

① 《武林旧事》卷六《歌馆》,第95页。
② 《都城纪胜·茶坊》,第85页。
③ 《梦粱录》卷一六《茶肆》,第140页。
④ 洪迈:《夷坚支志癸》卷三《宝叔塔影》,影印文渊阁《四库全书》本。

七 药 店

药店在城内外星罗棋布,著名的有:猫儿桥潘节干熟药铺,坝头榜亭安抚司惠民坊熟药局,市西坊南和剂惠民药局,五间楼前有张家生药铺,中瓦前陈直翁药铺、梁道实药铺,赏心楼前又有仙姑卖食药,市西坊有毛家生药铺,官巷有仁爱堂熟药铺、金臼楼太子药铺(一作金药臼楼太丞药铺),漆器墙下李官人双行解毒丸,宝佑坊有讷庵丹砂熟药铺,金子巷(即市南坊)有杨将领药铺,修义坊有三不欺药铺,外沙皮巷(清平坊)口有双胡芦眼药铺,太平坊大街东南角虾蟆眼药铺,太庙前陈妈妈泥面具风药铺,大佛寺有痔药铺,保和大师乌梅药铺,三桥街毛家生药铺,石榴园张省干金马杓小儿药铺,沿桥下郭医产药铺,杨三郎生药铺等①,共数十家。从这些药店的店名中,我们可以看出,临安街市的药店,既有生药店和熟药店,又有专门药店如眼药店、痔药店以及卖解毒丸的药店。

八 书 铺

据文献所载,南宋临安的书铺甚多,其中有名可考的就有以下 18 家,它们是:临安府棚北大街睦亲坊南陈宅书籍铺;临安府棚北睦亲坊巷口陈解元书籍铺;临安府洪桥子南河西岸陈宅书籍铺;临安府挽鼓桥南河西岸陈宅书籍铺;临安府太庙前尹家书籍铺;临安府众安桥南街东开经书籍贾官人宅;临安府修文坊相对王八郎家经铺;钱塘门里车桥南大街郭宅经铺;保佑坊前张官人经史子文籍铺;行在棚南街前西经坊王念三郎家;杭州沈二郎经坊;杭州猫儿桥河东岸开笺纸马铺钟家;太学前陆家;临安府中瓦子南街之东开印输经史书籍铺荣六郎家;铺塘俞宅书塾;钱塘王叔边宅;临安府金氏;大河北段油蜡桥(新桥)西桥橘园亭(一作桔园亭)文籍书房。其中,荣六郎开设的经史书籍铺是从东京大相国寺东边迁来的,曾将原来东京刊行的旧本《抱朴子内篇》重新刊行。②

九 质库和金银盐钞引交易铺

临安质库和金银盐钞引交易铺的大量涌现,尤为引人注目。

(一)质库

质库就是典当铺的前身。在当时,临安城内外设有数十处,规模都较大。如《都城纪胜·铺席》载:"间有府第富室质库十数处,皆不以贯万收质。"绍兴十一年,开封人鲁进在临安送其亲戚于北关下,走时忘记携带钱,于是解下随身的贵重衣服,将其质于库。③

---

① 以上见《梦粱录》卷一三《铺席》,第 116—117 页。
② 王国维:《两浙古刊本考》卷上。
③ 田汝成:《西湖游览志余》卷二五《委巷丛谈》,上海古籍出版社 1980 年标点本,第 466 页。

军队也有设立质库,并招募百姓代为经营。如绍兴二十六年正月杨存中说:殿前司"逐军虽有酒坊、解库、房廊、盐米等铺,各和雇百姓开张,——内主管钱物系不入队人"。①

(二)金银盐钞引交易铺

盐钞引是当时政府发给特许商人支领和运销盐茶等类管制产品的证券。这种主要经营金银买卖和钱钞、盐引票证交易的金银盐钞引交易铺,为近代钱庄业的前身。据吴自牧《梦粱录》等书所载,这时商人已经在都城五间楼和官巷之间御街中段两侧开设有100多家金银盐钞引交易铺,并在门口陈列有金银和现钱,时人称做"看垛钱",以便双方交易后到榷货务入纳清算钞引之用。其中著名的,如市南坊南、惠民药局北局前,有沈家、张家金银交引铺。②

十 衣料服装和化妆品店

专销有关丝绸彩帛的服装铺也颇为繁盛,它们大多集中在都城天街和平津桥沿河一带。著名的有数十家,如:南瓦子宣家台店铺,清和坊有顾家彩帛铺,市西坊北有钮家、刘家、吕家、陈家彩帛铺、柴家绒线铺,中瓦子有彭家油鞋铺,抱剑营有李家丝鞋铺,市南坊有沈家白衣铺、徐官人幞头铺、纽家腰带铺,沙皮巷(清平坊)有孔八郎头巾铺、陈家绦结铺,宝佑坊有孔家头巾铺,水巷(兰陵坊)有徐家绒线铺、俞家冠子铺,水巷口徐家绒线铺。从这些店名来看,既有综合性的服装铺,也有专业性的服装铺,如油鞋铺、丝鞋铺、幞头铺、冠子铺、腰带铺、头巾铺、绦结铺等,相当于过去人们俗称的鞋店、帽店等;有直接出售原料的,即后世俗称的布店,如铁钱巷的生绢一红铺;也有加工后出售成品服装的。以《梦粱录》所列举世的"淳祐年有名相传"的106家店铺中,就有九家彩帛铺直接出售丝织匹帛,以丝织品为原料或与之相关的店铺有13家,共计22家,占其名店铺者五分之一。③

在这些铺席中,有不少是从东京迁来的,"如厢王家绒线铺,自东京流寓,今于御街开张,数铺亦不下万计"。他们往往以达官贵人为经营对象,"堆上细匹段,而锦绮缣素,皆诸处所无者"④。绍兴二年(1132)二月,高宗赵构对秦桧说:"前日百姓揭牌,题以'供御绣服'。问之,乃十年前京师铺户,用其旧牌。已令毁撤。不知者将谓旧习未除。朕所服者多缣素,岂复有绮绣也。"⑤

化妆品店,如修义坊的张古老胭脂铺、官巷的染红王家胭脂铺。

十一 邸 店

邸店在南宋又称为旅店或客邸、客舍,这是一种既可供客人住宿又可供客商存放、保管

---

① 李心传:《建炎以来系年要录》卷一七一,绍兴二十六年正月丙辰条,影印文渊阁《四库全书》本。

② 《梦粱录》卷一三《铺席》,第116页。

③ 参见李卿《略论宋代丝织生产的商品化》,《河北学刊》2001年第2期。

④ 以上参见《都城纪胜·铺席》,第91页。

⑤ 《建炎以来系年要录》卷五一,绍兴二年二月已卯条。

货物的场所。

临安的客邸主要集中在闹市区,如"三桥等处,客邸最盛"①。当时有许多文人学者喜欢在此借宿。如岳飞之孙岳珂的寓所就在三桥,故自称为"三桥子",他曾作有《梦尚留三桥旅邸》一诗。南宋末年,诗人方回来杭,同样寓居在三桥旅楼。另据洪迈《夷坚志》所载,括苍士人何湛,淳熙年间赴省试,馆三桥旅邸②。此外,清河等处也有不少旅馆,例如浙西人郑主簿赴调,就馆于清河旅舍。③

郊区也有旅馆,如乾道六年冬,吕德卿偕其友王季夷、魏子正、上官公禄,往临安观南郊,舍于黄氏客邸。④

当然,南宋临安的店铺远不止上述这些。从文献记载来看,花店、文具店、漆器店、陶器店、茶叶店、珍玩店、乐器店、刷牙店、铁器店、锡器店等在临安也较多。现将一些著名者列举如下:

乐器店:大瓦子的丘家筚篥和候潮门的顾四笛。

珍玩店:俞家七宝铺、官巷盛家珠子铺。

纸扎店:局前舒家纸扎铺、狮子巷口徐家纸扎铺。

刷牙店:狮子巷口凌家刷牙铺、金子巷口傅官人刷牙铺。

香烛店:五间楼前童家柏烛铺、抱剑营街吴家、夏家、马家香烛裹头铺。

扇子店:中瓦子前徐茂之家扇子铺、炭桥河下青篦扇子铺、小市里周家折揲扇铺、陈家画团扇铺。

铁器店:市西坊北张家铁器铺。

颜料店:水巷口戚百乙郎颜色铺。

锡器店:官巷北淮岭倾锡铺。

光牌铺:升阳宫前仲家光牌铺。

针店:水巷桥河下针铺。

漆店和漆器店:里仁坊口游家漆铺、水巷桥河下彭家温州漆器铺、黄草铺温州漆器铺。

瓷器店:黄草铺青白瓷器铺。

笼子店:铁线巷笼子铺。

梳子店:官巷内飞家牙梳铺。⑤

(作者单位:浙江省社会科学院、杭州市社会科学院)

---

① 《武林旧事》卷二《元夕》,第 30 页。

② 《夷坚支景》卷一〇《婆惜响卜》。

③ 《夷坚志补》卷八《郑主簿》。

④ 潜说友:《咸淳临安志》卷九二《纪事》,《宋元方志丛刊》本,中华书局 1990 年版。

⑤ 《都城纪胜·诸行》,第 81 页;《梦粱录》卷一三《铺席》,第 117 页。

《南部新书》的佚文

梁太济

一 《南部新书》有无佚文？

见于《中国古籍善本书目》子部杂家类著录的《南部新书》善本，共 14 部，基本上可分为两大系列，一为十卷附补遗一卷本（5 部），另一也为十卷而无补遗本（9 部）。"补遗"补的当是此书的佚文。但前一系列正文 257 条、补遗 51 条，共 308 条；后一系列共 857 条，前一系列的正文包括所附补遗，没有一条轶出后一系列之外的。则其"补遗"，补的只是前一系列正文之遗，而非此书的佚文。而后一系列则可堪称足本矣，今姑且以足本称之。

关于前一系列的始末缘由，明初洪武五年清隐老人跋有如下说明：

> 《南部新书》，钱希白撰。子明逸序云："凡三万五千言，事实千，列卷十。"今元本止一万五千言，事实二百五十有七，亦列卷十。所以子真子唐君志云："以蜀本对，皆不同，此所有者蜀本不载，彼所载者此亦不收。"惜乎欠一对耳。余家所有曾公《类说》所收事实八十，校之今本，所无者凡二千余言，事实五十有一，作补遗，录于右。《类说》省文，又所言甚节，以俟旧本订正云。清隐老人志。时洪武五年五月廿八日甲戌，写于泗北村居且吃茶处云。（录自王重民《中国善本书提要》第 115 页）

《四库全书》本出自足本系列，是据浙江鲍士恭家藏本，即知不足斋所藏写本著录的。《浙江采集遗书总录》丁集有对此书的说明，在引述元子真子、明清隐老人的话之后，接着说："而近时吴焯跋则云：'余所藏高承埏旧本较多于此三倍，即补遗诸条咸在，计件系之事，凡八百数十。'则今鲍氏所藏，正与吴跋相符，自甲至癸凡十集，盖完书也。"（19A—B）《四库全书总目》此书提要则说："此本共八百余条，首尾完具，以诸本兼校，皆不及其全备，当为足本矣。（140/1189）

《学津讨原》本据"邵君朗仙从吴门士礼居黄氏传抄"本校刊，也是足本。张海鹏跋："是编自甲至癸十卷，共八百五十七条，与《四库总目》所称八百余条适合。"

足本是否真"足"？似尚未见有人曾提出过类似的疑问。今试以《四库全书》本与《学津讨原》本粗略对勘，竟发现：戊卷（卷五）开头的 4 条，《四库全书》是佚脱了的。则提要自诩"完备"的"足本"，已先自不"足"矣！《学津讨原》本（《粤雅堂》本与之无大差异）复如何呢？

唐白居易、宋孔传《白孔六帖》征引《南部新书》约六七十次，绝大多数都能在今本中找见相应出处,但起码有如下一条却不见于今本:"唐安史之乱,法度隳弛,内臣戎帅,竞治亭馆第宅,力穷乃止。时号'木妖'。"(卷一〇)此条亦见祝穆《古今事文类聚》续集卷六、谢维新《古今合璧事类备要》别集卷一四引录,所注出处亦皆作《南部新书》。其确为《南部新书》之佚文,似不容怀疑。

明陶宗仪《说郛》(宛委山堂本)弓二六《南部新书》共录载19条,清末民初国学扶轮社《古今说部丛书》二集《南部新书》同。其中亦有一条,即"置权量"条,不见于今本。如下:"柳仲郢拜京兆尹,置权量于东、西市,使贸易用之,禁私制者。北司史入粟违约,仲郢杀而尸之,自是人无敢犯。"(2B)显然亦是《南部新书》的又一佚文。

《南部新书》甲卷第64条:"驸马都尉郑潜曜,睿皇之外孙,尚明皇第十二女临晋长公主,母即代国长公主也。开元中,母寝疾,曜刺血濡奏章,请以身代。及焚章,独'神通许'三字不化。翼日,主疾间。至哉,孝子也。"《说郛》本"刺血濡章"条即此条,无最后5字,"主疾间"下,却接载:"郑固命左右勿敢言。其请天之章,门客尹灵琛之词也,灵琛为人言之。"凡27字。当亦不只是异文,同时也是佚文。

可见源出足本系列的十卷本今本,并不是相当于原本意义上的足本,是仍留有佚文的。以上所举,很难说即是佚文的全部。但除此以外,还有哪些可供考出的佚文呢?

二 见于《诗话总龟》的《南部新书》佚文

《南部新书》佚文见于《诗话总龟》者很不少。《诗话总龟》曾经是《宋诗话辑佚》等的主要辑佚依据,但诚如《诗话总龟》点校者周本淳所指出的,它同时也是说部辑佚"可供开掘的宝藏"。《总龟》点校本《前言》云:

> 《诗话总龟》多采小说家言,而所采之书,今天多所亡佚,即使今日仍存之书,也有亡佚部分,或者本来就不是足本,也可以根据《总龟》加以补充。以孙光宪《北梦琐言》为例……另如《南部新书》也和上例相同。……可见如从事说部的辑佚工作,《诗话总龟》应该算是可供开掘的宝藏。

并在书中一再加按语指出了部分不见于今本《南部新书》的事条,如卷二四《感事门》"杜甫(开)[干]元中流窜秦越"条下的"今本《南部新书》未见此条"按语,卷二三《寓情门》"崔左辖瓘牧江外郡"条下的"按上列《南部新书》八条,仅'江陵'条见丁部,'白乐天'条见戊部,其余六条,今本均未见"按语,都是。

今特将《诗话总龟》前集中的《南部新书》佚文辑录如下,并就管见所及,于各条下略附简单考释。

1. 吴士矩牧大郡,因时相论置军倅,饮后献诗曰:"一夕心期一种欢,那知疏散负杯盘。尊前数片朝云在,不许冯公仔细看。"(5/50)按:《全唐诗》卷八八七吴士矩名下收诗一首,即此诗,题曰《饮后献时相》。(10026)据郁贤皓《唐刺史考全编》,吴士矩大和七年至开成元年为洪州刺史、江西观察使。此前为同州刺史。(157/2262、4/134)

2. 薛尚书钊为河东从事,乞假归宁,《题候馆》曰:"仆带雕弓马似飞,老莱衣上着戎衣。

邮亭不暇吟山水,塞外经年皆未归。"后镇徐州,《咏柳》曰:"高出军营远映桥,曾逢兵火一时烧。风流性在终难挫,暖日还生万万条。"又有雅句:"坐久仆头出,语多僧齿寒。"(10/117)按:《全唐诗》于薛能名下辑载此两诗,其题分别作《乞假归题候馆》(561/6510)、《柳枝四首》之二(6518),复辑载此残句,注出《南部新书》(6521)。本条"薛尚书钊","钊"乃"能"之误。

3.唐宣宗《重阳赐群臣宴诗》曰:"款塞旋征骑,和戎委庙贤。倾心方倚注,协力共安边。"魏谟《应制》云:"四方无事去,神豫抄秋来。八月寒光动,千山霁色开。"宣宗嘉之。(13/155)按:《太平广记》卷一九九"唐宣宗"录《抒情诗》同。本条当源自《抒情诗》。《全唐诗》卷四于宣宗皇帝下载前诗,题曰《重阳锡宴群臣》,注:"时收复河湟。"卷五六三于魏谟名下辑载后诗,题曰《和重阳锡宴御制诗》。(50、6531)

4.李翱尚书牧江淮郡日,进士卢储投卷来谒,李礼待之。置文卷几案间,赴公宇视事。长女及笄,见文寻绎数四,谓小青曰:"此人必为状头。"李公闻之,深异其语,乃募为婿。来年,果状头及第。才过殿试,径赴佳姻。《催妆诗》曰:"昔年将去玉京游,第一仙人许状头。今日已成秦晋会,早教鸾凤下妆楼。"卢止官舍,迎内子入庭。花开,乃题诗曰:"芍药斩新栽,当庭数朵开。东风与拘束,留待细君来。"(23/245。亦见《古今事文类聚》后集卷一四、《记纂渊海》卷三七)按:《太平广记》卷一八一"李翱女"载此事,云"出《抒情诗》"。明本条亦源自《抒情诗》。《全唐诗》卷三六九于卢储名下辑载此二诗,题曰《催妆》《官舍迎内子有庭花开》。(4152)

5.大中年,有江淮郡守名郎,登楼纵饮。见二游女罗衣飘飘,目送久之,因咏曰:"两朵红英值万金,教人不负看花心。高楼日晚东风急,吹落千家何处寻。"在省日,宣宗顾问称旨,摄中郎将。有诗曰:"宫娃引入玉为行,金殿齐趋近御床。不见圣明亲顾问,如何得摄汉中郎。"风神俊迈,后拥节旄。(23/246)按:此条未见相应记载。童养年《全唐诗续补遗》卷一六于无名氏下辑载此二诗。(《补编》539)

6.李尚书擢罢歙州,吴员交代。有佐酒录事名媚川,颇留意,缘以纳籍中妓韶光,托于替人令存恤。酒酣临发洪饮,不胜离情,有诗曰:"经年理郡少欢娱,为习干戈间饮徒。今日临行更交割,分明留取媚川珠。"吴答曰:"曳履长容日日欢,须言违德泪汍澜。韶光今已输先手,领取蠙珠掌内看。"(23/247)按:《太平广记》卷二五二"李曜"载此事,云"出《抒情诗》"。明本条亦源自《抒情诗》。全唐诗卷七六八于李曜、吴圆名下分别辑载此二诗。(8718)"擢"、"曜",未详孰正孰误?

7.郑详纵情诗酒,至庐江谒郡守,留连吟醉。因赠妓曰:"台盘阔狭才三尺,似隔中当有阻艰。若不骑龙与骑凤,乐营门是望夫山。"(23/247)按:本条未见相应记载。童养年《全唐诗续补遗》卷一五于郑详名下辑载此诗,题曰《赠妓》。(《补编》526)

8.越水李主簿游广陵,迨春未返,其姬寄诗曰:"去时盟约与心违,秋日离家春不归。应是维扬风景好,恋情欢笑到芳菲。"答曰:"偶到扬州悔别家,亲知相系不因花。尘侵宝镜虽相待,长短归时不及瓜。"(23/247)按:本条未见相应记载。《全唐诗》卷八〇一于李主簿姬名下辑载前诗,题曰《寄诗》,并于诗题下录纪事,诗下录答诗。(9019)

9.会昌中,张暌防戎有功,勒留蕃徼十年。妻侯氏绣锦回文诗作龟形献进,曰:"暌离已是十秋强,对镜那堪重整妆。闻雁灯前修尺素,见霜心痛裂衣裳。开箱迭练先垂泪,拂杵调砧更断肠。绣作龟文献天子,愿教夫婿早还乡。"(23/247)按:《太平广记》卷二七一"张睽妻"载此事,云:"出《抒情诗》。"且接载:"敕赐绢三百疋,以彰才美。"明本条亦源自《抒情诗》。《全唐诗》卷七九九于侯氏名下辑载此诗,题曰《绣龟形诗》,且于题注录此记事。(8992)

10. 崔左辖瓘牧江外郡,祖席夜阑,一营妓先辞归。崔与诗曰:"寒檐寂寂雨霏霏,堠馆萧条烛尽微。只有今宵同此宴,翠娥伴醉欲先归。"(23/248)按:《全唐诗》卷三一一于崔瓘名下辑载此诗,题曰《赠营妓》。小传谓:"崔瓘,字汝器,博陵人。累官至澧州刺史,大历中,迁湖南观察使。为别将臧玠所害。诗一首。"(3515)

11. 李茂复为会府从事,出逢一小青衣,有色,马上目之,作诗曰:"行尽疏林见小桥,绿杨深处有红蕉。无端眼界无分别,安置心头不肯销。"其内子甚妒,晚年牧泗州,有诗云:"落日西山近一竿,世间恩爱极难拚。近来不作颠狂事,免被冤家恶眼看。"(23/252)按:《全唐诗》卷七六八于李茂复名下辑载此二诗,分别拟题曰:《马上有见》《自叹》。(8717)

12. 杜甫(开)[乾]元中流窜秦越,有《秦州诗》三十首。其首叙曰:"有弟皆羁旅,无家问死生。寄书多不达,况乃未休兵。"后殁衡州耒阳县。杜牧之常览其集,有诗曰:"杜诗韩笔愁来读,似倩麻姑痒处搔。天外凤凰谁得髓,无人解合续弦胶。"罗隐《题杜甫集》曰:"楚水悠悠浸末亭,楚南天地两无情。忍交孙武重泉下,不见时人说用兵。"(24/258)按:杜牧诗见《樊川文集》卷二,题曰《读韩村集》。(30)罗隐诗,其《甲乙集》未收,《全唐诗》辑载于卷六六五罗隐"补遗",题曰《题杜甫集》。(7622)

13. 吴郡陆龟蒙,字鲁望。父宾虞,中进士甲科,浙东从事。家于苏台,与颜荛、皮日休、罗隐、吴融为益友。性高洁,家贫,思养亲之禄,与张博为庐江、吴兴二郡倅。丞相李蔚重之。罗隐寄龟蒙诗云:"龙楼李丞相,昔岁仰高文。黄卷今无主,青山竟不焚。夜船乘海月,秋寺伴江云。只恐尘埃里,浮名点污君。"(28/288)按:孙光宪《北梦琐言》卷六《陆龟蒙追赠》亦载此事(6/48),且为《太平广记》卷二三五"陆龟蒙"条(1805)、《唐语林》卷四《栖逸》(398)引录。罗隐诗皆无后四句。本条即源自《北梦琐言》,然经改写。罗隐诗,见《甲乙集》卷五,题曰《寄陆龟蒙》,题下原注:"李相公在淮南征陆龟蒙诗。"(27)"黄卷今无主",《集》作"黄阁寻无主",疑《总龟》误。李蔚于乾符元年六月至五年九月任宰相。

14. 刘希夷诗曰:"年年岁岁花相似,岁岁年年人不同。"其舅宋之问苦爱此两句,知其未传之人,恳乞,许而不与,之问怒,以土袋压杀之。宋不得其死,亦其报也。(31/310)按:此条源出《刘宾客嘉话录》。所引诗句,今得见者,始载唐人选唐诗《搜玉小集》,题作《代白头吟》,作者刘希夷(705)。《文苑英华》卷二〇七所载,作者同,题作《白头吟》(2B),而《唐文粹》卷一八所载,则题作《有所思》,作者为宋之问(152—153)。《全唐诗》亦以二题分载于二人名下。(51/630、82/885)

15. 胥偃内相应举时,梦徐将军斩下头项。作诗云:"昔作树头花,今为冢中骨。"明年徐奭榜下第二人及第。(35/344。亦见潘自牧《记纂渊海》卷三七,"骨"下有"以为不祥"四字)按:大中祥符五年榜,徐奭状元,见《长编》卷七七。胥偃为翰林学士,景祐四年闰四月拜,宝元二年卒,见《学士年表》。其拜学士,为钱易所不及见,今称"内相",或系后人追改。

16. 赵璘仪质么陋,第名后赴姻礼,傧相以诗嘲之曰:"巡关虽傍樗蒲局,望月还登乞巧楼。第一莫教娇太过,缘人衣带上人头。"又曰:"不知元在鞍桥里,将谓空驮席帽归。"又曰:

"火炉床上平躯立,便与夫人作镜台。"(39/373)按:《太平广记》卷二五七"薛能"载此事,谓"薛能为傧相"。注:"出《抒情诗》。"明本条亦源自《抒情诗》。嘲者为薛能,《全唐诗》卷五六一亦在薛能名下辑载此诗(6521),复在卷八七〇"谐谑"类薛能名下重载此诗并辑此两联诗句(9864)。

17. 崔立言高退,隐茅山,善谑浪,为诗赠营妓敦庞者曰:"瓦棺寺里逢行迹,华岳山头露掌痕。不须惆怅愁难嫁,待与将书问岳神。"瓦棺寺有大佛迹,岳神大人。又醉中谑浙西廉使曰:"山夫留意向丹梯,连帅邀来出药畦。常见浙东夸镜水,镜湖元在浙江西。"(39/373)按《总龟》此条下一条为:"《太平广记》言杜牧为宣州幕,有酒妓肥大,牧之赠诗曰:'盘祖当时有远孙,尚令今日逞家门。一车白土将泥脸,十幅红绡补破裈。瓦棺寺里逢行迹,华岳山头见掌痕。不须啼哭愁难嫁,待与将书问岳神。'与此同,未知孰是。"又按:《全唐诗》卷八七〇于崔立言名下辑载后一首诗,拟题《醉中谑浙江廉使》。前一首陈尚君补辑于《全唐诗续拾》卷五四,且有按语:"此诗与《云溪友议》卷中所载杜牧嘲妓诗后半首多相同。范摅此书载事,多与史实相左,颇疑系采立言诗附会成杜牧故事。杜牧诗已收《全唐诗》卷八七〇。"(1585)

18. 杨行敏出使,驿骑到剑州,郡将轻忽,慊恨尤甚,题诗于冬青馆云:"驽骀嘶叫知无定,骐骥低垂自有心。山上高松溪畔竹,清风才动是知音。"又云:"杜鹃花里杜鹃啼,浅紫深红更傍溪。迟日霁光搜客思,晓来山路恨如迷。"(44/422。亦见罗愿《新安志》卷一〇《叙杂说》,"剑州"作"歙州")按:《全唐诗》卷七七五于杨行敏名下辑载此二诗,拟题《失题》,作者无小传。(8784)

19. 卢群玉落托江湖不第,纵情诗酒。有诗曰:"酒泻银瓶到底清,夜深丝竹凤凰鸣。红妆醉起一花落,更引春风无限情。"又投卢尚书诗曰:"无力不任为走役,有文安敢滞清平。从来若把耕桑定,免恃雕虫误此生。"(44/423)按:《全唐诗》卷七七五于卢群玉名下辑载此二诗,拟题《失题》,作者无小传。(8783)

共辑得 19 条。其中 3 条,亦见宋人所撰他书,如《新安志》《古今事文类聚》《记纂渊海》引录,所注出处相同,足证其确是《南部新书》佚文。19 条中,能初步考出其渊源所自者仅有 7 条,除一条源自《嘉话录》,一条源自《北梦琐言》,其余 5 条皆源自《抒情诗》。《抒情诗》,即《总龟》书首"诗话总目"所列之"卢环《抒情》"。今本中亦见曾加引录,但能考见者仅有 2 条,见庚 76、辛 4。又足见原书源自《抒情诗》的内容,其佚失量是相当大的。

三 佚文胥偃条说明了什么?

见于《诗话总龟》的佚文第 15 条:"胥偃内相应举时,梦徐将军斩下头项。作诗云:'昔作树头花,今为冢中骨。'明年徐奭榜下第二人及第。"按语已指出:大中祥符五年榜,徐奭状元。胥偃为翰林学士,景祐四年闰四月拜,宝元二年卒。表明此条所记内容全为宋朝之事。

李裕民《四库提要订误》(增订本)针对提要所说"是书乃其大中祥符间知开封县时所作,皆记唐时故事,间及五代。"补正说:"此书亦记宋代事。"并列举了书中所记宋代 8 人(包括作者本人)之事凡 7 条。但这 7 条所记的 8 人事,在该条皆只是附带提及,并非该条记载的主题或主体。如言及杨覃、杨蜕、杨侃 3 人事的乙卷第 3 条:

杨氏,于静恭一房尤盛,汝士、虞卿、汉公、鲁士是也。虞卿生知退,知退生堪,堪生承休,承休生岩,岩生郁,郁生覃。覃,太平兴国八年成名,近为谏议大夫、知广州,卒。堪为翰林承旨学士,随僖皇幸蜀,[真]在中和院。承休自刑部员外郎使浙右,值多难,水陆相阻,遂不归。岩侍行,十六矣,我曾祖武肃辟之幕下,先人承袭,岩已为丞相。及叔父西上,岩以图籍入觐,卒于秀州,年八十余。今刑部郎中、直集贤院侃,亦岩之第三子郾孙也,蛾之子。司封员外郎蜕,即岩第三子郾之子。郾入京为员外郎分司,判西台,卒。侃端拱二年成名,蜕淳化三年登科。

文中附带提及的宋人宋事实亦不只杨覃、杨蜕、杨侃3人。又如言及本人"四为府监当官"的壬卷第22条(原书"监试",误引为"监当")即绝非该条主题:

《玉藻》云:"笏,天子以球玉,诸侯以象,士以鱼须文竹。"注:"文,犹饰也。大夫、士饰竹为笏,不敢与君并用纯物也。《释文》云:'用文竹及鱼须也。以鱼须饰文竹之边。须音班。'"今之人多呼为"鱼须",误也。余凡四为府监试官,往往有举子公然于"无"字韵内押。

全都不如本条佚文,主体、主题全是宋人、宋事。或者原书尚有全记宋人、宋事的事条为后人删削者。《订误》又就杨侃事发挥,借以订正提要"是书乃其大中祥符间知开封县时所作"之误:

乙集记杨侃"端拱二年成名","今刑部郎中、直集贤院侃"。考侃大中祥符八年四月以兵部员外郎、直集贤院知越州(《嘉泰会稽志》卷二),天禧四年知常州,其前后知常州者均为员外郎,杨侃此时之官亦应为员外郎,其为郎中必在此年之后。又欧阳修称侃为直集贤院凡二十七年,自咸平三年直集贤院,至天圣四年迁集贤殿修撰、知应天府。(欧阳修《文忠公文集》卷六一《杨大雅墓志铭》)

此书之作当在天禧五年至天圣三年间。按:谓"是书乃其大中祥符间知开封县时所作",并非馆臣所首创,本书作者钱易之子钱明逸在原书的《序》中就是这样说的:"先君尚书,在章圣朝祥符中,以度支员外郎直集贤院,宰开封。民事多闲,潜心国史。博闻强记,研深覃精。至于前言往行,孜孜念虑,尝如不及。得一善事,疏于方册,旷日持久,乃成编轴,命曰《南部新书》。"而《南部新书》一书之所以取名为"南部",实亦源于他的"宰开封"。宋委心子《新编分门古今类事》卷七《梦兆门》"钱公自述"录《洞微志》:"后捷制策,通闺籍,直集贤,宰南部,凡十五年,五品之消息寂无闻焉。"在钱易笔下,"宰开封"与"宰南部"同义,"南部"即"开封"。岂不同样表明,他这部著作写于宰开封期间。

钱明逸《序》又言及:"小子不肖,叨继科目,尝践世宦,假字宫钥,浚涸事休,阅绎家集。因以《新书》次为门类,缮写净本,致于乡曲,以图刊镂。"表明钱易生前并未完成《新书》全书的编辑,其编类成书并刊行,是经过其子加工的。笔者在本条佚文按语中业已指出:胥偃之"拜学士,为钱易所不及见,今称'内相',或系后人追改。"则仅仅依据"今刑部郎中、直集贤院侃"之语,断言"此书之作当在天禧五年至天圣三年间",未必也。

何况自天禧四年秋以后,钱易先是任知制诰,天圣三年十月复充翰林学士,起草制书,任务繁重,工作量大。《隆平集》卷一四《钱昆附弟易传》载其著作,"有《金闺集》六十卷、《瀛州集》五十卷、《西垣集》三十卷、《内制集》二十卷,《寿云总录》一百卷、《新书》十卷。"从书名判断,"《西垣集》三十卷、《内制集》二十卷",就是他在这期间起草的内外制书的结集,分量确实不轻。虽说起草制书也是文字工作,然与《南部新书》在内容上几乎毫不相干,未必还能顾上对《新书》再作修订补充。

附:大中祥符五年徐奭榜的第二名究竟是谁?

依《南部新书》佚文胥偃条,当是胥偃。此人,龚延明、祖慧《宋登科记考》系于天禧三年进士及第,而以明镐为大中祥符五年徐奭榜第二名。佚文的记载正确吗? 胥偃和明镐,究竟谁才是真正的第二名呢?

先说胥偃。佚文胥偃条是存有疑窦的。即胥偃为翰林学士在景祐四年闰四月,至宝元二年(1039)卒,为钱易所不及见,本条为何以"内相"称之? 笔者认为:那是由于钱易生前并未完成全书的编辑,其编类成书并刊行,是经过其子加工的,"内相"云云,乃是其子追加的称呼。而本条之为《南部新书》佚文却确凿无疑。此条亦见潘自牧《记纂渊海》卷三七,"骨"下多"以为不祥"四字,表明系直接录自原书,而非从《总龟》转录。见于宋人《锦绣万花谷》前集卷二二、谢维新《古今合璧事类备要》前集卷三七《榜眼》引录者,亦皆注出《南部新书》,亦未必全是类书习见的彼此转相袭抄。

佚文所记,有《隆平集》可以佐证。该书卷一四明确记载:胥偃"大中祥符五年登进士第"。胥偃及第之大中祥符五年,恰是钱易以馆职知开封县之年,亦是他创意撰写《南部新书》之年。胥偃奇怪的梦和胥偃之以第二名及第,为他所亲历亲见亲闻,将之记录并在全书成为难得一见的特殊事条,是不大可能出差错的。更何况胥偃又是他的亲戚家,与那些得自辗转相传的见闻有根本差别。李焘《续资治通鉴长编》卷九四,天禧三年七月辛酉条,"学士院言:'准诏大理评事胥偃与试。偃乃盛度壻,又钱惟演亲戚,欲乞下别处。'诏送舍人院试。自是有亲嫌者,并如例。"(2159)

《宋会要辑稿·选举》二之五:大中祥符"五年四月初八日,诏新及第进士徐奭已下,授官守选如元年之制。"同书上文载元年之制如下:大中祥符元年"五月初一日,以新及第进士第一人姚晔为将作监丞,第二人祖士衡、第三人郑向为大理评事,并通判诸州,第四、五人为节察推官。余如景德二年之例。"景德二年之例复如下:"景德二年二月十四日,宴新及第进士李迪等于琼林苑……诏以迪为将作监丞,第二人夏侯麟、第三人李谘为大理评事,并通判诸州。第一等并九经第一人试秘书省校书郎、知县,第二等已下判司簿尉,其河北特放及第第一至第三人与节察推官,余如第二等注官。"胥偃及第后的授官情况,《宋史》卷二九四《胥偃传》:"举进士甲科,授大理评事,通判湖、舒二州。"王称《东都事略》卷六〇《胥偃传》:"举进士,授大理评事、通判湖州。稍迁太常丞……"与当日规定的第二名该授之官和差遣完全相符。

再看明镐。《宋登科记考》作为依据列出的5种书中,有3种皆只泛泛提到"进士""举进士""中进士第",仅《隆平集》卷八载:"大中祥符五年登进士第。"彭百川《太平治迹统类》卷二八载：大中祥符五年三月己丑，"得进士（徐奭、明镐、徐昺、王咨、孔道、张演）一百二十六人。"后一书于"得进士"下用注文开列的 6 人，一般认为即是该榜前 6 名的名次序列。然而就真宗年间而言，《太平治迹统类》各榜注文所列名单，却体例不一，有相当随意性。咸平三年共列八人，其中一甲三人，二、三、四甲各一人，五甲二人。咸平五年列"王曾省元，王随、韩亿、章得象等"，其中王曾既是省元，又是状元，王随是第四名，韩亿、章得象非前五名，或是某两甲的第一名。大中祥符五年榜所列六名中，"孔道"系"孔道辅"之误，《宋登科记考》也不以第五名待之，而只认张演为第五名。则其余亦未必定是前数名序列，其原始依据未必可靠也。

《宋史》卷二九二《明镐传》载："中进士第，补蕲州防御推官。"王称《东都事略》卷六三《明镐传》载："举进士，为广济军判官。从薛奎，辟为秦州节度判官，奎徙益州，又辟知录事参军。程琳代奎，奏为金书节度判官。通判寿州。"其"中进士第"后的任职情况，显然与上引当日的规定不符。第二名初授的诸州通判，在明镐是历数任幕职后才方得到。洪迈《容斋续笔》卷一三《科举恩数》："及［咸平］三年陈尧咨登第，然后六人将作丞，四十二人评事，第二甲一百三十四人节度推官、军事判官，第三甲八十人防团军事推官。"(367) 表明军事州判官与节度州推官相当。明镐初授之"广济军判官"或"蕲州防御推官"可能在军事州判官之下。对照规定，倒颇似第二"等"而非第二"名"的初授。

可见，《太平治迹统类》大中祥符五年榜注文所列第二人明镐，未必定是第二名，而佚文所载之胥偃，倒确是该榜之第二名。

（作者单位：浙江大学历史系）

宋科举考试机构与考官*

龚延明

本文旨在全面论述宋代自中央到地方科举考试机构的设置,及三级科举考试官员的组成与分工等制度。全文由三部分组成:一、宋代科举考试机构主要有:礼部、中书省礼房、礼部贡院、御药院、地方贡院等;二、宋代三级科举试:发解试(含漕试)、省试(含类省试)、殿试考官的资历、任命、职责分工等;三、结语,即对宋代科举考试机构的设置、运行,与考试官的职责履行与监督等的总体评价。学术界关于宋代三级考试的研究成果较多,但系统地将考试机构与三级考试考官两者结合起来考察与论述,则本文还是第一次。

一 科举考试机构

宋代科举考试,中央归尚书省礼部掌管,可以说,礼部是科举考试最高机构。

(一)礼部

"礼部 掌国之礼乐、祭祀、朝会、宴飨、学校、贡举之政令。"①在北宋前期,尚书省礼部属于有名无实的挂牌机构,其实权由判礼部事掌握:"礼部止设判部一人,掌科举,补奏太庙、郊社斋郎、室长、掌坐。……出入内外牌印之事。兼领贡院。"有关科举政令的诏书,名义上仍下礼部,实际上,是下判礼部事,如太宗太平兴国七年九月八日,诏曰:"郡国贡士,有司抡才。……仍令礼部自今解到举人,依吏部选人例,十人为保。"②神宗元丰五年(1082),行新官制,官复原职,礼部执掌科举大权,礼部司郎中、员外郎参掌科举事。其下辖贡院,具体操作每举各科考试事务。从总体来看,礼部掌握科举大权,礼部与所属贡院是分不开的。礼部又是对皇帝负责,举凡科举条制,事事得请旨行事。下面着重介绍宋代贡院对科举考试的管理。

(二)中书省礼房

元丰改制后,中书省礼房,分掌科举考试官的提名、申请。"中书省 分房八:……曰礼

* 本文为国家社科基金重大项目(批准号 03BZS008)《中国历代登科总录》子项目《两宋登科总录》阶段性成果。

① 脱脱:《宋史·职官志》三《礼部》。
② 《宋史·职官志》三《礼部》。

房,掌……科举考官。"①

(三)礼部贡院

礼部贡院系奉诏执行朝廷有关科举政令、科举条制的科举取人管理机构,同时又是举人考试场所。礼部贡院之名,始得于唐玄宗开元二十四年:"(开元)二十四年,明皇谓考功望轻,乃稽贡举于礼部,命侍郎专掌其政令,别给以印,礼部贡院得名,盖始于明皇也。"②唐、五代均置。如唐德宗兴元元年"十月乙巳,贡院奏:'进士复试诗、赋。'从之"③。后唐明宗长兴二年"二月癸巳,诏贡院:旧例,夜试进士第。今后昼试,排门齐入,即日试毕"。④

宋沿置,但初无专门的建筑,"(太平兴国六年)九月壬寅 (田锡奏)礼部贡院毋贡士就试[场所],或就武成王庙,是岂太平之制度耶?"⑤"(元丰八年)二月辛巳,开宝寺火,时寓礼部贡院于寺,点校试卷官宫翟曼、陈之方、马希孟焚死。"⑥于是,又改移至太学:"(元丰乙丑)开宝寺为礼部贡院,二月十八日火。……自正月九日锁院,方定二十八奏号,至是火,诏以太学为贡院,再令引试。"⑦北宋哲宗朝之前,贡院皆无定所,直至徽宗朝崇宁间,才有专门用于贡士考试的贡院。"元丰尝废贡院,印亦随废,寻复给印,而贡院则犹取具临时。……崇宁弥文,创建外学,以待四方所贡士。则礼部贡院自是特起,不复寓他所矣。"⑧南宋魏了翁也说:"国朝贡院……至崇宁而后有定所。"⑨南宋初,宋金战事正酣,无暇顾及贡院营建,"礼部贡院,在观桥西。中兴初,诏诸郡贡士类试于各路转运所在州。绍兴五年,始集于大宗伯(礼部)。其贡院建置岁月,未有所考。十年,始定取士年份,诏略曰:'永惟三岁兴贤之制,肇自治平,顷缘多事,荐历试期,致取士之年,属当宗祀,宜从革正,用复故事可。绍兴十年,诸州依条制发解,将省试、殿试展一年,向后科场自十二年省试为准。'"⑩南宋礼部贡院,绍兴十二年之后,已有固定的专门建筑。据《梦粱录》记载:"贡院置大、中门,大门里置弥封、誊录所及诸司官;中门内两廊各千余间廊屋,为士子试处;厅之两厢,为进士题名石刻;堂上列省试赐知贡举御札及殿试赐详定官御札,并闻喜宴赐进士御诗石刻;别试院,在大理寺之西,专以待贡士之避亲嫌者。"⑪这条记载,虽然比较简单,但已大体上描述了礼部贡院的结构:弥封所、誊录所及诸司官厅在贡院大门之后;贡士考试场所在中门内左、右廊的场屋内,各有千余间;别试院,在大理寺之西,并不在贡院内;贡院正堂上排列皇帝赐知贡举、同知贡举官等考

① 《宋史·职官志》一《中书省》。

② 扈仲荣等编:《成都文类》卷四六,李焘:《贡院记》。

③ 司马光:《资治通鉴》卷二四五。

④ 《旧五代史》卷四二《唐书·明宗纪》。

⑤ 李焘:《续资治通鉴长编》(以下简称《长编》)卷二二。

⑥ 《宋史》卷六三《五行志》二《火》上。

⑦ 庞元英:《文昌杂录》卷六。

⑧ 扈仲荣等编:《成都文类》卷四六,李焘:《贡院记》。

⑨ 魏了翁:《鹤山先生大全集》卷四四《普州贡院记》。

⑩ 潜说友:《咸淳临安志》卷一二《行在所录·贡院》。

⑪ 吴自牧:《梦粱录》卷一五《贡院》。

试官御札,赐殿试详定官御札,以及闻喜宴上御赐进士诗石刻。州府另有贡院。

贡院作为直接管理科举考试的机构,其职能主要是负责执行有关科举的政令、条制和主持一应科举考试事务。"贡院专掌贡举,其印章曰'礼部贡举之印'。遇锁院,即知举官总领。"①贡院有常设与非常设两套班子。北宋前期,常设判贡院事,如仁宗庆历间,杨察任判贡院事。"(杨)察权判贡院,初建此议。"②判贡院事,设于北宋前期,罢于元丰改制。"国初,礼部既有官矣,而别创判礼部、判贡院,以董其务。"③即是说,平时,贡院由判贡院事掌管,元丰改制之后,判贡院官废罢,贡院事归礼部贡举案具体掌管。至开科时,朝廷差遣知贡举官,知贡举官一旦入院(锁院),贡院即由知贡举官掌管。元丰改制后,一直保持不变。朝廷专门制订了《贡院法》,贡院一切得依故事举行。归纳起来,贡院职能为:

1.申请贡举。在宋英宗治平三年以前,科举试未有定期,何时举行科举试,得由贡院申请;治平三年规定每三年举行一次科举考试后,仍需贡院例行公事,进行申请。如仁宗景祐三年,诏礼部贡院"自今年三月一日申请贡举"。④

2.掌管开封府、国子监及诸路州、府、军、监的解额分配与调整。何谓解额? 宋初,还没有出现解额分配的问题,凡解试"合格者即得解送"⑤。太祖朝各地解送到京师的贡士,为数未多,在三千人以下,省试场所、阅卷等尚能安排。可是,到了宋太宗朝,形势发生了很大变化,由于省试录取人数大大增加,从数十人剧增至数百人,发解人数也随之迅猛增加,至太宗后期,淳化三年(992),"诸道贡举人万七千三百,皆集阙下"⑥。这给贡院接待、安排考试、试卷考校、录取比例等等,带来极大困难。这就势必要对各地所发送的赴省试解额予以限制。太宗至道三年(997),始诏定比例解额:"每进士一百人,只解二十人;九经以下,诸科共及一百人,只解一百人赴阙。"⑦按应解试举人人数定发解比例,此制行不多久,发现各地发解名额仍难以得到有效控制,于是,宋真宗大中祥符二年(1009),礼部又推出了新制,即改按比例定解额为固定分配解额:

> (大中祥符二年)五月二十四日,诏曰:"朕恢崇儒术,博访贤能,因有司之上言,限岁贡之常数,永言俊茂,宜广搜罗。其令礼部于五年最多数中,特解及五分。"⑧

自此,各地(开封府、西京、国子监、诸路州府军监)解额均按固定分配数发解。但依大中祥符二年确定的"常数",随着时间的推移,新的矛盾必然要产生,贡院不得不随时奏请作出相对合理的调整。如宋仁宗庆历五年,"诏礼部贡院增天下解额,总诸州军凡增三百五十九人。

---

① 《宋会要辑稿》(以下简称《宋会要》)《选举》六之五一《贡举之印》。

② 彭百川:《太平治迹统类》卷二八《祖宗科举取人·仁宗》。

③ 林駉:《古今源流至论·别集》卷三《本朝制》下。

④ 彭百川:《太平治迹统类》卷二八《祖宗科举取人·仁宗》。

⑤ 《宋会要·选举》一四之一三《发解》。

⑥ 《长编》卷三三,太宗淳化三年正月丙申。

⑦ 《宋会要·选举》一四之一六《发解》。

⑧ 《宋会要·选举》一四之二〇《发解》。

诏遂为定额。"①

3.掌受、办理与审查到京赴省试的得解举人文书、资格与手续。"礼部贡院,掌受诸解发进士、诸科名籍及其家保状、文卷,考验户籍、举数、年齿而藏之。"②在仁宗景祐之前,礼部贡院还收受贡举人公卷,大中祥符八年誊录法实行后罢。"公卷者,士子平日所作文字,先期纳之礼部。景德中,定令知举官先一月差入贡院考校公卷,分为等第。盖恐士子一日之间不能尽其所长,而欲以素业参之也。自省试有糊名之法,考官虽为能得其姓名,犹有字体可以略识一二。至誊录之法行,专以试卷定其高下,而公卷遂为无用矣。"③发解举人到省日期限,有明确规定,为贡举年十一月十五日。"其举人到省以十一月十五日为限。"④凡超过这个期限,概不受理。

4.安排贡举人(后改为诸路解头)正衙群见及赴国子监行释奠礼。"其谒先师之礼,建隆二年,礼院准礼部贡院移。按《礼阁新仪》:'旧仪无贡举人谒先师之文,开元二十六年,诏诸州贡举人见迄,就国子监谒先师,官为开讲,质问疑义,所司设食……'自后诸州府贡举人,十一月朔日,正衙见迄,择日谒先师,遂为常礼。"⑤所谓"群见",是指发解举人到阙,悉数安排觐见,不下三千人。贡院还需安排府或州在群见仪式上致辞,如《开封府群见致辞》:

> 臣希等伏以圣人在上,首善始于京师。天下修文贡士,兴于甽亩,此乃伏遇皇帝陛下,仰稽古道,下育人材。发明诏于多方,命兴贤于列郡。臣等谬当诏旨,辄与能书,虽为草臣,得奉天庭之贡。⑥

由于举人初到朝廷,不懂朝仪,"至有更相抱持以望黼座者,有司患之"⑦。仁宗宝元元年,诏:"天下贡举人,自今止令逐州解头入见,时举人群见多不如仪。"⑧

5.自贡院锁院日起,知举官与贡院属官全权办理一应考试程式、录取事宜及唱名后的喜庆活动。太宗朝,知贡举官宋白首定贡院故事:

> 先期三日,进士具都榜引试,借御史台驱使官一人监门,都堂帘外置案,设银香炉,唱名给印试纸。及试中格,录进士之文奏御,诸科惟籍名而上;俟制下,先书姓名散报之。翌日,放榜唱名。既谢恩,诣国学谒先圣先师,进士过堂阁下告名。闻喜宴分为两日,宴进士,请丞郎、大两省;宴诸科,请省郎、小两省。缀行期集,列叙名氏、乡贯、三代之类书之,谓之小录。醵钱为游宴之资,谓之醵。皆团司主之。制下则中书省同贡院关黄覆奏之,俟正敕下,关报南曹、都省御史台,然后贡院写春关散给。登科之人,例纳朱

---

① 彭百川:《太平治迹统类》卷二八《祖宗科举取人·仁宗》。

② 《宋史·职官志》三《礼部》。

③ 秦蕙田:《五礼通考》卷一七四《嘉礼》四七《学礼》。

④ 彭百川:《太平治迹统类》卷二七《祖宗科举取人·仁宗·景祐四年》。

⑤ 《宋史·礼志》八《文宣王庙》。

⑥ 李濂:《汴京遗迹志》卷一八《艺文》五《杂文》。

⑦ 《文献通考·选举考》四《举士》。

⑧ 《长编》卷一二一,宝元元年二月戊辰。

胶绫纸之直,赴吏部南曹试判三道,谓之关试。①

太宗朝贡院故事,当然不可能一成不变,但基本上已定下日后的规模。实际上,有关考试,事无巨细,都得操办,十分繁琐,例如:考试日,要举行仪式:

> 礼部贡院试进士日,设香案于阶前,主司与举人对拜,……所设座位供帐甚盛,有司具茶汤饮浆。②

6.举凡有关科举条制,由贡院奉命颁行,或提出修订、删定。如"景德四年,命有司详定《考校进士程式》,送礼部贡院,颁之诸州。"③"(绍兴)二十五年,桧死,帝惩其弊。遂命贡院遵故事,凡合格举人有权要亲族,并令覆试。"④仁宗至和三年三月十一日,"礼部贡院言:奉诏再详定《科场条制》,应天下进士、诸科解额各减半。"⑤庆历四年,翰林学士宋祁等奉诏详定《贡举条制》,所具新条目之外,其余旧制,奏"令礼部贡院重行删定"。⑥

7.校刊、出版经史之类书籍。如刊刻宋项安世《周易玩辞》。《周易玩辞·序》曰:"予幼嗜学《易》,祖程传宗本义,诸儒训解中,取平庵项氏《玩辞》熟读。……此书予过梧翁先生马公考学,得所藏本,乃咸淳乙丑礼部贡院所点校,锓诸梓。"

(四)御药院

与科举试考试有关的机构中,入内内侍省所属机构——御药院,扮演了特殊角色。

御药院本职,原与科举无关:"御药院勾当官四人,以入内内侍充。掌按验方书,修合药剂,以待进御及供奉禁中之用。"⑦显然,御药院是专门按验秘方、和合药剂,以供御用和宫中之用。可能是由于接近皇帝机会较多,御药院内侍为皇帝所信用,渐渐成为皇帝便于传宣、任使的内廷人员,职权随之扩大。景祐元年(1034)殿试,宋仁宗差御药院内侍雕板印制御试进士《房心为明堂赋》、《和气致祥诗》、《积善成德论》三题及其出处、义理。殿试日,发给奏名进士人各一份。从此,不许解元带头上请试题出处、义理⑧。《石林燕语》对此事亦有记载:"唐礼部试诗、赋,题不皆有所出,或自以意为之,故举子皆得进问题意,谓之'上请'。本朝既增殿试,天子亲御殿,进士循用礼部故事。景祐中,稍厌其烦渎,诏御药院具试题,书经史所出,模印给之。遂罢'上请'之制。"⑨

御药院在殿试中,执行的事务主要有以下几种:

1.雕印、发放殿试试题,此为御药院行贡举事第一件事。

---

① 《宋史·选举志》一《科目上》。
② 范镇:《东斋记事》卷一。
③ 《宋史·选举志》一《科目上》。
④ 《宋史·选举志》二《科目下》。
⑤ 《宋会要·选举》三之三五《科举条制》。
⑥ 《宋会要·选举》三之二五《科场条制》。
⑦ 《宋史·职官志》六《入内内侍省·御药院》。
⑧ 《长编》卷一一四,仁宗景祐元年三月辛酉朔。
⑨ 叶梦得:《石林燕语》卷八。

2.承提传宣殿试公文。"(嘉祐六年)二月二十七日,晴。上御崇政殿,试进士、明经、诸科举人。……御药院公文二道,传宣精加考校。"①

3.奏呈殿试前十名试卷,由皇帝亲定前十名名次高下。"高宗建炎二年九月十日,上宣谕宰执曰:'御药院尝奏殿试上十名,例先纳卷子御前定高下。'"②宋高宗罢呈殿试前十名试卷,后改为御药院"进呈三魁试卷。天颜亲睹三魁,排定姓名资次,然后宣唤三魁姓名"。③

4.负责核对殿试贡举人省试笔迹与御试笔迹是否一致,以防代笔、冒伪等作弊行为。"(开禧)二年,以举人奸弊滋多,命诸道漕司、州府、军监,凡发解举人,合格试卷姓名,须中礼部。候省试中,牒发御史台、同礼部长贰参对字画,差御药院内侍照应,廷试字画不同者,别榜驳放。"④

御药院参预殿试,反映出皇帝要加强对科举取人权力的控制与监督。这从侧面反照出皇帝对外廷操作科举活动、官员是否能做到公正取人存在一定程度的不信任。⑤

(五)地方贡院

诸路州府军监解试场所,也称贡院。北宋前期,地方发解试场所,一如礼部贡院,初无定处,借寺庙、学校、廨舍举行。"国朝设科取士,损益隋唐之旧,凡二百有七十年矣。列郡校试寓于浮屠之馆者,十有七八。"⑥明州,"旧无贡院,士亦不过数百,率寓试于行衙,又于府学西妙音院。"⑦池州,"旧试贡士,率寓景德寺,隘不能容,士病之。"⑧据现存记载,最早在北宋哲宗元祐五年,福州始建贡院:"自景祐建学,大比,例为集试所。生员逶巡,邸宿于外。先圣释奠,亦移他所。元祐五年,柯龙图述谋所以易之。会朝廷下'学及孔子庙不得试进士'之制。五月,乃择州治之东南公廨及隙地,广二百三十尺有奇,而深倍之。乃增筑厥址,崇其旧三尺,穿堂延庑,中辟旷除,后敞公堂,缭以中堂,以为考校之舍。外门之内,监门、巡铺、弥封、誊录之所皆具。旬五十而成。凡为正屋百有二十区。"⑨又如真州贡院、泰州贡院,皆建于北宋后期。真州贡院废于靖康、建炎间战火,具体始建时间不确;泰州贡院始建于哲宗绍圣四年(1097):"泰州贡院 绍圣四年,州守陆佃建于学右南山寺之西,……共屋六十二间。"⑩宋徽宗政和二年(1112),下令地方建贡院:"十一月十六日,诏:诸路各置贡院。"⑪以此为契机,地方贡院纷纷建立,但好景不长,大量州军贡院毁于战火。入南宋,地方贡院比较普遍。而

---

① 刘昌诗:《芦浦笔记》卷五《赵清献公充御试官日记》。
② 《宋会要·选举》八之三九《亲试杂录》。
③ 吴自牧:《梦粱录》卷三《士人赴殿试唱名》。
④ 《宋史·选举志二》。
⑤ 《四库全书总目·经部》一《周易玩辞》。
⑥ 魏了翁:《鹤山先生大全集》卷四八《眉州创贡院记》。
⑦ 罗濬:《宝庆四明志》卷二《叙郡·贡举》。
⑧ 陆游:《渭南文集》卷三八《监丞周公墓志铭》。
⑨ 梁克家:《淳熙三山志》卷七《试院》。
⑩ 盛仪:《嘉靖惟扬志》卷七《公署志》。
⑪ 李焘:《皇宋十朝纲要》卷一七。

且,随着绍兴十一年宋金和约的签署,士子应解试人越来越多,南宋地方贡院规模也随之越来越大。如平江府,北宋庆历中(约 1045),应解试人为二百,至南宋绍兴二十六年(1156),增为二千人,百余年间,增加了十倍①。再如福州,北宋宣和间,赴解试三千余人,绍熙元年(1190)则增为一万六千人。"今六十年间,累举增加人数已逾五倍。"②正因此,州府军监贡院规模都较大,如眉州贡院"凡五百楹",合一千间以上③。台湾学者据宋代二十一篇《贡院记》统计,贡院最小的有八十多间,如高邮军贡院;最大的贡院为一千三百多间,如潮州贡院。④

二 发解试、省试、殿试考试官

(一)发解试考官

发解试有国子监发解试、开封府发解试、诸路州府军监发解试、漕司发解试及四川类试发解试,诸试所置试官、发解官大同小异,并都经历了从简单到完善、临时性差遣到固定差遣的发展过程。

1.国子监发解试考试官

按宋制,国子监生,必须是京朝官七品以上子孙。但这些官僚子弟多"系籍者或久不至",挂个名不肯在监读书,因此,允许"在京进士、诸科,常赴讲席肄业",以补监生之阙⑤。宋真宗景德年间,"许文武升朝官嫡亲附国学取解,而远乡久寓京师,其文艺可称,有本乡命官保任,监官验之,亦听附学充贡"⑥。这就是说,宋代到了宋真宗朝,国子监成了在京升朝官子孙与诸路游学京师博取功名的文艺之士取解场所。当然,平民子弟入国子监,须命官保任、文艺可称并经国子监官考试。国子监与开封府,由礼部分配到解额比较宽。国子监所属官学——太学、广文馆、律学及武学,其解额都属国子监。国子监独立举行发解试。

国子监发解试机构,称国子监发解所,或国子监发解试考试院⑦。此外,有国子监发解试别试所。这些"所",其实都是举行发解试时临时而设,其场所无定处。"(英宗)治平四年十月四日,三司言:'国子监军处解发举人,并占寺院,秽污未便。欲乞:自今后锁厅,以嘉庆院;国学以高翰宅充考试院。翰宅倒塌,见在一千八百间,相度只修一百二十五间。'从之。"⑧

国子监发解试,宋初由国子监官主持,太宗淳化二年(991),始敕差朝臣掌国子监解试。

---

① 龚明之:《中吴纪闻》卷一《解额》。
② 杨士奇编:《历代名臣奏议》卷一六九《选举·宋朝·绍熙元年知福州赵汝愚上疏》。
③ 魏了翁:《鹤山先生大全集》卷四八《眉州创贡院记》。
④ 葛绍欧:《宋代府州的贡院》,刊《国际宋史研讨会论文选集》,河北大学出版社 1992 年版。
⑤ 《宋史·选举志》三《学校试》。
⑥ 《宋史·选举志》三《学校试》。
⑦ 《宋会要·选举》二一之五《选试》,淳熙十六年七月条。
⑧ 《宋会要·选举》一五之二〇《发解》。

"(淳化二年十二月)辛卯　先是,左司谏、直史馆谢泌奉诏发解国子学举人。……国子学发解举人,别敕差官主之,盖自泌始也。"①

通观两宋,国子监发解试官,有:监试官、考试官、点检试卷官、封弥官、誊录官、巡铺官等等。"孝宗淳熙元年八月五日,国子监发解,命监察御史陈升卿监试,国子司业兼权礼部侍郎戴几先、户部员外郎周澄、将作少监兼权礼部郎官姚宗之考试,刑部员郎中徐宅、太常博士许范舒、秘书省著作佐郎郑侨、太学博士章谦、国子正袁说友、权监左藏车库钱宇并点检试卷。"监试官"职在弹压"②,依贡举条制,事事执行监督落实。如考试官避亲嫌,不得阅亲戚子弟试卷,不许与亲戚子弟往来,亲嫌子弟不许干预出题,等等,都由监试官督查落实。"(淳熙十三年八月)十四日,诏:'国子监发解所监试官,措置将合避亲试卷尽送无亲嫌官,尽公考校;其有避亲嫌之官,亦不许干预出题,仍委监试官专一觉察;于考校日不得往来。'"③

国子监发解别试所有考试官、点检试卷官。"(孝宗淳熙元年八月五日)宗正少卿彦度,别试所考试;太府寺丞元伯源、太学录楼锷并[点]检试卷。"④

国子监发解试监试官,通常差御史台监察御史充任,其余发解试考试官从卿监官、馆阁官或六部郎官中拣选。"庆元元年二月五日,宰执进呈国子监发解所监试官,合差监察御史,今有二员,上曰:'当以供职在先。……八月五日,国子监发解,命监察御史王袷监试,军器少监高文虎、秘书郎兼司封郎官颜棫考试,著作佐郎李璧、秘书省校书郎余复、国子监丞孟浩、秘书省正字陈岘、司农寺主簿胡纮点检试卷。"⑤

发解官为发解试的主持人,负责考试严格依发解试条贯执行,"如将来考试或有缪滥,其逐处发解官并依先敕殿罚"⑥。此外,负责将得解举人试卷、解状等送礼部贡院。

为监试发解试服务的官员尚有封弥官、誊录官、巡铺官等,一如开封府、诸路州军解试之制。如"仁宗天圣元年闰九月十二日,考试国子监举人。监察御史张亿封印卷首"⑦。"(景祐四年)诏,开封府、国子监及别头试封弥、誊录为礼部。"⑧南宋后期,为了防止抄袭、假手之弊,曾设国子监解试雷同官,咸淳末废罢。⑨

2.开封府发解试考试官

宋初,开封府发解试,如诸州归州官(判官、录事参军等)主持,"皆府官专其事"。至太宗端拱元年(988),始派朝官主持开封府发解试事,"是秋,以府事繁剧,始别敕朝臣主之,定名迄,送府发解如式,永为定制。"⑩太宗至道三年(997)九月,"命直集贤院李建中、直史馆盛

---

① 《长编》卷三二,太宗淳化三年九月乙丑。

② 《宋会要·选举》一六之三一《发解》。

③ 《宋会要·选举》二一之四《选试》。

④ 以上均据《宋会要·选举》二一之一《选试》。

⑤ 《宋会要·选举》二一之七《选士》。

⑥ 《宋会要·选举》一四之一六《发解》。

⑦ 《宋会要·选举》一九之七、八《试官》。

⑧ 《长编》卷一二〇,仁宗景祐四年六月丙申。

⑨ 《宋史·选举志》二《科目下》。

⑩ 《长编》卷二九,太宗端拱元年闰五月。

元、太常丞陈尧佐考试开封府举人。"①真宗咸平元年(998),朝廷始差官"试开封府、国子监发解官亲戚举人",即开封府与国子监发解别头试,一改以前府、监相互考试发解官避嫌举人,为朝廷派朝官考试②。宋真宗大中祥符七年开封府发解试,始专差官充封弥官。在此之前,试卷封印卷首,由试官交互进行。"开封府考试举人,旧例试官更互封弥卷首。直集贤院杨侃等请别差官。从之。"③此后,开封府发解试均有专差封弥官。如"仁宗天圣元年闰九月十二日,命侍御史高弁、职方员外郎、判三司开拆司吴济、直集贤院胥偃考试开封府举人,监察御史王轸封弥卷首。"④有封弥官,必有誊录官、对读官,别头试所设同。"(景祐四年)诏:开封府、国子监及别头试封弥、誊录,如礼部。"⑤

至南宋,开封府发解试由临安府发解试所取代,临安府发解试设贡院,但南渡初多侨寄他处,至孝宗淳熙中始创建。"贡院,在钱塘门外王家桥。淳熙十二年,府尹张公朴始建。"⑥南宋临安府解试,已非开封府解试所可比。开封府解额有二三百人以上。景祐三年,开封府得解、免解人数为二百七十八人,嘉祐七年增为三百零七人⑦。而临安府在北宋末(宣和五年),定为解额十四人。入南宋,成为京师之后,增幅也不大,"绍兴二十六年,增西北流寓解额三人,今解十七人。端平元年增解额为十九人。"⑧正因此,临安府发解试,已不能如北宋开封府发解试,可与国子监发解试并列。其试官则视诸路州府军监而已。

3.诸路州府军监考试官

诸路州府军监发解试,宋初,采用后周显德二年敕:"诸州解发进士,差本判官考试。如未(本)判官不晓文章,即于诸从事内选差。所试并得合格,方可解送。诸科差录事参军。如录事参军不通经义,即于州县官内抡选。本判官监试。"⑨也就是,地方州府一级发解试,均由州府"晓文章"、"通经义"的州府属官充考试官、监官。进士科由州府判官或推官充试官,诸科由录事参军或差懂经义的其他州县官充试官,本州、府判官充监、试官。真宗朝以后,严格考试官资格,需进士出身之幕职州县官充试官,监试官由判官改为通判官。如本州、府内缺,进士出身人充试官,真宗大中祥符八年规定:"诏自今诸路发解官,本处阙进士出身者,令转运司于部内选邻州官充,不得以举人并就他郡试。"⑩明道二年(1033),地方府发解试,实行试卷卷首封弥制,始设封弥官。从仁宗朝起,由诸路转运司选差所属州府军监发解试考试官、监试官与封弥官。⑪

---

① 《宋会要·选举》一九之二《试官》。
② 《宋会要·选举》一九之三《试官》。
③ 《长编》卷八三,真宗大中祥符七年七月辛卯。
④ 《宋会要·选举》一九之七《试官》。
⑤ 《长编》卷一二〇,仁宗景祐四年六月丙申。
⑥ 《淳祐临安志》卷六《城府·贡院》。
⑦ 《司马光奏议》卷一五《贡院乞逐路取人状》。
⑧ 《淳祐临安志》卷六《贡院》。
⑨ 《宋会要·选举》一四之一三《发解》。
⑩ 《宋会要·选举》一四之二五《发解》。
⑪ 彭百川:《太平治迹统类》卷二八《祖宗科举取人·仁宗》。

地方发解试管理权,从宋初归本州府,至仁宗朝后归路转运司。南宋后,转运司对解试管理权限更大,既掌差试官之权,又掌监试之权。诸如审查解试的知州、通判户贯,按词义进士、经义进士考试不同内容各差诸州解试官:"(绍兴七年五月十三日)诸州发解,令转运司取词赋、经义两等各差考试官,以按投试人多少定其数,不得卤莽偏异。先期选合差之人,密行椿定,免致临时无官可差。""(绍兴十一年八月十五日)科诏下日,令逐路漕司先次取会本路知、通户贯,并不许差本任官充本贯试官及监试官。本路两有户贯,亦令预申运司,不得临期申请。"①至于地方发解试别试——漕试(也称牒试),更由转运司直接主持。

4.漕试考试官

漕试,即转运司类试,也称诸路别头试。转运司别称"漕司",故习称"漕试",为发解试之一种。"转运司承集本路现任官牒送到随侍子弟及五服内亲,如州府解试法。但漕司员额颇宽容也。系选差本路官主文考校。"②所谓漕试,指下列几种应举人参与之一种特殊发解试:①诸路所属州府军监"守、倅"(知州、知府、知军、知监等长官,与州、府、军、监通判)之子弟,离乡贯二千里外随侍父兄者,也称"满里子弟";②州府发解试试官有五服亲及姻亲人;③现任地方官门客(或称馆客)应举者;④南宋理宗朝前游学临安府的川、广进士、理宗朝后游学临安府久不能归之远地进士,均赴浙江路漕试。③

转运司类试,始于仁宗景祐四年(1037)。其解额,为"十取三之比例,解额较宽"④。因漕试解额较宽,冒守、倅亲戚与户籍人甚多。"科举之制,州郡解额狭而举子多,漕司解其数颇宽,士取应者,往往舍乡贯而图漕牒,至于冒亲戚、诈户籍而不之恤。……见任官用此可也,而待阙得替一年内,亦许牒试,……至有待阙得替官一人而牒十余名者。"⑤

漕试考官,由诸路转运使差官,除考试官外,封弥官、誊录官等设置,一如礼部试。"(景祐四年)诸路始有别头试。其年,诏:开封府、国子监及别头试封弥、誊录,如礼部。"⑥

关于发解试考试官与考生比例,《贡举法》规定:"试院官考试,进士不满三百人,二员;五百人,四员;每增五百人,添一员,至七员止。"⑦即是说,考生三百人以下,差试官二员;满五百人,差四员;五百人以上,每增五百人,增派一员。如考生一千人,考试官为五员。

(二)礼部贡院省试考试官

宋初,应试人少,每榜取进士、诸科人数甚少,进士多不过十数人,少则六七人或八人。因此权知贡举官即考试官,别无其他考试官差遣。如:"(太祖)乾德二年三月二日,翰林学士承旨、礼部尚书陶谷知贡举,合格进士李景阳以下八人。三年二月十五日,知制诰卢多逊权

---

① 《宋会要·选举》二〇之四、五、六《试官》。
② 赵升:《朝野类要》卷二《举业》。
③ 《宋史·选举志》二《科目》下;《宋史全文》卷三四,淳祐十一年七月壬午。
④ 《长编》卷一二〇,仁宗景祐四年二月甲寅。
⑤ 《宋史全文》卷二四下。
⑥ 马端临:《文献通考·选举考》四《举士·宋》。
⑦ 《历代名臣奏议》卷一六九《选举·郑刚中上奏》。

知贡举,合格进士刘察以下七人。"①至太祖朝末年,应试人开始增多,录取人数猛增,除权知贡举官一人外,新增权同知贡举官三人:"八年二月二十四日,以知制诰王祐权知贡举,知制诰扈蒙、左补阙梁周翰、秘书丞雷德骧并权同知贡举,合格奏名进士王式以下二百九十人。"②宋制,权知贡举官、同知贡举官,皆临时差朝官充任,多为有文学的清要官,或两制官(翰林学士、知制诰),或馆阁官、台谏官。知举官锁院(入贡院)后,掌管省试一应事务,如出试题、阅卷、决定录取名次及其高下排名,责任重大。

太宗朝以后,随着每榜赴省试人数激增,考试官随之增多,名目也相应增多。太平兴国二年,"诸道所发贡士凡五千三百余人"③,于是进士科考试官与诸科考试官开始分工,并增设监试官。"命太子中允、直舍人院张洎、右补阙石熙载试进士,左赞善大夫侯陶等试诸科,户部郎中侯陟监之。"④据《宋会要》,诸科试官为侯陶、太子中舍陈鄂与侯陟。⑤

太宗雍熙二年(985),赴省试贡士满万人,除权知贡举官一人外,权同知贡举官增至八人,考试官十人,此外又增设监门官、巡铺官。"轮差官二人在省门监守,分差官于廊下察视,勿容朋比,私相教授。"⑥《事物纪原》称"雍熙二年正月,礼部引试,分差官廊下察视,勿容私相教授,此巡铺之始也。"又,"轮番差官二人,在省门监守,此试院监门之始也"⑦。

至真宗、仁宗朝,考试官分工更细,进士科阅卷官分点检试卷官(打分),参详官(又称详覆官)定等第;诸科试官分出义官、考试官、覆考官;别试所又差考试官、点检试卷官。知举官与阅卷官总称内帘官。此外,为保证阅卷与录取公正、客观,设编排官(用特殊字号编排试卷及合格举人名次)、弥封官(封印卷首)、誊录官(派专人重抄试卷)、对读官(将贡士试卷与誊录试卷校对),加上太宗朝始置的监门官、巡铺官等等,总称帘外官。"诏敕令所将贡院帘外誊录、弥封、对读、封弥、监门等官避亲,修入《省试条法》。……诸试院官:谓主司及预考校之官。试院余官:谓监门、巡铺、弥封、誊录、对读之类。"⑧

兹列举北宋神宗朝熙宁六年(1073)进士科、诸科试官、徽宗宣和六年(1124)以及南宋高宗绍兴十八年(1148)进士科试官编制(均不完全)如下:

1.北宋神宗熙宁六年省试官:

贡院主司:权知贡举1人,权同知贡举2人。

进士科考校官:点检试卷官16人。

诸科考校官:诸科出义5人,考试官6人,覆考官4人。

帘外官:贡院监门官2人,封弥官3人。⑨

① 《宋会要·选举》一之一《贡举》。
② 《宋会要·选举》一之二《贡举》。
③ 《长编》卷一八,太平兴国二年春正月。
④ 《长编》卷一八,太平兴国二年春正月。
⑤ 《宋会要·选举》一九之一《试官》。
⑥ 《宋会要·选举》三之五《贡举杂录》。
⑦ 高承:《事物纪原》卷三《巡铺》《监门》。
⑧ 《宋会要·选举》五之四《贡举杂录》,淳熙五年正月十九日。
⑨ 以上据《宋会要·选举》一之一二《举士》、一九之一六《试官》。

2.北宋徽宗宣和六年省试官:

贡院主司:知贡举官 1 人,同知贡举官 4 人。

进士科考校官:参详官 16 人,点检试官 6 人。①

3.南宋度宗咸淳七年省试官:

贡院试官　主司:知贡举官 2 人,同知贡举官 2 人,监试官 1 人。

考校官:参详官 12 人,点检试卷官 30 人。

帘外官:监门官 2 人(监大门官 1 人、监中门官 1 人),中诸司官 2 人,封弥官 6 人,誊录官 3 人,对读官 24 人,巡铺官 8 人,弹压受卷官 1 人,总辖诸司官 1 人,同主管官 1 人,外诸司官 1 人,主管牒试避亲官 1 人。

别试所试官　监试官 1 人,主文官 2 人,考试官 2 人,点检试卷官 7 人,监门官 2 人,封弥、誊录、对读、巡铺官共 8 人。

四川类省试官　举送官　四川安抚别置使 1 人。

监试官　1 人。

主文、点检试卷官、封弥官、誊录官、对读官若干。②

从上引三例可以看出,宋代省试官,就试场分,有礼部贡院、别试所、南宋四川类省试之分。就试官分,有主司官、考校官、帘外官(试院试外之余官)之分。

主司有知举官、主文官、监试官。考校官有点检试卷官、参详官,诸科出义、考试、覆考官。帘外官有监门官、巡铺官、封弥官、誊录官、对读官,以及办理杂事的内外诸司官、弹压受卷官等。此外尚有誊录抄写员、巡铺兵卒、贡院胥吏等等。

(三)类省试考试官

1.转运司类省试官　转运司类省试,是南宋初战争情况下特殊产物。因交通阻断,政局不稳,行在飘忽无常,宋高宗为了笼络士心,坚持在战火中举行科举考试,于是别出心裁,创造省试分散在诸路举行的类省试。这就是南宋初期的临时性的类省试,在建炎二年、绍兴二年举行过两署、国子监举人,在东京留守司考试,由御史台御史一人充任监试官。③

分路类省试,虽由提刑司主管,但仍称"转运司类试:(建炎二年十一月二十二日)敕:应诸路举人,合于元得解路转运司类试。昨缘道途艰阻,却就别路类试下,特许理为一举。"④

绍兴二年类省试,改由执政大臣从诸路转运使、提点刑狱公事或安抚使、提举常平公事中进士出身人主持。⑤

2.四川类省试官　绍兴二年罢诸路类省试,保留四川类省试,直至南宋亡。考其原因,类省试官水平大不如礼部省试官"能至公至当,压服士心":"(绍兴三年十二月)戊申　臣僚

---

① 以上据《宋会要·选举》二〇之二《试官》,并参《太平治迹统类》卷二八《祖宗科举取人·徽宗》。

② 以上据刘壎《隐居通议》卷二《前朝科诏·咸淳七年省试》。

③ 《宋会要·选举》四之一七、一八《举士》,《宋史·选举志》二《科目下》。

④ 《宋会要·选举》一六之一《发解》。

⑤ 《宋会要·选举》二三之二四《试官》。

言：'科举之设，实用人材之根本，而省试最为重事。必于六曹尚书、翰林学士中择知贡举，诸行侍郎、给事中择同知贡举，卿、监、郎官为参详官，馆职、学官为点检官，又以御史监察其中，故能至公至当，压服士心。间因军兴，遂以此权付之诸路漕司，所差试官不过数人，其选皆出于漕臣，奸弊百端。乞今后省试并就行在遴选所臣，付以兹事。'诏：'今后省试并赴行在。'"①

四川类省试，包括川、陕诸路得解举人所赴之省试四川类省试。

四川类省试，由四川制置司主管。"诏：川陕进士将来省试令四川制置大使司依旧例试行。"②四川制置司在成都，淳熙五年创建类省试贡院。③

四川类省试，有监试官、考试官、点检试卷官、弥封官、誊录官等，除不设知贡举官、同知贡举官外，一如礼部省试。初，考试官由制置司选差，自绍兴二十九年起，由朝廷敕差类省试考试官、监试官一员，类省试别试所也有朝廷敕差监试官、考试官各一员，制置司选差小试官（点检试卷官）二员"今后四川类试，用九月十五日锁院。朝廷于帅臣、监司内选差考试官、监试官各一员，于锁院二十日前用金字牌遣降指挥。在院官吏如有挟私违戾，令监试径行劾奏。余官制置司精加选差，务尽公明，不得苟简。"④即以绍兴二十九年敕差试官为例：

> （绍兴二十九年）七月四日，诏：四川类省试院监试官，差成都府转运副使王之望（按：原误书名为"之柔"）；考试官，差知嘉州何逢原；别试所监试官，差知邛州费行之；考试官差知荣州李烨。⑤

四川制差司差试官的权力，朝廷未能也不可能完全收回，仍保留着很大权限："四川类省试官，自敕差监试、主文之外，制置司差考试官四员，以有出身知州充；点校试卷官十员，以京官、选人有士望者充；别试所差小试官（按：即点检试卷官）二员而已。"⑥

（四）殿试考试官

殿试，也称御试、廷试、亲试，名义上由皇帝亲试礼部奏名进士、特奏名进士。事实上，皇帝不可能亲自阅卷，还得差官担当弥封、誊录、阅卷、编排等一应事宜。但勤政的皇帝，也不同程度地亲自参预殿试出题、亲临试场、抽查已阅卷、督促阅卷官、亲阅殿试官所定前十名卷子并定高下名次、临轩策士（甚至亲自唱名）等等考试事务。如淳化三年三月殿试，宋太宗出《厄言日出赋》题，"孙何等不知所出，相顾惶骇，搁笔不敢措词。人教之上请。因相率扣殿槛，乞指示。帝初不为言。既所请再三，始为陈其大义。"⑦景德二年三月殿试，真宗亲自取封弥试卷审阅：结果发现殿试阅卷官不负责任，统统归在末等，真宗遂令覆审："时命翰林学

---

① 李心传：《建炎以来系年要录》（以下简称《要录》）卷六九。
② 《要录》卷一〇七，绍兴六年十二月戊申。
③ 《成都文类》卷四六，李焘《贡院记》。
④ 《要录》卷一八一，绍兴二十九年三月丙辰。
⑤ 《宋会要·选举》二〇之一三《试官下》。
⑥ 李心传：《建炎以来朝野杂记》甲集卷一三《四川类省试官》。
⑦ 《宋会要·选举》七之五《亲试》。

士承旨宋白等糊名考校。帝取封弥试卷观之。谓宰相曰：'考官恃无所私，不以取士为急，一切考入末等，郭贽尤甚。如此，则例多摈斥，非所以助朝廷求才之意也。'遂命知制诰李宗谔等十人，宿于殿东，覆加考校。其中选者甚众。"①

雍熙二年三月十五日殿试，"太宗御崇政殿试进士。梁颢首以程试上进，帝嘉其敏速，以首科处焉。十六日，帝按名一一呼之，而赐及第。唱名赐第，盖自是为始。"②皇帝临轩唱名，太宗后历帝遵依。至南宋孝宗，晚年病不能久坐，只能前二甲唱名，第三甲至第五甲不再一一唱名，光宗朝遂以为例。然至庆元五年，宁宗第一次亲试，又恢复进士五甲一一唱名旧制，因新进士有四百十六人，一个上午唱不完，吃过中饭再临轩。"（庆元五年）一月七日，上御集英殿临轩唱名，赐进士及第，至第一甲、第二甲毕，进膳。御药院欲用近例，自三甲以后，只逐甲拨。京镗等同入札子，乞遵祖宗故事，逐一宣名，上欣然从之。至再临轩。镗等奏曰：'孝宗皇帝晚年艰于久坐，只一两举权宜如此，自后遂以为例。陛下一旦复旧制，多士在廷，皆得一一仰望清光，实为盛事。'"③

哲宗元祐三年二十二日，"太皇太后、皇帝御延和殿垂帘，宰臣以下呈文卷。皇帝御崇政殿唱名，放榜，赐公服、靴、笏。"④

殿试临轩策士，通常历朝皇帝都能做到。然依宋制，皇帝谅暗（守丧）期间，不临轩策士。绍兴三十二年，宋钦宗讣闻至，"诏来年礼部奏名进士，可依祖宗故事更不临轩策试"⑤。

皇帝亲阅殿试前十名卷子以定名次高下的故事，至南宋高宗，废罢："高宗建炎二年九月十日上宣谕宰执曰：'御药院尝奏殿试上十名，例先纳卷子御前定高下。朕谓取士当务至公，既有初、覆考、详定官，自足凭信，岂宜以朕一人之意，更有升降？'已处分今次勿先进卷子。"⑥自后改"进呈三魁试卷。无颜亲睹三魁，排定姓名资次，然后宣唤三魁姓名"。即皇帝亲定状元、榜眼、探花名次。宣唤三魁姓名后，皇帝一一扣问三代、乡贯、年甲，如所答与试卷所亲书家状同，即赐绿袍、靴、笏。⑦

武举殿试，皇帝御殿策试、阅试弓马，不临轩唱名。"（绍兴）二十一年闰四月七日，上御集英殿策试武举进士。八日，上御幄殿，阅试此举弓马，十八日，尚书省拟到武举正奏名汤鷟以下六人推恩。"⑧

殿试，除皇帝亲自参预之外，阅卷等一应事务还得置司差官。殿试试官的设置，也是从简到繁、从临时称名到固定命名有一个演变过程，宋太祖、太宗朝设殿试，随意召朝官为考官。"太祖开宝六年三月十九日，帝御讲武殿，覆试新及第进士。……召殿中侍御史李莹、右司员外郎侯陟、国子监丞郝益为考官。"至宋真宗咸平三年，即真宗首次殿试，任命殿试考官

① 《宋会要·选举》七之八《亲试》。

② 高承：《事物纪原》卷三《唱名》。

③ 《宋会要·选举》八之一七、一八《亲试》。

④ 《宋会要·选举》八之三六。

⑤ 《宋会要·选举》八之四三《亲试杂录》。

⑥ 《宋会要·选举》八之三九《亲试杂录》。

⑦ 吴自牧：《梦粱录》卷三《士人赴殿试唱名》。

⑧ 《宋会要·选举》一七之二七《武举》。

开始规范,有初考官十人、覆考官十人、弥封卷首官二人①。大中祥符元年增"等第官"(后称编排官)。

至大中祥符二年,殿试试官分工命名开始定形:"(大中祥符)二年六月二十七日,帝御崇政殿,试服勤词学经明行修举人。……前试一日,命职方员外郎、判国子监孙奭,直史馆刘金氏同定诸科义目;又命翰林学士晁迥等十人为考官,设次于殿后庑;直史馆查道等十一人为覆考官,设次于景福殿西庑;龙图阁待制戚纶等二人为编排试卷;直史馆王希逸等二人封弥卷首,于《玉篇》中取字为号,乃录本考校,始命以进士程试为五等。……帝取考官、覆考官所定试卷,参校等第,有不同者,命再考之,又付右仆射张齐贤等详审,仍以高等十卷付[宰]臣重定。王旦请以'珤'字号为第一,帝然之。……珤为首卷,即梁固也。"②据此,宋真宗朝殿试官有:诸科义目官(出义官),初考官,覆考官,编排试卷官,封弥卷首官。此外,宰臣"详审",为详定官(参详官)之前身。仁宗嘉祐六年(1061)赵抃《充御试官日记》,留下了一份完整的、珍贵的殿试机构与考官资料。根据该日记,殿试机构有:

编排所:编排官 2 人;

御药院(本属内侍省机构):传宣殿试公文等事官;内臣 2 人,传宣赐酒食;

诸科考校所、覆考所:出义官 3 人,初考经学官 3 人,覆考经学官 3 人,详定官 2 人,封弥官 2 人;

进士科详定所:初考点检试卷官 2 人,初考官 4 人,覆考官 4 人,覆考点检试卷官 2 人,详定官 3 人,对读官 6 人。③

至南宋,殿试考官与北宋不同处,已无诸科考官,兹举理宗宝祐四年殿试进士考官为例:详定官 5 人,编排官 2 人,初考官 3 人、添差初考官 3 人,覆考官 3 人,添差覆考官 4 人,初考点检试卷官 1 人,覆考点检试卷官 1 人,对读官 5 人,封弥官 2 人,巡铺官 2 人。④

关于殿试初考官、覆考官、详定官阅卷、定等第分工,沈括《梦溪笔谈》有较明确记载:"嘉祐中,进士奏名迄,未御试,京师妄传王俊民为状元,不知言之所起,人亦莫知俊民为何人。及御试,王荆公时为知制诰,与天章阁待制杨乐道二人为详定官。旧制,御试举人,设初考官先定等第,复封弥之以送覆考官再定等第,乃付详定官。[详定官]发初考官所定等第以对覆考之等,如同则已,不同则详其程文,当从初考官或从覆考官为定等,即不得别立等。是时,王荆公以初、覆考所定第一人皆未允当,于引间别取一人为状首;杨乐道地法,以为不可;议论未决。太常少卿朱从道时为封弥官,闻之谓同舍曰:'二公何用力争,从道十日前已闻王俊民为状元,事必先定,二公恨自苦耳。'既而二人各以己意进禀。而诏从荆公之请,及发封乃王俊民也。详定官得别立等,自此始,遂为定制。"⑤

从上述记载,可以明了:殿试初考官初定等第名次;封弥官封印试卷与名次,送殿试覆考

---

① 《宋会要·选举》七之六《亲试》。
② 《宋会要·选举》七之一一《亲试》。
③ 刘昌诗:《芦浦笔记》卷五《赵清献公充御试官日记》。
④ 《宝祐四年登科录》,《四库全书》本。
⑤ 沈括:《梦溪笔谈》卷一《故事一》。

官;覆考官在不知初考官所定名次等第情况下,再定等第名次;初考官、覆考官阅卷结果统交详定官。详定官拆封初考官所定等第,与覆考官所定等第一一比照,如两者相同,则放过;如两者有异,详定官亲自审阅,然后,于二者必取其一,要么从初考官所定,要么从覆考官所定,不得另行再立等第。这是嘉祐六年前制度。可是,王安石对此次初考、覆考官所定殿试第一人都不满意,自行选取一人试卷定为第一人。另一名详定官杨乐道不同意王安石这种破旧立新的做法,坚持从初、覆考官中取一人为第一名。结果详定官不同意见禀奏皇帝,皇帝同意王安石所取卷定为第一,一拆封,果为王俊民。从此,详定官扩大权限,得以自立等第。

与殿试考试有关的特殊官员,就是御药院内侍官。他们主要负责雕印、发放殿试试题;承提传宣殿试公文;奏呈殿试前十名试卷,由皇帝亲定前十名名次高下(宋高宗罢呈殿试前十名试卷后,改为进呈三魁试卷);核对殿试贡举人省试笔迹与御试笔迹是否一致,以防代笔、冒伪等事务。御药院内侍为皇帝所亲信,御药院内侍参与殿试事务,反照出皇帝要加强对科举取人权力的控制与监督。

三 结 语

宋代科举考试官之设置,与唐代相较,有明显的进步,即已开始建立一整套完整的任命、具体的职能分工与监督制度。

首先,作为科举考试最重要的省试考试官,不再定为礼部侍郎一人专职,知举官由一人增为数人,称权知贡举官、权同知贡举官。其选择范围扩大至翰林学士、六部尚书、侍郎、给事中、知制诰等侍从官、清要官。唐初,知举官一人,由吏部考功司郎官担任。唐玄宗开元二十四年(736),知举权由吏部转移至礼部:"自今以后,每诸色举人及斋郎等简试,并于礼部集;既众务烦杂,仍委侍郎主之。"①中唐至五代,虽间有兵部侍郎、户部侍郎、中书舍人、太常卿甚至有尚书左仆射知贡举,但仍以礼部侍郎充知贡举官居多。五代后汉司徒诩就曾说:"汉初,除礼部侍郎,凡三主贡举。"②

入宋以后,掌省试考试的主管官,"知权知贡举",并由北宋初一人,至太祖开宝八年,后增设同权知贡举官三人。权知贡举官属临时差遣,不再是礼部侍郎专职,如宋太祖一朝十五榜,权知贡官十五人,没有一人由礼部侍郎充任,多由翰林学士、中书舍人、知制诰、枢密直学士等担任。太祖朝,取进士人数不多,数人至十数人,故仅设权知贡举官一人。至开宝八年,因赴省试人数大增,始增设权同知贡举官三人,省试取合格进士二百九十人,经殿试覆试,取新进士三十四人。是年权知贡举官为知制诰王祐,权同知贡举官为知制诰扈蒙、左补阙梁周朝、秘书丞雷德骧③。此后,权知贡举官、权同知贡举官并设之制不变。

由于太宗朝取进士人数成十倍以上猛增,知举官也随之增加。如太平兴国八年,两京、诸路州府贡士达一万二百六十人,经赴省试,权知贡举官一人外,权同知举官增至九人:"以

---

① 《唐大诏令集》卷一〇《令礼部掌举敕》。

② 《旧五代史·司徒诩传》。

③ 《宋会要·选举》一之二《贡举》。

中书舍人宋白权知贡举,知制诰贾黄中、吕蒙正、李至,直史馆王沔、韩丕、宋准,司封员外郎李穆,监察御史李范,秘书丞杨砺权同知贡举。"①知举官差遣,限定在一定范围之内,即须具备相应的资格:"省试最为重事,必于六曹尚书、翰林学士中择知贡举;诸行侍郎、给事中择同知贡举。"②

哲宗绍圣元年(1094),改权知贡举官为知贡举官,去"权"字③。其后,绍圣四年、元符三年省试仍称权知贡举,至徽宗朝崇宁以后,即称知贡举:"(崇宁五年)一月五日,以兵部尚书朱锷知贡举,御史中丞侯蒙、吏部侍郎白时中、大司成薛升同知贡举。"

其次,宋代试官分工细密。宋代科举取士数量比唐代大增,唐代每榜多不过二三十人,而宋代则平均每榜在二三百人以上,其应省试超过万人。如太宗淳化三年(992),诸道贡举人一万七千三百④。阅卷的工作量随之激增,考试官不能不随之增加。特别是试卷糊名、誊录制实行之后,试官分工日渐细密。以神宗熙宁三年(1070)省试为例,任命权知贡举官一人,权同知贡举三人。监贡院门二人,封弥官二人,点检试卷官八人。以上为进士科试官。诸科另差出义官四人、考试官七人、覆考官四人。此外,另差别试官二人。该榜取正奏名进士三百五十五人、诸科四百九十二人。此外,尚有誊录官、监试官、巡铺官等等。从总管、阅卷、监督等诸方面都作了明确而细密的分工,为保证尽量公正阅卷创造条件,在诸试官中,点检试卷官为阅卷官。在接到誊录卷子后,审阅试卷、打分、拟等第,然后送知举官。由知举官覆核,定去留、名次高下。知举官审毕,再将试卷退回,由点检试卷官拣出合格卷子,审阅其中有无"杂犯"。试官中,最为忙碌的是知举官:"点举官夜以继昼,力犹不给。"⑤

其三,加强了对考试官的约束与监督。唐代知举官,早在科举考试前任命,并许"公荐",取士权操在知举官一人手中,没有什么约束机制。而在宋代,知举官等考试官,在临考试前任命,任命之当日,即入省锁院,与外界隔绝。宋代既禁止"公荐",又不许试院内外通风报信、请谒往来,有效地限制了试官作弊。太宗淳化三年(992),权知贡举苏易简等,首创锁院之制:"以翰林学士承旨苏易简等权知贡举。易简等以贡举重柄,义在无私,受诏之日,五人便赴尚书省锁宿,更不归私第,以杜请托,物论嘉之。"⑥此后,即成为定制。仁宗嘉祐二年(1057),翰林学士欧阳修权知贡举,龙图阁直学士梅挚、知制诰韩绛、集贤殿修撰范镇并权同知贡举。梅尧臣等充点检试卷官,任命之日,即锁院,与外界隔绝五十天。其闲暇时间,即与同事以作诗唱和消遣:"嘉祐二年春,予幸得从五人者于尚书礼部,考天下所贡士,凡六千五百人。盖绝不通人者五十日,乃于其间,时与作为古律长短歌诗杂言,庶几所谓群居燕处言谈之文,亦所以宣其库滞而忘其倦怠也。"⑦为了防止考试官于宣召之日出谒、受谒,杜绝请托,南宋宁宗嘉定四年(1211)下令告诫试官,于锁院日及早齐集于殿门,禁止请谒:"比年以

---

① 《宋会要·选举》一之二《贡举》。
② 《宋会要·选举》二〇之二一《试官》。
③ 《宋会要·选举》一之一二《贡举》。
④ 《长编》卷三三,淳化三年春正月丙申。
⑤ 《宋会要·选举》一九之二〇《试官》。
⑥ 《宋会要·选举》一九之二《试官》。
⑦ 《欧阳修全集》卷四一《居士集》卷四一《礼部唱和诗序》。

来,每遇出敕宣差省试官,自早至暮,至者不齐,以致宫殿门闭不可入殿受敕。……盖由宣押之际,宾客及门,不容排遣,遂致入晚秉烛入院。……凡当差官,自正月二十一日以后,并不许出谒、受谒,至锁院日宣唤及门,即时上马,前赴殿门,以候班齐而入。"①南宋宁宗嘉定十三年(1220)起,又创设监试官,位于同知举之上,以加强对试官本身及试场监督。②

(作者单位:浙江大学古籍研究所)

---

① 《宋会要·选举》二二之二四《试官》。
② 《宋会要·选举》六之三六《贡举杂录》。

宋朝限定沿海发舶港口问题新探

曹家齐

　　两宋时期,海上交通与贸易空前发达,市舶之利遂成为宋朝国用之重要来源,但对进出口商船和港口之管理,亦构成对宋朝市舶之政的严重挑战。为有效对舶货进行抽解和博买,并维护海上交通诸项禁防,宋朝陆续制定出对进出口商船和港口的管理措施,并根据形势变化而不断调整。其中包括限定商船的进出港口、出海周期,以及严格商船进出手续并加强海上讥察与检查等。官方限定商船进出港口的核心措施,即是限定港口签发商船的出海之权。这一措施乃是宋廷从全局施行的市舶之政,不仅关涉具体港口的地位和发展,更可影响整个海上贸易格局,故以往研究宋代海外贸易和海上交通之论著便对此问题多有涉及。其中代表性的论著有日本学者藤田丰八《宋代市舶司与市舶条例》①、桑原骘藏《蒲寿庚之事迹》②,和中国学者陈高华、吴泰《宋元时期的海外贸易》③、陈高华《北宋时期前往高丽贸易的泉州舶商——兼论泉州市舶司的设置》④、王杰《中国古代对外航海贸易管理史》⑤和廖大珂《福建海外交通史》⑥等。但诸位先生之论著皆未对宋朝限定发舶港口问题作专门之讨论。上世纪九十年代中,笔者以《宋代交通管理制度研究》为题,写作博士学位论文,于《边塞与海上交通制度》一章列“对商船出入港口的限定”一目,作过专门考述⑦,但亦仅限于当时所见文献基础上之简单勾勒。2007 年末,广东阳江海面“南海一号”沉船打捞一度成为媒体和社会之关注热点,笔者曾因对宋代海上交通作过一定研究而多次受到媒体采访。被问最多的一个问题,便是“南海一号”沉船当初最有可能从何处起航。这虽然是一个很难回答的问题,但促使笔者对宋朝发舶港口问题再作思考。回头再看以往之研究,不难发现,不仅元祐以后限定发舶港口事未能究明,而且之前限定港口措施的实际执行状况亦缺乏必要之探索;另外,港口限定与舶政之关系亦堪为研究之问题。故今于以往研究之基础上,对宋朝限定沿海发舶港口问题再作些讨论。

---

① ［日］藤田丰八:《宋代市舶司与市舶条例》,商务印书馆 1936 年版,魏重庆译本。

② ［日］桑原骘藏:《蒲寿庚之事迹》,1929 年中华书局版。陈裕菁译本,易名为《蒲寿庚考》。

③ 陈高华、吴泰:《宋元时期的海外贸易》,天津人民出版社 1981 年版。

④ 陈高华:《北宋时期前往高丽贸易的泉州舶商——兼论泉州市舶司的设置》,《海交史研究》1980 年第 2 期。

⑤ 王杰:《中国古代对外航海贸易管理史》,大连海事大学出版社 1994 年版。

⑥ 廖大珂:《福建海外交通史》,福建人民出版社 2002 年版。

⑦ 曹家齐:《宋代交通管理制度研究》,河南大学出版社 2002 年版。

一 端拱二年限海舶于两浙陈牒诏令之执行始末

北宋初年,继唐五代之势,在沿海仍有多个港口对外通商。如《宋会要辑稿》载:

> 太平兴国初年,京师置榷易院。乃诏:"诸蕃国香药、宝货至广州、交趾、泉州、两浙,非出于官库者,不得私相市易。"①

此载说明宋朝对外贸易在国初便在广州、泉州、明州、杭州等港口进行,只是其中之香药、宝货一切由政府专卖,民间不得任意与外商交易。尽管北宋在开宝四年(971)就在广州设置市舶司,而他处未设,但从相关记载看,宋朝一开始亦并未限定商船出海之港口。直到端拱二年(989),即在杭州设置市舶司后②,始诏:"自今商旅出海外蕃国贸易者,须于两浙市舶司陈牒,请官给券以行,违者没入其宝货。"③淳化三年(992)两浙市舶司移至明州定海县,商船出海凭证应随之改至定海请领,但翌年又移司杭州。至咸平二年(999),又"令杭州、明州各置市舶,听蕃官从便。"④但不管怎样,端拱二年的诏令字面意思便是说,凡国内海舶出海贸易,皆须到两浙办理出海手续,领取出海凭证。从政府管理之角度看,此举便于集中控制海商的活动,可有效掌控海商出国贩易之状况。但此诏令果得施行,则广州、泉州、温州等处商船若往南蕃诸国贸易,便须北上杭州或明州请牒,然后再折返向南。泉州、温州倒还好说,广州显然迂远不便,即便是将人、船、货物经本州岛证明,再凭一纸文书到两浙办理出海手续亦甚为不便。另外,端拱二年诏令若果得施行,则又昭示出有市舶司处未必有签发海舶之权,如广州最早设置市舶司,此时却无发舶权。

更为重要的是,若只有两浙一处市舶司可以签发海舶出海外蕃国贸易凭证,则其他诸处港口的贸易必受影响。但熙宁时诸处贸易数额似乎难以合理解释。毕仲衍《中书备对》载熙宁十年(1077)明、杭、广三州市舶乳香收入云:

> 三州市舶司[所收]乳香三十五万四千四百四十九斤。其内明州所收惟四千七百三十九斤;杭州所收惟六百三十七斤;而广州所收者则有三十四万八千六百七十三斤。是虽三处置司,实只广州最盛也!⑤

如果此时仍在执行商旅皆须于两浙办理出海手续之制度,则此商旅应是国内商旅,而不包括外国蕃商。否则,外国蕃商来广州贸易后,回国须北上两浙办理手续,如此必然会影响外国蕃商入宋贸易之积极性。但即便仅是限制国内商旅,广州贸易额高出杭、明二州如此之多亦甚难理解。因为,即便广州离南蕃诸国较近,如果广州市舶司没有发舶权,亦必不会有太多

① 徐松:《宋会要辑稿》(以下简称《宋会要》)《职官》四四之一,中华书局1957年影印本。
② 关于杭州于端拱二年置,参据藤田丰八推论,详见氏著《宋代市舶司与市舶条例》,第37页。
③ 《宋会要·职官》四四之二,第3364页。
④ 马端临:《文献通考》卷六二《职官一六·提举市舶》,浙江古籍出版社1988年影印本,第563页。
⑤ 毕仲衍撰:《〈中书备对〉辑佚校注》,河南大学出版社2007年版,第227页。又可见梁廷枏总纂:《粤海关志》卷三《前代事实·宋》,广东人民出版社2002年版,第37页。

的海舶到广州贸易。

根据广州熙宁时贸易状况可以推测,端拱二年限定两浙签发海舶之诏令,或是不久废止,或是事实上未得认真施行。结合其他记载大致可知,端拱二年诏令应是未能得到长久实施。元祐五年(1090),时任知杭州的苏轼上《乞禁商旅过外国状》,其中举出有关商旅出海的庆历、嘉祐、熙宁、元祐编敕和元丰中书札子。有云:

> 庆历编敕:客旅于海路商贩者,不得往高丽、新罗及登、莱州界,若往余州,并须于发地州军先经官司投状,开坐所载行货名件、欲往某州军出卖,许召本土有物力居民三名结罪,保明委不夹带违禁及堪造军器物色、不至过越所禁地分,官司即为出给公凭。如有违条约及海船无公凭,许诸色人告捉。船物并没官,仍估物价钱,支一半与告人充赏。犯人科违制之罪。
>
> 嘉祐编敕(略)。
>
> 熙宁编敕:诸客旅于海道商贩,于起发州投状,开坐所载行货名件、往某处出卖,召本土有物力户三人结罪,保明委不夹带禁物,亦不过越所禁地分,官司即为出给公凭。仍备录船货,先牒所往地头,使到日点检批凿公凭讫,却报元发牒州。即乘船自海道入界河,及往北界高丽、新罗并登、莱界商贩者,各徒二年。
>
> 元丰三年八月二十三日中书札子节文:诸非广州市(舡)[舶]司,辄发过南蕃纲舶舡,非明州市舶司,而发过日本、高丽者,以违制论,不以赦降去官原减(其发高丽舡仍依别条)。
>
> 元丰八年九月十七日敕节文:诸非杭、明、广州而辄发海商舶舡者,以违制论,不以去官赦降原减。诸商贾由海道贩诸蕃,惟不得至大辽国及登、莱州。即诸蕃愿附舡入贡或商贩者听。
>
> 元祐编敕(略)。①

苏轼此奏,旨在希望朝廷仍按庆历、嘉祐施行,禁止商贩入高丽、新罗贸易。其所引庆历、嘉祐、熙宁编敕,与元丰三年中书札子、元丰八年敕和元祐编敕,应是节录相关内容并放在同一逻辑层面进行论述。从此角度看,庆历编敕、嘉祐编敕(与庆历编敕同)和熙宁编敕中所言"客旅于海路商贩者"虽非专指"出海外蕃国贩易者",但应包括之,同时亦包括在国内往其他州军贩易者。但无论庆历、嘉祐编敕,还是熙宁编敕,都仅言"须于发地州军先经官司投状、开坐所载行货名件、往某处出卖,召本土有物力户三人结罪,保明委不夹带禁物,亦不过越所禁地分,官司即为出给公凭",并未涉及限定港口事。由此观之,端拱二年诏令条文,至迟在庆历之前便已废止。具体何年废止呢?《文献通考》载:

> 咸平二年九月庚子,令杭州、明州各置市舶,听蕃官从便。熙宁中,始变市舶法,泉人贾海外者,往复必使(东)[西]诣广,否则没其货。海道回远,窃还家者过半,岁抵罪者

---

① 苏轼:《苏东坡全集·奏议集》卷八《乞禁商旅过外国状》,中国书店 1986 年影印本,第 493—495 页。

众。太守陈偁奏疏,愿置市舶于泉。不报。①

其中所言"熙宁中,始变市舶法,泉人贾海外者,往复必使(东)[西]诣广"应是熙宁至元丰修订市舶法事,此市舶法即《广州市舶条》,于元丰三年修定,其内容之一便是苏轼奏议中所言元丰三年中书札子节文"诸非广州市(舡)[舶]司,辄发过南蕃纲舶舡,非明州市舶司,而发过日本、高丽者,以违制论,不以赦降去官原减"。(《广州市舶条》事见下文)《文献通考》将此内容直接系于咸平二年诏令后,按照前后逻辑,则咸平二年"令杭州、明州各置市舶,听蕃官从便"则意指不再限定发舶港口,似针对端拱诏令而言。若如此,则端拱二年限海舶统一自两浙市舶司陈牒请券之诏令便是在咸平二年九月废止。

二 元丰三年中书札子与元丰八年敕对发舶港口之限定情况

元丰三年以后,宋廷对海舶出海港口又作出限制。元丰三年中书札子规定"诸非广州市(舡)[舶]司,辄发过南蕃纲舶舡,非明州市舶司,而发过日本、高丽者,以违制论,不以赦降去官原减",还仅是针对去外国贩易海商,但元丰八年敕却规定"诸非杭、明、广州而辄发海商舶舡者,以违制论,不以去官赦降原减。诸商贾由海道贩诸蕃,惟不得至大辽国及登、莱州。"连在国内沿海贩易之海商亦包括在内了。亦即所有海商出海贩易必须到杭州、明州或广州办理出海手续,领取公凭。其起因大概是熙宁九年五月二日,"给事中、集贤殿修撰程师孟乞罢杭州、明州市舶司,只就广州市舶一处抽解。"②之后,三司便与程师孟共议广州、明州市舶利害。但直到元丰三年八月二十七日,中书才上言"《广州市舶条》已修定。乞专委官推行"。"诏广东以转运使孙迥、广西以转运使陈偁、两浙以转运副使周直孺、福建以转运判官王子京。迥、直孺兼提举推行;偁、子京兼觉察拘拦。其广南东路安抚使更不带市舶使。"③而苏轼《乞禁商旅过外国状》所引元丰三年八月二十三日中书札子节文,则应是即将修定的《广州市舶条》之重要内容之一,元丰八年再加以修订以敕令颁出。

检核现存文献,元丰三年中书札子节文与元丰八年敕的确在此后得到实施。除前揭《文献通考》所言事实外,又有陈偁之子陈瓘《先君行述》等记载。陈瓘《先君行述》与《文献通考》所言为同一事,但更为具体,其中云:

> 泉人贾海外,春去夏返,皆乘风便。熙宁中,始变市舶法,往复必使东诣广,不者没其货。至是命转运判官王子京拘拦市舶。子京为尽利之说以请,拘其货、止其舟以俟报。公(指陈偁)以货不可失时,而舟行当乘风便,方听其贸易而籍名数以待。子京欲止不可,于是踪迹连蔓起数狱,移牒谯公沮国法,取民誉。朝廷所疾,且将并案。会公得旨再任,诏辞温渥。子京意沮,而搜捕益急。民骇惧,虽药物燔弃不敢留。公乃疏其事请曰:"自泉之海外,率岁一往复。今迁诣广,必两驻冬,阅三年而后返,又道有(焦)[礁]石

---

① 《文献通考》卷六二《职官一六·提举市舶》,第563页。
② 《宋会要·职官》四四之六。
③ 《宋会要·职官》四四之六。

浅沙之险,费重利薄,舟之南日少,而广之课岁亏。重以拘拦之弊,民益不堪。置市舶于泉,可以息弊止烦。"未报。而子京倚法箧没以巨万计。上即位,子京始惧,而遽以所籍者还民。①

结合前揭《宋会要》所载元丰三年八月修定《广州市舶条》,及分别委任孙迥、陈偁、周直孺、王子京在广东、广西、两浙、福建推行市舶新法事,不仅可知《文献通考》与陈瓘《先公行述》所言"熙宁中,始变市舶法,[泉人贾海外],往复必使(东)[西]诣广"实为元丰三年之后情况,亦可知元丰三年限定发舶港口之规定确实得以实施,并对泉州海商带来诸多不便。

又,元丰三年后被限定在明、广二州发舶的海商,既包括出外国贩易之海商,亦包括在国内州军贩易之海商。如《续资治通鉴长编》载:

> [元丰五年(1082)十二月]丁卯,广西转运副使吴潜言:"雷、化发船之地,与琼岛相对,今令例下广州约五千里请引,不便。欲乞广西沿海一带州县,如土人、客人载米谷、牛、酒、黄鱼及非市舶司抽解之物,并依旧更不下广州请引。"诏孙迥相度于市舶法有无妨碍,既而不行。②

从吴潜所言中可以看出,广西沿海商船发往琼州,曾直接自雷州和化州出发,无须经广州。此当是依庆历至熙宁编敕,但后来必须经五千里到广州请引,当是依元丰三年中书札子。此亦应是元丰三年《广州市舶条》内容之一。但元丰三年中书札子规定"诸非广州市舶司,辄发过南蕃纲舶舡",以违制论,琼州是否亦包括在"南蕃"之内呢?考诸文献,宋朝虽未将琼州视作"南蕃",却与"南蕃"一并看待,如熙宁七年(1074)正月,诏:"诸泉、福缘海州,有南蕃、海南物货船到,并取公据验认。"③如果从琼州靠近南蕃,又处在去南蕃必经之路的特殊地位来看广西沿海一带土人、客人赴琼州贸易一事,似乎可视作特例,但若结合陈瓘《先公行述》所记泉州之情况,及《宋会要》所载元丰三年以后令孙迥、陈偁往诸处推行新市舶法之状况,则可见广西沿海土人、客人赴琼州贩易须到广州请引,与泉州海商到广州请引是一样的,都是元丰三年中书札子或《广州市舶条》实施之体现。

三 元祐以后发舶港口限定情况

元丰时限定海舶自杭、明、广三州签发,无疑给其他港口和地区的商人带来不便,甚至影响到整个国家的市舶收入。其中以泉州港的情况最为突出。元丰三年后,泉州舶船往南蕃贸易必须到广州,方许出海。由泉州一般冬天利用北风发船,第二年夏天利用东南风即可返航。现在先得在冬天乘北风到广州,在广州过冬,第二年冬天才能去南海,第三年才能回国。这就是陈偁上书中所说的"今远诣广,必两驻冬,阅三年而后返"。再加上泉、广之间海道多

---

① 《永乐大典》卷三一四一,"陈"字门"陈偁",中华书局 1986 年影印本,第 1836 页。
② 李焘:《续资治通鉴长编》卷三三一,元丰五年十二月丁卯条,中华书局 2004 年点校新版,第 7989页。
③ 《宋会要·职官》四四之五。

有"礁石浅沙",艰险难行,不仅"舟之南日少(去广州的舶船愈来愈少)而广之课岁亏"(广州的市舶收入不能满额),而且使泉州的海外贸易急剧下降,从而影响到政府的收入。①

元丰三年限定发舶港口的基本依据应是港口是否设有市舶司。当时宋朝国内诸港口中,只有广州、明州和杭州设有市舶司,而泉州等地则无。因此,元丰时任泉州知州的陈偁便悉举泉州海商出海必诣广州之弊,向朝廷陈述,奏请于泉州设置市舶司。实际上,早在熙宁五年(1072),就有人"请置司泉州,其创法讲求之"②,未见下文,此时陈偁又奏请置市舶司于泉州,结果仍是"不报"③。直到哲宗即位,宋廷始于"元祐二年十月六日,诏泉州增置市舶。"④

泉州增置市舶司后,便与广州、明州一样有发舶权了。如苏轼《乞令高丽僧从泉州归国状》云:

> 元祐四年十二月三日,龙图阁学士、朝奉郎、知杭州苏轼状奏:"臣近为泉州商客徐戬带领高丽国僧统义天手下侍者僧寿介等到来杭州,致祭亡僧净源,因便带到金塔二所,遂具画一事由闻奏。已准朝旨,许令寿介等致祭亡僧净源毕,差人舡送到明州,附因便海舶归国。如净源徒弟愿与回赠物色,即量度回赠。本州岛已依准指挥,许令寿介等致祭净源了毕,其徒弟量将土仪回赠寿介等收受。所有带到金塔二所,据寿介等令监伴职员前来告臣云:'恐带回本国得罪不轻。'臣已依元奏词语判状付逐僧执归本国照会,及本州岛实时差拨人舡乘载寿介等。亦将米面、蜡烛之类随宜饯送。逐僧于十一月三十日起发前去外,访闻明州近日少有因便商客入高丽国,窃恐久滞,逐僧在彼不便。窃闻泉州多有海舶入高丽往来买卖,除已牒明州契勘,如寿介等到来年卒无因便舶舡,即一面申奏乞发往泉州附舡归国外,须至奏闻者。右伏乞朝廷特降指挥,下明州疾速契勘,依此施行。所贵不至住滞。谨录奏闻,伏候敕旨。"⑤

苏轼此奏上于元祐四年十二月,已是泉州市舶司设置两年之后。奏议中提到泉州客商徐戬带领高丽僧人寿介前来杭州,知杭州苏轼欲派人将其送到明州,令其搭便船归国,因明州近期很少有客商入高丽,而泉州多有海舶入高丽买卖,便申请将寿介送往泉州搭便船归国。此例不仅说明泉州当时已可发舶,而且入高丽之商船多于明州。

若有市舶司之设,便可有权签发海舶,则元祐三年密州板桥镇置司后亦可能成为发舶港口。考之元祐编敕:"诸商贾许由海道往外蕃兴贩,并具人舡物货名数、所诣去处,申所在州,仍召本土有物力户三人,委保物货内不夹带兵器……仍给公据。方听候回日,许于合发舶州

---

① 参见前揭陈高华《北宋时期前往高丽贸易的泉州舶商——兼论泉州市舶司的设置》。
② 脱脱等《宋史》卷一八六《食货下八·互市舶法》,中华书局1985年点校新版,第4506页。
③ 见前揭《文献通考》卷六二《职官一六·提举市舶》,第563页。
④ 《宋会要·职官》四二之八。按:关于泉州市舶司设置时间,诸书记载不一,《宋史》卷六七《职官志七·提举市舶》载:"元祐初,诏福建路于泉州置司。"第3971页。《宋史》卷一八六《食货下八·互市舶法》称:"元祐三年……乃置密州板桥市舶司,而前一年,亦增置市舶司于泉州。"第4561页。《文献通考》卷六二《职官一六·提举市舶》则云:"哲宗即位之二年,始诏泉置市舶。"第563页。今从《宋会要》。
⑤ 《苏东坡全集·奏议集》卷六,第475页。

住舶,公据纳市舶司。"①可知其时发舶之制大概又如熙宁以前,但从"方听候回日,许于合发舶处住舶,公据纳市舶司"之句,可以推断发舶之处应是有市舶司之地。

绍圣至靖康时,未见宋廷对发舶港口再有调整,只是对三路提举市舶官罢而复置②。政和三年(1113)在秀州华亭县增设置市舶务。③

南宋时,密州市舶司不复存在,其市舶则维持广南、福建和两浙三个市舶司的格局,其发舶港口亦大致是广州、泉州和明州、杭州。如绍兴二年(1132),广南经略安抚提举市舶司言:"广州自祖宗以来,兴置市舶,收课入倍于他路。每年发舶月份,支破官钱管设津遣,其蕃汉纲首、作头、梢公等人,各令与坐,无不得其欢心,非特营办课利,盖欲招徕外夷,以致柔远之意。"④绍兴十四年九月,提举福建市舶楼璹言:"今来福建市舶司,每年止量支钱委市舶官备办宴设,委是礼意与广南不同。欲乞依广南市舶司体例,每年于遣发蕃舶之际,宴设诸国蕃商,以示朝廷招徕远人之意。"⑤隆兴二年(1164),臣僚言:"熙宁初,创立市舶,以通货物。旧法,抽解有定数而取之不苟,纳税宽其期而使之待价。怀远之意实寓焉。迩来抽解名色既多,兼迫其输纳,使之货滞而价减,所得无几,恐商旅不行……且三路舶船,各有司存。旧法,召保给据起发,回日各于发舶处抽解。近缘两浙舶司申请,随便住舶变卖,遂坏成法。乞下三路照旧法施行……"从之⑥。由此可见,至孝宗时,三大市舶司仍有给据发舶之权。

南宋时,三大市舶司给据发舶问虽无大的改变,但两浙市舶司情况却多有调整。建炎元年(1127),高宗即位,片面以为"市舶司多以无用之物,枉费国用,取悦权近",于当年六月将两浙、福建路提举市舶司一度归并于转运司。但"并废以来,土人不便,亏失数多",又于次年五月复置⑦。绍兴元年以前,温州又设置市舶机构,隶属两浙市舶司⑧。绍兴二年,两浙提举市舶司移至秀州华亭县⑨,此地当有签发海舶公凭权。绍兴十五年,江阴军设置市舶后⑩,两浙市舶司便下辖杭州、明州、秀州、温州、江阴军五处市舶司(务)。尽管如此,签发海舶公凭则不应各归五处,理应在秀州和明州。乾道初(1165),臣僚言:"福建、广南皆有市舶,物货浩瀚,置官提举实宜。惟两浙冗蠹可罢。"⑪于是,次年便因"两浙路置官委是冗蠹",罢两浙路提举市舶司,所有逐处(指存留的五处市舶务)抽解职事,委知、通、知县、监官同行检

①　《苏东坡全集·奏议集》卷八《乞禁商旅过外国状》,第495页。按:《宋会要·职官》四四之八载元祐五年十一月二十九日刑部所言,而朝廷从之的内容正与苏轼《乞禁商旅过外国状》所引元祐编敕同,知元祐编敕发布时间应在元祐五年十一月之后。

②　《宋会要·职官》四四之九。

③　《宋会要·职官》四四之一一。

④　《宋会要·职官》四四之一四。

⑤　《宋会要·职官》四四之二四。

⑥　《文献通考》卷二〇《市籴考一·均输市易和买》,第201—202页。

⑦　《宋会要·职官》四四之一一、四四之一二。

⑧　此据藤田丰八推论,见《宋代市舶司与市舶条例》,第44页。

⑨　《宋会要·职官》四四之一四。

⑩　《宋会要·职官》四四之二四。

⑪　《宋史》卷一六七《职官志七·提举市舶司》,第3971页。

视,而总其数令转运司提督①。但此后蕃舶往来逐渐只集中于明州。至光宗、宁宗时,即废其他四处市舶务。如《宝庆四明志》载:"光宗皇帝嗣服之初,禁贾舶至澉浦,则杭务废。宁宗皇帝更化之后,禁贾舶泊江阴及温、秀州,则三郡之务又废。凡中国之贾高丽与日本、诸蕃之至中国者,唯庆元得受而遣焉。"②因诸处市舶务废,嘉定六年(1213)则规定,临安府海商"欲陈乞往海南州军兴贩,止许经庆元府给公凭。"③理宗淳祐六年(1246),又于澉浦派市舶官,淳祐十年置市舶场④,但两者市舶似乎再未恢复以往之光景。

两浙市舶机构的变化,反映出在南宋时海上贸易的重心逐渐转移到泉州和广州。如曾任泉州提举市舶的赵汝适在宝庆元年(1225)为其著《诸蕃志》作序称:"国朝列圣相传,以仁简为宝……于是置官于泉广,以司互市"⑤,竟置明州于不顾。由此可见,南宋后期,海舶签发港口亦主要是泉、广二州了。

四　港口限定与舶政实态

毋庸置疑,宋朝对发舶港口进行限制,其意旨是能集中管理,有效掌握和控制沿海港口进出之商船。这一方面是便于集中收取舶税;另一方面则可加强海上禁防。海上贸易给宋朝带来丰厚的财政收入,但同时亦存在不利于国家安全的隐患。因此宋朝一方面要鼓励贸易,一方面又要加强海上禁防。其禁防内容大概有四:其一,对一些国家和地区(主要是辽、金)禁通贸易;其二,禁中国商船擅载外国人入宋;其三,禁运铜钱和军用物资出海;其四,禁与蕃客私相交易。⑥

要有效收取舶税并防止以上各类事情发生,不仅须限定发舶港口,亦当限定住舶港口,而宋朝正是这样做的。宋朝市舶制度内可见,海船回航时,必须在指定港口住舶,但此制始于何时,不得而知。神宗熙宁七年(1074)正月,诏书有云:

> 诸舶船遇风信不便,飘至逐州界,速申所在官司,城下委知州,余委通判或职官与本县令佐躬亲点检。除不系禁物税讫给付外,其系禁物则封堵,差人押赴所近市舶司勾收抽买。诸泉、福缘海州有南蕃、海南物货船到,并取公据验认。如已经抽买、有税务给到回引,即许通行。若无照证,及买得未经抽买物货,即押赴随近市舶司勘验施行。诸客人买到抽解下物货并于市舶司请公凭引目,许往外州货卖。如不出引目,许人告,依偷税法。⑦

此诏是对商船停泊的处理规定。据此推知,商船回航和蕃舶入宋,当有指定住舶港口,而且

---

① 《宋会要·职官》四四之二八。

② 胡榘等:《宝庆四明志》卷六《叙赋下·市舶》,《宋元方志丛刊》本,中华书局1990年影印本,第5054页。

③ 《宋会要·职官》四四之三四。

④ 罗叔韶修,常棠纂:《澉水志》卷上,《宋元方志丛刊》本,中华书局1990年影印本,第4663页。

⑤ 赵汝适:《诸蕃志校释·序》,中华书局1996年版,第1页。

⑥ 详见前揭拙著《宋代交通管理制度研究》,第244—247页。

⑦ 《宋会要·职官》四四之五。

须在有市舶处。此制在熙宁之前就已确立,最早应该宋初就有。熙宁以前有市舶处仅有广州、明州和杭州三处。可以得知,商船回航和蕃舶入宋,必须先到有市舶处接受抽解,然后凭税务给到回引,可到没有市舶的泉州等地销售。如果商人买到抽解下物货,必须从市舶司请取公凭引目,然后可到其他港口或州军买卖。到非市舶港口和州军住舶的商船应是这两类。从熙宁编敕可知,海船发舶时,起发州"仍备录船货,先牒所往地头,使到日点检批凿公凭讫,却报元发牒州"。但这些只是制度规定,实际上,违法冒禁之事应是经常发生,熙宁七年正月的这份诏书便能反映这一事实的存在。

大概从元丰三年以后,宋廷对海舶回航住舶港口又有新的规定。如崇宁五年(1106)三月四日诏曰:

> 广州市舶司旧来发舶往来南蕃诸国博易回,元丰三年旧条,只得赴广州抽解。后来续降沿革不同。今则许于非元发舶州(往)[住]舶抽买,缘此大生奸弊,亏损课额。可将元丰八年旧条与后来续降冲改参详,从长立法,遵守施行。①

此诏中所言元丰三年旧条应是该年修定的《广州市舶条》,其中规定从广州签发往南蕃诸国的商船,回航时必须在广州住舶抽解。"后来续降沿革不同",当指元祐之变更。应是《广州市舶条》关于回航住舶之条例,被两浙市舶司和福建市舶司照搬,前揭元祐编敕便对市舶条例统一作了修改,规定商贾"许由海道往外国兴贩……回日,许于合发舶州住舶,公据纳市舶司"。此处"合发舶州"虽指有市舶处,但并非"原发舶州"。亦即元祐五年时变更元丰制度,规定商船回航,须于有市舶处住舶抽解,但不一定是原发舶州。这样甚不利于市舶司的抽税与检查,"缘此大生奸弊,亏损课额",于是,崇宁五年便将诏"可将元丰三年八月旧条,与后来续降冲改参详,从长立法,遵守施行",即又规定商船回航,必须于原发舶处州住舶抽解。此后未见再改动。但三路市舶司之间互相争利,招纳别处所发商船,此制又渐破坏,其状况应是持续到南宋。

隆兴二年(1164)八月,两浙市舶司申:"三路舶船各有置司去处。旧法,召保给公凭起发,回日缴纳,仍各归发舶处抽解。近缘两浙市舶司事争利,申请令随便住舶变卖,遂坏成法,深属不便。乞行下三路,照应旧法施行。"②福建路市舶司亦有同样请求。朝廷予以采纳,乾道三年(1167)年四月,诏:"广南、两浙市舶司所发船,回日,内有妄托风水不便、船身破漏、樯柁损坏,即不得拘截抽解。若有别路市舶司所发船前来,泉州亦不得拘截,即委官押发离岸,回元来请公验处抽解。"③后来实行情况如何,则亦可想而知。

宋廷为集中、有效地获取市舶之利,控制海上禁防,便须限定发舶和住舶港口。从管理层面而言,发舶和住舶港口越少越好。但为适应海上贸易与获取市舶利益之需求,又不得不增设市舶机构和发舶港口,最终形成广南、福建和两浙三大市舶司的格局。但招徕蕃舶,增加舶税,是市舶司设置的直接目的,亦是考察市舶官员及相关地方官员政绩的重要标准。因

---

① 《宋会要·职官》四四之九。
② 《宋会要·职官》四四之二七。
③ 《宋会要·职官》四四之二九。

此,各市舶司之间便互相争利,这是宋朝一直未能妥善解决的问题。市舶司之间互相争利直接影响到整个舶政,对发舶与住舶港口限定之制度变动不定与之互为因果。除此之外,还有更深层面的影响。

首先,限定发舶与住舶港口,使市舶官员和其他地方官员得以控制本港进出商船,垄断贸易权。不法官员便将权力渗入海外贸易从中谋利,因而损害国家市舶之人并影响舶商之积极性。如《建炎以来系年要录》载:

> [绍兴三十年十月己酉]言者论:"国家之利,莫盛于市舶,比年商贩日疏,南库之储半归私室,盖商贾之受弊有四,官中之亏损有二。旧法,抽解十五之中泛取其一,今十半之中尽择良者;向来舶贾率皆土人,事力相敌,初无攘夺相倾之患,其后将帅贵近各自遣舟,既有厚赀,专利无厌,商贾为之束手;旧舶舟之行,惟给符引,财货盈缩,事止一身,其后附以官钱,或遇风涛,人溺舟覆,捕系妻子,籍产追偿,故海滨之民冒万死一生之利而得不偿费,人人失业,于是私切相戒,不敢发舟;官司又追捕纠告而遣发之,此四弊也。旧海贾既多,物货山积,故抽解所入不可以数计,今权豪之家势足自免,县官岁入坐损其半;往岁土人入蕃之货不过瓷器、绢帛而已,今权豪冒禁,公以铜钱出海,一岁所失,不知其几千万,此二损也。市舶一司,自唐以来恃此以为富国裕民之本,今其弊至此。①

尽管两宋朝廷曾不断立法、严令禁止,并处罚不法官员②,但这一类现象一直都未曾杜绝。

其次,各市舶司之间为争利,或官员为中饱私囊,过分征收舶税及盘剥商贾,至港口萧条。此类现象两宋都很普遍,南宋尤为突出。如嘉定十二年十二月二十三日,臣僚言:

> 泉、广舶司日来蕃商寝少,皆缘克剥太过。既已抽分和市,提举监官与州税务又复额外抽解、和买。宜其惩创,消折悼于此来。乞严饬泉、广二司及诸州舶务,今后除依务抽分和市外,不得衷私抽买,如或不悛,则以赃论。③

嘉定时,真德秀第一次知泉州,上《知泉州谢表》云:

> 泉虽闽镇,古号乐郊,其奈近岁以来,浸非昔日之观。征榷大苛,而蛮琛罕至。涝伤相继,而农亩寡收。④

市舶司及官员的过分克剥,严重影响海商到指定港口贸易的积极性,至使海商纷纷冒禁入其他港口贸易,以逃避市舶司和官员的诛求。如绍定二年真德秀《申尚书省乞拨降度牒添助宗子请给》称:

> 窃见本州岛通年以来,公私窘急,上下煎熬,虽其积非一日,其病非一端,然其供亿之难、蠹耗之甚,则惟宗子钱米一事而已……然庆元之前未以为难者。是时,本州岛田赋登足,舶货充美,称为富州,通融应副未觉其乏。自三二十年来……富商大贾,积困诛

---

① 李心传:《建炎以来系年要录》卷一八六,绍兴三十年十月己酉条,影印文渊阁《四库全书》本。
② 参见关履权《宋代广州的海外贸易》,广东人民出版社1994年版,第185—189页。
③ 《宋会要·食货》三八之二四。
④ 《西山文集》卷一七,影印文渊阁《四库全书》本。

求之惨,破荡者多,而发船者少;漏泄于恩、广、潮、惠州者多,而回州者少。嘉定间,某在任日,舶税收钱犹十余万贯,及绍定四年,才收四万余贯,五年止收五万余贯,是课利所入又大不如昔也。①

因为市舶司及官员对商贾多有诛求,又加官员以权强为海外贸易,至使海商纷纷入他处贸易,泉州市舶岁入大减。泉州如此,广州、明州亦未必不如此。由此来看,宋廷限定发舶住舶港口,本想加强控制,多获舶利,结果却因过度垄断而适得其反。限定港口之利弊,于此可见一斑。

五 结 语

为便于对商船集中管理,有效获取市舶之利并加强海上禁防,宋朝从太宗时一度将发舶权限定在两浙市舶司,但行之未久。大概从咸平二年至元丰三年的八十余年间,宋廷对发舶港口未作严格限制,唯是对各港口发舶手续和发往地区有诸多规定,但商船回航住舶抽解则须到有市舶处,了毕方可凭税务回引或公凭引目入其他港口住舶买卖。元丰三年八月起,始规定赴南蕃诸国贸易须从广州市舶司发舶,入日本高丽等国,则须从明州市舶司发舶,而回航住舶必须在原发舶州。这一制度,造成泉州等贸易港口发舶甚为不便。为适应海外贸易之形势,元祐二年,泉州始置市舶司,并拥有发舶权。元祐编敕,亦将回航住舶港口为原发舶港口之限,改为至合发舶州住舶。从此,发舶港口则以杭、明、泉、广诸州为主。南宋时,因两浙发舶渐集中于明州,发舶港口则为明、泉、广三州,后期则以泉、广二州为主。至于住舶港口,则因三市舶司争利,或为原发舶州,或为合发舶州,曾有变动,但最终当以原发舶州为制度,只是具体执行情况未尽如人意。对发舶和住舶港口之限定,表面上看似可集中管控市舶之利和海上禁防,但由此产生的对海上贸易之垄断,则又导致发舶港口萧条、舶利亏损,而商贾纷纷冲破政府对港口之限定,改入其他港口贸易。利弊交错,时好时坏,在矛盾中挣扎、维持,应是宋朝市舶之政的真实写照。

明了宋朝对发舶港口之限定及相关制度,再看"南海一号"沉船问题,便可以推测其为发往东南蕃国之商船,但在船上出水文物尚不能充分说明问题的情况下,对其发舶港口仍不能妄测。从当时制度层面来看,广州、泉州和明州都有可能,若考虑商贾冒禁之可能性存在,广、泉、明三州中之一州为其起发地点,却亦未必。

(作者单位:中山大学历史系)

---

① 《西山文集》卷一五。按:真德秀文中言及"某守臣也,到任六月",小帖子中又称"泉州有请"则知真德秀时任知泉州,且刚上任六个月。据《宋史·真德秀传》所载,真德秀曾两次知泉州,第一次是嘉定年间以右文殿修撰知泉州,第二次则是绍定五年进徽猷阁知泉州。引文中出现绍定年号,则该申请必为绍定五年后以徽猷阁待制知泉州时所上。《宋史·真德秀传》中亦载有与本申请相关的内容。至于具体的月份,据《宋史·理宗本纪》载:绍定五年八月乙卯,起真德秀为徽猷阁待制知泉州。上此申请时真德秀到任六月,当为绍定六年二月。(该时间之考证由博士生石声伟提供,谨此致谢)

变乱之际：南宋初年的楚州

韩桂华

一 前 言

楚州之名，初见于隋。以位居淮水之南，古称淮阴，或属广陵郡，或隶山阳郡。由于地理形胜，每当时代变乱，尤其南北对峙时，往往成为军事重镇。[①]

北宋时期，楚州[②]地处淮南运河北端，往南至扬州、真州，连通长江；西南有淮水及沿其南所开运渠，可连通泗州入汴河，直达京师。庞大的东南物资必经此而运送至京，官私货物、商旅往来，转输繁忙，这可由商税的增长，窥知其盛。据载，楚州于神宗熙宁十年（1077）商税额 116174 贯，较旧额 61687 贯，增长 88.39%，在淮南东路诸州中，排名由第三跃居第一，与真州、扬州及泗州称为淮南运河在线四大城市。[③]

靖康之难后，金人北返，康王赵构践祚续统，即南宋高宗。建炎、绍兴年间，金人不断发动战争，兵分多路，全力南侵。楚州为其东路战线上主要入侵点之一，宋金于此多次交战，互有攻防。其间，宋方守将赵立留下可歌可泣的死守典范。直至绍兴和议达成，两国以淮水、大散关一线为界，楚州成为宋方在淮水之南的重要边境城市。本文旨在探讨南宋初年变乱之际，由建炎至绍兴和议为止，楚州所面临的困境与变化。

二 楚州建置沿革

宋代楚州地域的历史沿革，据载：春秋时期，先属吴国，后又属越国。战国时期，隶楚国。秦时，属九江郡。西汉时，属临淮郡；东汉时，先后属下邳、广陵二郡。三国时期，隶曹魏，属

---

① 陈文烛：《万历淮安府志》卷一《郡代纪》载云："三国魏，淮之南北，皆徐州，统广陵，治淮阴……诸郡虽曰屯重兵以备吴，而吴亦城广陵以窥徐……（晋）安帝时立山阳郡……其时，北拒刘石，而尤以淮阴（山阳）、泗口角城（清宿）为重镇焉……（萧）梁以淮南之山阳郡为重镇……隋……自三国至此三百年间，建重镇于淮阴，而广陵有芜城之号，淮方殆兵区也。"

② 按，本文所论"楚州"，除了"建置沿革"论述以整个"楚州行政区"为范围外，其余主要指州治所在地之"楚州城"。

③ 拙文《宋代泗州地理经济变迁》，载《史学汇刊》2011 年第 2 期，"中国文化大学"史学研究所暨史学系，第 27—50 页。按，神宗熙宁十年（1077），淮南东路所收商税前四名，依序为楚州、扬州、真州、泗州。

广陵郡。①

西晋时，先后属临淮、广陵二郡地。东晋穆帝（344—361）时，亟欲北伐，淮阴以"地形都要，水陵交通，易以观衅"，且"方舟运漕，无地屯兵"，始营建城池，成为重镇。安帝（397—418）时，立山阳郡。②

隋初，废山阳郡，而后置楚州。炀帝初（605），废州，并入江都郡。唐高祖武德四年（621），称东楚。八年（625），改为楚州，或为淮阴郡，属淮南道，领县五：山阳、盐城、盱眙、淮阴、安宜（代宗时改名宝应）。五代时，隶属南唐。③

宋代楚州，隶属淮南东路④。太祖乾德元年（963），以盱眙属泗州。开宝九年（976），以盐城还隶，故辖有山阳、宝应、盐城、淮阴四县，州治在山阳县（今江苏淮安市淮安区）。神宗熙宁五年（1072），废涟水军，以涟水县来隶。哲宗元祐二年（1087），复为涟水军。⑤

南宋高宗建炎年间（1127—1130），山阳、盐城二县没于金。绍兴元年（1131），收复。初，盐城隶涟水。绍兴三年（1133），复属楚州。十一年（1141），涟水军没于金。绍兴三十二年（1162）收复，依旧隶楚州。又隶海州⑥。理宗宝庆三年（1227），升宝应县为州。绍定元年（1228），降楚州为淮安军，山阳县亦改名淮安⑦。直至清末，楚州之名，不复为用。⑧

楚州四县凡五镇：山阳有北神镇，宝应有上游镇，淮阴有十八里河、洪泽、渎头三镇。盐城，有九盐场。境内有淮水与运河⑨。大抵淮南运河，由真州、瓜洲往北，经扬州之江都、高邮，过楚州宝应县，至山阳末口，上至北神镇可入淮。此即山阳湾，水势尤称迅急。为避长淮风涛覆溺之险，太宗、仁宗与神宗时期，先后于淮河之南，另开渠道行运，即先由末口入沙河，西至淮阴磨盘口；其次入新河，通洪泽湖；最后行龟山运河，达泗州龟山镇蛇浦。然后入淮水，至盱眙，往北即入汴渠。⑩

三　南宋初楚州成为军事要郡

高宗于靖康二年（1127）五月，在南京应天府（今河南商丘）即位，改元建炎，展开宋金之间的对峙与攻防。为防备金人南侵，六月，宰相李纲（1083—1140）奏请于"沿河、沿淮、沿江

---

① 《万历淮安府志》卷一《郡代纪》，第 5 页；《郡县表》，第 13 页。

② 马端临：《文献通考》卷三一八《舆地考四·古扬州·楚》，武英殿本。

③ 《文献通考》卷三一八《舆地考四·古扬州·楚州》。按，南唐，以盐城属泰州。

④ 按，太宗太平兴国元年（976），将淮南路分为东、西路，后并为一路。神宗熙宁五年（1072），又分为二路。参见王存等撰《元丰九域志》卷五《淮南路》，中华书局 1984 年点校本，第 191 页。

⑤ 脱脱等：《宋史》卷八八《地理四·淮南东路·楚州》，台北鼎文书局 1983 年点校本，第 2179 页。

⑥ 《文献通考》卷三一七《舆地考三·古徐州·涟水军》，第 2494 页。

⑦ 《宋史》卷八八《地理四·淮南东路·楚州》，第 2179 页。

⑧ 按，元代置淮安路，明、清二代皆隶淮安府。明代，山阳、淮阴、盐城、安东（即涟水）县隶属淮安府，宝应县则隶扬州府。参见陈文烛《万历淮安府志》卷之一《郡代纪》，第 5 页；《郡县表》，第 13 页。

⑨ 《元丰九域志》卷五《淮南东路·楚州》，第 194—195 页。

⑩ 《宋史》卷九六《河渠志六·东南诸水上》，第 2379—2382 页。并参见拙文《宋代泗州地理经济变迁》，载《史学汇刊》2011 年第 2 期（总第 28 期），第 27—50 页。

置帅府、要郡、次要郡以备控扼",其中淮河沿线布军如下：

> 沿淮帅府五军,要郡三军,次要郡二军,非要郡一军。……军二千五百人。自帅府外,要郡三十九,(……淮东:宿、楚州……)次要郡三十八(……泗、真、海。……)……又别置水军,帅府两军,要郡一将。纲又请出度牒、盐钞及募民出财,使帅府常有三年之积,要郡二年,次要郡一年。①

高宗予以采纳。楚州成为三十九军事要郡之一,与宿州成为淮南东路惟二要郡。招募新兵7500人及置水军一②,须备足二年用之财物。

事实上,南宋之初,至绍兴和议达成前,金人多次兴兵入侵,高宗不断向南移跸。如何守御金人？防江、防淮论纷陈。主张防淮的张守③,在《论守御札子》中提到金人来犯淮甸,凡有东、中、西及上流四路,就中：

> 东路,自沧、滨趋京东,由淮扬(阳)军绝淮入楚州而来。则自北直南大路,凡一千九百里。可以控扼守御者,青、沂、淮扬、楚州是也。④

即由河北路往京东路而下,至淮阳军渡淮河入楚州,是直接由北而南的一条路线,长1900里,其间可作为控扼防御的重镇有青、沂、楚州及淮阳军四处。而各地又有要害,如"青州据穆陵关,楚州据淮阴"⑤。尤其楚州、淮阴为可控御之地,张守另作析论：

> 使敌由常道而来,则可防者有三,自南京、宿州而来,则泗州为可防。自东平、青、沂入海州而来,则楚州为可防。自青、沂入淮扬(阳)而来,则楚之淮阴为可防。⑥

倘金兵由北而来,可当防扼要地三处,楚州、淮阴即占其二。

绍兴和议后,画淮水中游为界,楚州防务益形重要,孝宗时,陈敏有云：

> 盖楚州为南北襟喉,彼此必争之地。长淮二千余里,河道通北方者五,清、汴、涡、颍、蔡是也;通南方以入江者,惟楚州运河耳。北人舟舰自五河而下,将谋渡江,非得楚

---

① 李心传:《建炎以来系年要录》(以下简称《要录》)卷六,建炎元年六月己卯条。

② 按,高宗建炎元年十月乙丑,因招兵经费以及素质、纪律问题而罢废,直到三年(1129)二月,又置新军。参见《要录》卷一〇,高宗建炎元年十月乙丑条:"诏帅府、辅郡、要郡等,招置新兵,初不计合用钱粮,止仰度牒、紫衣之属,及许杂兵改刺,紊乱纪律,为害甚大。其罢之。水军,准此。(三年二月壬午,又置新军)"《宋史》卷二四《高宗一》,第449页:"冬十月……乙丑,罢帅府、要郡、次要郡新军及水军。"

③ 《宋史》卷三五七有传。

④ 张守:《毗陵集》卷六《论守御札子》,影印文渊阁《四库全书》本有云:"其一中路,自两京趋东京,沿汴河由天长以来。则众人常行之路,凡一千七百八十里。可以控扼守御者,南京、宿、泗、天长军是也。其一东路……其一西路,自西京趋颍昌、蔡州、顺昌府、庐、滁、真州而来。则自西北而至东南凡一千八百一十五里。可以控扼守御者顺昌、庐、滁、真州是也。其一上流,自西京颍昌、唐州至于襄阳,凡一千一十里;绝襄江而至荆南,则一千二百九十五里;自西京、颍昌、蔡、光州而至黄州,则一千三百六十里,皆可沿江顺流而下。可以控扼守御者,襄阳、荆南,江之北则汉阳、黄、蕲、和、滁、真州;江之南则岳、鄂、兴国、江、池、太平州是也。"

⑤ 张守:《毗陵集》卷六《论守御札子》。

⑥ 张守:《毗陵集》卷六《应诏论备御札子》。

州运河,无缘自达。昔周世宗自楚州北神堰凿老鹳河,通战舰以入大江,南唐遂失两淮之地。由此言之,楚州实为南朝司命,愿朝廷留意。①

分析金人南来,船舰入淮通江,必走楚州运河。并举后周世宗兴军伐南唐事例,以见楚州非仅是"南北襟喉,彼此必争"之地,更是攸关"南朝司命"之重镇,建议当先修缮楚州城池。袁说友(1140—1204)在论楚州屯戍问题时,亦云:

> 窃观本州岛城壁,势极雄壮。盖楚州实为扬州藩篱之卫也。臣复询之淮民与军士等,皆谓自淮而南,其陆路至扬州,则自盱眙由天长而来。其水路则自清河口,由楚州而来也。然楚州尤为要害者,以敌人粮道必由于楚。又楚在扬之前,其来则楚为之敌。若以他路至扬州,则楚又扼其后。所以朝廷以楚为重,增城设堑不敢忽也。②

当金人来攻,军需粮食数量庞大,走水道方称便捷,故沿清河而下,至清河口,渡淮水,入楚州,再走淮南运河至扬州。即便走他路至扬州,楚州反扼其后,所以"楚州尤为要害",成为防卫扬州的藩篱,增修城池,势所必然,不敢稍慢。其后,金使来宋,过楚州城,观其雉堞坚新,称之为"银铸城"。③

四 建炎年间楚州攻防

(一)朱琳开城投降

宋金在楚州的攻防,始于建炎三年(1129)。这波金人攻势,起自二年(1128)秋④,及三年正月二十七日,粘罕大军已攻陷徐州,并以骑兵三千趋淮甸。宋御营平寇左将军韩世忠(1089—1151)军溃于沭阳(今隶江苏宿迁市)。三十日,金军至泗州,把隘官阎瑾引军南走;招信县尉孙荣率领射士百余人,力抗战死。⑤

同年二月一日,金兵渡淮,一则以数百骑袭击天长军(今安徽天长);另则以支军侵楚州。时,楚州守臣直秘阁朱琳虽未抵抗,亦未逃遁,而是开城投降。据载:

> (朱琳)具款状,遣人迎降。开西北门,纳金人;开东门,纵居人自便。军民皆趋宝应县,欲自扬州渡江。金人觉之,悉邀回城中。⑥

朱琳乃一介文臣,即使面对非金兵主力部队,亦无以为战,为保全军民性命,只得一面开门迎

---

① 《宋史》卷四〇二《陈敏传》,第 12183 页。
② 袁说友:《东塘集》卷一三《楚州屯戍状》,影印文渊阁《四库全书》本。
③ 《宋史》卷四〇二《陈敏传》,第 12183 页。
④ 《要录》卷一七,高宗建炎二年九月癸巳条:"金人陷冀州。"
⑤ 按,后一日,阎瑾引兵至淮阴洪泽镇,为其将姚端所杀。《要录》卷一九,建炎三年正月丙午、己酉条。《宋史》卷二五《高宗二》,第 460 页。
⑥ 《要录》卷二〇,建炎三年二月庚戌条。

降,一面纵放军民南逃。惜为金人识破。①

后二日,金人攻陷天长军。消息传至行都扬州,高宗立刻"介胄走马出门",仅五六骑随行。当晚,金人入城,闻高宗已渡江,金兵"驰往瓜州,望江而回"②。金人北返③,江北、两淮、山东诸州,多遭劫掠。

(二)赵立(？—1130)死守典范

建炎三年(1129)七月末,金人再度发动南侵。金太宗应兀术(完颜宗弼)奏请,以之为统帅,兵分四路:挞懒(完颜昌)由山东进攻淮北;拨离速、马五由河南入蕲、黄,转攻江西;娄室进军陕西;兀术亲率主力,由归德(今河南商丘)急速南下。十月,金兵渡江,一路追击高宗,由越州至明州。建炎四年(1130)二月,高宗由台州(今浙江临海),至温州江心屿。金兵北撤。④

楚州在这波攻势中,先后遭受挞懒及兀术率大军围攻。与之相抗衡的是赵立,率部坚守,屡败金人来攻大军。直到建炎四年(1130)九月,粮尽援绝,赵立壮烈殉国,乃被攻破。时,御史有谓:"(赵)立之功,近世一人,虽张巡、许远不能过。"⑤推誉之至。以下就相关史料记载,将赵立死守楚州事迹略述于后。⑥

盖楚州自朱琳因罪去职,由通判贾敦诗权州事⑦。建炎三年(1129)十二月末,赵立入楚州。之前,赵立本以右武大夫忠州刺史知徐州,及金人南侵,高宗下诏诸路兵驰援行在。立以徐州城孤,且乏粮不可守,乃率亲兵、禁兵、民兵约三万人南归。其时,楚州知州刘海已往行在赴召,宣抚使杜充以楚州阙守,命赵立率所部前往楚州。于是,赵立由临淮兼程赶至龟山。⑧

时,楚州已被金左监军完颜昌数万大军所围,赵立乃另辟道路,至淮阴与金遭遇。部下有以"山阳不可往",劝归彭城。赵立闻言,气得咬牙切齿道:"正欲与金人相杀,何谓不可。"乃令诸军曰:"回顾者斩。"于是率众先登,自旦至暮,且战且行,出没敌中。凡七破敌,无有当其锋者。遂得以数千人入城。通判州事、直秘阁贾敦诗本欲以城降,至是乃止。⑨

赵立诚为有勇有谋之强将。建炎四年(1130)一月,建康失守,命赵立权楚州事。时,赵立与围城金军相持已四十余日。当月二十六日,金用鹅车数百架发炮攻州城南门,半月之间

---

① 按,朱琳等失守官员,曾遭右司谏袁植奏请与黄潜善等同诛,以吕颐浩、滕康云:"已伤和气"、"伤陛下好生之德矣",未遭诛杀,但获罪去官。参见《要录》卷二四,高宗建炎三年六月丁卯条。

② 《要录》卷二○,建炎三年二月壬子条。

③ 《要录》卷二一,建炎三年三月己卯朔条云:"诏:金人已退,当进幸江宁府,经理中原。"

④ 《要录》卷二五一,建炎三年七月至建炎四年二月条。参见何忠礼、徐吉军《南宋史稿》(政治军事和文化编)第一章第三节《金兵渡江和南宋定都临安》,杭州大学出版社1999年版,第27—34页。

⑤ 王明清:《挥麈后录》卷九《赵立传》,《四部丛刊续编》本。

⑥ 有关赵立死守楚州事迹,主要见于《要录》、《宋史·赵立传》以及收入《挥麈录》王铚所撰《赵立传》。

⑦ 《要录》卷二四,建炎三年六月戊申朔条。

⑧ 《要录》卷三○,建炎三年十二月己亥条。

⑨ 《要录》卷三○,高宗建炎三年十二月己亥条云:"方其入城也,(赵)立口中流矢,贯其两颊,口不能言,以手指挥。军士皆愕,而后拔其矢。"

登城者数十。赵立用计防御：

> 先取生槐木为鹿角，以槎其破处而下，修月城以裹之。月城之中，实以柴薪，城之内为镕炉。敌自月城中入，立命以金汁浇之，死者以百数。①

后分由四门出师掩杀，金人大败，解围。金驱残兵而去，渡淮六十里，退驻孙村浦，赵立又败之。②

同年二月，授赵立徐州观察使兼淮南东路兵马钤辖，将佐皆迁官二等③。三月，金右副元帅完颜宗辅在析津府（即燕京），遣贝勒托云率众围楚州，赵立固城防御，金屡攻不下，进围扬州。④

五月，金完颜宗弼自六合归，屯寨于楚州九里径，欲断楚粮道。赵立又大破之。"会朝廷分置诸镇，嘉（赵）立殊勋，超转徐州观察使，楚、泗州、涟水军镇抚使，兼知楚州。"⑤先是，刘豫遣赵立旧识刘偲拿着旗榜来招降，立不假辞色，令人把刘偲"缠以油布，焚死市中"，"且表其旗榜于朝"。于是，"忠义之声倾天下，远迩向风下之"⑥。

六月十一日，赵立主动出击，引兵攻打金完颜昌军所驻孙村浦寨，不克而还⑦。八月十日，承州天长军镇抚使薛庆与金人战于扬州城下，不敌被擒而死。其先，完颜宗弼既屯六合县，欲自运河引舟北归。而赵立在楚州，薛庆在承州，扼其冲，不得进。已见前述。宗弼颇为忧虑。左监军完颜昌自孙村来见宗弼商计战事，欲会兵攻楚州。先攻陷承州，楚州势孤，卒难以抗敌。⑧

十五日，高宗诏两浙转运司以米万斛输楚州⑨。盖楚州乏食已久，缘有水贼张荣，聚众梁山泊，有舟数百，尝劫金人。杜充为东京留守，假张荣官至武功大夫、忠州刺史，军中号为张敌万。金人陷扬州，张荣乘机以舟师自清河而下，满舟皆载粮食，驻于鼍潭湖，积苇为城，以泥傅之，渐有众万余。承州薛庆与张荣通和，赋输通达无虞，而赵立不与之通，以致赋入路绝⑩。时，张荣"乘乱鸱张，（赵）立亲往禽（擒）之，并是粮食。"⑪

十九日，诏通、泰镇抚使岳飞，以所部救楚州。时，扬、承二镇已陷，楚势亦危。赵立遣人告急。签书枢密院事赵鼎本欲遣神武右军都统制张俊前往救援。然张俊以为此举犹如"徒

---

① 《要录》卷三一，建炎四年正月己巳条。
② 《挥麈后录》卷九《赵立传》。
③ 《要录》卷三二，建炎四年二月辛丑条。
④ 《要录》卷三二，建炎四年三月条。
⑤ 《挥麈后录》卷九《赵立传》。《宋史》卷四四八《忠义三·赵立传》，第13214页。
⑥ 《要录》卷三三，建炎四年五月乙丑条云："刘豫曾遣沂州举人刘偲持旗榜招立，具言：'金人大军且至，必屠一城生聚。'"立令将出就戮。偲大呼曰：'公非吾故人乎！'立曰：'吾知忠义为国，岂问故人耶！'趣令缠以油布，焚死市中，且表其旗榜于朝。由是，忠义之声倾天下，远迩向风下之。"
⑦ 《要录》卷三四，建炎四年六月辛巳条。
⑧ 《要录》卷三六，建炎四年八月庚辰条。
⑨ 《要录》卷三六，建炎四年八月乙酉条。
⑩ 《要录》卷三三，建炎四年五月乙丑条。
⑪ 《挥麈后录》卷九《赵立传》。

手搏虎",皆亡无益。并析论曰:"南渡以来,根本未固,而宿卫寡弱,人心易摇。此行失利,何以善后?"赵鼎反驳道:"楚当敌冲,所以蔽两淮。若委而不救,则失诸镇之心。"赵鼎面见高宗,奏曰:"江东新造,全藉两淮。若失楚,则大势去矣。"张俊仍力辞不就,乃命岳飞前往。①

九月六日,高宗诏命刘光世、岳飞、赵立、王林互为犄角,逼逐金兵渡淮。时,金左监军完颜昌兵围楚州已百余日②,同月十七日,完颜昌再攻楚州,赵立死难。当时情景据载:

> 前一日,(完颜)昌大进攻,具临城。望日,填濠将进,(赵)立率士卒御之。忽报敌近城矣,立笑曰:"将士不用相随,吾将观其诡计,且令其匹马只轮不返。"上城东门,未半,飞炮碎其首。左右驰救之,立犹曰:"吾终不能与国破敌矣。"令举致三圣庙中,声言:"疾病祈祷,使贼不悟。"言终而绝。年三十七。③

城中人闻立死,知城必陷,失声巷哭不可止。众人以参议官程括权镇抚使代为守御,金人攻城愈烈。二十九日,城破。④

初,赵立入楚州城,军民共不满万人。围城之初,尚有野豆、野麦可以为粮。后为大水淹没,城中绝粮,至食草木。又,随赵立入楚州之徐州将士残暴,势凌楚军,二州众不相能。赵立善弹压,使各效其所长。及立死,金人犹深忌之,疑其诈死,不敢动。后用降人卫进之言,专攻北壁,楚州乃陷。距赵立遣人告急,凡坚守四十余日。⑤

十月十七日,朝廷始知其事⑥,高宗为之震悼,下诏曰:

> 辍朝一日,特赠奉国节度使、开府仪同三司,赐谥忠烈,与十资恩泽。俟复楚,用监护葬事。建立庙宇,以旌其忠。⑦

针对此役,李心传有云:

> 自金犯中国,所过名城大都多以虚声胁降,如探囊取之。如冀州坚守逾二年,濮州城破,巷战杀伤略相当,皆为敌所惮。而(赵)立威名战多,咸出其上。是役也,敌锐意深入。会张浚出师关陕,完颜宗弼往援之。又(赵)立以其军蔽遮江淮,故敌师亦困弊而止。议者谓,(赵)立之功,虽张巡、许远不能过云。⑧

为赵立写传的王铚亦于传末赞云:

---

① 《要录》卷三六,建炎四年八月己丑条。
② 《要录》卷三七,建炎四年九月乙巳条。
③ 《要录》卷三七,建炎四年九月丙辰条。
④ 《要录》卷三七,建炎四年九月戊辰条。
⑤ 《要录》卷三七,建炎四年九月戊辰条。
⑥ 按,直到十月十七日,枢密院得探报,朝廷始知金人已破楚州,载《要录》卷三八,高宗建炎四年十月丙戌条。
⑦ 《挥麈后录》卷九《赵立传》。另据徐松辑《宋会要辑稿·礼》二〇之四八至四九载:"显忠赵公祠。祠在楚、泗州、涟水军镇抚使,赠奉国军节度使、开府仪同三司、谥忠烈,赵立祠。光尧皇帝绍兴二年二月,赐额'显忠'。"
⑧ 《要录》卷三七,建炎四年九月戊辰条。

智力虽踬于一时,而名誉懔动万世也。张巡、许远,皆出缙绅卿相之族,闻见习熟,临难行其所知,易矣。(赵)立起自行伍,奋不谋身,较其时与势,比巡、远为尤难也。[1]

以赵立虽为出身下阶层行伍之人,但智勇过人,临难不为自身利益打算,死而后已。方之唐代张巡、许远,尤为难得。此虽有溢美之嫌,然揆诸南宋初年变乱之际,赵立诚为少数可歌可泣死守之典范。

五 绍兴和议前楚州境况

金人既得楚州,有经营南渡之意。时,金军游骑至江上,南宋朝廷震恐,士民多奔窜逃难[2]。建炎四年(1130)十一月十九日,成忠郎权知涟水军丁祺为合门祗候知楚州,保义郎刘靖为楚州淮阳军都巡检使,迪功郎王安道为承务郎,签书楚州,均为秦桧所荐[3]。绍兴元年(1131)二月初一,曾在淮南兴军作乱的祝友,自句容至镇江,以其军降于刘光世。光世分其军,以祝友知楚州[4]。至此,丁祺、祝友之知楚州,皆虚领非实授,楚州实陷于金人之手。

绍兴元年(1131)三月十五日,金右监军完颜昌在泰州,以舟师攻张荣水寨。金人溺水陷淖者,不可胜计。完颜昌收余众二千,奔楚州[5]。四月四日,金军自楚州渡淮而北,楚州复归宋有,以浙西安抚大使司统制官祝友知楚州[6]。五月二日,有诏曰:"以淮南民未复业,全藉威望大臣措置。令江东安抚大使吕颐浩、江西安抚大使朱胜非、浙西安抚大使刘光世,并兼宣抚淮南。"其中,刘光世领真、扬、通、泰、承、楚州、涟水军[7]。八月,用刘光世奏,又以武功大夫柴春知楚州[8]。十月二十三日,发生楚州通判州事刘晏夜袭金国通问使潘致尧,夺礼币事件。时,巡检马贵知其谋,告发。知州柴春率众拒战,力斗而死,录事参军刘晟亦为杀害。刘晏遂携所掠国信,奔伪齐。稍后,潘致尧还承州,复治行,出使金国[9]。

绍兴三年(1133)二月初七,左通直郎杨揆直秘阁知楚州。楚州自残破后,久不置守。以枢密院言:"揆才可用。"[10]甫有此任命。

绍兴四年(1134)五月初八,武功大夫和州防御使樊序知楚州,主管沿淮安抚司公事拱卫大夫岷州团练使许大同知涟水军。先是,淮东宣抚使韩世忠言:

> 楚、泗、涟水军、招信县、洪泽镇五处,皆系沿淮边面,与齐地接界,水陆四冲要害去

---

① 《挥麈后录》卷九《赵立传》。
② 《要录》卷三九,建炎四年十一月庚戌条。
③ 《要录》卷三九,建炎四年十一月戊午条。
④ 《要录》卷四二,绍兴元年二月戊辰朔条。
⑤ 《要录》卷四三,绍兴元年三月壬子条。
⑥ 《要录》卷四三,绍兴元年四月庚午、乙亥条。《宋史》卷二六《高宗三》,第487页:"夏四月……乙亥,刘光世复楚州。"
⑦ 《要录》卷四四,绍兴元年五月丁酉条。
⑧ 《要录》卷五七,绍兴二年八月壬子条。
⑨ 《要录》卷五九,绍兴二年十月甲辰条。
⑩ 《要录》卷六三,绍兴三年二月癸巳条。

处,自来官属皆未得人,所以前后斥堠不明,探报诬罔,大失倚赖。①

乃召知楚州杨揆还朝,而命樊序等,以为得其人而任之。实则,其后,于九月二十六日,金人与刘豫之兵分道渡淮,樊序等都望风逃遁,终不能保卫其境②。淮东宣抚使韩世忠无奈,亦自承州退保镇江府。③

同年(1134)十月初一,高宗决意亲征④。十三日,淮东宣抚使韩世忠大败金人于大仪镇(今江苏扬州西北)⑤。二十五日,金人退师。据载:

> 时,金师既为韩世忠所扼,会天雨雪,粮道不通,野无所掠,至杀马而食。蕃汉军皆怨愤签军。又为飞书掷于帐前云:"我曹被驱至此,若过江必擒尔辈献南朝。"俄闻上亲征,且知金主晟病笃,将军韩常谓宗弼曰:"今士无斗志,过江不叛者独常尔。他未可保也。况吾君疾笃,内或有变。惟速归为善。"宗弼然之。夜引还。金军已去,乃遣人谕刘麟及其弟猊。于是,麟等弃辎重遁去,昼夜兼行二百余里,至宿州方敢少憩。⑥

据刘光世、韩世忠、张俊申枢密院状,金军自十一月二十六日,节次从楚州路遁走。绍兴五年(1135)六月,韩世忠退屯楚州⑦。六年(1136)二月,淮阳之捷后,韩世忠引兵归楚州⑧。四月,高宗遣使至楚州抚问,并赐手书,有云:"世忠既捷,整军还屯,进退合宜,不失事机。"并派内侍前往劳赏韩世忠及其将士⑨。五月,以右朝请大夫胡纺知楚州。⑩

绍兴七年(1137)六月,罢右承议郎新知楚州韩元杰。坐前守濠州时,其兄元英私往宿州,而未加以奏报朝廷。时,元英已投奔刘豫⑪。十一月十八日,金人废刘豫为蜀王⑫。十二月,命韩世忠留屯楚州,屏蔽江、淮。⑬

绍兴八年(1138)五月二十五日,分韩世忠军屯泗州及天长县。之后,宋金进行第一次议和。十年(1140)五月,金熙宗撕毁和议,下诏伐宋,欲夺回原河南、陕西之地,战事再起。主要战场有三:川陕、京西及两淮。大战焦点在西、中线,以及淮西。淮东方面,金军集中攻取海州及淮阳,宋方由韩世忠统御防守。最终,金人无功而返。⑭

绍兴十一年(1141)十月初一,金人攻陷泗州,继陷楚州。十一月,宋与金国和议达成,立

---

① 《要录》卷七六,绍兴四年五月丁巳条。
② 《要录》卷七六,绍兴四年五月丁巳条。
③ 《要录》卷八〇,绍兴四年九月壬申条。
④ 《要录》卷八一,绍兴四年冬十月丙子条。
⑤ 《要录》卷八一,绍兴四年冬十月戊子条。
⑥ 《要录》卷八三,绍兴四年十二月庚子条。
⑦ 《要录》卷九〇,绍兴五年六月甲寅条。
⑧ 《要录》卷九八,绍兴六年二月辛酉条。
⑨ 《要录》卷一〇〇,绍兴六年夏四月壬寅、辛亥条。
⑩ 《要录》卷一〇一,绍兴六年五月丙子条。
⑪ 《要录》卷一一一,绍兴七年六月壬辰条。
⑫ 《要录》卷一一七,绍兴七年十一月丙午条。
⑬ 《宋史》卷二八《高宗五》,第533页。
⑭ 参见《南宋史稿》(政治军事和文化编)第三章第三节,第103—118页。

盟书，双方约以淮水中流画疆为界，宋割唐、邓二州，岁奉银、绢各二十五万两、匹，两国休兵息民，各守境土。①

六　结　语

北宋时期，楚州与真州、扬州及泗州并列为淮南运河在线四大城市。南宋高宗建炎、绍兴年间，金人不断发动战争，兵分多路，全力南侵。楚州为其东路战线上主要入侵点之一，宋金于此多次交战，互有攻防。直至绍兴和议达成，两国以淮水、大散关一线为界，楚州成为宋方在淮水之南的重要边境城市。南宋初楚州是"南北襟喉，彼此必争"之地，更是攸关"南朝司命"之重镇。金人入侵，东路即由河北路往京东路而下，至淮阳军渡淮河入楚州。因此，楚州、淮阴皆成为控扼防御重镇。

宋金在楚州的攻防，始于建炎三年（1129）。二月，金兵渡淮，一方面以数百骑袭击天长军；另方面以支军侵楚州。时，楚州守臣直秘阁朱琳开城投降。建炎三年七月末，金人再度发动南侵。楚州在这波攻势中，主要有赵立之率部坚守，屡败兀术等来攻大军。直到建炎四年（1130）九月，赵立殉难，楚州城乃被攻破。时，御史有谓："立之功，近世一人，虽张巡、许远不能过。"推誉有加。赵立其人，实为有勇有谋一强将。由建炎三年（1129）十二月末，入楚州防御金人，到建炎四年（1130）九月殉国，足足屹立九个月之久。其间，金军大将如完颜昌、完颜宗弼，及完颜宗辅所遣贝勒托云，率众围楚州，皆不能下。并且曾大败完颜昌，令其退至淮水之北孙村浦寨。强勇如赵立，最终悲壮败死，析其原因，至少有三：

一是乏食少粮。缘与把持南向水路之张荣不和，赋粮难至，最后城中绝粮，至民食草木。

二是势孤难敌。完颜宗弼欲自运河引舟北归。而赵立在楚州，薛庆在承州，扼其冲要，相互为援，金军不得进。及薛庆败，承州陷落，楚州势孤，卒难以抗敌。

三是缺乏强援。赵立遣人告急。赵鼎本欲遣神武右军都统制张俊往救，张俊认为无异于"徒手搏虎，并亡无益"，拒不驰援。及遣岳飞往赴，为时已晚。

赵立虽出身行伍，但智勇过人，尤其临难奋死、不为身计，甚是难得。诚为南宋初年，变乱之际，少数可歌可泣死守之典范。

金人得楚州后，有经营南渡之意。然绍兴元年（1131）四月，楚州即复归宋有。刘光世、韩世忠先后出任统制使，楚州防务，或荐人为守，或屯军戍守，屏蔽江、淮，不容松懈。直到绍兴和议达成，楚州正式成为亟边，蔚为边面重镇。

大抵，金人南侵攻势以及企图心，以建炎三至四年，最为猛烈旺盛。各地战事频传，乱事伙多。"时穷节乃见"，变乱识忠义。大历史下的忧患意识与观照，借着聚焦于"楚州"一方之隅、麟角凤毛之人物，更显真相与真情。惟限于能力，行有未及与疏漏之处甚多。期待方家指正。

（作者单位：台湾"中国文化大学"史学系）

---

① 《宋史》卷二九《高宗六》，第536、550页。

宋代印纸批书试论

——以新发现"徐谓礼文书"为例

魏　峰

印纸,又称印历、历子,是宋代记录官员功过用以考课的官方文书。研究关于印纸的制度,对于我们理解宋代(960—1279)的政治制度具有重要意义。

前人论著涉及印纸者不少[①],但由于传世文献中从未见印纸实物,因此大都只能依据政令中关于印纸的一些条文,来展开讨论,有关制度的许多细节,不得不付诸阙如,从而在相当程度上影响了对于它的认识。

最近在浙江武义县出土的南宋徐谓礼(1202—1254)文书[②],包括录白印纸、录白告身与录白敕黄,其中录白印纸是徐谓礼文书的主体,完整记录了徐谓礼从嘉定十四年(1221)以承务郎被拟注监临安府粮料院起,至淳祐十二年(1252)以朝散大夫知信州,近三十年间历官的"印纸"。经拟题,现存文书共抄录有八十则徐谓礼印纸的批书,约占文书卷帙的百分之八十。徐谓礼文书是迄今首次发现的南宋印纸实物,学术意义重大,为我们重新讨论宋代印纸制度,提供了极珍贵的第一手数据。本文拟据《南宋武义徐谓礼文书》印纸部分,试就宋代印纸批书相关制度略作讨论,首先梳理由《文书》所反映的关于南宋时期官员印纸的各项制度规定,然后据此分析印纸制度的性质及其在实际政治运作中的功能。

一　印纸批书的内容

印纸由赵宋朝廷发给官员,加盖官印,记录官员到罢、功过、保荐等内容,填写印纸称作"批书"。印纸考课作为官员管理的重要制度,渊源于唐代,到北宋太平兴国年间(976—984)初步确立,元丰(1078—1085)以后内外官司、文武官员普遍施行。宋代印纸至元代尚存有实物,见于记载的是宋人胡梦昱(1185—1226)的印纸,元人曾巽申(1282—1330)亲见"印纸一

---

①　参见曾小华《宋代磨勘制度研究》(载徐规主编《宋史研究集刊》第 1 辑,浙江古籍出版社 1986 年版)、邓小南《宋代文官选任制度诸层面》(河北教育出版社 1993 年版)、《课绩·资格·考察:唐宋文官考核制度侧谈》(大象出版社 1997 年版),苗书梅《宋代官员选任和管理制度》(河南大学出版社 1996 年版)、余蔚《宋代地方行政权力》(复旦大学 2003 年博士论文),胡坤《宋代荐举制度研究》(河北大学 2009 年博士论文)、《制度运行与文书流转:宋代荐举改官研究》(北京大学 2011 年博士后出站报告)等。

②　见包伟民、郑嘉励编:《南宋武义徐谓礼文书》,中华书局 2012 年影印本。下文简称《文书》。

卷五缝,吏部考选之印钳之,批书有刑部、临安府、吉州印。"①曾巽申认为印纸不属于"出身文字",故在胡梦昱去官后得以保留。所谓"缝",当指纸张粘连的位置。"录白",一般是指抄录公文书状的副本。宋代官告等官员的出身以来文字,在涉及审核官员身份时,多以"录白"方式,由书铺抄录官告印纸原件,并押字系书,由上级官司与原本对读,审核无误后,将审核书状连同录白副本收缴,作为原本副录存盘。录白告身、印纸等文书,禁止贴改,防止伪冒。这次新发现的徐谓礼印纸,就是录白。

印纸是记录官员功过磨勘的依据,历任到罢、劳绩过犯皆载于其上,以简明的条目呈现官员功过。尽管这一制度自北宋末期起,就因虚文不实等弊端,屡受批评②,但是直至徐谓礼在世的南宋后期,批书印纸仍是官员考课的重要方式。考察《文书》可以发现,徐谓礼每任,无论在京还是外任,不管任满或是差出,皆依据条式批书印纸,严格遵守朝廷制度。每次的印纸批书虽然所涉及的内容不同,但都遵循朝廷颁发行文格式,从未见有任何出入。

归纳批书的格式,大致上都有书头、批书内容、结语、签押等四个部分③。这里以宝庆三年(1227)徐谓礼监粮料院到任批书为例,略作分析:

(1)临安府知通

(2)据承事郎监临安府粮料院兼装卸纲运兼监镇城仓徐谓礼状申:"准

(3)敕差前件差遣,今赍出身以来文字见到,乞辨验帮放请给施行。"府司依准,已降

(4)指挥,本官赍到出身以来文字,知通辨验讫,及行下所属,从

(5)条施行外,须至批书者。

(6)右今批上本官印纸照会

(7)宝庆三年正月　日典级凌　寿卿、　金　文　珍　　　批

(8)奉议郎特差通判军府事　颜

(9)朝散郎特差通判军府事　何

(10)朝散郎特添差通判军府事　赵　押

(11)通奉大夫守户部尚书兼详定敕令官兼知临安府　袁　押④

前引文书中,第1行为书头,系负责批书的行政部门或其长官。批书的原则是在外为"所在州","在京于所属"⑤。监临安府粮料院为临安府属官,故书头为"临安府知通"。第2、3行为被批书官员的申状,说明申请批书的事由。徐谓礼到任后,先上申状,请临安府知府、通判审核出身以来文字。第4、5行为批书的结语,说明府司依程序已审验徐谓礼告身等文字,证明并无伪冒,同意"批上本官印纸照会"。第7、8、9、10、11行为负责批书相关人员的签押,自府司吏人至临安府知府,依次结衔。《文书》所载八十则批书,基本依此格式。

依据《文书》所载的内容,围绕记录功过,批书印纸可分为两种类型,一类是有关任官考

---

① 曾巽申:《题印纸》,见录于李修生主编《全元文》第35册,凤凰出版社2001年版,第8页。

② 苗书梅:《宋代官员选任和管理制度》,第378页。

③ 包伟民:《前言——南宋徐谓礼文书概况及其学术价值》,《文书》第11页。

④ 《文书·录文·录白印纸》第一卷《宝庆三年正月　日监临安府粮料院到任》,第208页。

⑤ 《文书·录文·录白印纸》第一卷《嘉定十四年五月　日拟注监临安府粮料院》,第206页。

课,包括到任、成考、转官等的批书,另一类是保状批书,下文分别略作论说。

(一)任官考课

印纸主要记载官员功过,"仕之久速,官之功过"①,均备载其上。徐谓礼自京官起每任差遣的到任、成考与离任,都完整批书于他的印纸,作为磨勘依据,在京职事官批书内容虽略简,仍严格依据条式,在其亲民官任上批书则尤为细致,说明南宋官员的印纸批书是严格依照相关制度执行的。

依据官员任官程序,官员到任首先由上级官司辨验告身等"出身以来字",付身等文字由上级官司"从条辨验是实"②,然后批书印纸,表明经审验官员告札等出身文字并无伪冒。在批书内需明确到任时间、前任为何阙。如宝庆三年(1227)徐谓礼转为京官,监临安府粮料院到任,为"替蒋杞成资阙";后于绍定三年(1230)任吴县丞,为替"曾揆年满阙",端平元年(1234)任知溧阳县,则为"替徐耜端平元年三月满阙"③。"年满阙"、"成资阙"依据不同出阙年限区分,"成资阙"两年出阙,"年满阙"三年或三十月出阙④。批书到任时间,是为了约束官员按期到任,若过期未到,则是"违年",需"理为过犯,批上印纸"⑤,受到相应处罚。

官员到任后要与前任交接,交割完成后需由上级官司批书于印纸。徐谓礼端平元年(1234)知溧阳县,在交割职事后"备申使府批书施行",经"本县保明是实",申状报建康府。建康府则在考订文状后,给予了批书⑥。又徐谓礼于嘉熙三年(1239)年主管官告院,批书仅作"主管职事讫"⑦。按官告院南宋时设主管两员⑧,估计徐谓礼此任并非替任,因此未见交割职事的批书。

正式上任后,需请俸给,尤其外任官员,其俸禄于所属府州粮料院支取,故需府州批书。当时规定官员到任后"仍于十日内取索出身以来文字,长吏辨验讫,批上印纸,方许放行请给"⑨,即需审验批书,方许支取俸禄。徐谓礼在吴县、溧阳等任上,都在到任后向所属府州申状"辨验批书,帮放请给";后出任淮浙发运司主管文字,因发运司置司平江府,发运副使由知平江府魏峻兼任,故其请给批书即由平江府批上,魏峻结衔签押。

完成任职各项程序的批书后,成考就是印纸批书的重中之重。

---

① 刘宰:《漫塘集》卷二四《书印纸后》,影印文渊阁《四库全书》第1170册,第613页下。

② 《文书·录文·录白印纸》第四卷《端平元年五月　日知溧阳县到任》,第221页。

③ 参见《文书·录文·录白印纸》第一卷《宝庆三年二月　日监临安府粮料院到任交割职事讫》,第208页;第二卷《绍定三年二月　日平江府吴县丞到任》,第212页;第三卷《端平元年五月　日知溧阳县到任》,第220页。

④ 邓小南:《宋代文官选任制度诸层面》,第204页。

⑤ 赵升:《朝野类要》第四卷《违年》,中华书局2007年点校本,第91页。

⑥ 《文书·录文·录白印纸》第四卷《端平元年五月　日知溧阳县到任交割完毕》,第221页。

⑦ 《文书·录文·录白印纸》第五卷《嘉熙三年四月　日主管官告院到任》,第229页。

⑧ 徐松辑:《宋会要辑稿·职官》一一之六六,中华书局2006年影印本。

⑨ 谢深甫:《庆元条法事类》卷五《职制门》二《到罢》。杨一凡、田涛主编《中国珍稀法律典籍续编》第1册,黑龙江人民出版社2003年版,第56页。

宋代的官员管理考课虽密,"莫重于官给历纸、验考批书"①,官员在任所受转官、循资、减磨勘年等酬奖及因公私过犯等等,都折算为加减分数,以此拉开替候选官员相互之间的距离,以区分档次②,予以相应的优劣任职、减展磨勘。考核的依据主要就是记录"历任功过"③的成考批书。

成考批书的基本内容有六条,历官每一任不论是否成考满任,都得逐条对照考核。据南宋《考课式》:

　　　　一劳绩推赏。

　　　　一请假参假月日。

　　　　一差出月日。

　　　　一转官循资受施月日。

　　　　一曾应举若试刑法月日。

　　　　一经取勘或追摄及住公事,并责罚案后收坐,及去官自首、释放之类。

此六项为"命官通用"④,无论地方官与在京职事官,成考印纸批书皆据此条式。徐谓礼印纸历任成考,零考批书皆准此条目,说明这一制度被严格遵行。

印纸主记功过,因此任内的奖惩都需由上级官员批上印纸,"劳绩推赏"被列在成考批书第一条目。淳祐四年(1244)徐谓礼应命差遣为权通判建康府,七月又被改差为浙西两淮发运司主管文字,任内"因发运和籴所招籴淳祐四年分米斛,蒙朝廷从本司申,于淳祐五年十二月二十六日准告,特转朝奉郎"⑤,淳祐七年(1247)又"因前在淮浙发运司主管文字日,招籴推赏,准淳祐七年四月五日告,转朝散郎"⑥。他任内招籴被朝廷理为劳绩,给予转官赏赐。

过犯指对官员的处分,包括公罪、私罪、勒停、冲替、罚铜等。嘉熙三年(1239),徐谓礼出任主管官告院不久,被差出浙西提刑司考校平江府百万仓账目,尚未回程,被命"在外合入差遣"处分,即被罢去主管官告院,在任通计两个月零十七天⑦。关于被罢的缘由,徐谓礼在其妻林氏的圹志中提到:"奉省符核平江府百万仓,得所以欺弊之实,官吏恶□见底,卒以贾祸。"⑧又淳祐二年(1242)徐谓礼被差遣为监三省枢密院门兼提辖封桩上库,在任仅仅一个月二十日,即被臣僚论列罢黜,随即被降为主管台州崇道观,任便居住。⑨

---

① 《宋史》卷一五五《选举志一》,中华书局 1977 年版,第 3604 页。

② 邓小南:《宋代文官选任制度诸层面》,第 78 页。

③ 《吏部条法·差注门一》,载杨一凡、田涛主编《中国珍稀法律典籍续编》第 2 册,黑龙江人民出版社 2003 年点校本,第 5 页。

④ 《庆元条法事类》卷六《印纸门》引《考课式》,第 86 页。

⑤ 《文书·录文·录白印纸》第八卷《淳祐六年正月　日浙西两淮发运司招籴推赏转朝奉郎》,第 243 页。

⑥ 《文书·录文·录白印纸》第九卷《淳祐七年　月　日浙西两淮发运司招籴推赏转朝散郎》,第 252 页。

⑦ 《文书·录文·录白印纸》第五卷《嘉熙三年七月　日主管官告院零考成》,第 229 页。

⑧ 李晖达、郑嘉励:《武义南宋徐谓礼墓的发掘》,《文书》,第 237 页。

⑨ 《文书·录文·录白印纸》第七卷《淳祐三年十二月　日差主管台州崇道观第一考成》,第 239 页。

官员任满批书印纸,即可离任,离任时亦需交代职事交割时间与接任官员。以《文书》反映的情况为例,任满后可能因接任官员未到,仍不得离任,直至接任官员到任为止,这一段时间称为"零考"。零考期间的功过也需批上印纸。如徐谓礼在吴县丞任上两考满,在后任李江到任前,徐谓礼又在任"三个月零一十四日",而在信州三考任满后,又在任五个月零二十三日。如系被劾、守制等不能满考而终止任职,也需以零考形式批书印纸,如徐谓礼在主管官告院在任两个月零十七日、差监三省枢密院门兼提辖封桩上库在任一个月零二十日,皆以零考批书印纸,作为未来差注后续任职的必要手续。而记录考外或新差迁上任前的在任时间,是为了通理考任,将不同差遣在任时间一起统计①。成考文书中"差出"及差出时间,亦以是否计为"在任月日"为目的。

纪录差遣到罢所需各项程序外,印纸还记录官员的寄禄官转官。徐谓礼自嘉定十五年(1222)官承务郎起,至淳祐十年(1250)转朝散大夫止,共转官十二次。每次转官皆明确转官缘由,有以"进宝赦恩"、"登宝位赦恩"、"庆寿赦恩"等转官,亦有"招籴推赏"、"职事修举"等,另有六次磨勘转官,通计转官,恩赏、磨勘各占一半。转官不但要单独列出,在成考文书内亦需在条目内批上。

官员丁忧从吉也需要批书在印纸上。端平三年(1236)十月,徐谓礼时知溧阳县,其母陈氏去世,他即"解官持服,扶护灵柩归乡",于嘉熙二年(1238)二月安葬其母,葬地为武义县常安乡第一都湖山,至嘉熙三年(1239)"正月一日服阕从吉",他于是向武义所在的婺州申状,请求批书印纸"赴部注授差遣"②。徐谓礼三年之丧,实际守丧二十七个月。宋代官员迁转不易,多有匿丧不报等弊,印纸此条批书当是为了核查官员是否持服期满。

洪迈(1123—1202)曾论及南宋考课徒为虚文,任宫观官却要批上"不曾差出"③,徐谓礼降为宫观的印纸批书④。恰能印证此说。但据此也能看出,徐谓礼印纸是严格遵行朝廷条制批书的,不论其任职在州县,还是在京,通过印纸批书的严格程序,确定在任功过,通计任职时间,虽不能评其在任能否,批书或有名实不符,但劳绩过犯列于印纸,差注时呈送于考课官司,与其他课绩记录勘对。

(二)保状

保状,是官员表示对某事担保是实,愿意承担连带责任,以保证保官监督所保事的真实可信的文状。宋代举凡科考、封赠、功赏、荫补等皆需保官书写保状。何以保状要批上印纸?绍兴三年(1133)七月,刑部员外郎苏恪曾就保官批书印纸的重要性上奏:

> 所有保官若不批书印纸,窃虑其间有身死事故,及有妄冒之人无由见得。欲乞今后经本部陈乞前件事理,召到保官,乞依吏部及绍兴条令审验保官见任付身,批书印纸。若无印纸,即批书见在付身。其在外州军陈乞之人,令依此勘验批书讫,保明申部。所

---

① 苗书梅:《宋代官员选任和管理制度》,第408页。
② 《文书·录文·录白印纸》第五卷《嘉熙三年正月　日丁母忧服阕从吉》,第228页。
③ 洪迈:《容斋随笔》卷一六《吏文可笑》,上海古籍出版社1996年版,第211页。
④ 《文书·录文·录白印纸》第七卷《淳祐四年　月　日主管台州崇道观零考成》,第240页。

贵隔绝冒滥。①

宋廷"从之"。"隔绝冒滥"是将官员保状批上印纸的主要目的。可是"保官之罚不行,故轻易与之为保"的现象仍屡禁不绝②。至淳熙四年(1177)宋廷又因"川、广、福建牒试冒滥",下令如保官委保不实,则"先降一官,然后勘罪"③。而追责所据的,当是官员的保状批书。

徐谓礼印纸书载有保状三十三则,涉及铨试、恩荫封赠、省试、国子监补试等事。端平三年(1236)至嘉熙三年(1239)丁忧期间和任职知信州后,印纸中未见保状批书的记载,亦符合丁忧不得作保的规定。比照传世文献有关保状规定,将保状批上印纸的规定的确是认真履行了。今以《文书》保状为例,略作讨论。

绍定三年(1230)徐谓礼委保宗室赵与懬赴吏部铨试,在他的印纸中留下了如下批书:

(1)平江府

(2)据保官宣义郎知平江府吴县丞徐谓礼状:"今委保承务郎赵与懬,昨因祖致仕恩泽奏补承务郎,

(3)见年一十七岁,乞赴绍定三年

(4)尚书吏部铨试。委是正身,即不是代名赴铨之人,亦无诈冒诸般违碍不实等事件,所保并是诣实。如

(5)后异同,甘俟

(6)朝典者。"

(7)右今批上本官印纸证应。

(8)绍定三年二月　日典级因　　覩　　　　　　　批

(9)儒林郎平江府观察推官　赵

(10)承直郎平江府节度推官　耿

(11)通直郎特差签书平江军节度判官厅公事　赵

(12)朝奉郎权通判平江军府事　石　　　　　押

(13)朝议大夫宝谟阁待制知平江军府事　朱　　　　　押④

前引批书,因徐谓礼时任吴县丞,故书头为吴县所在的平江府。批书内容(2)至(6)行是为赵与懬赴绍定三年(1230)尚书吏部铨试做保的申状,状末声明"所保并是诣实。如后异同,甘俟朝典"。结语是批书通行的"右今批上本官印纸证应"。(8)至(13)行为签押,依次是平江府吏人典级、推官、通判、知府等。

《庆元条法事类》载有南宋保状格式:

保官具官、姓名书字二人以上具列

右某等、年未七十,保初出官者,即云年未六十。与某人非缌麻以上亲并许兼容隐

---

① 《宋会要辑稿·职官》七六之四六。

② 《宋会要辑稿·选举》一之二二。

③ 《宋会要辑稿·选举》一六之二三。

④ 《文书·录文·录白印纸》第二卷《赵与懬保状》,第213页。

人，无赃罪及私罪徒，不是分司、致仕、不理选限、进纳、归明傜人若流外官。今保某人云云，谓如初保入官人参选者，则云委是正身，年已及格，合该参选。保升朝官初封妻，则云委是礼婚正室之类。如后异同，甘俟朝典。谨状

　　年月　　　　日保官具官、姓名书字　　　等状①

将《文书》与《庆元条法事类》所载保状格式相比较，可以发现录入印纸的保状已被简化，徐谓礼本人的保官资格，如"年未七十"、"与某人非缌麻以上亲并许兼容隐人，无赃罪及私罪徒，不是分司、致仕、不理选限、进纳、归明傜人若流外官"等条文皆略去，保状格式中"谨状"等也未保留，仅以批书方式表明了上级官员对保状主要内容的审核，一旦所保人违法，则可依据印纸"证应"，作为惩治徐谓礼的依据。

　　将保状简化录入批书的情况，在徐谓礼印纸所存三十三则保状批书中是普遍存在的。如淳祐五年(1245)徐谓礼委保朝请大夫新特差通判常德军府事孟继华，"该遇淳祐五年九月明堂大礼，荫补第三男文虎，承受于文资内安排，系第三次奏荐"②。若参照《庆元条法事类》荫补保官状，保官需载入状内条目颇多，如需在状内说明"某官于某年月日出仕，于某年月日初任某差遣，于某年月日因某事转见今官"，因何恩典荫补、与某官是何服属"，请求"于文资内安排"，声明所保人"委是正身，既无诈冒诸般违碍者"等等，此外还需说明系当年第几次委保，与本人"因何处相识、或同任乡里"③。在此则批书中，却仅留有荫补事由，系本年第几次奏荐、孟继华所任差遣等。淳祐八年(1248)徐谓礼出状委保朝奉大夫洪若拙之子洪志冲荫补，状内仅有"陈乞该遇明堂大礼赦恩"等语④，"文资内安排"、"系今年第几次委保"等状内文字也都略去了。

　　绍定五年(1232)的四通省试保状，其批书更为简化，"如后异同，甘俟朝典"等也略去，批书仅大书一"官"字，并无官员系衔。另淳祐六年(1246)两状、淳祐七年(1247)四状，一状保两人以上，批书亦是仅有"官"押，并无官员签押。

　　官员印纸批书所录各类保状的简化，当然是由于其所记录者，与原状目的不同。批书所抄录者，仅是与保状相关的人及事由，是预备被保人事涉伪冒，则勘对原状、印纸，给予保人以相应处分，不必事事照录之故。不过《文书》之所反映的官员替人作保均须批书于印纸，书头在任为所属官司，待阙为所居州司，可以说明印纸对于官员行政行为的纤细必录，彰显了印纸记录功过的性质。

　　总之，考察印纸的批书内容可以发现，印纸中涉及地方政务的条目是批书重点，因此批书任官细而保状批书简。印纸的核心是所属官司对官员在任的功过记录，并据以决定官员的赏罚，尽管仅有事务条目，缺乏德行品评，印纸仍是南宋官员考课的重要手段。

---

① 《庆元条法事类》卷七《职制门》四，《保官状》，第115页。
② 《文书·录文·录白印纸》第八卷《淳祐五年八月　日孟文虎保状》，第243页。
③ 《庆元条法事类》卷一二《职制门》九《中大夫至带职朝奉郎遇大礼乞荫补保官状》，第246页。
④ 《文书·录文·录白印纸》第十卷《淳祐八年十一月　日洪志冲保状》，第256页。

二 印纸批书的流程

由于印纸在官员考课中的重要作用,保证其并无隐匿就十分关键。为防批书伪冒,官员历官功过批书,需经所属官司依程序完成,《文书》部分保留了印纸批书流程,使我们得以了解"所属以一岁之功罪书之"①的印纸如何完成批书过程,功过如何被记录在案。

印纸是由吏部颁给官员,在颁给印纸前,吏部需验证官员告身,官员需"缴连真本告札付身,赴部照验,纳纸二十张,用即给付"②,而堂除官员"应给印纸者,本部取索出身以来文字,照验出给"③。印纸上需吏部用印,应是曾巽申所见"吏部考选之印"。

依据阶官等级不同,印纸分选人印纸与京朝官印纸,其中批书类目亦有所不同。"选人印纸批书六项课绩,内一项,不曾批书转官二字"不妨碍"升改注授"④,而京官六条中有"转官循资受施月日"。选人印纸与京朝官印纸当是两份,故有官员"改官后作保,却以选人印纸赴所属批书,甚至腰封其前,隐昧违法"⑤,企图以此隐匿作保之事。

《文书》印纸第一则《嘉定十四年五月　日拟注监临安府粮料院》,以徐谓礼任京官承务郎起始,因其荫补入官,初仕即为京官⑥。这则批书由行在尚书吏部批署,其中载有其初任京官的差遣与资序:

(1)行在尚书吏部

(2)承务郎徐　谓礼奉

(3)敕差监临安府粮料院,兼装卸纲运,兼监镇城仓,系监当

(4)资序,

(5)右印纸付本官,有合批书事,于所在州依条式

(6)批书。在京得替,或到选缴纳考功。

　　　　于所属

(7)嘉定十四年五月　日守当官周　隽卿押　给

(8)太　常　丞　兼　权　郎　官诸葛　　　　　　　　　押

(9)郎　　　　　　　　　　　　中　　　　　　　阙

(10)新除尚书兼详定敕令官兼权户部郎中薛　　　　　　押⑦

此则印纸与前引印纸不同之处在于,它是吏部颁给徐谓礼京官印纸时,对印纸批书原则的说

---

① 华镇:《云溪居士集》卷一七《考绩论》,影印文渊阁《四库全书》本。

② 《吏部条法》印纸门《印纸门撮要》,第230页。

③ 《吏部条法》印纸门《尚书侍郎左右选通用令》,第230页。

④ 《吏部条法》印纸门,第233页。

⑤ 《吏部条法》印纸门《尚书左选申明》,第232页。

⑥ 胡坤:《从入仕到初任满替——以〈武义南宋徐谓礼文书〉所载相关文书的考察为中心》,中国人民大学《徐谓礼文书与宋代政务运行研究学术研讨会论文集》2013年4月,未刊。

⑦ 《文书·录文·录白印纸》第一卷《嘉定十四年五月　日拟注监临安府粮料院》,第206页。

明。书头为"行在尚书吏部",表明印纸颁行的官司。作为京官第一则印纸,印纸内容并无首先由其本人申状的程序,而是直接由吏部批讫给出,明确京官差遣、资序,批书印纸需"于所在州依条式",而在京则"于所属"批书,规定批书的基本程序,并在第七行"嘉定十四年五月　日守当官周　隽卿　押"签后,明书一"给"字,这表明当时徐谓礼系初入仕,需由考功司出给印纸,以供逐任批书①。以下是吏部长官、郎官等押字。

依照固定条式,于所属官司批书,不仅体现在批书内容方面,在批书流程上也被严格遵守。批书流程上一般官员领受印纸,携告敕付身等赴任后,举凡转官、到罢、成考,皆需先于上级官司申状,即外任于所在州、在京于所属,如徐谓礼在吴县任上向平江府、溧阳任上向建康府申状,而在任监三省枢密院门兼提辖封桩上库时,则分别向检正左右司、提领左藏封桩库所申状。同时将印纸随状解到上级官司进行审核,故称批书内均称"所有印纸一卷,随状缴申见到"。

官员于状内陈说所需批上印纸事由,如到任、转官,"申乞批书印纸"。上级官司收到申状后,通常先由本司吏人审核文状。《宋人佚简》中留有舒州士案吏人周亮等对知州向沟到任后印纸的审核,确认其印纸"头尾全,前去批书到任,所供是实"②。《文书》所载徐谓礼地方任职期间各则批书,皆有吏人押字在前,表明吏人对文状等审核承担责任。在京任职官员亦先经吏人审核印纸,如林大中(1131—1208)外任赣州知州时,曾请部中吏人批书印纸赴任,结果吏人对以"已除从官,不用批书"。后有相识人提醒他,他只是直宝文阁,属殿撰以下职名,并非侍从,若不批书,恐怕磨勘有所障碍。③

吏人初步审核印纸,主要是审核印纸头尾是否完整,是否有揩抹截去等事。这是因为印纸随着官员的任职的增加,原有纸会用尽,"诸批书印纸而纸尽者,本州岛续纸用印"④,前后印纸连续成一卷,以使前任功过等一目了然,且纸末留有一定空白,防止官员为隐匿过犯将印纸裁剪。绍兴五年(1135)朝廷曾就官员扯毁印纸,下令如"其间有已批书处并无损动,留得白纸一全张以上,分明见得无隐匿事节",则免召保官,只需将真本印纸赴部续纸用印⑤。这说明没有损毁已批书部分,印纸的真实、完整就得到官司认可。官员成考离任,官司审核任内职务,还需吏人责立文状,以保证审核内容的真实性。徐谓礼在吴县丞任上考成,"县司除已押引差人监勒诸案人吏,供具到本官考内即无未了事件,责立周松罪赏文状附案"⑥,周松当是县司吏人⑦。而他在溧阳任知县时,则直接"监勒诸案手分黄榛等"在核查文状后,"并勒乡攒张松等供具到本官第一考内所催税赋,并于省限内催纳了足",然后"结罪保明事

---

① 《前言——南宋徐谓礼文书概况及其学术价值》,《文书》第 11 页。
② 上海市文物管理委员会、上海博物馆编:《宋人佚简》第 2 册,上海古籍出版社 1990 年版。
③ 林大中:《八月初帖》,《凤墅残帖释文》卷下,见录于曾枣庄、刘琳主编《全宋文》第 242 册,上海辞书出版社、安徽教育出版社 2006 年版,第 326 页。
④ 《庆元条法事类》卷六《职制门》三,第 81 页。
⑤ 《宋会要辑稿·职官》八之二一。
⑥ 《文书·录文·录白印纸》第三卷《绍定五年二月　日知平江府吴县丞第二考成》,第 217 页。
⑦ 《文书·录文·录白印纸》第三卷《绍定五年五月　日知平江府吴县丞零考成》,第 218 页。吴县丞任内还出现吏人方智,亦责立罪赏文状。

状系县"①。

吏人完成初步审核后,批上印纸,再交由官司各级官员审核。审核印纸的官司是与批书书头相对应,如监临安府粮料院审核的官员为临安府推官、判官、通判、知府,依次签押,以表示任责。在州军属官中,州院诸曹官均不列名签押,但如果事涉考课,须由法曹负责审核"功过事件",则司法参军也列入签押之列②。如徐谓礼绍定四年(1231)知吴县丞第一考成,文状等交儒林郎平江府司法参军赵汝渠"遵从已降指挥,证应条式,点对项目圆备",然后批上印纸,并在吏人押字后,第一个结衔签押③。至绍定五年(1232),知吴县丞第二考成批书时,任平江府司法参军的莫墥,亦依前次序签押。后来他在任建昌军通判成考时,军司法参军丘某也签押在前④。在京职任批书,签押自职位自低到高排序,大抵亦依此程序。批书如原供职官司废罢,"无处批书之人,许于所在州军召本色保官二员,结罪委保批书。候到部,令吏部照应出身以来文字,委无诈冒,放行。其州军批书不完,有碍注授升改,亦许召升朝官二员,先次放行,续行取会批书"⑤,还是要严格依程序完成批书流程,以确保批书内容真实、可靠。

印纸作为官员在任功过的依据,日常多为官员自随。当为保状批书时,官员也可能将印纸寄存于书铺,由保人借留。据载南宋人刘宰(1166—1239)对保官批书"刍狗视之",故印纸被保人"自相邮以为保。或累月不归,或迷不知所在"⑥,不免毁失。万一印纸丢失或毁坏,则需要依程序申请补发。根据宋廷的规定,失去印纸的官员,限十日内经所在官司自陈,并需"召本色二人保,系命官、将校付身、印纸,所在州保奏,余报元给官司"⑦,须在保状内明书"今来所保某人,委的当时曾作是何官,或曾任是何差遣",同时失去印纸官员需有"干照文字",即证明文件由官司点对核查,并录下干照文字,粘连在状前,申报官司,还必须"声说有无隐匿过犯。"⑧在拿到补发印纸之前,官员的在任功过需批上官告。在这种情况下,官告就起到了类似印纸的作用,记录在任功过。而官员被除名后,印纸亦需与"出身补授以来文书皆毁。当、免者,计所当、免之官毁之。断后限十日追取批书毁抹,申纳尚书刑部。其印纸亦据所追任数批书用印,书字给还。"⑨因此,官员如自行毁抹印纸,就无异是从此无意于仕宦的举动了。

通过本人申状、所属官司层级复核、批书印纸的流程,上级官署确认官员在任功过,以督促其完成相关职任。这一流程不但是自上而下考课官员的需要,同时也适应不同政务的具体需求,哪些政务可作为"劳绩"予以推赏,哪些失误应被"理为过犯"给予处罚,在不同区域、

---

① 《文书·录文·录白印纸》第四卷《端平三年十二月　日知溧阳县第一考成》,第222页。

② 《前言——南宋徐谓礼文书概况及其学术价值》,《文书》第11页。

③ 《文书·录文·录白印纸》第二卷《绍定四年三月　日知平江府吴县丞第一考成》,第214页。

④ 《文书·录文·录白印纸》第六卷《淳祐元年　月　日添差通判建昌军第一考成》,第233页。

⑤ 《宋会要辑稿·职官》五九之二二。

⑥ 刘宰:《漫塘集》卷二四《书印纸后》,影印文渊阁《四库全书》本。

⑦ 《庆元条法事类》卷一七《文书门》,第370页

⑧ 《庆元条法事类》卷一七《文书门》,第368页。

⑨ 《庆元条法事类》卷七六《当赎门》,第813页。

不同官司系统内皆有区别,经所属官司"申状—复核—批书"的流程,符合本司特性的功过,批上官员印纸以备考核,到部注授时作为奖惩依据。

自北宋时起,朝廷就依据不同地区或官司系统的特性,形成差别化的官员功过标准。仁宗天圣二年(1024)九月,淮南、浙、荆湖制置发运使方仲荀上书,要求"真、楚、泗州转般仓监官,今后收到出剩,不得批上历子,理为劳绩"①,以防范监官为求羡余而行欺瞒。庆历五年(1045)诏令,地方官员未经所属同意,擅自兴修水利,不得理为劳绩②,防止官员以兴水利为名,骚扰地方。与之相对,部理为过犯之事,亦会因情形特殊而改易。徽宗朝大臣许景衡(1072—1128)曾上奏,请精择东南地方官,有不堪任用官员,即与对移,而不理为过犯③。据不同区域、官司而形成的劳绩、过犯差异在南宋应同样普遍。因此经所属官司、依据一定流程批书官员印纸,是应对区域差异、职务差异以调整考课标准的需要。前述徐谓礼在溧阳知县任内,其"户绝诸司抵坊没官租课"一条由于上级官司住行,即便出卖没官田产州司亦不能理为劳绩,同样也不能因其不行出卖而予以责罚。江东路属县可能在嘉定十年(1217)后已不再将此项政务列为劳绩考核的条目,此项政务大约也因此停止,劳绩标准随之更改。

值得注意的是,在徐谓礼历任地方官的批书中,皆未见本路监司的签押,其任内的考课主体始终是在州级官司。吴县、溧阳任上,即使事涉常平等监司管辖事务,也未见监司介入批书事项。而在任建昌军通判时,徐谓礼第二考成后,"已将茶盐印记职事发送通判黄承议并行管干"④,则其职事系提举茶盐事务,但印纸亦只由建昌军批书,未见当时主管茶盐公事的提举常平司介入其中。由此是否可以认定监司对地方官员的监察另成系统,印纸批书并非监司监察的重点,尚有待进一步研究。

要之,南宋朝廷通过推行批书印纸制度,以严格的批书程序,期望能如实掌握官员在任功过,通过"申状—复核—批书"等相当规范化程序形成的印纸批书,经官员所属上级依据相关政务功过标准的确认,记录了官员在任能否,与其他档案记录相配合,形成考课黜陟的基本依据。当然,庞大的官僚机构使中央无力一一查对官员实际表现,因此必须依靠所属官司完成对官员的初步考课,因此出现考课的程序化、条文化,这也是集权的南宋朝廷无法克服的弊端。

三　批书印纸的功用

国家建立考课制度,其目的是通过对官员绩效的考课,包括德行、才能的品评,以黜陟等奖惩方式,约束官员施政行为,保证自上而下的政令贯通。唐宋时期,由于缺乏有效的考课方式,在实际的官员考课中,笼统的德行评价却不及体施政行为绩效的考核客观,因此考课从最初德行等方面的抽象评价,逐步转化为对行政效果的考察,并随着官僚机构的膨胀,绩

---

① 《宋会要辑稿·食货》五四之三。
② 《宋会要辑稿·食货》七之一二。
③ 许景衡:《横塘集》卷一〇《请宽恤东南札子》,影印文渊阁《四库全书》本。
④ 《文书·录文·录白印纸》第六卷《淳祐二年四月　日添差通判建昌军第二考成》,第234页。

效考核日渐条目化。具体到宋代的考课,不断追求考课制度责实的努力,集中在要求文档详尽细密①。考课越追求实效,则官员批书条目越繁密。这固然是因为南宋国家事权集中,难以实现对所有官员、尤其是地方官经常的考察,只能依靠印纸等更为详尽的官员档案,建立一套考课制度。但另一方面,国家依靠这一考课制度管理官员,规范官员的行政行为,还通过条目化的考课方式,实现政务的正常开展,作为政务运作手段发挥其功能。尽管无法解决条目化、形式化的弊病,仍作为有效的制度被认真执行。

就官僚管理方面而言,南宋朝廷依靠严格规范的批书程序,细密的印纸条式,将关涉官员考评核心的"功过"完整记录,并据以形成不同的评价等级,作为黜陟迁转的依据,形成标准化的考课规则,以期有效地管理官员。印纸"备载功过"的功能因此更为凸显,"印纸照验历任有无过犯"由此变得"最为紧切"②,因此徐谓礼历任差遣皆有批书,即使在任时间极短,印纸仍然要依照条式、遵循程序完成批书。对于事权集中的铨选机构而言,据印纸以管理数量庞大的各级官员,使官员依据一定规则迁转、任职,以维持各级官司的正常运作。至少从制度设计者看来,这些措施是有效的,必须坚持落实。

依靠严格的批书来规范官员管理,集中反映在亲民官考课方面,即以《文书》中所载徐谓礼知吴县丞、知溧阳县、知信州任上的成考文书为例,足以说明印纸批书制度被严格遵行。

绍定五年(1232)二月,徐谓礼知吴县第二考成,其成考批书中除前述官员通用六条外,还增加了自绍定四年(1231)正月十二日至绍定五年(1232)正月十一日终,吴县"合催夏税秋苗米、夏秋两料役钱、常平夏税秋苗、官租钱米等,并于省限内催纳数足"、"不曾兑借常平义仓钱米"③等条。赋税是亲民官考课的重点,是否足额完纳是考满离任的前提。之所以列有常平义仓钱米,因其本为赈灾所用,却屡为地方官员挪用。淳熙九年(1182)朝奉大夫、知衢州沈崇一,因擅借兑常平义仓米给官兵俸料,降一官④,故"兑借常平义仓钱米"作为一项过犯被批书于官员印纸之上的。

端平三年(1236)十二月,徐谓礼知溧阳县第二任满后零考,考课条目更为细密,比照吴县任内考课,增列"不曾获强盗;无未获强盗;一无已获窃盗;一无未获窃盗;一本考内未曾推排"等条目。是否捕获"盗贼"、"窃盗"等本系考课"捕盗官"条目⑤。北宋治平(1064—1067)之前,捕盗之责系于巡检、县尉,为使县长吏任责捕盗,宋廷采纳苏颂(1020—1101)的建议,"遇有强恶盗,并获与未获,并实时批上印纸历子,候成考或罢任日,校其殿罪,量立赏罚"⑥,一县长吏始任其责。徐谓礼为溧阳县令兼"弓手寨兵军正",有捕盗之责,故印纸内需记录捕捉盗贼"已获"之功、"未获"之过。"推排"是地方官通过核实民户田产、升降户等,以革"产去税存"之弊。袁说友(1140—1204)曾建议"天下诸县并须三年一推排,候如知县任满

---

① 邓小南:《考课与监察的结合:宋代地方政绩考察机制的形成》,载邓小南主编《政绩考察与信息渠道:以宋代为重心》,北京大学出版社2008年版,第42页。

② 《宋会要辑稿·职官》八之二四。

③ 《文书·录文·录白印纸》第三卷《绍定五年二月 日知平江府吴县丞第二考成》,第218页。

④ 《宋会要辑稿·职官》七二之三五。

⑤ 《庆元条法事类》卷六《职制门》,第88页。

⑥ 苏颂:《苏魏公集》卷一九《奏请考校知县县令盗贼为殿最》,中华书局2004年点校本,第225页。

日,州府于本官印纸该载任内曾与不曾推排,结罪保明批上"①,但常有地方官员借口水旱灾害不行推排。嘉定八年(1215)任知溧阳县的王棠,因在任未行推排,被时任江东路转运副使的真德秀(1178—1235)举劾②。以上考课条目可能系陆续增加,至嘉熙三年(1239),知县批书除"保明六项课绩"外,又"节次增批三项,如推排经界物力,有无借兑常平义仓钱米,及预借民户税额",如知县离任时州郡失批,则需召保官保明诣实,方能批书放行③。则是又增"预借民户税额"一条。

徐谓礼在溧阳知县任内负责两税催课,夏税下共列绅、绢、绵、麦、甲丝、折帛钱等七项,秋税下共列粳米、糯米、布肆、折布钱等四项,夏料则列免役钱、义仓小麦,秋料免役钱、义仓米、水利租米、水利租钱等项,详列"绅六百三十四匹二丈一尺五寸"、"绵五万九千八百二十二两二钱"等应缴纳数额,每项均注明"已纳足、见催无"。其中"户绝诸司抵坊没官租课从准上司行下,出卖田产屋宇尽绝住行催理"值得注意。乾道八年(1172)户部要求州县用心出卖没官田产,并订立赏罚原则"县及二万贯、州及五万贯,减一年磨勘;县及十万贯、州及二十万贯,与转一官",迁延不行者惩处④。但各地执行情况不一。嘉定十年(1217),真德秀任江东路转运副使时,将本路系于常平司没官田产招人租佃,以其岁入充作慈幼庄,其内有溧阳县"管下僧德懃田地二百五十五亩一角二十七步,郎学谕田地三百五十亩二十步"⑤两处,溧阳管辖的没官田产等大约因此"住行催理",故在印纸上明确此条系为上级官司所废止。

徐谓礼知信州的零考批书中,还有"任内即不曾违法收叙经罢吏人"一条⑥。此条初见于庆元五年(1199)八月。是年有臣僚上言,要求州县官员到任之日,"即具吏人姓名,保明申常平司","如已经断罢不该收叙之人,不许存留。其合叙用之人,非经元犯官司陈乞,不许收叙",至州县官任满日,"仍于印纸内画一批书不曾违法收叙经罢吏人,以凭稽考"⑦。不过此条仅见信州任内批书,吴县、溧阳任内批书则未见,或者庆元之后对州、县长吏又有所区别。

上述对亲民官的考课批书,不但与传世文献中印纸考课式相印证,"捕盗"、"收叙经罢吏人"等条目增列,"出卖田产屋宇"条目的废止,亦能反映不同时期政令调整在印纸批书条目的变化,并以此约束官员,说明印纸批书并非仅仅是形式化的考课方式,仍具有重要功能。

印纸批书的严格程序,使拥有批书权力的各级官司能够在一定程度有效控制所属官员,以批书功过"系其进退"⑧,以"批书印纸,方许离任"的任官程序约束官员履职,使各级官司发挥基本职能,保证基本政务的正常运作。

除了固定政务外,通过调整印纸条目推行新的政务的落实,亦能够反映批书印纸对官员

---

① 袁说友:《东塘集》卷一〇《推排札子》,影印文渊阁《四库全书》本。

② 真德秀:《西山先生真文忠公文集》卷一二《申将前知建康府溧阳县王棠镌降事》,《四部丛刊初编》本。

③ 《吏部条法》印纸门,第237页。

④ 《宋会要辑稿·食货》五之三五。

⑤ 马光祖:《景定建康志》卷二三《城阙志》,《宋元方志丛刊》本,中华书局1990年影印本,第1705页。

⑥ 《文书·录文·录白印纸》第一二卷《淳祐十二年六月　日知信州零考成》,第267页。

⑦ 《宋会要辑稿·刑法》二之一三〇,第6560页。

⑧ 度正:《性善堂稿》卷六《重庆府到任奏便民五事》,影印文渊阁《四库全书》本。

的约束作用。为适应地方和各个官司不断的政务调整,南宋朝廷常以"某事入衔"方式增加某个差遣职任,将新增职事批书于官员印纸,使任职官员承担执行相应政务的责任,即所谓"系衔任责",任官系衔则需在印纸内有相关批书。以系衔而增其职任,有因地而设者。如乾道六年(1170),知雷州戴之邵上言,因"管下濒海土薄,地杂泥沙,东北接连有大塘一所",他在农隙闲时雇募人夫修筑经年,已初具成效,为防"官司不能相继增修,旋致堙塞。今后差注本州岛海康、遂溪两县,并令于官衔上带主管河渠公事。任满,有无增修损坏批上印纸"。得到宋廷的同意①,自此将修筑河渠事务落实在所属海康、遂溪两县长吏身上。淳熙九年(1182),为保证真州陈公塘能得到经常维护,朝廷令陈公塘所在扬子县知县衔内带"兼主管陈公塘",以使责有所归②。庆元二年(1196),宋廷下令归州巡检兼管内滩峡公事,"以防运石堙塞"③。也有因事而令职事入衔者。绍兴三十年(1160),因攒宫在会稽县内,遂于会稽知县衔内带"主管攒宫事务"④,承担县攒宫防护责任。嘉泰元年(1201),为防围田危害浙西水利,所属浙西路所属知县"于衔内带专一点检围田事",知县等需于每年三四月间亲自检查是否有违法围田者,"所有知县每考及任两批书,并于印纸上批凿有无再行围裹,分明批上"⑤。嘉定十四年(1221),朝廷依淮东总领所请,令天长、六合等县知县,各带兼淮东总领所受给钱粮入衔⑥,承担诸军钱粮筹办事务。淳祐五年(1245),广东提举常平司干官"各以义仓系衔"⑦,以任责路内义仓事务。"有印纸则有解发"⑧,某一职任一旦列为印纸条目,官员迫于考课的压力,不得不尽力而为。而某一职任若从印纸中剔除,相关事务常常因此荒废。如景德三年(1006),修葺官舍曾为保宁军所属印纸子目,其后废止,官员不再重视官舍维护,当地官舍遂年久失修日渐颓败⑨。而主管常平官员任满不再批书义仓有无拖欠,遂致南宋时建宁一地义仓事务废弛⑩。朝廷正是以印纸条目的增减,要求官员留心于某项新增事务,来推动政务调整,适应新的变化。

通过调整劳绩的标准,适应政务的变化,也常有激励官员之效。一些新的政务还未列入批书条目,官员也尚未结衔任事,则或以"理为劳绩"的方式,被批上官员印纸,从而成为地方官员施政的重点。绍兴十九年(1149),为推行垦荒,朝廷订兴修水利开垦荒田赏格"以三百顷以上,京朝官减二年磨勘,选人免选,注家便官。合免选者,与指射优便官。二百顷以上,京朝官减一年磨勘,选人并与免选。合免选者,与指射家便官"⑪,以激励地方官员用心于水

---

① 《宋会要辑稿·食货》八之一二。

② 《宋会要辑稿·食货》六一之一二七。

③ 《吏部条法》印纸门,第 234 页。

④ 《宋会要辑稿·礼》三七之四二。

⑤ 《宋会要辑稿·食货》六一之一四二。

⑥ 《吏部条法》印纸门,第 235 页。

⑦ 《吏部条法》印纸门,第 239 页。

⑧ 方大琮:《铁庵集》卷二〇《永福董宰》,影印文渊阁《四库全书》本。

⑨ 王柏:《鲁斋集》卷五《保宁军节推厅建造记》,影印文渊阁《四库全书》本。

⑩ 蔡幼学:《育德堂奏议》卷一《嘉泰陛辞札子二》,李一氓等辑《古逸丛书三编》之二十八,中华书局1987 年版,第 1 册,第 26 页 A。

⑪ 《宋会要辑稿·食货》六一之八二。

利。淳熙年间(1174—1189),陈傅良(1137—1203)知桂阳军,为求兴学实效,请求"如教养到生员一百人或一百五十人以来,许将见任教授并赡学钱粮官,理为劳绩,量立赏典"①。而对于可能导致科扰职务,朝廷为防止其谋羡余而致骚扰,通过劳绩标准的调整,限制官员行为。如涉及茶盐等事务的官员。仁宗天圣元年(1023),淮南盐场监官替任时,其出剩盐课,只收附入官,不得理为劳绩②。劳绩标准的变化,可能并不调整批书条目,而是就部分政务可列为酬奖名目做出改变,效果则是一样的。

从《文书》可以发现,印纸批书是南宋朝廷严格执行的制度,这一制度并非僵化不变,而是通过印纸条目、劳绩标准的调整与朝廷政务变化相关联,适应政务在时间和空间的不同,说明印纸虽然简化为功过的批书,却在官员考课中发挥着重要作用,形式化的考课正包含着与官员黜陟相关的具体条目,朝廷期望以调整条目、劳绩,以长期或阶段内实现施政目标。一方面考课的条文细化,在实际层面有效地对官员实施管理,对其施政绩效确立标准化的评定依据,另一方面以调整具体批书条目的方式,推动官员重视某项政务,达到改变某个区域或官司系统的政务重点。程序化的印纸批书,虽然无法做到循名责实,但是却在实际政务运行中,发挥着重要功能。

四 结 语

考察《文书》所载徐谓礼印纸的内容,结合传世文献中的相关记载,南宋印纸批书的细节得以呈现,就这一制度可以得出以下认识。

首先,批书功过是印纸发挥考课功能的核心,从内容上记录在任功赏、处分和各类保状皆是以此为目的。为保证上述记录的可靠,印纸批书遵循着严格的程序,既适应不同地域和官司系统的特性,也保证各级官司对所属官员的管理,维护朝廷的集中事权。

其次,以批书条目的调整适应政务的变化。印纸批书虽有形式化的弱点,却非僵化不变。基于印纸批书在官员考课中的重要性,朝廷通过增减批书条目、调整功过标准等方式,将政务的新变化反映在批书中,以约束官员调整政务重点,以达到推动新的政令实施的目的。印纸批书,与其他制度结合,不但是官员管理的方式,更是推动政务实际运行的手段。

复次,印纸批书虽然弊病颇多,但是在缺乏动态、有效的官员考课手段的前提下,仍不失为一个有效的考课手段。时人对印批书制度的各种批评,虽然相当直观地反映了专制国家在管理官员方面的无奈,但今人观察历史,对于它的功能并不能简单地断以虚文,完全忽视。

(作者单位:杭州市社会科学院)

---

① 陈傅良:《陈傅良先生文集》卷一九《桂阳军乞画一状》,浙江大学出版社1999年点校本,第27页。
② 《宋会要辑稿·食货》二三之三三。

下面四篇论文，应作者要求，
只列题目，不载内容：

龙茶与羔酒，得失不足评

包伟民

宋人论"势"

李弘祺

《中兴大事记讲义》中相关岳飞之评述

张其凡

论宋朝政府对民变的非军事对抗性策略

何忠礼

关键词索引

图书在版编目(CIP)数据

第三届海峡两岸"宋代社会文化"学术研讨会论文集 /
杭州市社会科学院,浙江大学历史系主编. —杭州:浙
江大学出版社,2013.12
ISBN 978-7-308-12660-1

Ⅰ.①第… Ⅱ.①杭… ②浙… Ⅲ.①文化史－中国
－宋代－文集 Ⅳ.①K244.03-53

中国版本图书馆 CIP 数据核字(2013)第 296925 号

第三届海峡两岸"宋代社会文化"学术研讨会论文集
杭州市社会科学院
　　　　　　　　　主编
浙 江 大 学 历 史 系

责任编辑	张小苹
封面设计	项梦怡
出版发行	浙江大学出版社
	(杭州市天目山路 148 号　邮政编码 310007)
	(网址:http://www.zjupress.com)
排　　版	浙江时代出版服务有限公司
印　　刷	浙江省邮电印刷股份有限公司
开　　本	787mm×1092mm　1/16
印　　张	25.75
字　　数	610 千
版 印 次	2013 年 12 月第 1 版　2013 年 12 月第 1 次印刷
书　　号	ISBN 978-7-308-12660-1
定　　价	60.00 元